来栖三郎著作集 I

来栖三郎著作集 I

法律家・法の解釈・財産法
財産法判例評釈（1）〔総則・物権〕

信 山 社

はじめに

安達三季生

一　先生の学問的研究業績は、民法解釈学の全般にわたるが、その中でも著名なものとして、第一に、解釈方法論に関する業績がある。とりわけ一九五三年の私法学会での先生の法解釈方法論に関する報告は、法解釈（学）が客観性の外形のもとに、実際には主観的になされている現実を明らかにしつつ、解釈者が自らその責任を引き受けるべきことを訴えるとともに、現実の社会の実態に則した解釈の重要性とその基礎となるべき、法社会学的調査・研究の重要性を強調したものであった。伝統的な法律学にひそむ権威主義と欺瞞性を打破しようとする意欲に裏打ちされ、同時に、当時まだ多分にその有用性について疑惑のもたれていた法社会学を擁護するものであり、多大の感銘を与えた。新しく始まった戦後社会に相応しい（民）法解釈学の在り方について、おそらくはじめて実践者としての立場からの重要な問題提起をしたものとして歴史的意義を有する。

第二に、契約法に関する研究が著名である。有斐閣の法律学全集の一冊として刊行された『契約法』（一九七四年）には、長い年月をかけて研究された法史学的、比較法学的研究の精髄が随所にちりばめられているが、特に注目に値するのは、先生の取引法の実態に関する広範かつ精細な調査・研究の成果が解釈論の中に豊富に取り入れられていることである。前に述べた、先生の主張される法解釈方法論が見事に実践されているわけである。実態調査については、先生が自ら企業に赴いて調査に当たられるほか、その目的のために、ゼミの学生や、先生が指導されていた法律相談所の学生を連れて、しばしば地方へ旅行をされることもあったようである。

第三に、先生が定年退官の後、没年に至るまでの二十年余の間、全力を傾注してとりかかられた「フィクション」の研究がある。先生は研究の完結を目前にして、緊急入院され、退院に至ることなく四か月後に病没された。先生の没後、その遺志を受け継いで、先生の弟子でもあり、法思想史ないし社会思想史学者として著名な村上淳一教授が編集し、『法とフィクション』の題名で出版された。その評価ないし法思想史的意義については、村上教授の寄せられている同書「はしがき」を参照していただきたいが、一言私見を述べることを——先生の所説を不当に単純化、倭小化するとのそしりを受けるかもしれないが——許されたい。

法の解釈・適用の際に、妥当な結論（判決）を導き出すために、小前提としての「事実」を擬制することがしばしば行われるが、それと同様な意味で妥当な結論を導き出すために、大前提としての「法（文）」の意味を本来の意味（立法者意思）と異なって用いる、という意味での擬制が、しばしば法の解釈の名においてなされる。このような法の擬制について、先生の解釈方法論に関する比較的初期の論文ではどちらかといえば否定的に捉えられていたが（本書**4**「法の解釈における制定法の意義」一九五六年）、その後、いわば中立的、客観的に捉えられ、法（学）において果たす役割の重要さが指摘されるようになった（本書**6**『法における擬制』について」一九七五年）。それと同時に、法学以外の領域の人間の思惟活動においても擬制の果たす役割が大きいという事実に強い関心を持たれ、法学以外の諸領域についても、擬制の持つ意味を研究することを試み、そしてその研究を経ることによって改めて法学における擬制の意義を再確認しようと目指されたようである。かようにして先生は、科学における擬制をあつかった「モデルと擬制」、文学における擬制を扱った「文学における虚構と真実」、宗教における擬制を扱った「フィクションとしての神」、倫理学における擬制を扱った「フィクションとしての自由意思」、社会思想における擬制を扱った「フィクションとしての社会契約」を次々と発表されたのであった。

私は先生のフィクション研究の意義を次のように捉えることができると思う。各分野における最も根源的・本質的な問題への接近と分析が、擬制の果たす役割如何、という視座から捉えることによって、興味深く、かつ鮮やかに行われている。そして多くのひとたちから、とかく世俗的、技術的と見られがちな法解釈学が、その基底において人間の諸々の最高の知的活動分野と通底していることを自覚させられるのである。その意味で、この業績は、先生の研究の比類のない底の深さを示すとともに、先生の法解釈学の全体像を飾る最後の仕上げとしての意味を持つといえよう。

二　先生はいうまでもなく、上に紹介したもののほか、多岐にわたる多数の論文、判例研究を発表された。いずれも、深く考え抜かれ、重要な問題提起のなされた、珠玉の作品ということができよう。さらに未公刊の講義案もある。先生ご自身は生前、これらの著作を数冊の書物にまとめるについては、後述するように消極的であった。しかし私たち、来栖先生から直接にご指導を受けた門弟は、〝その個性的で多分に独創的な学問的価値を考え、著作集の形にすることによって一層その優れた学風を顕彰したい、同時にその業績を後世に残し、多くの次代の研究者の参考のための一層の便に供したい〟このように考え、信山社社長袖山貴氏の好意ある協力を得て、先生の著作集を編集し、世におくることを計画した次第である。

三　著作集は全五巻から成る。第一巻は、A法の解釈に関する諸論文、B契約法を除く民法・財産法全般に関する諸論文および総則・物権関係の判例評釈、を集めた。第二巻は、C契約法に関する諸論文（および債権関係の判例評釈）を扱う。第三巻は、家族法に関する諸論文を扱うが、D親族法　E相続法　Fその他（および家族法関係の主要な判例評釈）より成る。第四、第五巻では、東京大学でなされた民法講義の講義案を収録する予定である。（したがって本著作集からは、既に単行本の形で出版されている『契約法』および『法とフィクション』（一九九九年、東京大学出版会）に収録されている諸論文は原則として除かれることになる）。

四　本著作集に収録されている諸論文には、先生の直接の門弟であった私たちが分担して解説を付している。先生の論文に限らず、一般的にいって、過去に発表された論文を真に理解し評価するためには、少なくともその理想的なかたちとしては、発表当時の学説状況においてそれがもった意味、およびその後の学説の発展をふまえての今日的意味、の両方を理解することが必要であろう。解説はその一助ともなろう。また、先生の論文には、前述したように、その人柄の謙虚さのため、他説に対するあからさまな批判が抑えられていることが多い。そのため、その個性的・独創的な特色を読み取ることが必ずしも容易ではない。それを容易にするためにも解説が役立つと思われる。

もっとも、解説の具体的な仕方については、それぞれのテーマによって、また解説者の問題関心の持ちかたの違いによって、重点のおきかたが異なり、いろいろな解説の方法がありうることを考え、解説者の任意に任せることにした。そのため解説者の主観の強く出ているものもあろう。また稿量についてもおおよその目安を設けるだけにした。いずれにせよ、当初、追悼論文集よりも、門弟たちによる解説を付した著作集を出版したほうが学恩に報いる所以だろう、と考えてそのようなかたちの著作集の出版を計画したのであるが、私たちのこの思いが幾分なりと成就していれば、この上ない喜びである。

おわりに、本書の「はじめに」を安達が執筆させて頂いたいきさつについて、一言述べたい。来栖先生の直接教えを受けた数名の弟子たちが、来栖先生著作集の刊行企画のために最初の集まりをもった席上、各巻の「はじめに」の執筆を安達、三藤、久留の三名でそれぞれ分担することになったが、それは、この三名が来栖先生の最初の弟子として、同じ年の一九五一年春、東京大学法学部の大学院特別研究生に採用して頂いたものであり、先生の弟子の中ではいわば最古参の直弟子に属する（その中では安達がたまたま最年長である）、という理由からであった。先生にはすぐれた弟子が少なくないのに、私が第一巻の「はじめに」を書くのはいかにも力不足であることを十分承知しながら、以上のような理由から引き受けることになった次第である。

本著作集の編集にあたっては、その最初の段階から最後の段階に至るまで、清水誠さんが中心になって、山田卓生さんとともに、面倒な技術的、事務的な問題を処理し、また執筆者間の連絡、調整に当たって下さった。その尽力、とりわけその推進力なくしては、著作集刊行の完成は不可能であったと思われる。執筆者全員に代わってお二人に御礼を申しあげる。また信山社社長の袖山さんにも多大のお世話になった。厚くお礼を申しあげる。

来栖三郎先生は一九九八年一〇月一日、入院中の東大病院で逝去された。享年八六歳であった。文京区の寂円寺法輪閣祭場で、無宗教方式で葬儀が営まれ、遺骨は富士霊園の来栖家の墓地に埋葬されている（先生は遺言の中で遺体を献体する旨、書かれていたが、遺言の発見が遅れたために実現しなかった）。

先生は一九一二年、ご父君の当時の勤務先であった台湾・新竹市で出生され、東京府立高等学校を経て一九三三年東京帝国大学（当時）法学部法律学科に入学、一九三六年卒業とともに同学部民法学の助手に採用された。その後一九三八年助教授就任を経て、一九四八年教授に就任され、一九七二年同大学を定年退官された。その後、幾多の大学からの招聘の要請をすべて断り、もっぱら研究生活に没頭された。一九八三年、日本学士院会員に選定された。

先生の人柄は、自己に厳しく他人に寛大で、徹底して謙虚なかたであった。先生にとって権威主義はその対極にあり、先生は、弟子や学生をも対等に扱われ、「君」づけでなく「さん」づけで呼ばれた。その優れた学識、権威ある地位を誇示することは微塵もなかった。先生は学士院会員の推挙を受諾するについてもかなり躊躇されたようであった。先生の著書・論文でも、他人の説を名指しで批判されることは殆どなく、批判の仕方も、控え目であり、声高でなく、居丈高とは正反対であった。本書の出版とも関係するが、先生は、ご生前、論文集や講義案の出版を弟子達や出版社が強く勧めても、それだけの価値がないから、と言って拒否されるのが常であった。なお、先生の誠実で人を魅きつける特異なお人柄については、先生の没後一年目に開かれた「先生を偲ぶ会」の記録（『来栖三郎先生を偲ぶ』二〇〇〇年、信山社）を参照されたい。そこには、当日の出席者の人たちの、先生の奥ゆかしい人柄を偲ぶ言葉が収録されている。

二〇〇三年一〇月一〇日

はじめに

第一巻　目　次

目次

凡　例

一、この著作集は、来栖三郎先生の著作のうち、単行本を除くすべての論文（判例評釈を含む）のなかから編集委員会の判断において選択して編集したものである。

一、論文の配列は、発表の時期順によらずに、内容によって編集委員会が判断した。すなわち、

A　法律家・法の解釈・慣習——フィクション論につらなるもの

B　民法・財産全般（契約法を除く）（以上、第一巻）

C　『契約法』につらなるもの（以上、第二巻）

D　親族法に関するもの

E　相続法に関するもの（以上、第三巻）

と分類した。各項のなかでも、おおむね発表の時期順ではあるが、内容によって配列した。

一、論文の表題および本体（本文および注）については、原則として原文を尊重することとした。ただし、つぎの点をお断りしたい。

(1)　旧漢字は、現在通常用いられている漢字に直した。専門用語については、直さないこともある。

(2)　仮名づかいは、現在のものに統一した。戦前に書かれた論文は、当然、旧仮名づかいで書かれているが、他の著者のものからの引用文以外は（先生自身の訳文と思われるものを除く）、現在の仮名づかいに直した。

(3) 明白な誤字・脱字については、とくに断らずに訂正した。必要と思われる場合には［　］を付してその旨を注記した。

(4) 注の表記・形式は論文によって異なる。本書においては、原則として、(1)(2)……の表示で統一した。

(5) 若い読者に読みにくいと思われる漢字に、若干アトランダムであるが、振り仮名を付した。この場合については、とくに注記しない。原文には振り仮名が付された例はない。

(6) 原典に対して編集委員会または解説担当者が書き加えた部分には［　］を付した。

(7) 論文**25**、**32**は、原典は横書きであるが、縦書きに直した。

一、原文において、文献の引用が著者の姓のみである場合に（民法起草者などの周知の場合は除く）、なるべく、名を注記するようにした（不明の場合を除く。また、判例評釈については、省略した）。

一、原文において、引用文献について略語が用いられている場合については、いちいち注記しない。主な例を示せば、つぎの通りである。

国家…国家学会雑誌　時報…法律時報　志林…法学志林　新聞…法律新聞　新報…法学新報
新法全…新法学全集　日法…日本法学　判時…判例時報　判タ…判例タイムズ　法協…法学協会雑誌　民商…民商法雑誌　民録または民集、録また集…大審院または最高裁の民事判例集、その他の判例集については省略　論叢…法学論叢

一、先生が執筆された判例評釈は、財産法判例評釈(1)〔総則・物権〕、財産法判例評釈(2)〔債権・その他〕、家族法判例評釈〔親族・相続〕の三つに分け、それぞれ第一巻、第二巻、第三巻に収めた。家族法関係

のもので、もっぱら旧法に関するものは省略した。

一、各論文の末尾において、出典についてなるべく詳しく記した。

一、各論文のあとに担当者による〔解説〕を付した。〔解説〕は一定の様式によらずに、また内容的にも各担当者がその判断で自由に——個人的追憶、感想をまじえてもよいということで——執筆した。

一、論文**27**については、発表後に作成された抜刷に、先生自身による修正が行われているかなり多くの個所がある。本書では、原典を掲げたうえで、抜刷による修正を［　］内で注記することにした。詳細は同論文の末尾を参照。

一、第三巻の末尾に、先生の経歴・著作目録を掲げた。

一、以上は第一、二、三巻に関する凡例であるが、可能であれば、先生の講義案の集成を第四・五巻として刊行する予定である。

来栖三郎著作集 I

法の解釈適用と法の遵守（一）（二・完）

一九五〇・一九五一年

私は本誌〔『法学協会雑誌』〕六四巻八号〔一九四六年八月発行〕と六五巻三号〔一九四七年一〇月発行〕に「契約法の歴史と解釈」を書いていて、それは未完のままである。しかし、本来、その論文は講義案のために書いたのであるが、本誌に掲載されないうちに、講義の必要にせまられ別に書いて了った。それで本誌に続きを書くわけにゆかなくなったので、「契約法の歴史と解釈」は打切らせて貰い、新しい論文をのせていただくことにした。そのことを一寸《ちょっと》おことわり致します。

一

一　法の解釈をしているときの気持としては、自分の解釈には自分の主観、自分の意志が交っていないで、自分の解釈によってえられた判断は、客観的な法規の認識の結果であるかのように考えているのが普通である。ところで、日常の生活でも、自己の決断に基いて行動したという快感は他の何ものにも見出すことが出来ない、生活が決断でないとしたならば、この世に生きることは何とつまらぬことであろう。にも拘らず、他面において、日常の行動を一つ一つ自分の意志で決断してゆくことは、不安を覚え、苦痛に感ぜられるものである、それと丁度反対に、客観的な抗すべからざるものに拘束されたという考えは、一面に於て心の中に味けなさを起させるとはいえ、他面に於て、自分に何か責任のないような、少くとも責任が軽いような、安らかさを保たしてくれるものである。が、法の解釈にあっても、法の解釈とは法規を大前提とし、具体的事件を小前提とし、法律的判断を結論として帰結するという三段論法を構成することに外ならないなどと言われると、現在では法の解釈をするものは一寸《ちょっと》嘲笑されたような思いをし勝ちであるが、でもまたその解釈によってえられた判断が望ましいにしろ望ましくないにしろ、客観的な法規の認識の必然的な結果であると考えることは、特にその解釈の結果が社会的に大きな影響をもつ場合に、解釈するものの心の平かさを助けてくれる。併し、法の解釈は、客観的な認識の問題にすぎないものではない。「（憲法と法律の間、又は）法律と判決の間……の関係は規定又は拘束の関係である」「この規定は、しかし、決して完全なものではない。……多かれ少かれ、自由裁量の余地が常に必ず残される。そのために……わくとしての性質を有する」「解釈をもって執行される規範の意義を確定することであるとすれば、この活動の成果は単に解釈される規範が表現するわくを確定し、それと共に、このわくのうちに与えられている多くの可能性を認識することに止まる。そうなると、法律の解釈は必ずしもそれのみが正しいものだという唯一の決定に到達するとは限らないで、多くの決定に到達せざるを得ないことがあり得る。これらの多くの決定は――それが単に適用されるべき規範を尺度としてなされる限り――すべて同等の価値を有する。ただし、そのうちの単に一つのみが判決の行為によって実定法となる。判決が法律に基いているということは、実は、それが法律の表現するわくのうちにあるということを意味するにすぎない」「しかし、実定法に着目した立場からすれば、適用されるべき規範のわくのうちに与えられた諸可能性のうちで、一つを他のものよりも優先させ得るような規準は存在しない」「規範のわくのうちにある可能性のうちで、いずれが正しいものであるかとゆう問題は……、決して実定法に着目する認識の問題ではなく、法律理論の問題ではなくて、法律政策の問題である。法律から正しい判決や正しい行政行為を取り出す任務は、本質において、憲法のわくのうちで正しい法律を創造する任務と同一である。憲法から解釈によって正しい法律を取り出すことができないと同様に、法律から解釈によって正しい判決を取り出すこともできない。なるほど、これらの二つの場合には、そこに差異がある。しかし、それは単に量的のものであって、質的のものではない。即ち、内容の点において立法者の受ける拘束が裁判官の受ける拘束よりも著しく少いこと、法の創造において立法者が裁判官よりも比較的に著しく自由であることに止まる。裁判官もやはり法創造者である。この法創造の機能において、かれもやはり相対的に自由である。まさにそれ故に……意思機能である[(1)]」。従って、法の解釈を以てわくを確定するばかりでなく、具体的な事件のただ一つの正しい決定を下すことまでをも意味するとすれば、法の解釈とは、「理論的要素と実践的要素、認識的要素と創造的要素、再現的要素と産出的要素、科学的要素と超科学的要素、客観的要素と主観的要素の不可分離の結合物である[(2)]」。このことは、法文が「公ノ秩序善良ノ風俗」だとか「已ムコトヲ得ザル事由」だとかいって裁量の余地を残している場合を考えれば直ぐ納得がゆくはずである。例えば借家法一条ノ二［一九九一年の改正によって、借地借家法二八条となった］によると賃貸人が賃借人に対して借家契約の解約申入をするには、自ら使用することを必要とする場合、その他「正当ノ事由」ある場合に限られている。この「正当ノ事由」の解釈として、大審院は、最初「建物ノ賃借人ガ自ラ使用スル必要アリテ解約ノ申入ヲ為ス場合ニ於テ借家法一条ノ二ニ所謂《いわゆる》正当ノ事由アリト為スニハ必ズシモ賃貸人ノ利害ガ賃借人ノ利害ヨリ大ナルコトヲ要スルモノニ非ズ」と判決した[(3)]。学説には之に対して強く反対するものがあった。大審院もやがて解釈を改め、「建物ノ賃貸人ガ自ラ使用スル必要アリテ、解約ノ申入ヲ為スニ付正当ノ事由アリトナスニハ賃貸人及賃借人双方ノ利害得失ヲ比較考察スルノ外尚進ンデ公益上社会上其ノ他各般ノ事情ヲモ斟酌シテ之ヲ決スベキモノトス」と判決するに至った(4)。しかし、借家法一条ノ二の法文に基くかぎり、大審院の前の解釈が間違っているということは、どこからも出てこないであろう。借家法の審議に当って政府委員はそのような説明さえしているのである。それにも拘らず、それに反対する学説があったとすれば、それはより多く賃借人を保護せんとするかそれとも家主の立場を考慮せんとするか、賃借権を強化せんとするかそれとも所有権を尊重せんとするか、という主観的な価値判断の相違から来ているのではなかろうか。

更に所謂《いわゆる》「法規の欠缺」の場合を考えてみれば、解釈が単に法規の認識から論理的に導き出されるものでないことは一層明かであろう。尤《もっと》も、具体的事件に適用すべき法規がない、という意味での法規の欠缺は存在しないと主張するものもある。「普通に言われるように、訴訟事件に関係させ得る規範が欠けているために、法律を適用することができないから、訴訟を現行規範に従って決定することができないとの意義における真正な欠缺なるものは存在しない。」「それにも拘らず、ある場合に、欠缺があると言われるとすれば、この言葉に迷わされ易いことであるが、規範が欠けているために決定が論理的に不可能だとゆうことを意味するのではない。単に、是認又は棄却の決定——論理的に可能な——が決定の任務を有する機関によって、即ち、法律適用の任務を有する機関によって、あまりに反目的的であるとか、あまりに不当であるとか感じられること、そう感じられることがあまりに甚だしいために、立法者はこの場合を全く考えなかったのであり、もし考えたならば、法律に基いて決定されるとは異るように決定したのであろうと右の機関が考えるように傾いたことを意味するにすぎない」「スイス民法の第一条のように、欠缺の場合に裁判官に対して、かれが立法者であったならば決定したであろうように決定すべきことを法律が命じるときは、それは裁判官に対して、かれが法律の適用を不適当と認めた場合に、法律の代りに、自分の裁量に従って決定する権限を与えたことを意味するものである」「いわゆる『法律における欠缺』は典型的なイデオロギー的表現様式である。与えられた場合において、法律の適用が単に——法適用者の裁量によって価値判断して——法律政策的に合目的でないのみであるのに、法律論理的に不可能なこととして表現されるのである[5]」。

　これに対して、逆に、「法規の欠缺」の場合を非常に広く解し、条理なりなんなりで法規を修正しているように考えられている場合も、実は「法規の欠缺」の場合で、存在する法規を修正することもあるのだということを否定しようとするものもある。「学者が一般に条理を以て法を修正すると考えている場合も、実は存在する法を修正するにあらずして法が存在しない場合の一態様に外ならない」「抑も法規はすべて一定の事項に適用せらるべきことを予定して定立されているのであるから、一定の法規を具体的事項に適用すべきや否やが問題になった場合には、其法規と当該事項とを対照して厳密に其法規の妥当範囲を検定する必要がある訳である。そうすれば、一見当該事項に適用せらるるが如くに見える妥当範囲が実はそこまで及ばず、従ってそこに法の欠陥が見出されて自ら補充の必要を感ずるに至るのである。然るに、学者は一般に当該の具体的事項が法規の規律対象として予定している事項に該当するや否やを厳密に考査することを怠り、法規の外見だけから漠然其妥当範囲を広く考えるから、本来妥当範囲外に在る事項に対して法規を適用せねばならぬ立場に置かれ、而《しか》も条理に照して其不合理を感ずる結果、条理に依る修正の必要を感ずるに至るのだ[6]」。

　このように、ある事件を「法規の欠缺」の場合とみるか、「法規の欠缺」ではないが法規を適用するのが不適当なので適用すべきでないと考えられる場合とみるか、は考え方の相違に帰着する。例えば、民法の典型契約の規定は、ある契約が当該典型契約の概念に包摂されるからといって、その契約にすべて適用すべきではない。その規定が如何なる事実に着眼して設けられたかを見究め、ある契約が当該典型契約の概念に包摂されるにしても、その規定の前提とする事実が存在しないなら、其の規定を適用すべきではない。つまりその場合に「法規の欠缺」があるという考え方があり得る。判例も、民法六五一条一項は凡《およ》そ一切の委任は各当事者において何時でも解除し得るとしているが、しかし一切の委任に常に適用があるわけではないと判示している。「同条ハ受任者カ委任者ノ利益ノ為メニノミ事務ヲ処理スル場合ニ適用アルモノニシテ、其事務ノ処理カ委任者ノ為メノミナラス受任者ノ利益ヲモ目的トスルトキハ委任者ハ同条ニヨリ委任ヲ解除スルコトヲ得サルモノト解スルヲ相当トス、蓋《けだ》シ後ノ場合ニ於テ委任者カ右法条ニヨリ何時ニテモ委任ヲ解除シ得ヘキモノトセムカ、受任者ノ利益ハ著シク害セラルルニ至ルヘケレバナリ。……本件債権ハ明治四十五年七月三十日ヲ以テ弁済期トナシタリト雖《いえど》モ、被上告人XハYノ居村《きよそん》ニ於ケル債務者ニ対スル貸金一千円ノ取立ヲYニ委任シ、其取立高ノ一割ヲ報酬トシ該報酬金ヲ以テ本訴債権ノ弁済ニ充当スヘキ旨ノ特約成立シ、此特約ハ今尚存続スルニヨリ本訴債権ノ弁済期ハ未タ到来セスト云フニ在リ……果シテ然ラハ右取立委任ハ委任者タルXノ為メノミナラス受任者タルYノ利益ヲモ目的トスルモノナルヲ以テ、Xハ前段説示シタル理由ニ基キ民法六五一条一項ニ依リテハ之ヲ解除スルコトヲ得サルモノト謂《い》ハサルヘカラス」(7)。従って、こういう委任の解除については、「法規の欠缺」があるということになる。しかしこれに対して、この場合にも「法規の欠缺」があるわけではないが、六五一条一項の規定をそのまま適用すると結果が不当なので、「法規の欠缺」があるようにいって、実は法規を修正しているのだという考え方も可能である。いずれの考え方をするかによって、実際には結論の上に差違を来たさないと思われる。どっちの考え方をすべきかは、どっちが素直で納得しやすいかできめるべきであろう。唯《ただ》、法規を修正するということは重大だと感ずる傾向があるから、法規があるのだが適用すると不当だから適用しないというより、「法規の欠缺」の場合だという考え方のほうが多くとられるであろう。しかし、法規の欠缺はないが法規を適用しないために法規の欠缺と称するのでなくて、もともと「法規の欠缺」の場合だと言った方が素直で納得しやすい場合がある。例えば、民法六一七条は土地、建物、貸席及び動産についてしか、存続期間の定めのない賃貸借の解約申入期間を定めてないので、電話加入権の賃貸借の解約申入期間はどうかということが判例上問題となったことがあるが、(8)このような場合は「法規の欠缺」の場合といった方がおだやかでないか。いずれにせよ、法規のある場合と法規の欠缺の場合とは、前述の所謂《いわゆる》「わく」が広いか狭いか、換言すれば解釈するものの主観的価値判断が働く余地が大きいか小さいかにすぎない。法の欠缺の場合には、広く大きい。判例は電話加入権の賃貸借の解約申入期間を動産の場合に準じて一日としているが、これが唯一可能の適法な解釈だとは考えられない。判例の見解も矢張り主観的価値判断の交ったものと言わざるを得ないであろう。

二　ところで、法の解釈は、程度の差はあれ、法規という「わく」の拘束を受けるのであるが、法の解釈の実際をみると、法の解釈を拘束するとされる所謂「わく」なるものも、決して明確不動のものではない。明かに「わく」に拘束されないで解釈が行われていることもある。しかし、勿論《もちろん》、通常の場合は、荒々しく「わく」はふみ破られてはいない。しかし、色々な方法でゆがめられている。

（一）　先ず調停制度をみよう。我国における調停制度は大正十一年の借地借家調停法による借地借家調停に始り、現在では一切の民事事件について認められている。このように調停制度が発達した理由として、訴訟の欠陥が考えられるのであるが、我国における調停制度発達の理由として特に強調されているのは、（実体）法規が社会の実状におくれているため、訴訟により法規に基いて事件の解決をするときは社会的に不当な解決となる場合に、法規を離れ社会的に妥当な解決を求め得る調停の機能である。このことは小作法のないままに放置されていた大正末期から昭和の初にかけて、小作調停法による小作調停が小作争議の解決の為に演じた役割をみれば分る。「調停条項の概況を述べてみると、(イ)地主に変更があっても特別の事由(例えば地主が自作する等)のない限り従来の小作人をして引続き耕作せしめていること、(ロ)契約の期間満了するも右(イ)に述べた様な特別の事由のない限り契約を更新せしめて居ること、尚契約更新の特約又は更新を容易ならしむる契約(例えば更新の拒絶?は期日満了より一年前に之を予告するを要すと謂《い》う様な)を定めて居るものも少くない、(期間を定めざるものにあっては、地主に於て正当の理由なき限り、又は小作人に於て債務の不履行を為さざる限り解約申入を為し得ざることを定めるものが漸次増加の傾向にある」、(ハ)債務不履行を原因とする契約の解除を困難にする特約(例えば小作料を一年分又は二年分滞納しなければ解除し得ないと謂う様な)を有するものも相当にある。(ニ)地主が土地引上をするときには種々の形式を以て有益費償還の範囲に止まらぬ作離料の支払をなすを通常として居る。此の作離料は近年に至って次第に其の額が多くなる傾向があり、事情に依っては頗る高価なものもある、(ホ)滞納小作料の減額(所謂《いわゆる》一時減)に関しては一割乃至《ないし》三割の減額が認められるのを通常とするが、場合によっては五割以上の減額をしたこともある。のみならず小作料の改定(所謂永久減)を為した事例も少くない、不作時に於ける小作料の減免に関しては規定を設けるのが通常であって而《しか》も其の手続を比較的詳細に定めて居る」(ヘ)小作地の先買権を小作人に付与する旨を定めるものが逐次増加しつつある。(ト)契約期間は五年のものが一番多く三年のもの之に次ぐ、」「之等調停の結果が小作関係の実体法である民法の規定又は従来小作証書等に於て約定されて居たところと如何に距《へだ》って居るかを了解することが出来よう、」而も「多くの調停条項を通覧して観取し得る調停の結果に付ては其所に充分な社会的妥当性を認めるに躊躇しない」そして「如何に小作法案に規定するところと符合して居る」ことか。(9) 尤《もっと》もこの所謂《いわゆる》私法関係の修正という調停の機能を余り過大視することは許されない。調停の背後には訴訟があり訴訟では法規によるということから牽制を受け、法規から無制約に離れられないのである。が、調停は法規が社会の実状におくれている場合に社会に追随し、法規の改正が為しうるところより不確に且《かつ》大体不充分にではあるが、又法規の改正なら当然の権利として与えるところを恩恵の色彩を帯びしめてではあるが、法律関係の合理化に尽し、法規改正の下地をつくる、ということは出来る。ただし、調停による私法関係の修正は、おくれた法規を離れて、進んでいる社会の実状に適応するようにさせるとばかりは限らない。法規が社会の一般の意識よりも進んでいるときは、調停は進んでいる法規の適用をさけ、おくれている社会一般の意識にまで引き戻す機能を果しかねない。この点で終戦後の農地改革に際して小作調停制度がつとめた役割が注目される。即ち小作調停制度は農地改革の精神に逆行する方向に作用することが多く、小作調停制度の存廃さえ論議の対象となったのであるが、やっと小作調停制度を農地改革にかなう作用をするように改正して落着いたのである。要するに調停は、法規が社会よりおくれていると進んでいるとを問わず社会の現状にそくして社会の現状の安定維持を目指す。従って法規が社会よりおくれているか、進んでいるかによって、法規との関係で作用する方向が異るわけである。いずれにせよ、調停による私法関係の修正という機能は、民主主義社会で立法が民主的に行われてゆく場合には、減少するであろう。しかし、兎《と》も角《かく》、我国ではこれまで調停はこの私法関係の修正という機能を大いに担ってきたわけであるが、この調停がどのように取扱われているかというに調停は手続上訴訟に優先せしめられている。即ち、訴訟が提起されている事件に付、当事者から調停の申立があった時は、或は訴訟手続を当然に中止せしめ（借地借家［調停法。以下、法律名の略示についてのフルネームの注記は初出のみ記す］五条、小作［調停法］九条、商事［調停法］二条）、或は裁判所の裁量で訴訟手続を中止することを得るものとしている（金銭債務〔臨時調停法〕六条、鉱業〔鉱業法。明治三八年制定のもの〕七四条ノ一二Ⅱ、戦時特別〔戦時民事特別法〕一八条、家事規則〔家事審判規則〕一三〇条）、当事者からの調停の申立がないときにも裁判所は職権でその事件を調停に付することが出来る（借地借家四条ノ二、商事二条、金銭債務四条、農調〔農地調整法〕一〇条Ⅱ、鉱業七四条ノ一二Ⅱ、戦時特別一八条、家事〔家事審判法〕一九条、なお一一条）、この場合にも調停の終了まで訴訟手続は当然に中止し、又は中止することを得るようになっている、家庭に関する事件については、所謂《いわゆる》調停前置主義さえ認められている（家事一八条）。而《しか》も調停手続が開始したら、出来るだけ調停が成立するように、当事者の恣意を抑制する措置が講ぜられている。即ち、（イ）裁判所に、調停の成立を妨げたり又調停が成立しても実際上の効果がなくなってしまうことがないように、調停前の処分をすることを認め（借地借家一三条二二条、小作二五条三四条、農調一一条Ⅰ、商事二条、金銭債務四条、鉱業七四条ノ一二Ⅱ、戦時特別一八条、家事規則一三三条）、（ロ）当事者に自身出頭する義務を課し（借地借家七条三二条、小作四八条、商事二条、金銭債務四条、鉱業七四条ノ一二Ⅱ、戦時特別一八条、家事規則五条法二七条）、（ハ）調停が成立しなかった場合に調停委員会に強制調停（適当と認める調停条項を定めそれを当事者に送付し、当事者が送付を受けた後一月内に異議を述べないときはその調停に服したものと看做す）をすることを許し（借地借家二四条、商事二条、小作三六条）、（ニ）裁判所には調停委員会における調停が成立しない場合に調停に代る裁判を為す権限をさえ与えている（金銭債務七条、農調一二条、戦時特別一八条、一九条Ⅱ）。なお（ホ）小作調停では調停の経過の公表という制度を設けている（小作四二条）。このような調停制度の取扱からみても、法規がそのまま適用されることが、国家によっても、必ずしも望まれていないことは明かであろう。尤《もっと》も、言うまでもなく、調停は原則として、両当事者の同意によって成立するのだから、もともと法規の「わく」に拘束されないといえばいえるわけであるが、それならば法の解釈の場合には、法規の「わく」内にふみとどまって行われているであろうか。

（二）法の解釈においても、信義誠実の原則、事情変更の原則、公序良俗の観念、権利濫用の理論が法規のわくを修正する作用をすることがあるのは説明を要しないであろう。しかし、その外にも色々の名義で実質的には法規のわくが修正されているのである。

(1) 所謂《いわゆる》契約の合理的解釈、殊に例文解釈　（イ）判例は建物の所有を目的とする土地の賃貸借契約証書に一年、二年三年、更に五年六年という短期の特約の記載があっても畢竟《ひっきょう》例文で当事者は羈束される意思がないものと解釈し、或《あるい》は地代据置期間（地代改定期間）で賃貸借の期間としては例文にすぎず寧《むし》ろ当事者の意思は建物朽廃に至るまで存続させるにあると認定した(10)。また建物の所有を目的とする土地の賃貸借に期間の定がない場合には、何時でも解約の申入が出来るのでなく、当事者の意思は建物朽廃に至るまで存続せしむるにあると認定した(11)。

（ロ）敷金預り証書に家屋が焼失したときは敷金を返還しない旨の特約の記載があっても例文にすぎず、当事者は真実此の如き特約を為す意思で記載したのでないと認定した判例がある(12)。

（ハ）更に、賃料の支払を怠れば賃貸借契約は当然解除となり別に賃貸人の解除の意思表示を要しないという特約（所謂失権約款）について、判例は場合により、合理的な内容のものに解釈して有効とし、或は例文としてその効力を否定している。例えば、建物の所有を目的とする土地の賃貸借契約証書にある「賃金ノ支払ヲ延滞シタルトキ」は「通知催告ヲ為サスシテ本契約解除セラルルモノトス」云々の約款の記載を「賃借人ニ於テ相当期間継続シテ賃料ノ支払ヲ怠ルトキハ賃貸人ハ催告ヲ要セス直ニ契約ヲ解除シ得ルノ趣旨ヲ約定シタルモノト解」してその約款の効力を認めたこともあるが(13)、他の場合には同じく建物の所有を目的とする土地の賃貸借契約に関する和解証書にある「賃借人カ賃料並割賦金ノ支払ヲ怠リタルトキハ直ニ契約解除セラレ賃貸人ヨリ建物収去土地明渡等ノ強制執行ヲ受クルトモ異議ナキ」旨の記載を、「一回タリトモ賃料其ノ他ノ支払義務ノ履行ヲ怠ルトキハ当然賃貸借ハ解除セラル」という約旨と解し、かかる極めて苛酷な約旨は当事者に真に契約する意思があるとは考えられないとして、その効力を否定している。(14)

これらの契約解釈はそれ自体妥当だとしても、当事者の意思そのままの確認ではなく、一定の価値判断の下に修正を加え、延いて法規のわくを変えているのではなかろうか。殊に借地契約の存続期間についての解釈は、借地法による存続期間の保障の先駆をなしていると思われる。

(2) 黙示の意思表示　意思表示は明示でなくても黙示でもよいと通常いわれている。しかし、この黙示の意思表示をどう考えるべきかは、必ずしも明かでない。次のように考えるものがある。「黙示の意思表示なんていうものは存在しない」「表示もされなければその他の方法で実証もされないのに意思表示を認めることは法律的構成にとって用うべからざる擬制である」「今日においては、一切の法律効果は法律の規定によるか意思表示によってのみ発生するという先入観があるので、法律の規定のうちに根拠を見出せないときは、意思表示に帰せしめんとする、而《しか》も明示の意思表示がないときは黙示の意思表示に帰せしめんとする」「そこで、法律効果が普通の意味での意思表示に基くといえないような事実、それどころか意思も表示も問題となり得ないような事実が、明示の意思表示と並んで、黙示の意思表示として構成されるのである」しかし、「黙示の意思表示は一の誤りに外ならないということを証明しても、その意義を正当に評価したことにはならない、二千年来、一切の国の鋭敏な法律家さえもが陥った誤りは、考え違いでなく、必要によるのである。まことに黙示の意思表示は、古来、現行法を法の発展の必要と調和させる手段の一に外ならなかった。」「現行法に従って判決しなければならない裁判官は、法の発展の必要に適応するために、理論及び法体系のある不明確な箇所を利用する、そして、学説判例の取扱う、理の当然、誠意、信義誠実の原則、悪意の抗弁、不当利得、良俗違反、といった曖昧な概念がそれに最もよく適している。黙示の意思表示も亦、そのような新しい有用な思想が現行法に入り込む曖昧な概念——の法における欠缺——である、即ちだからそれは一の法律制度ではなく、新しい、生まれんがためにたたかっている法規範の全体である、統一的な問題でなく、諸問題のあつまりである」[15]。たとえば、（イ）借家法が制定されるまでは、「売買は賃貸借を破る」の原則により、家主が変り新家主から立退を請求されると、借家人は立退かねばならなかった。そこで判例は借家人のいる家屋が売買された場合に新旧家主間に賃貸借関係を承継する合意があったと認定して借家人を救済したことがある[16]。実際にそういう合意がありうることは言うまでもない。あるのが寧《むし》ろ普通かも知れない。しかし、新家主は借家人の存在を知らないこともないとはいえず、知っていても賃貸借関係を承継する意思がないこともあろう。そういう場合に賃貸借関係承認の黙示の意思表示があると認定して賃借人を救済することが考えられるのである。このような黙示の意思表示は借家法によって家屋の賃貸借に、引渡があれば、対抗力を付与するに至る第一歩であるといえよう。

（ロ）又判例は、身元引受の場合に、被用者が四年間に六万余円を横領したが、会社の監督が甚しく当を得なかったときは身元引受人は会社の損害全部を賠償する義務はなく、全部又は一部の免除を受くべきであるとし、「縦令《たとえ》身元引受契約中特ニ明示ヲ以テ会社ガ相当ノ監督ヲ為スコトヲ条件トスル旨ノ約款ヲ付セザレバトテ反対ノ証拠ノ見ルベキモノナキ限リ、之只《これただ》当事者ガ明示ノ要ナシトシテ明言セザルニ止マリ暗黙ニ之ヲ契約ノ条件トセルモノト解スルヲ正当トス」と説示している[17]。このような黙示の意思表示は身元保証法にみる身元引受人の責任軽減の思想を取入れんとする試みであろう。

（ハ）更に判例は、原告が昭和十三年十一月二十二日土地を六千円で被告に売渡すと同時に、昭和二十三年十一月二十四日迄に原告が右代金を支払うときは被告は売戻すべき旨の再売買の予約をしておいたところ、昭和十六年二月一日より臨時農地価格統制令が施行され、その土地につき公定価格四千二百四十四円を超える代金の授受が禁ぜられるに至ったが、原告は昭和十六年六月二十一日六千円を提供して売買完結の意思表示をし、土地所有権移転登記手続を請求した事件につき、「凡《およ》ソ不動産ノ売買ヲ為スニ当リ買主ガ売主ニ対シ一定ノ期間内買受代金ヲ以テ之ヲ売戻スベキ旨再売買ノ予約ヲ為スハ特別ノ事情ナキ限リ当事者間ニ於テ該期間内経済事情ノ変動其ノ他法令ノ施行等ニ因リ社会情勢ニ著シキ変動ヲ生ゼザルベキ場合ニ限ルトノ暗黙ノ諒解ノ下ニ之ヲ締結スルモノト解スルヲ妥当トスベキガ故ニ再売買ノ予約締結後其ノ期間中社会情勢ニ著シキ変動ヲ来タシ為ニ所定ノ代金額以下ニテ買戻ニ応ゼザルヲ得ザルニ至リタルトキハ当事者ニ於テ予約締結当時既ニ将来社会情勢ニ斯ル変動ノ生ズル虞《おそれ》アルコトヲ予想シ居タルニ拘ラズ尚且《かつ》該予約ヲ締結シタルモノト認メラルル如キ特別事情ノ存セザル限リ斯ル代金額ヲ以テシテハ再売買ノ予約ヲ為サザリシナルベシト認ムルヲ相当トスルガ故ニ該予約ハ之ヲ無効ナリト解スルヲ当事者ノ意思ニ最モ適合スルモノト謂《い》フベシ」といって、原告の請求を棄却したことがある[18]。事情変更の原則は、当初は、黙示の意思表示の形式で、法のうちに導入されるのであるが、この判例においても、黙示の意思表示の形式で事情変更の原則が適用されているのであろう。

これらの孰《いず》れの場合にも黙示の意思表示は新しい法思想のあらわれ出る手掛りとなっているが、そのことはまた法規のわくを変えていることを意味するであろう。

(3) 法規の欠缺　前述の如く、所謂《いわゆる》「法規の欠缺」という中には、文字通り「法規の欠缺」とみるのが素直である場合のみならず、本来適用すべき法規がないという意味での法規の欠缺があるわけではないが、法規をそのまま適用すると結果が不当だと考えられるとき「法規の欠缺」だといってその法規を適用せず、結局法規を修正しようとする場合がある。判例に所謂《いわゆる》婚姻予約有効判決もその一例として挙げることが許されるのであろうか。民法では届出がなければ婚姻は効力を生じないということになっている。その意味は、当初の判例が考えていたように、内縁には何等の法律上の効果も認められないということだと解せられないことはない。然るに判例学説は内縁は「法規の欠缺」の一つの場合のように考え、棄てられた妻に夫に対する有形無形の損害の賠償を請求することを認めたのを初として、一定の効力を与えるに至っていることは周知の如くである。この場合には「法規の欠缺」の名において、内縁法が法体系のうちに導入されたわけである。

　このことと関連して注目すべきは、脱法行為の取扱である。本来、脱法行為は無効であるべきである。ところが、実際の取扱は必ずしもそうなってはいない。必ず挙げられる例は譲渡担保である。質については、質物を債務者の占有にとどめることと流質とは禁止されている（三四五条、三四九条）。譲渡担保はこれを回避する手段とみられないことはない。然るに取引の必要を考慮してそれを有効としている。再売買の予約も同様の例と考えていいであろう。我が民法は、買戻については、「買戻ノ契約ヲ許ストキハ、屡《しばしば》所有権ノ所在ヲ曖昧ナラシメ且《かつ》財産ノ改良ヲ妨ゲ公益上其害ナシトセザレドモ此制ハ古来ヨリ我国ニ行ハレ……之ニ因リテ金銭融通ノ途ヲ得ルノ便益アルヲ以テ本案ニ於テモ之ヲ全廃スルコトヲ為サズ其適用ハ成ルベク制限スル」こととし、(1)不動産の売買に限る、(2)必ず売買契約と同時に之を為し且其登記をしなければ第三者に対して効力を認めない。(3)買戻の為売主より買主に支払うべき金額は代金及び契約の費用を超過し得ない、(4)買戻権の行使には契約の費用を提供することを要する、(5)買戻の期間は十年を超え得ない、こととした（五七九条、五八〇条、五八一条、五八三条）。再売買の予約も買戻と同じ作用を果している。してみると、買戻の制限を再売買の予約にも及ぼすべきはずである。然るに取引の必要を考慮して、再売買の予約を、買戻のような制限なしに、その効力を認めるに至っているのである。かくて「法規の欠缺」ということも、法規のわくを変えて、社会の需要に応ずる一の手段となっているのである。

このように、法の解釈に当って、法規のわくに必ずしも拘束されない。従って解釈するものの主観的価値判断は法規のわく内で働くのみならず、法規のわくを修正することさえするのである。

三　このことは民法の領域ばかりではない。罪刑法定主義に基く刑法の領域においても、起訴便宜主義や量刑があり、また構成要件が概括的に規定されている場合さえあって、規定のわく内で自由裁量の余地が残されているばかりでなく、超法規的解釈のなされる傾向があり、「刑法的思惟の危機」という、多少センセーショナルな表現で警告されている。「刑法の解釈の領域において超法規化をまづ成就したのは違法阻却事由に関する規定についてである。第三五条後段の正当の業務による行為については、今日では特に業務行為たることを必要とせず、正当行為であればよいと解することについて学説が一致してゐると見てよいが、業務行為でなければならないとする思想は相当強硬に永く主張せられてゐた。それが超法規定的解釈によって克服せられたのである。」……「これは刑罰請求権を排除するところの行為者に対して有利な超法規化である。」ところが、「法律の明文を踏み超えた事実によって刑罰請求権を確立するところの、行為者に対して不利益な超法規化」も行われているといわれている。例えば共謀による共同正犯の概念である。「共謀による共同正犯とは、いふまでもなく、二人以上の者が共同で犯罪の実行につき謀議し、実行行為の担当者を定め、その担当者たる一部の者が実行行為を為した場合において、実行の分担を為さず単に謀議に参与しただけの者に対しても亦共同正犯の責任を認めるといふ思想である。この思想は、古くから知能犯について判例上認められてゐたものであるが、昭和十一年五月二十八日の大審院連合判決によって一般化せられ、爾来一貫して判例において採用せられ、最高裁判所においても亦肯定・

承継せられて来てゐるものである」この「共謀による共同正犯は、可能な、いかなる理論によっても、これを合理的に基礎づけることの出来ない超法規的概念である……。そして、そのやうな超法規的共同概念が使用せられる唯一の理由は集団的な犯罪は単独者の犯罪に比較して危険性が甚大であるからといふにある。[19]」このように刑法の解釈適用でさえも、法規のわく内で主観的価値判断が働きうるのみならず、法規のわくによっても絶対的に拘束されているわけではない。

四　憲法のような一般的抽象的な規定の解釈となると、なおさらそうであろう。たとえば、憲法三九条三項は私有財産を公共のために収用するには「正当の補償」をすべきことを要求しているが、周知の如く、農地改革に当って、農地の買収価格が正当の補償であるかどうか、換言すれば農地改革は違憲でないかどうか、が争われた。判例及び一部の有力な学説は農地の買収価格を以て「正当な補償」であると納得させようとしたが、他の一部の同じく有力な学説は農地の買収価格は「正当の補償」とならないと主張した。尤《もっと》も農地改革は憲法以上の権力たる連合国の指令に基いて遂行された施策だからとか、その他の理由で有効だと解したが、しかし、その解釈の差異のうちに農地改革に対する態度の相違を感じないであろうか。公共の福祉と基本的人権との関係については殊にそうである。公共の福祉というのは、あいまいな観念で、「歴史的には絶対主義の時代に、絶対主義の強力なる権力を基礎づける表現として採用されたことがある[20]としても、現在の憲法の解釈としては、結局議会の多数ということになるであろう。勿論《もちろん》議会の多数の決するところがそのまま公共の福祉に合するのだというのではさらさらない。多数の決したことでも誰が考えても公共の福祉に反するということはあり得る。しかし、公共の福祉に合するや否やが争われた場合に、それを決するのは、議会主義の民主主義国家では、結局議会の多数であるという意味で、議会の多数が公共の福祉だといったのである。そしてそう解することが、却って公共の福祉という美しい言葉からくる、そのためなら個人の権利を制限しても差支えあるまいという考え方を反省させ、公共の福祉によって基本的人権を一般的に制限することができないという主張の意味をはっきりさせると思われる。しかしそれにも拘らず、公共の福祉によって基本的人権を一般的に制限することができると解すべきか否かについては鋭い意見の対立があり、それと関連して、たとえば、公安条例が違憲かどうかが争われたのであるが、それを決定しているものは、殆《ほとん》ど解釈する人の政治的な立場ではないであろうか。その限りでは、法の解釈は正に実践であり、政治であるといって差支えないであろう。要するに、法の解釈としてとどまる限りでは、法の安定性を無視し得ない。しかし、どの程度に法の安定性を尊重すべきかは、社会的妥当性の要請によって少からず影響される。従って、一寸《ちょっと》言い表わしにくいのであるが、法の解釈とは、そういうものとしての法の安定性を考慮して、法規を出発点とし、法規の解釈として全然無理でなく許容されると納得しうる限度内で、自分の主観的価値判断に基き社会的に最も妥当と思われる法律的判断をすることである。

五　このように、法の解釈には主観的価値判断が入り込むのである。「どこでも個人的要因を強く主張する時代に、唯《ただ》法律学のように精神運動に常におくればせについてゆく学問のみが、この要素を完全に無視し得るのである。それにも拘らず、個性がちがえばその感情の反応も必然的に違うから、誰もある行為を善と認め、ある芸術作品を美と認めることを強いることが出来ないし、又許されもしないと同様に、法律問題についてもすべての人々の一致した判断を要求し期待することは許されない。」(21)「法の言葉がすべての人に於て同じ観念を喚び起すことは肝要だ」(22)。立法に当ってはその点に注意すべきだとしても、それは求められない場合がある。勿論《もちろん》法の解釈には主観的価値判断が入り込むといっても、法の領域の如何によって一様ではない。しかし、それでも多かれ少かれ主観的価値判断が交るであろう。それが、借地借家立法や小作立法、とりわけ労働法のような両当事者の利害関係の対立を前提としている法の領域では、法の解釈は、あらわにイデオロギッシュな解釈として現われるのである。実際、何か解釈上の争いが起ると、互に自分達と思想傾向を同じうする法学者のところにいって結構自分達の希望する解釈をしてもらって、それを宣伝しているのである。一寸《ちょっと》考えると、そこには何か恣意的なものが感ぜられ、そしてまた恣意的なこともあり得ないことではないが、でも恣意的とばかりは限らないのである。寧《むし》ろ、それは法の解釈の本質上、免れ得ないところだといわなければならない。従来、よくイデオロギッシュな解釈は排斥さるべきもののように言われて来た。しかし、法の解釈は、意識するとせざるとに拘らず、ある限度でイデオロギッシュであらざるを得ないのである。そして事件によっては、政治的立場なしには、却って結論を下すことが出来ないで途方にくれることであろう。

勿論《もちろん》、法規の欠缺の場合——もともと適用すべき法規がないと考えられる場合と、法規を適用すると余り不当なので適用すべきでないと考えられる場合とを含めて——に、解釈するものの純然たる恣意が決定するというのではない。法の解釈は社会の現状に拘束される。社会の現状に即して妥当と考える結論を求める。しかし、何を妥当と考えるかに当っては、解釈するものの社会観という主観が影響するであろう。でも単なる恣意ではない。客観と不可分離に結びつけられた主観である。そして正にそれ故に解釈しているものは、自分の解釈が客観的に妥当な唯一の解釈でもあるかのように意識しがちなのである。しかし、そのことは法の解釈が主観的価値判断によって左右される、イデオロギッシュなものであることを否定するものでない。

ところが従来の法解釈論は、法源論が中心で、法規の欠缺の場合によるべき客観的基準を見出さんと務めた。そして或は法規の欠缺は条理、自然法もしくは生ける法によって充足されると考えた。そう考えるのは、その限りでは矢張り法秩序の完全性をみとめるわけである。しかし、その意味での法秩序の完全性も存在しない。のこりくまなく人間生活を規定している客観的法秩序なぞあるものではない。社会生活上、しばしば、よるべき規範をその時々につくりだすことがあるのによっても分る。スイス民法一条が「文字上又は解釈上この法律に規定がある法律問題についてはすべてこの法律を適用する」「この法律に規定がないときは裁判官は慣習法に従い、慣習法も亦存在しない場合には、自己が立法者ならば、法規として設定したと考えるところに従って裁判すべきである」、「前二項の場合に於ては、裁判官は確定の学説及び先例に準拠すべきである」といっているのは、いかなる意味でも法秩序の完全性をみとめないのであろう。同じ立場の学説も多い。『法律解釈者は「自由であり且《かつ》創造的であらねばならない。しかし同時に注意せねばならないのは、彼等の規範創造が常に必ずより高次の法律規範によって羈束《きそく》せらるべきこと及び他の法律規範との均整を顧慮しつつ行われねばならぬことである。……解釈者は其範囲に於てのみ「自由であり且創造的」である(23)』。利益法学の言葉でいえば、「裁判官は法律の規定している事実が存在していない場合には、先ず争となっている利益の衝突を明かにすべきである。それから、同一の利益の衝突が他の事実の形で法律に決定されているかどうかを検討すべきである。決定されている場合には、その法律の価値判断を推及し、同様の利益の衝突を同様に決定すべきである」「しかし、裁判官は衝突を生活利益についての自分の評価に従って決定することの出来る場合がある。それは第一に、法律が明文上の委任（裁判官の裁量にまかせること）によって、又は不明確な、評価を必要とする言葉（重大な事由の如き）の使用によって、裁判官をして自分の評価によらしめた場合である。しかしまたそれを超えて、法律による価値判断が互に矛盾し、又は言われていない場合にも、自分の評価が行われねばならない。かかる場合には裁判官は、立法者たらば提案したところの決定をしなければならぬ(24)」。唯《ただ》、これらの法解釈論はすべて裁判官の立場よりする法の解釈の理論であった。そしてまた、そのことが、法の解釈も一定の範囲で法創造の機能を果すことを認めるときにさえ、客観的なよりどころがあるべきであり、また見出し得るかのように考えさせた一つの理由であろうか。というのは、裁判官の解釈は、社会の力関係の推移のままに、そのときどきの安定を目指して行われ、社会の力関係の推移そのものを押し進めるべきでもなく、また押し戻そうとすべきでもなく、その意味では裁判官は社会の力関係のつつましやかな順応者であるといえるからである。しかし、法の解釈は裁判官のみのことではない。裁判官のする法の解釈のみが唯一可能の適法な法の解釈だという理由はない。寧《むし》ろ、社会的利害の対立に基き、主観的価値判断の相違によって社会に相争う法の解釈の対立の上に立って下されるのである。

が、兎《と》も角《かく》、裁判官が法の解釈するに当っても、価値判断がはたらき、のみならず、時には法規が合理的内容に修正されていることは否定することができない。法規は裁判官によっても法文のまま尊重されているのではなく、その内容の合理性を考慮して尊重されているのである。そして法文のままの意味とは異るような解釈をした判決がよく名判決として讃えられる。それならば、何故、時に悪法も法であり、それを遵守しなければならないと主張されるのであろうか。

(1) ケルゼン著横田［喜三郎］訳「純粋法学」一四二頁、一四三頁、一四八―九頁、一五二―三頁。
(2) Radbruch, Rechtsphilosophie, S. 111.
(3) 大判昭和一八・二・一二民集二二巻二号五七頁。
(4) 大判昭和一九・九・一八法律タイムズ通巻七号六六頁。
(5) ケルゼン前掲、一五六頁、一五七―八頁、一六三―四頁、一六六頁。
(6) 末弘［嚴太郎］「法源としての条理」続民法雑記帳二三―四頁。
(7) 大判大正九・四・二四民録五・八二頁。
(8) 名古屋高判昭和二三・三・一三高等裁判所民集一巻一号七一頁。

(9) 横田正俊「小作争議と小作法案」時報四巻三号五頁、井倉「調停による私法関係の修正」司法研究二九輯報告集一七、一四七頁以下。
(10) 例えば、東京地判明治四四年(ツ)一五七二号新聞八〇一号二一頁。
(11) 例えば、大判大正九・一一・一一民録一六九七頁。
(12) 大阪控判明治四五年(ネ)三六六号評論一巻民法六三〇頁。
(13) 大判昭和一〇・一〇・一四新聞三九二〇号五頁。
(14) 大判昭和一二・七・一〇民集一六巻一七号一一八八頁。
(15) Ehrlich, Die stillschweigende Willenserklärung, S. 287, 289, 291, Vorrede S. 7. 我妻〔栄〕「ダンツの裁判官の解釈的作用」法協四一巻二号に、エールリッヒの黙示の意思表示論の紹介がある。
(16) 大判大正九・九・四民録一二四〇頁。
(17) 大判昭和八・五・二四民集一二九三頁。
(18) 大判昭和一七・一〇・二二新聞四八〇八号七頁。
(19) 木村〔亀二〕「刑法的思惟の危機」法曹時報二巻三号四頁一六―七頁、一〇頁、一五頁。
(20) 鵜飼〔信成〕等座談会「公共の福祉と基本的人権」法律時報二一巻九号一八頁。
(21) Graeus Flavius, Kampf um die Rechtswissenschaft, 1906, S. 26.
(22) モンテスキュー著宮澤〔俊義〕訳「法の精神」下巻三三五頁。
(23) 末弘「法律解釈に於ける理論と政策」民法雑考三三一頁。
(24) Heck, Interessenjurisprudenz, S. 20 f.

〔以上、(一)〕

二

一　「悪法も亦法なり」(Dura lex, sed lex) という格言は、ローマ法の法源（D. 40, 9, 12, 1）を基としてつくられたものだということであるが、それ以上に何時、誰によってつくられたかなどということは明かにし得なかった。しかし、この「悪法も亦法なり」という思想は、通常十九世紀の法実証主義者に帰せしめられている。「十九世紀の法律家は法律上の権利は、必然的に正当であるとは限らない、云ひ換ればそれは「あるべきこと」についての一般人の感情に一致することも、しないこともあることを、熱心に指摘したのであった。彼は、法律上の請求で道徳的に不当なもののあり得べきことを説き、「法律上の権利はそれが正当でないなら権利でない」(a legal right is not a right if it is not right) と云うジングルが誤であると反駁するに熱心であった」[1]。しかし、殊にジョン・オースチンの名において知られている。「全体『悪法モ亦法ナリ』ト云フ格言ガ、ドウ云フ筋道カラ生ジテ来タカト云フコトニ就キマシテハ、……「オースティン」一派ノ命令説ト云フ思想ガ此格言ノ基礎デアルト先ヅ申シテ宜シカラウカト思ヒマス」[2]。「オースチンが指摘したように、法は法律的に拘束力がなければならない。しかし不当な法はあり得る、権力に対する反抗は法律上の権利であることはあり得ない、而《しか》もそれは徳行であり得る。……彼は、法はそれ自身不道徳であるかも知れない、その場合には、その法に従わないのが我々の道徳上の義務であることを認めた。しかし、それにも拘らず、それは法である、そしてその不服従は、徳行であろうとも、叛逆以外の何ものでもない[3]」。

この「悪法も亦法なり」という格言のもつ意味は、その用いられる場合の如何によって、常に同じではないと言われる[4]。が、兎《と》も角《かく》、オースチンにおいて、「悪法も亦法なり」と言われる場合の意味は、個々人が良心、正義観、道徳観その他何と呼ぼうと、要するにその主観的価値判断からする反抗に対して法の効力を維持せんとするにあったことは疑ない。「ブラックストンはその著『註釈』で、神の法は拘束力の点で他の一切の法に優越する、人の法は神の法に抵触することは許されない、もし抵触するなら、人の法は無効である、そして一切の有効な法の効力の本源は神である、と述べている」、「さて、神の法に矛盾する人の法は拘束力がないと言うことは、全くのナンセンスである、最も有害な法、それ故に最も神の意志に反する法と雖《いえど》も法として裁判所によって強行されて来たし、またずっと強行されている。無害な、或は積極的に有益な行為が主権者によって禁止され、禁止を犯す者は死刑に処すと定められたと仮定しよう。私がこの行為を犯すならば、審問し宣告されるであろう。そしてもし私が立法者は悪い結果をもたらさない行為を禁止するなと要求して来た神の法に反すると言ってその判決に抗議をしても、裁判所は私が効力を争った法に従って、私を絞首刑に処して、私の推論の不得要領を証明してみせるであろう」、「ある法を守るべきでないと言われるとき、その意味はその法を正当とする理由よりも一層有力な、抗しがたい理由によってその法に従わぬように促されていることである。神の法が明確であればそれに外れる人の要求には従うなと神の法の示す理由は他の一切の理由に優越する。併し神の法は必ずしも明確でない。……神の意志の指標として、効用 utility は明かに不充分である。あるものに有害とみえることが、他のものに有益とみえるかも知れないから。そして道徳心、良心はどうかと言えば、それらは単に無知又は邪《よこしま》な利害をかくす便宜的な口実にすぎない。即ちそれらは、私は私の反対する法を嫌う、そしてそのわけは分らないということを意味するか、又は私は法を嫌う、そして私の嫌う原因は公言するのをはばかるということを意味する。私があからさまに、私はその法を嫌う。それ故にそれは拘束力がなく、守らないでもよい、というならば、誰も私の言うことを聞かないであろう。しかし私の憎悪を私の良心又は道徳心と呼んで、同一の議論のきかれんことを他の一層尤《もっと》もらしい形式でせがんでいるのである」、「有害な、即ち神の意志に反する一切の法は無効で、忍従する必要はないと一般的に宣言することは、アナーキイを説くことである」[5]。そして『悪法も亦法なり』の思想が、近世に於て発達した国家生活と密接の関係あることを第一に注意せねばならぬのである」[6]。いずれにせよ、この「悪法も亦法なり」と云う思想は権力思想であると言えよう。

　尤も、「此格言ハ必シモ、法律ノ内容ハ何デモ構ハヌ、如何ナル悪法デモ結構ダト云フノデハナイ。『悪法即チ法ナリ』ト云フノデハナクシテ『悪法ト雖《いえど》モ亦法タルヲ喪ハズ』ト云フノデアル。決シテ法ハ悪法デナケレバナラヌト云フノデモナク、又法律ニハ実際悪法ガ多イト云フノデモナイ。法律ハ勿論《もちろん》善法デナクテハナラズ、又実際サウデアル、唯《た》ダ偶《たま》ニハ悪法モアルカモ知レヌガ、其ノ偶ニアル悪法ト雖モ亦法律ニハ相違ナイト云フ位ノ意味デアル」[7]。寧《むし》ろ「悪法も亦法なり」の格言が当然として受け取られるのは市民社会の安定期であり、この時期は所謂《いわゆる》合法的支配の時代である。所謂合法的支配とは、「予め制定された合理的規則により支配権限を与へられた者が、同じく予め制定された一般的合理的規則に準拠して行ふ所の支配なるが故に（又その限りに於て）正当であるといふ、合規則的支配たる点に特徴を有する」、「形式的に合法だ……、だから正当なのだ、……これが即ち上に見た所謂合法的支配の精神的本質をなすものに外ならない」、「このことは、国家権力がその時々に定立し採択した法規への服従を通じて又権力への無限降伏が行はれることを意味するであろう（所謂法律実証主義の思想的本質はここにある）。事実、合法性が正当性の代用をなした近代法治国家に於ては、本来の正当性意識が萎靡《いび》腐敗してゆくべき最も恐るべき誘惑がひそんでゐた」。この「合法 legal だから正当 legitim だという信念が普遍化したのは、絶対王制が打倒された後、近代の権力分立主義の法治国家に於てであった。合理性と正当性との社会意識に於ける結合は唯《ただ》ここに於てのみ、しかもその安定期に於てのみ生じ得た」[8]。

勿論《もちろん》、この時代にも、事件を法律的に解決するに当って、(国民一般の)社会観念乃至《ないし》道徳よりみて、その解決が妥当であるか否かを考えることを排斥することは出来なかったろう。「裁判官や弁護士は、十九世紀理論の行われて居った絶頂に於てすら、このことを感じたのだ。例へばディロン判事は、……云ふ。『若しも私自身の経験を述べることが許さるならば、私は常に裁判官の職を行ふに当り、常に事件の内在的正義に不可避的に引きつけられた。そして事件の真の正当性に基いて判決を下さうとする傾き、否、決意を持つに至った。私は弁護士として引受けた事件が、道徳的に正しいならば如何なる技術的困難が其処に介在しやうとも必ず成功するといふ信念を懐いた。そして結果は常に此の信念に背かなかった』と。裁判に於ける斯る事実を無視する理論は、如何なる哲学的理論にもまして、それは架空の論である」(9)。しかし、この時代においては、法と社会観念乃至道徳とは理論上区別されるが、事実上は一致しているのである。一般的に法と道徳の矛盾が問題となっているのではなく唯《ただ》あの事件この事件を具体的に妥当に解決することが問題となっているに過ぎないのである。

二　然るに、市民社会の動揺と共に、形式的に合法だから正当だ、という観念に疑いがさしはさまれる。「社会秩序の均衡破綻、社会不安の激化、国民の内に於ける社会的異質性の顕在化、——端的に言ふならば階級対立の激化は、合法性による正当性の代替作用を崩壊させずにはおかない」(10)。そして法の正当性が問題とされるに至る。この時期は社会政策の発達期でもある。資本主義社会が変質し、一般的に社会状態と法とのへだたりが意識され、法が社会状態に合致するように求められる。社会思想、従って法思想も推移し、法と道徳の対立を極力否定せんとする傾向を示す。「十九世紀の末期に於ては、自由に意欲する自覚的個人なる終極的所与に基いた個人主義的な諸理論が、個人の独立なる第一原理に依らないで、社会的相倚に依て基礎づけられた諸理論に地歩を譲るに至って、法律と道徳とを対立せしめんとする企図が捨てられ、新らしい形で法律を道徳に従属せしめる企《くわだて》が之に代ってなさるるに至ったのを目撃する。」「此の運動には法律哲学の再生が伴った。即ち十九世紀の形而上学派の代りに諸種の社会哲学派が発生したのがそれである。此の再生の特色の一は、法律規範は道徳規範の実現を其の目的とするという新しき法律理論、従って倫理学に対する法律学の従属的地位を認めた古い理論の再生であった」「既に一八七八年にエリネックは法律と道徳とを対立せしめる傾向から法律を道徳の内に包摂する傾向への推移の橋渡しを為した、彼によれば法律は最小限度の倫理である。即ち法律の分野は一定の社会発達段階に於て守らるることを絶対的に必要とする部分の道徳的要請である」[11]。この傾向に伴って「悪法は法にあらず」と主張されるに至る。我が国では、とりわけ大正末期以来、悪法も亦法なりやが論ぜられたようである。そして、法律学者は、しばしば、比較的容易に、「悪法は法にあらず」と断言している[12]。

しかし、この場合に、悪法は法でないと主張する論者は、そう主張することによって、たかだか法律を適用する場合に融通を利かせようとするのである[13]。国家権力の在り方に対する反抗の気持を基礎にもっているわけではなく、国家権力の在り方を是認する立場に立ち乍《なが》ら、唯《ただ》法の合理性を社会の現状よりして疑問とし、国家権力それ自身による法の社会の現状への即応を問題とするだけなのである。正にそれ故に法律学者も比較的容易に『悪法は法にあらず」と断言することが出来たのだと思われる。しかし、このような意味で「悪法は法にあらず」ということは、法の解釈適用には採量「原文のまま。「裁量」が正しいか?」の余地があるといっても当然に一定のわくがあるにも拘らず、法の解釈適用をよろしく行うことによって悪法も悪法でなくすことが出来ると主張することになり（所謂《いわゆる》法律の解釈の無限性）、結局現存法秩序の正当性を弁護する役割を果すことになると思われる。

三　然るに、昨今同じく悪法も亦法なりやが論ぜられたとき、法律学者は多く「悪法も亦法なり」ということを認め、「悪法は法にあらず」という主張を以て過激なりとし、それに対して嫌悪の情を示している。それは

「悪法は法にあらず」と同じく主張されるにしても、意味が異るからであろう。

法は法なるが故に遵守せよと要求すべきではなく、又要求しうるものでもなく、法の遵守は法の正当性と無関係に論ずることは出来ないと主張する点では同じである。しかし、現存法秩序に対する根本的態度は正反対といってよい。というのは、従来「悪法は法にあらず」といわれたときの悪法とは、国民一般の社会意識乃至《ないし》道徳が悪法とする場合である。法と国民一般の道徳の一致は、ときあってか不一致が生ずることがあっても、常に目指されているところのいわば自然状態である。国民一般の道徳よりみて悪法とされる法は、「悪法も亦法なり」として、強行しつづけ得るものでない。法が遵守されるためには、自由意思の主体たる個人を出発点とする市民社会にあっては、国民一般に自発的な遵法精神がなければならず、そしてそのためには国民一般に法の正当性の意識があることが必要である。よく国民の遵法精神が地を払ったといって慨歎されるが、それは多くは法の内容が無理な場合である。従って、遵法運動は国民一般の倫理観を法に一致させ、法の正当性の意識を鼓吹するにあるが、それは常に法の内容の検討を伴わねばならぬのである。尤《もっと》も従来の遵法運動はひとえに遵法精神を高揚し法の内容の反省をただ附随的に言及するにとどまる傾きがあったが、法の規範的意義に対する信頼の深いと言われるアメリカのような国でも立法万能主義は反省されている。(14) 我が国でも立法を以てすれば何でもできるという思想が強かったが、そういうものでないことは、戦時及び戦後の食糧の闇買いのことを考えればよい。配給だけでは生活できない事情の下では、如何に遵法精神を高揚しようと、闇買いが国民一般に行われるのは当然である、そして取締に当る者さえ、取締に手心を加え、常識に反する取締はしないと言明せざるを得なかった。それどころか、「悪法も亦法なり」として、厳罰を以て臨むことは、取締に当る者の態度としても決して正しいとは言えないと主張された。(15) このような意味での「悪法は法にあらず」という主張である限り、少くとも現在では一般に割合にあっさりと承認されるであろう。

しかし、昨今、「悪法は法にあらず」と主張される場合は、議会の多数決は直に国民の多数の意思ではないとしても、少くとも、当該の法を悪法とするものが国民の多数を占めるとは必ずしも言われない。換言すれば法と国民一般の道徳とが矛盾しているとは言い切れない。この場合に問題となっているのは、法と道徳の対立ではない。又正義が何か客観的な絶対的価値を意味するのであれば、秩序か正義かの選択でもない。寧《むし》ろ法乃至《ないし》秩序と個人の主観的価値判断との対立である。そしてこの場合に、「悪法は法にあらず」と主張されるならば、それは、国家権力の在り方に対する反情を基礎にもち、所謂《いわゆる》法律の解釈の無限性を信ぜず、国家権力よりすれば正当乃至合理的だとされる法を、自己の主観的価値判断——といっても、勿論《もちろん》、恣意的な価値判断だというのではなく、確乎たる社会観に基礎をおく価値判断であれ、未だ社会において支配的となっていないという意味での——よりその正当性乃至合理性を争い、その拘束力を否定せんとするのであり、国家権力そのものにより法の運用宜しきを得べきことを望むに過ぎないものではなく、民衆の側よりする国家権力への挑戦であり、現存法秩序への反抗である。それは延いて革命の是認にも通じていると思われる。要するにこの場合に、「悪法は法にあらず」と主張するのは、法の遵守は法の正当性と無関係に論ぜられないということを国民一般の意識において悪法とする場合にとどめることなく、良心、道徳感、正義観その他何と呼ぼうと個人の主観的価値判断よりみて悪法と信ずる場合にも及ぼし、その場合にも法の拘束力を否定せんとするものだといえよう。(16) そしてそれは革命の問題とされる時代にあらわれる考え方である。嘗《かつ》てフランス革命の時代にもあらわれたと言われる。十八世紀の後半に於て自然法の内容は反社会的なものとなるに至った。蓋《けだ》しそれは個人の良心を以て政治的及び法律的拘束性の最終の判定者とするに帰着したからである。例えばウイルソン判事は、「如何なる外部的な権威も自由独立人を拘束するものでない」と云い、又、「人定法の拘束力の真の起源は法律が服従を要求する人々による同意であると私は考へると云った」。「又ジェファーソンの同様の意味合ひの宣言は、人口に膾炙して居る」。そして「所謂《いわゆる》革命権なるものは十八世紀の法律家が屡々《しばしば》論議した所であり、ウイルソン判事に依れば『合衆国憲法及《およ》び各州憲法の原理として教へられねばならぬ原理』である」。それに対して「ベンタムは……古典派自然法の弱点を指摘して居る。正邪識別の基準に関する諸種の提案に就き、彼は此等の基準は『外部的な基準に訴へる義務を回避する試みであり、読者をして著者の感情乃至《ないし》意見を自明の理として認めしめんとする試みである』と云って居る。彼は更に……左の如く述べている。「此等の試み中最も公平、淡白なのは『余は選ばれたる者に属する。神は何が正しいかを、選ばれたる人に知らせんとし、神のこの企《くわだて》は成功した。此等の選ばれたる者は之を知らざるを得ないのである……若しも人が何が正しきかを知らんとするならば、余の許に来らざるべからず』と公然述べる人達である」。「自然法の何たるかを示さんとした十八世紀の法律家も、ベンタムの所謂、『選ばれたる者の一人』なりと主張する人も同一の地位に在る。彼等は共に其個人的意見を我々に提供して居るのであって、此等の意見は他のすべての人をも拘束すべきものであると前提して居るのだ。絶対的な道徳理論が行われ、その大綱に就いて、総ての人、少なくとも大多数の人の意見が一致して居る時所に於いては、法律学者は何か正しきかに就いての一般に承認せられた理想を、法律資料を用ひての建設的仕事に対する模範として（？）、使用することが出来る。……然し絶対的理論が捨てられ、万人に依って承認せられた権威がなくなった場合、殊に異った要求と欲望を持った階級が、根本問題に就て異った意見を持つ場合には、十八世紀式の自然法は畢竟、各人各々その好む所を以て法律となすに立到らしめる。革命時代のフランスに於ける自然法理論の適用の実際はこの点の自覚を呼び起し（……過去二世紀の哲学的方法と絶縁せしめ）」[17] た。同様の考え方は、今また新しく表明されている。例えば、次の如く、「市民は、国家の行為が、その正当に果すべき目的に違背していると判断する時には、反抗の権利と義務とを持つものとせられてゐる」。即ち、「法は唯《ただ》それが実効的であるといふそれだけの理由で服従を要求し得る権能を有するものではない。服従への要求権能は、それが個々の市民の生活に対して寄与する所のものに依存する。その結果に就ては唯彼等のみが判断し得る。それ故、法の正しさ rightness は、それに就ての市民の判断に依存する」。「法は、それが適用せられる人々によって正当として承認されることを通じて正当なものとなる。作られた所の法そのものは〔道徳的性質に於てニュートラル〕〔この亀甲かっこは元のまま――編者〕なものであり、その正当であるといふ性質は、法を受けとる人々によって法に与へられる[18]」。しかし、フランス革命時のように実定法に優越する自然法に基く反抗権の承認という構成ではなく、寧《むし》ろ革命は階級対立のある限り社会の進歩にとって不可避であり、革命の権利は唯一の歴史的な権利であるとされる[19]。そして「右のような反抗の権利・義務の承認は無政府的危険よりもむしろそれのもたらす、国家生命への不断の創造的要素の注入という価値の故に、プラスの効果あり……[20]」、「高い道徳的かつ精神的な勃興こそは、すべて革命の勝利の賜物だ[21]」とされる。

これに対しては、民主主義社会において、議会主義が行われている場合には、プロレタリアートが議会で絶対多数を占めれば、社会主義を実現し得るのであるから、別に革命を必要としない、それに「国民全体が近代化してしまって、合理主義的になった国では」「納得させて動かすのでなければ」だめで、「近代化すればする程社会の変革というものは納得づくでゆく改良主義の方向へいかざるを得ないだろう[22]」とよく述べられる。革命を是認するものは、革命を否認する者に対し、よく、それならフランス革命は否認さるべきなのかと反問とするが、近代社会と奴隷社会乃至《ないし》農奴社会とでは法秩序に対する人々の感覚が違う。奴隷社会や農奴社会では支配階級の実力が被支配階級の意思を通ずることなく、強制する。ここでは正に実力と実力の争いで、実力を以て被支配階級が支配階級に反抗することを許さぬとする理由はない。しかし、近代社会は、いかにブルジョア民主主義と蔑称されようと、議会主義が行われる限り、議会の多数が国民の代表としてもつ意味については議論があるようであるが、兎《と》も角《かく》法秩序は国民自身の意思を通じて形成される。この法秩序に対する反抗を、以前の時代における反抗と全然同一視することは、確かに、出来ないであろう。しかし、革命を是認するものも、「目的は手段を神聖にする」とうそぶくのではあるまい。目的が手段と対比されて考えられた上のことであるべきは当然である。従って民主主義社会では、議論はおのずから、革命は国民の多数の利益に合するか否かということになってゆく。そして革命を否認するものは、何故革命を否認するかといえば「この方法が、犠牲と利益とを衡《はか》りにかけるとき、革命家にとっては兎も角、民衆にとって決して引き合はないという一事に外ならぬ」と考えるのである(23)。しかし、その点については、各人の主観的価値判断によって異ならざるを得ないであろう。即ち何が正義かばかりでなく、正義か秩序かに当って、いずれを優先させるかも各人の主観的価値判断の如何にかかるであろう。「あらゆる実定法によって満たされた法的安定性の要求が、実定法によって恐らくは満たされずに終ってゐるであらう正義(及合目的性)の要求に、無条件に優先するといふことは証明されなかった。——(法理念のこの三方面は、同等の価値あるもので)、それらが抗争する場合、それらの間に決定を下すものは、個人の良心以外には存在しない。従って、あらゆる実定法の余すところのない効力を、各個人に対して証明することは、不可能である。仮に一の実在(ein Wirkliches)が、徹頭徹尾(durch und durch)価値及《および》効力を有するやうなことがあるとするならば、それは一の驚異であらう。個人の良心は多くの場合、実定法に対する違反をば、自己の法的確信を犠牲にすることよりも、一層憂慮すべきものと秤量するであろうし又さうすることが許される。しかし、個人の良心が服従を拒否するやうな悪法(Schandegesetze)もまた、存在し得るのである(24)」。

しかし、法の生命は秩序である。各人の主観的価値判断は違いうる、正にそれ故に法が必要なのである。「共同生活の秩序は、共同生活をなす諸個人の法律観のままに、委ねておくことは出来ない。なんとなれば、これらの異る人々は、恐らく相対立する指示をなすであろうから。それは、むしろ一の超個人的立場によって、一義的に規制されなければならない。しかしながら、相対主義的見解によれば、理性及び科学（Vernunft und Wissenschaft）は、この使命を果し得ないのであるから、意志及権力（Wille und Macht）が、それを引受けなければならない。何人も何が正義であるかを確立する（feststellen）ことが出来ないとすれば、何人かが、何が適法たるべきかを、確定し（festsetzen）なければならない。そしてもし制定された法が、相対立する諸法律観の抗争に、権威的な主権者の命令（autoritativer Machtspruch）によって、結末をつける使命を果すべきものとするならば、かかる法の制定は、如何なる対抗的法律観に対しても、自らを貫徹し得る意志に委ねられなければならない。法を貫徹することの出来るものは、そのことによって、自ら法を制定すべき権限のあることを論証しているのである。これと反対に、国民の中に於ける各人を、他の者に対し保護するに足る権力を有しないものは、国民各人に対し命令する権力をも有しないのである（カント）。……カール・マルテル Karl Martell は、教皇ツァハリアス Papst Zacharias に対し、『実力を有するものが王たるべきか』という疑問を提起した。教皇は『秩序ガ顛倒《てんとう》セザランガタメニ』（ne conturbaretur ordo）という論拠で、それを肯定した。『われわれに平和を与へてくれるものが、われわれの主君なのだ』（ゲーテ、「ファウスト」二巻四幕）。――これこそ、あらゆる実定法の効力基礎をなす『根本規範』（“Grundnorm”）である。」……とはいえ、「法は実効的に貫徹され得るが故に、妥当するのではなく、それが実効的に貫徹され得る場合に、その場合にのみ、法的安定性を保証し得るが故に、妥当するのである。従って実定法の効力の基礎は、実定法の唯一の義務とされる安定性の上に置かれている。或はこの『法的安定性』という平板な表現を、一層重みのある価値形式(gewichtigere Wertformeln)を以て、書きかへようと欲するならば、それは、法が相争ふ諸法律観の間に創設する平和(Frieden)の上に、万人の万人に対する闘争に結末を与へる秩序(Ordnung)の上に、置かれてゐる、といへるであろう。実定法は、『意見の争がつづく間、哲学者の論争が行われている間、取引に於ける平和(Frieden in Handel)を基礎づけ』なければならない(アンゼルム・フォイエルバッハ)」。(25) 従って各人が自己の価値判断でもって悪法なりとしてこれを破ることを認容するのは、法の本質に反する。尤《もっと》も法の違反に対して厳罰を以て臨むか寛容な取扱をするかは異り得る。しかし無条件に反抗を放置しておくことは出来ない。従って、「悪法は法にあらず」という意味は、自己の良心によって悪法なりとし、それに服従しなくても、国家権力が制裁を加えないということではない。国家権力の立場からは悪法でなく、服従しないものに対して制裁を加えるであろう。従ってその意味ではその所謂《いわゆる》悪法も法であるといわなければならない。「悪法は法にあらず」ということが理論的に正しい限りにおいては、その意味は、法を守らなければならないと意識するかどうかは各人の良心の問題で、各人の良心が法の遵守を以て正義に、国民の最大多数の最大幸福に反するとささやく場合には、法に抵触しようとも、自己の良心の命ずる所に従わなければならないということでなければならない。そして、この意味においてなら、「悪法は法にあらず」ということを、欲すると欲せざるとに拘らず、認めざるを得ないであろう。

要するに、各人の主観的価値判断、イデオロギーは、法の解釈を動かすばかりでなく、法の遵守不遵守をも左右する。しかし、各人の主観的価値判断、イデオロギーが法の解釈のみならず、法の遵守不遵守にも影響を及ぼすという事実こそは、客観的な認識の問題に属し、主観的なイデオロギーの問題でないことは言う迄もない。

（1）パウンド著高柳［賢三］・岩田［新］訳「法と道徳」四四―五頁。
（2）穂積［重遠］「悪法ハ法ナリヤ」法学新報三〇巻三号六二―三頁。
（3）Markby, Elements of Law (3ed.), § 12.
（4）この「悪法も亦法なり」という格言は、かつて進歩的意義をもったことがあると言われる。例えばやや明確を欠くが、次のように述べられている。「法律と道徳とが厳格に区別されねばならぬということは、啓蒙哲学において新らしい法律が古い道徳に対し挙げた叫びであった」、そこでは「封建乃至《ないし》王権の時代における道徳が、謙虚に法律に向ってその歩を譲る」ように求められた。このように「曾《かつ》て、『悪法も亦法なり』の格言は重要な倫理的意義を具有した」（牧野［英一］「法律の解釈の無限性」法協［法学協会雑誌］五五巻七号五一一―三頁）。ということは、「近代的な経済とその法とが行われる同一の社会の中に、これと歴史的性格を異にする倫理が存在するならば、その倫理は資本制経済にとっての障害でしかなく、したがって、自由経済の法はかような倫理を出来るだけ排斥しようと努力する。このような事情は、資本制経済がその出現に必要なあらゆる社会的条件の成熟をまたずして出現したような国々において存在した。ドイツ及びわが国はこの点においてはなはだ共通のものを有したと考えられる。ドイツにおいては、積極的な資本制経済の倫理を説く前に法を右のやうな倫理より解放することがまず必要であったのであり、その故に、学者は法と倫理との峻別、法が法それ自体に基いて形式的に義務づけること、を説くことを必要としたのであった」（川島［武宜］「市民社会における法と倫理」法社会学における法の存在構造一四六―七頁）ということなのであろうか。そしてその学者とはトマジウスを指しているのであろうか（?）。「カントの理論にあっては、法律と道徳とが区別されて居る。彼よりも遙かに以前、トマジウスが此の区別を主張し始めたのであった。そしてそれは立法運動、法典化の傾向と時を同じうしたのであって、此の運動と傾向は成定法は優れたる理性による自然法の有権的な宣明であるとする考、従って成定法の拘束性に関する「命令説」に導いたのであった」（パウンド前掲一一八―九頁）。しかし、右の場合は、道徳と対比される法は自然法の実現とみられているので、「悪法も亦法なり」という思想ではなかったと思われる。現に「悪法も亦法なり」という格言が曾て進歩的意義をもったと主張するものが、「わたくしの考へるところでは、『悪法も亦法なり』という考は、其の初に於ては、法律より不利益を受くる者に対し、法律に対する反抗を禁ずるの謂《いい》である。さうして、そは、法律の内容が社会的に妥当であるからであって、さうして、其の妥当性が命令たる形式に依って確保されたからである」と説いている（牧野［英一］『『悪法も亦法なり』の格言』法律に於ける意識的と無意識的一五六頁）。処で、そこでは自然法が実定法の基礎づけに用いられている。「自然法学説の特性は、一般的には又主要傾向に従へば、極めて保守的のものであった。学説によって主張せられた自然法は、本質的には実定法を、又は――これと同一であるが――国家的権威を擁護し弁護し絶対化するためのイデオロギーであった。充分に練れた体系によって、実際的には無害のものとされた所の、自然法が実定法に対して廃止的な力をもって居るとの主張は、実定法に対する弁護的、正当化的、絶対化的な機能を自然法に承認するためにのみ維持されねばならなかった。自然法学が法的世界について提供する典型的な姿、いはば自然法の法的世界像は次のやうである。即ち、前景に実定法が存する、その妥当は本質的には疑ふ余地のないものとして、実定的の背後に、之れと特殊な方法で重複せしめながら、すべての妥当、凡ての社会的価値の、淵源を示すより高級なる秩序としての自然的法が存するのである。その機能は本質的には実定法を弁護することである」「……凡ての今日著名な自然法学者は何れも保守的傾向に属する。そしてそれ以外のものではあり得なかったのである。かれ等は何れも国家の忠順なる召使であるか、又は国教会の説教者、教授、大臣、大使、男爵、枢密顧問官、僧正等であった。自然法学の頂点、そのクラシカルな時期は丁度用捨なき専制国家主義の時代に当る。その圧迫の下に於ては、革命理論は学術的運動として生じなかったであらう、況んや大学に於ては公然講義せられる如きことはなかったのであろう」（ケルゼン著黒田［覚］訳「自然法学と法実証主義」六一―二頁）。しかし、「自然法の理念は革命的性格をもち得る」（六四頁）。「ルソーの学説の革命的性格は、……通常、人が考へる程に明瞭に存するものではない。それにも拘らず、仏蘭西革命はルソーの自然法論に全然革命的な解明を与へた。而してこのことが法律学――官許的に大学に於て教へられた法律学――が自然法学を放棄した動機であったことほど顕著なことはない。数代の間全然保守的に、王冠と祭壇の防御として承認された学説が反対の方向に於ても使用せられたので、人はそれから遠ざかる」（六二―四頁）。「一九世紀における自由主義的市民階級の勝利と共に、形而上学と自然法学に対して明瞭な反動が起った。経済的自然科学の発達、宗教的イデオロギーの批判的解消と手に手を取って、市民的法律学は自然法学から実証主義えの転向を行った」（ケルゼン著横田［喜三郎］訳「純粋法学」三七―八頁）。

この自然法学から、実証主義への過渡にカントが立っている。「一人の意欲が他の各人の意欲と自由の普遍的法則に従って調和し能ふ為の諸条件の総体、即ち普遍的交互的調和的に成立し得る外的自由の限界を定むるのがカントの自然法」である。「自然法が実定法を（何等かの意味に於て）制約するものなる事は固より言う迄もない」「ヘーンゼルによれば、自然法に反せる実定法には拘束力なしとするのがカント法哲学の唯一正当な結論であり、彼はこれを『カントが法及び国家の事実 Faktum より出発せずして、その法体系を構成 Konstruktion によって展開した事の帰結』であると考へた」。しかし、「自然法は妥当する、然しそれは実定法の正不正の単なる評価規準として然るのであって、必ずしも実在的に妥当するとなすを要しない」「カントはその秩序が如何に形成さるべきかの標準を与へるものとして……彼の自然法を展開したのである」そして「カントは明確に、そして断乎として一切の場合に於て反抗を否認する」「何となれば国民が法的に有効に最高の国家権力に関して判断する為には既に普遍的な意志の下に結合したものとして視られねばならぬから、現在の国家主権者がこれを欲する以外の判断をなす事を得ず、又判断すべきではない」「最高の立法に対するその反抗そのものが、決して反法則的のものとして以外には、即ち全法律組織を滅ぼし去るものとして以外には考へられ得ぬ」というのである。そこで「普遍的に結合した国民の意志とは、……本来実証的立法の正当性を判定する為の原理たる意味を有するものであった。今やそれは単に、国家の法的秩序を維持する一つの現実的立法意志がなければならぬ、と言ふ事を表明するだけの原理に転化する。そして、理性法の精神に基いて観念的に構想された国家に於て固く結合してゐた所の法的正当性と法的安定性・秩序の要求と言ふ二契機は今や分離し、正当性の見地より見て其の実質的価値内容は如何にもあれ、兎《と》も角《かく》何等かの実効的法秩序が絶対的に支配せねばならぬと言ふ、形式的な法的力の要請が前面に掲げられて来る。それは国家権力絶対性の要求に外ならず、紛《まぎ》らふ方なくホッブスへの親近性を示すものである」（加藤［新平］「カント法の哲学に就ての一考察」法学論叢四七巻六号一二三―七頁、一三〇―一頁）。「十八世紀末カントは形而上学的な基礎づけを以て合理主義的な基礎づけに代へ、現存の法律秩序の拘束力を論証する為めに使用された、「形而上学的」自然法を吾々に与へたのであった。そして更に一歩を進め、法律は何等の基礎づけを要しないとし、裁判官又は法学者の関する限り、法律は主権者の賦課強制する法規体系として、それ自身の基礎の上に立つものであると主張する事は分析派の法律家の事業として残されたのであった」（パウンド前掲一七頁）。

そして、以上を通じて、法と道徳の区別は、正義観、道徳感、良心からする反抗に対して法の効力を擁護せんとする意味をもったということが考えられる。

（5）Austin Jurisprudence, Vol. 1 (5ed.), p. 214-6.

（6）牧野前掲一五四頁。

（7）穂積前掲七一頁。

（8）加藤［新平］「国家権力の正統性」近代国家論第一部権力一四頁、一六頁、四九頁、同「権力と法」思想三〇九号三七頁。

（9）パウンド前掲四七頁。

（10）加藤「国家権力の正統性」前掲一七頁。

（11）パウンド前掲一三〇頁、一三二頁。

（12）穂積前掲、牧野前掲である。

（13）尾高［朝雄］「悪法談議」法律のひろば二巻一〇号八頁　事実「悪法は法にあらず」として、引出される結果は次の如くであった。「元来此ノ悪法モ亦法ナリヤト云フ議論ガ最モ強ク起ツテ来ルノハ、……法律ノ解釈ニ就テデアル」、「差当リノ問題トシテ……『治安警察法第十七条ハ悪法ナリヤ』ト云フ様ナ問題ニナツテ来ルト、我我ハ最モ慎重ニ考ヘナクテハナラナイノデアツテ、唯《た》ダ抽象的問題トシテ悪法ハ法ニアラズト論ズルノトハ事変リ濫リニ、コノ法律アノ法律ヲ捉ヘ来ツテ、『是レ悪法ナルガ故ニ法律ニアラズ、故ニ之ニ違背スルモ法律上道徳上責任ナシ』ト主張スルコトニナツテハ、此ノ『悪法ハ法ニアラズ』ト云フ格言モ非常ナ危険物ト云ハザルヲ得ナイ。今此処《ここ》ニ治安警察法第十七条ト云フ規則ガアル、ソレガ悪法カドウカト云フコトヲ判断スルニハ、先ヅ第一ニ其規則其モノニ就テ其内容ガ如何ニ今日ノ社会観念ニ反シテ居ルカト云フコトヲ観察セネバナラヌ。一方ノ人ハ治安警察法第十七条ハ不都合ナ法律ダト云フ、ケレドモ他方ノ人ハマダ此取締リガナクテハ大騒動ヲ惹起スカモシレナイカラ必要ダト斯ウ論争スルト云フ状態ニ於テハ、マダ治安警察法第十七条ハ此《ここ》ニ所謂《いわゆる》悪法ト云フコトハ出来ナイ。更ニ一歩ヲ進メテ治安警察法第十七条ガ内容上客観的ニ悪法ト云ヒ得ベキモノトシテモ、マダソレダケデハ直ナニ其法規ヲ無視シテ可ナリト云フニ足リナイ。即チ更ニ法律ト云フモノハ唯《た》ダ一ケ条ノモノデハナイト云フコトヲ考ヘナケレバナラヌ。治安警察法第十七条ナルモノハ、治安警察法ト云フ「システム」中ノ一部分デアル、其ノ治安警察法ハ行政法規ト云フ「システム」中ノ一部分デアル、而シテソレガ又国法全体ノ大「システム」中ノ一部分デアル。故ニ此ノ大「システム」中ノ一部分ガソレ自身悪法ナリト云フ理由ヲ以テ無視サレルト云フコトガ「システム」全体ニドウ云フ影響ヲ及ボスカト云フコトヲ考ヘテ見ナケレバナラヌノデアリマス。ソレ自身悪法ナリト云ツテ無視サルル為メニ、法律全体ノ権威ヲ傷ケ、法律全体ノ組織ガ崩レルト云フ程度デアルナラバ、其法律ハマダマダ絶対的悪法トハ云ヒ得ヌノデアッテ、ソレガ適用サレルト云フコトハ社会生活全体カラ見テ必ズシモ無意義ナコトデナイト云フコトヲ考ヘナケレバナラヌ。故ニ私ガコレハ悪法デアッテ縦令其法文アリト雖《いえど》モ各人ハ之ヲ無視シ得裁判官亦之ヲ適用シ得ザルモノデアルト云フノハ、其法規自身ノ内容上社会生活ノ利益ニ客観的ニ背反シ而シテソレヲ無視スルト云フコトガ法律全体ノ「システム」ヲ崩サズ却ツテ社会生活ノ利益ニ合スル程度ノモノデナクテハナラヌノデアリマス」（穂積前掲七一頁、八四―六頁）「しかし問題は、悪法を法に非ずとして、其の適用を無視する場合に限るのでない。尚、外に悪法は法に非ずという原理の下に法律の解釈が如何に変って行かねばならぬかの問題がある。さうして、之が寧《むし》ろ実に重要事項なのである。例へば、治安警察法第十七条に付いて見るに、これが悪法なることを主張する論者が頗《すこぶ》る多い。しかし、之が適用を否定する論者はまだないやうである。わたくしは、今茲《ここ》で、同条を廃止すべきや否やの立法論をするつもりはないが、同条を以て悪法なりと考へる以上は、其の廃止を論ずる前に、少くとも、それを論ずる外に、同条の解釈が更正されねばならぬかどうかを考へる余地があると思ふのである。同条が悪法であるといふのは、同条に対する従来の解釈が悪いといふことである。其の解釈が更正されて見ると、同条に対する批判は余程変って来ねばならぬ。さうして、同条をして悪法たらしめざるやうに解釈して行かうではないかといふことが『悪法は法に非ず』といふことの一つの重要な適用になるのである。換言すれば、悪法は法でないのであるから、一定の法律の解釈が、其の法律をして悪法たらしめることがあるならば、其の解釈は妥当でないのであるといふことになるのである」。「法律を解釈するに方《あた》って、わたくし共は、屡々《しばしば》自己の採らざるを得ざる解釈が、合理的基礎に欠くるものもあることを認めざるを得ざる破目になることがある。しかし、かくの如き場合には、自己の解釈が完全にして法律が不完全だと言ひ放つよりも、法律には悪法がない筈《はず》で、寧《むし》ろ、不完全は、自己の解釈に在るのだと思ひ合はせねばならぬと思ふ」（牧野前掲一八八―九頁、一九五頁）。

(14) 日本評論社版「日本の法学」三六〇頁以下、又例えばリンゼイ著原田［実］訳「友愛結婚」五〇三―四頁「何よりも先づ私達は、法律の制定に当って多少の思慮が加はったによせ加はらなかったにせよ、その法律に対する偶像崇拝を止めようではありませんか。あなたはギルバートとサリヴァンが滑稽な大法官の言葉をかりてそれを嘲笑しているのをご存知でせう。

法は凡《およ》そ優れ秀でたものの
真の体現である。
法は何等の瑕瑾《かきん》を持たない。
そして、卿等《けいら》よ、私は法を体現している。」

「法律家の間にもまた法律家以外にも、馬鹿々々しい尊大を心に抱いて、それがいかに欺瞞であるかを知らない人が多数あります。彼等は開き直って法に対する尊敬の念が我が国人の間に益々欠如して行くのを慨歎します。然し彼等は酒類禁止法を設けて人々にアルコール飲料の使用に於て自己の行為を自ら規制することを禁じ、風俗壊乱の取締法を設けて避妊知識の伝播を止め、既婚者が子供を生まないやうにすることを禁じ、凌辱に関する法律を定めて未婚者には子供を生むことを禁じ、安息日に関する厳法によって人々が思ふままに日曜を楽しむことを禁じ、検閲法によって読みたい本を読み、見たい芝居を見ることを禁ずる時、彼等は一体何を期待するのですか！」「どうしてこんなに法律の数ばかり多くするのでせうか。つまり、法律が殆《ほと》んど尊敬に値いしなくなったため、……法律に対する尊敬の念を欠くに至ったのです。そして法律が尊敬に値ひしなくなった理由は、法の禁ずることが愚劣であり、その刑罰が救治的でなく復讐的であり、法の執行がその法律を作ったと同じく愚昧なる伝統の下に司られるからです……」。

(15)「先般新聞紙上で、某判事が配給生活を厳守して栄養失調のため死亡したという悲劇が報ぜられた。この記事を読んで各界の人々が感想を述べているのを読んだが、いずれもその判事の心情に一応の敬意を表しているが、この判事の例に倣えと言い切った人はなかった。私も、この判事の例に倣って、死ぬる気持にはならない。故人の態度を批難してはよくないが、若し同判事が、裁判する際に、自分の態度を国民に強いておられたとすれば、その裁判は、多分に再検討を必要とすると思う」、「経済統制法規の厳正な遵奉を、現在の道徳的常識は認容しないのである」、「私は、一般論として、人は道徳の命ずるところに従うべきものであると考える。場合によっては、地位も財産も、生命さえも放棄して、正しさを護ることさえある。法律は、かかる道義規範の支持を得てのみ、国民に強制さるべきものであるから、若し法律が国民の道義意識の支持を得なくなれば、速かに改廃せられなければならない。悪法も法なり等と言って法律によって国民の道義感情と生活とを破壊することは善き政治家や法律家のなすべきことではない」、「法と道徳とが、複雑な政治的経済的条件のために、ある種の矛盾をおこしている現在、法的秩序の維持を任務としている我々は、まず国民の健全な道義感情を基準にして、物事の善悪の判断をなし得る感覚を錬磨しなければならない。善悪のけじめは、形式的法律の条文に先行して判断されるべきものである。否むしろ法律の条文はこの判断の一つの資料であって、法律の形式的解釈が、善悪の判断に先行してはならないと思う。法律の条文に違反しても道義的に非難し得ない行為を罰することは、法の根本精神に反する。法律的には罰し得ない不義もあるが、法律の条文に該当するが、道義的に非難し得ない行為もある。ここに法律を運用する妙味と困難さがあるのである」（出射［義夫］「検察と社会」二一―三頁）。

(16)「独占金融資本の代弁者たる国家権力者やそのイデオログたちは、つねに、法はどんな場合にも守りぬかれねばならぬものだという。しかしその真意は、人民の真の意思を代弁せず、独占金融資本の意見を代弁することによって、きわめて非民主的な方法によって設定せられた法を、独占金融資本と利害関係が正反対である人民にたいして強要するために、そういうのである。そして人民のがわから、法の定立や執行の専制的なのに対して闘争がなされ、人民の生活関係にたいする法的規整を、その生活関係に身をおいているすべての人民と国家権力機関は協同してやるというような民主的な方法がやりなおすことが要求されるとき、これにたいして、法を紊《みだ》り、秩序を紊るものとして、国家権力がその全機関を総動員して、弾圧しようとするときに、独占金融資本の代弁者としての国家権力やそのイデオログたちは、法はいかなる場合でも守らねばならないというのである。なかには、悪法といえども法であるから、守らねばならぬという者さえあるが、ここにいっては、盗人猛々しい放言だとあきれざるをえないのである」（山中［康雄］「近代法の性格」二〇〇頁）、「かつての治安維持法のごとき反動的悪法の強行せられていた時代に、悪法もまた法なり、法は犯すべからずとの見地のもとに、真の民主主義の樹立のために、抑圧された民衆解放のために闘わんと欲する人々も、その闘いをやめねばならぬであったろうか。……かかる場合に、我々は、「悪法もまた法なり、法は犯すべからず、遵守せざるべからず」との立場から、敢然と自己の正義と信ずる道をふんでいった人々を、非難しうるであろうか。倫理的にばかりでなく、法的にも」（山中［康雄］「法の羈束《きそく》的権威」九五―六頁）。

(17) パウンド前掲一一四頁、一一五頁、一二三―四頁。

(18) 加藤前掲一〇六頁、一〇五頁。

(19) 例えば「事物の対立の上に立つ一の社会が、最後の解決として、野蛮なる撞着《どうちゃく》に、肉弾相搏つ一の衝突に終はるとしても、驚く可きことであるか？……最早《もはや》、階級対立も存在せざるが如き状態の裡《うち》に於いてのみ、漸く社会進化は政治革命たることを止めるであろう。それまでは、社会の・各・全般的変革の前夜に於ける、社会科学の最後の言葉は常に左の如くであろう――『戦ひか然らずんば死か――血みどろの闘争か然らずんば虚無か。問題は否応なしにかくの如く提出されている。……ジョルジュ・サンド』（マルクス「哲学の貧困」岩波文庫一五八頁）。『革命』は、もしかりに百％の暴力性をもったにしても進歩的なものである。……革命にともなう暴力とは、古い社会の中にはらまれた新しい生産力が誕生するためには避け得られぬ出血のようなものにすぎず、このさいに使われる暴力は革命の助産婦にすぎなかったのである」。現に「諸君の生きている今日の時代は、よいにせよ、わるいにせよ、『暴力』をテコとして成長してきたのではなかったか？」（神山［茂夫］「暴力と共産主義」四四―五頁、四六頁）。

(20)　加藤前掲一〇六頁。
(21)　エンゲルス著林［要］訳「反デューリング論」七〇頁。
(22)　ノーマン・丸山［眞男］・都留［重人］「歴史と政治」展望昭和二四年六月号八頁。
(23)　小泉［信三］「階級間の平和、民族間の平和」婦人公論三六巻三号一七頁。
(24)　ラードブルッフ著横川［敏雄］訳「法哲学の根本問題」二〇一―二頁。
(25)　ラードブルッフ前掲一九七―八頁、二〇〇頁。

（終）

おことわり　随分乱暴な引用の仕方をして了《しま》ったことを著者にお詫びしなければなりません。充分こなす余裕と能力がなかったのでございます。

［以上、（二・完）］

〔原典は、法学協会雑誌に掲載された。（一）は、第六八巻五号四三〇頁〜四五一頁、（二・完）は、同第七号七五三頁〜七七三頁に所収。（一）は、一九五〇年五月一日、（二・完）は一九五一年二月一日発行〕

〔解説〕

一　この論文が、第二巻論文**15**「契約法の歴史と解釈」（一九四六年・一九四七年）に次いで書かれた事情は、まえがきに述べられているが、この両者を読み継いでみると、両者の間には決してそこに述べられているような偶然的事情による断絶があるわけではなく、そこには、先生がその頃契約法に関する歴史と解釈についての研究に没頭されながら、法とそれに係わる法学者として行う解釈の本質とそのあり様に関して突き詰めて考えていかれた思索の連続があったことを感じざるをえない。

二　本論文の後、ほどなくして、一九五三年に論文**2**が、そして、一九五四年に論文**3**が発表された。私は、この三論文は、いわば三位一体として読むべきものだと考える。先生自身も、論文**3**の末尾で、論文**2**との例示の重複を避けたという趣旨のことを述べられている。この三連作は、先生の懸命な集中的思索の過程のなかで書かれた。同時に書かれたものではないが、三編連続の思考過程を読み取るべきものとして、三者は一体のものであると私は考えたい。

三　本論文の内容の概略を追ってみよう。

連載の（一）では、まず、出発点の**一**において、自分の解釈が客観的な法規の認識の結果であると思っていても、他方で、裁判官などの解釈者の創造的機能や意思機能が論じられ、解釈が解釈者の主観的価値判断で左右されることが認められるとし、このことをとくに「法規の欠飲」の論理について分析される。つづく**二**において、法規の「わく」の問題に移行し、それがいろいろな方法でゆがめられていることを、調停制度、契約の合理的解釈、とくに例文解釈の問題、および黙示の意思表示の問題、法規の欠飲、脱法行為の問題について検討される。同じことが、**三**では刑法、**四**では憲法についても認められることが論じられる。前半の結びの**五**では、法の解釈には主観的価値判断が入り込むことが帰結される。それが裁判官による場合にもなおかつ尊重されるのはなぜであるか。ここから、後半のテーマが浮上してくる。

連載の（二・完）では、「悪法も亦法なり」という古くて新しいテーマが取り上げられ、先生は、これとの懸命の取り組みを展開されるのである。**一**において、オースチン、パウンド、穂積陳重、加藤新平などの諸氏の所論を紹介されながら、「市民社会の安定期」における「悪法も亦法なり」が理解され、**二**では、市民社会の動揺とともに、「悪法は法にあらず」が登場するが、穂積、牧野英一氏の例によりながら、それが、「悪法も解釈によって悪法でなくすことができる」という、現行法秩序の正当性を弁護する役割をもつと論じられ、**三**で、これと、法の正当性を否定し、現行法秩序への反抗、ひいて革命を展望するものとしての「悪法は法にあらず」とは違うことを指摘される。苦闘ともいえる自問自答のすえの最後の言葉は、つぎのように結ばれる。「要するに、各人の主観的価値判断、イデオロギーは、法の解釈を動かすばかりでなく、法の遵守不遵守をも左右する。しかし、各人の主観的価値判断、イデオロギーが法の解釈のみならず、法の遵守不遵守にも影響を及ぼすという事実こそは、客観的な認識の問題に属し、主観的なイデオロギーの問題でないことは言う迄もない。」

この言葉に、まだ、心底から納得できない思いが、あたかも発火点の直前という感じでわだかまっていることが感じられる。そして、その思いがつづくその後の二連作においてついにほとばしり出たといえるのではなかろうか。

四　私は以上のように本論文を読み解いてきて、感じることであるが、来栖先生が晩年において驚異的な集中力で取り組まれたフィクション論の研究の出発点は、通常、一九五六年の論文**4**「法の解釈における制定法の意義」とされているが、その原点ともいうべきものは初期の本論文を含めた二連作にあると考えるべきだと思う。先生は、論文**4**の末尾で「擬制」という言葉を提示され、「擬制」研究を自分の課題とされることを宣言されている。そして、論文**6**『法における擬制』について」（一九七五年）を経て、一九八七年発表の「文学における虚構と真実」以後（その後の晩年の連作は、一九九九年五月発行の遺著『法とフィクション』に収録され、本著作集には収められていない）、「フィクション」の語を用い始められる。言葉として、「フィクション」という語はまだ使われないが、私はフィクション論の原型は本論文などの初期論文に求めるべきだと考えるのである。

なぜ、そのように考えるか。

私は、先生の本論文などを読むと、先生が一方において、法ないし法学における真実はなにかということを痛いほど問い求めておられるということを感じる。ところが、その真実の探索はなかなか報いられることはない。法学における立論は虚構であり、擬制であり、そして後に使われた言葉でいえばフィクションであることがほとんどである。

真実とフィクションとのあいだでゆらぎつづけたのが、じつは先生の学問の真髄であったのではないかと私は思う。ゆらぎといっても、それを先生の議論の弱さととるのは誤りである。先生の民法解釈に関する論文のほとんどは、「……ではないであろうか」という趣旨の自信のなさそうな言葉で結ばれる。それは、ひとつには、先生の謙譲さの表れともいえる。しかし、じつはそうではなくて、この見解は自分の主観的な意見であって、客観的真実などと決して主張するものではないということをいっておられるのであって、その見解についてはあくまで責任をもつという満々たる自負を表現されているものであることに気づかねばならない。そして、そのようにいわれるとき、いつも、あの、法解釈者には、「科学者に特有な真理の探究者という、ああいう厳粛な気持にかけるところがあるのじゃないか」（論文**3**の解説で引用した座談会での言葉）という一抹の寂しさが漂っていたと私は思うのである。

私は、かなり早くから（いうなれば、本論文から）、法学は所詮フィクションの学問であり、法学者はフィクションをなりわいとするものであるという、達観というか、悟りを先生は抱いておられたという気がしてならない。しかし、だからといって、学問は真実を求めて考えつづけなければならないという気持は寸時も忘れられることはなかったように思う。そして、晩年においては、矛盾した言い方だが、法学がフィクションの学問であるならば、そのフィクションにおける真実を探し求めようとされていたのではないかと考えるのである。

私がいいたいのは、真実とフィクションという対置とその間の緊張関係、あるいは両者の表裏の関係ともいうべきものを前提としない来栖・フィクション論は疑問ではないかということである。

最後の論文の「フィクションとしての社会契約」の「一　ルソーの社会契約論」の項目の結びで（『法とフィクション』三一九～三二〇頁）、「フィクションがその目的を達成せんとする方法は直覚的でなく、法的であり、一種の思考実験によりその議論が納得力をもちうるように、あんばいされているのである。社会契約は、フィクションで現実を離れて仮定的だといってもそれは決して単に架空なものではない。」と述べられている。そして、同論文の末尾の「三　結び」、すなわち、先生の学問的活動の最後の表明は（同書三五八頁）、「私の一連のフィクション論においては、フィクションの言葉を架空的な意味には用いていないのである。」という意味深長な言葉で閉じられているのである。

私は、正直いって、来栖先生の晩年におけるフィクション論の凄さにはとても追いついていくことができなかった。私としては、これから与えられる時間のなかで、市民・市民社会・市民法という人類史上の壮大な、最大、最高、最重要といってよいフィクションを考えていってみたい。そのために、晩年における来栖先生のフィクションへの飽くなき追求に学び、そして、人間の、社会の、歴史の真実に少しでも近づきたいと考えている。

（清水　誠）

法律家

一九五三年

一　末川先生の還暦祝賀論文集に執筆を依頼されたとき、自分としては珍らしくお引受けするのに、少しの躊躇さえ感じなかった。否、むしろ、進んでお引受けした。というのは、離れており乍《なが》らも先生の御奮闘に覚えている敬愛の念の強さによるのであるが、それと同時に先生にこそ法律家としての在り方について今あれこれと迷っていることをお話したい気持がとっさにひらめいたからであった。先生も御経験のことと存じますが、「法律……家のなかで、しばしば自己の職業の空虚さと不満さとの深刻な感慨に打たれないものがあるか」[1]。法律家の在り方については、法学を学び始めた当初は、誰れしも、未だ強い感受性を失っていないため、ひどく心を痛めるのである。その後においても、ときに心をかすめはする。しかし、「人はいかなる境涯にも慣れるものでそれがまたわれらに与えられた自然の恵みである」とも言えるが、また「慣れるということほど恐ろしいものは無い」[2]とも言える。法律家となってしばらく経つと、段々そうしたことに余り心を痛めなくなってゆく。しかし、法律家の一生にいまひとたびそのことが重苦しく気にかかる時期があるのではなかろうか。それは、未来の路が次第に細く狭くなってゆく心細さ、水色のもやにつつまれた、不知であり従ってまた不安だが、しかしそれだけに美しく楽しい彼方の未来における幸福への夢想をすてて、待つことをやめなければならない淋しさ、頼るべきはもはや過ぎゆくその日その日の現実でしかないと心ならずも納得せざるを得ぬ切なさ、そして「どんな自由も、すべてかりそめだ……。自由ということは……自分の信仰を択《えら》べることであって、……薊《あざみ》の種が根をおろすべき豊饒《ほうじょう》な土地を尋ねて舞い歩きはするが、一所に落着いてからでなければ花が咲かない……(3)」というような言葉がぴったり感じられ、いままで漫然としてきたことはどれもこれもそれ自体はすべて空しく、はやくしっかりしたものをつかまねばならぬという焦り、を覚え出す年頃である。末川先生、次に現在私が先生の御奮闘から教えを引き出したいと努め乍《なが》ら、どういう思案をしているかを綴ってみます。

二　「法律家」とは法律的に物事を考える訓練をつんだ人である。法律的に物事を考えるとは、「要するに物事を処理するに当って外観上の複雑な差別に眩惑されることなしに一定の規準を立てて規則的に事を考えることである。法学的素養のない人はとかく情実に捉われて其場々々を丸く納めてゆきさえすればいいと言うような態度に陥り易《やす》い。所が長期間に亘って多数の人を相手にして事を行って行く為には到底そう言うことでは旨く行かない。どうしても一定の規準を立てて大体同じような事には同じような取扱を与えて諸事を公平に規則的に処理しなければならない……法学的素養の価値は要するにこうした物事の取扱方が出来ることにある(4)」と、言われる。

そうだとすると、法律家も中々堂々たる職業のように考えられる。ところが、我が国では余り法律家は好かれない。動《やや》もすれば、法律家は融通がきかない、心情の貧しいものとして軽蔑されるようである。それは我が国では余り法が尊重されないのに対応している。我が国では法を破ったことを大目にみること、みてみぬふりをすることを以て、すいもあまいも噛み分けた、話の分る、あたたかい、人情味のある人間だとほめそやし、それを一兎《と》や角《かく》言うのは話の分らぬ、杓子《しゃくし》定規な、冷やかな、人情味のない人間だと貶《けな》す傾向がある。確かに法律をなまじっか知っている者は却って法文に拘泥《こうでい》し、法文をふりまわし、法文をたてにとって、無雑作に、冷淡に、素人の訴えを突放し勝ちである。それに対する軽蔑ならば尤《もっと》もである。また法が人民にとって過酷に過ぎ、そのため法の違反に対する何程かのおめこぼしがお上《かみ》の親心として要求されて来たという事情も与っているかも知れない。それはそれで理解し得ないではない。しかし、法律家に対する非難が、法律家が法に従って規則正しく万人を公平に取扱い、情実にとらわれないこと、況《いわ》んや個人的恣意を通すのを許さないことに対するのであるならば、それは筋違いだと言わなければならない。何となればそれこそ法律家のもつ価値だからである。(5)

だけれど、我国における現実の法律家はそう言って威張ることが出来るであろうか。世間の人々は、法律家は何だか人世にとって非本質的なものを有難がって、本質的なものを軽んじているようにみている。そればかりか法律家は論理の厳正なような、勿体ぶった議論をするがそれでいて何んとなくうさんくさく恣意的で、相手によっては規則の運用に当って随分融通をきかせもするくせに、また相手によっては意地悪く冷淡に規則を楯《たて》にとるものだとさえ感じているが、それを間違っていると言い切れるであろうか。法律家は、「実定法のおかげで……腐敗した木ばかり食って生きている蛆虫《うじむし》どもになりさがった。実定法は蛆虫どもが健全な木を見捨て巣くいうごめく病める木にほかならない(6)」、「法学はこういう風に、その自然的基礎を欠いているために、余りにも容易に、詭弁と非実際的な穿さくの邪道に陥るばかりであって、とめどもない小理屈やあらゆるたぐいの贅肉《ぜいにく》――その法律学的文献は実におびただしい――が現れ出る(7)」というキルヒマンの皮肉に疚《やま》しさを覚えないであろうか。

事実、「汝、法律家にわざわいあれ」である。先ず、法律家の考え方はややもすれば安易であり、独善的である。尤《もっと》も今では法律家のやり方は進歩している。もはや、「一般に法学は、法の進歩に対して好んで敵対的な態度をとる、……かりに法学が進歩に譲歩するものとしても、現代の構成(?・事象)を死滅した制度の勝手の知れたカテゴリイのなかへ無理に押し込もうとすることは支配的な傾向(8)」とは言えまい。寧《むし》ろ一般に、何んでも既存のカテゴリーのなかに押し込み一切の事象の解決を現存法規から引き出そうとする方法は概念法学として非難されている。それにも拘らず、法律家は今なお概念法学とそれに伴う諸々の欠点から完全には免れていないのでなかろうか。それは次のような考え方に表れているように思われる。

(1) 民法総則編の規定は民法全編に適用されるのを原則とすると民法起草者は考えていたらしいとされている。しかし現在では民法総則編の規定を、総則編の規定だからというので、無雑作に民法全編に適用があると考えるものはない。寧《むし》ろ親族相続編には適用がないことが一般に認められている。債権総則についても直に一切の債権関係に適用があるとは考えないであろう。契約総則についても、民法起草者は一切の契約に通ずるものだと説明しているが、そのうちの契約の解除に関する規定については、ギールケの「継続的債権関係論」以来、契約の解除と告知とを区別し、契約総則の契約解除に関する規定は、売買交換のような一時的債権契約に適用をみるにとどまり、賃貸借雇用のような継続的債権契約には原則として、適用がないことが次第に認識されるに至っている。しかし、そうした考え方が必ずしも貫かれていない。例えば学説判例は、民法五三三条が双務契約には同時履行の抗弁権があると一般的に規定しているからであろう。同時履行の抗弁権は賃貸借にも適用されると躊躇《ちゅうちょ》なく断定している。即ちYはXの家屋を賃料一カ月二〇円三カ月分前払の約束で借りたが、大正七年九月にその家屋が水害で破損し使用し得ないようになったにも拘らず、Yが修繕の交渉をしてもXが応じないので、Yも一〇、一一、一二月分を支払うべき一〇月一日が来たけれども賃料を支払わない、そこでXが賃料不払を理由に契約解除の意思表示をしたという事件において、大審院は修繕義務と賃料の支払が同時履行の関係に立つから解除は無効だと判示し、(9) 学説はそれを是認している。結論は正しいと思うが決して同時履行の抗弁権があるからではない。そのことは賃借人でなくて賃貸人の方から代金の前払があるまでは修繕しないと抗弁出来ないことを考えれば明かである。判例学説は五三三条の規定を形式的に適用していると批判されても仕方がないのではなかろうか。

(2)　ある団体を規律するに当り、社団乃至法人だからこうだ、いや組合だからこうだという考え方が普通行われる。ところがこういう考え方でゆくと、例えば合名会社は一方において社団であり（商五二条一項）、法人である（商五四条一項）とされ乍《なが》ら、他方会社の内部関係については組合の規定が準用されているので（商六八条）、その関係をどのように調和させるかが問題となり得る。かつては、合名会社は社団で法人であり、組合ではない、だから商法は組合の規定を「準用」するといって「適用」すると言わないのであると解してすませていたようである。しかし、それに対しては、夙《つと》に「法人と組合の二概念は斯くの如き鋭き対立を為すものではなく、両々併存する場合が有り得る」「合名会社に就ては、対内関係に於ては組合、対外関係に於ては法人と認むることを得ざるや、即ち此等の種類の会社に於ては組合と法人との両性質を兼有すること能わざるや」の疑問が提起された。(11) 更に最近ではそのように合名会社の内外の関係を区別することに不満を感じ、合名会社は実質的には組合であるが、形式的には、即ち団体内における成員相互の関係をいかに処理するかの形式乃至《ないし》は団体における権利義務の帰属関係を簡明かつ確実に処理するための形式からみれば法の規定どおり社団乃至法人だと主張されている。(12) 学説は正しい方向に進んでいる。しかし未だ充分ではない。法人と組合が概念としても対立するものでないかのように言い、そのことと合名会社が法人と組合の両性質を兼ね得ることと同じであるかのようにいっているのは些《いささ》か不正確だが、兎《と》も角《かく》合名会社を一概に社団乃至法人だ、いや組合だとしないで、両性質を兼ね得ることを認めようとしたのは正しいであろう。しかし、内部関係と外部関係とで分けることは適当ではあるまい。内部関係においても組合だといってすませられないからである。さればといって実質的と形式的とで分けることも適当とは思われない。一体、そのように分けることが出来るであろうか。そもそも合名会社を社団乃至法人だといっても組合の規定が準用されるし、また各社員は会社財産を以て会社の債務を完済すること能わざる場合に於て連帯して其の弁済の責に任ずるし（商八〇条）、だからといって合名会社を組合だとしても定款の下に服し、また会社財産は総社員の同意を以てしても勝手に処分し得ない（商一一七条三項、一〇〇条）のだから、合名会社の取扱においてそれが社団乃至法人だ、いや組合だということはどれだけの意味があろうか。一般にある団体を規律するに当っては、その団体が社団乃至法人であるか組合であるかのせんさくを以て始めるべきではなく、その団体の事実関係を正確に把握し、社団の規定であれ組合の規定であれ同一の事実関係を前提とする規定があればそれを適用してゆくべきである。そういう意味において一の団体が社団乃至法人と組合の両性質を兼ね得るのである。しかし、より正確に論ずれば、社団乃至法人と組合との対立は、所謂《いわゆる》制度の対立ではなく、原理の対立であり、具体的な諸団体は、夫々の法律関係に応じ、色々の割合で配合されたその二つの原理により規律されるというふうに考えるべきではないだろうか。

（3） 社団のうちに権利能力ある社団と権利能力なき社団とを分け、権利能力なき社団については権利能力なき社団であるが故に、社団の名義で社団財産の登記をしたり預金したりすることが出来ないとするのが一般である(13)。しかし権利能力なき社団という表現にとらわれてはならない。権利能力なき社団も社団である以上、社員より独立した存在をもつ点で権利能力ある社団と同じであり、唯《ただ》権利能力ある社団にあっては登記があり、組織がはっきりと取引の相手方に分るようになっているのに反し、権利能力なき社団ではそういうことがないことを考慮し、両者の相違は、権利能力ある社団を代表して為した代表者の行為につき社団のみが責任を負い代表者個人は責任を負わないが、権利能力なき社団にあっては社団と並んで代表者も相手方に対し責任を負わせなければならないという点にあると考えるべきではないだろうか。

（4） ある原因による権利の取得は原始取得だ、いや承継取得だ、だからこうだという議論がよくなされる。例えば、即時取得は「原始取得だ。……其の結果前主（？）に存した制限は、原則として消滅する」という風に説かれる。[14] 即時取得を原始取得だとすることにも疑問がなくはない。無権利の処分者が有効に質に入れた後、売却したのであれば、質権は消滅しないで存続するのは何故か。また即時取得者が原権利者に対して不当利得返還義務を負わないのはどうしてか。しかし、それよりも、即時取得は原始取得だから第三者の権利は原則として消滅するという考え方が正しいであろうか。寧《むし》ろ個々の場合につき即時取得制度の趣旨を考慮して決定すべきではないだろうか。取得時効についても同じである。

（5） 契約の成立や効力を考えるとき、この契約は有償契約だからこうだ、無償契約だからこうだという考え方が行われている。例えば報償的贈与や負担附贈与は無償契約と考えるべきだから、書面に依らなければ取消され得るとか、混合贈与は有償契約とみてよいから書面に依らなくても取消されないとか、いった具合である。しかし報償的贈与はたとえ無償契約だとしても、必ずしも普通の贈与と全然同　に取扱わなければならぬわけではなく、種々の理由（例、忘恩）による贈与の取消を許している立法例では、報償的贈与の場合には取消を許さぬようにし得る。負担附贈与が有償か無償か争われているが、一般には無償契約だと解しているようである。併《しか》し無償契約だからといって、すべて贈与の規定が適用されるわけではなく、有償契約に関する規定が準用されることは法の明文上認められている（五五一条二項、五五三条）。また混合贈与をよし有償契約だとしても、債権者取消権や遺留分減殺請求権との関係では無償の処分のように取扱うべきであろう（一〇三九条、四二四条）。だから、これらの契約を全体として有償だと一概にきめることは出来ないし、きめる実益もない。寧ろどの点で無償契約の規定をあてはめ、どの点で有償契約の規定に従わさせるかを、具体的に決するという行き方をすべきではないだろうか。

(6) 同様に、契約を判断する場合に、動《やや》もすると民法所定の典型契約のどれかに当て嵌《は》めんとする努力を払いがちであるが、それも正しくないのでないか。というのは、或る契約が特定の典型契約に属すると判断されても、直ちに其の典型契約に関する規定がすべて適用されるわけではない。例えば、同じく委任でも委任者の為のみでなく受任者の為でもあるときは民法六五一条が適用されないことは判例も認めている。また、或る契約が特定の典型契約に属すると判断されても、他の典型契約に関する規定が適用されることがある。例えば消費寄託の性質は一の寄託と解されているようだが、消費貸借に関する規定の準用されることは民法の明文上認められている(六六六条)。従ってある契約が特定の典型契約に属するということは、民法が定めたその特定の典型契約の概念(例えば六二三条、六三二条、六四三条、六五六条)に該当するというだけで、その特定の典型契約に関する規定(六二四条乃至六三一条、六三三条乃至六四二条、六四四条乃至六五五条)が適用され、又それだけしか適用されないという意味まで持つのではない。だからある契約が民法所定のどれかの典型契約の概念に包摂されることがよし確定しうるとしてもそれだけではその契約を処理する上にたいして意味がないのである。従って大切なのはある契約が民法所定の典型契約のどれに該当するや否やをせんさくすることでなく先ず契約の事実を確定し、それから民法の典型契約に関する規定が如何《いか》なる事実に着眼して設けられたかを検討し、そしてある契約が特定の典型契約の概念に該当するとしても、その典型契約の規定の前提する事実が存しないなら其の規定を適用すべきでなく、逆に他の典型契約の規定の前提する事実が存するときは其の規定を適用するという推論をすべきではないであろうか。更に、

(7) 判例が何々は理の当然なりと言っているときは却って眉に唾をするとある先生が講義で述べられたのを聞

いたことがある。兎角《とかく》うまく説明し得ないとき理の当然なりなどと言ってごまかすことはよく行われるからである。また「ドイツ流の考え方の害毒が今なおわが国の法学者や裁判官の頭の中に根深く残っている……。それを一言にしていうと法的判断のすべてを抽象的な法則乃至《ないし》原理の適用若しくは演繹から出て来るものと考えるから本来具体的事件の具体性に応じて事細《ことこま》かに考えもし、又事細かに説明すべき事柄を「権利濫用」とか「公序良俗」とか「信義誠実」とかいうような抽象的な原則で簡単に説明して仕舞《しま》おうとする傾向があるということです。殊に裁判官などは、もっと世間通常人の常識に訴えて具体的に裁判の理由付けをし、これによって法律家でない当事者をも納得させる熱意を以てこの際適用せらるべき法が何であるかを説明すべきであるにも拘らず、結果は「公序良俗」というような抽象的な原則を持ち出して独善的裁判をする」(15)と警《いまし》められている。現在では「公共の福祉」によって何でも片付けようとする弊害がとりわけ問題となっている。

三　以上の諸例から法律家が動《やや》もすれば容易さ、独善さに陥る危険があることが分るであろう。延《ひ》いては、規則がこうなっているからと、不都合な結論で満足することさえある。左に例示してみよう。

二重売買における危険負担の問題において、債権者危険負担主義をとる法制の下では、売主は二人の買主より二重に代金を請求し得るという結論を引出すものを欠かなかった。この問題こそ、イエリングをして概念法学から目的法学に転向せしめた契機となったと言われる。我が国における判例について立証すれば、

(1)　大審院はかつてX会社が雲右衛門をして吹込ました浪曲レコードをY会社が権限なく複製販売したという事件につき、浪曲について著作権の成立をみとめ得ないから、その複製は止義の観念に反するも、著作権法に所謂《いわゆる》偽作に関する罪にも該当しないし、また不法行為にもならないと判示した。(16)之《これ》に対し、末川先生が不法行為の成立には必ずしも「権利侵害」を必要とせず「違法性」をもっと判断され得れば足り、民法の掲げる「権利侵

害」という要件は違法な行為の徴表たるにとどまると断ぜられたのは、(17)不法行為論における著しい進歩であった。

(2) 通説判例は、不法行為と債務不履行との関係につき、一つの事実が両方の要件をみたすときは二つの責任が競合するとし、きわめて形式的に機械的に、所謂《いわゆる》請求権の競合を認めている。殊に判例は広く請求権の競合を認めつつ、「その両責任独立無関係の理論を徹底し、契約責任の殆《ほとん》どすべてのモディフィケーションに対してもその不法行為責任への影響を否定し、これらの規定をして実質上無意味に終らしめ、判決の実際上の結果のみから見ても到底是認し得ない結論を繰返している。すなわち、(イ)運送品の滅失・毀損・延着に関し運送人が反証義務を負うとする商法旧三三七条（現行五七七条）は不法行為を理由とする請求には適用なく（旅客運送に関する商法旧三五〇条（現行五九〇条）についても同様）、(ロ)高価品の明告がない場合の運送人の責任を否定する商法旧三三八条（現行五七八条）も不法行為を理由とする請求に適用がなく、(ハ)運送人の責任の短期消滅時効（商旧三四九条・二二八条、現行五八九条・五六六条）も不法行為を理由とする請求には適用がない、としている」(18)。

(3) 賃借権の譲渡・転貸には賃貸人の承諾が必要であるが（民六一二条）、建物の所有を目的とする土地の賃借権についても異《こと》ならないとされ、そのため借地法一〇条は建物の譲受人は土地の賃借権の譲受について地主の承諾が得られなかったときは地主に対し建物買取請求権があるとされている。しかし、元来建物の所有を目的とする借地権としては地上権の設定が民法起草者によって期待されていたのであり（明治三三年地上権ニ関スル法律や民法三八八条の法定地上権の制度を考えられたい）、少くとも建物の所有を目的とする土地の賃借権に六一二条がそのまま適用され賃貸人が承諾を与えると否と勝手だとは考えられていなかったのでないか。だから建物の所有を目的とする土地の賃借権には六一二条の適用を制限するよう解釈すべきだったのに、六一二条の規定の仕方が一般的なので、無雑作に解釈し、而《しか》もその解釈が借地法一〇条に至って却って不動のものとされて了《しま》ったと考えられないであろうか。

(4) 次の判例の如きも同様の欠点があるような気がしてならない。事件は、XがAに代金完済迄《まで》所有権を留保する特約の下に、書籍を売却し引渡したが、代金の完済なく、合意で売買契約を解除した、にも拘らず書籍がA方文庫内に置かれていたため、AよりB、Cを経てYが買受け、YがA方文庫より搬出し爾来《じらい》占有している、そこでXがYに対し所有権に基きその引渡を請求したのである。之《これ》に対しYは従来Xと多数の取引をして来た者であるにも拘らずXは外国会社で、日本に支店を設け乍《なが》ら登記未了であるから、其の成立を否認すると抗弁したところ、大審院はその抗弁を容れ「商四八一条（旧商二五七条）ニ外国会社ガ始メテ日本ニ支店ヲ設ケタルトキハ其本店所在地ニ於テ登記ヲ為ス迄ハ第三者ハ其ノ会社ノ成立ヲ否認スルコトヲ得ル旨ヲ規定シタル所以《ゆえん》ハ因テ以テ日本ニ支店ヲ設ケタル外国会社ノ登記ヲ強制センガ為ニシテ、従テ第三者ガ行為ノ当時会社ノ登記未了ノ事実ヲ知リタルト否トヲ又従来会社ト取引ヲ為シ居タルト否トヲ問ハズ苟《いやしく》モ日本ニ支店ヲ設ケタル外国会社ガ支店所在地ニ於テ登記ヲ為サザル間ハ其ノ成立ヲ否認シ得ルモノト云ハザルベカラズ」と判示して、Xの請求を斥《しりぞ》けた(19)。恐らくX会社は成立を否認される以上、法人格はなく、権利義務の主体となり得ないから、会社の名に於て書籍の所有権を主張し得ず、当事者適格なしとするのであろう。しかし、学説は或は悪意でかかる会社と取引した以上、後になってその会社の成立を否認することはできないとして反対している(20)。たとえなお否認できるとしても、否認された以上、権利義務の主体たることを主張し得ないと言って満足すべきでなく、否認された外国会社の法律関係はどうあるべきかを考えるべきであり、そして否認された外国会社は所謂《いわゆる》権利能力なき社団として、権利能力ある社団と違い、会社の行為につき会社と並んで代表者個人もその責に任ずるが、その他の点では権利能力ある社団と同一に取扱うべく、従って会社の名において権利を取得し、会社の名において訴え得る（民訴四六条）と解すべきではないだろうか。[21]

四　法律家の安易さ、独善さの行くところは、単にそれにとどまらない。こじつけさえ敢《あえ》てする。例えば、

(1)　先ず判例は生命侵害を理由とする損害賠償請求権についても相続をみとめ、Aは信越線で列車に触れて即死したがそれは踏切番の過失によるのでAの子Xが国に対し損害賠償を請求したという事件につき、即死の場合にも致命傷を受けたときと生命絶止との間に観念的時間の間隔が存在するものとし、生命侵害に基く損害賠償請求権はAに発生しXがそれを相続によって承継するものと認めている。[22] 無理な解釈である。しかし、それだけでない。判例は他方慰藉料請求権については「財産上ノ損害賠償請求権トハ異リ被害者ノ一身ニ専属セルモノナルヲ以テ、相手方ニ対シ請求ノ意思ヲ表示シ其請求権ガ金銭ノ支払ヲ目的トスル債権ト為ルニ非ザレバ相続人ハ相続ニ因リ之ヲ承継スルコトヲ得ベキモノニ非ズ」としている。[23] そこで生命侵害による慰藉料請求権の相続は行われ難いことになる筈《はず》だが、判例は慰藉料請求権の相続を認め、Aが牛荷車《ぎゅうかしゃ》を挽《ひ》いて道路を通行中運輸会社の被用者の操縦する貨物自動車と衝突し、重傷を負い病院に担ぎこまれ、その日の午後「残念残念ト叫ビツツ」死亡したので、Aの相続人Xから慰藉料を相続せりとYに対しそれを訴求した事件において、Aは「残念残念ト叫ビツツ」死亡したが「右ノ言語ハ自己ノ過失ニ出デタルヲ悔ミタルガ如キ特別ノ事情ナキ限リ加害者ニ対シテ慰藉料ヲ請求スル意思ヲ表示シタルモノト解シ得ラレザルニ非ズ」[24] と説示している。苦しい説明であることは誰にも明かであろう。また、

(2)　次のような判例がある。文化財保護法制定前の事件だが、宮崎県児湯郡上江村持田字亀塚《かめづか》に古墳があり、知事が史蹟名勝天然記念保存法による史蹟の仮指定をした。被告人は該《がい》古墳の所在地を所有者より代金四百円で買受けた上、許可を受けることなく発掘し、古墳の中に存した埴輪《はにわ》と称する土器並《ならびに》木棺を露出するに至らしめ

史蹟たる古墳の現状を変更した上、埴輪《はにわ》の部分品及破片を領得した。之《これ》に対し、大審院は史蹟名勝天然記念保存法を適用した外、占有離脱物横領に関する刑法二五四条の罪に該当するとしているのである。「本件古墳発掘ノ地タルヤ現ニ原野トシテ売買セラレタルモノニ係リ、僅カニ世俗《せぞく》伝フル亀塚《かめづか》ノ称ヲ存シタルニ過ギズシテ、最早祭祀礼拝ノ対象タルベキ墳墓《ふんぼ》ノ地タラザリシハ明カニシテ、記録ニ徴スルモ毫末《ごうまつ》モ事実誤認ノ疑アルヲ見ズ。然ラバ同所ヨリ発掘セラレタル所謂《いわゆる》埴輪ト称スル土器並《ならびに》木棺ノ類ハ刑法一八九条乃至一九一条ノ犯罪ノ客体タリ得ズシテ専ラ民法遺失物法等ニ所謂埋蔵物ニシテ、而《しか》モ其ノ性質上遺失物法一三条二項ニ規定スル学術技芸若クハ考古ノ資料ニ供スベキ埋蔵物ニシテ其ノ所有者知レザルモノニ該当スルガ故ニ其ノ所有権ハ国庫ニ帰属スベキモノト謂フ得ベシ。然レドモ此ノ種ノ物ガ国庫ニ帰属スルニハ民法二四一条所定ノ公告手続ノ履践《りせん》セラルルコトヲ要スルヲ以テ、未ダ此ノ手続ノ履践セラレザル本件埋蔵物ハ依然所有者不明ノモノトシテ存続スルモノト謂フベク、随《したが》ツテ被告人ニ於テ領得ノ意思ヲ以テ此等ノ物ヲ取得シタル以上、其ノ行為ガ刑法二五四条ノ犯罪ヲ構成スルハ論ナク、……」[25]。この判旨は甚しくあいまいである。遺失物法一三条二項（現行文化財保護法五七条以下）を解して、無主の埋蔵文化財を認めず、無主の場合には国庫に帰属するから、領得の意思を以て取得すれば横領罪になるというのなら、その当否は兎《と》も角《かく》、わからないことはない。しかし判旨はそうではないといっている。恐らく判旨は未だ民法二四一条所定の公告手続が履践せられない間は、国庫に帰属するのではないが、無主物でもなく、所有者は不明だが依然として誰かの所有物だと考えているのであろう。しかし太古からの埋蔵物について誰かの所有権が存続すると考えるのは甚しく非常識でないだろうか。

五　法律家、少くとも法典国の法律家は以上のような危険をもっている。しかしそれだけならば未だよい。そうした危険は法の根本問題に対して、拡大されて現れる傾きがある。

(1) 法律家は法の解釈をこととする。そこで少くとも一応法を批判しないで、前提する。法が制定された以上、その当否は問わず、それを無視し得ない。そのことは法律家の法を尊重する念をつよめさせる。尤《もっと》も法を尊重することと自体必ずしもわるくはない。が、尊重の仕方が問題である。法を尊重するといっても、いまでは表面から法と正義を同一視することはしない。しかし法律家はいつしか法と正義とを混同させている。そして好んで政治的中立を標榜《ひょうぼう》しながら、実は保守的に振舞うのである。「なるほど、法はもはや永久的な絶対的の範疇としては前提されない。その内容が歴史的変遷に服するものであること、法が実定法として時間的空間的の事情に制約された現象であることが認識される。しかし、法が絶対的な価値であるという考は全く失われてしまったのではない。実証主義の法律学によっても固執《こしゅう》される正義の倫理的理念のうちに、それは生きながらえている。正義と法の区別は強く力説されるけれども、多かれ少かれ目に見えるほどの糸で、両者は依然として互に結びつけられている。かくして、次のように説かれる。……法であるためには、どんなに僅かであろうとも、いくらかの程度で、実定法は法理念に適合していなければならない、と。ところが、いつの国家秩序も法的性質を有することを当然のこととして前提されるから、この道徳的最小量の法律理論——それは縮図された自然法学にすぎない——によっても、国家秩序はやはり弁護されることになる(26)」。

(2) 法律家が法の解釈をこととするということは、また次のような欠陥を示し勝ちである。というのは、法を超越する問題については傍観し兼ねないことである。ラートブルフは「戦争につき、法律家にとっては、我々人間に委ねられた地球上には偶然が支配すべきか理性が支配すべきかの問題が提出される。地球の運命が決せられるまさにその場合に於て、法がその絶対的支配を行うことなく、その支配を無政府に力なく明け渡すべきかどうかの問題である」「戦争を避け得られない禍《わざわい》としてこれと妥協するのは最も法律家にふさわしくないことである」と叫んでいる。(27)秩序を旨とする法律家としてその通りであろう。しかも、法律家は却ってこの問題を回避しているのでないか。しかし、

(3)　法律家の陥り易い欠点はそれだけではない。法の遵守を口癖のようにいいながら、却って法を歪曲さえ敢《あえ》てするのである。法律家が屡々《しばしば》詭弁家や三百代言のように非難される所以《ゆえん》はそこにある。この危険は、同じく法律家が法の解釈をことゝすることから来る。法の解釈の本質そのもののうちにはらまれている。という理由はこうである。法の解釈は単に法規の客観的な認識たるにとどまるのではなく、多かれ少かれ解釈する個人の主観的価値判断が入り込むことを免れない。(28)それにも拘らず法の解釈は法規の客観的な認識の結果だと主張されるのが常である。この解釈は、俺の主観的価値判断によるのだ、などといったら、一般の人々にアッピールする力は弱くなるから、客観的な認識の結果のように主張せられるのは尤《もっと》もなことである。しかし法の解釈が主観的価値判断によって影響される事実を否定することは出来ない。実際に、法の解釈は、客観的要素と主観的要素の不可分離の結合物である。しかも、禍《わざわい》なるかな、客観的なものと主観的なものとの限界が画然としないのである。主観的なものを客観的なもののように主張されるのである。そこでこういう操作をことゝしている法律家は、何事によらず、客観的な規則に忠実であるような顔を装いながら、実はそうでない自分の恣意を押し通そうとする詭弁を、意識的乃至は無意識的に行い兼ねないのである。エールリッヒは夙《つと》にこの点をはっきりと指摘している。「法的論理の束縛下にある法曹にあっては、人間の運命がかかっている重要な利益について自己の責任をもって決定するという意識が欠けて(29)」いて、「法的論理が裁判官の権限濫用という点においてきわめて危険であることは、注意されねばならない。このようにいうことは、法的論理に裁判官の恣意に対する市民の自由の堡《とりで》を認めようとするものにとって奇異に感ぜられるかも知れぬ。しかし、既に明かにせられたように、法的論理は真実には

判決に対して制定法的根拠を与えうるものではなく法曹の「恣意的」概念構成を提供しうるにすぎず、しかも、その制定法規からの演繹というみせかけをとおして、一切の裁判官の権限濫用に対して常に法的根拠づけの用意をし、法の歪曲に対し絶好の避難所を提供するのだからである。それは、市民の自由の防塞として無価値であるばかりか、真実を蔽うことによって却って市民の自由に対する実力的侵害の弁護人にもなりかねないのである(30)」。

以上のような、法律家、とりわけ法典国の法律家の陥り易《やす》い危険を超克する方法として次のように説かれて来た。「……すべての科学の対象の場合におけると同様に法においてもまた、最も正しい方法とは、すべての新しい構成(?事象)を自由に直視し、先入観念なしにそれに沈潜し、そして、まったく純粋に、それ自体のなかから新しい概念と法則とを生み出さしめるということである(31)」。即ち「自由な発見」であり、「それは、「法的論理」における制定法規への根拠づけというみせかけのヴェールをはぎとり法曹を社会に直面せしめ責任ある行動をとらせようとするのである(32)」。右の方法の正しさは疑うべきもない。法律家は素直な拘らない気持と思考の論理性について些《いささ》かも妥協しない忍耐勇気と豊かな政治的センスを以て右の方法を貫くべきである。現在我国における法学界の不幸は右の方法が正しいとされ乍《なが》ら、それをおし通そうとせず、中途半端にとどまっていることである。しかし、注意しなければならないのは、右の方法そのものに対しても解決しなければならない新しい問題が提起されていることである。というのはこうである。右の方法は成程《なるほど》社会の変遷に応じた法的判断を可能ならしめる。学者は誰しも法文のままが法なのでなく社会の変遷と共に法も変ることを承認するけれど、実際法の解釈をするに当ってそういう考え方を適用する勇気をしばしば欠いている。之《これ》に反し、裁判官は学者よりも拘束されているように思われ乍《なが》ら、判例が学説に先んずることがまれでないのは事実の圧力によるのではないだろうか。しかし、漸進的に発展する社会においては、右の方法——それは現実の承認を前提とし、革命的な方法ではない

――で満足していることが出来もしよう。だが、階級対立があらわとなり、革命が論議の対象となっている社会では、右の方法で単純に満足することは出来ない。何となればこうした社会では事象のうちより全然客観的に法が何であるかを引き出しうると信ずることが不可能となり、法が何であるかは各人の主観的価値判断によって左右されざるを得ないので、一体《いったい》法の解釈を如何《いか》に理解すべきか、そして法の解釈において法律家の誠実さはどうすれば保障されるかの問題に改めて当面しなければならないからである。残念乍ら、私の作文は、この現在における法律家の新しい問題に答え得ず、それが提起されたところで行き詰って了《しま》ったが、果して法律家がわざわいを免れる道はどこにあるのであろうか。

(1) キルヒマン著・桑田［三郎］・田村［五郎］訳「科学としての法律学の無価値性」中央評論一一号一〇三頁。
(2) ［島崎］藤村「新生」。
(3) ジイド「地上の糧」。
(4) 末弘［嚴太郎］「新に法学部に入学された諸君へ」時報九巻四号一七頁。
(5) 戒能［通孝］「法律講話」五七頁参照。
(6) キルヒマン前掲中央評論一一号六〇頁。
(7) キルヒマン前掲中央評論一一号六五頁。
(8) キルヒマン前掲中央評論一一号一〇八頁。
(9) 大判大正一〇年九月二六日民録一六二七頁。
(10) 田中［耕太郎］「改正会社法概論」四四頁。
(11) 田中前掲四五―六頁。
(12) 鈴木［竹雄］「会社の社団法人性」松本博士古稀記念論文集所収。
(13) 我妻［栄］「民法総則」民法講義Ⅰ一一六頁。

(14) 我妻〔栄〕「物権法」民法講義Ⅱ一三九頁。
(15) 末弘〔嚴太郎〕「日本法学の回顧と展望（座談会）」時報二〇巻一二号二六頁。
(16) 大刑判大正三年七月四日刑録一三六〇頁、大判大正七年九月一八日民録一七一〇頁。
(17) 末川〔博〕「権利侵害論」。
(18) 川島〔武宜〕「民法解釈学の諸問題」一二一―三頁。
(19) 大判昭和一八年八月二四日民集八一一頁。
(20) 前掲大審院判決に対する大隅評釈（民商一九巻六号三二頁以下）。
(21) 前掲大審院判決に対する池原評釈（法協六二巻九号八七―八頁）。
(22) 大判大正一五年二月一六日民集一五〇頁。
(23) 大判大正二年一〇月二〇日民録九一〇頁。
(24) 大判昭和二年五月三〇日新聞二七〇二号五頁。
(25) 大刑判昭和九年六月一三日新聞三七四〇号四頁。
(26) ケルゼン著・横田〔喜三郎〕訳「純粋法学」三八―九頁。
(27) ラードブルッフ著・田中〔耕太郎〕訳「法哲学」三〇四頁。
(28) 来栖「法の解釈適用と法の遵守」法協六八巻五号。
(29) 磯村〔哲〕「エールリッヒの法社会学（下）」（日本評論新社法律学体系）八二頁。
(30) 磯村前掲八三頁。
(31) キルヒマン前掲中央評論一一号一〇八頁。
(32) 磯村前掲八五頁。

〔原典は、末川博先生還暦祝賀論文集『民事法の諸問題』、発行所・有斐閣、一二三五頁～一二五四頁に所収。一九五三年一一月二〇日発行〕

〔解説〕

一　この論文は、冒頭の一で述べられているように、来栖先生が心底から敬愛されていた末川博先生の還暦を祝って編まれた論文集『民事法の諸問題』に寄稿されたものである。なお、末川先生の還暦を祝賀するものとしては、同時に、『末川博先生還暦記念　労働法経済法の諸問題』が発行されている。いずれの書においても、編者など編集主体の名は示されていない。

そこには、来栖先生がこの論文を末川先生に捧げようと考えられるに至ったその頃抱いておられた心情が島崎藤村やジイドの文章に託して吐露されている。その後何度かあった記念論文集への寄稿においても同様であったが、その嚆矢といってよい献辞であることにとくに注目したい。

二　この論文は、二年前に発表された論文1「法の解釈運用と法の遵守」と一年後に行われた学会報告（論文3）「法の解釈と法律家」と併せて読んでいただきたい。その趣旨については、前者の解説において述べた。また、この連作が生んだ反響については、後者の解説を読んでいただきたい。

三　この論文の内容は、一のまえおきのあと、二で法律家という存在およびその思考方法に対する疑問を提起される。民法学の分野から材料を選ばれて、七つの例を挙げられる。どれもが、先生自身が、そして民法学がその後もこれと格闘してきたといってよい題材である。そして、法律家がややもすれば陥りやすい安易さ、独善さの危険を指摘される。さらに、三では、規則をたてに不都合な結論を押し付ける弊を四例、さらに、四では、こじつけさえ敢えてする弊を二例指摘される。この読んでいてもたじたじとさせられる追求のうえに、最後の五では、法律家のこうした危険は法の根本問題にまで拡大される傾きがあると論じられるのである。この最後の部分は、直接原文で読んでいただくほかはない。論文は、「法の解釈において法律家の誠実さはどうすれば保障されるか」、「法律家がわざわいから免れる道はどこにあるのであろうか」という問いで結ばれる。

こうして、この論文は、論文**1**を受け、法の解釈における法律家という解釈運用の主体者に鋭い問いかけが行われ、さらにその主体者の責任を問う論文**3**へとつながっていくのである。

四　この論文については、私的な回想を述べることを許していただきたい。この論文が発表された前年である一九五二年の夏、八月に先生は当時旧制大学三年（最終学年）または新制大学（四年で終了）三年であった私たちゼミナール生数名を連れて新潟県佐渡に養子制度の調査に出かけられた（論文**24**—⑵「養子制度に関する二三の問題について」参照。同名の論文**24**—⑴および私法学会における報告自体は佐渡調査の前のものであるが、同年一一月発行の機関誌『私法』への記載（論文**24**—⑵）では、この調査に言及されている）。思い出す参加者は、窪田弘、隅野博行、辻幸一、乳井利国、宮崎毅などの諸氏、それに岩波書店の大野欣一氏が同行されていた。その折に、佐渡の相川町において、先生が町の人たちを対象として「法律家」と題する講演をなさったのである。先生はこのような講演はあまりなさらないように思っていたし、また先生の一生を通じてそうだったと思うが、私たちはその時かなり意外な感じでその催しのことをきいた。その企画が旅行の前から定まっていたのか、それとも到着してから突然浮上したものであるのか。それも分からなかった。ただ、私たちの推測では、東大からえらい先生が見えた、それでは、ひとつ講演をお願いしようという話になって、先生はそれを断れず、ちょうど、「法律家」を執筆されていたので、そのテーマで話しましょうということになったのではないか、という気がする。先生は、私たちに会場（公民館のような建物のなかの一室だったと思う）の前で待っているようにいわれた。会場の前の掲示に講演の題として「法律家」と記されていた。私たちは聴きたいのは山々だったが、先生の言葉に従った。先生の話の内容がその後発表された本論文であることは間違いない。発表後にいろいろ思い合わされることがあったのであるが、会場から出てきた人びとの顔が、それぞれ、意外そうな（東大の先生からこんな話を聴くとは思いがけなかったというような）、怪訝そうな、そして、なんとなく上気して、受けた感動に口もきけないというような、押し黙ったような表情だったことを思い出すのである。先生の恩師の穂積先生は市民向けの講演の名手であったと伝えられている。私は、来栖先生も、このような講演の隠れたる名手であったと確信し、このエピソードを記しておきたいと思うのである（なお、論文**23**は、先生が残されている数少ない講演記録の一つである）。

五　最後に、もうひとつ、私的な感想を記すことを許していただきたいと思う。それは、来栖先生自身がそのように書かれたことも、語られたこともないけれど、私が勝手にそうに違いないと信じていることである。それは、この論文、およびこれと双子のように一心一体といってよいつぎの「法の解釈と法律家」を構想し、語られ、書かれたとき、先生の脳裏には、恩師であった穂積重遠先生のあの帝人事件における特別弁護人としての弁論があったに違いないということである。

帝人事件というのは、一九三四年（昭和九年）に勃発して、一九三七年（昭和一二年）一二月一六日に東京地裁で無罪判決があった大疑獄事件である。当時の経済界の大問題となった、台湾銀行の鈴木商店に対するいまでいう不良債権にからみ、担保とされていた帝国人絹株式会社の株の取引をめぐり、巨額の背任、贈収賄、偽証があったとされ、政官財界の大物を含む一六人が起訴され、結果は「空中楼閣」として無罪となった事件である。その捜査の過程において、かずかずの人権蹂躙行為が行われた。それは、当時の政財界の腐敗に世間の耳目が集中するなかで、功を急いだ検察によるいわゆる検察ファッショと呼びうる現象であったといってよいと思われる。この事件については、大島太郎「帝人事件」（『日本政治裁判史録　昭和・後』、一九七〇年、第一法規、所収）、森長英三郎『史談裁判』(一九六六年、日本評論社、二六一頁以下)など多数の文献が存在する。前者には、判決(中略がある)が載せられており、後者は、人権蹂躙関係の記述を主とする。

この裁判において、穂積先生は、友人の大久保偵次氏(銀行局長として連座)のために特別弁護人となることを申し出て、許され、一九三七年(昭和一二年)八月二〇日の法廷で弁論に立たれたのである。その午前一〇時四五分から午後〇時四〇分におよぶ弁論の全文速記が友人たちによって同月中に『友人大久保偵次のために辯ず——帝人事件公判廷における特別辯護人穂積重遠博士の辯論速記——』と題した冊子として印刷配布された(全文は、一九四〇年に穂積重遠『續有閑法学』に収録された。ただし、検事の名が伏せられている。同書は、一九六一年に一粒社から再刊された)。

この穂積先生の二時間の陳述は、切々と読む者の胸を打ち、襟を正させるものがある。情理兼ね備え、礼節を尽くした名弁論である。私は、これ以上の文章を読んだことはないといってもよい。内容として、友人の大久保の人柄を描き出し、友情を語る部分も素晴らしいが、なによりも、法の運用のされ方と法律家のあるべき姿について問題を提示している部分がじつに味わい深いのである。そして、なによりも、当時の思想が抑圧されていた世相において、このような言論と行動に出られた勇気に感動を覚える。

私は、一九三三年に東京帝国大学法学部に入学され、一九三六年に卒業して、助手になり(一九三八年から助教授)、穂積先生に師事された来栖先生が、この帝人事件に関心をもたれ、『辯論速記』も読まれたことは間違いないと考える。そして、それによって受けられた感銘が先生に一生にわたる影響を与えたに違いないと確信するのである。私はこの推測を先生に直接質したことはない。尋ねるまでもないという気がしていたし、聞くのは失礼という気持もあった。来栖先生も、そのようなことを穂積先生に話すということはされなかっただろうと思う。

ただ、そのことは、『辯論速記』とこの「法律家」、またこれを含む三連作を続けて読んでいただけば、必ず納得されるだろうと考える。

六　なお、この論文は、利谷信義編『法と裁判』（法学文献選集⑤、学陽書房、一九七二年）に再録されている。この再録に当たって、編者の利谷さんが来栖先生に伺ったところ、先生は、過去の論文を自分で論文集にまとめるつもりはないが、人が利用したいといわれることについては、その人の自由であって、自分はなにも異議はいわないといわれたとのことである。そのことも紹介しておきたい。

（清水　誠）

法の解釈と法律家

一九五四年

一　この報告は「研究」報告となのるほどのものでなく、引用の外国文献は多く孫引きという有様であるが、許されるならば現在一個の法律家として迷い、乱れ、昂ぶっている自分の気持を皆様に訴えてみたかったので、自分から希望して、報告させていただいたのである。というわけはこうなのである。

どんな社会にも、学者社会にも、おめでたい世間知らずとして、からかったり、あわれんだり、軽蔑したりすることが出来るが、他方単純な愛すべき勉強家として、かばってやったり、可愛がってやったり、賞めたたえてやったりする、いわば一種の犠牲者の存在の価値があるのであろうか、私は正にそうした種類の人間として、或はひやかされ、或はおだてられながら、静に所謂《いわゆる》法の解釈の勉強をして来た。勿論《もちろん》、法の解釈に常に満足しきっていたわけではない。法の解釈をしている際、あるときはそれは法文からは無理だよと異議を述べ乍《なが》ら、他のときには法文は大切ではないと主張したり、また法典起草者の意見をよく自説の根拠にあげ乍ら、ときには起草者の意見は決定的でないとしたり、更にある場合には歴史的沿革をある解釈の理由づけに辿り乍ら、他の場合には歴史的沿革を無視したり、自分の望む結論に向って、都合のよい方を選ぶあの遣りかたに自分自身従いつつも、しかもしばしばそうした法の解釈の馬鹿々々しさ、空しさの感じに打たれたことであろう。しかし、それでいて、目先の講義や何やかやにかまけて、その感じは紛らされ、同じことを繰返して来てしまったのである。何という惰性の月日であったことか。そして何と小心翼々《しょうしんよくよく》としていたことであろう。小事に余りこだわるものは大事が出来ないように、些細な点が気になって、線の弱々しいことしか出来なかった。「割合に」、「かも知れない」、「のようである」、「ではないだろうか」、「大体」、これが、これまでの自分の人生であった。不思議なことに、それでいて何かを待ちもうけ、未来に漠然とした希望をいだいていたのである。でも、行く先の路が急速に細く狭くなるように覚え出されて来た昨今、切実に法律家としての在り方を考えてみずにはいられなくなったのである。そのとき末川先生の還暦祝賀論文集に執筆を依頼されたので、「法律家」と題して、自分の気持を綴って見た。丁度その直後だったからであろう。今問題になっている学生の選挙権に関する自治庁の通達から強い衝撃を受けたのである。それを読み、法の解釈というものにとっては、「本質的なものが非本質的であり、非本質的なものが本質的で」あって、それでいて、否それなるが故《ゆえ》法の解釈は法規からの論理的な演繹であるような顔をしながら、自己の欲するところを押し通させる手段を与える危険を蔵するものであることに驚いて、フレッド・ローデルが「汝法律家に呪いあれ」という著書で引用しているといわれるシェクスピアーの「先ず第一に法律家をみんな殺してしまえ」という暴言にしきりと共鳴を覚えたのである(1)。それと同時に、従来の法律家に対する疑惑を吐露し、法律家のあるべき姿について論じ合いたいという衝動のたかまるままに、私法学会に報告させて下さいと申込んで了《しま》ったのである。

だが学者の気持というものは、芸術家の気持にも似て、ほのかな希望の興奮に浮かされるかと思うと、すぐそれに続いて暗澹たる絶望におちこみ、強気でもありまたひどく弱気なのが常ではないだろうか。私がこれから述べることはある方々からは乱暴であると言われそうである。気の弱い人間が、自分を抑えに抑えたのちいきなり正反対の乱暴な振舞に出ることがよくあるようなものだよと片付けられるかも知れない。しかし、また他の方々からは、既に労働法においてさえプロ・レーバー的解釈に対する反省が声高に唱えられているのに、時勢知らずの、凡《およ》そ政治的センスのない議論だと笑われはしないかという心配もしているのである。しかし、敢《あえ》て自分のありのままの考えを述べてみよう。

（1）　鵜飼〔信成〕「アメリカ法学の諸傾向」二〇九―二一〇頁。

二　「法律が常にただ一つの正しい決定を供給し得ること、この決定が実定法上で正しいとゆうことが法律そのものに基いていること、これらのことを普通の解釈の理論は信じさせようとする。解釈では説明や理解とゆう知的行為が問題であるかのように、解釈者は単に悟性を働かせれば足りる……かのように……右の理論は解釈の過程を叙述するのである」[1]。そしてまた私なども法の解釈をするときの気持としては、客観的に正しい唯一の解釈があると前提し、自分の解釈はその正しい唯一の解釈たらんとし、そしてそういう解釈には法規の客観的認識の結果、論理的に到達しうるものであるように意識している。それにこの解釈は俺の主観的価値判断によるのだ、などと言ったら、世人にアッピールする力は弱くなるから、法規の客観的な認識の結果として主張される理由は分らないことはない。しかし、理論的には、客観的に正しい法の解釈が唯《ただ》一つしかないということに疑問をもつ。例えば、どちらの解釈にも理由があって、いずれとも決し兼ねることがよくある。それは法律相談を受けて何と答えてよいか分らないとき経験することである。そしてややもすると相談者にすぐ調停をしなさいとすすめたがる。それは裁判だと勝つか負けるかで、しかもその結果が予測出来ず心配だが、その点調停だと心安い気持がするからである。紛争解決の手段としての調停を発達させた原因の少くとも一つは、訴訟の結果は判決まで予測が出来ないということにありはしないだろうか。試験問題にケースが出たとき、結論は大切でない、推論の過程が大切だと先生がよく言われたのを覚えている。ちゃんと唯一の正しい解釈があるのなら、結論はどうでもいいなどということが軽々しく言えるだろうか。現に立法に際し、一義的に解決せず、解釈にまかせることが行われる。そして学者はよくこの点は判例で確定させてゆくことが望ましいという。それどころか、法律家は立法者の不手際、手落ちの尻拭いを任務としているので、「あらゆる種類の誤謬や遺漏《いろう》だけが、法律家の殆《ほとん》ど専ら従事する、そして悲しいことに従事を強制されている対象だ」(2)。これらの場合に、心理的には、客観的に正しい唯一の法の解釈があるので、唯未《ただいま》だ勉強が不充分でそれを見つけ出せないに過ぎないのだと考えようとしているが、実際にはむしろ法の解釈について複数の解釈の可能性を認めなければならないように思われる。勿論《もちろん》だからといって、常に解釈が区々に分れると言おうとしているのでない。況《いわ》んやどんな解釈でも可能で、保安隊は戦力でないとか、自衛隊は適憲だという解釈も成立しうると直《ただち》に言おうとしているのではない。法の解釈にも一定の制約がある。しかしその制約は唯一の結論しか許されないという程ぴちんと規定して了《しま》うものではない。「……法律と判決の間……の関係は規定又は拘束の関係である」、「この規定は、しかし決して完全なものではない。……多かれ少かれ、自由裁量の余地が常に必ず残される。そのために……わくとしての性質を有する」、「解釈をもって執行される規範の意義を確定することであるとすれば、この活動の成果は単に解釈される規範が表現するわくを確定し、それと共に、このわくのうちに与えられている多くの可能性を認識することに止まる。……法の解釈は必ずしもそれのみが正しいものだという唯一の決定に到達するとは限らない」、「規範のわくのうちにある可能性のうちで、いずれが正しいものであるかとゆう問題は……認識の問題ではなく……政策の問題である」、「裁判官もやはり法創造者である。この法創造の機能において、かれもやはり相対的に自由である。まさにそれ故《ゆえ》に……意思機能である[3]」。従って、法の解釈を以てわくを確定するばかりでなく、ただ一つの判断を下すことまで意味するとすれば、法の解釈とは「理論的要素と実践的要素、認識的要素と創造的要素、……客観的要素と主観的要素の不可分離の結合物である[4]」。

しかし一歩突込んで考えれば、法の解釈を制約するものを「わく」と言い表わすことは必ずしも適切ではない。というのは、その所謂《いわゆる》「わく」なるものは決して明確不動のものではないからである。法規が不明確な言葉を使用したり、法律による価値判断が互に矛盾していたりすることがある。そればかりか法の解釈の制約を考えるに当っては、法文のままが法なのではなく社会関係の変化と共に法も変るのだという主張、権力者は法の解釈の名において脱法行為を行い、人民は文字通り脱法行為を行うが、それが「準正」されて法の世界において適法性をかちえてゆくことがあり、同様のことは脱法行為の形をとらぬその他の違法行為についても起るという事実、更に進んでは悪法も法なりやの議論などをも考え合せなければならないであろう。尤《もっと》も法の解釈は現存の社会関係に適合しなければならないという制約を免れないことは言うまでもなく、法の解釈が解釈する個人の主観的価値判断によって影響される程度を誇張してはいけないが、しかも著しく影響を受けることを否定することは出来ない[5]。そのことは、解釈するものの思想傾向の如何《いかん》によって解釈があのように画然と分れている事実、思想傾向が余り異らない場合にも解釈する個々人によって説が分れている事実、裁判をみても一審で敗け二審で勝ち三審でどうなることかとびくびくしなければならなかったり、同一審級の判決についても判事によって意見が二三に分れることがあり、判決が下るまで勝訴か敗訴か結果が予断出来ないことが少くない事実などからも例証しうると思う。尤も法の解釈が解釈するものの主観的価値判断によって影響されるといっても、そのされ方は法の領域によって一様でない。例えば民法プロパーの領域にあっては個人的偏見性向に比較的強く影響される。之に反し、借地法・借家法のような領域では、判例と学説は多くの点で対立しているが、そうさせているのは主として地主家主の肩をもつか、借地人借家人の立場を重んずるかに依っている。更に労働法の解釈に至ってはもっとはっきりと資本と労働のどちらの側に立つかによって左右されている。但し借地法・借家法や労働法でも個人的な偏性向が影響するが、これらの法域では解釈するものの社会観が解釈の上にあらわに出ている。いずれにしても、法の解釈が個人の主観的価値判断によって影響されることに変りはない。

このように、法の解釈の複数の可能性があり、そのうちの一の選択は解釈するものの主観的価値判断によって左右される。しかもその一つが裁判所の判決の基礎となる。そこで法の解釈の争いは、何が法であるかの争ではなく、何を法たらしめんとするかの争い、裁判官をして如何《いか》なる判決を為さしめんとするかの争い、裁判官をして如何なる法を創造せしめんとするかの争であると考えなければならない。裁判官に法の創造的機能をみとめる以上、その限度においては法の解釈をそのように考えるのが必然的結果だと思われる。

それなら、法の解釈が解釈する個人によって異るという紛う方ない事実に面しながら、何故客観的に正しい唯一の法の解釈があると前提し、自分の解釈はそれであろうとし、そしてそれが法規の客観的認識の結果であると観念しようとするのか。私には、それは神学的世界観の世俗化といわれる法学的世界観乃至《ないし》それに奉仕する概念法学の残滓《ざんし》であるように思われる。尤《もっと》も我が国で概念法学に非難が浴びせられてより、かなりになる。現在では殆《ほと》んどすべての法律家は概念法学、概念法学といって好んで相手の議論を罵倒する。しかも未《いま》だ殆んどの法律家も——自分もその一人だったけれど——概念法学の欠点から免れていないのである、そして概念法学のそういう観念の仕方は一の形而上学であり、また自分の主観を客観の名において主張しようとする、つまり権威を借りて主張しようとする一の権威主義ではないだろうか。従来概念法学に裁判官の恣意の排除乃至法的安全性の機能を安易に結びつけていた。しかし概念法学における権威主義を看過すべきではない。

（1）　ケルゼン著・横田［喜三郎］訳「純粋法学」一四三頁。
（2）　キルヒマン著・桑田［三郎］・田村［五郎］訳「科学としての法律学の無価値性」中央評論一一号六四頁。
（3）　ケルゼン前掲一四二―三頁、一四八頁、一五二―三頁。
（4）　Radbruch, Rechtsphilosophie, S. 111.
（5）　法の解釈を制約する「わく」については法律時報二六巻四号五七―九頁［解説三］にやや詳しく説明した。

三　右のような概念法学の性格は法律家の次のような特色となって表れている。

(1)　法律家の個々の事件の法的判断についてしばしば見受けられる欠点は、(イ)　先ず形式的な安易さである。例えば、現在の判例は、期間の定ある建物の賃貸借が、更新拒絶の通知に効力がなかった結果、借家法二条によって同一の条件をもって更新された場合でも、同一の条件という中には期間の定めは含まれないで、期間の点については民法六一九条但書が適用されて、期間の定めのない賃貸借となり、賃貸人は更新後も正当の事由ある限り解約の申入をなしうるとしている。「借家法二条一項の規定も、「更新拒絶の通知を為すべき期間」「条件を変更するにあらざれば更新せざる旨の通知」の効力及び「前賃貸借と同一の条件を以て更に賃貸借を為したるものと看做す」等の点において、民法第六一九条本文の規定に対する特別規定たる関係に立つものであるが、同条但書の規定に関しては、借家法は、別に何等の規定を設けていないのみならず、借家法の規定全体の趣旨からみても、特に右但書の規定を排除すべき法意は、これをみとめることはできないのであるから、借家法の適用を受ける建物の賃貸借についても、民法六一九条但書の規定は、その適用あるものと解しなければならない。……」[1]。判例の結論が正しいとしても、実質的な理由づけに欠けているといわなければならない。

(ロ)　形式的な安易さのゆくところ、不都合な結論に達して了《しま》うことさえある。その一例を左の判例にみることが出来ないであろうか。「原判決の確定した事実によれば本件家屋の賃借人Aは昭和二一年七月二六日死亡し、その相続人のあることが分明でないため相続財産は法人とされ本件賃貸借も右相続財産との間に存続することとなったのであるが、上告人Yは右賃借人Aの内縁の妻であって、A死亡後引き続き本件家屋に居住しているというのであって、原判決はかくのごとき場合同上告人の右家屋に対する居住権が認められるのは右賃借権の存続する限り他日相続人が判明した際、被相続人の内縁の妻の居住の継続が必ずしも相続人の意に反するものとは限らないからであるに過ぎないとした上、しかも右相続財産は本件賃借権を除いては殆《ほと》んど皆無で、将来において相続人を得る見込もないとの事実を確定し、一方本件家屋の所有者たる被上告人側において、本件家屋の使用を必要とする判示のごとき諸般の事情関係を認定し、彼此《ひし》〔「あれこれ」の意〕綜合するときは、上告人Yの移転先きのないという主観的事情如何《いかん》にかかわらず被上告人は本件解約申入を維持するについて正当な事由を有しているものと認めるを相当とすると判断したのであって、原判決の右判断は正鵠《せいこく》を得たものというべく、論旨は上告人Yの本件家屋居住に関する原判示のごとき地位関係を考慮せず、只一図《いちず》に被上告人側との比較においてその使用の必要の大なることを強調するに過ぎないのであってこれを採用することはできない」(2)。即《すなわ》ちこの判決は形式的に居住のための賃借権についても相続を認め、家屋の賃借人死亡後その内縁の妻が右家屋に居住しうるのは自身賃借人となるからでなく、もとの賃借人の相続人の意に反しないからに過ぎないとし、延《ひ》いて解約申入の正当の事由の認定につき不当にゆるやかな解釈になって了《しま》っているように思われる。

(ハ)　形式的な安易さは、ときに、こじつけさえし兼ねない。共同通信社がアカハタ及その後継紙並に同類紙の無期限発行停止に関する昭和二五年七月一八日付連合国最高司令官より内閣総理大臣あて書簡を根拠に、共産主義者又はその支持者たることを理由に従業員を解雇したのに対し、被解雇者から共同通信社を相手方とし解雇の意思表示の効力停止の仮処分を申請したのを排斥し、「この書簡は直接には日本政府に対し「アカハタ」及びその後継紙並びにその同類紙の発行を無期限に停止する措置をとるよう指令したものの如くであるが、右の文言の全趣旨を本件にあらわれた他の資料と共に考え合わせてみると、一般に相手方のような報道機関から共産主義者又はその支持者を排除すべきことを要請した指示であること明かである」とした判例(3)など、その類《たぐい》ではなかろうか。

それどころか擬制に縋《すが》ることがある。法律家は未《いま》だに「嘘の効用」にたちきり難い未練を感じているのではなかろうか。尤《もっと》もこの世の中では事実が事実のまま語られることは少いのだから、法律家だけを非難すべきではないかも知れないが。

(2) 以上のような法律家の考え方は、法の根本問題に対しては次のようになって表れる。

(イ) 法律家はいつとはなしに法律と正義とを混同し、法律に対する批判精神に乏しい傾きがある。

(ロ) その半面、法律を超越するかに見える問題、例えば戦争か否かの問題については、却って諦観するかに感ぜられる。

(ハ) そればかりではない。法の尊重を標榜しながら、却って法の歪曲を敢《あえ》てする。その故に法律家は屡々《しばしば》詭弁家乃至三百代言に陥る危険がある。(4)

こうみてくると、何と法律家は威武高〔正しくは、「居丈高」、または「威丈高」であるが、ここでは元のままとした。〕なことであろう。常に自分の解釈が客観的に正しい唯一の解釈だとして、客観性の名において主張するなんて。しかし、また、見方によっては、何と法律家は気の弱いことであろう。万事法規に頼り、人間生活が法規によって残りくまなく律せられるように考えなくては心が落着かないなんて。そして何とまた法律家は虚偽で無責任なことであろう。何とかして主観を客観のかげにかくそうとするなんて。

（1） 最高裁昭和二七・一・一八判決、民集六巻一号一頁。
（2） 最高裁昭和二五・七・一四判決、民集四巻八号三三三頁。
（3） 最高裁昭和二七・四・二決定、民集六巻四号三八七頁。
（4） 来栖「法律家」末川先生還暦祝賀論文集「民事法の諸問題」［本書**2**］所収。

四 それなら、法律家の従うべき正しい法の解釈の方法はどうなくてはならぬか。それは末弘先生における「嘘の効用」より「法律解釈における理論と政策」（民法雑考）への発展のうちに示されているように思われる。一言で言えば、法規範を実定法の規定からの論理的演繹によってでなく、現実の社会関係の観察・分析によってその中から汲みとるべきである。こうした解釈の方法を社会学的方法と呼んでよければ——社会学的法律学と法社会学とを区別すべきか、区別すべきだとしてどのように区別すべきかの問題をしばらくおいて——法の解釈に当っては社会学的方法を一貫することを努めなければならない。というと今更《いまさら》そんなこと、と言われるかも知れない。しかし概念法学が非難されるに伴い、法律家はときに社会学的方法を用いるが、しかもそれを一貫せず、両者がごっちゃに混在しているように思われる。従来判例研究の価値が強調され乍らその取扱は中途半端で、単に演繹的な説明の補充としての地位しか与えられなかったのもそのことと関連しているように思われる。

処《ところ》で、法の解釈に当って社会学的方法を一貫すべきであるというとき、一つ注意すべきことは、社会の事象より規範を導き出すといっても、矢張《やは》り客観的に正しい唯一の法規範が社会の事象のうちに内在していると前提しそれを認識のみによって探し求めるというだけでなくて、そこには自分の価値判断によって望ましいと考える法規範を具体的につくり出そうとする意欲が加わっているということである。従って、ある事件の法的判断については、(1)一定のわく——という表現は前述の如く必ずしも適切ではないが——の範囲内における解釈の複数の可能性、(2)自分の解釈はそのうちの一つの選択に過ぎないこと、(3)選択可能な解釈の間の争いは、形式的な理由に基く争いでなくて、実質的な理由に基く争いであり、それは解釈するものの主観的価値判断によって影響されること、(4)従って法の解釈の争いは、政治上の問題に関係するときは、一種の政治的争いであり、解釈の結果を単に法のせいにしてしまうことは許されず、それに対して政治的責任をもつべきことを卒直に認めなければならない。

こういう意見に対しては、キルヒマンがいのことを言って、法的安定性を害するという非難があることであろう。しかし法的安定性ということは単に形式的に考えるべきでない。社会学的な法の解釈の方法の第一歩は、法規にないそでをふらせるような無理なことをしない、法規にあるだけのものを求めそれ以上の価値をみとめないところにあるので、法規からある以上のものを細工によって取り出してみせる従来の方法に比して、別に法的安定性を害しはしない。むしろこうした解釈の方法こそ、無理に法規から論理的演繹によって到達し得ないのに到達しうるように考えなくてもよくなることによって、つまり主観を客観と装わなくてもよくなることによって、法の解釈を一層論理的たらしめ得るであろう。そしてまた私には、こうした方法こそ、法律家をより謙譲《けんじょう》に、しかしより責任感を持ち、より正直な人間にしてくれるのに役立つように思われるのである。

従ってこれからは法学教育に当って法の解釈を教えるには、社会学的方法を一貫して教えるべきである。その際ケース・メソッドの採否が問題となるが、現在の私には必ずしもケース・メソッドでなければならないとまでは思わない。が、しかし教科書を用うるならば、社会学的方法を一貫した教科書をつくるべきである。しかしそのことは何と大きな仕事であろう。一ケ条一ケ条が大変である。最近ぶつかった一例を挙げれば、手付に関する民法五五七条の如き、一通りの法文の説明は容易だが、社会学的に説明しろとなると容易でない。独民法三三六条では手付は証約手付とされているのに、我が民法では解約手付とされているのは何故か、我が国民の契約の拘束力についての意識と関連があるのかどうか、そもそも実際取引において一般に手付は解約手付として授受されているのかどうか、解約手付とすると履行の着手まで解約出来ることになっているが、一体具体的に履行の着手の有無は何を標準としてきめたらよいのか等々仲々難しい。実際は従来たいして疑問とされなかったことでもはっきり分らないことだらけなのである。それを読めば社会学的な法の解釈の方法に慣れ親しむことが出来るような教科書をつくるために法社会学者は協力すべきではないだろうか。尤《もっと》も理論的には法社会学と社会学的法律学とは異るものであり、法社会学と社会学的法律学とははっきりと分化し、法社会学者は法社会学の専門家となるべきだという考え方もありうるが、少くとも差当っては法の解釈の方法として社会学的な方法を確立することは法社会学者の任務ではなかろうか。然《しか》るに従来法社会学者は――例外がないとはいわないが――社会学的な法の解釈の方法の教育を組織的に展開する骨折《ほねおり》を引受ける代りに、法の解釈を軽蔑することによって、その骨折を回避しようとし、ために社会に対する影響力をそいでいたようにさえ感ぜられるのである。

私はいままで自分を法解釈学者に向いていると思い、また優れた法解釈学者になりたいと思った。しかしいまでは法解釈学は大切であることはいうまでもないが、法解釈学を法社会学と対比させて、法解釈学のみをやるのだという気にはなれなくなったのである。そして法社会学者の一人になれるならばなりたいのである。これからは法社会学の勉強もしたい。そしてそれは私の法解釈学をも進歩させてくれるような感じがする。唯《ただ》自分はもう遅いかも知れない。だが、私は何でも新しく物を学び初めるときの、期待にみちた興味・ひたすらな熱心さ・謙《けん》譲《じょう》な態度・こだわらない反省というあの無邪気な気持がとても好きであるが、そういう気持で法社会学の修業に精進しようと思う。それと同時に私は心から若い法社会学者達を祝福し、その人達にこそ我が国の今後における法律学の発達の希望をかけることが出来ると考えるに至ったのである。従って私法学会をより面白く、より有意義にするために、それらの若い法社会学者が積極的に私法学会に参加しようとする気持になってくれ、またそういう気持になる雰囲気が私法学会の方でもつくられてくれたならば、私としては本当に嬉しいのだけれど。

おことわり　この報告の一部は既に「法律家」と題して末川先生還暦祝賀論文集「民事法の諸問題」に掲載した〔本書**2**〕。そこでその部分は叙述を簡単にし、また引用の判例は重複しないように別のを以て変えた。その他の部分については大体報告のときのままである。

〔原典は、『私法』（日本私法学会の当時は年二回刊行の機関誌）第一一号、発行所・日本私法学会、発売所・有斐閣、一九五四年四月三〇日発行〕

〔解説〕

一　この論文は、もともと、一九五三年一一月二日・三日に立命館大学法学部において開催された第一二回日本私法学会総会の第二日目の全体会（第一日は部会）において、「一般報告」として報告されたものであり（座長は末川博先生）、それが、翌年発行された同学会機関誌『私法』第一一号に掲載されたものである。同誌には、（シンポジウムなどについては速記による記録が掲載されたが）報告の速記録ではなく、報告者自身が作成し、提出した原稿が掲載される慣行であり、この報告についても、来栖先生は、ほぼ報告されたとおりの原稿を作成されて提出され、それが掲載されたものと考えられる（ただし、報告との異同についてはあとがき参照。なお、『私法』については、論文**8**の解説も参照）。

二　この報告は、一九五〇年発表の論文**1**および一九五三年発表の論文**2**と一体をなすものとして読んで頂きたいと思う。その趣旨は論文**1**の解説で述べた。

この報告の内容の論点のみを示せば、後掲の座談会における先生自身による要約にあるように、法の解釈における複数の解釈の可能性、そこにおける解釈という行為は、法律家による主観的価値選択にほかならないこと、そしてそれは法律家の政治的責任に結びつくというものである。論文**1**と論文**2**をふまえ、さらにそれを厳しく昇華させたものであるといえよう。座談会でもいわれているが、科学者における真理の追究者という厳粛な気持へのあこがれが強く感じられる。そして、この報告では、そのあこがれの延長ともいえる、社会学的方法を一貫させた法の解釈への挑戦が提案されるのである。

この報告の当時、私は、学会に入会したてのかけだし会員であったが、この報告を直接聴く幸運に恵まれた。そして、そのときに受けた感銘を生涯忘れることができない。満堂の聴衆が衝撃に打たれてしんと静まり返ったようになったことを記憶する。唄孝一さんも、「あの一九五三年日本私法学会の研究報告でなされた法律家批判ほど、感銘深いものはない」と回想されている（「先生あり言葉あり」学士会会報一九八四年I号）。

報告のあと、しばらく質疑があったが、その終わり頃、我妻栄先生が発言を求められ、来栖先生を、「宝物」（言葉の記憶は正確ではない）のような民法学者と思うという感想を述べられたことも忘れられない。

三　この学会報告が、私法学界だけでなく、法律学界一般にその後与えた影響は大きなものがあった。その後民法学だけではなく法律学全般にわたって行われたいわゆる法解釈論争はまさにこの報告によって触発されたものといってよく、またその後展開された法の科学論争、法社会学論争、さらには判例研究方法論論争なども、引きつづきこれと関連性をもちながら行われたものであった。

ここでは、右のような展開を予感させるものとして、本報告の直後に、法律時報（二六巻四号、一九五四年四月号、五七頁）誌上で行われた座談会「法解釈学の『科学性』」について紹介しておこう。これは、この来栖報告および同じ年に刊行された川島武宜『科学としての法律学』（都留重人ほか四氏執筆『新しく学ぶために』、弘文堂、一九五三年、所収）を対象として、川島、来栖、加藤一郎、潮見俊隆の四氏によって行われた座談会であるが、その冒頭で、来栖先生が、この私法学会報告をされた動機および趣旨について述べておられて、本報告の背景その他を知る絶好の手がかりを見出すことができるのである。

「来栖　ぼくが漠然と感じたことを、川島先生が緻密に理論づけられたというか、要するに、ぼくはいままで長い間ずいぶん熱心に法の解釈を勉強しましたが、だんだん、従来の法解釈学に対して不満の気持がたかまってきた、その気持をありのまましゃべったというだけで、法解釈学はどうあるべきかという問題に対してほんの入口の議論にすぎないんで、川島先生のが本論にあたるのです。ですから、順序としては、ぼくからやるべきでしょう。

大体ぼくの議論の内容というのは、法の解釈というものは、客観的にただ一つというのじゃなくて、やっぱり複数の解釈の可能性を認めること、そうして自分が正しいとする解釈も、その可能な解釈の中のひとつの選択にすぎないということ、そしてその選択がどうしてなされるかというのに、自分の個人的な価値判断によって影響されるんだということ、したがってまた自分の正しいと思う解釈、自分でこうありたいと思う解釈を実現するというか、現実的に法たらしめるためには、主張しなければならないということ、そして法の解釈の争いは政治上の問題に関する場合には、一の政治上の争いであり、解釈の結果を法のせいにしてしまうわけにゆかないんで、それに対して政治的責任を負うべきであるということなんです。そういうようなことを考えさせた一つの原因というのは、現実に解釈の争いをみてみますと、大体こんな思想を持ってる人はこんな解釈をするんだろうということが、あらかじめわかっていますし、それから、こういう結論を出してもらいたいと思えば、大体この人のところへ行けばこういう結論が出してもらえるということがわかるんで、そういう先生のところへ行って、自分に都合のいい結論をもらってくるというような、(笑)そういう事実から見ても、やっぱり、一定の思想をもってると、大体一定の法の解釈の結論を出すという、そういう事実に直面して、そのように考える気持になったんです。それから、また、自分が解釈しているときの心理をみましても、やっぱり、論理的に辿って、ある一定のところまで行くと、行き詰まって、論理をおし進められないで、それ以上進む場合には、何か自分の決断というようなものを要求される、勇気を要求されるというような、そういう気持になって、そこに今までの論理過程と違ったものが入りこんでくるんじゃないかというような感じを、解釈しているときに常にもつわけなんです。

そういうようなところから、単に、法の解釈というものは、論理的な過程だけでなくて、決断の面があるということを、考えざるを得なかったわけです。

それから、さらに、ぼくの解釈論は、別に新しいことでも何でもなくて、ケルゼン、ラードブルフの解釈理論に従っているのですけれども、それからまたアメリカのリアリズム法学にとても共鳴を感じるのですけれど、そういう解釈理論にひかれた理由は、法の解釈の争いを、形式的な理由に基く争いではなくて、より実質的な理由に基く争いとして、考えていきたい、という気持があったんだろうと思います。

しかし、そのために、たとえば、労働法の分野において、プロ・レイバー的解釈に対する反省というものが唱えられるに至っている現在のような情勢になりますと、かえって危険だという非難もありうると思うのです。それから、また平和問題に対しても、ぼくみたいな考え方は、平和憲法を守れという主張に対して不利に働くのじゃないかというおそれを感ずるのですけれども、どうも、事情の変化に伴って、急に反省するという器用さをもっていませんから、依然として主張しているわけで、（笑）そういう点でも、世間知らずの政治的センスのない議論だといわれそうです。もちろん、ぼくといえども法の解釈というものは、恣意的で、どんな解釈でもできるというのではなくて、一定の制約があることは認めるので、その制約を川島先生などは、非常に緻密に議論されているわけなんでございますけれども、それにもかかわらず、やっぱり、どうしても個人の価値判断というものによって影響されるということを否定できない。その意味において、科学というものはどういうことなのか、その意味が問題なんですけれども、どうも、法解釈学が科学なんだということに対して、非常に疑問がぼくには感ぜられるのです

そのためだと思うんですが、法解釈学者には、いわゆる科学者に特有な真理の探求者という、ああいう厳粛な気持にかけるところがあるのじゃないかというような気持がしているのです。そして、また、ぼくなんかも自分自身で経験することなんですが、苦しくなると随分大胆な、乱暴な推論もしかねないのではないかしら。

川島　さっきの憲法のところを、ちょっともう少し……

来栖　たとえば、ぼくみたいなことを言って、それを直ちに憲法第九条の解釈にあてはめられて、保安隊は戦力ではないとかなんとかいう解釈もなり立つじゃないかと言われますと、平和憲法を守れという運動に、不利

に働くのじゃないかと思うわけです。」

この後、川島先生による冒頭発言があり、そのうえで四氏による意見交換が行われる。この座談会は、その後展開される論争の起点となったものといってよいであろう。

四　なお、この報告のなかで、社会学的な考察を踏まえた教科書を共同して作ることの提案がなされていることにとくに注意を喚起しておきたい。これを裏返せば、各人がそれぞれの主観的見解を並べた教科書ではなくて（そういうものなら、一人一人の手で苦もなくできる）、社会の客観的真実を求めた教科書は複数の人の協力作業でなければできないという趣旨をこめての提案であったと解せられる。来栖先生は、こういう教科書をあくまで追求された。そして、多くの教え子（三藤さんを含むが、多くは実践社会に身を置いた諸氏であった）に働きかけてその努力をつづけ、『契約法』（一九七四年）をものされたと思う。その意味で本論文は、『契約法』にも「つらなるもの」という意味をもつものでもあった。そのことになんの寄与も果たせなかった自分のことを思うと、私は身の縮む思いにさいなまれる。

（清水　誠）

4

法の解釈における制定法の意義

――その一　法と法源――

一九五六年

一　我が国にも比較的はやくから自由法学や法社会学が紹介された。しかし、その影響を受け、方法論的にはっきりした自覚をもって法の解釈をされたのは末弘先生ではなかったかと思われる。先生の「嘘の効用」（『嘘の効用』所収）、「法律解釈に於ける理論と政策」（『民法雑考』所収）、「解釈法学に於ける法源論について」、「法源としての学説」（『民法雑記帳』所収）など一連の論文は、そのことを示している。しかし、先生の方法が素直に受け容れられ、健かに発展せしめられることがないままでしまった。昭和十一年、私が法律学をやりはじめた頃、法学界一般に末弘先生は単なる思い付きを述べられるに過ぎないという風評が可なり弘まっていた。私の如きは、その風評に禍されて、先生の著書論文を余り読まないでしまったのである。思えば、当時、先生の方法が素直に受け容れられ健かに発展せしめられることがなかったのは、むしろ当然であったろう。やがて日本の法学は、戦時の渾沌の中に埋没していった。

終戦後、新憲法の下において、しばしば具体的問題について法の解釈が争われ、それに関連して法の解釈の本質が論ぜられた。しかし、多くの人々によって論ぜられたにも拘らず、従って甚しくにぎやかであったにも拘らず、理論的にはそれほど深められなかったといえるのでなかろうか。その理由は、多くは差迫った当面の解釈問題に際して触れられ、根本的に論ぜられることが少なかったからであろう。とりわけ、法の解釈というと、すぐ憲法九条が引合に出されたことは、法の解釈の本質を根本的に論ずるためには必ずしも幸いといえなかった。視野の狭さが感じられた。むしろ、民法、刑法、労働法、公法という夫々の解釈のもつ特色というものを先ず以て知らなければならないのである。

私も法の解釈について何度か書いた[1]。私が書いた気持は、こうだったと思う。従来、法の一般理論を論じているときは、「法の欠缺」だとか、「慣習法の制定法改廃力」だとか、「悪法は法にあらず」だとかという威勢のいい議論も為されることがあるのに、現実の解釈問題となると、法の欠缺さえなかなか認めようとせず、況《いわ》んや慣習法の制定法改廃力だとか悪法は法にあらずとかいうことになると、制定法がある以上……などと非常に臆病になるのが普通である。それを、法の一般理論と現実の解釈問題とを真剣に結びつけてみたかったのである。しかし、私の書いたことは、殆んど思い付きの程度を出なかった。それにも拘らず、ときに引用され、また誤解を受けたらしいことは心苦しかった。特に、法の解釈は解釈者のイデオロギーによって左右されると言い放したため、それでは解釈者のイデオロギーをたてにどんな解釈でも出来ることになるかのように解せられ、延いては憲法九条に関する政府の恣意《しい》的な解釈さえ可能として弁護することになる危険がありはしないかと詰問され、責任が感じられてならなかったのである。この論文はそうした疑惑に答えることを目的としているのである。

ところで、少くとも成文法国においては、何といっても制定法が法の解釈においてもつ意義、すなわち制定法とは何か、制定法はどの限度において法の解釈を制約するかが法の解釈の中心問題であることは否定できまい。現実に争いとなった解釈問題も結局はその問題に帰着する。それが、特に法の解釈における制定法の意義に焦点をおいた所以である。その問題を研究してゆくうちに、おのずと、(1)「法と法源」、(2)「擬制の機能」、(3)「自由法学及び利益法学の意義」という三部に分れて行った。そこで、先ず、第一部の「法と法源」から始める。

二　法の解釈に関し、特にドイツにおいて、立法者意思説（主観説、歴史的解釈）と法律意思説（客観的解釈）の対立がある。立法者意思説も法律意思説もある時期にはいずれも解釈の禁止を要求し、ただその禁止の理由の対立としてあらわれたが、やがて解釈の必要を承認せざるを得なくなると共に解釈の方法の対立となり、それ以来二つの学説の内容は変化したが、その対立は今に存続している。元来は立法者意思説は制定法を立法者の個人的意思の表現とみた。それは絶対主義の法理論だとされる。法律意思説は制定法を社会の全体意思の表現とみた。それは本来は立憲主義乃至自由主義的国家観の法理論だとされる。立法者意思説の立場からは、歴史的に実在する立法者の意思の探求を法の解釈の任務と考える。そこで、立法者の意思を明かにするに役立つ立法資料を重要視する。法律意思説の立場からは、法の解釈に当って決定的なのは法律の客観的意味であると考える。そして法律の客観的意味は立法者意思とは独立な存在であることを指摘し、法律は立法者意思にかかわりなく社会の変遷に適応して解釈することができるし、またそう解釈すべきことを力説する。立法者意思説の代表者とされているのは、サヴィニー、ウインドシャイド等であり、(2) 法律意思説の代表者とされているのは、トェール、ワッハ、ビンディング、コーラー等である。(3) すなわち、一九世紀後半には立法者意思説に対し法律意思説が次第に有勢となる。そしてそれは自由法学へと発展する。(4) 尤《もっと》も、二十世紀に入ると利益法学その他立法者意思説をとる学説が再び盛になるのであるが、この学説の変遷の理由を明かにするのは、第三部の「自由法学及び利益法学の意義」の課題である。

さて、立法者意思説と法律意思説の対立の意義をどう考えるべきか。立法者意思説が歴史的に実在する立法者の意思の探求を法律の解釈の任務と考える限り、立法者意思説に対しては、いろいろと疑問を免れない。立法者意思が不確かで探求し得ないことが少くないばかりでなく、法律の解釈に当って立法者意思を離れないことは殆んど不可能であろう。サヴィニー、ウインドシャイド等においても法律の解釈に当っては立法者意思を実際には離れているのである。それは法律意思説の指摘するとおりである。

第一、法律の解釈は法律を全体との関連において考察しなければならないことによって、立法者意思から離れる。「……法律は公布によって立法者から切り離され、いまやその個々の法規相互を、またその個々の法規と既存の法規とを体系的関連において把握しなければならないことにより、立法権力の公布された意思として独立してあらわれ、法律の本来の起草者の意思と理解はどうでもいいものとなる……。法律が立法者よりも洞察力にとむことが出来るのはこの独自性に基くのである」(トェール)。また、こうもいわれる。「法律は全体との……関連において考察さるべきである。それは法秩序の論理のうちに組入れられねばならない。それにより一定の、おそらく立法者が間違って考えたところとは全く異る意味を受ける。それは矛盾を取除くために法文に反する解釈をされるであろう。……」(ワッハ)。

第二に、法律の解釈は合理的解釈たるべきことによって立法者意思から離れる。「法律はその認識されうる目的と正義の要請に最もよく合致するように解釈さるべきである。この場合にもあの(立法者意思)説は立法者の理性と洞察力の擬制を以て操作するが、その擬制は具体的には存在しないことが明かなのでくつがえらざるを得ない。他方、如何なる解釈家もかかる合理的な解釈を放棄せんとすることは許されないだろう。法律は立法者よりも洞察力にとむことがある……」(ワッハ)。

第三に、法律の解釈は、時代の変遷に適応しなければならないことによって立法者意思から離れる。「法は常時変動するので、必然的に法律の規定の正しい解釈が法意識に最早一致しない、そして文化の利益と抵触する時代が到来せざるを得ない。かかる場合に、法律のことばは相変らず合目的的な結果にみちびきうることはある。しかし、古い解釈では駄目である。法律のことばは、新しい解釈をすれば、目的意識を満足させることがある。以前は縮少〔小が正しいか〕的に解釈したのを拡張的に解釈したり、その逆をしなければならない、そして最後に法律のことばも法確信と正面衝突するなら、法律学は、規定全部が結局無に帰し法律的に削除されるように、そのことばを縮小的に説明するに至るであろう。この場合には最早真の意味での解釈が存在しないこと、この場合には解釈の形式の下に事実上法の創造、法の発達がひそんでいること、かようにして慣習法による法の形成発展は、徐々に休まず進んでゆく……。ただ、次のことは特に強調さるべきである、――この場合、長い間、進歩は弾力的な法律のことばの埒内《らちない》を動き、ついにそのことばそのものがはねこえられ、その法律は廃止されるに至る。しかし、法律のことばが法の進歩にとり未だ完全に充分で、ただ古い解釈をすてさえすればよい限りは、法律を変更し進歩に合せろというのは確かに立法に対する不当な要求だから、法律のことばの範囲内で法の進歩が行われることは適当である。……この場合に立法者に対する法律を変更せよとの強制 Compelle が存在しなければしないほど、法律の範囲内で解釈を変更することにより法の進歩に応じたからといって、法律学を非難することは出来ないであろう」「従って解釈は変りうるし、また変らなければならない。例えば、制定されてからいまや殆んど百年になるフランス民法典の場合には、解釈は多くの変更を受けた。……商工業の発展により、同一の法律の内部で、以前には考えも感付きもしなかったような法規が成立した。不正競争防止法の全機構は、以前には全くそうした意味を与えられることがなかった二ケ条（一三八二条・一三八三条）を根拠とするとされている」（コーラー）。「……法律が真実何を考え、従ってまた欲するかを、その公布後は、最早、何等の人格的意思が決定することはない。法律は理性的に解釈する民族精神がそれから取り出すことを考え且つ欲するのである。またひとりそこからのみ、法律の発布がその廃止に至るまで法制史の停滞を意味しないで、今や法の発展が解釈の歴史の形で行われることの説明がつくのである」(ビンディング。その他、エールリッヒ、Lukas 等)。

右の結果として、実際、法律の解釈に当って、必ずしも立法資料に決定的意義をみとめていない。「法律の解釈家は立法資料が彼の気にいるとき、すなわちそのうちに代表されている見解が解釈家にとり夫《そ》の社会的な平均的見解の代弁とみられ、彼のいだく法律の思想的内容についての観念に適合するときにのみ、その立法資料を援用するのが常である。そうでない場合には、従って例えば理由報告書とか議会の報告者その他の論者の見解にして解釈家がその法律に関しその成立の時代の社会的に平均的な見解とみるところと矛盾する場合には、彼は資料の当該見解に必ずしも注目しようとしないで、それは法律そのものの意思、意味と明白に矛盾する、従って誤りであり、考え違いであると説明しようとする」(Lukas)。

このように、一方、立法者意思説に対しては疑問を免れない。しかし、他方、立法者意思説――或は正確にはその発展した形態である歴史的解釈――を弁護する学説が新におこっている(5)。

「我々は歴史的解釈を堅持しなければならぬ。しかし、この歴史的解釈は純粋に主観的であるべきではない。それは立法の経過にあらわれた人間の観念を確定する。しかしそれはこの観念をこえて法律の原因である利益にまでさかのぼる。……『立法者』とは幽霊でなくて、原因たる利益の総称である(6)」。ここに、「歴史的利益探求の理論と従前の純粋に主観的な理論との区別があらわれる。我々の究極の目標は心理的に現実の立法者意思の認識でなくて、客観的な……立法理由となった社会の利益の確定である(7)」。「歴史的な利益の探求の適用の正当なことは、法律の制定理由となった、法律によって保護さるべき一切の社会の利益は、その解釈の形式によって最も確実に保護されるということを考慮しただけでも証明される(8)」。「裁判官が歴史的解釈を放棄するや否や、効果の齟齬 Erfolgsvereitlung が不可避的に生ずるということも同様に確かである。何となれば、法律によって保護さるべき利益は正に歴史的な……ものだから(9)」。そうである以上、立法資料を重要視することは当然である。「法律の解釈にたずさわった人はだれでも、成立史の認識は立法理由たる利益及び立法する人間の追求する目的についての理解を非常にたすけるということに同意すると信ずる。成立史の理解がはじめて立法者が何を欲したかについての疑問を解決し、何故その意思が一見かけはなれた表現をとったかを認識せしめてくれる場合が沢山ある。成立史を放棄せば、ことばの偶然 sprachliche Zufälle の意義をたかめ、禍なる文字法学 Buchstabenjurisprudenz を助長することになろう。従って立法資料の顧慮は歴史的解釈の本質的な一要素であり、立法の効果利益、的確さ Erfolgsinteressen, Treffsicherheit を保護する(10)」。「ときに今日の判決に対して、結果が実質的に望ましいときは資料の内容を援用し、之に反し反対の結果がでる場合には同様の表示 gleich liegende Erklärung を拘束力がないとして排斥するという非難が為される。このような手続は恣意的に見えることがあるが、それにも拘らず完全に正当でありうる。それこそ正に、その他の手がかりと一致する場合には認識を媒介するが、そうでない場合には相反する考量の対抗によって打消されうるという証拠の特色である(11)」。

これに対し、法律意思説乃至客観説によると、「法律の解釈に関し、往々文法 sprachliche Regeln に、法文に、一層大きな意義、規範的な意義が付与される(12)」。しかし、「文法は何等規範的な特殊的地位を要求し得ない。法律上の命令 Gebotsbilder と利益 Interessenbilder の裁判官による確定の領域では、自由な探求の原理が支配しなければならない。ことばの手段は極めて重要である。判決がことばの手段によるだけで求められうることは実に多いであろう。しかし、かかる場合にも裁判官は文法は認識の手段以外の何物でもないことを念頭においていなければならない。それは解釈につき規範として拘束力ある命令ではない[13]」。

「また、客観的解釈の必然性は、補充の必要 Ergänzungsargument すなわち解釈は予見しなかった生活上の必要の満足を裁判官に可能にすべく、その限りにおいて目的論的解釈、……たるべきであるという思想を以て根拠とする。……しかし客観的解釈の最近の主張者はそれよりももっとはるかに進む。それは法律の歴史的内容を排除する。ただ法律の文理のみが拘束力をもつべきだ。文理上可能ないくつかの命令観念のうちから裁判官は立法者の認識しうべき意思にかかわりなく、彼に最も合目的的と思われるところを選択することが許さるべきだとする。法律の解釈は原則として望ましい内容の『注入』に変化する。社会的乃至『社会学的解釈』としてあらわれる右の説は、私の考によれば、非常に疑問だ、そして徹底的に反対すべきである[14]」。「裁判所は立法部 gesetzgebende Faktoren の認識される意図を遂行しなければならないというのが我々の法生活の基本命題である。裁判所がことばのあいまいさを、それにかかわらず正確に認識される法律の意図を曲げるために、意識的に利用せんと欲すれば、法秩序への一般的信頼はこの上もなく害せられるであろう。しかし、コーラーによれば、現実のあいまいさも決して必要ではない。はっきりと表現された意図も、裁判官が『特別の言葉遣い』をみとめ、その前提に基いて、法律の内へ制定者の知らない意図を注入することによって歪められうる[15]」。「かかる可能性は、社会的国民的national 及び政治的闘争の激しくている時代には、それほどあり得ぬことではない。何となれば法共同体の生活根本に干渉する諸法律は、文化的指導層の内においても価値判断の相違にぶつかるからである。その意見の相違は、かかる層に属する裁判官どうしの内で繰返される。もしすべてことばがあいまいな場合には裁判官は自己の価値判断を共同体の認識される価値判断に対しておしとおす義務と権利があるといわんとするのは、共同体の意思は個々人の意思に優先するという国法上の根本原則に最も鋭く矛盾するであろう[16]」。「結果の同一についての最も重要な保障は、立法にふくまれている命令と評価がいろいろの判断者にとり均しく承認された出発点としての役割をつとめざるを得ないということによって与えられる。しかし、正にこの保障は社会学的解釈によっておしのけられるのである」[17]。

なるほど、「歴史的解釈一般の場合に生ずる認識の不確かさは歴史的な法律解釈の場合にも著しい」[18]。しかし、「不確かさの取扱について二つの金言が立てられる、——(a)第一の金言は不知の術 ars ignorandi である。法律家は欠缺の恐怖 horor vacui をもつことは許されない」、「第二の金言は可能性の評価 Chancenbewertung である。単なる蓋然性も尊重に価する」[19]。それに、いわゆる法律意思なるものも不確か極りないものである。従って歴史的解釈に当ってしばしば認識の不確かさを免れないとしても、歴史的解釈を放棄すべきだという根拠にはならないのである。

三　このように、従来の立法者意思説と法律意思説は、夫々一面において正しく、他面において問題な点をもっている。それを、無雑作に立法者意思と法律意思と一致するとし、立法者意思説を否定し去ることは許されない[20]。むしろ、立法者意思説と法律意思説との対立を次のように理解すべきではないだろうか。——

制定法の法文の意味、つまり制定法そのものは不変である。その意味は歴史的に定まる。社会が変ったからといって制定法の法文の意味は当然には変りはしない。歴史的に与えられた意味がどうして変り得ようか。従って制定法の法文の意味の解釈は文芸の解釈と同じである。その限りにおいて立法者意思説は正しく、社会が変ると共に制定法の法文の意味も変ってゆくと考える法律意思説は正しくないといわねばならない。

しかし制定法の法文の意味が不変だからといって、その制定法の法文の意味のままが法であるというのではない。法は法文の意味から離れて変遷しうる。法と法文の意味とは峻別しなければならない。この限りにおいては法律意思説が正しく、制定法の法文の本来の意味のままが依然法だと考えようとする立法者意思説は正しくないといわなければならない。

要するに立法者意思説は、制定法の法文の意味は立法者意思によって定まるとした点は正しいが、それがいつまでも現実の法であると考えた点に誤がある。これに対し、法律意思説は立法者意思、すなわち制定法の法文の意味が絶対でなく、直に現実に法として妥当するものではないとした点は正しいが、制定法の法文の意味がそれを制定した立法者意思から無関係に定まるとした点に誤がある。両者に共通な誤は、法と制定法の法文の意味との同一視である。結局、立法者意思説も法律意思説も制定法の過大評価である。制定法の物神崇拝である。尤も法律意思説が制定法の法文の意味は社会の変るにつれ変ってゆくと考える点だけをとると制定法を絶対視しない立場に立つようにみえるが、そう考えることによって、意味を変じたにせよ、制定法そのものが依然として法であるとし、出来るだけ社会は制定法そのものによって規律されていると主張しようとするので、やはり制定法の物神崇拝だといわなければならない[21]。

法と制定法の法文の意味の同一視は延いて法と法源の区別をはっきりと認識せしめなかった。法や法源ということばは漠然と同じような意味に用いられていた。しかし、法と法源とは、はっきり区別しなければならない。

四　法と法源をはじめてはっきりと区別したのはグレイであろうか[22]。彼は次のようにいっている。「国家乃至何等かの組織された団体の法は、裁判所すなわちその団体の司法機関が法律上の権利義務の決定のために定めた規則 rules から成る[23]」、「もし六人の老紳士が一国の最高司法裁判所を構成しているとすれば、彼等が従うことを拒む規則乃至原則はその国における法ではない[24]」。「他方、これらの六人の人間は彼等の従う規則を彼等自身の恣意のうちに求めるのではなく、彼等の属する組織された団体によって依拠するように指図されている、往々にして最も一般的で永続的な性格をもつ源から引出すのである」[25]。「国家又はその他の団体はその判事にいかなる源から法を得るように指図するか？　これらの源は大部分、非常に漠然とした一般的な風に定められている、しかし一つの規則だけは明確である。国家は、その立法機関の立法は裁判所を拘束すべく、その及ぶ限りでは他の一切の源に優越すべきことを要求する」[26]、「裁判所がその一般的な規則を引出す他の源は四重になっている。すなわち判例 judicial precedents、学説 opinions of experts、慣習 customs 及び道徳律 principles of morality（パブリック・ポリシィを含む）である。規則を引出しうる何等かの先例、学説、慣習又は原理があるかどうか、また規則がそれに従って引出さるべきかどうかは、裁判所自身に任されている。しかし多分一切の社会において、裁判所が前述の源から規則を求めてよい限界、又は他方それを越えては求めることができない限界が、より明確に定められていないにしても、存するであろう」[27]、「これらの後の四種の源が裁判所によってどの程度で探し求めらるべきかの限界に関する社会の支配者による命令は不確かであるのに対し、立法行為 legislative acts には裁判所は従わなければならないという命令は、はっきりとして確定的であるけれど、事実はこの後者の規則は他の源に関して裁判所に課せられる規則と殆んど同じに不明瞭である。何となれば、結局、それは単に立法部の発することばにすぎない。これらのことばが何を意味するかをいうのは裁判所である。すなわち、立法行為を解釈するのは裁判所である。疑もなく裁判所の解釈の権限には制限がある。しかしそれらの制限は他の源を取扱う際に裁判所を支配する制限と殆んど同じくさだかでない」。「そしてそれが、立法行為、すなわち制定法が法そのものの一部としてでなく法源として取扱われ、前述の他の源と同列におかるべき理由である。時に法は二つの部分――制定法と裁判官のつくった法――からなるといわれるが、真実は一切の法は裁判官のつくった法なのである。制定法が行為の指標として社会に課せられる形態は裁判所の解釈による制定法である。裁判所は制定法の死せる言葉を生かす。

再びホードリィ Hoadly 僧正から引用すれば、『何等かの書かれ又は語られた法を最初に書き又は語った人ではなく、それを解釈する絶対的権限をもつものこそ、本当は真実の立法者である』[28]」。

フランクはグレイが法を裁判所が法律上の権利義務の決定の為に定立する規則 rules 乃至は裁判所が定立する裁判規範と定義する点につき、このように法の要素として一般性を強調するのは旧来の説の残滓《ざんし》だと攻撃し[29]、むしろ裁判所の裁判そのものが法であると主張している。「法は裁判所によって定立される判決のための規則 rules からなるのではなくて、判決そのものから成る。かかる判決はすべて法である[30]」、「判事が事件の判決をするときは常に法をつくっている。それはその事件の法であって、未だ彼の前に提起されていない将来の事件の法ではない[31]」、「規則 rules は、裁判官によってのべられようがその他の者によってのべられようが、また制定法のうちにおいてのべられようが、学者による意見乃至は教科書でのべられようが、法ではなくて、判事が審理している事件の法をつくるに当って尋ねる多くの源のうちの一つにすぎない[32]」、「それ故に、法は判決からなるので、規則 rules からなるのではない。そうとすれば、判事が事件の判決をするときはいつも法をつくっているのである[33]」、なお、「かかる判決の前には、法律家の意見があるだけだが、かかる意見は現実に法ではなく、裁判所がどんな判決をするかの予測にすぎない」、「そこで一定の事件に関する法とは、(a) その事件についての現実の法、すなわち特定の過去の判決か、または(b) 可能的な法、すなわち特定の将来の判決に関する予測かである[34]」。

グレイにしてもフランクにしても、法を裁判所を中心にみている、否裁判所の観点からのみみている点に疑問がおこるであろう。法社会学的立場からは確かに問題である。しかし、法解釈学的立場からは法を裁判所を中心にみることが許されると思う。そしてその限りにおいてフランクのグレイ批判は尤もであり、フランクが裁判所の判決すなわち法とみたのはグレイの見解を徹底したものというべきであろう[35]。それに対し、法源とは法――判決――を引出す淵源である。法源とみとむべきものには制定法、慣習（法）、判例、学説、条理がある。そして制定法のみは法源であることを争われたことはないが、しかもまた一の法源にすぎないものとみるべきである[36]。

右の諸法源内には矛盾がありうる。制定法相互間で矛盾のあることもあるし、制定法と慣習（法）が矛盾することもありうる、また制定法は判例、学説、条理と矛盾しうる。しかし、これらの場合にも制定法は法源として存続しているのである。この点につき、よく慣習法の制定法改廃力ということが論ぜられるが、制定法改廃力というのは不正確な表現だと思う[37]。また、いわゆる憲法の改正に対する憲法の変遷という観念が適当かどうかという議論の如きも、先ず「憲法」の変遷ということによって何が意味されているかをはっきりさせるべきである[38]。これらの矛盾した法源から法（判決）が引出されるのである。判決が制定法に一致して為された場合にも、法（判決）と法源（制定法）とは区別すべきである。しかし、判決は制定法に反して為されることがある。その場合には、制定法は依然法源である、しかし法ではない、という法と法源の分離がとりわけ顕著である。そしてこの事実をはっきりと承認すべきである。

法と法源が区別されるべきこと、そして制定法は法ではなく一の法源にすぎないことを承認することによって、次のような法の解釈の認識が可能となる。

(1)　制定法の解釈適用に関する判決がある。学説はこぞって判決を非難し、判決は制定法の解釈を誤っていて不当であると主張している。かりに学説の主張の通り判決は制定法の解釈を誤っているとしよう。そのとき、何が法か。矢張り、判決が法であるとみるべきである。

(2)　制定法の解釈適用に関する判例に変遷があったとしよう。その場合には、法源としての制定法に変遷があるのではない。また単に法源としての制定法の解釈の変遷があるだけでもない。むしろ、法の変遷があるのである。判例の変遷を辿ることは、単に制定法の解釈の変遷を辿るのではない。法の変遷を辿るのである。判例研究の方法はこの観点より検討さるべきである。

(3) 法の解釈とは、制定法の解釈が問題となっている場合にも、法源としての制定法の意味の確定にとどまらず、何が法たるべきかの確定を目的としている。それには制定法の意味の確定は必要欠くべからざる第一歩であるが、必ずしもそれにとどまることはできない。制定法と異るところを法として確定しなければならないことがある。だから、法の解釈をするとき、方法的には意識的にか無意識的にか、みんながやっている、「あるときはそれは法文からは無理だよと異議を述べ乍ら、他のときには法文は大切ではないと主張したり、また法典起草者の意見をよく自説の根拠にあげ乍ら、ときには起草者の意見は決定的でないとしたり、更にある場合には歴史的沿革をある解釈の理由づけに辿り乍ら、他の場合には歴史的沿革を無視したり」するあの手続は――ときに法の解釈というものに対し「馬鹿々々しさ、空しさの感じ」をおこさせるとはいえ[39]――必ずしも恣意的ではないのである。

法の解釈が法源としての制定法と異るところを法として確定することがある事実を自覚することによって、法の解釈に当り無理をしないで素直な推論をすることができる。従来は法としての判決は法源としての制定法と必ず一致しなければならないと考えた為に何と無理な議論をしたことであろう。法(判決)と法源(制定法)の矛盾にも拘らず、両者が一致するかのように推論するテクニックが(広い意味での)「擬制」である。何故、法律家はこの「擬制」をあれほどに愛好するのか。次に「擬制」の機能を明かにしなければならない。

(1) 「法の解釈適用と法の遵守」法協六八巻五号八号、「法律家」末川先生還暦祝賀論文集「民事法の諸問題」、「法の解釈と法律家」私法一一号［本書論文1～3］、座談会「法解釈学の『科学性』」時報二六巻四号。

（2）（1）サヴィニー（Savigny, System des heutigen Römischen Rechts, Erster Band, 1840）「解釈は一の技術である」、「この技術は、およそ、その他の技術と同様に、規則によって伝えられたり、又は取得されない」、「その習修は我々が豊富にもっている古今のすぐれた手本によって促進される」、「その観察によって我々は一切の解釈にあって問題となる点についての感をするどくし、我々の努力を正しい点に向けることを学ぶ。我々が、一切の技術におけると同様にこの技術において理論により得んと望むことの許されるのは、それで、いろいろ側道にそれる可能性をさけることである」（S. 211）。

一切の法律は何等かの思想（Gedanke）を表明しているので、その思想を純粋に且つ完全に把握しなければならないが、「そのことは、立法者の立場になり、心の内でその活動をあったとおりに繰返す、従って法律を自分の思考のうちで改めて成立させることによって行われる。それが解釈という行為である。従って我々は解釈を法律に内在する思想の再構成と規定することが出来る」（S. 213）。「ただこのようにしてのみ法律の目的が達成されうる」（S. 213）。その限りにおいて法律の解釈はその他一切の表現された思想の解釈（例えば文献学で行われる如き）と異らない。しかし、その特異な点は、それをその構成部分に分解するときあらわれる。すなわち、我々は解釈のうちに、四つの要素を区別しなければならない。即ち文法的、論理的、歴史的及び体系的要素である」（S. 213）。「この四つの要素をもって法律の内容への洞察が完全となる。従って任意に好みに従って選択しうる四種類の解釈があるのではなく、解釈が成功するには協力しなければならない各種の仕事である」（S. 215）。

それなら法律に瑕疵のある場合はどうすべきか。法律の瑕疵には表現が不明確な場合と表現が不当な場合とがある。「表現が不明確でそれだけでは思想を完全に認識せしめ得ない場合としては二つの場合が考えられる。表現の不完全さか、又は曖昧さである」（S. 225）。「先ず第一に不明確さは立法の関連性（Zusammenhang der Gesetzgebung）によって出来るだけ除去すべきである」（S. 228）。「第二に、この目的のために立法理由（Grund des Gesetzes）を用うべきである」（S. 228）、「最後に、第三として、それ自体可能なあれこれの説明が法律に付する内容の実質的価値の比較によって、不明確さは除去され得る」（S. 229）。「第二に考えられ得る法律の瑕疵は、表現の不当、即ち表現は直接一定の適用しうる思想を表示しているが法律の実際の思想とは異る場合である。この法律の要素の内的矛盾の場合には、どちらの要素を優先せしむべきかの問題を生ずる」。「さて、表現は単なる手段で、思想が目的だから、思想を優先させ、従って表現を思想により訂正しなければならないことは疑ない……」(S. 230)。ところで、表現の不当は、表現が思想より少くしか含まない、又はより多くを含む、という表現と思想の論理的関係が問題なのであるが、「第一の場合には表現の訂正は拡張解釈によって、第二の場合には縮少解釈によって行われる」(S. 231)。「不当な表現のこの取扱は不明確な表現の取扱とは最も重要な点において異る。――すなわち、根本に不充分な表現に結びついた一定の思想が存在するという前提がある。この関係を、不明確の場合のように、論理的な方法でなくて歴史的方法によってのみ認識し得る、それ故にその認識はすでにそれ自体一層不確かであり、同時に確かさの程度が色々でありうる。しかしこの困難さは、思想の最も手近かな最も自然な認識手段が奪われているという事情によって一層高められる。というのは、表現こそ、その認識手段であるのに、この場合にはまさにその表現を信頼しないのだから。……」(S. 231-2)。「ここでもまた救済の手段として一番問題のないのは立法の内的関連性である」(S. 232)。「第二の救済手段――法律の実際の思想をその立法理由より認識しそれによって表現を訂正する――は、一層重要であるが、しかしまた一層問題がある」。「さて、この点において特殊的理由と一般的理由の区別が殊に重要である」、「特殊的理由は前述の目的のために利用しうる」(S. 233)。「之に反して、法律の一般的理由(例えば、法律が基礎をおく公平)に基いて表現を不当としそれを訂正するような解釈をすることはできない。何となれば、この取扱は、法律の思想のうちに何が含まれているかを問うのでなく、立法者がそのことを明かにしていたならその帰結として法律の思想のうちに何が取入れらるべかりしかを問うているので、解釈 Auslegung とは異る法の形成発展 Fortbildung des Rechts の性格を帯びるからである」(S. 238)。「従って特殊的立法理由を根拠に表現を訂正することは差支なく、一般的立法理由を根拠に表現を訂正することは許されないが、同時にこの二種の立法理由は峻別し得ないことを忘れてはならない。一から他への漸次的ないろいろの段階があるので、しばしば真の解釈の可能性が疑わしく、それと法の形成発展 Fortbildung des Rechts の区別が困難となるのである」(S. 240)。「之に反し、第三の救済手段――結果の実質的価値――を不当な表現の認識と修正に適用することが許されないことは全く疑いがない。何となれば、それは表現を思想に一致させるのではなく、思想そのものの修正の試みをふくんでいることは明かだからである。その思想の修正は法の形成発展としては有益でありうるが、解釈とは名ばかりである」(S. 240)。

「これまでは個々の法律の解釈が問題であった。しかし諸法源の全体は、法の領域において生ずる一切の問題を解決すべき一の全体 ein Ganzes をなしている。それがこの目的に役立ちうるために、我々はそれに二つの要請を立てなければならない、即ち統一性と完全性である」(S. 262)。「統一性がなければ、矛盾を除去しなければならないし、完全性を欠けば、欠缺をうめなければならない」(S. 263)。矛盾の場合、「最も一般的な根本原則は、矛盾を出来るだけ単なる表見的なものに解消させ、従って表見的矛盾の調和を求めることである」(S. 264)。例えば、「体系的な調和は、相矛盾する法文のそれぞれが別々の適用の条件をもち、従って特有の支配領域をもつようにすることによって行われる」(S. 274)。最後にのこるのは、「二つの矛盾する法文のうち、(ユスチニアーヌスの)立法のその他の確実な根本原則に最も適する方を優先させること以外にはない」(S. 286)。欠缺の場合は、その補完をどこに求むべきか。「我々の実定法は、それに有機的な形成力をみとめることによって、それ自身から補完されると考える。我々はこの手続きを、我々の実定法に関する根本観念よりみて、正しい、必然的なものとみとめなければならない。そしてそれは本質的には矛盾を除去して統一性をつくるために適用したところと同じである。この手続によって発見された法規の既存の実定法に対する関係を類推と名付ける。従って類推は我々が一切のみとめられる欠缺をうめる手段である」(S. 290-1)。「しかし、この類推による法の発見は二つの段階において現われる。第一は、新しい、いままで知られなかった法律関係が生じ、従って既成の実定法のうちに、その典型としての法律制度がふくまれていない場合である。この場合には、かかる典型的法律制度が、既知の法律制度との内的類似性の法則に従って、新しく構成される。第二の、一層しばしばおこるのは、既知の法律制度のうちにおいて個々の法律問題が新しく生じた場合である。これは、その制度に関する法規の内的類似性に従って答えられるであろう」(S. 291)。「類推の一切の適用は、前提されている法の内面的帰結に基礎をおいている。唯、それは必ずしも原因と結果の間の純粋な関係のように単なる論理的帰結ではなく、当該法律関係の実際の性質とその典型との総合的観察より出てくる有機的帰結である?」(S. 292)。「しかし一切の場合において、この手続は拡張解釈とは本質的に異る。極めてしばしば混合されているが。何となれば、拡張解釈は決して法の欠缺をうめるものではなくて、法律の不当に選ばれた表現を法律の実際の思想に基いて訂正するものである。類推による手続の場合は、何かの法律の実際の思想が全く欠けていることをみとめ、法の有機的統一性によってこの瑕疵を克服しようとつとめるのである」(S. 292-3)。ローマ人にあっては、類推の適用に当って、法の形成発展 Fortbildung des Rechts を純粋な解釈から区別していないが、「……この法の有機的拡張を行う形式は主として擬制及び準訴権 utiles actiones である。それによって同時に新しいものの古いものとの関連性が確保され、かくて法全体の有機的統一性が維持されるのである……」(S. 295)。

現代人の見解によると、事実は法律の変更とみなければならない法律の取扱が解釈の領域に引入られている。即ち「立法理由に遡り、それが論理的に展開されれば法律が現に含んでいるよりも多く、又は少く含むべかりしであるときは、その法律を新しい種類の拡張解釈又は縮少解釈によって修正する」(S. 321)。「さてこの手続においては、解釈者は法律の単なる法文、従って表現 Schein ではなくて、法律の実際の内容を修正せんとするのであるから、彼は立法者を超越する、従って自己の使命の限界を誤認している。彼の行っているのは最早解釈ではなくて法の形成発展である」(S. 322)。「我々が、我々の現状において、我々の必要にとり何が望ましいかと問えば、問題なく一切の裁判官に真の解釈は自由にさせるが、しかしただ誤解から解釈と考えられていることは原則として許さないことであるように思われる」(S. 329)。

(2) ウインドシャイド (Windscheid, Lehrbuch des Pandektenrechts, Erster Band, Fünfte Auflage, 1882.)「解釈は教授されうる科学というよりも習得されねばならぬ技術である。理論はただ主な着眼点を注意するだけである」(§20, S. 55)。

「制定法の解釈 Auslegung der Gesetze は、先ず立法者がその用いたことばに結びつけた意味の確定を仕事とする」(§21, S. 55)。「立法者がその用いたことばに結びつけた意味の確定に当っては、勿論文法から出発しなければならない。……文法的解釈」、「しかし、文法的解釈の結果が満足なものでないことがありうる。すなわち、それでは意味が分らないとか、いくつかの異った意味の間に選択の余地を残すことがありうる。この場合には先ず解釈さるべき法律のその他のはっきりしている内容に注意すべきである。更に同一の立法者の他の法律とか、また異る立法者の他の法律からも――この他の法律と解釈さるべき法律の間に精神的統一性がみとめられうる限り――説明が得られることがあろう」、「この手段によって目的を達しないときは、解釈者の手引となるのは、一切の求め得るモメントを観察しつつ出来うる限り完全に立法者の魂に思いを潜めることだけである。……この場合に、特に二つのことが重視さるべきである。すなわち、その制定法の発布当時に存在した法律状態 Rechtszustand……と立法者がその法律をもって達成せんとした目的である」（§21, S. 55-6）。「しかし、前述の手段の適用により、法律の不明瞭な表現を真の意味に確定しうるばかりでない、それによってまた不完全な表現を補充し、不当な表現を訂正することが出来る」、「以前にはよく、文法上疑問のない語義に対して一切の解釈は沈黙すべきであるという主張が為された。それは……事物の性質にも反する。言葉は思想でなくて、思想の符号にすぎない、その客観的絶対的意味が問題でなくて、正にそれを作った者 Urheber がそれに結びつけた意味が――その意味が諸事情より立証しうるという前提さえあれば――問題なのである」、「表現を訂正する解釈は縮少的か拡張的かまたは変更的である」、「ただ変更的解釈に関しては、それもまた、縮少的及び拡張的解釈と同様に、常に立法者の表現をただこれ又はあれという個々の点において修正しうるにすぎないという制限が付せられねばならぬ。立法者によって用いられた言葉が、彼が表現せんと欲する意味に一般に相応しないならば、成程彼のいったところは効力がない、何となれば彼はそれを言おうと欲しなかったのだから、しかし、彼の言わんと欲したことも効力がない、何となれば、彼はそれを言わなかったのだから」、「文法の適用によって発見される結果の範囲を越える一切の解釈は論理的解釈と呼ばれるのが常である」（S. 57-8）。「しかし解釈は立法者によって用いられた言葉に対して彼がこの言葉に結びつけんと欲した意味を妥当せしめる任務をもつばかりでない。更に、立法者が表現せんと欲した意味の背後にひそむその本来の思想を引出す任務をもっている。すなわち、立法者がその思想を自ら完全に明かにしないで、その思想の真の内容に完全には一致しない表現形式でやめておくことが起りうるし、しばしば起っている。このような場合に立法者を助け、その表現された意思に対しその本来の意思を妥当させることは解釈の最も高尚な任務である。そうしたからとてその職務を逸脱しない。すなわち、それは全く立法者の意思に適した行為で、それは立法者が意識しなかった点に注意していたら自ら言い表わしたであろうことを言い表わすにすぎないのである」（§22, S. 58-9)。「この活動が実際に解釈であることは疑うことを許されない」（S. 59)、それは類推による法律の拡張、理由の同一による法律の拡張（法律の類推 Gesetzesanalogie）である（S. 61)。

「これまでは個々の法規それ自体の解釈について述べた。しかし個々の法規は法全体の一部として把握されるなら、この全体が欠缺又は矛盾を示した場合にどうすべきかという問題が更に生ずる……」（§23, S. 62)。「先ず法全体の欠缺はいわゆる自然法からでなく法全体の精神から補充さるべきである」、この場合をも類推——しかし、前述の法律の類推 Gesetzesanalogie に対して法の類推 Rechtsanalogie と名付られる——と言う（S. 62)。「法全体の中に矛盾を発見したと信じたら、先ずそれは単に表見上のものにすぎないかどうかを吟味すべきである」。「矛盾が単なる表見上のものでなく（調和せしめることができず）、そして一方の法規が他方の法規にまさって法全体の本来の思想を含んでいることが立証されないなら、一方の法規も他方の法規も均しく妥当するといわねばならない。従って一方は他方を廃し、両者のうち、いずれも存在しないかのように判決さるべきである」（S. 63)。「法の学問的取扱は解釈につきない、解釈がその行為を終えたとき、それによって得られた法規にふくまれている概念の展開 Entwickelung der Begriffe が問題となる。法規の本来の思想も概念で、すなわち思考要素の綜合で示される。概念をその構成部分に分解し、それに含まれている思考要素を呈示することが肝要である」、「現代法学は概念の分解を出来うる限り進める決定的な傾向をもつ。そしてこれはその功績である。何となれば、法の完全な理解のみならずその適用の確実性もまた法規にふくまれている概念のあますなき把握にかかっているから」、「判決は法概念を因数とする計算の結果である」（§24, S. 64)、「法律関係をその基礎にある概念に還元することを、その構成 Construction と呼ぶ」（S. 65)。

(3) なお、ブリンツ（Brinz, Lehrbuch der Pandekten, Erster Band, Zweite Auflage, 1873）法の適用は論理的又は類推的演繹に基く（S. 124 ff.)。「論理的演繹に対し、類推的演繹はどこでも論理的必然ではなくて、それが要求される場合には、正義の要請である」、「しかし、類推のうめるべき『欠缺』は法のうちには一般に存在しない」

（S. 129）。

（3）（1）トェール（Thöl, Einleitung in das deutsche Privatrecht, 1851）「解釈は、それが説明的解釈であろうと、拡張解釈であろうと、縮少解釈であろうと、変更的解釈であろうと、新しい法規を生ぜしめる。何となれば、それによって得られた法規は、それが取出さない前には、未だそこに存在しなかったのだから」、「それは学説上の法規 Satz des wissenschaftlichen Rechtes, wissenschaftlicher Rechtssatz である」（S. 144）。「しかしそれは同時に制定法上の法規でもある。何となればそのより深い基礎を制定法のことばのうちにもち、科学はその欲せられた内容を発見することに限られるからである」、「科学の活動は、解釈としては創造的 productiv、受容的且創造的 receptiv und productiv で、専ら受容的ではない（Puchta, Pandekten §16 は反対）」。「従って解釈は、確認的解釈 bestätigende Auslegung は例外として、法の形成発展である（Savigny, S. 240, 322, 323 は反対。彼は解釈と法の形成発展とを対置する）」（S. 145）。

「ある法規を生ぜしめた種々の理由は、公衆も手にしうる法律理由書から多かれ少かれ完全に明かとなる。法律の解釈のためのその理由書の利用は、立法権力——その意思が法律のことばとして公布されるのである——と法律の個々の起草者——理由書はそれのものである——とを同一視することに帰するといってもよいような殆んど全くあべこべに行われている。法律は公布によって立法者から切り離され、いまやその個々の法規相互を、またその個々の法規と既存の法規とを体系的関連において把握しなければならないことにより、立法権力の公布された意思として独立してあらわれ、法律の本来の起草者の意見と理解はどうでもいいものとなる。法律者よりも洞察力にとむことが出来るのはこの独自性に基くものである」（S. 150）。「それに理由書は立法委員会の全員の見解を——各員が法規に同意した場合その理由を主張するわけでなし、またすべて主張された理由が完全に記録されるわけではないので——忠実に反映しないこと、理由書は時に法規を正当とするのでなく、否認することがあること、理由書は同一の法規につき、まれならず——正にいろいろの人から出るので——矛盾していること、それどころか往々理由書には異る体系、新旧学説をふくむような矛盾のあることを看過している」（S. 150-1）。

「結果の当否 Nützlichkeitsgrund はある意見によると法律のことばの訂正の目的にとり何の意味をもつべきでは

ない（例えば、サヴィニー）。それが意味をもちうるという方が一層正しいであろう」（S. 154）。

(2) ワッハ（Wach, Handbuch des Deutschen Civilprozessrechts, Erster Band, 1885.）「法律解釈学は法律内容確定の理論である。この行為は単に技術、技能と練習の問題であるばかりでなく、科学的理論の問題でもある」（S. 254-5）。「解釈の目的は学問的で立法的でなく、演繹的で創造的ではない」（S. 256）。「解釈の目的が右のようである結果として、解釈はその対象と同様にその限界をも法律に見出すのである。法律とならなかったものはその内容として確定され得ない。しかし法律となり得たのは法律のことば上可能にして且つ実在した思想内容のみである」（S. 256）。「ただ合憲的に公にされた思想のみが法律である。しかし、その思想がその法律をうんだ思想と別であるときも、同じく法律である。それは拘束力ある法律の形式に客観化されると共に創造者の人格から切り離され、法律文書 Gesetzesurkunde をその担い手とした。立法者が言ったことと違ったことを考えていたという事実、即ち彼によって選ばれ、そして欲せられた表現が、意味すべきであったことを意味せず、また意味し得ないという事実は、その言われたことを拘束力のないものにもしないし、言われなかったことを拘束力のあるものともしない。法律のテキストの訂正も除去もそれを理由にしてすることは出来ない。法律は、立法者がその法律にそうした内容を結びつけようなどと全然考えていなかったときにも――こういうことは、法律の全内容をその起草に際し思い浮べている、しかも正しく思い浮べていることの不可能にかんがみ、極めて普通の現象である――効力をもつのである。従って法律意思は法律の内容についての立法者の観念から独立している。……」（S. 256-7）。標題 Rubrik のもつ意義（S. 267）。

「法律は永続して効力を要求する意思、永続的な生ける力である。その結果として、法律学的解釈は文献学的＝歴史学的解釈と本質的に異る。後者は歴史的事実の説明である。法律学的解釈は部分を全体に組入れ、特殊的なものを一般的なものに、手段を目的に従属させることである。一言で言えば、それは単に文献学的＝歴史学的であるばかりでなく、同時に合理主義的である。……」（S. 257）。「(1) 法律は全体との……関連において考察さるべきである。それは法秩序の論理のうちに組入れられねばならない。それにより一定の、おそらく立法者が間違って考えたところとは全く異る意味を受ける。それは矛盾を取除くために法文に反する解釈をされるであろう。解釈を立法者の思想の発見と称する説は、立法者は現行法の知識と理解とをもっていたとでっちあげて、事実との和解を試みているのである」（S. 257）。「⑵法律はその理念において普遍的な規範たるに適する意思という合理的なものであるべきである。……従って法律のうちで明示的にいわれていることばかりでなくて、合理的には欲せられていることと共に欲せられることもまた、欲せられたとみなさるべきである。それによって法律学的な演繹と類推の操作の正当性が与えられる。更に法律はその認識されうる目的と正義の要請に最もよく合致するように解釈さるべきである。この場合にもかの理論は立法者の理性と洞察力の擬制を以て操作するが、その擬制は具体的に存在しないことが明かなのでくつがえらざるを得ない。他方如何なる解釈家も右の合理的な解釈を放棄せんとすることは許されないだろう。法律は立法者よりも洞察力にとむことがある、そして我々は立法者が法律を、それがその目的及びその他の法との関係において合理的に理解されねばならぬように理解されんことを欲するという考えがあるとしなければならないであろう」（S. 257-8）。「以上のことの結果として、解釈は立法者が事実その法規に結びつけた意味の説明ではなく、法律に内在する意味の説明だということになる」（S. 258）。

「類推。正義の原理は事実が同じであれば同じ法が妥当すべきであることをふくむ（類推の理性的基礎）。……法律意思は直接の表現を一般的なことばづかいでなく、特殊的なことばづかいに見出した。右の普遍的な原則は、必然的に、狭すぎるのでなく、特殊的すぎる言い表わし方をされた意思の一般化した適用に、従って帰納的に、個別的なものから一般的なものにたかまり、その一般的なものから理由の同一の法則に従って個別的なものへの結論をうる論理的操作に導く。類推――法律の欠缺をうめること、言い表わされた思想内容の背後に立法者の本来の思想、……すなわち書かれてはいないが、しかも法律のうちにふくまれている法を引出すこと――が法律の解釈と呼ばれるに価するかどうか、立法者が同じような事件を思い浮べていたならばそれにもその法律を本当に拡張したであろうかどうかということは、右の操作が――法律意思は立法者の事実上の思想ではないのだから――法創造的・法の形成発展的、法訂正的活動でなくて法認識に違いないことを認識するや否や、無用な質問である」（S. 273-4）。（之に反し、擬制は、正しく認識された事実をそれをカバーしない概念に意識的に不当に包摂すること、又は二つの同じでない事実を同じと認める形式でその法的効果について同視することである、S. 302）。

「理性的な意欲としての法律の本質からの結果として、その他の解釈規則に従って可能な、一層合理的な法律の意味を、同様に可能だが合理的ではない意味に優先さすべきだとの解釈家に対する要請が生ずる。しかし、法律の目的……及びその法律が属する全体の目的に一層よく合致する意味が一層合理的である。……」(S. 275)。「不正確なことばに対し合理的意味に効力を与えるためには、法律のことばづかいに瑕疵のあることが極めてしばしば確定されねばならぬ(拡張解釈・縮少解釈)」(S. 276)。

「前述の解釈行為はすべて歴史的性格を欠かない。……何となれば、法律を歴史の産物として、歴史から切離さずに把握することが問題なのだから。法律はその成立の時代のことばを語る。それはその時代の概念を使用する、それはその時代の法体系に組入れられる。その新しい形成物は先行するものとの関連においてのみ完全に理解される。従って、歴史的素材、すなわちその法律に先行する立法は解釈の一の最も重要な手段の地位をしめる。それと共に、解釈行為にとっていわゆる法律資料の価値の問題に到達する。形式的に拘束する力を否認したからとて、それがかかる意味をもつことは一般に争われはしない」(S. 281)。

「民事訴訟法の弾力性、それが裁判官と当事者に与える広汎な採[裁の誤りか?]量の余地、法律が自然にもつ多義性、様々な伝来の法思想及びドイツ裁判所の法廷慣行 Kurialgebräuche、測り難い個人的要素は、これまで民事訴訟法について裁判例のちぐはぐを生ぜしめて来た。……この多様性に面しては最高裁判所の統一的判決も殆んど無力である。それを歎いたり、それどころか規整を要求するのは愚かであろう。内面的に力強い有機体は小児病を超克する。法律に即した自由は禍ではない。自由、適応の可能性は法律の弱みでもあり強みでもある」(S. 181)。

(3) ビンディング(Binding, Handbuch des Strafrechts, Erster Band, 1885)「法規の内容は考えられたことでなくて欲せられたことである。その内容の理解は思想の再構成 Gedanken-Rekonstruktion でなくて、法意思のある具体的な部分の内容、範囲 Tragweite 及び権威 Autorität の認識である。この認識の主たる手段は、文芸家の解釈のように思想に従属する表現ではなくて、意思内容にとり決定的なものとして選択され、権威的意思の一部としてあらわれる表示手段である。目的の違い——拘束力のない思想と権威的な意思——及び目的に対する手段の違い——拘束力のない思想の表現と権威的な意思の表現——から、文献学的解釈と法律学的解釈との本質的差異の主張が妥当とされる」（S. 451）。

「法の解釈は思想を明かにするのをこととするという不正確な見解も、解釈の目的は権威的意思の理解であるとするより正確な見解も、今日まで大抵、同じように、その思想なり意思なりが個人的性質をもっていると観念している。それはそれを創造した立法権力の把持者の頭と胸に求めらるべきであり、それは法律の存続する限りいつまでもその法律につき決定的であり、従って解釈者は全力をつくして『立法者の魂に思いをいたす』べきであると観念する（ウインドシャイド、法律行為の締結及び内容についての主観的意思の過大評価と客観的法の成立及び内容にとってのそのモメントの過大評価とはパラレルである）。この観念は修正を要する、法律の権威は、確かにそれを法律たらしめた意思の持主である人格又は——連邦議会の場合のように——合議体 Kollegium の権威より派出する。しかし、権威的に何が欲せられたかは極端な絶対主義国家においてさえも支配者が決定しはしない」（S. 454）。

「かつて、明かに Thöl, Einleitung in das deutsche Privatrecht S. 150 に倣って、次のように述べたが、それが正しいと思う、——法律の公布の瞬間、その無条件の布告と共に、法律の内容がどのようであろうと、それが法たるべきである、法律の立案者 geistiger Urheber des Gesetzes、いや立法者自身の意図とか希望とかという基礎はすべて一挙に消滅する、そしてその法律全体が爾来《じらい》自身を基礎とし、自己の力と重みによって支えられ、自己の意味でみたされる。しばしば創作者より賢く、しばしば創作者ほど賢くなく、しばしばその思想より豊かに、しばしばその思想より貧しく、しばしば案じたよりも表現が好運であったり、はっきりしていて誤解が生ずるなんてあり得ないと多寡をくくった箇所のあちこちで、規範の他の部分とのひっかかりで如何ともしがたい動揺におちこんだりする」、「立法は立法権力の把持者にとっては正しくその個人意思の表現である、いまや法の意思は彼に客観的な力として対立する。そしてこれは彼にとっても法律にとっても幸福である。彼はその下に立ち、法の尊重の点ではその臣下と一緒である。法意思を個人から切り離すことによりて法は立法者の交替にもかかわらず、幾世代をも支配する能力を取得し、著しくその豊かさと柔軟性を獲得する。立法者が個々の法律の規定及び法律全体の意味及び範囲 Tragweite につき、あますところなき意見、従って仔細な点までの立法者意思を形成出来るということは、けだし稀である。彼は法律の大きな目的を眼中におき、その最も重要な規定の意味について意見をつくり、そしてリンクションするのである」(S. 454-5)。「その賢明な意思は、それにより現在及び将来法律にもられている思想を追考吟味することによって得られる有用な生活規範が法となるということにある」(S. 455)、「従って立法者がどういう意思で法律を発布したかが立証されるなら、それは解釈にとって極めて重要であるが、しかし、拘束力はない。しかもかかる意思が立証されることは、実に稀であろう」(S. 455)。そこで……立法者意思の代りに、全法体系の一部分としてのある法規のうちに表現されている法意思をその法規の解釈の目的とする、少くともかの人格的な意思をこの非人格的な意思を意味するものとして理解する方がよい」(S. 456)。「もう一度簡潔に言えば、法規に法たる効力を付与する意思は人格的なものである。……しかし、法律が真実何を考え、従ってまた欲するかを、その公布後は、最早、何等の人格的意思が決定することはない。法律は理性的に解釈する民族精神がそれから取り出すことを考え且つ欲するのである。またひとりそこからのみ、法律の発布がその廃止に至るまで法制史の停滞を意味しないで、今や法の発展が解釈の歴史の形で行われることの説明がつくのである」(S. 456-7)。

「一見、解釈手段のうちで一番価値のあるのは、表示の要素 Erklärungsmoment である。表示されない法はなく、表示は法の宣言に役立つのみならず、宣言された法の認識にも役立つ」(S. 458-9)。「その結果、表示の要素は往々にして甚しく過大評価され、不健全な文字解釈 Buchstaben-Auslegung はそれに根ざしている」(S. 459)。「解釈にとって価値があるのは立法者そのものから出た表示 Erklärung だけである。この表示はその最終的確定後……変更を受け(改ざん、書き誤り、誤植)、そしてこの変更のまま公布されることがある。そのときは、この変更についてはサンクションがなく、それ故にそれは疑もなく法律とならない」(S. 459)。「誤った公表によっても公布という形式的要件はみたされる。従って正文が法律となったのである。そして一切の認証ある謄本が原本によって訂正されなければならないように、その公表が訂正されねばならぬ」、「公布された法律のテキストはサンクションされた法規に対して何等の独自的な意義をもたない」(S. 460)。「実際に立法者から出た一切の表示 Erklärung は表示としては変更出来ない、そして原則として遵守を要求する権利がある」(S. 460)。「所謂整理上の誤りは、既に草案にない場合には議会の討議の際に、従ってそれを可決する決議の前にしのびこんだのであり、サンクションは誤りごとその法文に与えられる。従ってその誤りは本当はサンクションする立法者から出たのではないという点については一般的に意見の一致が支配している」(S. 461)。

「解釈の対象が確定すると、こんどは解釈の方法が問題となる」、「法は自己のことばで語ること、そして法律及び判決は正にこれらのことばの命題であり、法律学上の用語例によって理解されなければならない。それは独自の文法をもたない。しかしその要素であることば、法概念の名称は独自の意味をもっている。法律の表現の意味があいまいなときは、日常用語の意味に解すべきだということがよく言われるが、それ以上の誤りはない。日常用語の意味は不定であり、従って一切の技術的な言葉、特に法律の言葉としては用い得ない。法概念はその内容限界が明確であることを必要とする。それ故に法は、そのことばの用語に──それを日常用語から借りて来たときにも、常に素人が同一のことばに結びつける概念よりも限界がはるかにはっきりしており、その上しばしばそれよりもはるかに意味が広く又は狭く、しばしばそれとは名ばかり同じでその他の点では全く異る法技術的意味を結びつけるのである」(S. 463-4)。表示 Erklärung 特に法律のテキストは解釈にとって欠くことが出来ないが、しかも常に不充分である。それは常に法意思の内容につき、ただ推測を生ぜしめるが、確かさはもたない」(S. 466)。

「なお、如何なる思想が真実サンクションされたかを確定するという課題の解決の手段は、刑法の解釈も一切の法の解釈と同じで、それにはただ一つありうるのみ。すなわち、法規は部分なのだから全体から、法は手段なのだからその目的から明かにさるべきである」(S.466-7)。「法律のみが拘束力ある意思であり、それ自身からのみ解釈さるべきである、之に反し理由書や Gutachten der Kammerdeputationen や Ständische Schriften は拘束力のない意見の発表にすぎない。このことを先ず力説したのは Schaffrath である」(S. 471)。「理由書は臣民を義務づけんとするものでなく、議会を納得させんとするものである」、「票決されたのは理由書や解釈でなくて、法律の草案のことばだけについてである」(S. 471, Anm. 9)。

「正しく適用された類推は常に潜在的な法規の発見にみちびく、従って法をこえない、法の欠缺をうめるのでない、しかし法律の欠缺をうめる結果になろう。生活関係を全面的に支配するという任務を出来るだけ果さんとする、従って出来るだけ欠缺のない法であらんとすることが法意思の意図にある。同様の生活現象を同様に取扱わんとすることは法と正義の本質に属する。首尾一貫し同じものを同じに取扱うという意図と結びついたあの欠缺の恐怖は、一定の条件の下で、ある制限的な法思想のサンクションをその法思想はその個々の適用の結果にすぎない原則のサンクションと解することは立法者の意思の考えのうちにあったとみようとする。このように類推は解釈の、しかもサンクションの意思の拡張解釈の一場面のようにみえる。それにも拘らず、……二つの行為を異るものとみる方が正しいであろう。……法律の解釈の結果は普通の用語例の意味での成文法たるものであり、類推の結果は不文法たるものである」(S. 214-5)。

類推の手続は、ある法規をより高次の思想、すなわち原則の個々の結果として認識し、……次いで、演繹の手続 Verfahren der Konsequenz により発見された法原則より帰結として別の法規をくりひろげることである(S. 215-6)。類推は常に法の形成発展の作用をするのである(S. 218)。類推は単なる解釈ではない(S. 451)。「それは包括的な法典化によっても取除かれない。何となれば、その法典の完全性、いや単に安全性の意図の主張さえも一のおとぎ話だから。類推と解釈によってのみ、法典化された法の部分が乾からび verdorren ないために必要とするもの、すなわち歴史的発展を保つことが出来る。立法者が何らかの法領域で類推に制限をおかんとすれば、そのためには、はっきりした意思表示を要する。それがない限り、類推適用は権利でなくて義務である」(S. 216)。

「刑法典二条の罪刑法定主義の規定の適否は未定である。我々の全く成文法に忠実な裁判例はそれを注意深く尊重しよう。にも拘らずその規定の結果ひどい結果になるとか、なるように思われる殆んどすべての場合において最善の信義に基き optima fide いわゆる拡張解釈の助けをかりるであろうが、それは本当は類推であったり類推の限界を逸脱するものでさえあるだろう(S. 219-220)。

「法の実際的な取扱は生活及び法律の解釈と一定の生活現象のための正しい特別法 lex specialis の発見に外ならない。従ってそのうちに科学的活動と立法的活動が、認識と意欲が結合している。裁判の実際の二つの主たる病弊は、意思の弱さ——それが麻痺であれ、放恣であれ——と精神的不自由である」(S. 34)。「法律の解釈は極めて個人的な解釈者による思想及び意思内容の考察である。従って一切の解釈の真髄は、解釈学の法則の駆使の外、解釈する頭脳の独立性である」(S. 35-6)。「正にそれ故に、現代科学は現代の裁判の実際に先ず解放の奉仕をすべきである。何となれば実際は未だ、ふさわしからぬ拘束におちているから」(S. 36)。「この敵の害悪を繰返し繰返し示すこと、一切のドイツ裁判所における自己責任と独立の感情の喚起のためにたたかうこと、特に下級審の帝国裁判所えの従属を批判的で盲目的でなくするため、また上級審が下級審の独立を尊重するためにたたかうこと、それが科学の法律及びその実務に対する神聖な義務である」(S. 36)。

(4)　コーラー。(イ) (Kohler, Über die Interpretation von Gesetzen, Separatabdruck aus Zeitschrift für das Privat- und öffentliche Recht der Gegenwart Bd. XIII, 1885) 通説——立法者意思説——は誤である。「立法者の意思が決定的ではなくて、法律の意思が決定的なのである」(S. 1, 18)。「確かに法律は心理学的意味での意思はもっていない。しかし組織的な目的追求としての目的論的意味での意思をもっている。そして法律をつくる人の意図する法律効果が生ずるのでなく、法律の組織的な目的追求から生ずる法律効果が生ずるのである。……立法者は法律をつくることもつくらないことも出来る。しかしつくったら、その法律は多分その法律をつくった人の視野の外遠くにあるような直接及び間接の法的な結果を伴うのである」(S. 1-3)。「法律は法律の制定者 Verfasser des Gesetzes に新しいもの、第三のもの、いや見知らぬものとして対立するのである」(S. 3)。「それと共に法律効果 Rechtsfolgen は専ら法律制定者 Gesetzesverfasser の意思によって定まるという意見が全く不当なことが明かとなる」(S. 7)。「従ってまた解釈の根本原則は改めて徹底的な検討を要する。解釈の任務は立法者によって考えられたことを再び考えることではない」(S. 7)。

「さて、この点において、次のことを前置きしなければならない。——法律は一の有機体、すなわち精神的創造本能によって貫かれている有形の物である。有形とは法文である。何となれば法文は決して単に立証手段であるばかりでない、それは必要欠くべからざる担い手である。それは法律にふくまれている精神的なものの必要欠くべからざる基礎である。それは法律の思想の単なる告知ではない、その実現 Realisirung、Verwirklichung である。ことばによってのみ法律の理念は有形 Körper と生命を得る。従って、ことばの媒介を経てないものは、法律にならなかったのである。それは単なる一の試みにすぎず、一切の立法の効力がない」(S. 20)。「立法機関 Factoren der Gesetzesgebung がその見解として法律の内容及び意味について述べたところのものはすべて、完全に法律の外にある」、「法律の外にある立法機関の発言の拘束力、準備の仕事の法律家に対する強制的意義は問題となり得ない」

(S. 21)。「通常立法機関全部の一致した明示の意見の発表は存しない」(S. 22)、「立法機関全員が一定の法規についての見解を一致して述べたときにも、それは単に私的な見解の発表で、我々にとって何等拘束力がない」、「立法者はただ法律のことばを通してのみ作用するのである」(S. 26)、「立法機関は法律のことばを以て、そのことばの意味することのみを意味しうるにすぎない。ことばが多義的であったり、あいまいであれば、正に多義的な、またはあいまいなことが言われているのである。立法機関は多義的な産物を世に出したのである」(S. 27)。「法律の制定者の見解が法律のことばと矛盾することが立証されると、法律は全く除去され、言われたが欲せられないことも効力をもち得ないし、欲せられたが言われないことも効力をもち得ないということも反対説の避けられない、しかしまた耐えられない帰結である」(S. 31)。

「従って、ことばのうちに具体化されたところだけが法律である。それ故に、法律のことばは立法者の行為……の限度である。それ故に法律のことばの意義の問題は主要な問題である」(S. 33)。「このことばの問題については、立法の時代、立法の場所、立法の適用範囲におけることばの意義を考慮すべきである」(S. 33-4)。「他方、ことばは死せることばでなく、精神的なものの担い手である。それは一定の精神的な目的追求の具体化である」(S. 34)、「法律の目的追求は完全にはことばから認識することができない。それは……制定理由から認識されなければならない」(S. 14-5)。「社会的有機体の内面的な生活上の需要に、その時代の提供する手段で出来るだけ応ずるのが、法律の目的追求である。従って、ことばの点からは可能ないくつかの解釈のうち、時代の観念の動向を考慮して法律上の需要に最も合致し、法律がその時代の観念手段を以てもっともよくその任務を果すことになる解釈が、最も合目的な解釈、それ故に法律の目的に最も合致する解釈である」(S. 35)。「さて、制定過程もその重要な地位を得る。しかし、その意義は単に事実的なものである。それは法律の理由と目的をよく知る重要な手段である。しかし、確かに、それはそういうものとして孤立して存在しているのでなく、そういう意味を他の要素と分っているのである」(S. 38)。

「上述したところより、法律の意思、目的 τέλος は、ことばで表現された範囲でのみ法律となることには何の疑もない。しかし、該当する表現はあるが、それが多義的で、その結果あいまいだったり、法律意思に全く合致しない場合には、目的 τέλος が貫徹しなければならない」(S. 42)。「周知の如く、この場合は縮少解釈と拡張解釈といわれる。しかし、それは単に二つの特殊な場合にすぎない。一般的に次のようにいう必要がある、――字義通りでない、不適当な表現をもった法律は、その追求している内面的創造に従って nach dem internen Bildungsbestreben 又は、よくいわれるように、その意図 Sinn に従って解釈さるべきである。表現の不完全なのが量的に大きすぎる又は小さすぎることによろうが、質的な特性によろうが、問わないのである。一切の場合に、不完全な法律上の表現が存在する。そしてその表現で充分であるべきである。というのは、法律上の表現は、一切の人間的なもの及び一切の地上のものと同様に完全ではあり得ないし、そして一定の目的追求の宣言は、不適当 incongruent であり必要なするどさを欠いているとしても、一の宣言なのだから」(S. 43-4)。

「以上の操作を以て解釈の仕事はおわる。私は解釈の仕事といっているので、法学の仕事といっているのではない。そして法律家の仕事が解釈につきると信じた結果多くの錯誤が生じた。特に、いわゆる法律の類推適用は事実は最早法律の適用ではない、法律の解釈ではない。それはむしろ法律学の創造である。法原則を基礎とする創造である。尤もその法原則はといえば、法律から抽象される。原則の形成と共に解釈家の仕事は終わる。この原則を基礎として法の創造をつづけることは自由な法律学的仕事の対象である」、「しかも、このことは法の類推 Rechtsanalogie についてと同様法律の類推 Gesetzesanalogie についてもあてはまる。尤も私はこの区別を実益のある、意味のある区別ではないと考えている」(S. 48-9)。

「法律の規定ばかりでなく法律原則もない場合、従って法律学が規範なしに、空白で自由に、法律現象に面したとき、展開しなければならない法律学的仕事は、ますます解釈から離れる」(S. 57)。

「我々はこの論述を、二重の解釈 duplex interpretatio――その背後に裁判所の慣行による慣習法の形成がかくされている――のことをいわずに、おくことはできない。法は常時変動するので、必然的に法律の規定の正しい解釈が法意識に最早一致しない、そして文化の利益と抵触する時代が到来せざるを得ない。かかる場合に、法律のことばは相変らず合目的な結果にみちびきうることはある。しかし、古い解釈では駄目である。法律のことばは、新しい解釈をすれば、目的意識を満足させることがある。以前縮少的に解釈したのを拡張的に解釈したり、その逆をしなければならない。そして最後に法律のことばも法確信と正面衝突するなら、法律学は、規定全部が結局無に帰し法律的に削除されるように、そのことばを縮少的に説明するに至るであろう。この場合には最早真の意味での解釈が存在しないこと、この場合には解釈の形式の下に事実上法の創造、法の発達がひそんでいること、かようにして慣習法による法の形成発展 Fortbildung は、徐々に休まず進んでゆくことは、ほかのところで詳述したので、ここにそれ以上論ずる必要はない（私のシェクスピア八七頁以下及び比較法雑誌五巻三二五頁以下の私の論説参照。……ザクセン法典四条の規定、すなわち『法律の理由がなくなった場合に、法律が専らそのなくなった理由に基いているなら、その法律は効力を失う』という規定は注目に価する）。ただ、次のことは特に強調さるべきである。――この場合、長い間、進歩は弾力的な法律のことばの埒内を動き、ついにそのことばそのものがはねこえられ、その法律は廃止されるに至る。しかし、法律のことばが法の進歩にとり未だ完全に充分で、ただ古い解釈をすてさえすればよい限りは、法律を変更し進歩に合せろというのは確かに立法に対する不当な要求だから、法律のことばの範囲内で法の進歩が行われることは適当である。……この場合に立法者に対する法律を変更せよとの強制 Compelle が存在しなければしないほど、法律の範囲内で解釈を変更することにより法の進歩に応じたからといって、法律学を非難することは出来ないであろう」（S. 58-60）。「従って、裁判所が法律のことばの範囲内で、解釈を変更し法の進歩に従うことは裁判権の濫用でなく、むしろ用方に従った行使である。尤も慎重に、すなわち一歩一歩、支持し先導し指示する学説に従うべきだが。それは、ローマ法がその最大の勝利をかちえた方法であった。それはイギリス法がその大きな成果を成就した方法である。……」、「サヴィニー一巻二九九頁は真の解釈の概念及び限界は現在ではかつてのローマ人におけるより一層鋭い仕上げを受けるに至っている、ローマ人にあっては解釈と法の形成発展 Rechtsfortbildung をしばしば区別していないことを強調している。しかし、この成果は、単に解釈のみでなく、一定の限度で法の形成発展 Rechtsfortbildung もまた法律学の任務であるという認識と結びつかない場合には、極めて問題である。この認識なしには、かかる理論的進歩は中途半頗［現在では、端と書く］で、従って事実上は一の退歩である」（S. 60）。

「従って、年月を経た法律の制定過程の解明は相変らず大きな歴史的利益がある。そしてかかる資料の公表は一切の方法で助長さるべきである。これに反し、もし進歩発達した法律学にかかる資料を断定的な解釈資料として対置し、この資料を基礎に異った解釈をしようとするなら、それは不当な手続であるように思われる。その場合には、古い道具を一層合目的的な、現代の要請を一層よくみたす方法で使いなれた後になって、旧い時代の手工業上の規則を拘束力ありとみんとするのと同様な誤りであるように思われる。この場合には二重解釈の命題 Satz von der duplex interpretatio が法の進歩の主たる槓杆の一つとして仲介の労をとる、二重解釈により法律学は市民法の生ける声 viva vox juris civilis である。……」(S. 61)。

(ロ) (Kohler, Lehrbuch des Bürgerlichen Rechts, Erster Band, 1906)「法律が解釈されねばならないのは、法律はことばの手段をとおしてのみ外界へ到達しうるが、ことばの衣の内に思想がふくまれており、その思想内容を法律の制定者 Verfasser は一部しか明かにしていないのであって、思想が意思の奴隷でないように、彼は思想の主人ではないからである。そしてこの解釈は法律から、深遠な、しばしば殆んど無限の内容をとり出すであろう。何となれば表現された思想は決して個人的な立法者によって考えられているのでなく人類によって考えられているのであり、立法者から単にその特別の形式と表現 Fassung を得たにすぎない」(S. 124)、従って「法律は立法者の思惟と意思に従って解釈さるべきでなく、社会学的に解釈さるべきだ、立法者を機関とした国民全体の創造物として解釈さるべきだからである」(S. 123-4)。

「上述の点に、更にもう一つの点が加わる。すなわち、立法者は私人として立法しうるのではなく、単に立法者としてのみ立法しうる。しかし、彼は立法者としては単に法律のことばを通してのみ語りうる。その他の方法で彼がすることは私事であり、立法としての内容をもたぬ」(S. 124)、「それと共に問題は第二の重要な側面をうる。(この第二の側面は前の論文では未だ把握しなかった)」(S. 125)。「さて、ことばの文句が四、五又は六の異った思想を表わしているなら、一つの思想がそのことばと共に法律にたかめられているのでなく、例えば五つの思想が選択的にそのことばと共に法律にたかめられているのである。ところで、それはこの五つの思想から一つが恣意的に選択することが許されるということを意味するのではない。この五つの思想から正しい思想を選択することが法律学的技術の任務である……ということである。そこから次のことが生ずる。——法律の場合の解釈はその他の場合の解釈とは異るものを意味する。法律の場合の解釈は単に表現の背後の意味を確定することでなくて、表現によって全部カバーされている種々の意味のうち、正しい決定的な意味を選び出すことである」(S. 125)。「従って法律の思想はそのことばのうちに存しうる一切の思想である。従って法律は選択的に正しい思想とみなされうる二、三、五或は十の思想を内包しうる。そこで、解釈の原則は我々に、ことばの背後に可能な思想を求めるばかりでなく、また、可能な思想の間で正しい思想を求める可能性を与えなければならない。しかし、正しい思想は色々なふうに選び出しうる。私はかつて問題を上述の第一の側面からのみ見たときは、法律の目的追求が決定的であると信じた」。が、「もはやそれが第一だとは信じない、その点にある意味のあることを否認し得ないが」(S. 125-6)。「むしろ、第一のことは、法律の可能な思想から、法律が最も合理的な、最も有益な heilsamst 意味をもち、最善の wohltuendst 効果を表わすことになる思想が選択さるべきである」。「尤もこの見方によると複数の意味づけが可能であれば法律の規定の関連に立入らねばならない、そして、法律が最も矛盾のない、有機的に最も正しい構造をもつことになるような解釈を優先させることになろう。……」(S. 126)。

「それでも確実な結果が得られなければ、法律の目的追求に立ち入ることが許される。……これも正しい思想である。その他の解釈で目的に到達しないなら、単に最も合理的であるばかりでなく、法律の企図に最も合致する内容を供する解釈に従うのは正しいことである」(S. 126-7)。

「そこからまた、法律の解釈は決していつも同じであることが許されないことが明かとなる。法律にその成立した初から最後の瞬間までついてゆくべきひとり正しい解釈について語ることは不当である。かかる見解は完全に法律の目的を誤認し、それを救済 Heil の手段から世界認識の対象とするのである。しかし法律は救済 Heil の手段である。人間的目的を達成し文化を促進し反文化的要素を抑制し、国民の諸力を発展させる手段である。……それに従って解釈が形成されねばならぬ。そして救済手段 Heilsmittel は、時が経過し文化情勢が変るなら、異って作用しなければならない。かくの如き変動にも拘らず、同一の法律効果を維持せんと欲することは、大人に子供の食物を与え、工業国民を農業国の手本に従って形成し、薄暮のあかりを日中のあかりと同視せんと欲するのと同じであろう。かようにして、法律は弾力的になりうる、種々の交替する要請に応じ、成立したときの一切の事情が変っても、幸福多き効果をくりひろげる」（S. 127）。「従って解釈は変りうるし、また変らなければならない。例えば、制定されてからいまや殆んど百年になるフランス民法典の場合には、解釈は多くの変更を受けた。……商工業の発展により、同一の法律の内部で、以前には考えも感付きもしなかったような法規が成立した。不正競争防止法の全機構は以前には全くそうした意味を与えられることがなかった二ケ条（一二八二条一三八三条）を根拠とするとされている」（S. 128）。「従って法律の解釈に当っては、就中合理性に、それから体系的整合無矛盾性に、最後に歴史的な文化の動向に立ち帰るべきであろう」（S. 128）。

「従って理由書や議会の討議において述べられていることは、法律について何等の意義をも要求し得ない」、「その利用よりも濫用の危険の方が大きいから、法律が何等準備の仕事を伴わずに公衆の前に現われ、準備の仕事が印刷され公表される代りに公衆から完全に取り去られているならば、常に一番いいであろう」（S. 131）。

「法律の思想はことばの範囲内で動く」（S. 131）。「法律は一切の表現をその本来の意義にとっても、恐らく二つの思想をふくみうる。しかしその表現のどれかを本来でない転化された意味にとり、それを普通の意味より拡張し又は普通の内容より縮少せしめるなら、更に六つの他の思想を表現しうる、かかる場合にこのあとの六つの思想を選択的に考慮に入れ、表現手段は本来の意味でなく、拙劣で、普通でない使い方だということから出発することが法学にとり許されるかどうかの疑問がある。しかし、それは肯定さるべきである……」（S. 132）。「そこで拡張解釈と縮少解釈ということがいわれる。しかしそれは単に二つの特殊な場合にすぎない。何となればことばが思想と単に量的にばかりでなく、質的にも相違しうるからである」、「例えば、法律が取消というとき、『取消』の表現に通常の意味と異る意味を与えることが許されるであろう」（S. 133）。

「類推は往々にして知らず識らずの間に、そして単に本能的にさえ行われる。しかしこのようなしかたは極めて問題であり不確かである。すなわち類推とは、ある法規から原理を抽象し、それからその原理にもとづき更に新しい帰結を導き、それによって新しい法規をつくるにある」（S. 137-8）。なお、

(5)　Lukas, Zur Lehre vom Willen des Gesetzgebers, 1908「立法者意思説は本質的に絶対主義的理論である。立憲主義の領域ではその意義は必然的に消滅せざるを得ない。というのは立法機関が複数の場合には、立法者意思

の擬制的性格が全く明々白々となるからである」(S. 404-427)。

「一つの事実をはじめから確定しているものとみることが許されると信ずる。すなわち、法律の合憲的成立にとって必要なのは、『形式への意思』の一致だけである。憲法上法律のテキストの確定の権限のある機関 Faktoren が、その上なお『内容への意思』においてもまた一致したかどうかは、法的には全くどうでもよい」、「しかし立法者の『内容への意思』が法律の成立にとって一切の法的意義をもたないとしても、依然としてこの『内容への意思』が法律の実際的適用に当って法的に著しい役割を演ずる可能性はのこる。『立法者意思』について語るとき、通常考えているのは、事実上もそうであるかどうかの問題である」(S. 400)。「学説はこの問題を久しきに亘って断定的に肯定した。しかし立憲主義的な立法機構の複雑さに面して、漸次にあのいわゆる『立法者意思』は一つの擬制に外ならない、法律の思想的内容は真実は全く他の要素によって規定され、それにとって所謂『立法者意思』は単に看板にすぎないという認識に達した」(S. 401)。

「ここでは次のような今日すでに往々承認されている一つの事実のみを指摘しなければならない。すなわち、法律の思想的内容は当該法律がおかれた社会環境 soziale Milieu において受ける平均的見解 Durchschnittsauffassung によって決定される。この社会的に平均的な見解の意味に法律の思想内容を確定するのが学説判例の任務である」、「法律についての社会的に平均的な見解は、その法律のことばがその社会環境においてどんな反響を呼びおこすか、換言すればそのことばはそこでどう理解され、把握されるかによって規定される」(S. 401)。「一切の法律につき、最も単純な場合にも、法学者、裁判官、行政官の口を通じて傾聴を得るのは夫《そ》の社会的に平均的な見解である。たとえ、往々自分自身所属する社会環境から出て、彼のそうした代弁者的機能を必ずしも意識しないとしても」、「それにも拘らず今日においても往々にして『立法者の意思』を探求すべきであると言われるならば、それは本当は法律の思想的内容の擬人化以外の何ものをも意味しない」、「Windscheid-Kipp, Pandekten 1, 99 も『立法者意思』をこの意味に解している」(S. 402)。

「或は『立法者意思』を全くなしにすますことはできない、そのことは疑わしい場合には、いわゆる立法資料にたちかえり、かくして確かめられた争点についての立法機関の見解を基準にするときに特に明かとなると抗弁するかも知れない」、「しかし法律の解釈家は立法資料が彼の気にいるとき、すなわちそのうちに代表されている見解が解釈家にとり夫の社会的に平均的な見解の代弁とみられ、彼のいだく法律の思想的内容についての観念に適合するときにのみ、その立法資料を援用するのが常である。そうでない場合には、従って例えば理由報告書とか議会の報告者その他の論者？　Redner の見解にして解釈家がその法律に関しその成立の時代の社会的に平均的な見解とみるところと矛盾する場合には、彼は資料の当該見解に必ずしも注目しようとしないで、それは法律そのものの意思、意味と明白に矛盾する、従って誤りであり、考え違いであると説明しようとする」(S. 403-4)。「従って立法資料は一定の控え目にのみ利用することが許される。それから正しい選択をなすことは常に法律的技術の問題である。立法資料のこの単に相対的な意義により、『法律は公布により立法者から切り離され、爾今その個々の法規相互が、またその個々の法規と既存の法とが把握さるべき体系的関連により、立法権力の公布された意思として独立独歩し、本来の立法者の意思と理解とはどうでもよいものとなる』というあの説に同意することが許される」(S. 404)。

(4)　例えば、エールリッヒ（Ehrlich, Freie Rechtsfindung und freie Rechtswissenschaft, 1903）「いかなる法適用の理論も、定立された法規の一切の体系はその性質上欠缺がある、それは本来定立された瞬間すでに古くなっているのである、従って殆んど現在を支配することは出来ないし、況んや将来は決して支配することは出来ないであろうということを否認し得ないであろう。法が適用される社会制度は絶えず発展の最中にあり、定立された裁判規範を各々の瞬間に新しい内容を以てみたすことを阻止し得ないであろう。しかしまた、法適用の任にある人々はその国民とその時代の子であるので、法をその国民とその時代の精神――それは彼等の精神でもある――において適用し、過去の時代の精神、『立法者の意図』に従って適用しはしないであろうということも見逃し得ないであろう。」(S. 17)。

「既に普通法に対し、普通法上規定されていない、特に継受後成立した法律制度及び法律問題の規定をローマ法大全に求め、……擬制と法律構成を以て操作し、自由な法発見を原則的に否認することが望ましく、許されるかという問題が提起されえたであろうに。この問題は今や二重の力を以て我々にせまってくる、というのは、普通法はいたるところ近代法典によって置き代えられたから。近代法典の場合にも一切の自由な法の発見を放棄すべきか？

将来永遠に実生活を擬制と法律構成を以て支配しなければならないのが我々の運命たるべきであろうか?」(S. 18-9)。「技術的な法の発見の国において、ローマ人の市民法、英米人のコンモン・ローによるよりも、髪一筋ほども判決が確実でなく、裁判官の恣意が制限されていない」(S. 19-20)、「一体、判決の予測可能性は技術的な法の発見の場合にいつ存在するか?」(S. 21)。「伝統に拘束される、しかしそれを超えて自由な法の発見は、技術的な法の発見よりも法的安定性にとって保障となると正当に主張しうるであろう」(S. 21)。「しかし、私が技術的な法の発見を正しく神聖な精神に対する罪悪と敢て称する理由は、それがより確実な、より不偏不党なばかりでなく偉大な理念によって支配されている判決の唯一の真の基礎を我々の眼からかくすが故である。裁判官の人格以外には司法の保障は存在しない。……」(S. 21)。「スイス民法典の予備草案 Vorentwurf は、全くここで代表されている理論の立場に立っている」、「その第一条についての説明から次のことを引用することが許されるであろう。――『そのことは実際に常に行われているのである。ただ裁判官は常に一切の場合に実定法をその法文どおりではないがその意味と精神に従って適用するという幻影から出発しなければならないと信じているというだけの相違はあるが、それにも拘らずその前提は多くの場合に決してあてはまらないのである。勿論草案によるその真実の関係の承認に対し、それによると裁判官は余りに独立となるとの抗弁が提出されよう。固よりそれは正しい、――裁判官は、最も疑わしい解釈技術を以てであれ、一切を法律から引出すことが期待されている今日よりも自由になるであろう。しかし、裁判官はかかる技術を期待されないならば、もっと立派に職務をつくす。裁判官は、実定法が解釈でうめることのできない欠缺をもつことを認識することが許さるべきである。そして彼がそう確定したら、法律の無欠缺性ではないが法秩序の無欠缺性に基いて判決をする、そして他の一切の法秩序との関連で自分が立法者たらば正しいと考えたであろう法規を前提する』」(S. 25-6)。「この美事なことばは、自由な法の発見の場合に裁判官に帰する任務をのべて余すところがない」(S. 26)。「技術的な法の発見の領域において、パリの破毀院ほど自由をかちうることが出来た裁判所は外にはない。我々はその事情に、現代の最も実りゆたかな法律思想、就中事変及び他人の過失に対する責任、不正競業の禁止、著作権法の形成 Ausgestaltung des Urheberrechtes、私保険契約法を負っている。パリの破毀院の判例はフランス私法の中に、かかる多くの新しい理念をもちこみ、制定法に立法者の意図とはしばしば非常に異る転回を与えたので、フランスの立法しか知らないものはフランスに現実に行われている法は一般にさっぱり分らないと主張することが許されるであろう」(S. 26)。「法は硬直したドグマでなくて、生ける力である。一の法律が発布されたということから未だそれが行われるということは分らない。そして立法者がその際もった意図から、未だそれがどのように行われるかは出てこない」(S. 27)。

「裁判を常に法律に基いてすることを自己の義務と考えている現在の法律家にとっては、判決から成文法の根拠をとりさらんとするとき、その根拠として役立つのは何か？　という疑問に迫られざるを得ない。或はそれに対し簡単に、どの時代にも法条に拘束されない正義のようなものがあったと答えようとするかも知れない」。しかし、「絶対的な正義はない、一切の正義は歴史的発展の産物である」、「右の正義も決して無前提ではない。ここに問題の正義は……法律的伝統のうちにふくまれている前提条件に拘束されている。一切の自由な法の発見は伝統より出発し、シュタムラーのいわゆる『正法』を追求する。実に、裁判官の地位に特殊なものとして裁判官によって常にみとめられて来たことは、彼の口を通して語るのは彼の個人的見解でなくて、法であるということである。しかし『法』は就中過去の法創造、すなわち制定法、判決、学説文献のうちにふくまれる。いかなるローマの法律家も絶対的必要によって命ぜられる以上に伝来の規則よりはなれたことはかつてなかった。……」、「自由な法の発見は一切の自由と同様に保守的である。何となれば自由は自己の責任を意味し、拘束は責任を他人に転嫁する」(S. 28)。

「一切の法の発見は、それが単に法の適用として現われる場合も必然的に創造的であることは、つとにBülowが論証した。現行法によって現行法をこえることを、意識的乃至無意識的に一切の法学は追求するのである、と。従って自由な法発見と技術的な法発見の対立は、前者が制定法をこえてゆく点にあるのではない、むしろ採られる方法にある。何となれば、後者は驚歎すべき仕事が絶対不変の法律技術の手段以外の方法でなしとげられたものでないことを要求するが、自由な法の発見は偉大な個性の創造的な思想からもあるものを期待する……」(S. 29)、「だから自由な法の発見は実体法の問題でなくて、裁判官に任命される人の選択の問題、従って結局は強い人柄を有効ならしめる裁判組織の問題である」(S. 30)。「自由な法の発見は裁判官の精神及び性格ばかりでなく知識に対しても最高の要求をする。その本分を尽すには、社会現象の本質に対する鋭い眼識と現在の需要に対する強い感覚と並んで、また法における歴史的に生成したものとの絶えざる接触が必要である。すなわち、充分にくみとるもの、伝来の過去幾世紀もの教［数か?］をこなすもののみが、正義の開拓者の任に適する」（S. 32)。

「自由な法の発見に対する嫌悪の原因の一部はもっとふかいところにある、すなわち国家権力の限界及び権力の分立についての今日なお支配的な観念のうちにあることをみとめまいとすれば、不公平であろう。国家の従僕たる官吏である裁判官に対する旧自由主義的不信用の好個の一例として、裁判官に対しその法確信が常に法律のことばを根拠とするように義務づけんとする。そしてそれは国家に留保されているのは一切の法の創造でなくて単に立法にすぎないという思想になれるようになるまでは、これからもながくつづくであろう。しかし、そういう裁判官不信の考え方は既に超克された国家学――その国家学は一切の国家学と同様に歴史的に存在した状態の科学的な表現に外ならなかったのであるが――に属する」（S. 32)。

(5) 例えば、Heck, Gesetzesauslegung und Interessenjurisprudenz, 1914.
(6) Heck, S. 8.
(7) Heck, S. 111.
(8) Heck, S. 59.
(9) Heck, S. 60.
(10) Heck, S. 114.
(11) Heck, S. 119.
(12) Heck, S. 121. しかも二組の見解が区別さるべきである。過激な説――同一説と呼びたい――は法律の効力を文理 Wortlaut に制限する。法律はただその文理の範囲内でのみ遵守さるべきである。内容的にはそれほど極端でないがしかしそれだけにより一般的にひろまっている理論は裁判官の解釈を法律の文理のうちにも表現されている思想に制限する。それは既述の表現説である。
(13) Heck, S. 156.「我々は、前にすでに、純粋な文理は実生活上僅かな意義しか持たないことを観察した」（S. 123)。「純粋な文理の限定の困難は、法文にあっては個々別々のことばの意味が問題でなくて具体的な命題の解釈が問題であるということによって高められる」(S. 125)。「更に純粋な文理の限定にとっての困難は、個々の法律の規定の間に成立する関連によって生ずる」(S. 126-7)。「正にその関連は歴史的資料の利用と実質的な認識を必要たらしめる」(S. 127)。「これらの理由から、純粋な法律の文理はきわめてしばしばはっきりせず、はっきりするようにみえる場合には奇妙な驚くべき結果になることがある」(S. 128)。「歴史的な法律の内容は全く確かで、歴史的解釈の賛成者は法律の文理は何か……を不問に付しうることがある。文理の崇拝者は殆んど解決し難い問題の前に立つであろう」(S. 129)。

「日常の命令解釈にあっては文法を認識の手段として利用する、しかしそれ以上の意義を文法に与えない」(S. 138-9)。「立法にあっても、文章上の表現の欠陥があるにも拘らず、裁判官が立法する人間の現実の観念を関連、利益状態又は成立史より正しく認識することを妨げない」(S. 142)。「学説判例における法律解釈に際しての文章上の欠陥の取扱は二つの根本思想のかみ合いから生ずる、——先ず原則として自由解釈の原理が弁護される。文章上の表現への膠着、文字法学 Buchstabenjurisprudenz は厳禁される。従って拡張解釈及び縮少解釈、しかしまた類推及び……命令の妥当範囲の限定は私法の領域では一般的に許されるものと見做される」、「しかし他方それにも拘らず立法上の思想が法律のことばのうちで『表現』——欠缺のある表現としても——を見出したことが要求される。さてしかし文章上の表現というこの要件は客観的法律解釈の支持者によってのみならずまた歴史的解釈の支持者によっても立て aufstellen られる。殊に、現代の著者のうち二人の最もはっきりしたその支持者、すなわちエンネックツエルスとビィアーリングにあって見出される」(S. 142-3)。「この説の内容に、裁判所特に帝国裁判所の判例も一致する」(S. 144)。「我々の根本的見解からは文章上の表現という特別の要件は日常生活において顧みられないように法律解釈においても正当化されない、裁判官は一切の手段を義務として利用し立法者の意思を認識したら、その法律内容をまた適用すべきである」(S. 146)。

「表現説が弘まっている他の原因は表示説 Erklärungstheorie すなわち法律行為上の表示概念の法律への推及である」(S. 150)。「表現されない、表示のうちに認め得ない意思内容の法律効果は高々阻止的にとどまり、決して積極的な法律上の効力をもたない、従って効果利益はただその消極的側面において防禦利益 Abwehrinteresse としてのみ保護される、という命題は、直接には意思表示の受領者の信頼利益によって要求される。効果利益はその範囲では退かねばならぬ。それ故に法律行為上の意思表示の裁判官による判断にとっては内心の意思と表示内容の区別が大切である」(S. 151-2)。「法律解釈の場合には任務が異る。我々は立法の効果利益だけを顧慮すればよい。それに対立する信頼利益は、上述したように、全く存在しない」(S. 152)。

(14) Heck, S. 274-5.

(15) Heck, S. 281.

(16) Heck, S. 282.

(17) Heck, S. 283.

(18) Heck, S. 97.

(19) Heck, S. 98.

(20) 例えば、ラートブルッフ著田中〔耕太郎〕訳「法哲学」、「……法律制定者は立法者であるわけではなく、又立法に関与する者の集合意思が立法者の意思であるのでもない。寧ろ国家の意思が立法者の意思である。併し国家は法律の成立に関与する者の個人的意思に於てではなくて、ただ法律そのものに於てその意思を表明するのである。立法者の意思は法律の意思と一致する。それはただ立法の全内容の擬人化、即ち擬制された単一意識のうちへ反射せられた法律の内容を意思する。従って立法者の意思は解釈の手段ではなくて、解釈の目標及び解釈の結果であり、全法秩序の体系的にして矛盾のない解釈の先験的必然性に対する表現である」。「それ故に、法律制定者の意識された意思のうちには決して存在しなかったものを、立法者の意思として確定することも可能である」(一六二頁)。また「立法者の意思の確定は解釈の目標でありその結果であるが、そうした意思はそれ故に解釈により永久に一定の内容に固定されるものではなくて、変化した時勢の新しい法律上の要求と法律問題とに新しい意義を以て答えることが依然として可能である。立法者の意思は法律を生ぜしめた一回的な意思過程と考えられるべきではなくて、法律を担う可変的継続意思と考へられるべきである。ホッブス曰く、「立法者であるのは、その権威によって法律を始めて作った者ではなくて、その権威によって法律として存続せしめる者である」と。……即ち経験的立法者は、法律そのもののうちにのみ生きている理念的立法者にその地位を明け渡すのである」（一六三—四頁）。また、Manigk, Auslegung, in Stier-Somlos Handwörterbuch, 1 Bd.

なお、我が国では、例えば田中［耕太郎］「商法解釈論」商法研究第一巻「立法者意思説は成文法が立法者の命令たる事実よりして是認せらるべきである。而して立法者の意思の探求は彼れが其の立法に際し現実に有した意思、即ち心理的意思ではなくして有すべかりし意思、即ち合理的意思に向けられねばならぬ」（一二三頁）、「斯く解するに依りて、立法者の心理的意思と法意思との対立は、立法者の合理的意思の観念に於て止揚せられたるものと認められ得る。此の観念に於て成文法は立法者の命令でありながら、而も之れに対しても客観的存在を主張し得るのである」（一二四頁）。

(21)　我が国でも、ドイツの学説の影響であろう。立法者意思か法律意思説かにふれる書物を散見する。牧野［英一］「民法の基本問題」六七頁によると、富井［政章］「民法原論」は立法者意思説のようである。之に対し、江木衷「現行民法論」総則編（明治三九年）などは立法者意思説に反対しているが、詳細に立法者意思説を批判し、法律意思説を力説したのは、石坂［音四郎］「立法者意思カ法律意思カ」（改纂民法研究上巻）である。「立法者ノ意思ヲ知ルハ事実上不能ナルカ又ハ困難ナリ故ニ立法者ノ意思ヲ明カニスルヲ以テ法律解釈ノ目的トナスヲ得ス法律ノ意思ヲ明カニスルヲ以テ其目的トナスコトヲ要ス或ハ法律ヲ解釈スルニ立法者ノ意思ニ従フコトヲ要セサルモノトナストキハ法律ノ解釈ハ各場合ニ異ナルヘク法律ノ意義ハ時代ノ推移ト共ニ変更シ持続性ヲ失フニ至ルヘシトナスモノアリレーゲルスベルガーハ法律ト立法者ト分離スヘキモノトナス説ヲ批評シ法律ハ恰《あたか》モ空虚ナル桶ノ如キカ解釈家ハ各其信スル所ヲ之ニ注入スヘキカト云ヘリ然レトモ立法者意思説ニ従フモ果シテ一定不変ノ法律ノ意義ヲ定メ得ヘキカ既ニ論セルカ如ク立法者ノ意思ナルモノハ殆《ほとんど》、之ヲ捕捉スルヲ得サルニ於テハ同シク一定不変ノ法律ノ意義ヲ得ルハ困難ナリ……焉《いずく》ンソ法律意思説ノミヲ非難スルヲ得ンヤ且又法律カ伸縮性ヲ有スルハ即、時勢ノ要求ニ合シ実際生活ニ適応スルヲ得ル所以ニシテ是レ寧ロ、法律ノ目的ニ合ス。法律ハ必《かならず》、一定不変ノ意義ヲ有スヘキモノトナスヘキ必要ナシ故ニ吾人ハ立法当時ニ用ヒラレタル文字ノ意義、立法当時ノ社会状態、立法当時ノ法律学説ニ従ヒ法律ヲ解釈スルコトヲ要ストナスノ説ハ凡テ之ヲ採ラス若シ此ノ如クンハ法律ハ空文トシテ存シ実際生活ニ適合セサル結果ヲ生スル……」（八九―九一頁）。尤も、仁井田益太郎「民法総論」第一冊など立法者意思説をとるものもあったが、曄道文芸「日本民法要論」一巻などは客観説であり、大体法律意思説的考え方が支配的だったとみてよいのでなかろうか。

その後、大正から昭和の初にかけ、日本の法学も一の転換を示し、解釈についても少数の優れた学者によって反省が加えられたけれど、多くは今日まで著しい進歩を示すことなく停迷しているといえるのではなかろうか。すなわち、今日でも「憲法は、決して固定したものではなく、一定不動のものでもない。それは、常に時代と社会情勢に応じて変化しつつある高度の柔軟性と弾力性をもった道具であり又しかあらねばならない。だから、憲法を形式的・文学的・抽象論理的・静態的に解釈するは甚だ危険である。すべからく歴史的・社会的・現実的・動態的・価値論的に把握して解釈すべきものである」とか、「法律の解釈は必ずしも立法趣旨に拘束されることなく、時代の要請に従って合理的にこれをなすべきである」とか、「法律は一旦制定せられると改廃されないかぎり変らないが、法律の合理的内容は時代毎に変化する。過去に予測せられた内容をそのまま現在にもち込めば、そこに法律に表現された素朴的な意義と社会事実の複雑な発展との間にギャップが生ずる。その意味で法律解釈は法律の内部にはじめから内在していた意味を発見することではなく、むしろ外部から完全な内容を法律に注ぎ込む作業である」とかいう見解をよく読むのである。特に刑法の解釈につき、同様の見解を詳説しているのは木村［亀二］「刑法解釈の本質」（法学一四巻一号）である。「我々は、法律解釈の対象となる意味は法律の条文の中に表示せられたところの客観的意味であると解すべきである」（一五頁）、「刑法解釈の対象となる刑法規範の客観的意味は、刑法秩序と刑法以外の法秩序の全体に通じて部分と全体との統一的な意味的関連を形成して刑法解釈を規定しているのであるが、法秩序は更に一の文化的領域として全文化的領域と関連し、その文化的意味連関の変更によっても又刑法の解釈が規定せられるのである。その特に顕著な現象は刑法規範の適用を受ける文化的事実の変化が刑法の意味に変化を与へ解釈を規定する場合と法秩序全体に対する文化観の変化が刑法の意味に変化を与へ解釈に影響を与へる場合とに見られる。特に文化的事実の変化が刑法の意味に影響を与へるのは、刑法の立法当時において予想せられなかった文化的事実が現われる場合に顕著である」（二一一頁）。「このことは、刑法の解釈が、法律制定当時の意味に妥当であるだけでは足らず、常に変化する法律・文化・社会の状態に妥当なることを必要とし、従って、刑法の解釈は法律制定の当時ではなくして解釈の当時における刑法の意味に妥当なるにおいて真にその方法的任務を完うすることを意味する。換言すれば、刑法解釈の対象たる規範的意味は解釈の時におけるそれでなければならぬのである」（一三頁）。「刑法解釈の方法は目的論でなければならない」、刑法の解釈は刑法の目的によって指導されることを要する。「然かも、この刑法の根本的目的たる社会と個人との調和の理念を表現したものが刑法の条文であるから、刑法の目的論的解釈は刑法の明文の形式的限界を離れ、これを超えることは絶対に許さない」（一五頁）、しかし、刑法の解釈も条文の言葉の可能な意味の範囲では変化しうる。之に対し、類推解釈は許されない。「目的論的解釈・拡張解釈と類推解釈との区別は条文の言葉の可能な意味の範囲内に止まるか、これを超えるかという点に在る」（三五頁）、「我が憲法三一条の罪刑法定主義の原則によって許されないのは、……言葉の可能的意味の限界を超えた類推解釈を指すのである」（四六頁）。

　尤もこういう考え方は、必ずしも欧大陸及び日本に特有のことではないようである。例えば、Levi, An Introduction to legal reasoning 参照。「このレヴィの本の基本的な主張は何かというと、法規の中には、独自の理論があってそれが法そのものを自ら発展させてゆくものであるというのであり、これを判例法、成文法、憲法の諸分野にわたって、興味ぶかく展開しているのである」（鵜飼［信成］「現代アメリカ法学」一五五頁）。

(22) Gray, The Nature and Sources of the Law, Second Edition, 1948.
(23) Gray, p. 84.
(24) Gray, p. 84.
(25) Gray, p. 84-5.
(26) Gray, p. 123-4.
(27) Gray, p. 124.
(28) Gray, p. 124-5.
(29) Frank, Law and the Modern Mind, p. 123.

(30) Frank, p. 125.
(31) Frank, p. 126.
(32) Frank, p. 127.
(33) Frank, p. 128.
(34) Frank, p. 46.
(35) ルウェリン（K. Llewellyn, A realistic jurisprudence-the next step（1930）30 Columbia Law Review 447-9）は、現実の規則 real “rules”（and rights）と紙上の規則 paper rules（and rights）を区別している。この区別は法を単に裁判所の観点からみるばかりでなく、法社会学的立場からもっとひろくみているような印象を与える。しかし、「紙上の規則」とは伝統的に法規として取扱われて来たものであり、「現実の規則」とは裁判所の実際の取扱（the practices of the courts）であるといっているところからは、フランクの考え方に近いように感ぜられる。
(36) どういう法源があるかについては、周知の如く、さまざまな意見がある。

㈠ グレイは前述の如く制定法の外、慣習、判例、専門家の意見、道徳律を法源として認めている。

(1) 制定法。「ある社会の法とはその裁判所によって適用される規則の体系であるとすれば、制定法は法そのものの一部としてみらるべく、単に一法源としてみらるべきではない、制定法は裁判所によって直接適用さるべき規則であり、単に裁判所が自分自身の規則をくみだす源とみらるべきでないと主張されるかも知れない。かかる見解は書物では極めて普通である。そして制定法が自分自身で解釈するのなら、それは正しいであろう。しかし制定法は自分自身で解釈するのではない。その意味は裁判所によって宣言される。そして、制定法が法として共同体に課せられるのは裁判所によって宣言された意味を以てで、他の意味をもってではない。裁判所が法を引出す一切の源のうち制定法が最も厳重であり正確であることは真実であるとしても、判事の制定法を左右する力は非常に大きい。そしてそれはコンモン・ローの国ばかりでなく、判事の職がそれほど高く尊重されない欧大陸においてもである」(p. 170)。「判事は自分の前に法典の印刷された頁をおく。それは彼の目の網膜に映る、そしてその印象から彼は立法部の思想を再現しなければならない。この過程は単なる機械的では全くない。判事の性格とその気質がその操作に影響するに違いないこと、そして思想は判事の心に再現されたとき立法者の心におけると異る形をとることがありうることは明かである。このことは、判事の機能は彼自身の心に立法者の思想を再現せんとするにすぎないと思われていても、真実である。しかし、判事は制定法の言葉から出発しながら、しばしば、立法者の思想であったかのように適用するが、彼の現在の思想は立法者が現実にもった思想と同一だと信じてもいないし信ずべき理由もないような結論に到達しているのである」(p. 171)。「ある社会の立法機関と司法機関の間においては、ある共同体で何が法で何が法でないかにつき最後の決定権があるのは司法機関である。……」(p. 171-2)。「制定法の効果が裁判官の意思によって左右されることは、しばしば用いられる解釈は技術であって科学ではないという表現、すなわち意味は判事の感情に従ってことばからとり出されるので正確な予知しうる推理過程によってとり出されるのではないという表現によって示されている。勿論制定法の解釈のための規則が時には定立されたことがある。しかしその一般性はいかに多くが裁判所の意見と判断に任されているかを明白に示している」(p. 177-8)。制定法の解釈による法の発達の著しい例はローマ法に見出される。十二表法の文字は変更されず、しかし新しい精神をよみこむことが出来た。同じことは現行制定法についても例証しうる (p. 180 ff.)。「しかし、一つのことは明かである、——立法が稀で、困難なときは、制定法を解釈するに当って、立法部があいまいであったり欠陥のあったりする制定法をすぐ改正してくれるときには行使しようとしない自由を振おうとする。法の歴史がそうだということを示している、そしておそらくそれでいいだろう。しかしその理由により、立法の困難なときにおける裁判所の実際は、立法が容易に得られるときにおいて裁判所の実際はどうか、又どうあるべきかの完全な指標とはならないであろう」(p. 183)。「おそらく立法による改正が非常に困難であるとき裁判所によって行使される解釈の自由の現代における最も著しい例——本当にそのあからさまな性格においてローマ初期のプレートルの実際の復活のように思われる擬制の現代における最後の例である——は、連邦裁判所に訴える法人の権利に関する合衆国の最高裁判所の理論である。問題が議会制定法 Act of Congress の下でおこったら、……裁判所は擬制によって不都合な事態を修正せんとしなかったろう。しかし問題は憲法の下におこった。……最高裁判所の行為は欠陥のある法律の改正の望みがないとき裁判所はどの程度までゆくかの美事な例を与えてくれる」(p. 133-4)。

「不使用 desuetude による制定法の廃止をみとめる抽象的な理論の実際上の利用は、裁判所が自分に許す解釈の自由によって非常に制限されるようである。解釈によって制定法の存在を否定することは、それを廃止するほど迅速な又簡単な手続ではないが、時と忍耐づよい熟練をもってしばしばそれはなしとげられる。そして過去の時代の目標 ancient landmarks をみだすようにみえまいとする欲求は、しばしば厄介となった制定法をはらいのけるために、廃止よりむしろ『解釈』の手段をとらしめた。特にローマ法ではそうであった……」(p. 192)。「イギリスのコンモン・ローの理論は制定法は明示又は黙示の廃止によってのみ廃止せしめられうるにすぎない、何等かの慣習によって廃止されえない、不使用による失効ということはあり得ないということである」(p. 193)。その理論は「今日のイギリスでも採用されている、そして今日立法が容易なのでかかる理論の維持を容易にしている」(p. 194)。「合衆国も同様であろう (p. 197)」。

(2) 判例。「判例は学者の意見を表現するものとして、又は健全な道徳律をのべるものとして一の法源であることもあろう。しかし、その判例としての特殊な効力は学者の意見に一致するとか、それが正しいという事実のうちにあるのではない。それは、つくらるべきであったからでなく、つくられたから、判例なのである」(p. 200)。
「欧大陸においては法律家は、裁判所による判決が、その内容的価値を離れては、裁判所に対し——そこからその判決をした裁判所への上訴が為されたその裁判所に対しても——拘束力がないと主張したし、いまなお主張しているが、裁判所の判決はその内容的価値を離れ、その裁判所及び同一管轄の同位の一切の裁判所において大きなウェイトをもち、一切の下級裁判所に対しては絶対的に拘束力があるというのが、イギリス及び合衆国における法である」(p. 211)。

(イ)「判決は英法において大きなウェイトをもつ。しかし抗し得ないウェイトではない。判決をくつがえしたり、それに従わないことができる」(p. 216)。合衆国も実質的に同じだが、判例に付せられるウェイトはイギリスの方がアメリカより幾分大きい」(p. 242)。

(ロ)「自分自身の先の判決に絶対的に拘束される唯一のイギリスの裁判所は最高裁判所、すなわち貴族院である」(p. 217)。かかる理論は合衆国には行われていない (p. 242)。

(ハ)「下級裁判所が上級裁判所の判例に反して判決することは決してない。但し上級裁判所に明白な大失錯があったときは別である」(p. 217)。

(ニ)「裁判所の判決は法源とみなしてよいか？　この問いの目的が事実を確めんとするにあれば、その答には殆んど疑いがない。たしかに裁判官は事件の判決をするに当って規則を判例から引き出す。判例がなかったら判決をしたであろうと思われるところと違った判決をする。そしてその判例がつくらるべきでなかったと思われても判例に従う。それ故に、何故この点について問われるかといえば、そのわけは、判事は立法者であるとみられたがらなかった、彼等は法を適用するので法をつくるのでないと言いたかったので、もし裁判所の判決が法源だとすれば判事がその限度で法をつくることを否定し得なかったからである」(p. 218)。

「ブラックストーンはこうのべている、──コンモン・ローは一般慣習からなる、しかしこれらの慣習がどうであるかは裁判所の判決から知らねばならぬ、先例には従わねばならぬ、裁判所の判決はそれ以前は不確かでどうでもよかった indifferent ことを永久的な規則にし後の判事はそれに従わねばならぬ。しかし判例には絶対的な拘束力はない、全く馬鹿げていたり不当だったりすれば無視しうる」(p. 221)、「判例の法源としての効力に関する限り、右の説明には誤りはないようである。しかし、この法源を一般慣習へと還元し、判決をその慣習の徴表にすぎないとするブラックストン〔ママ〕の企ては残念である」(p. 221-2)。判決の前には慣習のなかったことがしばしばである(p. 236 ff.)。

「判事が法をつくるということの意味は、判決は、ある理想との一致又は不一致に関せず、それ自身の力で法源である、唯一の法源でも、又必ずしも支配的な法源でもないが、単に徴表的でなく独立な価値をもつものだということである。事件の判決をすることは判事の必須の機能である、……。しかし判事が先例を確立しうるかどうかは判事職の要素ではない。イギリスでは判事にその権限がある、ドイツでは、一般的に、ない。主権者はその権限を付与するようにも否認するようにも干渉し得よう。しかし一般的には干渉しなかった。それ故に判事がその権限をもつとすれば、それは主権者の命令から生ずるのではなくて、……判決が先例を確立しうるか否かは、パブリック・ポリシィーの観念や庶民の慣習や専門家の意見やによって影響された裁判官の心の自由活動にまかされている。

これらの動機が、イギリス及びアメリカの判事の心に作用し、彼等をして裁判所の判決を法源とみとめるに至ったのである」(p. 234)。

(3) 専門家の意見。「判例に大きな尊重がはらわれる制度では、その形式にならぬ意見に与えられる尊重は比較的軽いようである。我々はそのことをコンモン・ローが論文を判決に従属させる仕方にみる。他方、裁判所の判決が拘束力をもたないドイツでは、裁判官の地位にいない法律家の権威はしばしば大きい」(p. 261)。

「ある社会のうちには法の発達及び運用に関与する三つの階級がある、――判事と法律実務家と法律学者である。……ローマ法の行われている大概の国では、これら三つの階級は別々である。はじめから別々である。ドイツ及びフランスでは……法の発達に最大の影響を及ぼすのは法律学者たる教師及び著者である」(p. 269)。「今日では大概のドイツの著者は依然として執拗に判例に権威を否認しつづけているが、大陸において発行される判例集の数の増大とそれの引用される頻繁さより、コンモン・ローとローマ法の間の差異はなお存在するとしても数年前ほど力説されない。しかしどう割引いても現代ローマ法の発展における主な要素は裁判官や弁護士の経験をもたなかった法律学者の著述であった」(p. 270)。イギリス及びアメリカのコンモン・ローの下では、判事と弁護士と法律学者の分離はない。権威として引用される教科書の著者の大部分は高位の裁判官であったか又は実務に従事している(p. 270-1)。「いつの時でも、ある国の法はその裁判所が事件の判決に当って適用している規則からなる。コンモン・ローが行われる国では、裁判所はこれらの規則を、制定法から引出されないときは、主として判事の以前の判決から引出す、ローマ法を採用した国では、主として以前の判決を顧慮せず、著者の論文から引出す」、「源の差異からどんな結果における差異が生ずるように思われるか? というに、一見して一つのことが目につく、ローマ法裁判所の方法はコンモン・ロー裁判所の方法より演繹的である……」(p. 272)。

(4) 慣習。「慣習が法源であると主張される一切の場合において、それは裁判所が規則を定める第一の事件についてのみ真実でありうるので、その後の判決は慣習よりもむしろ先例を根拠としうることを忘れてはならない」(p. 293-4)。契約解釈や過失の有無の決定における慣習の役割などを別として、「慣習が真実法源として果している役割は甚だ誇張されているように思われる。反対の信念は大体擬制に基いている。実体法における数百の規則は裁判所を起源とし共同体の大多数はそれに関せず、それについてなにも知らないと推測すべき一切の理由がある。例えばシェリイ事件の原則 Rule in Shelley's Case がその起源を庶民の慣習にもつということがどうして信じうるか？　まことに、永久権禁止則 Rules against Perpetuities のような多くの規則について、我々はその起源と発展の歴史を知っている。しかもそれらは判事の創作物であった」（p. 294）。

「慣習は現在では契約法以外の法の淵源としては僅かな役割しか果していないばかりでなく、かつて果したことがあるか、法制史の全段階において慣習が規則を生ぜしめたというよりも判事によって定立された規則が慣習を生ぜしめなかったかどうか疑問である。しばしば、殆んど当然のこととして、法律上の慣習が裁判所の判決に先行し、そして後者は前者を表現するに役立ったにすぎないと仮定された。しかしその証拠は殆んどないように思われる。少くとも慣習が裁判所の判決から生じたということは同様にありうることのように思われる」（p. 297）。「単に合意の解釈原理を示す法の部分のみならず、一定の関係を占め又は一定の行為をした結果として義務を課する法の部分が裁判所の判決の助けなしに、ひとり慣習から生じ得たということはなさそうに思われる。例えば、宿屋の主人の宿屋から盗まれた物品についての責任を例にとろう。これは慣習に基くといわれるが、宿屋の主人はかかる責任に進んで服したと思われない。……」（p. 298）。「慣習がその起源を多くの場合に裁判所の判決に負うことはきわめてありうることである。しかし慣習が判決に先行したかもしれない場合にも、昔は、しばしば、単にそれが社会の慣習だからというのでなく、判事自身の正義観乃至政策にかなった故に、或はしばしば判事がそれを超自然的起源をもつと信じた又は信ずるふりをしたが故に、裁判所によって法のうちに取入れられた」、「我々がもつヘブライ人についての記述から、法のうちに取入れられたのは、人民の慣習と信じられたことでなくて神の表明された意思であると信じられたことであること、そして実際に法は人民の信仰や慣習と極端に対立していたことが明かである」（p. 300-1）。

(5)　道徳。「事件が裁判所に提起されたとき、これまでにのべた諸《もろもろ》の淵源から何も引出し得ないことがある。……しかも裁判所は何とかその事件の判決をしなければならない。……判事は道徳の原理に頼らねばならぬ」（p. 302）。「この源から我々の法の多くが引出される。事実、法典によるものは除き、大抵の新しい法はその方法でいま持ち込まれている。そしてこの淵源は他の淵源がないとき単独に働くのみならず、他の淵源が作用しているときは、それと混ってその方向及び効果に大きな影響を与えている」(p. 303)。

(二) ドイツにおいては、法と法源をはっきり区別することなく、制定法の外、慣習、判例、学説などが法源として認められるか、みとめられるとして制定法とどういう関係に立つかが論じられている。立法者意思説と法律意思説の代表者の法源論は次の通りである。しかし、多かれ少かれ、曖昧さを免れていない。

(1) (イ)サヴィニー。制定法と民族法の「法形成 Rechtbildung の二つの形式に平等の、独立の価値をみとめるならば、民族法 Volksrecht の自然の発展力が、その以前の創造物が立法の形式をとったという、それ自体偶然な事情によって、廃棄せしめられ得ないことは明かに相違ない」(S. 43)。「慣習法の制定法との関係における効力をみるならば、これらの法源を完全に平等とみとめなければならない」、「慣習法のこの効力は、当該の法律問題について制定法が存する場合と存しない場合とで二様にあらわれた。後の場合には何の困難もなく慣習法がこの点で不完全な立法を補充することには争がなかった。(慣習法が制定法と矛盾する) 前の場合には、平等の原則の結果として、常に二つの法のうちの新しい方——それが制定法であろうが、慣習法であろうが——が優先した」、「従って制定法は新しい慣習法によって補充され修正されるばかりでなく効力を失わしめられる」(S. 82, 194)、唯、「地方的慣習 partikuläre Gewohnheit が国家の利益、又は強行的な一般州法と矛盾する場合には、その効力は一の修正をうける。その場合には、その慣習は制定法より新しくても、一切の効力を否認される。この命題は……国家の個々の部分の全体に対する関係の性質からでてくる。例えば、新しい暴利禁止法が制定されれば一般に適用されなければならないだろう。そして地方的慣習は、成立したのがその法律の前であろうと後であろうと、その適用を阻止することは許されないであろう」(S. 196-7)。

「法曹については二様の活動を区別しうる。即ち、民族の法創造行為は大部分退いて法曹の手に委ねられ、全体の代表としての法曹によって絶えず行われるという実体的な活動と法一般は——その成立の仕方はどうあろうと——法曹によって科学的に意識され説明されるという形式的な、純科学的な活動である。この後者の機能において法律家の活動は先ず従属的な、その素材を外から受け取るものとしてあらわれる、しかし、素材に与えられる科学的な形式はその素材に内在する統一性をあらわし且つ完成せんと努め、それによって一の新しい有機的な生命が生じ、それは逆に素材そのものに形成的 bildend に作用し、かくして科学それ自体から一の新しい種類の法創造が絶えずでてくるのである」(S. 46-7)、「この特殊な法創造を学説法 wissenschaftliches Recht と名付ける。その他、法曹法とも呼ばれる」(S. 49)。

(ロ)ウインドシャイド。「一切の実定法の窮極の根源は民族の理性である」(§15, S. 42)。「民族の理性は、間接及び直接の二様に法を創造する。間接——立法で、直接——慣行の方法で」(S. 43)、「慣習法を成立にいたらしめる慣習は、一定の規範に従ってその生活関係を規整する民族そのものの慣行であることも、また判決や法律の鑑定において一定の規範を適用させる法律家の慣行（実際の取扱、裁判例）であることもある」(S. 47)、「法律家が既存の法規の科学的取扱によって発見する法規（§22）は、法律家の慣行によって成立する慣習と区別しなければならない。法律家がこのようにして発見するものは、何等新しく創造された法ではない。それは既に前から存在したので、単に発見されたにすぎないのである」、「プフタは科学的方法によって発見された法を適当に『学説法』wissenschaftliches Recht と名付けた。之に対しサヴィニーはこのことばを法律家の活動一般において出生する法（学説法と慣習法）を呼ぶのに用いた。この後の概念をプフタは「法曹法」ということばで示している。しかし、他の者は法曹法ということばを法曹法たる慣習法に限っている」(Anm. 8)。「慣習法の効力は制定法の効力と同一である」、「ただ particuläres Gewohnheitsrecht は普通法上の強行法規——それが慣習法に基こうが制定法に基こうが——を廃することはできない」、「慣習法は、制定法によって拘束力をもたないと宣言されている限り、何等の効力をもたない」、「将来の慣習の拘束力を排除する制定法は、制定法によると同様に慣習によっても廃止されうる。しかし、それが行われない限り、法的には、慣習にあらわれている法的確信は法ではない」（§18）。

(2)　(イ)トェール。「慣習法は民族の直接の法確信に基く法である」(S. 130) が、「民族生活及び法生活が単純でなくなって以来、法の一部分、しかもその大部分について、自ずと法律家に代表されている。従って民族法と代表による民族法としての法曹法を区別しうる。ただ慣習法のこの二つの種類を鋭い対立をなすものと考えるべきでない」(S. 131)。

「裁判例 Praxis、即ち法規のある裁判官の判決における適用は先ず慣習法——民族法並びに法曹法——の証拠として意味がある」、「しかし更に、ある命題は唯一回の裁判官の判決に適用されることによって法規となるので、判例法というものもある。法規のこの成立の仕方は普通法たるドイツ慣習法上の他の法規に基く。法諺はそれを同一の関係である一にとって法たることは他にとっても法たるべし "Was dem Einem recht ist, ist dem Andern billig" と称している」(S. 136)。「裁判官は以前の判決が正しく公平でなかったし、いまもないような判決であったなら、前と異った判決をすることが許されるし、またしなければならないことは前述したところと矛盾しない。何となれば明かに違法な判決は何等の法規も創造しないからである」(S. 138)。

「学問は一の法源である。それはそれまでなかった法規を取り出す。従って法を創造する」(S. 138)。「学説法 wissenschaftliches Recht は制定法及び慣習法にも拘らず存在する欠缺をうめる」、「学説法は成程必ずしも法曹法ではないが、それを取り出すのは殆んどただ職業的法律専門家であるという意味で、殆んど例外なく法律家の法である」、「学説法は法曹法と呼ぶ人もある。しかしこの名称は慣習的法曹法に制限すべきであったろう。学問による(法曹)法と(慣習的)法曹法とは前者は実質的な理由づけが可能で、それを要求するが、後者はその性質上かかることが不能だということによって区別される。両種の法は、専らでないが(口頭の陳述や講演を考えよ)、主として法律学上の文献及び法律家の実際上の活動(裁判例 Praxis, Gerichtsgebrauch, usu fori, Präjudicien)のうちに示される」(S. 139)。

(ロ) ワッハ。「学説も裁判例も、その概念的本質に従えば、法源ではない。何となれば前者は法の認識であり後者は法の適用だから。だからといって、いずれも法発展にとって大きな意義をもつことは否定されない。我々が慣習法の形成と称している非組織的な、自生的な法確信は両者のうちに重要な発展の契機をもつ。両者は一切の法の領域において、形成されつつある法確信の表現と活動のための手段方法である。法律は学説の導きの松明に従う。そのうちにおいて、そしてまた裁判例のうちにおいて新しい法思想がはじめてかちどきをあげる、そして裁判例において確立し、その慣行が、単に法たるべしというにとどまらず、法であるという確信の表現であるとみられるに至るのである」(S. 169)。

(ハ)ビンディング。刑法の法源論に関する限り、罪刑法定主義との関係で、特殊性をもつことは言う迄もない。「成文法と不文法の対立――これを制定法と慣習法の対立としてとらえるのは極めて不完全である――は、勿論単に同一の源から発し、それ故に同一の権威をもつ法に関するもので、専ら形式的なものである」(S. 198)、「制定法と慣習法とを異る主体から発せしめる瞬間、――それは慣習法についての通説のそこにひそむ根本観念で、それ故に通説は慣習法の拘束力を立証することに成功し得ないのである。何となれば通説は結局慣習に関与する個々人から成立する慣習法を観念し、その際国家的に組織された共同体としての国民を度外視するから――両者の正しい関係はずらされ、直に、そもそも二つの法源は形式的にも同等の法をつくりうるだろうかという疑問――この疑問は勿論肯定されねばならないのだけれど――が生ずる」(S. 198-9)。「さて一切の法規は二つの構成部分――法思想と法意思の表示――から成り、また一切の思想と一切の意思は二つの方法で――ことばによってと暗黙の行為 konkludente Handlungen によって、表示されうるから、各《おのおの》の源からの法はその表示の形式の点より四つ、そしてまた四つだけの形式――今日未だ通常誤って説かれているように二つだけの形態ではない――をとりうることが数学的に確定する」(S. 199)。

「ある法思想の法規としての承認が明示的でなく行われることがあるが、……四つの異った態様が可能である。(1)法律が不完全でそのうちにいわるべきことをいっていないことがある。そのときは、いわゆる訂正的解釈の方法で、その法律の制定によってサンクションされた、しかし法律のうちにおいてはサンクションされていない現実の法規を発見する。それは法律と正反対のことをいっていることもある。『ない』が削除さるべきであったり、補充すべきだったりすることがある。ただこの場合に法律の解釈というのは不正確であろう。訂正的解釈は正に法律の正文の内容が法ではなく、その代りに他の命題が法であることの証拠である。従ってそれは不文法を発見するのである」、(2)「他の法規を前提とするが、それが同様に法律上明文化されていないような法律が出ることがある。例えば、極めてしばしば例外が法律上表現され、原則が表現されていないことがある。……」、(3)「他の法規がいわゆる演繹の手続 Verfahren der Konsequenz によって出てくるような法律が発布されることがある」、(4)「類推の方法で、ある法律から潜在的な法規が発見されることがある」(S. 201-2)。

「しかし潜在的な法規がいかに数多いとしても、実生活が常に新しい事象を生ぜしめ、そして法には表示の要素が本質的だから、いかなる実定法も欠缺がないということはない。しかし実生活は待たない、そして裁判官は判決につき立法者がその欠缺をうめるまで待つことが許されない。私人は自己の最もよいと思う見解に従って行為を締結し、裁判官は立法者によって付与されている全権により法源の推定意思を根拠として判決する。さてこのようにしてコンスタントな慣行が裁判所及び私人間に出来上っても、それによって成立するのはたかだか法の代用物で法ではない。しかし、裁判慣行又は取引慣行の基礎をなしている命題 Satz が法源によって黙示的に承認されることがある、そして法源はその慣行を知りながらもそれに反対せず、その命題が更に適用されるのを忍容することによって、その承認を宣言する。この承認によってはじめて、その慣行の命題は一般的拘束力を取得する。その一般的拘束力はその慣行に関与する私人の数がいかに多くても、また裁判官でも与えることは出来ないのである。正にそれ故にその法は慣習法と呼ばるべきではないであろう。その創造は法形成の欠き得ないとしても不完全な仕方である。何となれば、黙示の承認の事実はややもすれば疑わしいし、その時期は殆んど常に疑わしいから。それは、規則正しい慣行が形成され、その慣行が立法者から知られないということがなく、立法者が何等その不承認を示さず、またその慣行の関する対象の法的規整を明示的に将来に留保することによってその承認をこばむことがなかったときにのみ存在すると認められうる。それがいつ存在するかは、裁判官によって答えらるべき事実問題である。裁判官はその際、実定法に欠缺又は維持し難い法律があることを知れば立法者には前者をうめ後者を廃止する義務があり、立法者はその義務を履行すると推定され、従って欠缺をうめる機会が与えられたが、それをする代りに慣行を見遣っていれば、それを承認するつもりであるという仮定から出発すべきである」、「例えば一八世紀における刑法体系の強力な改革は、立法が干渉しない範囲では、外ならぬこのようにして行われたのである」(S. 202-3)。

「源を同一にする法はすべて同一の権威をもつ。従って原則として非制定法が制定法によって改廃されうるばかりでなく、制定法もまた非制定法によって改廃されうる。立法者が制定法を唯一の支配者にたかめ一切の非制定法を除去せんと欲しても、その不可欠性にかんがみ、その試みは疑もなく挫折するであろう」(S. 203)。しかし、不文法の不確かさは、重要なところで非法規が法規とみられ適用されるかも知れないという恐怖を立法者におこさせうる」、「そのとき彼は類推に一定の限界をおき、いわゆる慣習法の成立の可能性を否定する。両者の場合に法形成のテクニックにおける自己制限についての明確な表示が、存在する」（S. 203-4）。

刑法の成文法上に表現を求める性向（S. 209）。「最近の刑法立法の不完全な形成に対する敵意によって、不文法の成立と存在の可能性をどの範囲で奪われたかの検討を必要とする。その際、二つの問題を区別しなければならない。一、所謂慣習法は成文法を改廃しうるか。二、どの範囲で不文の刑法が成文法と並んで存在するか」（S. 209-210）。一、いかなる成文刑法も、否成文法一般は、その成立に当っては、成文法を改廃する慣習法を黙示に承認するという意図をもち得ないし、それに矛盾する慣行がうまれ遂にはそれをおしのけることに同意しているということもあり得ない。成文法は常に有効期間の限られたものでない限り、他の成文法による廃止を考えている。そこで法典は真実刑法規定の慣習法的形成並びに廃止に反対する。しかし成文法上の規定がどの位ながく存続するかは、ひとり立法者が決定する。その永遠の、常に新に終ることなき仕事 Penelopearbeit につかれた立法部 Legislation が、一定の制定法が依然法たるべきだという意思を最早堅持していない、しかもそれを廃止する力もないという時期がいつかまた来ることがある。そのときその制定法が刑罰肯定的刑法 bejahendes Strafgesetz であれば、先ずだれかある良心的に審理する裁判官は成文法のことばの背後にある立法者の意思はなくなっているという認識に到達するであろう、そして彼は法文に反し無罪放免にするだろう。彼が追随者を見出し、時と共に裁判例が一致して死せる法文に背をむけ立法者が反対することがなければ、いまや最初の無視した判決の前からすでに存在していたかも知れないが、しかし未だ表示されなかった立法者の解除意思は必要な表示に達したので、その成文刑法は廃止されたとみなさなければならない」（S. 210）。「しかし、法律なければ刑罰なしの原則？　が立法者の意思のうちにその支持を失うことがありうる」（S. 210）。「しかし、所謂慣習刑法はただ『裁判慣行』によってのみ成立するという命題は二つの点で不当である。(1) それは一般に慣行によって成立しない。……慣行それ自体ではなく、立法者による慣行の黙示の容認が法規を創造するのである」、(2)「必要な承認の客体としての慣行は必ずしも裁判慣行であるを要しない。刑罰肯定的刑法 bejahendes Strafgesetz の法文にしたがう慣行の主たる機関は無罪放免する裁判官というより公訴権を発動しない国家権力である……」（S. 211-2）。

二、「⑴ 刑法の附従的性質の結果として、その他の法規への従属性はその形式と無関係である。ある行為が窃盗かどうかは所有と占有に関する現行法規によって定まり、それが成文法か否かは問わない」（S. 212）。「⑵ 一切の刑罰肯定的及び否定的帝国刑法法規に対する訂正的解釈と演繹の手続が許されることは、あまねくみとめられている。成文法上の刑罰が問題であるときは、所謂法律解釈によって発見された不文法規は法典二条の意味では成文法であることがみとめられる。その限りにおいて二条そのものを修正して解釈しているので、それは充分理由がある。……しかし、訂正的解釈と演繹の手続は二つとも成文法と並んで存在する法規を引出しているのである？」（S. 213）。

㈡ コーラー。「慣習法は最早存在理由をもたない、少くとも単に補助的に法律の欠缺をうめることは出来るとしても、法律に矛盾し法律を改廃することはゆるされないと主張されて来た。それは完全に誤りである」（Kohler, Lehrbuch, S. 78）。「ドイツ民法典は法律というときは一切の法規範がふくまれるとして慣習法を明示的に承認した。従って慣習法は制定法と完全に同一の地位をもつ（ドイツ民法二条）」（S. 79）。

「所謂法曹法は法規範ではない。法律学は法源ではない、少くとも直接には法源ではない。法源から生じた法を取扱い、原則及び体系を構成し、その原則にもとづき新しい法規をつくりだすのは法律学の仕事である。しかしそれは単に存在する法の構成にすぎない。それは創造ではない、少くとも新しい法の基礎がつくられるという意味での創造ではない」（S. 81-2）。「ただ、法律学は、ある領域で未だ一切の法源を欠いている限りにおいてのみ、真実創造的な仕事をする」（S. 82）。法の欠缺、すなわち「一定の法領域において、何等の法規が成立していない、制定法や慣習法による法規も、法律学により既存の法の素材から新しく発見された法規も成立していない、従ってある問題が制定法によっても慣習法によっても法律学の原則的な仕事の助けを以てさえも解決し得ないということが可能である」（S. 82）。「裁判官はこの場合にはその事件のため自ら法を形成すべく、理論的法律家はその学説のために自ら法を創造するを要する。そして、何を基準としてと問うならば、法律家はこの場合には法創造的に振舞う必要があると答えなければならない。彼はこの場合には、現に法律ではないが、最もよく法律でありうるだろうところを定立すべきである。……このことはスイス民法草案に最も美事に言い表わされている。その一条二項三項に曰く、『成文法に規定がないときは、裁判官は慣習法に従って判決すべく、慣習法もないときは、確定せる学説及び先例に従って判決すべきである。これらの源のいずれからも法をくみえないときは、裁判官は彼が立法者たらば定立したであろう基準に従って判決すべきである』」(S. 83-4)。「我々はかかる規定をもたない。しかしそれは自明である。何となれば何等の法源も存立していない、にも拘らず判決すべしとすれば、正に必然的に新しい法を創造しなければならないからである」(S. 84)。

「慣習法の主たる源の一は古来裁判所の慣行である。⑴ 裁判所の慣行は一定の形式の既存の法が不当に一定の方向へと把握されることによって成立する。そうしたのが正に規範をそう解釈したからであるにすぎないなら、この意味での裁判所の慣行といわれない」(S. 110-111)。「⑵ 裁判所の慣行の初が法の欠缺の場合における裁判官の採［裁の誤りか？］量であることがある」(S. 112)。「裁判所の慣行は一回だけの判決で出来上ることはない、何となれば一回の判決は手探りの状態で、それらが固持されるかどうか分らないから。しかし何度も一貫してそのように判決されれば、裁判所の慣行ということが出来る。従って裁判所の慣行とは、ある持続的な法確信に従って何度も一貫した判決が為されることにより、これからも同旨の判決を為すという法的必然性が成立したということである。さて、それは本来は裁判所の法 Gerichtrecht にすぎないであろう。何となれば裁判所がそう判決することが確実でも、にも拘らずその根拠となっている法はそれと異ることもありうるから。しかし、かかる矛盾はやがて除かれる。裁判所が将来もそう判決するであろうということになれば、自然と裁判規範はまた法規範となるであろう。何となれば裁判所と法との対立は継続的には耐えられないであろうから」(S. 112)。

㈢　どういうものが法源として認められるかを考えるに当って、法律上拘束力のみとめられているものと事実上拘束力があるにすぎないものと区別することは可能であり、また意義がないわけではない。例えば我が国の法例二条によれば、制定法と慣習には従うべきものと規定されている。しかし判例学説には従う義務はない。確かに、そこに差異がある。しかし、制定法、慣習と雖も必ずしも従われているわけではない。他方、判例学説は夫々独立の価値として判決に影響を与えることのある事実は否定できない。従って、判決に、法形成に、独立の価値として影響を与えうべきものである限り、これらを法源としてみとめることが許されるのではなかろうか。条理についても同様である。

法源としてみとめられるものの間においても法源としての価値には大きな差異があるが、また英米法と大陸法及び日本法との間においても顕著な差異があり、更にイギリスとアメリカと、またドイツと日本とでは必ずしも同じでない。何故、こうした違いが生じたかは興味ある問題である。

(37) Vgl. Ehrlich, Grundlegung der Soziologie des Rechts, S. 380「法の錯誤が問題となり得ない場合における、制定法に反した判決の固定は特別の考察に価する。そういうことが生ずことは疑いないであろう。それはフランスでは無数に観察された。しかし以前は固くるしい文字法学の天国だった墺太利においてさえも栄えている。かかる法慣習から慣習法が成立することはしばしば争われた。しかし、それはただ次のことを意味しうるだけである。すなわち、その場合には裁判所はいつでも制定法に復帰することが許され、裁判官に確信に従って、従来の慣行に反し制定法に従って判決しても、法の違反であると非難し得ないということである。」

(38) この点については、時報二七巻一号八七頁所載の共同研究「憲法改正意図の史的意義」の次の議論は興味がある。——中村［哲］「憲法の改正ということが行われなくても、実際において、憲法の制定されたころと比較してみると、現在の法の状態は憲法制定当時とはずいぶんかわっている。ことに憲法に違反するようないろいろな法規がつくられて、憲法を生きた法体系とする個々の法規がかなりかわっているために、憲法の全体の実質がかわっているのじゃないかと思うのです。イェリネックが憲法の改正に対して憲法の変遷ということをいっておりましたが、あの場合は、違憲審査権を認めない場合だから実際の憲法はかわらなくても、個々のこれを実現する附属法がかわったり、あるいは判例がかわってゆけば、憲法の実際の内容はかわっていくということになるわけですが、そういう意味での憲法の変遷も、この憲法制定後十年近くたっただけに経験しているのじゃないかと思うのですが」。それに対し、鵜飼［信成］「……憲法というものは、いかにそれと違う慣行が行われようが、これに矛盾するどういう法令が出てこようが、また違憲審査権があって、そのために憲法に違反する法令が適憲である、あるいは憲法に適合する法令が違憲であると判決される場合があろうが、現実に何が通用するかということと、憲法が規範として何を要求しているかということは区別されなければならない、その意味で、憲法の基本原則というものは憲法に違反する法令によって変えられることはないと見るのが正しいのじゃないか。その意味では、現在憲法の基本原則がほうぼうのいろいろな法令によって毀されておりますけれど、憲法はやはりかわらない、そういう説明をしたほうがいいと思うのです。」

(39)　拙稿「法の解釈と法律家」私法一一号一六頁［本書論文**3**］。

〔原典は、法学協会雑誌に掲載された。第七三巻第二号一二一頁〜一八二頁に所収。一九五六年三月一日発行〕

〔解説〕

はじめに

まず最初に、いつものことながら、他の人が原稿を書き終わってから一年以上を経過して、やっとこの原稿を書き終えたというのろさをお詫びしておきたい。本書論文**9**「財産法と身分法」の解説を書いた後、直ちに本稿の作業に着手はしたのであるが、私の担当した「法の解釈における制定法の意義」「法における擬制について」の二つの論文のうち、前者は、先生がずっと論じてこられた「法の解釈のあり方」に関する新しい見解を提示したもので、その理論の具体的展開の成果がとりわけ著書『契約法』に盛り込まれているという流れのなかで位置付けなければならないし、後者も、その後の諸論文で展開された「フィクション論」の一環として位置付けなければならないと考えられる。また、「法の解釈」と「フィクション」も密接不可分である。そこで、単なる二つの論文という域を超えることにはなるけれども、先生の「法の解釈」論と「フィクション」論とを一括して検討し、その研究内容の全体像にせまるという考えの下に執筆した。しかし、本論文集では、各論文ごとに解説を書くことを建前としているので、これを尊重し、形式上は「法の解釈」論と「フィクション」論とを切り離し、前者を本論文の解説とし、後者を本書論文**6**「「法における擬制」について」の解説として掲載することとした。そういう事情なので、この両者は続けて読んでいただくことを希望しておきたい。

ただ、とりわけフィクション論については――村上淳一さん、木庭顕さんの、法思想乃至法哲学の視点からのすぐれた解説はあるが（来栖三郎『法とフィクション』、東京大学出版会、に掲載）――民法学の視点からも検討し論評しなければならない豊かな内容のものなので、解説の対象としたのであるが、私の能力では、まとめに入る直前に亡くなられた先生のフィクションに対する評価がどうなのかをどうしても汲み取ることができなかった。先生は、フィクションの客観的把握に専念され、その成果のまとめをする際に、法におけるフィクション、ひいてはフィクション一般の役割に対する評価を描かれるつもりであったろう。その時まで、フィクションの客観的叙述に徹しようとした先生の厳しい抑制力には驚くべきものがある。それはともかく、私には、先生のフィクション論は、手におえなくても、なんらかの反応をしておきたいという気持ちが強い。そこで、不勉強のままではあるが、私自身、いつ原稿が書けなくなるかもしれないということも考えて、――先生のお叱りも無視して――解説の対象に加えたのである。

付言すれば、私は、「法の解釈」「フィクション」の理論については、先生と一緒に勉強したことはなく、ただ会う回数が多かったので、先生が自分の意見を確認するための反射鏡のような役割をしていたにすぎない。したがって、本稿も、その思い出を軸にすすめることとする。

なお、「法の解釈」については、瀬川信久さんの「民法の解釈」（編集代表星野英一『民法講座別巻1』所収）を、「フィクション」については、来栖三郎『法とフィクション』掲載の村上淳一さんの「はしがき」と木庭顕さんの「余白に」を、主として参考にさせていただいた。

一　既存の「法の解釈」方法論の客観的把握と批判

「法の解釈と法律家」というテーマでの先生の日本私法学会における報告が、少なくとも民法学者に強烈な衝撃と感動を与えたことは、多くの人によって語られてきたところであり、本巻所収の清水誠さんの解説に適切な説明がなされている。より広く、先生の研究の流れのなかでとらえれば、大学卒業後十数年で、先生は、具体的な「法の解釈」の猛烈な勉強を通して、すでに解釈の方法論的考察のできる境地に達していたということになろう。そして、この方法論的考察の成果として始めて世に問われたのが、本書論文**1**の解説が指摘する三連作、すなわち「法の解釈適用と法の遵守」「法律家」「法の解釈と法律家」である。その内容の特色については、同解説に譲り、ここでは、その後の来栖理論に関係のある要点だけにふれておくことにする。しかし、その前に、ここでもやはり、思い出話しを先行させることにしたい。私は、上記の先生の有名な学会報告が行われた学会の始まる前日、すなわち一九五三年一一月一日の夕方、誰もいない静かな研究室でイェーリングの占有意思論を読んでいたのであるが（学会へ出かける人の流れに逆らってひとりで勉強してみたいというような悪癖が、当時の私にはあった）、六時頃、すでに京都に出かけられたと思っていた先生が突然現れ、「一時間以内にこの判例（来栖「法律家」本書論文**2**所収の判例）を読んで、その判決理由がおかしいかどうかの感じだけでいいから聞かせて欲しい」との注文をされた。先生が時折みせる威勢のいい慌て方が今でも思い出されるが、やはり判決の考えはおかしいという私の意見をめぐって、簡単なやり取りをした後、東京駅へ向かわれたように記憶している。こうした場合には、先生は相手に、自己の見解の正しさを確認する為の反射鏡のような役割をさせているのであるが、先生の研究への貪欲さのあらわれであろう。もうひとつの思い出は、清水誠さんの本書論文**3**「法の解釈と法律家」の解説が引用している法律時報の座談会（「法解釈学の科学性について」法律時報二六巻四号所収）の行われた直後にお会いした折に、「法の解釈自体が科学だという議論は、どう考えてもおかしい。解釈が主観的価値判断をともなうものであること、すなわち解釈の実践性を明らかにするという客観的把握こそが科学ではないのか。」という見解を——私が叱られているのではないかと感じる程の迫力で——力説され、「ただし、一定のわくの中で複数の解釈が成り立ちうるという僕の説明は、曖昧で誤解を招くから、この点については、もっと勉強して早急に明確な答えを出したい」と述べられたときの先生の真理探求へのすさまじい姿勢に圧倒されたという思い出である。そして、以上の記憶を振り返ってみると、そこに先生のいわゆる三連作の結論がそのまま示されているように思われる。そこでの先生の狙いは、法の解釈はどのようになされているかを客観的に捉えるという点にあり、いきなり法の解釈をどのようになすべきかを問うているのではないということだけを指摘して、誤解を解くべく更に勉強して提示された新しい先生の構想の解説にうつることにしたい。

二 「法の解釈」から「法の創造」へ

この新構想を提示されたのは、昭和三二年に発表の本論文（なお、『法とフィクション』（東京大学出版会）二三頁以下にも収められている）においてである。大雑把につかまえると、その内容は、もっぱら制定法から回答を引き出そうとする「法の解釈」には無理があり、それに携わる法律家の主張、姿勢は一般人から毛嫌いされることにもなるが、こうした制定法中心主義を改め、制定法も横一線に並んだいくつかの法源のひとつにすぎないとし、それでは法はどこにあるのかといえば、個々の事件ごとに裁判官が自己の選択した法源を用いて法的判断を下したときに、そこに、ひとつの法が創られたことになるのだと解すべきだとし、そういう組み立てを採れば、法律家も素直な推論をするようになり、責任感のある実践者となりうるという趣旨だといえようか。

私は、この論文が出て以来、講義の折にも、議論をしたり論文を書いたりする折にも、利用しつづけている。時折、乱用しているのではないかが気になるほどである。したがって――解説の仕方はいろいろあろうが――その内容の核心と思われる点を一瞥した上で、私がこの論文を利用している過程で、「先生にここが聞きたい」と感じながら、質問をしないままで終わった問題点について、「先生の回答は多分こうだ」という私の推論を交えて指摘し、解説に代えることにしたい。

① 内容の骨子

内容の説明に入る前に、指摘しておきたいことがある。それは、この論文は、先生がいままでのスタイルを改められた始めての論文であり、本文は自分の見解のまとめの部分だけとし、あとは注にまわしているという点である。しかし、注といっても、本論文では、ドイツ、アメリカの著名な法学者の法解釈方法論に関する諸見解が、実に見事な翻訳によって紹介されており、この注だけで一冊の名翻訳書ができると思われるほどの内容の豊かなものである。この後の論文も、この方式を採ったものが多いが、いずれの論文の注も、後続の研究者にとっては、宝庫といってよいものばかりのような気がする。

(i) さて、この論文の構成は、前段と後段に分けることができる。すなわち、まず従来の制定法中心の解釈方法論の内容を明快に捉えた上で、これを批判し、ついで、制定法も法源のひとつに過ぎず、事件毎に法源を用いてその事案に即した法的判断（判決）がくだされるが、それが法であるとして、法と法源とを区別し、法は法源を材料として創造されるものであるとの組み立てを提案する。そして、この提案を生み出すために、得意の比較法研究を駆使している。すなわち、前段については、サヴィニーを始めとするドイツ民法学者の法解釈方法論を本当に見事な翻訳で紹介しつつ、明快すぎると思われるほどの結論を引き出し、後段では、一転して、アメリカのグレイ、フランクの議論を名訳で紹介しつつ、それに依拠した思い切った結論を引き出している。先生の比較法研究は、他の論文でも、素晴らしい結論につながっているが、先生には、外国の文献も日本の文献と全く同じに消化する力が備わっていたという点に注目しておきたい。

(ii) 続いて、内容の結論の部分だけを、私なりに、紹介しよう。上述のように、前段では、ドイツの解釈学説には、「制定法を立法者の個人的意思の表現とみた」立法者意思説と「制定法を社会の全体意思の表現とみた」法律意思説との対立があるとし、両者を比較検討した結論として、「立法者意思説は、制定法の法文の意味は立法者意思によって定まるとした点は正しいが、それがいつまでも現実の法であると考えた点に誤がある。これに対し、法律意思説は立法者意思、すなわち制定法の法文の意味が絶対でなく、直に現実に法として妥当するものではないとした点は正しいが、制定法の法文の意味がそれを制定した立法者意思から無関係に定まるとした点に誤がある。両者に共通な誤は、法と制定法の法文の意味との同一視である。結局、立法者意思説も法律意思説も制定法の過大評価である。制定法の物神崇拝である。」とし、したがってまた両説ともに、法と法源の区別もはっきりさせなかった、という見解を打ち出している。一度読めば忘れがたいほど明快な結論といえるのではないか。そして、大げさな言い方かもしれないが、先生は、ドイツ法の流れを受け継いでいる日本の既存の「法解釈論」と訣別することになる。

(iii) 後段では、法と法源を区別すべきであるという考えを原点に据え、法は法源を材料として創造されるという組み立てを主張する。すなわち、ここでは、アメリカ法とくにグレイとフランクの見解を参考にしながら、

「グレイにしてもフランクにしても法を裁判所を中心にみている、否裁判所の観点からのみみている点に疑問がおこるであろう。法社会学的立場からは確かに問題である。しかし、法解釈学的立場からは法を裁判所を中心に見ることが許されると思う。そしてその限りにおいてフランクのグレイ批判は尤もであり、フランクが裁判所の判決すなわち法とみたのはグレイの見解を徹底したものというべきであろう。それに対し、法源とは法──判決──を引き出す淵源である。法源とみとむべきものには制定法、慣習（法）、判例、学説、条理がある。そして制定法のみは法源であることを争われたことはないが、しかもまた一の法源にすぎないものとみるべきである。」という見解を提示する。そこでまた、これら法源の使い方が問題となる。この点については、一般に、漫然と制定法以外の法源は制定法を補充するのが建前と解されてきたように思われるが、先生は──正面から断定してはいないけれども──制定法の優位を認めず、法源相互間には矛盾がありうるし、判決が制定法に反してなされることもあるが、その場合にも、制定法は依然として法源であるけれども法ではない、とされる。そして、以上のような組み立てをとることによって──なんでも制定法の解釈という形をとろうとした為に生じていた擬制の多用というような無理がなくなり、──素直な推論が可能になる、と結論づける。そして自己が批判した擬制の役割について、更に突っ込んだ検討を行うことを約束して、本論文を閉じる。

②　この論文に対する私の感想

内容の特色については、すでに①で述べたともいえるが、なお指摘しておきたいことがある。ひとつは、先生の意見に触発されて登場した一連の「法の解釈」方法論の流れの中で占める本論文の位置付けであり、いまひとつは、法の「創造」ということをどう理解するかである。

(i)　第一に問題となるのは、諸学説の流れの中での来栖説の位置付けであるが、諸学説の内容については、的確にこれを捉えた瀬川さんの前掲論文を参照してもらうこととし、ここでは、私から見た先生の議論の位置付けだけを述べておくこととしたい。、瀬川さんが法解釈方法論に関する学説として挙げているのは、末弘厳太郎、我妻栄、来栖三郎、川島武宜、渡辺洋三、加藤一郎、星野英一、平井宜雄などの諸教授の見解であるが、来栖先生は、戦後の解釈論争の火付け役として位置づけられている。確かに、清水さんの「解説」が対象とした三連作がその役割をはたしたことに間違いはない。ただ、三連作は、既存の法の解釈がどのようになされ、どのような役割を演じてきたかを客観的に描き出すことを目的としており、いかに解釈すべきかという方法論を論じたものではない。このことは、先に述べた先生自身の発言からも明らかである。その点で、いかに解釈すべきかの方法論をいきなり論じた他の学説とは異なるように思われる。そして、先生自身も、いかに解釈すべきかの論争には巻き込まれたくないと考えていたのではないか、というのが私の推測である。ただ、三連作で、従来の解釈方法論を俎上に載せた際に使った、「枠の中での解釈の複数性」という説明の曖昧さを克服することは、先生にとっては至上命令であった。というよりも、先生は、自分が描いている新しい方法論の構想を示すことを控えたために曖昧さを生じたと後悔されたのではなかろうか。そこで、制定法の解釈中心の伝統的方法論と全く異なるいわば法創造の方法論を、本論文で思い切りよく、簡潔かつ明快に提示されたのであろう。したがって、その見解は、「広い意味での法解釈の方法論」に関する学説のひとつといえなくもないが、先生の三連作が契機となって登場してきた「法の解釈はいかになされるべきか」をいきなり論じた諸学説の流れの中には溶け込まない性質の学説と解すべきではなかろうか。むしろ、それは、伝統的な制定法中心の解釈の立場への訣別を意味するといってもよかろう。だから、私は、三連作を重視し本論文を軽視する傾向や、他の諸学説の流れの中に溶け込ませて論じる考えには同調できない。

(ii)　裁判所が法を創造するという見解に関連して問題になるのは、立法は議会においてなされることになっているのにおかしいではないか、という疑問である。この点、先生の説明は不十分であったかもしれない。が、グレイをして次のように語らせている。すなわち、「国家は、その立法機関の立法は裁判所を拘束すべく、その及ぶ限りでは他の一切の源に優越すべきことを要求する。」「これらの後の四種の源〔三藤注、判例、学説、慣習、道徳律である〕が裁判所によってどの限度で探し求めらるべきかの限界に関する社会の支配者による命令は不確かであるのに対し、立法行為 legislative acts には裁判所は従わなければならないという命令は、はっきりとして確定的であるけれど、事実はこの後者の規則は他の源に関して裁判所に課せられる規則と殆ど同じに不明瞭である。何となれば、結局、それは単に立法部の発することばにすぎない。これらのことばが何を意味するかをいうのは裁判所である。すなわち、立法行為を解釈するのは裁判所である。」「時に法は二つの部分――制定法と裁判官のつくった法――からなるといわれるが、真実は一切の法は裁判所のつくった法なのである。」「再びホードリィ Hoadly 僧正から引用すれば、何等かの書かれ又は語られた法を最初に書き又は語った人ではなく、それを解釈する絶対的権限をもつものこそ、本当は真実の立法者である。」と（本書4一〇一－一〇二頁）。そして、先生もまた同意見であったと推測される。

(iii)　ただ、本論文で問題があるとすれば、そのひとつは、法創造の出発点となる「事実の確定」の問題が正面から論じられていないという点であろう。しかし、この問題をとり上げなければならない趣旨の論稿ではないし、この点は問題にならないであろう。なお「事実の確定」の法創造の起動力としての重要性については、とりわけ『契約法』で力説されている。

もうひとつの問題は、(a)制定法以外の各法源それぞれの内容についての説明が不十分ではないか、(b)数個の法源が同列に並んでいるとして、いずれの法源を選ぶかについての基準のようなものがあるのか、(c)複数の法源が同一の事件で使われることがあるのかといったような、いわば法創造に向けての各種法源の使い方に関する議論がないという点であろう。しかし、この点も、後で述べるところの、この方法論による具体的事案についての先生の処理の仕方をみれば、おのずから明らかとなろう。次の三に挙げる事例が参考になるが、先生の立場は、上記のような疑問点を整理して、法源の組み立てを整備するという方向とは反対の立場といえよう。すなわち、法創造者が、いずれの法源によるか、複数の法源を使うかなども選択しなければならないのであり、したがって、法源すべてを吟味しなければならないということになり、選択にも測り知れない責任を負うということになるのではなかろうか。要するに、先生の法創造論では、法の創造は実践行為なるがゆえに、法源の動かし方を決めるなどといったような実践の主体を制約するような議論は不要になる、と解すべきであろう。勿論、法源選択の過程で、たえず「利益考量」をし、「議論」も徹底的に考慮してはいるが、星野さんや平井さんのように、利益考量とか議論などの視点からの基準作りは問題とされていないのである。寧ろそうした基準をつくらないのが先生の法創造説の特色というべきであろうか。

三　「法の創造」論の具体的展開

先生は、本論文「法の解釈における制定法の意義」を発表されると同時に、そこでの法創造の考えの具体的なケースへの適用を推し進めていくことになる。本論文集にも掲載されている論文**11**「債権の準占有と免責証券」論文**12**「損害賠償の範囲および方法に関する日独両法の比較研究」などがそれである。まず立法者意思（法源としての制定法の内容）を明確にしたうえで、判例、学説などが制定法の解釈という名においていかに異なる内容を制定法の中に盛り込んでいるかを明らかにし、寧ろ他の法源による法の創造をなすべきだと主張する。そして、この見解の集大成が『契約法』である。契約法の領域では、制定法と並んで、否それ以上に契約条項自体が重要な法源として加わることになるが、だからといって、「法の創造」の考えを変える必要はなく、寧ろその考え方の絶好の活躍の場と解すべきである。私は、先生の『契約法』の一番の特色は、広範にかつ丹念に各種の契約について取引慣行を調査し、これを軸に法創造の考えを一層発展させたという点にあると考える（先生の取引慣行の調査のあり方については、論文**10**の解説参照）。かねてから私は、この書物については、書評のようなものを書く義務を感じながら、なにもしないままできたので、この機会を借りて『契約法』の本格的な紹介を試みようかとも思った。が、大仕事になるので、ここでもまた見送り、二十年以上練りに練った充実した同書の内容の一端を紹介するにとどめることにし、先生の法創造の理論がとりわけ見事に展開していると判断される具体的事例三つと、法創造に関連する理論を述べている個所二つを——先生の叙述の順序にしたがって羅列したままで——採り上げて、以下の解説を試みた次第である（なお、頁数は『契約法』の頁数である）。

①　まず序説の中で、自然科学と対比しながら、法解釈学の実践性を指摘し、契約という抽象的概念の役割を明らかにしている（七頁以下）。すなわち先生は、契約という抽象的概念について、「抽象的概念が無価値でないことは疑いない」そして、「抽象それ自体は科学でも法律学（法解釈学）でも同じである。」しかし、「法律学（法解釈学）は諸現象の法則を発見し諸現象を説明することを目的とする科学ではない。法律学は法規（諸現象の法則ではなく、かくかくならばかくかくに行為せよと命ずる当為命題）の意味内容を定め、事件に適用して法的決定を下し、社会の規律を保つという実践を目的とし、法規の客観的認識を目的とするにすぎないものではなく、その法的決定は解釈者の選択する価値観の如何によって影響されることを免れない。換言すれば、法解釈上の争いは

客観的認識の正否、真理を求める争いではない。だからこそ、究極においては裁判所という権力による決定を必要とするのである。」したがって、法則の発見のための科学の抽象とは異なり、「法律学における抽象は、無数の法現象のうちで一定の性質を共通するものをまとめ、これに明確さと統一性とを与え、その特性をより深く認識し、また諸法現象相互間の異同を示し、進んで一般原則を明かにし、諸法現象を整序して法現象全体を通覧しうるようにして、具体的に問題となる法現象のための規範の発見を容易にする」と論じる。

② 先生が行った法創造の代表的な例は、「不特定売買における目的物の瑕疵に対する売主の責任」である(一〇五頁以下)。先生は、「法の欠缺の一場合として、瑕疵担保責任か債務不履行責任かに拘泥しないで、どのように取り扱うのが不特定売買の事実に一番かなっているかという観点から、構成すべきである」とし、(a)隠れた瑕疵である必要はない、(b)買主は、まず代物請求権、瑕疵修補請求権を行使し、売主が相当の期間内に履行しないときは、契約解除、損害賠償の請求ができる、(c)瑕疵が著しいなど、買主が不信を抱くのが正当なときは、買主は、いきなり契約解除、賠償請求ができる、(d)買主が代物請求しないで、瑕疵ある目的物をそのまま受けとり、値引きでの決済を求めるならば、売主はそれに応じなければならない、(e)売主の賠償責任は履行利益におよび、さらに積極的債権侵害による損害の賠償にまで及ぶが、いずれも無過失責任ではなく過失を要件とする、ただし製造業者、それに準じる商人等の責任は、無過失責任とする、(f)以上の売主の責任には、民法五六六条三項が類推適用され、責任は一年間に制限される、――以上の構成を唱えている。そして、その内容からみて、ここでは、特定物売買の担保責任に関する制定法、約款ないし取引慣行、判例、学説、条理などの法源を――比較法研究も含めて――渾然一体の形で駆使して法を創造したといえようか。他の学説との違いは、法の欠缺を前提としていること、したがってまた、詳細な取引慣行の取り込みに重点がおかれていることであろう。

③　先生自身の法創造ではないが、実質的には法創造をしたと解してよい判例についての次のような解説がある（二八七頁）。その判例とは、利息制限法の制限超過の利息、損害金を任意に支払った場合に、その制限超過部分を元本に充当して元本を完済したことになってもなお過払いが残るならば、借主は、それを不当利得として返還請求できると判示した最高裁の判例である（最大判昭和四三年一一月一三日民集二二巻一二号二五二六頁）。先生は、「制限超過の利息損害金も任意に支払われれば、返還請求できないとする利息制限法一条二項及び四条二項の明文の規定の存在にもかかわらず、返還請求をみとめた点で解釈上は　層大きな問題を提起する。そして多くのこの判決の解説は、『利息制限法　条・四条の各二項をほとんど骨抜きにしたものというべく、その意味ではそれらの規定を削除したに近い』、判例による立法であるとしている。」「この最高裁のような解釈は、旧利息制限法の下においても不可能ではなかったと思われるが、判例は返還請求を否定し、新利息制限法一条二項及び四条二項はその判例を立法化したのであるから、それに対して最高裁の判決が返還請求を肯定したことは、判例による立法だとするのは間違いではあるまい。」と述べている。条件付で法創造をみとめたものといえようか。

④　委任契約の解除（民法第六五一条）についても、考え抜かれて――しかもなお不満を残してはいたが――素晴らしい法創造が行われている。すなわち、一方でこの点に関する判例の流れを綿密に検討しつつ、他方、弁護士との訴訟委任を始めいろいろの委任契約の取引慣行を徹底的に調べあげた上での成果といえよう。その法創造の内容は次のとおりである（五五一頁以下）。ここでは、委任者からの解除についてだけ述べておこう。(a)まず「債権担保の目的をもってする債権取立の委任のように、委任契約が受任者の権利の保全の為の手段としてなされる場合は、特殊の委任として、普通の委任と区別すべきで」「かかる委任は不解除特約がなくても解除できない」。(b)つぎに、「普通の委任にあって委任者が何時でも解除できないのは、原則として不解除特約のある場合で

ある。そして、委任者の解除権放棄の特約は――無償委任をしばらくおけば――有効である。」といっても「委任者の不解除特約が有効だというのは、――解除しても解除の効力が生じないことを意味しない。――委任者の不解除特約が有効というのは、――委任者が理由なく解除すれば、解除の効力は生じるが、受任者にそれによって生じた損害を賠償する責任を免れないという意味である。」そして、「判例のいう不解除特約がなくても委任者の為のみならず受任者の利益を目的とするとして、委任者において何時でも解除できない委任とはどのような委任かを問い、委任者に委任事務処理の費用を償還する義務がなく、しかもその報酬が成功報酬の形をとっているような」場合とか、「任期の定めがある場合」などを挙げる。(c)以上の取り扱いは、有償委任に適用されるが、無償委任については、「不解除特約があってもその効力を否定すべく、委任者の解除権は常に失われないと解すべき」である。以上が来栖説の概要であるが、ご自身は、なお大いに検討の余地ありと考えられていた箇所である。しかし、私には六五一条をめぐる解釈問題に終止符を打ったような感じがしている。

⑤　終わりに、先生の典型契約論を眺めることにしたい（七三六頁以下）。先生によれば、民法典が契約に関する任意規定を置いた理由は、「何もしないというのでもなく、又行過ぎるというのでもなく、第一次的には契約自由の原則を採って当事者の意思に依るものとしつつ、一定の基本的な契約につき、当事者の意思表示が欠けていたり、また曖昧だったりして、当事者間に争いが生じたとき、裁判官が裁判するに当たって依るべき基準を定めたのである。」ということになる。そして、典型契約の規定の役割については、「大切なのは或る契約が民法典所定の典型契約のどれに該当するかをせんさくすることではなく、先ず具体的に如何なる事実かということを確定することである。それから民法典所定の典型契約の規定が如何なる事実に着眼して設けられたかを見極めねばならぬ。そして或る契約が特定の典型契約に属するとしてもその典型契約の規定の前提とする事実が存しないな

らその規定を適用すべきでなく、逆に他の典型契約の規定の前提とする事実に合するときはその規定を適用すべきである。」とされる。上述の②④などは、それぞれ売買、委任の典型契約に属するとされるが、その典型契約の規定が適用されないというケースである。次いで無名契約についても、『無名契約を強いて民法典の典型契約のどれかに入れようとすることが無理であり、無用であり、いな有害でさえあるばかりではない。実は、或る契約が典型契約であるか無名契約であるかを論ずることさえたいして意味がないのである。」とし、「要するに、或る具体的な契約の取り扱いに際しては、その契約がどの典型契約に該当するかとか、そもそもどれかの典型違約に該当するかそれともどの典型契約にも該当しないで無名契約に属するかとかをせんさくすることはあまり意味がない。なすべきことは、先ず問題の契約の事実を個々の具体的な場合につき正確に調べ、他方、民法の規定はどういう事実に着眼しているかをはっきりと知り、具体的事実が民法の規定の前提している事実に一致する限りにおいて、その規定を適用すべく、そうでなければ民法の規定を無理に適用しょうとすべきではない。そのときには、特約があれば特約に、特約がなく慣習があれば慣習に（法例二条、民法九二条）よるべきであるから問題はないが、特約も慣習もないなら、裁判官は法を創造しなければならないのである。そしてまた実際にそのときには――裁判官は判決する毎に常に法をつくっているのだという議論はしばらくおくとしても――裁判官は法を創造しているのである。」とする。そして、以上の典型契約の規定の解釈の方法と、近時有力になりつつあり、「契約の解釈」の領域でも効果的に妥当するとされるところの、いわゆる「類型論」との関係を――注の形ではあるが――論じたうえで、むすびとして、「要するに、法適用における類型的方法とは、法の適用に当たって事実に立ち帰り、事実を基礎にしなければならないが、それをするについて、類型別の差異に注意する必要があるということである。」とし、本書においても、不十分ではあるが、類型的考察への多少の努力はした、と述べている。

なお、典型契約と類型論との関係いかんについての先生の見解（七四四頁）は、私には難解であるが、その内容には後でふれる。

以上で『契約法』の解説は終わる。解説というよりも先生の著書の引用になってしまったが、論点の抽出の仕方は間違っていないはずである。

四　残された課題

① 今まで述べてきたように、先生は、既存の制定法中心の法解釈学を脱皮して法創造の理論と実践に努力された。そして、その集大成である『契約法』の完成後、ただちに「法の解釈における制定法の意義」（以下、「制定法の意義」と略称する）で約束された擬制論の研究に着手、没頭された。そして、私の推測によれば、この擬制への挑戦は、なぜに擬制が多用されるのかの解明に強烈な関心を抱いていたからであり、裏を返せば、先生の擬制批判の激しさを示している、といえよう。「制定法の意義」において、「従来は法としての判決が法源としての制定法と必ず一致しなければならないと考えた為に何と無理な議論をしたことか、法（判決）と法源（制定法）の矛盾にも拘らず、両者が一致するかのように推論するテクニック（広い意味での）が「擬制」であるが、なぜ法律家はこの「擬制」をあれほどに愛好するのか、」と指摘した先生の姿勢には、すくなくとも『契約法』完成までは変化はなかったといってよかろう。問題は、法律学の領域を越えて他の学問、文化の領域でのフィクションの役割の検討を始めた以降の先生のフィクション観の変化の有無であろう。この点については、論文**6**『法における擬制』について」の解説で述べることとする。

② 私は、先生の法創造の理論にも、それを適用した具体的ケースの取り扱いにも全く異論はないが、ただひ

とつ、先生の法規の「欠缺」という概念の使い方に疑問を感じている。先生は、夙に「所謂『法規の欠缺』という中には、文字通り法規の欠缺とみるのが素直である場合のみならず、本来適用すべき法規がないという意味での法規の欠缺があるわけではないが、法規をそのまま適用すると結果が不当だと考えられるとき法規の欠缺だといってその法規を適用せず、結局法規を修正しようとする場合がある」と指摘されているが（論文1「法の解釈適用と法の遵守」）、『契約法』で法規の欠缺の場合にはすみやかに法を創造すべしと主張される場合の「法規の欠缺」も同様に解してよいのかどうかがはっきりしないように思われるのである。たしかに、制定法も法源にすぎず、その内容は立法者の意思により固定されると解すれば、法規の欠缺の範囲は広がるが、その点を強調するよりも、法規の欠缺の有無にかかわらず各種法源の中から当該事件に妥当な法源を選択した上で法を創造すべきだといった方が「制定法の意義」の考え方を生かすことになるのではないかという気がするのである。

③　先生の『契約法』は、後に続く研究者によってさらに活力が注入され、生きつづけて行くに値する名著である。そして、残された課題は、さしあたり三つあるように思われる。第一に、繰り返すが、本書の特色は、取引慣行の実態調査の結果を基礎にしている点にあるので、その後、取引慣行に変化はないか、新しく誕生した契約はないかなどに、たえず留意して改訂していくことが必要である。第二に、先生独自の契約総則が講義案の形では存在するが、先生ご自身が気に入らず、『契約法』には載せられていない。そこで、先生の契約法にふさわしい『契約総則』の追加が必要である。第三に、本書が出版された後に現れたもろもろの契約法論との対比も必要であろう。『契約法』のお手伝いをした私は、上記の課題を、いまもなお――私ごときが手を入れないでかえってよかつたのではないかと言い訳をしながらも――最近の新しい契約の実態を大づかみにした上で、先生の理論に即して簡潔で分かりやすい『契約法』を書く夢を捨てきれないでいる。脱線したが、ここに挙げた第一の課題

だけでも、現在では、先生の法創造の考えに賛成の研究者の共同作業の形をとらなければ成功しないであろう。先生が執筆にあたって仲間を増やそうとされたのも、もはや一人で大著を書く時代ではないという認識からである。

④『契約法』が出版されてから、三〇年近くが経過している。先生の法創造説、『契約法』は、民法学界にどのような影響を与えているのであろうか。大きな影響の一つとしては、立法者の意思の探求が盛んになったことが挙げられよう。しかし、私は、その流れに疑問を感じている。たしかに、先生の見解によれば、法源の一つに過ぎない制定法の内容は立法者の意思により確定されているのであるから、その探求が法創造の第一歩であることは間違いない。しかし、まさに第一歩であるにすぎない。立法者の意思が明らかになったからといって、必ずそれに従うというのでもないし、明らかにすることができないからといって、法の創造を諦めるわけでもない。ところが、立法者意思の探求には専念しても、先生の法創造の見解に賛成し、あるいは同じ方法論を実践している人は限られているのではなかろうか。この私の憶測が誤りであれば幸いであるが、もし誤りでないとすれば、それはなぜかを問わなければならない。この点に関連するが、先生の著書『法とフィクション』(東京大学出版会)を編集した村上淳一さんは、その「はしがき」で、先生が「制定法の意義」によって、「実践的選択が客観的認識であるかのように主張されるという思考構造そのものと取り組むこと」を宣言し、「法の解釈に関する問題提起からフィクション研究への自覚的展開が、ごく早い時期に、スムーズに開始されていたにもかかわらず、多くの法学者がその展開をフォローできなかったことが、著者のフィクション論をいわば学会の独立峰たらしめたと言ってよいであろう」と書いているが、法創造論についても同様のことが言えそうである。私には、先生の法創造説を法の解釈論争の中に溶け込ませないで、法解釈の方法論に関する諸学説を創造説にきりかえるべきで

はなかったかという思いが強い。

⑤　もうひとつの大きな影響は、先生の『契約法』を乗り越えようとする新しい契約理論が登場したことである。もし先生の『契約法』を改訂しようとするならば、たとえば、平井宜雄「いわゆる継続的契約に関する一考察」（星野古稀祝賀、日本民法の形成と課題、有斐閣、所収）、内田貴『契約の再生』（弘文堂）、沖野眞已「契約の解釈に関する一考察（一）（二）（三）」（法学協会雑誌一〇九巻二号、四号、八号）とか、樋口範雄『アメリカの契約法』（弘文堂）など関係のある力作を参照しなければならないことになるが、ここでは、先生の典型契約論ひいては法創造論を正面からとりあげて、批判し乗り越えようとした大村敦志『典型契約と性質決定』（有斐閣、以下、『大村・典型』と略称）だけを念頭におき、先生の典型契約論、類型論も『大村・典型』の内容も十分には消化していない私が、両者を対比しながら勝手にひねり出した大雑把な感想を述べ、「法の解釈について」の解説の結びとしたい。

さて、私は『大村・典型』の問題提起の出発点は、来栖先生の議論は「既存の類型ないし概念での処理が困難な契約にウエイトを置いたものとなっており、類型ないし概念の適用によって比較的簡単に処理できる多数の契約の存在がやや軽視されているように思われるのである」「そのため、本文（さらに注の結論部分）の叙述を見る限り、既存の類型に否定的な側面が前面に出ることになっているといえよう。（『大村・典型』三一一頁）」と指摘されているところであろう、と推測する。この点、先生のように、制定法もひとつの法源にすぎずとしつつ、法律以外の道徳なども横並びの法源だとすると、社会的に確立している法の支配領域も崩されるのでないかという懸念ともあい通じる批判といえよう。確かに私も、本論文と『契約法』の「第一三章　典型契約に関する規定の意義」を読んで、先生の議論は激しすぎないかとの感じを受けた。たとえば法創造の材料である法源の組み立て方、使い方などを論じていないのであるから。しかし、よく考えてみると、法創造の方法など規制しないということこそが先生の議論の核心であろうし、また、先生によれば、典型契約の諸規定では、その規定が前提とする事実関係と同じ事実関係の存在する事案だけにしか適用されないのだから、典型契約の役割は制限的にならざるを得ないのではないか。しかし、以上の説明だけでは、積極的に来栖見解を支えたことにはならないであろう。そこで、更に立ち入って、私なりに先生の諸論文から汲み取っているところの、科学ないし学問の展開にとって不可欠な要素であるいわゆる「概念」の形成、役割に関する先生の総論的な考え方を紹介して、来栖見解は典型契約の役割を否定しているとして典型契約の意義の見直し、復権を主張する『大村・典型』の見解に対する異議申し立てのきっかけとしておきたいと考える。

先生は、次のように考えていたのではないか。すなわち、自然科学は勿論、他の学問においても、概念の形成、内容の充実こそが進歩の原動力である。抽象的思惟により、諸現象の抽象化が進められ、種から類への概念の上昇により、ついには一般的抽象的概念が確立するに至るとし、演繹的論理によってその内容は豊かになるし、また概念は、類から種への分類という有用な下降の働きをも伴うとし、この抽象的思惟により、科学上の真理に近づくことができたし、真理の探究とは無関係の法律学でも、同様に、抽象的思惟による概念の確立という方法がとられ、ここでは、法原則の確立に役立ったり、法律の発見を容易にし、あるいはその内容の理解に資するというような役割を果たすことになる、と主張する（とくに『契約法』序説参照。とりあえず、『縦の思考』と呼んでおこう）。しかし、こうした抽象的概念を生み出し、それを事実に適合させる為に概念内容の検討に専念する途（概念法学）には限りがある。次々と生じてくる社会現象に対応しきれなくなる。その代表例が一般的抽象的概念の規定しかおいていない不当利得法や不法行為法であり、そこから類型論的考察の必要が唱えられるようになった。この方法の「基本的発想は、法の解釈にあたって事象の類型化を駆使するにある。すなわち、専ら一般的抽象的概念とは何ぞやを論じ、それを単に個別的にみた事実に当てはめるだけでなく、一般的抽象的概念のうちで類型を分け（三藤注、概念の分類ではない）、帰納的にそれぞれに特有の規範を発見しようとするのである。そこから、類型は個々の事実と一般的概念の中間（的地位）を占めるといわれている」「類型ということばは、大別して、二様の意味に用いられているようである。一つには、類型は、同じ種類の事象のうちで、原理的に互いに対立する根本的形式ないし根本的特徴を意味する。例えば、団体に於ける社団と組合、契約における一時的債権契約と継続的債権契約のごときである。しかし、もう一つには、類型とは、同じ種類の事象のうちで、他に対する特徴をもち、それ故に特有な取り扱いを必要とする一群の事象を意味する。例えば、雇用・請負は契約の類型であるといわれる場合は勿論、交通事故とか名誉毀損など不法行為の類型別に検討すべきだと主張される場合は、この意味に用いられているのである」（『契約法』七五二頁）。かくて類似の現象を類型の形式を用いて横並びさせ、相互に比較しながら、具体的ケースに適用されるべき規範を見出すというやり方（序列的類型──「横の思考」と呼んでおこう）を導入すべきである。その限りで事象を概念とつなぐことは停止される。換言すれば、概念の適用範囲は、その形成当時に前提とされた事実関係と同じ事実関係の範囲に限られることになる。そして、その範囲外の事象を概念の中に取り込んで処理しようとするのならば、すくなくとも、その方法は、まさに（後述の）フィクションの利用を意味することになるという自覚が必要である。以上が私の捉えている先生の「概念と類型」に関する考え方であるが、そこからも明らかなように、先生は、抽象的思惟による概念形成（いわば「縦の思考」）が研究の軸であることを否定したのではなく、むしろこれを尊重しつつ、ただ、類型論などによりその肥大化を阻止しようとしているのである。ただし、（類型論にだけ固執しているわけではない）この姿勢は、具体的な判例評釈などを見れば明らかであるし、先生自らが、自分の契約法は概念的に傾いているとまで述べているのである（『契約法』七五六頁）。したがって、典型契約の意義も否定しているわけではない。たしかに典型契約の或る規定が前提とした事実と同じ事実が認められる場合にしかその規定は適用されないとするのであるから、適用範囲が制限されすぎると解されなくもないが、この範囲こそ、本来の適用範囲と解すべきであろう。加えて、現行の典型契約の諸規定は、取引の現状に対応しきれなくなっているし、また、定義規定と効果規定とが矛盾しているような点があることも気がかりである。かくて典型契約の規定の適用外のケースが増加するが、そこでは、新しい取引の実態とつながった類型論的考察などにより法の創造が行われることになる（いわば「横の思考」）。ただし、先生が『縦の思考』による処理を否定しきっているとはいえないように思われる。というのは、論文**6**の解説で述べるように――『契約法』執筆当時はともかく――フィクション論の研究が進んでからは、フィクションの役割を積極的に評価する傾向が汲み取れるからである。全く自信はないが、私の憶測では、相対主義の先生は、本来は『縦の思考』になじまないケースでも、フィクションを使うということを自覚し、かつそのことを明示するならば、「縦の思考」で処理しても差し支えないという立場をとろうとしていたのではないかという気がする。以上、先生も「縦の思考」を軽んじてはいないということを述べてきたが、だからといって、『大村・典型』の考え方との距離がちぢまるわけではない。なぜなら、『大村・典型』によれば、典型契約は、いわゆる認知科学を支えとしつつ、現実に存在する個別契約の法的処理にあたって、先ずなさるべき性質決定による帰属先として積極的役割を演じるとするもののようであり、この私の理解に誤りがないとすれば、『大村・典型』は、典型契約の種類的側面にウエイトを置き（典型契約が種類と類型の両面の性格をそなえていることについては、来栖『契約法』七五四頁参照）、当該事件の抽象化、すなわち「縦の思考」による概念化の役割を負わせようとしていることになろうが（類型も概念に近い言葉として捉えているように思われる）、これに対して、先生は、その流れを阻止するための――事実関係から離れない――類型的考察を重視し、典型契約もその「横の思考」の流れに吸収しょうというのであるから。要するに、先生は、既存の概念につなぐ法的処理方法の範囲を限定し、したがって、そこで重要な役割を演じる擬制にも批判的であったが、論文**6**の解説で述べるように、フィクションの研究を極めた結果として、擬制を擬制として自覚し明示するというのならば、「縦の思考」で処理しても良いという相対主義的な見解に落ち着こうとしていたのではないかというのが、乱暴な私の推論である。そして、この擬制を評価しなおす見解に比しても――擬制を不問にするだけ――より概念的な『大村・典型』の「来栖見解の見直し」論の再検討を期待したい。

（三藤邦彦）

5

法の解釈における慣習の意義
——法例二条の慣習と民法九二条の慣習の関係を中心として——

一九七〇年

一　慣習については法例二条は「公ノ秩序又ハ善良ノ風俗ニ反セサル慣習ハ法令ノ規定ニ依リテ認メタルモノ及ヒ法令ニ規定ナキ事項ニ関スルモノニ限リ法律ト同一ノ効力ヲ有ス」と規定し、民法九二条は「法令中ノ公ノ秩序ニ関セサル規定ニ異ナリタル慣習アル場合ニ於テ法律行為ノ当事者カ之ニ依ル意思ヲ有セルモノト認ムヘキトキハ其慣習ニ従フ」と規定している。そこから法例二条は一般的に慣習を規定し、民法九二条は取引に関する慣習を規定していることは明らかであるが、それ以上に法例二条の慣習と民法九二条の慣習とは異なるか否かについては争いがある。

従来の学説は、法例二条の慣習は慣習法であるのに対し民法九二条の慣習は事実たる慣習であり、前者は社会の法的確信によって支持されることを必要とするが後者はその必要がなく、また前者は当事者の権利義務を定めるが、後者は法律行為解釈の規準となるにすぎないと論じていた（例えば、我妻［栄］・新訂民法総則二五一—三頁）。これに対し最近では法例二条の慣習と民法九二条の慣習を慣習法と事実たる慣習として区別することができないという学説が多くなっている（川島［武宜］・民法講義第一巻二三三頁、同・民法総則二五二—三頁、渡辺［洋三〕「慣習法と事実たる慣習」法学教室五号など）。私にも法例二条の慣習と民法九二条の慣習をそのように区別することはできないように思われる。民法九二条と法例二条の制定過程を辿ってみても、そのような区別は問題となっていない。問題となっているのは、法令の規定（任意法規）と異なる慣習が存在する場合、任意法規と慣習のいずれを優先させるべきかで、その問題について起草委員の間で意見が分れ、或いはその場合には直ちに慣習の適用を認むべきだと主張し（梅・穂積）、或いは――当事者が慣習に従う意思を表示した場合は格別、そうでない場合には――慣習を適用すべきでなく、むしろ任意法規を適用すべきだと反論し（富井）、双方譲らず、その結果として妥協し、現在の民法九二条の「法律行為ノ当事者カ之ニ依ル意思ヲ有セルモノト認ムヘキ場合ニ限リ」慣習に従うというあまりはっきりしない限定が付け加えられるに至ったのである（星野〔英一〕「編纂過程から見た民法拾遺」（一）法協八二巻三号一頁以下）。

従来の学説はまた法例二条の慣習は当事者の権利義務を定め、民法九二条の慣習は法律行為解釈の規準であるとして対置しているが、それは、慣習のうちに二つを区別せず、無雑作に二つとも民法九二条の適用があるとしたことに起因しているように思われる。しかし、慣習のうちに二つを分けるべきである。一つは言葉、手振りその他の表示手段乃至シンボルの慣習であり、他は直接に当事者の権利義務を定める慣習である。従来判例学説によって民法九二条の適用があるとされた慣習のうち、(i)新潟のX会社と仙台のYとの間における大豆粕の売買契約で「塩釜レール入」とは売主に於て先ず積出し代金は塩釜駅着後にはじめて請求しうる慣習であるとか（大判大正一〇・六・二民録一〇三八頁）、(ii)「東京市内ノ肥料商人ト一般地方人トノ大豆粕取引ニ付目的物ノ引渡場所ヲ「深川渡」ト定メタル場合ニハ其ノ引渡ハ売人指定ノ深川所在ノ倉庫又ハ附近ノ艀船繋留河岸ニ於テ之ヲ為スノ慣習存在スル」とか（大判大正一四・一二・三民集六九〇頁）、(iii)「山形県下ニ於テ『キレール』トハ貴地レール渡シノ略言ニシテ右文言ハ契約現品ノ受渡場所ヲ到着地トシタルコトヲ表示シタルモノ」とか（横浜地判大正一二・一・一二評論一二巻商法一七四頁）といっている場合は前者であり、これに対し、(i)地代増額の慣習（大判大正三・一〇・二七民録八一八頁、その他多数）とか、(ii)存続期間の定めのない住宅用家屋の賃貸借においては賃借人は何時でも三ヵ月の猶予期間をおかず告知しうる大阪市の慣習（大判大正五・一・二一民録二五頁）とかは後者である。もっとも判例も両者を必ずしも同一視しているのではないようである。前者については「意思解釈ノ資料タルヘキ」事実上の慣習といい（大判大正一〇・六・二）、後者については「当事者ノ意思補充タルノ効力」を与えられる単純なる慣習といっている（大判大正三・一〇・二七、同大正五・一・二一）。しかも両者ともに民法九二条の適用があるとしているのである。しかし、民法九二条は後者の当事者の権利義務を定める慣習に適用がある（ただし、そのうち地代増額の慣習は民法九二条よりもむしろ法例二条の適用があるとすべきでないかは後述の如く問題となる）が、これに反し前者の法律行為の解釈の規準となる慣習には適用がないと解すべきである（ドイツ民法は日本民法と慣習の規定の仕方が異なるが、取引上の慣習について契約の解釈に関する一五七条と債務内容に関する二四二条の二箇条に分けて規定している）。勿論、取引上の慣習について当事者の権利義務を定める慣習と法律行為の解釈の規準となる慣習との区別を云々することはそれほど実益がないかも知れない。法律行為においては解釈の結果法律行為の内容がきまれば、原則としてそれに従って当事者の権利義務が定まるから。しかし、法律行為解釈の規準となる慣習について、「公ノ秩序ニ関セサル法令ノ規定ニ異ナリタル」慣習というような限定をつけるのはおかしいし、それに――法律行為解釈の規準となる慣習も当事者の反対の意思表示によって適用を排除しうるが、それをしない限り適用さるべく――その適用を主張する側に積極的に当事者のこれによるべき意思の存在の立証を要求すべきではない。判例は前掲の大正一〇年の「塩釜レール入」の事件で、民法九二条が法律行為解釈の規準となる慣習にも適用があることを前提とし、「意思解釈ノ資料タルヘキ事実上ノ慣習存スル場合ニ於テハ法律行為ノ当事者カ其慣習ノ存在ヲ知リナカラ特ニ反対ノ意思ヲ表示セサルトキハ之ニ依ル意思ヲ有セルモノト推定スルヲ相当トス」として、前掲の大正三年の地代増額の慣習に関する判例を引用し、「従テ其慣習ニ依ル意思ノ存在ヲ主張スル者ハ特ニ之ヲ立証スルノ要ナキモノトス」と判示している。その結論は間違っていないが、単に反対の意思表示なき限りこれに依るといえば足りたであろう。

そして従来の学説の右のような法例二条の当事者の権利義務を定める慣習と民法九二条の法律行為解釈の規準たる慣習との対置は、慣習法たる法例二条の慣習と事実たる慣習にすぎない民法九二条の慣習の対置と密接に関連する。慣習法なら直接当事者の権利義務を定め得るが、事実たる慣習では当事者の意思に依存しないでは効力をもちえないように考えられるからである。

慣習を具体的場合に慣習法か事実たる慣習か区別することはしばしば困難であろう。それは判例が地代増額の慣習につき、「一般の慣習法」といったり（大判明治四〇・七・九民録八一四頁、同明治四五・五・一三民録四九一頁）、「事実たる慣習」といったり（大判大正二・一二・一九民録一〇三六頁、同大正三・一〇・二七民録八二〇頁）、再び「一般に行われる慣習法」といったりしている（大判昭和一三・八・一民集一五八五頁、判民一〇〇事件四宮［和夫］評釈）ことから窺われる。とはいえ、慣習法と事実たる慣習を区別することは或いは可能であろう。諸外国においても、そのような慣習の区別をしている。例えば、英米では custom と usage を区別し、前者は法たる慣習で法としての効力を有し人々の権利義務を定めるが、後者は一定のクラスの人々や何かの商売やある地域における慣行で一の事実であって法ではなく当事者のことばやその他の表現手段の意味を確定し、また契約条項の一部をなすものとしてみられ、当事者のとりきめを欠く点を補充するとしている（Williston on Contracts, §

649, American Jurisprudence および Halsbury's Laws of England の customs and usages の項）。またドイツでは Gewohnheitsrecht と Verkehrssitte を区別し、前者は法規範で必然、強制ないし義務の意識 opinio necessitatis を必要とするが、後者は一定の取引を支配する事実的慣行（tatsächliche Übung）で、必然、強制ないし義務の意識が欠けており、前者は当事者の権利義務を定めるが、後者は当事者のことばその他の表現手段の意味を確定し、また当事者がとりきめていない点を補充する作用をするとしている（Enneccerus, Lehrbuch des bürgerlichen Rechts, Allgemeiner Teil, §§ 35-8 ; Staudinger, Kommentar zum bürgerlichen Gesetzbuch, Allgemeiner Teil, § 133 ; Oertmann, Rechtsordnung und Verkehrssitte, § 41）。殊にフランスでは coutume と usage ないし usage juridique ou usage de droit と usage de fait ou de simple convenance 或いは usage juridique と usage conventionnel を分け、前者は法たる慣習で後者は事実たる慣習であり、一定の地位にある人々によって慣行的に従われている行動様式である点では同じであるが opinio juris seu necessitatis の有無、すなわちそれに従う者にそれに従う義務を負っているという意識があるかないかで区別されるとし、事実たる慣習のうち、取引の領域で行なわれ、法たる慣習の要件をみたしていないが当事者の表示され又は推定された意思の効果として拘束力をもつ慣習を usage conventionnel といい、意思解釈と意思補充に資するとしている（Lebrun, Dalloz, Répertoire de Droit civil, 《Coutume》, 《Usages》）。

　しかし、それらの国では日本のように法例二条の慣習＝慣習法、民法九二条の慣習＝事実たる慣習と対置する形で論じられているのではない。法例二条の慣習と民法九二条の慣習をそのように区別する根拠は少しもない。そして opinio necessitatis の有無についていうなら、法例二条の慣習のみならず民法九二条の慣習も opinio necessitatis つまり一定様式の社会行動のくりかえしが当事者の承認、しかも好意的承認ではなく義務的承認に基づくという必然ないし強制の意識を伴っていることを必要としよう（舟橋〔諄一〕・民法総則二〇—二一頁参照）。ただ、それを法的確信によって支持されていなければならないというのはミスリーディングである。政治権力によるサンクションはいらない。必然ないし強制の意識は徳義上のそれで足りる。例えば農地改革前の凶作の年における小作料減免慣行は、たとえ徳義上であれ実際の必要に迫られ必ず地主において減免を承諾するを常としたのなら（梅・要義六四七頁）、なお必然ないし強制の意識を伴うとみてよいであろう（小林〔三衛〕「小作料の歴史的考察」農業経済研究三巻四号一〇〇—三頁参照）。また、定期預金の期限前解約の慣行の如きも、特段の事情のない限り預金者の申立に銀行は応じており、現在では必然ないし強制の意識に支えられているといってよいであろう。ただ、このように慣習は強制の意識を伴うことを必要とするが、それは一般的に強制の意識を伴って慣行されているということで、個々の具体的場合に当事者間でこれに異なる定めをすることを必ずしも排斥しない。取引上の慣習の場合には、むしろ原則として当事者間でこれに異なる定めをすることが許されるであろう、そしてそのことは慣習であることを否定するものではないことに注意しなければならない。

なお、法例二条の慣習は慣習法、民法九二条の慣習は事実たる慣習として対置する学説は、法例二条の慣習は法だから当事者において立証責任を負わず、これに反して民法九二条の慣習は事実だから当事者において立証責任を負うとしているようである。それどころか、法例二条の慣習を慣習法、民法九二条の慣習を事実たる慣習として対置することに反対する学説のうちにも、法例二条の慣習は「法律ト同一ノ効力ヲ有ス」るから、その確定は裁判所の任務に属するが、民法九二条の慣習は法律行為の内容に関するから、その確定は訴訟当事者の主張および立証に依存する、この意味においては、この両者を慣習法および事実たる慣習ということばで区別することは、有意義である、とするものがある（川島〔武宜〕・民法総則二四頁、二五三頁、同・民法I（総論・物権）二一頁）。しかし、法例二条の慣習は慣習法だからといってすべて当事者に立証責任はないと無雑作に言い切ってしまうのは疑問である。慣習法の存在は成文法のようにさだかではない。英米では usages のみならず customs についても、裁判所に知れたものを除き、これを援用する当事者に立証責任があるとしているようである。ドイツでも慣習法の認識は裁判官から要求されていない。裁判官は慣習法を援用する当事者から立証を要求しうる。ただし当事者によって提出された立証手段に制限されず、その他の認識手段を利用しうるとされている（民訴二九三条参照）。フランスにおいても、――慣習のうち慣習法は当事者の立証を要しないが事実たる慣習は通常の立証制度に服するとするものもあるが（Ripert et Boulanger）――、慣習法についても、裁判官に知れている場合は職権で適用すべきだが、そうでない場合には、制定法がそれを援用しているときを除き、その存在が疑わしければ、それを援用する当事者に立証責任があるとするものがあるのである（Lebrun）。日本においても大正一五年の民訴法の改正前には、「地方慣習法、商慣習及ヒ規約又ハ外国ノ現行法ハ之ヲ証ス可シ、裁判所ハ当事者カ其証明ヲ為スト否トニ拘ハラス職権ヲ以テ必要ナル取調ヲ為スコトヲ得」という規定をおいていた。そこで判例もそれらを証明する責任は当事者にあって裁判所になく、ただ裁判所は職権で調査することができるにとどまるのであるが（大判明治四一・六・一三民録七七三頁）、慣習法則及び商慣習で裁判所に知れたもの（記名株式の白紙委任状附譲渡質入の慣習）は職権で適用すべく当事者の申立および立証を俟《ま》たないし（大判明治三八・三・一三刑録一一六頁）、また一般即ち全国の慣習（違約の時は証拠金は没収されるという慣習）は何人も知り得べき顕著な事実として当事者の証明を要しないと判示していた（大判明治二八・九・二四民録一輯二巻六九頁）。しかるに大正一五年の民訴法の改正で二一九条を削除したが、削除の理由は裁判所に於て当事者が自白した事実及び顕著なる事実は立証する必要がないと規定し、二一九条に挙げられたことはそのうちに入らないから立証しなければならないことは明らかだからであると説明されている（民事訴訟法改正調査委員会速記録五二一頁以下）。従って現行法についても慣習は裁判所に知れたものを除いて、当事者において立証責任を負い、ただ裁判所において職権で調査することもできると解すべく、それは法例二条の慣習についても民法九二条の慣習についても当てはまると思われる（そうとすると商慣習の存在に関する自白は裁判所を拘束するであろうか。大判昭和八・一・三一民集一二巻一号五一頁は――自白はなかったとみとめられた事件なのであるが――経験法則の自白と同様、裁判所を拘束しないとしている。尤《もっと》もこれに対して判民六事件兼子［一］評釈は当事者が慣習に依る意思を有した結果之に依り法律行為の内容を決定する場合は慣習は民法九二条の構成要件たる事実として取扱われ、故に慣習の存否に関して当事者の自白も有効に成立し得るが、唯《ただ》一般的事実たる性質上公知な場合が多い為に之に反し得ざる制限を蒙ることがあるに過ぎない（民訴二五七条）としている）。

二　このように法例二条の慣習と民法九二条の慣習の違いは、慣習法と事実たる慣習の違いでもなければ、直接当事者の権利義務を定める慣習と法律行為解釈の規準となる慣習の違いでもなく、単に法令に規定のない事項に関する慣習か法令に規定のある事項に関する慣習かの違いで、民法九二条は法令に規定のある事項に関する慣習の適用を当事者のこれによるべき意思があるとみとむべき場合に限っているのに対し、法例二条は法令に規定のない事項に関する慣習の適用に当事者のこれによるべき意思を問題にしていないに過ぎない。従って法令に規定のない事項に関する慣習の場合には、当事者の意思表示によってその適用を排除することはもとより可能であるが、当事者のそれによるべき意思を問う必要はないのである。従来の判例学説がそのことを充分理解していたかは疑わしい。

法令に規定のない事項に関する慣習の適用例としては借地法施行前における地代増額の慣習が挙げられよう

（前掲大判大正三・一〇・二七その他多数）。これに対し法令に規定のある事項に関する慣習としては農地改革前における小作料減免慣習が想起されるが（民法六〇九条）、ここには大都会では存続期間の定めのない住宅用家屋の賃貸借を賃借人は民法六一七条の規定にも拘らず三ヵ月の経過を俟《ま》たずに何時でも告知に依り将来に向って終了せしめ得るとする慣習を挙げよう（前掲大判大正五・一・二一）。

ところが、大正三年の大審院判決は「慣習存スル場合ニ於テ普通之ニ依ルノ意思ヲ以テ為スヘキ地位ニ在リテ取引ヲ為ス者ハ特ニ反対ノ意思ヲ表示セザル限リハ之ニ依ルノ意思アルモノト推定スルヲ当然トス。従テ……反証ナキ限リ之ニ依ルノ意思ヲ有スルモノト認ムルハ固ヨリ失当ニアラズ」と判示し、大正五年の大審院判決も「慣習アル場合ニ於テ普通之ニ依ルノ意思ヲ以テ為スヘキ地位ニ在リテ取引ヲ為ス者ハ特ニ反対ノ意思ヲ表示セサル限リハ之ニ依ルノ意思ヲ有スルモノト推定スルヲ当然トスル」とし、右の大正三年の判決を援用している。

確かに法令に規定のない事項か法令に規定のある事項かの区別は困難なことが少なくない。考え方によってどちらともなり、人によって大いに異なりうるからである。地代増額の慣習についても法令に規定のある事項についての慣習なのか法令に規定のない事項についての慣習なのか問題がないことはない。しかし、ここで法令に規定のない事項か否かは、そんなにきゅうくつに解すべきではあるまい。直接その事項を規定する法令がないときは、法令に規定なき事項と解してよいであろう。そうとすれば、地代増額の慣習は、存続期間の定めのない住宅用家屋の賃貸借の猶予期間をおかぬ告知の慣習と異なり、民法九二条というよりむしろ法例二条の適用があり、本来当事者のこれによるべき意思を問題にする必要はなかったのでないかと思われる。そのことは宅地建物取引業者の受ける報酬額についての慣習の場合には一層明らかである。宅地建物取引業者は別段の定めのない場合には都道府県の規則の定める最高額を報酬として受けうるとする慣習の存否については目下争われている（最三判昭和四三・八・二〇民集二二巻八号一六七七頁)。しかし、もし仮りに、かかる慣習——しかも業者間だけの慣習でなく業者の顧客をも拘束する一般慣習——の存在が認定されたとすれば、かかる慣習の適用に当り当事者のこれによるべき意思を問題にする必要はないであろう。当事者のこれによるべき意思を問題にしなければならないのは存在期間の定めのない住宅用家屋の賃貸借の猶予期間をおかぬ告知の慣習のような法令に規定のある事項についての慣習の場合なのである。

なお、特約がなされ、それと異なる慣習がある場合はどうであろうか。その場合にも二つある。一つは法令に規定のない事項について特約がなされ、それに異なる慣習のある場合であり、もう一つは法令に規定のある事項について特約がなされ、それに異なる慣習がある場合である。元来、慣行的物権は別として、取引上の慣習は特約によって排除されるのであるから、いずれの場合にも特約が優先し慣習が適用されないのが原則である(大判昭和八・一一・一六新報三四七号一〇頁参照)。そして英米などでは契約を守ることが厳格に求められ、例えば地代についても地代増額の特約をしておかない限り事情の変更による地代増額の慣習があるというような理由で地主の一方的な地代増額をみとめない。いわんや意味の明白な契約上の文言を慣習によって変更することは許さないようである。しかし、我が国ではそれほど厳格に契約を守ることが求められていない。例文解釈は好んで主張される。事実、特約が例文と化していることが少なくない。例えば、農地改革前における小作料減免に関する小作証書の特約は守られず、その地方の小作料減免慣習が行なわれていたという。判例も例文解釈やその他の解釈によって特約にもかかわらず当事者の慣習によるべき意思を認定して慣習を適用している。

例えば、明治三八年四月より向う三〇箇年の地上権契約において、明治三八年四月より同五三年四月に至る一五箇年間は五年毎に逓次《ていじ》一定の値上をすべき特約があった事件で、原審が右契約は「公租公課ノ増加土地ノ繁栄地価ノ騰貴等ガ漸《ぜん》ヲ以テ進ミ通常ノ発達ノ程度ニ過キスト認メ得ヘキ場合ニノミ適用セラルヘキモノニシテ特別ノ発達ト認ムヘキ場合ニハ其羈束力《きそくりょく》ナキモノト認ムルヲ相当トシ」、「而シテ……本件ノ場合ハ之ヲ特別ノ発達ト認ムヘキモノナルヲ以テ此場合ニハ右契約ハ羈束力ナク、従テ一般慣習（地代値上ニ関スル一般慣習）ニ依ルヘキモノトス」としたのを大審院は認容している（前掲大判大三・一〇・二七）。次いで、明治二一年英国人に地代一ヵ年一五円五〇ヵ年継続する地上権を設定し地代六百円の一時払を受け、契約文に「二十五ケ年ノ後更ニ二十五ケ年ヲ継続シ得ヘキ条項ヲ掲ケ当初ノ地上権ト同一条件ノ外特ニ同一地代ヲ以テ継続セシムヘク明記」してあるという事件で、大審院は同様に判示し、「勿論当事者ハ経済上非常ノ変動アル場合ニ於テモ尚地代値上ヲ為ササル旨ノ特約ヲ為スコトヲ得サルニアラサルヘシト雖モ斯クノ如キハ取引上極メテ稀有ノ事例ニ属スヘキヲ以テ裁判所カ右ノ如キ趣旨ノ契約ナルコトヲ認定スルニハ宜シク其理由ヲ明示セサルヘカラス」としている（大判大正六・六・四民録一〇三二頁）。また、大審院は、普通保険約款に保険金は会社の本店で支払うとあるにもかかわらず、保険金支払は保険会社の代理店があるときは其の代理店において支払うべき商慣習香川県下にある場合に、其の慣習に依るという意思表示は必ずしも明示たることを要せず黙示でもよいとして其の慣習を適用している（大判大正七・七・九新聞一四七五号二一頁）。

三　民法九二条の慣習と法例二条の慣習との違いは以上の如くであるが、それにしても判例において判決の根拠として慣習を援用することが少ないのは何故であろうか。殊に日本民法典は甚しく簡単で、しかも契約書で細目に亘って定めることをしないので、さぞ慣習に依ることが多いだろうと想像されるだけに意外な感じを免れない。実は当事者はしばしば慣習の存在を主張しているのであるが、裁判官は多く慣習の存在を否定しているのである。それは慣習を援用して無理と見える主張をしていることがまれでないこともあろう。また慣習の存在が断定し難いことが少なくないこともあろう。殊に慣習は生成変化するからそれを免れない。しかし、それだけでなく判例において判決の基礎として慣習の援用されることが少ないのは、裁判官の活動の見方にも影響されているように思われる。エールリッヒは法規の形成に対する法曹の役割について次のように述べている。「いかなる発展段階においても法規が直接民族意識から出来上ったものとして出て来ることはない。『民族』の中に個々の法律関係、すなわち社団その他の共同関係、家族関係、所有権その他の財産権、諸《もろもろ》の契約、相続権が成立する」、「これらの関係の基礎の上にはじめて法規が判例学説および立法によって成立する」従って「法律制度の成立の問題を法規の形成の問題から注意深く分けなければならない」(Ehrlich, Grundlegung der Soziologie des Rechts, S. 368)、と。そして裁判官が社会に成立している法律関係の基礎の上に法規(裁判規範)を定立するに当って表面から裁判官の活動の自由を認めれば慣習を援用しないですむであろう。しかし、実際には、表面から裁判官の活動の自由をみとめず、できるだけそれが法律および契約から導き出されるかのような推論をする傾向があり、それはまたそれで慣習を援用することを不要とする。従って裁判官が判決の基礎として慣習を援用するのは法律および契約から演繹するのがいかにも無理と感ぜられる――勿論それは相対的であるが――場合に限られることになる。

ところで、ここで看過してならないのは、判例が判決の根拠として慣習を適用している場合にも、単に受動的に明確な形態で存在する慣習を認定し、それをそのまま適用しているのではないことである。諸外国でも慣習を裁判所で適用する要件の一つとして、reasonableness, Rationalität、「raison に反しないこと」を問題としている。我が国でも相当性が考慮されている。なるほど、大審院は嘗《かつ》て「慣習ノ有無ハ全ク事実上ノ問題ニ帰スルカ故ニ其存否ハ証拠ニ基キ事実上ノ判断ヲ為ササルヘカラサルニ単ニ慣行ノ結果ニ付キ其ノ当否ヲ説示スルノミニシテ事実上ノ判断ヲ為スコトナク輙《たやす》ク慣習ノ存在ヲ否認シタル（原判決）ハ理由不備ノ不法アリ」としたことがある（大判明治四二・六・八民録五五三頁）。この判決は民法施行前地代の支払一ヵ月でも滞るときは即時地所を明渡すべき旨の記載は東京市内の慣習上借地契約に関する一の例文に過ぎざる無効の約款だという主張を、鑑定人の鑑定は彼是《ひし》［普通は彼此と書く］相半《あいなかば》し孰《いず》れの鑑定を採用すべきか容易に決しえないとしつつ、かかる特約を無効とするときは地上権者の保護厚きに失し此不当なる結果を生ずる慣習の存在を否認すべきだとした原判決を破毀しているので、この判決自体は是認しうる。しかし、この判決から、判例は慣習の存否を全く事実上の問題として認定しているとみることはできない。判例は慣習の適用を相当とするときは、未だ慣行が明確に必然ないし強制の意識によって支持されると言い切れない場合にも慣習の存在を認定し、これに反して慣習の適用を不当とするときは慣習の存在を否定し、または仮に慣習の存在を認むべしとするも当事者のこれによるべき意思の存在が認められてないとして慣習の主張を排斥しているのである。そのことは地代増額の慣習を認める判例についていえる（石坂［音四郎］「地代値上ニ関スル慣習」民法研究上巻所収参照）。また宅地建物取引業者は別段の特約がない限り都道府県の規則の定める最高額を報酬として受けうる慣習の存否については、前述の如く、最高裁は未だ判断を留保しているが（前掲最三判昭和四三・八・二〇）、下級裁判所の判決は分れ、一方ではかかる慣習の存在を認め（大阪地判昭和二八・一二・二一下民集四巻一二号一九一九頁、神戸地判昭和三〇・二・二二下民集六巻二号三〇八頁、東京高判昭和三二・二・六東高民時報八巻二九頁、東京地判昭和三三・六・一三判時一五七号二五頁、東京高判昭和三四・六・二三下民集一〇巻六号一三二四頁、東京地判昭和三六・一二・一八判時二八七号一七頁、鹿児島地判昭和四〇・一・二七下民集一六巻一号一一八頁）、他方では「告示所定の最高額を業者が請求していることが業者間の慣習となっていることは証人の証言によって明らかであるが、業者と依頼者との間にその最高額について支払いが行われることが慣習となっていることは到底これを認めることができないところである」とか（東京地判昭和三五・三・二九判タ一〇六号五一頁）、また「商慣習は当事者がこれに従う意思があると考えられるときにのみこれによるべきところ」、「かような商慣習に従う意思があったかどうかの点について何ら主張がない」として慣習の主張を排斥している（東京地判昭和三三・四・二二下民集九巻四号七一三頁）。そして、このように判決が分れるについては慣習の存在を認めそれを適用する結果の当否が影響しているといえよう（ロイド著・川島［武宜］＝六本［佳平］訳『現代法学入門』二六三頁参照）。

要するに、裁判所が判決の根拠として慣習を援用することは少ないが、そのことは法の解釈において慣習の意義の小さいことを意味しないであろう。法律自体が慣習を援用している場合は勿論、そうでない場合にも、裁判所が判決するとき、特に法律に規定のない事件について判決するとき、多くは当事者の援用をまち、慣習、すなわち一定の地位にある者に権利義務に関する一定の行動を強制する社会規範を考慮しているといえよう。ただ、裁判所は慣習の採否に当ってこれに相当性の判断を加え、また慣習と一致すると思われる判決をする場合にも、多かれ少なかれ存否の認定が困難で不確実さを帯びる慣習を直接の根拠として示すことなく、できるだけ法律および契約から当然に導き出されるように推論しているにすぎない（例えば、明認方法、譲渡担保、頼母子講などに関する判例を参照されたい）。

〔原典は、兼子一博士還暦記念論文集『裁判法の諸問題　下』、発行所・有斐閣、六一七頁～六三一頁に所収。一九七〇年三月二五日発行〕

〔解説〕

本論文と深いつながりのある論文として、論文**7**「いわゆる事実たる慣習と法たる慣習」と論文**10**「立木取引における『明認方法』について」があるので——論文毎に解説を書く建前の例外となるが——論文**10**の解説の箇所で、本論文も一括して解説の対象とすることにした。同解説を参照されたい。

（三藤邦彦）

6

「法における擬制」について

一九七五年

一　はじめに

我妻先生の「法律における理屈と人情」（民法研究Ⅹ所収）は、先生御自身大変可愛がられておられたのでないかと察せられるが、本当に何度読んでも、ますます味い深く感ぜられる珠玉の名品である。そのうちに我妻先生の法解釈が、何故に納得力に富み、実務上甚大な影響を与えてきたかの理由がよく示されているように思われる。そして先生がそれを書き出されるに当って挙げられている例は、一つの擬制に関する話である。擬制は法解釈の納得力と深くかかわる問題である。そこで我妻先生の法解釈の真髄を理解するいとぐちをつかむために、「法における擬制」について勉強し、我妻先生に捧げさせていただくこととした(1)。

（1）　なお、本稿で主として参考としたのは、Esser, Wert und Bedeutung der Rechtsfiktionen と Fuller, Legal Fictions, (1)(2)(3), Illinois Law Review, Vol. XXV, No. 4, p. 363-399, No. 5, p. 513-546 and No. 8, p. 877-910 である。

二　擬制の分け方

さて、法における擬制は、いくつかの仕方で分けられている[(1)]。

（1）　ケルゼンは、法における擬制を法理論上の擬制、立法者の擬制、法適用者の擬制（後二者が、いわゆる「法的擬制」、すなわち法実務上の擬制）に分けている（Kelsen, Zur Theorie der juristischen Fiktionen, Annalen der Philosophie, Bd. 1, S. 630 ff.）。

それに対し、イエリングは擬制を歴史的擬制と教説的擬制とに分けている。「既にサヴィニーが僅かな言葉で擬制の真の本質を言い尽くしているように思われるのであるが、彼はこういっている。『一つの新しい法形式が成立すると、それが直接一つの古い既存の法形式に結びつけられ、このようにしてそれにこの古い既存の法形式の明確さと完成さ（Bestimmtheit und Ausbildung）が与えられる。これが擬制の概念である……』（Jhering, Geist des römischen Rechts, Dritter Teil, S. 302）。すなわち擬制は「法律の類推適用の特有な一形式」で、「この擬制はそれ以外の目的を持たない」（Jhering, S. 303）。「その擬制は、歴史的進歩の特有の形式、新しいものの古いものへの形式的連結を表わすが故に歴史的擬制（historische Filktionen）と名付けたい」（Jhering, S. 306）。

そしてイエリングは、本来、擬制とはこの歴史的擬制のことと考えているが、その外に教説的擬制をみとめることに敢て反対しない。「ひとはこう説いている、法人の存在は自然の定在に基くのではなくて擬制に基く、と。そして事実この擬制は、我々の観念に、上述の要請と同一の要請、すなわち事実関係をそれが現実にあるのとは異って考える、ツンフトの個々の成員の代りに想定されたもの、ツンフトを主体と観念するという要請、を向ける。しかし、擬制の目的は、ここでは、一つの新しい法規（Rechtssatz）を従来の法（das Recht）に結びつけるのを容易にすることではなく、法律的観念を容易にすることである。私は現在の関連でひとり論ずべき擬制の歴史的作用と区別して、それを擬制の教説的作用（dogmatische Funktion der Fiktion）と呼びたい」（Jhering, S. 308）。そうとすると、イエリングの教説的擬制はケルゼンの法理論上の擬制を意味するもののようである（cf. Fuller, (2), p. 538-9）。

エッサーは――擬制の一つに立法技術として実際的な価値のある擬制のあることをみとめるのであるが、それを別として、――擬制をイエリングの採用した名称に従って教説的擬制と歴史的擬制とに区別する。しかし、教説的擬制ということばを、イエリングのように、ケルゼンなどの所謂法理論上の擬制の意味にではなく、教説の事実上の破綻をかくし、教説を外見上維持することを目的とする擬制の意味に用いている。そして歴史的擬制との区別を次のように説いている。「擬制は、法理論においては神聖にして犯すべからざる、しかし支持しえない教説および公理の外見上の維持に奉仕したし、また奉仕しており、法発展の歴史においては既存の法の現実には棄てられ破られている原則の形式的維持の下に実定法のカズイスティッシュな発展に奉仕した。この二つの任務と目的の差異に依り、イエリングの採用した名称に従い、ここで取り扱わるべき擬制の類型を『教説的』擬制と『歴史的擬制』（„dogmatische“ und „historische“ Fiktionen）に区別する」（Esser, S. 81）。従って教説的擬制は、歴史的擬制と、支持しえない大前提の外見上の維持に奉仕する任務においては同じであるが、くぐらるべき大前提が膠着《こうちゃく》した実定法の形式でなく教説的公理であり、そのくぐる必要は社会関係の発展のためでなく、教説的領域上のことである点で区別される（Esser, S. 83）。

ところで、イエリングやケルゼンは、いわゆる立法技術として実際的価値のある擬制、殊に立法経済的な擬制を擬制としてみとめない。それは簡略な表現形式であり、準用であり、決して擬制でないと考えている（Jhering, S. 307; Kelsen, S. 640, 649）。しかし、多くは、いわゆる制定法上の擬制も一種の擬制としており、擬制に関する文献で制定法上の擬制のみを取り扱うものもあり（例えば、Bernhöft, Zur Lehre von den Fiktionen）、それに、制定法上の擬制は一見するほど単純でないばかりでなく、他の擬制と密接に関係しそれを研究することは他の擬制の考察にも多くの示唆を与え、擬制論の研究対象から除外すべきでないと思われる。エッサーの擬制論でも、それを詳説している（Esser, S. 37 ff.）。

しかし、ここでは、法における擬制を、法理論上の擬制と法実務上の擬制（立法者の擬制と法適用者の擬制）に分け、擬制研究の第一歩として、そのうち法実務上の擬制、すなわち立法者の擬制と法適用者の擬制のみを論ずることとする。

三　立法技術としての擬制

立法技術としての擬制は、一口で言えば、単に簡略な、特別の表現形式をもった準用である。しかし、具体的に、立法上、擬制の形式が選ばれる理由は一様でなく、無差別に『立法経済』ないし『要語省略』と総括してすますことはできない[(1)]。

（1）　Esser, S. 34, 200.

㈠　主として簡略な準用形式としての擬制　　この擬制は日本民法典でも数多く用いられている。例えば、住所の知れない場合には居所を以て住所と看做し（二三条）、無記名債権は動産と看做し（八六条三項）、共同不法行為に関して教唆者および幇助者を共同行為者と看做し（七一九条二項）、未成年者が婚姻したときは成年に達したと看做す（七五三条）等々である。法律行為を取消したときは初より無効なりしものと看做し（一二一条）、供託物を取戻した場合には供託を為さざりしものと看做す（四九六条一項）、いわゆる遡及効的擬制もここに挙げてよいであろう。

しかし、この擬制は民法典ばかりでなく、その他の法律でも数多く用いられている（立木法二条、工場抵当法一四条、利息制限法三条、刑法二四五条・二五一条。所得税法や相続税法などの税法での擬制の使用は一々数えきれないほどである）。民訴法七三六条もその一例であろう（ただし法典調査会民法整理会議事速記録三の一三九―一四〇参照）。

これらの場合に、擬制を用いないで、法律効果を繰返して規定するなり、関係条文を準用するなりすることは、勿論できる。その方がすっきりすることもある。しかし、擬制の形式を用いる方が簡略で、便宜なことが少くない。必要なことさえある。いくつかの法律効果をまとめて一括的に準用する場合は、殊にそうで、体系的に簡潔に規定することを可能にする。

このように擬制は、殊に一括準用形式としての擬制は、簡略で便宜であるが、正にそれ故にその半面において法律関係を不明確にする、そしてときに誤った結論に導く危険がある。(2)

（2） Bernhöft, S. 4 ff.

例えば、無記名債権は動産と看做すという擬制（八六条三項）についていえば、擬制を用いないで規定することもできるが、その場合には譲渡方法、質権設定方法、取戻請求権、即時取得、取得時効のそれぞれについてこれこれと一々規定するか、関係条文を列挙して準用するかしなければならない［の］で、煩雑である。それを動産と看做すといって一ヵ条で片付け、煩雑さを免れることができる。しかし、その適用に当っては、無記名債権の譲渡は、動産の譲渡と同様に（一七八条）、証券の引渡を有効要件でなく対抗要件にすぎないとするのでよいかなど、いろいろの疑問が生じている。そればかりではない、無記名債権は動産と看做されても、動産となってしまうわけではなく、一切の関係において動産と同じに取り扱うことはできない。無記名債権は依然として債権であり、弁済ということがある。日本民法典は、この無記名債権の債権的な面について無記名債権の債務者の無記名債権の譲受人に対する抗弁権に関する四七三条一ヵ条のみをおいているが、その外にも無記名債権の債務者の弁済の保護の問題や消滅時効の問題がある。そしてそれぞれについて疑問が残っている。このような状況よりみて、他に四七三条一ヵ条があるとしても、八六条三項に単に無記名債権は動産と看做すという一般的な規定をしてすますことが適当であったかどうか検討されなければならないであろう（我妻［栄］「無記名債権の動産性と債権性」民法研究Ⅱ八五頁以下）。擬制の使用には限界がある。その限界をこえるときは擬制の濫用となる。擬制によって、規定が簡略になるとはいえ、直接に規定するのより、法律関係が甚しく不明確となるならば、擬制は合目的性を失うといわなければならない(3)。

（3） vgl. Esser, S. 200.

しかし、それはともかくとして、ここで特に注意しておかねばならないのは、無記名債権は動産と看做すという擬制は、無記名債権の債権的な面には及ばないし、また及ぼさせてはならないことである。擬制は推論の過程において、便宜、一時的に挿入する思考上の媒介物である。それは一定の目的のためにのみ行われ、一定の関係についてのみ及ぶ。その一定の目的、関係以外においては擬制を落さなければならない。それは立法技術としての擬制についても同じである。擬制が一定の目的、一定の関係でのみなされることを規定上ことわっていることもあるが、ことわられていなくても同じである。「……と看做す」という擬制の形式それ自体がそのことの警告であるが、擬制規定の適用に当っては、常に擬制の及ぶ一定の関係が何であるかを見定め、それ以外の関係についてまで擬制を及ぼす誤りに陥らないように注意しなければならない(4)。

（4） 擬制は一時的に用いられるので、窮極的には——歴史的にか論理的にか、歴史の経過の中においてか論理の操作の過程の間においてか――再びそれは除去ないし修正されなければならないことを力説したのはVaihingerである（Vaihinger, Die Philosophie des Als Ob, S. 172-3, 194-219; Vaihinger, The Philosophy of 'As if', translated by Ogden, p. 98, 109-124）。しかし、彼は、法的擬制の場合には、このような修正は必要でないとした（Vaihinger, „Als Ob", S. 197; Vaihinger, "As if", p. 110）。

それに対し、法学者は、Vaihingerが擬制は窮極的には除去されなければならないとしたのは、そのとおりであるとしながらも（Fuller, (3), p. 395-900）、法的擬制においては、このような修正が必要でないとしたのは、Vaihingerが法的擬制をよく知らないことにのみ帰せられうるとしている（Fuller, p. 896, n. 220）。

そして、それより進んで、「擬制は窮極的には落ちなければならないというVaihingerの教えは、どの種類の概念にも適用される。我々の概念（「権原」、「権利」、「エネルギー」）は、全体的な比較を可能にすることによって思考を容易にする我々の精神の構成物である。一切の思考は類推と比較を通して行われてゆくのだから、我々が関連ある現象を比較に便利な単位にまとめうるならば、思考ははかどるであろう。しかし、これらの構成物は思考の道具としてのみ用いられなければならない、我々はそれを仕事を果すや否や解雇さるべき被用者として扱わねばならぬ。それは計算を容易にするために一時方程式に挿入されうるが、最終的には落されなければならない異分子である」（Fuller, (3), p. 898）。例えば、「『権原』（title）という概念は法律的思考および表現の有用な工夫である。おそらくそれなしにすますことはできないであろう」、「しかし、『権原』という概念は可なり明白に濫用される。たとえば、譲渡抵当とか所有権留保附割賦販売の場合のように、法律上の問題が『所有権にふくまれているもろもろの権利』（rights of ownership）を二人の間に分配するにあるときには、『権原』という概念は計算から落されなければならない。『権原』は『所有権にふくまれているもろもろの権利』を一団として扱っているときには、その便利なカヴァーである。しかし、そのカヴァーを破り、その内容を異る人達に分けるときには、そのカヴァーは投げ棄てられるべきである」（Fuller, (3), p. 899）。

(二)　疑問防止に資する表現形式としての擬制

「我々は、ここでは、適用さるべき規範の冗漫な繰返しをさけるためというよりもむしろ、擬制された事実の明確さと含み（Eindeutigkeit und Prägnanz）によって、その他の仕方では避けられない疑問を断つことに資する擬制のグループを考えているのである」[5]。

（5） Esser, S. 45.

日本法では、例えば、借地法一一条は借地法の一定の規定に反する契約条件で借地権者に不利なものは定めないものと看做し、借家法六条も特約につき同様の規定をしている。また、手形法九条は振出人が支払を担保しない旨の一切の文言は記載しなかったものと看做している。これらの場合に、単にそういう契約条件なり特約なり文言なりは無効であるとすればよさそうに思える。しかし、そうすると、ひいて借地契約、借家契約ないし手形全体が無効とならないかどうかが疑問になる。それを右のように規定すると、全体が無効とならないことは明かで、そのような疑問は生じない（なお、労基法一三条・九三条、労組法一六条に対する最低賃金法五条二項参照）。

擬制が疑問防止に資する表現形式として選ばれることがあるのは、礼金などに関する昭和二九年の現行利息制限法三条が旧利息制限法四条を改正し、また昭和三七年の民法改正で相続放棄の効果に関する九三九条の表現を変更し、擬制の形式を採用した理由からも知り得るであろう。

㈢　いわゆる絶対的推定形式としての擬制　　この擬制のうちにも、いくつかの場合が分けられる。

⑴　そのうちで最も重要なのは、法律関係の形成が当事者の意思表示にかかっているのに、当事者がはっきりした意思表示をしないとき、当事者の意思表示を推定するにとどまらないで、当事者の意思表示があったものとして、反証を許さず、法律関係を確定してしまう場合である。

(イ)　第一に、一定の事情の存在に基き蓋然性を考慮して一定の意思表示があったと看做す場合である。例えば、借地法は借地権者が借地権消滅後土地の使用を継続する場合に土地所有者が遅滞なく異議を述べないときは前契約と同一の条件を以て更に借地権を設定したものと看做し（六条）、借家法も同様の規定をしている（二条二項・三条二項）。(6)

（6）　ちなみに、この擬制について、エッサーが次の問題を論じているのが興味を惹く。「ここでは、取消可能性と行為能力の必要性の問題が争われている」。「擬制の準用の性格を正しく埋解するときは、この問題にはその『本質』からでなくて、個々の事実関係（Sachverhalt）毎の具体的な解釈からのみ答えられうることについては何の疑問もありえない」（Esser, S. 77）。例えば、錯誤を理由として取消しうるかどうかという問題にとっては、「規定の意味と目的に従い具体的な生活関係を考慮して、取消を許すのが妥当かどうかだけが問題である」。従って「我々は取引又は行為の相手方の利益のみに注目する失権の場合と懈怠当事者の推定意思の考慮も役割を演ずる他の失権の場合とを区別したい」（Esser, S. 78-9）。「また、擬制された意思表示の有効性にとっての行為能力の要否の決定も、意思表示が存在すると看做される、従ってその要件も存在しなければならないとか、逆にそれは想定された意思表示にすぎない、従ってその要件はなくてよいという考えからは、なしえない。ここでも、法律が擬制を適用しようとした前提条件のみが決定的である。一般に、法律が暗黙に意思表示をする義務があるとしているときは、有効な意思表示をする可能性を前提としている、あるいはエルトマンが述べているように、意思表示をしないということは、意思表示をしようとしたとすれば、法律上それをする能力をもっている、従って必要な行為能力をもっているときにのみ、それに結びつけられる効果をもちうるといわなければならないであろう」（Esser, S. 79）。

民法典でも取消し得べき行為に付き履行ないし履行の請求などの事実があったときは追認したものと看做し（一二五条）、相続人が相続財産を処分したり、所定の期間内に限定承認又は放棄をしなかったりするなどの事実があったときは単純承認をしたものと看做している（九二一条。その外にも、民法一〇二三条・一〇二四条、手形法三一条三項四項など。なお、五七八条参照）。

(ロ)　第二は、特に一方の当事者に意思表示、通知などの懈怠があるとき、一定の意思表示があったと看做す場合である。例えば、取消し得べき行為の相手方が一定の期間内に追認するかどうか確答しろと催告するのに無能力者側で確答しないときはその行為を追認又は取消したものと看做すごときである（一九条。同様の場合として、一一四条・九八七条・一〇〇八条、なお三八四条など）。

また、商人が平常取引のある者からその営業の部類に属する契約の申込を受け、遅滞なく諾否の通知を発することを怠ったときは、予め諾否の催告があったことを要せず、承諾したものと看做している（商法五〇九条。なお、民訴法一四〇条、民法五一二条二項・五一七条二項など参照）。

(2) それから、一定の、意思表示でない事実があったと看做す場合がある。例えば、失踪宣告の効果として死亡したものと看做している（三一条）。ただし、意思表示でない事実の擬制だからであろう、真の事実とちがうことが判明したら、失踪宣告の取消がみとめられている（三二条）[7]。

（7） なお、受取証書の持参人は弁済受領の権限あるものと看做している四八〇条の場合も絶対的推定規定だとされている（岡松［参太郎］「民法理由」下巻二六三頁、民法修正案理由書四七九条（現四八〇条）。この規定は独乙民法草案に倣ったといわれるが、ドイツ民法三七〇条も絶対的推定規定とされているようである）。しかし、債権の準占有者への弁済に関する四七八条と同様に取引の安全の保護を目的とする規定であることは疑いなく、そうだとすれば、四七八条と同様に、擬制形式を用いないで、受取証書の持参人に為した弁済は有効とするとか、その効力を有すとか規定しなかったのは何故か。明かでない。

㈣ 婉曲的な表現形式としての擬制　擬制は婉曲的な表現形式としても用いられることがある[8]。

（8） フラーは「なにびとも法を知っているものとする」とか、債権者が債務者に向って——債務を免除するといわないで——債務が支払われたことにしようというような婉曲的な表現形式としての擬制を弁解的ないし慈悲的擬制（apologetic or merciful fictions）と呼んでいる（Fuller, (2), p. 539）。

そしてこの擬制は立法者によっても用いられることがある。その例としてしばしば挙げられたのは「非嫡出子とその父は血族でないものとみなす」と規定していたドイツ民法の旧一五八九条二項である。(9)

（9） この擬制についてエッサーは次のように説いている。「規範的な概念構成の原則的独自性と法律上の血族概念の法的性質の認識から、血族概念の一切の恣意的形成が直ちに立法者の自由である。殊に例えば自然法的に先存する観念に抵触することなしに親子を血族と宣言したり血族でないと宣言したりすることができる、と誤って承認するに至ることがあってはならない」、「その限りにおいて民法典が非嫡出子とその父との間の法律上の血族関係を否定するに当り擬制を用いたのは、……なるほど理論的には是認されないが、実際的には是認されよう」(Esser, S. 117)。この種の擬制は、「規定の真の性格をおおいかくすことを可能にする、そうでなくともともかく端的な表現方法の鋭さを減ずる」(Esser, S. 101)。そして、「独自の概念構成をおおいかくし、非嫡出子とその父とは血族でないとする明らさまな規定をさけたことは、政治的思慮の命令であった――なんとなれば、不真正な社会道徳の上に築かれている自由主義的な国家において、男達がその非嫡出子と引離された厭うべき形式を余りにも明らさまに示すことは確かにしにくいことであったろう――、しかしそればかりでなく、なかんずく、『血の自然の紐帯』の承認を法律からも要求する道義的感情の正当な顧慮にも発したのである」(Esser, S. 118)。
ただし、立法技術としても、この種の擬制が是認されうるかについては疑問がありえよう(Kelsen, S. 641)。しかし、いずれにしても、右の規定は一九六八年八月一九日の「非嫡出子の法律上の地位に関する法律」によって削除された。

日本民法典で、この種の擬制を見出すことは困難であるが、強いて挙げれば八二八条で、この規定は親権者の子の財産上の収益権を間接的に示しているといえるのであろうか（ただし、五七九条参照）。

㈤ 教説的擬制　立法上の擬制には、その外に、教説的擬制なるものがあるといわれる。一定の理論ないし原則があるとされているにもかかわらず――本来それは一定の関係を対象としているので、それを適用しえず、

──それと矛盾する例外をみとめざるをえない場合がある。そのとき、その一定の理論ないし原則を恰《あたか》も破り得ぬもののように考え、その一定の理論ないし原則とその場合とを調和させ、なおその一定の理論ないし原則がその場合にも維持されているかのような外観をつくろうとして用いられる擬制、それが、いわゆる教説的擬制[10]である。

(10) エッサーは、教説的擬制とは「神聖であるが、しかし維持しえない教説および公理の外見上の維持」に奉仕する、「事実上破綻し維持しえない大前提の外面上の維持」を目的とする、擬制であるとしている（Esser, S. 81, 83）。そしてエッサーは、この教説的擬制の根源を、ある規範全体の物化的および擬人的なことばによる表現（verdinglichende und personifizierende sprachliche Darstellung eines Normenkomplexes）に求めている（Esser, S. 128）。例えば、「人が権利能力を『有する』又は人が債権を『もつ』という表現は……法的帰属の存在を示すことばである。それは本来は『人が法律関係に立っている』……ということを目に見えるように示すにすぎず、認識対象、すなわちもろもろの法律関係を思考上把握するためのものである」（Esser, S. 129）。しかし、それが独自の法的存在を与えられ、「本来の認識対象、すなわち単なる法的命令に……その独立的存在を与えられた概念が並存し、それは規範内容の観念と不可分離に結びつけられ、常に無意識的に一緒に考えられ、認識対象を二重化する」（Esser, S. 202）。「人がこの表現方法の比喩性とその背後には独自の『法的実在』でなく単に実定秩序の『当為』が、実体でなく単に関係が、かくされているという事実を意識しつづけている限りは、この方法に対して何も反対することはないであろう」（Esser, S. 129）。換言すれば、「この概念形成の価値は、人が実体化を意識しつづけている限り、すなわち認識の問題において具体的に考えられている生活関係とそれに与えられた法的取扱に立ち返る限り、肯定されうる。その限りにおいてはその思考上およびことば上の比喩は考えられている法律関係理解のための簡略な表現として価値がある、いや欠くことができない」（Esser, S. 202）。「しかし、この概念的実在は法のことばを、しかしまた法的思考を排他的に支配し、本来考えられている実在とその法政策的評価をそれから全く駆逐してしまう」（Esser, S. 129）。「この……独自の『法世界』の存在の信仰、すなわち法命令の当為的存在から──超感覚的とはいえ――事実的存在への転移は、……ヒッペルによって『法的事実の理論』（Theorie der juristischen Tatsache）と名付けられた一定の法理論的認識態度の産物である。その概念世界、その観察、説明および展開のうちに、一九世紀の実証主義は規律さるべき生活関係の独自の法批判的評価に代るものを求め、そして見出したのである」（Esser, S. 132）。「そこで概念的教説家は『法律効果』の存在と実効性を『法的論理』――勿論一般的な思考上の法則と関係するところはなくて、主として『法的事実』の概念的展開とそれにとって規準となると称せられる強制的法則性の尊重から成る論理（eine Logik……, die hauptsächlich in der begriffsmäßigen Fortbildung der „juristischen Tatsachen" und der Beachtung der für sie angeblich maßgebenden zwingenden Gesetzlichkeit besteht）――へ還元せんと努める」（Esser, S. 134）。そして「『法的論理』といわゆる法概念の実体性に反する法規を形式上、すなわち擬制の方法で、それと調和させようとする努力によって」教説的擬制をもたらすのである（Esser, S. 135）。

この教説的擬制は勿論解釈上も用いられる。例えば、弁済による代位を説明するに当って「債権ハ弁済ニ因リテ既ニ消滅セリト雖モ弁済者ノ権利ヲ確保スル為メ仮ニ債権者ノ権利ヲ以テ未タ消滅セサルモノトシ弁済者ヲシテ此権利ヲ行ハシムルモノナリ」とするのは（梅・民法要義債権編二九八頁。なお、寺田［正春］「弁済者代位制度序説」（一）法学雑誌二〇巻二号二〇八―二一〇頁、（三）二〇巻三号三一一―三頁参照）、この種の擬制の［こと？］であろう。(11)

（11）　また、不動産物権の変動は登記なしには第三者に対抗しえない（民法一七六条・一七七条）ということの理論構成として説かれているところは、いずれも、何等かの形で登記のない間は物権変動は効力を生じないとしようとしているが（我妻［栄］・物権法九三―四頁参照）、「なにびとも自己の有する以上の権利を移転することができない」という理論にとらわれているので、やはりこの種の擬制を用いているといえるのではないだろうか（vgl. Esser, S. 141 ff.）。

しかし、教説的擬制は解釈上ばかりでなく、立法上も用いられている。例えば、民法七三条は「解散シタル法人ハ清算ノ目的ノ範囲内ニ於テハ其清算ノ結了ニ至ルマテ尚ホ存続スルモノト看做ス」と規定している。これは、純粋の法理より言えば法人は解散に依って消滅すべきも、その法理をそのまま貫くときは不都合な結果を生ずるとして行われた一の教説的擬制であろう（梅・民法要義総則編一五七—九頁、岡松・民法理由上巻一二七—八頁参照）。エッサーによれば、民法七二一条（ドイツ民法八四四条二項）は「胎児ハ損害賠償ノ請求権ニ付テハ既ニ生マレタルモノト看做ス」と規定し、八八六条（ドイツ民法一九二三条二項）は相続について同様に規定し、九六五条（ドイツ民法二一七八条参照）はその規定を遺贈に準用しているが、これも、包括承継の原則、すなわち被相続人の死亡と同時にその権利義務は直ちに相続人に移転し、その中間に無主の時期があってはならないという原則を前提としながら、「私権ノ享有ハ出生ニ始マル」という原則をそのまま貫くときは不都合な結果が生ずるとして行われた一の教説的擬制である。そして四二条二項の「遺言ヲ以テ寄附行為ヲ為シタルトキハ寄附財産ハ遺言カ効力ヲ生シタル時ヨリ法人ニ帰属シタルモノト看做ス」という擬制も同様である（ドイツ民法八四条参照。ただし、日本民法四二条二項とは、少し規定の仕方がちがう[12]）。

(12) それについてエッサーはこう説いている。「これらの擬制は、単に、胎児が既に生まれていたとするならば、又は財団が既に設立されていたとするならば……法律上なすべかりしであったと同様の法的な取り扱いがなさるべきである、という準用をふくむにすぎないのであろうか。明らかに、そうではない。何となれば、実定法上どうあるべきかを直接表現することに立法技術上何の困難もなく、そのような準用をする何等の意味も理由もみとめられないからである。法律は、しようとすれば、相続法上は胎児又は認可されていない財団も権利能力を有すとか、又は例えば遺産は将来持主たるべき者の出生まで保管さるべきである等々と規定することができたであろう」（Esser, S. 82）。「同様に、我々は至る処で実質的には理由のない擬制によって、そのような直接の規定が回避されているのを見出す」(Esser, S. 82)。「この神秘主義の原因は、すべてのかかる場合に、相応の明白な規定によって、我々の法の動かせぬ根本原則と称せられるもの、例えば今の場合でいえば、一切の権利は常に『その担い手』をもたなければならない、他方人間の権利能力は出生とともに、財団のそれは官庁の許可とともに、始まるという根本原則が廃棄されてしまうことになるであろうという点にある」(Esser, S. 82)。「遺産に一時主体がなくてもよいことの承認とともに、包括承継(一九二三条一項)の全構成が崩れてしまうであろう。そして理論は、……『外ならぬ』ある人に属していた諸権利がその同一性を維持し(……持主なき段階をのりこえ)未だ存在していない相続人に移転することがどうして可能かの問題の前に立つことになるであろう」(Esser, S. 83)。「夫《そ》の大前提の一つの放棄も、正にその概念的教説にとっては、……それらの大前提が『法的論理』の何か破り得ぬ帰結とみられたので、不可能を意味したであろう。従ってその『権利移転』を、擬制の助けを借りてその主体のない『中間期』を単純に否定し去り、このような形で少くとも外面的に破綻した公理を維持するという風に、構成しなければならなかったのである」(Esser, S. 83)。「けれども出生前に既に権利を有し義務を負うとの観念の必要は決して認められえない。それ故に我々は胎児の制限的権利能力享有説を排斥する。何となれば、法は、胎内にあり、まだ将来出生するかどうかさだかでない者に、もう一切の生活財を与え義務を負わせる何等の強制的理由はなく、あるのはただただ『権利』は持主のないことは許されないという教説的理由である。この『必要』がまず第一に理論をして一切の被相続人はその死亡の時点で相続人をもた『ざるをえない』と主張させるのである」(Esser, S. 96, 196)。

その外にも、相続法には相続放棄の効果に関する擬制(九三九条。ドイツ民法は遺贈の放棄の効果などについても擬制形式を用いている(一九五三条一項二項・二三四四条・二一八〇条三項))、相続財産法人に関する擬制(九五一条・九五五条本文、同条但書)がある。いわゆる遡及効的擬制である。なお、取消(一二一条)、供託物の取戻(四九六条)などに関する遡及効的擬制もある(ドイツ民法三八九条は相殺についても遡及効的擬制の形式で規定している)。エッサーによれば、これらの遡及効的擬制も、立法経済ないし簡略な表現形式の見地から実際的価値があるとして是認しえない、無用の教説的擬制である(Esser, S. 181 ff.)。

教説的擬制はエッサーがその著書において最も力を入れて論じ(S. 82-3, 92-198)、それは非常に示唆にとむが、他面において私には難解である。なるほど、解散法人に関する擬制が教説的擬制だというのは分る。また胎児などに関する擬制や相続法上の遡及効的擬制についても、単に原則に対する例外を規定するための準用形式でなく、法理に反することを実際の必要から規定するにつき、法理に反しないかのような体裁をつくろうために擬制の形式を用いているので、一の教説的擬制であるというのは、分らないことはない。しかし、少くとも、取消などに関する遡及効的擬制については、何故に一の簡略な準用形式として是認しえないのか、よくは分からなかった。

四　法解釈技術としての擬制（歴史的擬制）

それでは、以上の立法技術としての擬制に対して、法解釈技術としての擬制とは、どのような擬制であろうか。まず、法解釈上の擬制というとき、直ちに所謂歴史的擬制のことを考えるであろう。もっとも、一般の用語例としては、法解釈上の擬制と歴史的擬制とは必ずしも相おおわないもののようである。法解釈上の擬制には教説的擬制もある。しかし、法解釈上、教説的擬制が用いられる場合は、つまるところ、そのような解釈もあるというだけのことともいえる。他方、歴史的擬制は法解釈上用いられるだけではない。立法による法の発展においても、例えば刑法における電気は財物とみなすなど、擬制の形式は数多く用いられている。あるいは、立法上の擬制は、多かれ少かれ歴史的擬制としての意味をもっているとさえ、いえるかも知れない。立法者も既存の法概念・法体系から自由ではなく、その制約を受けるからである。(1)

（1）「『立法者自身古い法の殿堂に敢えて触れようとしなかった』(Demogue, Les notions fondamentales du droit privé（1911）239)。立法者の『命令する』、いわゆる『全能の』権能なるものは、通常、立法者自身よりも他人にそう見えるので、しばしば立法の行われた政治生活の現実を無視する後の時代の歴史家の作りごとである」

（Fuller, (2), p. 545)。

とはいっても、法を創造ないし変更することが公然とみとめられている立法の場合には、既存の法概念・法体系に拘束されて擬制を用いるといっても、擬制を用いることは窮極的には表現形式の問題にすぎないといえないことはない。これに対して、裁判官は法をつくることは許されないという原則の下で、解釈により法を発展させる場合に擬制にたよるのは、単なる表現形式の問題にとどまらない。そして歴史的擬制が歴史的擬制としての独自の意味をもつのは、法解釈上用いられる場合であろう。そこで、ここでは、法解釈技術としての擬制と歴史的擬制とを同義に、すなわち解釈によって法を発展させる技術としての擬制の意味に用いる。(2)

（2）　解釈によって法を発展させる技術としての擬制が許されるかについては議論がある。

この擬制を仮借なく攻撃したとして、よく引用されるのはベンタムである。「『英法において擬制は梅毒であり、それは隅々にまで及んで、制度のどの部分へも腐敗の素をもちこんでいる』、『擬制の司法に対する役割は、詐取の商売に対する如きである』、『最も有害な、最も劣悪な種類の嘘つきである』、『それが用いられたとき、悪い結果のないことはなかった』」、「『擬制を発明した判事は投獄さるべきである』」（Fuller, (1), p. 364 ; Jerome Frank, Law and the Modern Mind, Notes on Fictions, p. 320-1)。

ドイツでも法解釈上の擬制は問題とされた（vgl. Demelius, Die Rechtsfiktion, S. 75 ff. ; なお、Ehrlich, Juristische Logik, S. 228 は、サヴィニーは法律学（Jurisprudenz）から擬制の権能を剥奪したといっている)。ケルゼンは、法適用者の擬制は法理論的には許されないとしている。「裁判官、実務家は規範を恣意的に拡張したり制限したりすることはできない。換言すれば彼は任意の事実に任意の法律効果を結びつけることはできない。従って彼がある事実を、その場合を包含しない法規範の下に包摂せんと欲するならば、なるほど、その場合をそれがその規範に包摂されるかのようにみる擬制の方法がある。法が国の電信の妨害を罰するが、国の電話の妨害を罰しないか、又はその違法行為に――法適用者の見解に依れば――軽すぎる罰を課している場合に、裁判官が、電信と電話が同一物であるかのようにではなく――そうは裁判官は主張しないし、主張しようともしない――法は電話妨害者に対し電信妨害者と同一の罰を課しているかのように、電信を保護する規範を電話保護のために使って、法が電信妨害者に加えている罰を電話妨害者に課するならば、それは一の擬制を意味する」(Kelsen, S. 646)。しかし、「法の適用上の擬制――すなわち類推的解釈――は法秩序との除去しえない矛盾をおかす。それは、結局は法の『実在』に通ずる回り道ではなくて、おそらく擬制者が有用で合目的的と考えることには通ずるが、決して法学の対象、すなわち法には通じない岐路である。その理由から、この種の法的擬制、法の適用上の擬制の是認は、理論的には、不可能といわざるを得ない」(Kelsen, S. 648)。「法適用者の擬制は、法の目的に反するが故に、全く許されない」(Kelsen, S. 649)。

しかし、事実として、法適用上の擬制が行われていることは否定できないところであり、その評価はともかく、まずそれがどのように行われているかを研究することは法学上重要である。

ところで、この解釈上の擬制は、既存の法規をそのまま適用したのでは不都合な結果を生ぜしめると考える場合に、妥当な結果を求め、法を創造ないし変更し、法を発展させるために行われるのであるが、大別して二つ又は三つの方法で行われる。

(1) 事実歪曲の方法による擬制　例えば、最大判昭和四一年四月二〇日(民集二〇巻四号七〇二頁)まで、多くの判決は、時効完成後に債務の一部弁済、債務の承認、弁済延期の懇願などがあった場合に、時効利益の放棄があったとみとめたが、時効利益の放棄があったとみとめるためには時効の完成を知っていなければならないところから、時効の完成を知っていたと必ずしもいえないようなときにも、なお時効の完成を知っていたものとして、時効利益の放棄をみとめたとされている(我妻[栄]・新訂民法総則四五三―六頁、川島[武宜]・民法総則四

六四―六頁、注釈民法(5)五九―六二頁)[(3)]。

(3) 英米法についても、フラーは次のように言っている。事実の歪曲が「ある程度裁判所についても当てはまることは詳論を要しないであろう。その実例がときおり起るのなら、ここで我々が関心をもつことはない。しかし、その事実歪曲の過程が『制度的』になる、それが裁判所の行動を予見する相当な基礎を供するほどしばしば繰返されるときには、法律現象を研究する者にとってそれは一つの関心事となる」。

事実歪曲の制度的傾向をもちうる幾つかの状況を掲げると、次のような場合がある。「(i) 死亡すると代理は撤回されるというのが法の根本原理であると考えられている。Xが土地に関する捺印証書をTに渡し、自分(X)が死亡したら、被譲与者Aにその証書を渡すように指図した場合、その行為は、もしXが単にTをその証書を交付するための代理人とする意思であったとすると、Xの死後法律上有効たりえない。有効なとりきめを生ぜしめるには、Xは捺印証書をTに渡すとき、確定的『交付』の意思がなければならない。彼はその時にAに不動産上の権利を帰属させる意思でなければならない」、「しかも、この分野の判例に精通している者は、事件がXの死後におこる場合には裁判所は一般に親切にもXは捺印証書を『コントロールする権限』を留保しないで、それをTに渡したときに法律上での『交付』(technical "delivery")の意思があったと認める、ことを知っている。他方、Xが生前に捺印証書を取り戻そうとするときは、裁判所は一般にXは単にTを代理人とし捺印証書を受寄者として保存させるので、彼は捺印証書を取り戻しうることを認める」、(ii 省略)、「(iii) 我々の裁判所は、受贈者の忘恩行為は贈与者に贈与を撤回する権利を与えるというローマ法や大陸法のプリンシプルを公然と認めることはしない。しかも、我々が我々の裁判所の言うところでなく、むしろ為すところを注意してみれば、そのプリンシプルはこの国においてかなりの承認を受けるといいうるのである。受贈者が忘恩的な振舞をする場合には、しばしば、我々の裁判所は贈与は受贈者の一定の行動の仕方を条件としてなされた、または詐欺によってなされたと認めうる」(ただし、フラーは(iii)についての判例を引用していない)。

なお、フラーは「この事実歪曲の手続が普通の擬制とちがうのは、裁判所によって述べられる事実が事件の真の事実とみられるからである。他方、擬制は、あからさまな公然の口実である」としている（Fuller, (2), p. 536-7)。

(2) 準用（類推）の方法による擬制　例えば、民法四一六条は債務不履行による損害賠償の範囲のみを規定し、不法行為による損害賠償の範囲については規定がなく、債務不履行による損害賠償の範囲に関する四一六条を準用もしていないが、それは立法者としては債務不履行についてはドイツの相当因果関係説より損害賠償の範囲を制限するが、不法行為については制限しないという趣旨であったにもかかわらず、判例は四一六条は不法行為の場合に準用されるとしている（加藤［一郎］・不法行為（法律学全集22）一五四―六頁、山田＝来栖「損害賠償の範囲および方法に関する日独両法の比較研究」［本書**12**］我妻先生還暦祝賀論文集・損害賠償責任の研究上二一八―九頁参照）。しかし、これは、規定の趣旨に従い、その限度で規定の適用を拡げる単なる類推ではない。実際にはそうでないのに、そうであるかのように規定の適用を拡げているので、擬制であり、ただ類推の形式を装っているのである。[4]

(4) ローマ法の擬制とイギリス法の擬制は、この方法による擬制であったとされる。ただし、両者の間には左の形式上のちがいがあったといわれる。「例えば、ローマでは外国人が市民と看做さるべきであるという擬制は、次のようにして適用される。外国人は市民であると直接主張されないで、法務官によって事件を審理する判定者になされる指示は次の形式、すなわち『Aulus がローマ市民であったとする場合に、このような判決がなさるべかりしであったならば、そのような判決をせよ』という形式で与えられる」。イギリスでは、例えば「横領訴訟（trover）で被告は実際には奪った動産でも発見したと主張される」、すなわち、「イギリスでは原告は誤った事実を主張した、そして裁判所は被告がそれを争うことを許さなかった」、換言すれば、「ローマの擬制は仮定的擬制、“as if” の形式をとる擬制であった、イギリスの擬制は、通常 “is” ないし断定的形式をとる擬制であった（またある）」

（Fuller, (1), p. 367, 371-2, 390）。

(3)　法文からの演繹の方法による擬制　例えば、民法四七八条の債権の準占有者とは本来真実の債権者らしい外観をもっている者を意味し、債権者に代って弁済の受領に来た者が弁済受領の権限があるような外観をもっている者をふくまないが、判例は債権の準占有者を広く解し、後者をもふくむとしている（来栖「債権の準占有と免責証券」[本書**11**]、民商三三巻四号）。しかし、これは単なる演繹により法文の意味から論理的に帰結しているのではない。実際にはそうでないのに、そうであるかのように推論しているので、擬制であり、ただ法文からの演繹の形式を装っているのである。そしてフランス・ドイツなどの欧大陸法系の国の擬制は多くこの方法による擬制である。(5)

（5）　フラーは、その点で英米と欧大陸とで対照的であることを指摘している。「裁判所は法を『つくら』ないで、単に法を『発見する』又は『宣言する』だけであるという英米法学の一般的擬制（general fiction）は、現実には裁判所において行われている立法の過程をかくすために考案された無数の特殊的擬制（special fictions）の原因であった。裁判所は法を『つくら』ないで、単に制定法を『解釈する』だけであるという大陸の同様な一般的擬制は正反対の効果をもった、すなわち特殊的擬制の必要なしにすました。裁判所は『制定法における欠缺をうめるのに擬制という工夫を利用しない。そのような必要が裁判所に課せられたときは、裁判所は一切の状況において役立つ手段、すなわち法文からの演繹に頼った。……判事は法文に希望する意味を与えると思われる、どんな摩訶不思議な議論さえ辞さない』」（Fuller, (2), p. 542）。

そしてこのような法文からの演繹は、一般に擬制として意識されていない。それは法律概念の弾力性にも限界はあるが、その周辺は明かではないので、敢えて擬制と呼ぶ必要がないかに見えるからである。「法的範疇は絶えず新しい条件に適合するために改造されつつある。“possession”, “estate”, “delivery”のようなことばは、法史の歩みの中において、可なり明白な拡張を経た。より明白でない仕方では、そのことは一切の法的範疇に当てはまり、そして絶えず行われている。一般的に我々はこの過程を述べるのに『擬制』ということばを用いないのは、単に我々がその過程そのものに気付いていないからである。この適応は目立たず、漸次的であるので、我々の心に少しも印象づけられない。我々が『擬制』と呼ぶのは、この適応の過程の特定の一歩が異常に大胆で鋭いときだけである」。「擬制は、しばしば、注意をひくことなく絶えず行われている知的適応の過程の粗雑な露出にすぎない」(Fuller, (2), p. 525 ; cf. Fuller, (1), p. 374)。

にもかかわらず、制定法の規定が立法者の予定した範囲をこえて適用すべきものとされているときは、一の擬制が行われているといってよいであろう。

ただ、注意しておきたいのは、擬制の方法に事実歪曲の方法による擬制と法文からの演繹の方法による擬制が区別されるといっても、その区別が実際には困難なことが少くないことである。例えば、過失の擬制といわれる場合も、過失がないのに過失を認定したのか、過失の概念内容(ないし制定法の規定の内容)を変更したのか必ずしも明かではない。また、黙示の意思表示が一の擬制だといわれる場合(末弘・嘘の効用二六―八頁は大判大正九・九・一を引用している)意思表示がないのに意思表示があるとしたのか、それとも意思表示の概念内容(ないし制定法の規定の内容)を変更したのかは、必ずしも明かではない(6)。

(6) ちなみに、いわゆる意思の擬制に関するフラーの所説が面白く感ぜられる。「裁判所は、しばしば、擬制的な当事者の『意思』(intent)に法律上の効果を与えると批判されている。この『意思』は『当事者の内心にあっ』たことが証明されないという理由で擬制的とみられている。しかし、この『擬制的な』意思が重要な心理学的真理の発見を示す、すなわち個人の行動は意識的には内心にない期待によって伴われ、条件附けられていることがあるということは可能でないだろうか」、「裁判所は社会科学の領域ばかりでなく、おそらく一般的に科学の領域において開拓者であったことが想起さるべきである。我々が科学を経験の意識的一般化と定義するならば、法はもろもろの科学の最初のものであった」(Fuller, (3), p. 907)。

法解釈上の擬制はこのような方法で行われるとして、いったい法解釈において擬制を用いさせる動機は何であろうか。第一に、三権分立の思想、換言すれば裁判所は法をつくらないという原則の下で、裁判所が法を発展させる場合に、裁判所が法をつくっている事実をおおい、裁判所は法をつくっていない外観を維持せんとするにあることは否めないであろう。裁判所は法をつくらないという擬制ないしドグマは、極限ないし理想の状態を想定し、それとの対比によって、認識ないし実際的目的を促進させようとする思考方法の一適用であり、事実としては検証されないが立法、法学教育ばかりでなく法解釈にも甚大な影響を及ぼしており、それが法解釈における擬制の多用である。そしてそのように既存の法規を適用する形式をとることは、裁判官の恣意を抑え、法的安定性に資し、当事者の裁判に対する信頼をかちうる所以であると観念されたのであり、それはまた裁判官、その観念に従って教育された裁判官、の心情に合したのである。

しかし、それをもって擬制の動機を尽したとはいえない。裁判所は法をつくらないという原則に拘束されるという意識がない場合にも、なお擬制に頼ることがある。一般に人間の思考は既存の知識を出発点として類推の方法で進む。法解釈においても新しい問題に面したとき、何とかして既存の法規を適用して解釈しようとする努力を以て始める。そして既存の法規の適用に疑問をもつときにも独自の論理的理由づけを完成するまでは、擬制により既存の法規を適用したという形式をとろうとする。擬制は、少くとも差当って、独自の明確な論理的理由づけをする労を免れさせる。既存の法規が一般的抽象的概念をもって一般的抽象的に規定されていればいるほど、それは可能であるし、その方が却って納得力があることが少くないのである。例えば、民法四七八条の債権の準占有者は、本来、債権者に代って弁済受領に来た者が弁済受領の権限があるような場合はふくまないとしても、少くともそのような者にした弁済を有効とする独自の論理的理由づけを完成して提示しない限り、そのような者はふくまないと議論をすることは、徒らな、議論のための議論とされ、むしろそのような者も債権の準占有者にふくまれるとして、それへの弁済を有効であるとする方が、より納得力をもつと感ぜられるのである。(7)

（7） フラーは歴史的擬制の動機について、次のように説明している。「裁判所は何故かくもしばしば新しい法を古い法と見せかけて導入するのであろうか。どんな衝動がその心性をつくり出したのであろうか。一般的なことばでいえば、勿論、その衝動は保守主義のそれであると言えよう」。しかし、「その保守主義の背後に何があるか。その問題を綿密に検討すると、いくつかの異る動機が分別されうることがわかる」（Fuller,（2）, p. 518-9）。

（1） 政策の動機（motive of policy）「『擬制は法が裁判官の手で変更されつつある事実をかくさんとする企てにおいてしばしば用いられている』」（Fuller,（2）, p. 519）。

（2） 感情的保守主義（emotional conservatism）「裁判官は、他人を欺く目的ではなく、この叙述の形式が自分自身の保守主義および安定性への切望を満足させるので、新しい法を古い法に見せかけて述べることがある」（Fuller,（2）, p. 520）。「一般にイギリスのコモン・ローを発展させた裁判官やローマの法務官の動機とされているのは、これである」（Fuller,（2）, p. 520）。

（3） 知的保守主義（intellectual conservatism）「裁判官は……彼が立法しつつある事実を自分自身又は他人にかくすためではなくて、単に彼が適用しようとしている新しいプリンシプルを叙述し説明する外の方法を知らないので、擬制を用いることがある」（Fuller,（2）, p. 524）。「人間の精神は一定の制約に服する機械である。多分それらの制約のうちで最も大きいのは、人間の理性は常に未知のことを既知のことに同化する仕方で進んでゆかねばならないことである」（Fuller,（2）, p. 525）。「我々は新しい問題を既存の概念的道具——それは事の性質上将来のために全く十分であるということは決してありえない——を以て取り扱うことを強いられる」（Fuller,（2）, p. 525）。いわゆる、誘惑されて土地に入り込んだ子供に対する土地所有者又は占有者の責任に関する法理（attractive nuisance doctrine）を例にとって裁判官の思考過程を辿ってみよう。「工業地域に住んでいる少女が柵をしてない土地に鉄道が設置していた転車台の上で他の子供と遊んでいて負傷した」。「鉄道はその負傷につき法律上責任があるだろうか」。「土地所有者の自分の土地の状態についての責任に関する従来の法は、こうである。土地所有者は、彼が明示又は黙示に自分の土地に立ち入ることを許した『被招待者』に対しては注意義務を負う。侵害者に対しては義務を負わない。この子供は法律上は『侵害者』であることは明かであり、それ故に右のプリンシプルに基いて鉄道に責任はないように見える」。しかも、「裁判官は、このケースは普通の侵害者のそれよりも『被招待者』のそれに似ていると感ずる」。だが、すぐと、でも「子供は侵害者だ」、と迷う。では、鉄道に責任を負わせる理由が他にあるか。裁判官はあれこれと考えた末、「そのケースは普通の侵害者のそれよりも被招待者のそれに似ているという感情に立ち返る」。「こうしてそのケースは既存の理論の範囲内にもたらされ、新しいプリンシプルを述べる厄介な企ては終了する」（Fuller,（2）, p. 526-7）。

「発展しつつある法の領域、新しい社会的並びに営業的実務が法律理論の再構成を必要としつつある領域は殆んど常に『技巧的な構成』と多くの場合にあからさまな擬制を呈示する。使用者責任の法理は使用者が不注意な従業員を雇入れたのは『過失があると看做』さるべきであるという観念を以て始まった。この種の擬制は、あるプリンシプルに向って『手探りで行く』構成は、正当に『探求的擬制』（exploratory fictions）と呼ぶことができよう。ドモーグは、かかる擬制を実際取引の経験的な方式（empirical formulas of practical trades）に譬えている。『我々が、提出されている困難を解決するための実際的な手段（instrument）を、これらの手段の優れていることを説明するための理論的原理を発見する前に、見出すことがしばしばある。……方式（formula）は、産業上の生産方法がその科学的説明の前に知られることがあるように、その存在理由より前に発見されることがある』（Demogue, Les notions fondamentales du droit privé（1911）242 and 246）」（Fuller,（2）, p. 527-8）。

なお、擬制のもつ特有な長所を附言すれば、「擬制はしばしば足場にたとえられる。それは通常擬制は出来るだけすみやかに除去さるべきであるという意味合いをもってである。……しかし、そのたとえは他の意味においても適切である。擬制は容易に除去されうるという点で足場に似ている」(Fuller, (2), p. 529)。「擬制は常により『適切な』説に道を譲る。"attractive nuisance" cases を一つの口実を基礎にして判決した裁判所は正しいプリンシプルを発見しなかったかも知れないが、少くとも後のその発見を妨害しはしなかった」(Fuller, (2), p. 529)。

そしてフラーは、法学は進歩したからといって、もう擬制の時代は去ったと簡単に言えないと主張している(Fuller, (3), p. 877-8, 892-3)。

イエリングの、しばしば引用される有名な所説も、大体同じ趣旨と解してよいのであろうか。「擬制は法務官又は学説に訴権又は概念を表わす文言を適当に変更する労を免れしめんことを目的とする」、「擬制の目的は、新たな、程度の差はあれすっきりした法命題の採用と仕上げに結びつく困難を軽減すること、伝来の理論を形式的には全くその古い形態のまま残し、しかも実際には新しいものの完全な作用をそれによって何等害されないようにすることを可能にするにある。それは困難を解決する代りに回避することによって、たしかに問題の解決の学問的には不完全な形式であることを特徴とする。――それは仮装行為(Scheingeschäft)と同一の名称、方便の嘘という名称に値する――、しかしそれは、他方、より容易な、より便宜な、しかし実際には全く同一の目標に導く道を歩むことによって、進歩を容易にする、学問にその任務を適切な形で果す力がないときに、その進歩を可能にする」。「従って学問が、その若い時期に、この(擬制という)松葉杖につかまろうとしたのは偶然でなく、正しい直観である」。それは「法の発展の一定の段階において内的必然性をもって出現する制度である」。「学問が成長し、遂に学問における千年の思考の訓練が学説の理論的根拠を新しく形成するに必要な抽象的思考の確実さと熟達さを示したときにも、なお全く新しい思想をこなす最初の手掛として――理論的緊急状態においては――擬制は、ある妥当をもちうる、擬制なしの不秩序と停滞より、擬制をもってする秩序と自由な進歩の方がましである」、「勿論、他方において、一切の擬制のうちには、正にそれが不完全な手段である故に、学問にとって、それを出来うる限り速かに完全なものにおきかえるようにとの警告が存する。しかし、法律学にそれが現実の解決に成功する前に擬制を投げ棄てろと求めるのは、松葉杖をもつ者に歩くことができるようになる前に松葉杖をすてろと求めることである」(Jhering, S. 303 ff.)。

かくして、少くとも現在のところ、法解釈において擬制、とりわけ法文からの演繹の方法による擬制が多用されている。例えば、民法七一五条とか借家法一条の二とかに関する無数の判決は、それらの条文の適用としてなされているが、すべてそれらの条文から論理的に演繹しうるとは到底いえまい。それが法解釈に関して法律意思説が通説をなしている所以なのである。

このようにみてくると、各人が平等であるということも、各人が自由意思をもつということも擬制的であるのに、現在の法はその上に組み立てられているばかりではない、裁判所は法をつくらないという原則も擬制的で、その結果として具体的な法の解釈適用において法文からの演繹の形式の擬制が多用されている。実に制定法が制定の当時のままの姿であるかのような外観を維持しえているのは、無数の擬制によってである。ツールツーロン(Tourtoulon)は「皮相的な批判は、審理しないで、すなわちそれをはっきりさせることなしに、又はそれが何故に非難に価するかを説明することなしに、法的擬制を非難する。ある著者は法が客観的実在の上に構築されうるという妙な思い違いの下で仕事をした」、「しかし……正反対で、法理論は擬制的なものとして示されるとき一層客観的であり、擬制なしにやってゆけると主張するとき一層虚偽的である」(Tourtoulon, Philosophy in the Development of Law, p. 295 ; cf. Fuller, (2), p. 529) といっている。私にはそのことばの意味を本当に理解しているとはいえないけれども、そのことばの意味をもっと深く考えなければならないように思われるのである。

五　おわりに

これまで法における擬制について少しく学んで来たが、それは初めから法理論上の擬制を除いているし、立法上の擬制と法解釈上の擬制についても殆んどフラーとエッサーの擬制論の紹介の域を脱していない。それに法における擬制、殊に法解釈上の擬制なしに、もうやってゆくべきか、また、やってゆけるか、に確答するためには、自由法学をはっきり理解することがどうしても必要である。いま、それらのことをしないままにしなければならないのは残念であるが、できるだけ早く、法理論上の擬制、さらに進んで科学上の擬制をも含めて、もっと擬制論の勉強をし、自由法学の意義を究めた上で、本稿の狙いである我妻先生の解釈方法の真髄について考えてみたいと願っている。

〔原典は、我妻栄先生追悼論文集『私法学の新たな展開』、発行所・有斐閣、四九頁〜七三頁に所収。一九七五年九月二〇日発行。なお、来栖『法とフィクション』、東京大学出版会、一九九九年、にも掲載されている。〕

〔解説〕
（この解説は、論文**4**の解説に続けて読んでいただきたいと思う）

はじめに

来栖先生のフィクション論については、村上淳一さん、木庭顕さんの法思想乃至法哲学の視点からのすぐれた解説があるが（来栖三郎『法とフィクション』、東京大学出版会、に掲載）、民法学の視点からも検討し論評しなければならない豊かな内容のものなので、本論文だけでなく、先生のフィクションに関する一連の論文も含めて解説の対象とした。

ここでの中心課題は、長い研究の成果としてのフィクション論のまとめに着手した時点で病に倒れられた来栖先生のお考えを、遺された諸論文から的確に推論できるかという点である。すでに述べたように、先生は、前述の論文4「制定法の意義」のむすびで、「何故、法律家はこの『擬制』をあれほどに愛好するのか。次に『擬制』の機能を明らかにしなければならない」としていたが、一九七四年に『契約法』の作業を終えると、その宣言どおり、直ちにフィクションの研究に突入した。そして、亡くなられるまで二十年以上の間――遺言に関する一群の研究もあるが――もっぱらフィクシヨンの研究に専念された。しかし、まとめの作業に着手された段階で入院され、未完のままで打ち切られることになってしまった。しかも、これまたすでに述べたように、まとめ以前の一連の労作では、客観的叙述に徹しているために――私の読み方に問題があるのかもしれないが――先生自身のフィクション観、とりわけフィクションを使うことの当否についての見解を窺い知ることができない。換言すれば、論文4で法律実務に於ける擬制の多用を批判し、その姿勢を『契約法』完了まで変えなかった先生が、法解釈学の領域を越えて、広範囲で奥行きの深いフィクション研究に没頭された結果として、フィクシヨンに対する評価を変えたかどうかが判然としないのである。加えて、先生も私も体調を崩していったために、お会いする回数も次第に減少し、したがって、ここでは思い出話も持ち合わせていない。だがやはり、本論文の解説を担当した以上、この論文の解説にとどまることなく、先生のフィクション論の全貌を可能な限り捉えたいという願望を捨てる気にはなれなかった。というのは、先生の厳しい客観性は、いわば正しい主観から始まり正しい主観に辿りつく過程の支えであるように思われるのであり、この客観性の背後にひそむ主観を捉えることは不可能とはいえないという感じを持っていたからである。そこで、先生のフィクションに関する七つの論文（いずれも村上淳一さん編集の、来栖三郎『法とフィクション』東京大学出版会に掲載）を、執筆された年代順に並べて、各論文の骨子、それに対する感想を述べていけば、何かが浮かび上がってくるのではないかというわずかな期待を胸に、その作業を進めてみた次第である。そして、手に負えないところが多かったが、「先生のフィクション観の変化」についての私なりの勝手な推論をひねり出した。これを披露して、本論文の解説に代えることにしたい。ただ、諸論文の読み込みが足りないので、先生に叱られそうな気がしてならない。

なお、以下の叙述のうちで「私の感想」と断ってない部分は、私なりの先生の論文内容の紹介である。また七つの論文については、略称を用いるが、その略称は次のとおりである。

① 「法における擬制」について 『我妻栄先生追悼論文集　私法学の新たな展開』（有斐閣）、一九七五年は、〔①「法―擬制」〕と略称

② モデルと擬制 『法学協会百周年記念論文集』第一巻（有斐閣）、一九八三年は、〔②「モデル」〕と略称

③ 文学に於ける虚構と真実 『国家学会百年記念　国家と市民』第三巻（有斐閣）、一九八七年は、〔③「文学」〕と略称

④ フィクションとしての神 『法学協会雑誌』一〇九巻三号、一九九二年は、〔④「神」〕と略称

⑤ フィクション論序説 『谷口知平先生追悼論文集』第三巻（信山社）、一九九三年は、〔⑤「序説」〕と略称

⑥ フィクションとしての自由意志 『法学協会雑誌』一一二巻一一号、一九九五年は、〔⑥「自由意志」〕と略称

⑦ フィクションとしての社会契約 『法学協会雑誌』一一三巻一一号、一九九六年は、〔⑦「社会契約」〕と略称

一　①「法―擬制」

この論文は、主として民法の領域での擬制を用いた規定、判例を挙げながら、法の実務の領域で擬制がどのような役割を果たしているかについて整理したものであり、その全体像を概観したものといえよう。なお、この論

文で、擬制を論じた法学者、イエリング、ケルゼン、エッサー、フラーなどの議論が紹介されている。

その内容は、私が改めて紹介するまでもないが、先生は、まず、法における擬制を、法理論上の擬制と法実務上の擬制のふたつに分け、更に後者を立法者の擬制と法適用者の擬制とに分ける。そして本論文では、法実務上の擬制だけを対象としている。そのうち、
（1） まず、立法者の擬制、すなわち立法技術としての擬制を、次のように整理する。すなわち、「一口でいえば、単に簡略な、特別の表現形式をもった準用である」とした上で、さらにその役割をつぎのように整理する。（イ）主として簡略な準用形式としての擬制（たとえば民法八六条三項）、（ロ）疑問防止に資する表現形式としての擬制（たとえば借地法一一条）、（ハ）いわゆる絶対的推定形式としての擬制（たとえば借地法六条、民法三一一条）、（ニ）婉曲的な表現形式としての擬制（ドイツ民法旧一五八九条二項、「非嫡出子とその父は血族でないものとみなす」）、（ホ）教説的擬制（民法七二二条）等に分りるのである。
（2） ついで、法適用者の擬制、換言すれば法解釈技術としての擬制（歴史的擬制）については、それは「既存の法規をそのまま適用したのでは不都合な結果を生ぜしめると考える場合に、妥当な結果を求め、法を創造ないし変更し、法を発展させるために行われる」としつつ、（イ）事実歪曲の方法による擬制（たとえば時効の完成を知っていたものとして、時効利益の放棄をみとめる）、（ロ）準用（類推）の方法による擬制（たとえば民法四一六条は債務不履行による損害賠償の範囲のみを規定し、不法行為の場合については規定がないのに、規定があるかのように規定の適用を広げているのは擬制であり、類推といっても、それは類推の形式を装っているだけである）、（ハ）法文からの演繹の方法による擬制（たとえば民法四七八条は、甲が真実の債権者なのに、債権者らしい概観をもつ乙を債権者と誤信した場合（甲か乙かの問題）に関する規定であり、債権者が甲であることは明らかだが、弁済の受領に来た乙を、

甲本人または弁済受領権限を持つ者と誤信した場合とは区別すべきなのに、判例は、四七八条は後者をも含むとしている。それは単なる演繹により法文の意味から論理的に帰結しているのではなく、実際にはそうでないのにそうであるかのように推論しているので、擬制であり、ただ法文からの演繹の形式を装っているのである）などにわける。

（3） この①の論文で、すでに擬制の内容、役割などが論じはじめられているが、その議論の要点だけをみておこう。(i) 先生は、法解釈上の擬制が用いられる動機として、まず三権分立の思想のもとで裁判所が法を創っているのに創っていない外観を維持するという点をあげるが、さらに、そうでなくても人間の思考は既存の知識を出発点として類推の方法で進むのであり、擬制はさしあたり独自の明確な論理的理由付けの労を免れさせるし、かえって納得力をもつとする。(ii) また制定法が制定当時のままの姿であるかのような外観を維持しえているのは、無数の擬制によってであるとされる。なおここで、ツールツーロンの主張、すなわち、皮相的な批判は理由なく法的擬制を非難するし、法が客観的実在の上に構築されうるという妙な思い違いの下で仕事をした者もいるが、実は「正反対で、法理論は擬制的なものとして示されるとき一層客観的であり、擬制なしでやっていけると主張するとき一層虚偽的である」との主張の意味を深く考えなければならないとしている。(iii) そして、この法における擬制なしでやってゆくべきか、やってゆけるかの答えを出すには、自由法学の理解が必要だが、その前に擬制論自体との取り組みを避けることはできない、とする。(iv) 私はとくに、実務上の擬制と理論上の擬制の区別に注目しておきたいし、ツールツーロンの主張の引用も重視しておきたい。

二 ②「モデル」

（1） 先生が擬制論研究の主軸としたのは、ドイツの哲学者、ファイヒンガーの『擬制の哲学』(「かのようにの哲学」、初版は一九一一年）であり、本論文は、まずファイヒンガーの擬制論の内容の解説から始まる。ファイヒンガーによれば、実在の範囲は狭く擬制とされる範囲はきわめて広いが、擬制とされる要件は、「第一に実在からの任意的な離反（遊離）であり、そしてそのことのはっきりした意識である。しかし、それだけでなく、その上に、それが一定の目的に対する手段、換言すれば方便であることが必要である」とされる。ついで、擬制は、実在から離反しているとして、そのうちに、自己矛盾ではない場合と自己矛盾である場合とを区別し、後者(a)こそ眞の擬制であり、前者(b)は準擬制とよぶべきだとする。そして(a)の例として(イ)意思の自由、(ロ)社会契約、(ハ)神、(ニ)霊魂、(ホ)原子、(へ)物自体、(ト)微分などを挙げる。(b)の例としては、(i)人為的分類、(ii)犬一般、人間一般などの一般的概念、(iii)現象を単純化する抽象的擬制、たとえばスミスの経済理論における、一切の人間の行動はエゴイズムによって命令されるという仮定、すなわち「経済人」という仮定、(iv)さらには、図式的擬制、すなわち現実の一部をきりとり残る部分のみを考察の対象とする抽象的擬制に対して、一定の複合態の骨組がとりだされ、それからこの現実を完全に奪われた裸の形象について考量するという擬制、(v)また類推的擬制、たとえば神学者による神と世界の関係を父とその子の類推によって把握する場合などが挙げられている。

（2）ついで、複雑な事象の研究にあたり、前提の事象を単純化する方法という意味で、モデルは擬制と類似するので、擬制との差異を明確にするために——モデル論の隆盛も考慮されたのであろうが——モデルとは何かが詳細に論じられている。

まず、モデルは対象モデルと理論モデルの二つに一応区別されるとしたうえで、自然科学におけるモデルと社会科学におけるモデルのそれぞれについて、対象モデル、理論モデルの例を挙げながら、詳細なモデル論が繰り広げられている。そのうち、自然科学における対象モデルとしては、グリセリン処理筋、振動系モデルなどが、又理論モデルとしては、DNAの二重鎖モデル、分子模型、原子模型などが挙げられ、行き届いた解説がなされているが、私には理解不可能である。ただ自然科学におけるモデルの役割として、先生は、「要するにモデルとは事象を単純化し（ときには、その上に、図形的で視覚に訴え、生き生きと事象を表象し）、理論を考えやすくするものである」「理論と現実の中間段階として、――両者を結ぶ環として、必要かくべからざるものである。」「同一の対象に関するモデルは一つとは限らない」、しかし、現象についての理論が確立していない場合に、モデルを構成する時は、よく分かっていない現象を想像してモデルを構成するのであるから、モデルは現象の単純化ではありえず、同時に現象についての仮説を含む、としている。

次に、社会科学のモデルについては、普通は理論モデルのことであり、経済学、心理学でモデルというときは、「単なる現象の単純化ではなく、それについての仮説（理論）を提示するものである」とする。その上で、経済学、心理学のモデルにつき、解説する。経済学における「経済モデル」については、「単に経済現象を単純化するだけでなく、同時に単純化された経済現象に関する仮説または理論の提示である」とし、「それは数式を以って表現される」とする。なお、いわゆる計量モデルは、「経済モデルを統計学的方法によって経済データと結びつけ、現実の経済を数式に表現するもので、経済モデルと区別される」と説く（経済学におけるモデル論にも突っ込んだ検討が加えられているが、これまた私には理解不能の領域である）。さらに、その他の社会科学――社会学、政治学、法律学――においてモデルという時は、仮説提示の理論モデルというより社会現象の分析枠組ともいうべき理論モデルであるとし（例えば川島武宜「『法』の社会学理論の基礎付け」岩波法社会学講座4、三二八頁の法の社会制御モデルと法の紛争モデル）、加えて、これらの理論モデルとは別に、社会現象の分析、評価の道具として機能するマックス・ウェーバーの理想型も理論モデルの一種として取り扱っている。この理念型を解説した本論文の注(54)などは、それだけで大論文になる内容が盛り込まれているように思われる。

以上のような、具体的内容を盛り込んだ充実したモデル論を展開した終わりに、モデルと理論（仮説）の相違につき、仮説提示のモデルは仮説を提示するものではあるが、モデルは単純化、部分的、図形化などの性格をもつから、たんなる仮説より示唆的であり、それ以外のモデルは、「われわれの関心を集中するための工夫なのであり、それは問題の所在を指摘し、データの示唆、収集、分析などに関するが、理論のように真理だとか虚偽だとかは問題にできない」と述べている。

さらに、右の多様なモデルを用いるにあたって留意すべきこととして、「一つにはややもすれば、自己の選択したモデルによって万事をまかなおうとする危険に対してであり、二つには或るモデルを選択したことにより、ややもすれば誤った観察に陥って顧みない危険に対してである。」と指摘している。

（3） ファイヒンガーの擬制論と「モデル」との関係について論じた上で、自己の研究の方向性を定める。モデルのうちで、仮説を提示するモデルを擬制から除くとすれば、擬制の学問の方法としての意義は甚だしく減じることになるが、ファイヒンガーのように一定の目的の為の現象の単純化など広く現実からはなれる事を擬制というのなら、対象モデルは勿論──仮説提示のモデルはのぞくとしても──他の理論モデルは擬制に入ることになる。こうみてくると、ファイヒンガーは学問方法としてのモデルのパイオニアといえるかもしれない。しかし、彼の意図は科学方法論というよりも、むしろ認識論にあったと思われる。なお、擬制論の好材料になりそうな量子論があらわれていなかったこと、「矛盾」を重視しながら弁証法に立ち入らなかったことが惜しまれる。ファイヒンガーの擬制論の特色としては、(i)論理的思考の第一目的は実際的目的で論理的機能は自己保存に役立つのであり、第二次的目的が始めて認識であり、論理的機能の副産物にすぎない、(ii)擬制は論理学の体系における演繹、帰納と並ぶ同等の第三の構成分子である、(iii)思考は回り路をする、この命題は一切の擬制の特有の秘密を含んでいる、(iv)擬制は思考の通過点にすぎない、(v)真の擬制を、実在から離反するばかりでなくそれ自体矛盾している場合に限っている、(vi)科学の根本概念は多く矛盾しており、擬制である、(vii)擬制は理論的に無価値、矛盾さえしているが、実際的目的を持ち有用である、(viii)矛盾した擬制によってなぜ正しい結論に達するのかを問うている、(ix)擬制か一番用いられ論じられたのは数学と法律学である、などの指摘をしている。

以上のように、先生は、ファイヒンガーの見解を究明しながら、しかもファイヒンガーが十分に答えていないところの、「実在から遊離するだけでなく論理的に矛盾している擬制の場合」、すなわち、眞の擬制とされる数学上の擬制（特に微分）、自由意志、国家契約（社会契約）、神等について検討し、「論理的に矛盾している擬制によって、どうして正しい結論に達し得るのか」という問いに答えたい、と述べる。

（4） ②の論文についての私の感想

(i) 本論文は、先生が擬制とは何かの内容に始めて立ち入った論文である。従来は、なぜに、法解釈で擬制が多用されるのかという疑問の提示にとどまっていたが、本論文では、ファイヒンガーの考えによりながら、擬制と認める場合の基本的条件を述べている。まず実在からの任意的離反で、そのことの意識がなければならないし、加えて一定の目的への手段である事が必要とされる。ここでの論調は、法の擬制に対する疑念は脇へ置き、「およそ科学の基本概念は多くは矛盾しており擬制であるが、それでどうして正しい結論に達し得るのか」を課題としたファイヒンガーとともに、擬制の積極的役割を広く深く追求する旅に出たような感じがする。(ii) 複雑な事象の研究でその事象を単純化する方法として――擬制とは別に――「モデル」が盛んに用いられるので、擬制の概念をあきらかするためにも必要と考えられたのであろう、モデル論の解説にはすさまじいエネルギーを投入している。自然科学の具体的モデルの説明は、私には理解不能であるし、社会科学のモデルのうちでも、経済の数式モデルは十分には理解できない。ただモデルの一つと解されているマックス・ウェーバーの理念型についての説明は私にも何とか理解できるし、そのとらえ方は見事というほかはない。このモデル論の注だけで、「一人の法学者による全学問にわたるモデルの役割についての考察」という題目の論文として刊行できるのではなかろうか。

(iii) 終わりの擬制とモデルの関係論では、ともに単純化という共通項はあるが、理論モデルの多くは仮説の提示──理論──であり検証可能という点で擬制と異なる、もっとも、この区別が明確なのは、自己矛盾を伴う実在からの離反、すなわち狭義の擬制との間であって、単に現実からの離反を意味するだけの広義の擬制の中には現象モデル、仮説提示のない他の理論モデルも含まれるとする。そして、今後の中心課題は、狭義の擬制の解明にあると結んでいる。(iv) 本解説でもふれたが〔二(3)(ii)参照〕、ファイヒンガーの擬制論の特色、たとえば「擬制は論理学の体系における演繹帰納とならぶ同等の第三の構成分子である」といったような特色をどれだけ生かせるかが今後の課題となる。

三 ③「文学」

(1) 本論文では、自然科学、社会科学から目を転じて、「英米では用語上からさえも小説をフィクションと呼ぶ事でもあり、やはりまず文学──文学といっても勿論主に小説──におけるフィクションをやらなければいけない、という気になった」として、文学を採り上げる。まず「東方（極東）の文学の歴史と西方の文学の歴史との間には、一つの差異がある。一は虚構を必須とし、他は虚構を必須としない」としつつ、わが国の明治以降の写実主義、自然主義、いわゆる私小説をめぐる賛否両論を——西欧の小説のあり方論との慎重な比較もしながら——紹介し、「いまや少なくとも私小説は文壇の主流でなくなって、代わりに、一方ノンフィクションが盛んとなるとともに、他方小説は本来フィクションであるべきだという考え方が一般的となっているとだけはいってよいのであろう」とする。

（2） 小説のフィクションとしての目的については、「一般的に、事実（現実）と真理（真実）とを区別し、」「事実を再現することではなく真理を啓示することにある」とされているようだとする、換言すれば、作家としては、第一には——一連の想像的事実のうちに——人生の真実を示すことを意図するのであり、読者の感動は、いわば付随的なものであるとする。そしてこの小説での人生の真理の具体化とは、このうちに人生、人間性の普遍的なもの特に典型を表現することだとされる。したがって文学的真実は——自然法則、経済法則と同様——そのままの姿で現実の世界にはあらわれないが、主観性を免れないという点で他の法則とことなる。文学的真実、自然法則、経済法則それ自体をフィクションと呼ぶかは別としてそれらに達する手段はフィクションといえよう。では文学的真実に達する手段としてのフィクションは、その目的達成のために、事実、虚構のいずれから出発するのかといえば、まず虚構の世界を構想し、それからその世界への現実の変更を行うのが原則であり、下がって「私小説」に比して、フィクション構成を主体とする「本格小説」では格調あるフィクション構築のための豊かな想像力と高い思想が作家にもとめられるとする。

（3） 本論文で、強調されているのは、虚構と現実との関係である。すなわち、フィクションとしての小説は虚構により事実から離れるが、勝手にではなく、事実の奥に隠れている真実の啓示という目的にかなうように離れるのであり、虚構の世界は現実の世界と無縁ではない、「要するに、虚構はまわり道である。一旦、現実から離れるが、再び現実に戻り、現実に対して真実を示し、逆に現実に影響を及ぼすのである」との見解を打ち出している。

（4）③の論文でのフィクションに関する議論の結びは、今までの先生のフィクション論に虚構と現実の関係を明らかにするという成果を加えた。先生によれば、現実は必ずしも真理を示さないで、虚構が真理を示す場合がある、すなわち「真理が虚構を要請する」のである。そのとき、虚構が現実からはなれて真理を示し、それが逆に現実に影響を及ぼす、すなわち、「虚構世界が現実世界を逆照射する」というのである。ただし虚構の現実への影響の仕方は、各分野で一様でない、法におけるフィクションは、強制的に国民に適用されるが、文学における虚構の受容は読者にまかされるし、だからといって、後者の虚構の方が現実への影響が大きくないということにはならない、と述べている。

（5）③の論文についての私の感想

（i）ここでもまず、西欧の、古典的小説のあり方に入念な考慮をはらいつつ、我が国の写実主義、自然主義の上に流行したいわゆる私小説を巡る批判論、同情論を綿密に解説し対比したうえで、「私小説」は今や文壇の主流ではなく、小説は本来フィクションであるべきだという考え方が一般的となっているとする。ここでの文学者の議論についての解説のわかりやすさに感歎する。

（ii）いままでは、もっぱら自然科学、社会科学の領域を対象として議論をすすめてきたが、文学を対象とする本論文では、虚構と真実という人生全体を飲み込むような形で議論が展開するので、従来の議論と趣が違うことは否定できない。しかし、それだけに、実在から任意に離れる際の現実と虚構との関係が明確になってきているといえよう。すなわち、「真理が虚構を要請する」、「虚構世界が現実世界を逆照射する」という関係が浮かびあがってきている。

四 ④「神」

(1) 神のいない文明といる文明とがあり、後者の神を中心におく宗教が問題となるとし、キリスト教につき論じる。ただし、はじめに、先生のことわりがある。すなわち、キリストを神の象徴と解してはいけないのか、また我々信仰に貧しいものにとっては、世の知識人が宗教信仰を持っていることに驚きを感じないか、さらに信仰のない者の方から宗教、神を客観的に考えていいのだといっていいのか、また、回心とか神秘状態、神経験とか神体験ということもよくわからない、神はわずかに予感されうるにすぎないというが、そういいきれるのか、さらに信仰者の抱く神の観念はそれぞれの信仰者によって別なのかなど、疑問が多い、したがって確信を持って議論することができず、加えて文献の関係もあって、新教中心の、欠陥だらけの議論になってしまった、などのことわりがある。

(2) まず神の観念は多様に構成されているとして、いくつかの神観を眺める。

(イ) カント　カントは純粋理性において否定した神を、実践理性の要請として認め、いわゆる最高善を可能にする必然的条件として神の実在が要請されるというのである。こうして、カントは宗教に到達し、宗教は、いっさいの義務を神の命令とみなす、とする。なおここに「要請」とは「理論的には証明されえない命題で、実践的見地においてのみ必然的に設定される前提である」という。

(ロ) フォイエルバッハ　「神は人間である、人間の本質以外の何者でもないとしながらも、信仰者は神の意識は人間の自己意識であることを意識しているわけではないとし、そして宗教においては、人間は、まず、人間をみすてて神のもとにおもむくが、それはふたたび人間のところに帰ってくるためである。つまり宗教の進行は回り道をするのである」とする。

（ハ）ウィリアム・ジェイムズ　宗教を制度的宗教と個人的宗教とに分け、後者に限定して、「宗教とは個々の人間が孤独の状態にあって、いかなるものであれ、神的な存在とかんがえられるものと自分が関係していることを悟る場合だけに生じる感情、行為、経験である」とする。そして「宗教的経験は、一、不安感、すなわち何か間違っている点があるという感じと、二、その解決、すなわち「より以上のもの」と持続し、より高い力と正しく結びつくことによってこの間違いから救い出されるという感じの二つの部分から成るが、「より以上のもの」は、こちら側では、私たちの意識的生活の潜在意識的な連続である」という仮説を立てる。では私たちの存在の遙か向こう側の限界は何か。それは感覚的で理性で知られる世界とは全く違った存在の次元に食い込んでいて、私たちの理想的な衝動は殆ど全部この領域に起源する限り、私たちは可視的世界に属しているよりもはるかに本質的な意味でこの領域に属している。そしてこの不可視的な領域は、決して単なる観念的なものではない、なぜならそれはこの世界のなかに現実的効果を生み出すからで、他の実在の中に効果を生み出すものはそれ自身一つの実在と呼ばなければならない、としている。そうとして、神は、信者にとっては最高の実在をあらわすごく自然な呼び名である。かかる信仰は人間の心に数々の徳性をみのらせる。これまでみてきた宗教の効用、宗教をもつ個人に対する宗教の効用、その個人が世界に与える効用、これらこそ宗教の中に真理があることの最善の論拠である。ただし宗教は、本質的には私的なもの、個人主義的なものである、それは明確に説述しょうとする私たちの力をこえている。とする。

（ニ）デュウィー　デュウィーによれば、宗教的信仰とは理想目的に対する信仰である。しかし理想目的を持つ信仰のすべてが直ちに宗教的信仰というわけではない。それは総合的な理想目的にたいする献身による自我の統一であるとし、理想と現実との活動的な関係に神という名をあたえる。いずれにせよ宗教の価値は生活と生活の条件に対してよりよき順応をもたらすかどうかという機能できまる。このデュウィーの神と言う言葉の使い方からすれば、それは、強いて神と呼ぶ必要もないように思われる、とする。

（ホ）　ブルトマン、ティリッヒ　　伝統的な神観念のつくりかえが問題となるが、やはりいずれも神の超越性は神の観念に本質的なものとする。ブルトマンは、「われわれは、自分に向けられた神の言葉、自分に向けられた神の行為を語る限りでのみ、神を語りうる」とし、信仰とは、われわれに対する神の行為の肯定、われわれに向けられた神の言葉への応答でしかありえないとする。そして、信仰の逆説性を強調する。すなわち、「信仰は、神の行為と現世の出来事との直接的同一性ではなく、あえて表現するとしたら、その逆説的同一性を主張するのである。それは外見上の非同一性に逆らって、ここおよびいまにおいて信じられるものなのである」としている。

次に、ティリッヒは、「神は存在自体であり一存在者ではない」「存在自体は、無限にあらゆる有限存在者を超越する。」「要するに、神とはわれわれが究極的にかかわっている事柄を表す根本的な象徴である」、そして「信仰とは、われわれに究極的にかかわるものによって捉えられた状態である」「信仰とは、究極的にかかわるものに対する関与――全存在をかけての関与である」とする。

（ヘ）　デュルケム　　神は、民族的ないし集団的神と個人的ないし人類的な神とに区別され、いままでの議論は後者を対象とするが、デュルケムの議論は前者の観点に立つ。彼は、神は社会であると結論し、その社会とは現実社会そのままではなく、また観念的な理想社会でもなく、変形され理想化された現実社会だとする。さらに言い換えて、人格化された集合的理想に他ならないともいっている。

（ト）　ケルゼン　デュルケムと同じく宗教現象と社会現象との内的関連という視点から神の観念を構成する。かつては神の観念と国家の観念は同一物であったが、キリスト教の発展とともに神の観念が民族共同体から分離し、この民族を超えた神の成立は、個別国家の境界を越え出るすべての人類の共同体の観念の形成と手を携えて進行したとしている。

（3）　以上、神の観念に関する諸説を紹介したあと、それら諸説のフィクション性が論じられる。神の観念の述べ方には二通りあり、（イ）一つは信仰者の抱く神の観念のみを述べるものであり、（ロ）もう一つは本来の神の観念を信仰者の抱く神の観念から区別して述べるものであるが、いずれもフィクションと言ってよいだろう、とされる。

前者のうち、カントは、最高善の実現の条件として実践的に存在するとされるのであり、それは信仰者の確信によるということになるが、フィクションと解してよいとしつつ、フィクション論一般に言及し、「フィクションとは、フィクションを行わんとする者にとって、正しいと考えられる一定の目的の実現のために、現実から離れ、現実でないことを現実とみなす、すなわち現実に背反すること、ないしは現実に変形が加えられたことを現実とみなすことである」としている。そしてさらに、フィクションについて注意しなければならない要点として、（い）フィクションの目的は、政治、法律、宗教の分野では、価値判断が介入するから、すべての人によって受け入れられるとは限らない、（ろ）フィクションがその目的の実現に不可欠とは限らない、（は）フィクションは意識的に現実を離れるが、そうすることが尤もだと思われる状況でなければならない、という三点を挙げている。

さらに、政治、法律などのフィクションでは、現実に存在しないと意識しつつ存在が仮定されるのにたいして、宗教上のフィクションでは、存在が信じられているかに見えるという違いがありそうだが、後者の場合も、現実に存在しないのに存在するとされるのであるから、違いはないとする。ついで、ウィリアム・ジェイムズも、目に見えない世界、自分の存在より以上のもの、より高いもの、を神と呼び、その実在を主張する。しかし、宗教は私的なもので、神の存在は信仰者についてのものだと考えているようである。なお、ブルトマンも、神は客観的に存在するのではなく、信仰が神を現出させるのだとの考えである。したがって、ジェイムズ、ブルトマンの神の観念もフィクションといってよいことになろう。

（ロ）の立場をとる者をみると、ティリッヒは、「神は存在の根底または深みである」とする。この見解は、人間は神に支えられて存在しているが、存在の根底から疎外の状況の中に実在しているのであり、実存的人間が、そこから疎隔の状況にあるその存在の根拠に回帰せよとの思想を意味するとされる。フォイエルバッハは、信仰者の観念するところとは違って、神は人間の本質以外の何物でもないとするが、彼によれば、宗教においては、人間は人間をみすてて神のもとにおもむくが、ふたたび人間のところへ帰ってくる、つまり回り道をするのであり、それは人間の本質に従った生き方をするためと考えられているということになろう。デュルケムもまた、「神は、実は、社会である、変形され理想化された現実社会である、換言すれば神は人格化された集合的理想に外ならない」とする。

そして、こうみてくると、（イ）の諸説についても（ロ）の諸説についても、そこでの、神の観念はフィクションだと解してよいことになる、「いずれも、信仰の基礎をなす実在から離れて、仮構しているからである」とする。

以上が、④「神」の論文の概要であるが、先生は、終わりに、哲学者、神学者らの神の観念について、「現実からの離れ方は一様でないとしても、いずれも、フィクションと呼びうると結論した。私の議論の根拠となっているのは、信仰者の信仰と信仰の逆説性が、神とその超越性を成り立たせるのだ、ということである。もっとも、それは、神は単なる幻想に過ぎないといっているのではないが。」と結んでいる。

（4）　④の論文についての私の感想　i私のように信仰のない者からみると、神の問題は、フィクション論の中では議論しやすい分野のように考えていたが、この論文でむしろ、フィクション性を論じることが非常に困難な問題であることがよく判った。先生ご自身も指摘されているが、議論は難解を極め、先生でなければ纏め上げることはできなかったのではないか、という気がする。iiともあれ、神は③「文学」の小説よりも具体的実践的な対象であるから、フィクションの「現実からの離れ」のあり方も一層はっきりとしてくることになる。先生の言葉を繰り返せば「正しいと考えられる一定の目的実現のために、現実から離れ、現実でないことを現実とみなす、すなわち、現実に背反すること、ないしは現実に変形が加えられたことを現実とみなすこと」というフィクションの特質が、この論文で、固まってきたといえよう。iii加えて、政治、法律、宗教のフィクションは、主観的な色合いを持つという新しい指摘も生まれた。すなわち、主観的価値判断が介入すること、フィクションは目的の実現に適合したものでなければならないが、目的の実現に不可欠とは限らないこと、意識的に現実を離れるのは、そうすることが尤もだと思われる状況で行わなければならないが、ある者にとっては虚偽、幻想と見えるかもしれないこと、などが指摘された。ivフィクションの研究が進み、その内容の豊かさ、役割の大きさは明らかになってきたが、私には、現実から離れて回り道をするとして、その道筋、さしあたりの到達地点（仮構）はどのようにして決まるのかが、依然として理解できないままである。

五　⑤「序説」

（1）　先生は、この段階で、フィクション論の著書が完成したときには序説となるはずの内容の論文を書かれている。恐らく、今までの研究の成果をとりまとめておくことの必要を感じられ、今後の進行が見通せると判断されたのであろう。

まず始めに、法律上のフィクションについて、多くの学者はその時代は終わったというが、そんな主張は何の根拠もないとする者もいて、迷う問題なので、改めて吟味する必要があるとする。そして、法律上のフィクション論を紹介する。

（イ）まずベンサムが挙げられる。ベンサムのフィクション論は、論理学上のそれを主題とし、言語の役割に決定的重要性をみとめる。詩的フィクション、政治的フィクションとは異なり、「論理学者が自分で作り出したのではなしにかかわっているフィクションの目的および効果は人間のコミュニケーションの遂行である。」これに対して、「詩人のフィクションの目的および効果は——場合により、（中略）特定の方向への行動へ、発奮させるにあるのを除き——楽しむ以外にはない。」また聖職者や法律家のフィクションの目的、効果は、「欺き、欺くことによって支配し、支配することによって、フィクションの向けられた当事者の犠牲において、フィクションを用いる当事者の真実又は仮定の利益を増進することであった」とする。

（ロ）つぎに、ベンサムよりもはるかに広く、殆んど一切の学問におけるフィションを論じたものとして、ファイヒンガーの「かのように」の哲学を挙げ、「論理的には矛盾している擬制によってどうして正しい結論に達しうるのかと問い、それに答えんとしている」とし、これを研究の出発点だとする。そして、ファイヒンガーのフィクションの定義を解説する。すでに述べたように、フィクションの要件の第一は、任意の、意識的な実在からの遊離であり、しかし、それが一定の目的に対する手段であることが必要である。そして、それ自体が実在であることを求めないから、実在としての検証を求める仮説と区別される。フィクションにおいては、思考は回り路をするので、思考の通過点と解すべく、究極には除去されなければならない、とする。さらに、フィクションは、虚言ではない、すなわち、「フィクションは、普通、Tの事実があってTの事実がないのにTの事実の効果をみとめることだとされている。しかし、決してTの事実がありTの事実がないとしてTの効果をみとめるのではない。Tの事実があることをみとめながら、しかもTの事実があるかのように、Tの事実の効果をみとめるのである。」とし、末弘著『嘘の効用』（大正一三年、改造社）が嘘とフィクションを区別しないために混乱していることを指摘する（注(18)参照）。

（ハ）また、ファイヒンガーのフィクションは、イデオロギーとして用いられるフィクションとは区別しなければならないとし、それとの関連で、ケルゼンの擬制論をとりあげ、詳細に論じている（注(19)参照）。ケルゼンは、「多くの自然法論者は、国家契約は全ての国家の発生の際に行われた歴史的事実であると公言してはばからない。」しかし、「このような主張が経験的にはなんら根拠を有さず」「契約説は擬制を試みていることになる」「この擬制、この科学上の虚言は、排斥されるべき方法の混同、規範的考察と説明的考察との許し難い混線にその根をもつ」として、イデオロギーとして用いられるフィクションを強く非難するが、ファイヒンガーのフィクション論には賛成し、自分の根本規範論での根本規範をフィクション、ファイヒンガーの意味での真正のフィクションと認めるに至った。

（ニ）先生は、この序説で著書の組み立てにも触れ、ここに掲げた諸論文をつないだものとなり、それらを通して、広くフィクションのメカニズムを解明したい、としている。

（2）⑤の論文に対する私の感想　　ⅰこの論文で、先生のファイヒンガーに沿ったフィクション論の内容は、落ち着いたものとなったといえよう。今までの論文では、実在からの遊離の後の行き先の姿が一般論としては必ずしもはっきりしなかったように思われるが、それ自体は実在であることを必要としないということがはっきりとした。ii正しい目的実現の方便であるが、回り路の思考であるから、究極には除去されなければならない、との考えが示された。iii虚言とは異なると言うことが明確となった。ivしかし、先生のフィクション観、それを使うことの当否についての見解は見えてこない。

六 ⑥「自由意志」

（1） 本論文で、初めて法律学の分野で重要な役割を果たしている「理論上の擬制」として、「自由意志」が登場する。「人間の行為が自由であり、それ故に『責任を負う』と見られ、自然の出来事の『必然的』過程と対比される。」それは不変の法則に矛盾するし、絶対的に自由な偶然の行為は無価値だから、自己矛盾でもある。しかし、この概念は道徳的行為の判断に利用されるだけでなく、刑法の基礎である。そして、この基礎の上にのみ高度の文化と道徳は可能となる。けれども、それ自体は、論理的怪物、矛盾である。一言でいえば、擬制に過ぎない。以上が、この論文の書き出しである。

（2） 本論文は、イ、量子力学における因果法則（決定論）と意志の自由（非決定論） ロ、責任との関係における因果法則（決定論）と意志の自由（非決定論） ハ、結び（フィクションとしての自由意志）、の三節から成る。

（3） 先生が量子力学を採り上げたのは、量子力学以前の物理学においては、ニュートンらにより確立された因果法則ないし決定論（以下、単に因果法則とよぶことにする）を否定しようとする者は久しくいなかったが、量子力学の誕生とともに、大きな変化を生じたという事情があるので、そうした変化が『自由意志』にどのような影響を与えたかを吟味することが、自由意志の本質の解明につながるからである。先生ご自身は、量子力学を知らないのに量子力学者の思想から始めるのは、ペダンチックのそしりを免れないが、「格好上、論文を書き始め易いように感じたからにすぎない。」と述べている。そして、先生は、(i)、まず、量子力学の基礎を築いたアインシュタインを採り上げ、彼は、終世、量子力学を不満足なものとし、決定論を固持したとし、アインシュタインは、晩年、手紙のなかで「君はサイコロ遊びをする神を信じている。だが、ぼくはなにか客観的に存在している世界の法則の完全な規則性を信じています」と主張しているとする。(ii)、ついで、量子力学の創始者の一人で、因果法則と意志の自由について最も詳しく論じたマックス・プランクも、因果法則の一般妥当性を確信している、とする。マックス・プランクは「因果性とは、ごく一般的に言って、出来事の時間的な経過における法則的な連関である」と述べ、物理学も、因果的な見方とはまったく異なった考察方法、すなわち統計的方法により成果をうみだしてきたのであり、原子の世界では因果法則は決定的に無効なのであり、そこであらたに、因果性の概念の再検討が必要だと指摘する。そして、一連の物理学者、哲学者は、自然の中には真正の因果性や厳密な法則性は存在しないと主張し、非決定論の立場をとり、そこでは確率法則が軸となるが、むしろ、物理学は分子、原子について巨視的な考察方法を先行させながらも、できるかぎりこれを微視的な考察へと還元しょうと努めており、因果法則の厳密な妥当性を基礎においている、と説く。このようなマックス・プランクの因果法則論は――カントによれば、因果法則は、一つの先験的綜合判断（要請）であるのに対し、コントの実証主義によれば、精神の虚構ということになるが――この二つの解釈のうち前者の立場をとっているようである。そして、自然の世界だけでなく、精神の世界においても因果法則の前提を放棄することは許されないとする。しかし、にもかかわらず、「意志の自由」について語ることは許されるのであり、普遍的で厳密な因果法則と意志の自由は調和しうるのだとする。世界の出来事における厳密な因果性の問題と違って意志が自由であるか否かはもっぱら自己意識の関心事であり、自我によってのみ解決できるのであり、要するに、「外から見れば意志は因果的に決定されているが、内から見れば意志は自由なのである」と述べている（⑥『自由意志』、『法とフィクション』二八九頁以下の注にマックス・プランクの見解についての詳細な解説がある）。(iii)、マックス・プランクのような見解に対して、すでに触れたように、量子論においては、法則を統計的法則として公式化すべきこと、決定論を断念しなければならないと結論したハイゼンベルグの見解があげられる。(iv)、また、ボーアも「量子論においては因果性を断念しなければならない」とし、「進んで意志の自由について語ることが許されるであろう」との見解であるとする。(v)、さらに、ポパーは、物理学の発展をふまえ、確定性の世界と言う世界観の提唱により、非決定論、自由意志論を一段と推進したとされる。ポパーは、現実の変化しつつある世界で、状況、可能性、それゆえに確定性は、いつも変化しており、そこから決定論の誤りを証明できるし、その伝統的議論はすべて朽ち果てているのであり、非決定論と自由意志が物理学、生物学の一部となっているのだ、と説いている。

（4） 以上の量子力学による因果性から確率性への変化は、道徳責任、刑事責任の基礎としての自由意志論にどのような影響を持つかが、次の課題である。そして、「因果法則と意志の自由」の問題については、決定論と非決定論とが対立している。それぞれの代表的意見として、モーリッツ・シュリックとウィリアム・ジェームズの考えが示される。まず前者については、シュリックが、我々のあらゆる実践的行動は決定論の成立を前提としており、とりわけ責任の概念を人間の行為に適用しうるのは、因果律が意志過程に妥当する限りにおいてであるとし、さらに——他の決定論者は決定論をとりながら「意志の自由」を肯定するにとどまるのに——決定論を貫き、「意志の自由」の概念を捨て去り、「行為の自由」（換言すれば、強制の不在）の概念を認めるべきだと主張する。

先生は、この「行為の自由」の主張には疑問を投げかけている。後者については、ウィリアム・ジェイムズの見解は、ある意欲が生じたとして、非決定論者は代わりに別な意欲が生じたかもしれないとするのに対して、決定論者は、かわりになにも起こり得なかったろうと断言することになるが、事実はいずれの立場をとるかということと何の関係もないのであり、われわれをいずれにするかは、何らかの感情なのだとし、決定論的感情のよりどころは偶然の観念への反感である。しかし、「あることを『偶然』とよぶことによってせいぜい意味されるのは、これが保証されておらず、それ以外のかたちもとりえたであろうということにほかならない。」しかもこの世が偶然の世界であるか否かを確かめていないし、そのようにみえるといえるだけである。偶然を内容とする世界と決定論的世界とどれだけ違うのか、を吟味しなければならない。なお決定論には硬い決定論と柔らかい決定論があるが、後者の立場の者が多く、その立場は、悲観論と主観論とのディレンマにある。これに対して、「自分の支持する非決定論は、悔恨の判断にもとづく世人に意識される自由意志論である」とし、それによれば、偶然とは、道徳的な観点からみて、未来が過去にそうであったのとは別な、もっと善いものとなりうる機会なのである。以上が、先生の解説したシュリックとジェイムズの議論であるが、先生は、両者の議論はぴったり噛み合ってはいない、シュリックは、非決定論者の主張する自由な意思決定は『偶然』ということで、意志行為は全く無原因、無法則性になると非難するが、ジェイムズは、『偶然』と言う言葉をそんな意味に用いてはいない、そして、この論争の中心的概念を同じ意味で用いていないことが、議論を分かりにくくさせている、さらに、因果性と決定論の概念も不明確で、決定論者と自由意思論者の双方が異なった意味で用いたことも議論を混乱させた、因果性の存在は必ずしも選択の自由の否定につながらないのに、因果性の存在は常に決定論を帰結すると言う考えもあったなど、論争の内容を掘り下げて、先生流の鋭い批判をくわえている。

（5） 先生は、この論文の結びとして、決定論と非決定論・自由意志論の論争の中で、一番関心を引き、重要におもわれるのは、いずれもが決定論または自由意志論を正しいと論証することはできないとしている点であるとする。そして、決定論の正しさを論証することはできないが、自由意志の存在も論証できないとしつつ、なお自由意志の存在を主張するなら――検証を目的としないのだから仮説ではなく――一つの仮定と解しなければならないであろうとし、では何のために、そういう仮定をおくのかといえば、ジェイムズが指摘するように、それは人々の感情によるのであり、人々の合理性の確信に合する結論に導びかれるからだとする。「意志の自由」の仮定は、実践的に人々が望ましいと考える結論に到達するための便宜的手段に外ならないのであり、その意味でやはりフィクションであると結論付ける。さらに、フィクションだとすると、それは個人的で主観的なものであるということになるが、何の根拠もないというのではなく、フィクションを行うことが尤もな状況の存在が必要であるとする。終わりに、先生は、「意志の自由」をフィクションとすることに一つの疑問があるとする。その内容は、次のようなものである。ファイヒンガーのように、決定論を正しいとしながら、意志の自由を仮定するのなら、実在からの任意的離反としフィクションとすることに問題ないが、ジェイムズのような自由意志論者は、決定論が正しいとしているわけではない。決定論の正しさ、意志の自由の正しさは論証できないとしているので、そこで実在が明確に定義されていないのであり、このような場合に自由意志を仮定するのは、実在から、はっきりと離反すると必ずしもいえないので、フィクションと見てよいかが問題となるが、実在からの任意的離反という要件を緩やかに解すれば、フィクションとみてよいとすればフィクションは一段と広い範囲をもち、多様となる。それをまとめて、どう定義するかが、問題として残る、と述べている。

（6） 本論文に対する私の感想　ｉ　この論文では、古典的物理学を支配した因果の法則が、量子力学の展開により通用しなくなり、確率性、従って『偶然』の概念がそれにとってかわったという流れのなかで、道徳責任、刑事責任の基礎である『自由意志』と、そのまた前提におかれる因果の法則すなわち決定論がどのような影響をうけたかを探ることをとおして、自由意志のフィクション性を明らかにするという手法がとられているといえよう。その着眼点のすばらしさ、構想の雄大さに驚く。iiここでは、決定論、偶然、自由意志などに関する議論であるだけに、自然科学者の議論にも、②「モデル」における議論などと違い、なんとかついていける。決定論者の多くは、かえって意志の自由をみとめるが、量子力学者も、必ず非決定論者というわけでもなく――「偶然」ということばの意味の捉え方の食い違いなどもあって――議論が混乱しているという内容は、私にも、ほぼ理解できた。iii結論の、決定論を正しいとしながら意志の自由を仮定するのなら、実在からの任意的離反としていいが、決定論が正しいことは論証できないとしながら意志の自由を認める立場では、離反する実在がはっきりしないことになるとして、これもフィクションと認めると、任意的離反の要件がゆるみ、フィクションの範囲が広がるという指摘は、再吟味の必要があろう。先生の研究は進展し、内容はゆたかになるが、依然として、先生自身のフィクション観は見えてこない。

七 ⑦『社会契約』

(1) 先生の最後の論文となった⑦『社会契約』では――この問題は一般にフィクションの例としてよく挙げられるが――わが国では社会契約論の代表者と目されているルソーと、近時、社会契約論を復権したと評されているロールズとが、とりあげられている。もっとも、ルソーのそれは人民主権の原理を提唱するものであり、ロールズのそれは正義論であり、議論の内容は異なるが、共通項があるとして、内容に入っていく。

（2） ルソーの社会契約論については、i、それは人民主権の原理をうちたてたといわれるが、ii、まずルソーは、自然状態という仮定をおく。そして、そこでは、誰でも束縛から自由であり、強者の法律は無用になっており、不平等は感じられないし、その影響もなかったとし、iii、ついで、その仮定の上に立って——自然状態での生存が極限に達し、各人が身体とすべての力を共同のものとして一般意志の最高の指導の下におき、構成員を全体の不可欠の一部として、ひとまとめにしてうけとるのだという考えを根拠に——全員が社会契約により人民主権の原理を樹立したとする、iv、そして、政治的権威の基礎は人々の合意以外にはありえない、いかなる人間も仲間に自然的権威を持たず、力は権利を生み出さない以上、正当なすべての権威の基礎としては約束たけがのこることになる、と述べている。v、先生は、以上のルソーの社会契約はフィクションと解すべしとする。なお自然状態自体もフィクションといえなくはないが、それだけをとりだしてフィクションかどうかを論じるよりも、自然状態の仮定に基づく社会契約そのものをフィクションと考えるべきかどうかを問題とするのが適当だとされる。では社会契約はなぜフィクションなのか。それは、現実に社会契約がなされたわけではないのに、一定の目的を達成する手続として人民主権の原理を導き、あるべき国家形態を提示し、規範的現状の変更を求めるために、社会契約がなされたかのように仮定するのだからだとする。ルソーの議論は革命的といってよいが、フィクションがその目的を達成せんとする方法は、直覚的でなく法的であり、一種の思考実験により議論が納得力をもちうるようにあんばいされているのである、また、社会契約は、フィクションであるといっても単に架空なものではない、とする。

（3） i ロールズの社会契約論については、それは原初状態において全員一致の合意（社会契約）により正義の諸原理が選択されるとするのであり、自由で合理的なひとびとが、彼らの連合体の基礎的条項を定義する諸原理であり、これらの原理はその後の全ての合意を規制することになる、つまりそれらは、そこに参加できる社会的協働の種類や確立されうる政府の形態を明確に定めるのであり、正義の諸原理を考えるこの方法を、公正としての正義と呼びたいとする。ii　ロールズも、ルソーが自然状態という仮定をおいたように、原初状態という仮定をおき、全ての人が同様な状況に存在しており、だれも自分に特有な状態に都合の良い諸原理を立案することはできないから、正義の諸原理は公正な合意あるいは交渉の結果であり、到達された基礎的な合意は公正であるといえようとする。iii　ロールズが正義の諸原理は原初状態で人々の全員一致の合意により選択されるとして（もっとも、成員の個性を奪っておいて、社会契約を成員の個人的合意によるとしている点には批判が多い）、こうして社会契約によって選択される諸原理の内容を、自由原理と格差原理という一原理にまとめ、そこに参加できる協働の種類や確立されうる政府の形態を明確に定め、それ以降の制度を評価し、社会変化の全体的方向を導く標準として役立てうるとしている。なおこの正義の二原理の内容は、本論文の注（7）に詳しいが、第一原理は、各人は、全ての人と同様な自由の体系と両立する平等な基本的自由の全体体系を最大限度まで持つ平等な権利を有すべし、第二原理は、次の二点、すなわち社会的、経済的不平等は、正義に適う貯蓄原理と矛盾せずに、最も恵まれない人の便益を最大化すること、公正な機会均等という条件の下で、全ての人に解放されている職務や地位に付随していること、となるように取り決められるべし、というものであった。iv　そして、右の正義の二原理は、功利主義より優れていると主張する。ロールズによれば、効用原理の顕著な特徴は、ある人々の利益より大きくなるのであれば、他の人々が少し損失をこうむっても、その埋め合わせとなると考えてはならない理由は、原理上まったくない、こうした効用原理にとって代わる最も自然な原理は、その伝統的なライバルである社会契約説であるとされる。v　先生によれば、以上のロールズの説く社会契約はフィクションである、なぜか、現実に社会契約がなされるわけではないのに、一定の目的達成の手段として、「正義の二原理を導き、それによって社会の基本構造の規範的現状の変更を求めるために、そしてその限りにおいて社会契約がなされたかのように仮定するのだからである」ということになる、なお現状の変更を求める仕方には、ルソーの革命的とロールズの規制的の二つがあるとされる。加えて、ここでもフィクションの架空性にふれ、「いずれにせよフィクションがその目的を達成する方法は、直覚的ではなく、内省的であり、一種の思考実験である。そして、それによりその推論が納得力をもちうるように、あんばいされているのである。従って、社会契約はフィクションで、現実を離れて仮定的だといっても、それは決して単なる架空的なものだと考えるべきではない」とされる。

（4） ルソーとロールズの社会契約を論じたまとめとして、先生は、両者の哲学的基礎は異なるが、いずれの社会契約もフィクションとみてよい、国家のような大多数の集団の場合に、現実に集会をひらき、全員一致の合意を成立させることは不可能であり、社会契約なるものは現実に存在しないが、にもかかわらず社会契約が存在したとするのは、人民主権国家の原理、正義の原理を提唱して規範的現状変更の目的達成の手段として、存在しないのに存在すると仮定するのであるが、それは現実に根拠をもった理想としての仮定であり、架空的なものと考えるべきではない、そのような意味で、社会契約はフィクションなのである。「もっとも、フィクションということばは、いろいろの意味に用いられるであろう。しかし、私の一連のフィクション論においては、フィクションのことばを架空的な意味には用いていないのである」と結んでいる。

（5） 本論文に対する私の感想 i ここでも、ルソーとロールズの社会契約論を対比しながら、示唆に富むそれぞれの議論の内容が詳細、的確に紹介されている。ii そして、フィクション論としては、後述するように、私の誤解かもしれないが、④『神』、⑥「自由意志」においても取り上げられたフィクションの回り路に構築される仮構は架空のものではないという点が、ここでも強調されているように思われる。iii　なおフィクションに対する先生の評価は、不透明のままであるが、ルソーの社会契約論――フィクション論――は、革命思想につながるものと解されるという指摘があることを、心にとめておきたい。

八　先生のフィクション論の行方――私の推論

(i)　今までの一連の論文の流れ

はじめに述べたように、先生の一連の論文を――半ば理解できないままに――たどってきたが、先生のフィクション観を汲み取ることはできなかった。そこで、私なりに、一連の論文で展開した先生のフィクションの定義づけの内容をまとめた上で、そこから引き出される問題点を列挙し、さらに、フィクションの「法の解釈」ないし「法の創造」の領域でのその役割を推論しておくことにしたい。

先生は、まず法の解釈の領域での擬制の多用に着目して、フィクションの研究に取り組まれ、①「法―擬制」で、法に関する擬制には実務上の擬制と理論上の擬制とがあるとした上で、前者、すなわち立法者と法適用者の擬制を概観し、ついで、②「モデル」において、ファイヒンガーによりながら、擬制とは、そのことをはっきり意識した上での、実在からの任意的な離反であり、一定の目的実現のための手段であることが必要であるとし、実在からの離反が自己矛盾の場合と自己矛盾でない場合とがあり、前者が真の擬制であり、後者は準擬制とよぶべきだとし、複雑な事象の研究にあたり、前提の事象を単純化する方法という意味で類似するモデルとの関係を明確する。検証のできる仮説としての意味をもつモデルは、擬制とはことなるが、他のモデルは――単に現実からの遊離を擬制というのなら――擬制に入るとする。なお注目すべきは、ファイヒンガーが、論理的思考の第一目的は実際的目的で論理的機能は自己保存に役立つ、擬制は論理学の体系の演繹、帰納と並ぶ同等の構成分子である、思考は回り路をする、擬制は思考の通過点にすぎないなどの指摘をしている点である。

以上の基礎固めともいうべき作業をした後、先生は、法の領域を超えた広範な領域での擬制の役割を検討していった。③「文学」と④「神」をとりあげたのは、ファイヒンガーの影響もあろうが、両者ともに、フィクションの代表例とみて間違いなしと考えられたのであろう。ここまでの先生のフィクション論では、実在からの遊離の説明に力点がおかれ、その行方、すなわち思考の通過点の姿が見えてこなかったように思われるのであるが、文学―小説―のフィクション性の議論では、実在と擬制との関係が明瞭に語られている。すなわち小説では、文学的真実に達する手段としてのフィクションが問題となるが、事実、虚構のいずれが出発点かといえば、まず虚構の世界を構想し、それからその世界への現実の変更を行うのが原則であり、その虚構から再び現実へ戻り真実を示すのであり、したがって虚構は回り路なのであるという説明で、フィクションの定義は一段と明快になったといえよう。ただ、先生も指摘されているように、虚構の姿、その現実への影響の仕方は、分野によって一様ではない、と推測される。この文学でのフィクションに比して、神の場合には、実在から遊離した回り道の通過点の姿が固定するので、議論の軸も異なってくるように思われる。

すなわち、先生の初期の論文では、実在からの遊離ということ自体に力点が置かれたが、「神」では通過点の姿いかんが、もっぱら問題とされている。カントは、フィクションとは、それを行なわんとする者にとって、正しいと考えられる一定の目的実現のために、現実から離れ、現実でないことを現実とみなすこと、ないしは現実に変形が加えられたことを現実とみなすこと、と定義しているが、その神観の重点は、神が実在するかであり、実践理性によりその実在が要請されるとする。そして、先生が紹介された「神」に関する諸見解は、この神の存在を——理由付けは異なるが——肯定しているようにみえる（本解説二三〇頁以下、参照）。しかし、先生は、いずれの説も信仰の基礎をなす実在から離れて仮構しているから、フィクションと解してよいとされ、ただ、それは単なる幻想に過ぎないということではないとされている。こうして、回り道の通過点に関する議論も深まった。なお、カントのフィクションについての指摘、すなわち、政治、法律、宗教の分野では、価値判断が介入するから全ての人に受け入れられるとはいえない、フィクションが目的の実現に不可欠とはいえない、意識的に現実から離れるがそうすることが尤もだと思われる状況がなければならない、という三点も、フィクションの実践性から見て妥当な意見といえよう。残されている課題は、やはり実在からの遊離の仕方、回り道の描き方はどのようにして決められるのかを明らかにするという点であろう。そして、そのためには、まず先生によって描き出された多様なフィクションのあり方の整理が必要であろう。

先生は、ここで一息入れて、従来の検討結果を⑤「序説」として、まとめられているが、その内容は、今まで説明してきたところと変わりはない。ただ、先生が——ファイヒンガーの意見としてではあるが——フィクションは回り道で思考の通過点なので、究極には除去されなければならないと言う考えを引用されていること、フィクションは虚言とはことなるという点を強調されている点が注目される。

続いて先生は、法律、政治に関係の深い問題を取り上げる。その一つは⑥（自由意志）である。古典的物理学を支配した因果の法則が量子力学の展開により通用しなくなり、確率性、偶然という概念に取って代わられたことが、古典物理学の影響の下で、社会の事象も因果の法則に支配されるといういわゆる決定論の存在を前提として、それからの遊離として生み出された——道徳責任、刑事責任の基礎である——自由意志というフィクションにどのような影響を与えたかを問題とする。そして、大勢としては、依然として決定論をとる人も、因果性を否定する非決定論者も、自由意志の存在を仮定する。この自由意志のフィクション性で問題となるのは――特に非決定論者の場合には――自由意志へと離れていくおおもとの実在が明確に捉えられないという点である。先生は要件を緩和してフィクションとみとめるとともに、フィクションをどう定義するかの再検討が必要だとされる。やはり多様性の整理が緊急課題といえよう。最後に⑦「社会契約」がとりあげられ、フィクションの典型例とされる。社会契約論者のうち、ルソーは、自由と平等の自然状態という仮定をおき、そこでの生存が極限に達したときに集団の構成員全員が社会契約により人民主権の原理を確立したとし、ロールズは、同じような原初状態を仮定し、そこで全員一致の合意、すなわち社会契約により、正義の諸原理が選択されたとする。先生は、いずれも、現実に存在し得ない社会契約という仮定のもとに、社会の基本構造の規範的現状の変更を――ルソーは革命的に、ロールズは規制的に――求めるものであり、フィクションにほかならないとする。ただ、ここでは、遊離を起こすおおもとの実在をどう考えるのか、回り道の通過点は仮定でいいのかというような点が気になるが、後者については、先生は、フィクションの目的達成の方法は、内省的であり、一種の思考実験であって、その推論が納得力をもつようあんばいされるので、単なる架空的なものではない、と結んでいる。

(2) 私の推論――とくに「法の解釈」との関係について

(Ⅰ) まとめと課題

以上、私は、先生の一連の論文を要約した上で、それを、さらにしぼりこんでみたのであるが、その結果――先生が「まとめ」として述べられるであろう内容のうち――フィクションの定義づけと残され課題は、とにもかくにも私なりに「推測」できたような感じもする。そこで、この「推測」を述べておきたい。先生は、ファイヒンガーによりながら(カントの影響も強い)、フィクションとは一定の正しい目的実現のための手段として、実在から任意的に離反し、現実でないことを現実とみなす、ないしは現実に変形が加えられたことを現実とみなすことである、とする。

そして、一方では、この実在からの遊離は、そのことを意識してなされなければならないのであり、従って、虚言とは異なるとし、またそうすることが尤もだという状況がなければならないとする。しかし、他方では、フィクションは、一種の思考実験であり、思考の回り道の通過点と解されるとしながら、仮構は、実在との矛盾がなくても遊離さえしていればフィクションと認めていいのではないかとし、さらに遊離といっても――架空的なものであってはいけないが――明確な形での実在のあることの証明ができないケースもあることを肯定し、ひいては、そもそも出発点としての実在のない場合にもフィクションの要件を緩和し、その適用範囲を拡大する。加えて、フィクションは――一般には、回り道をするだけに、納得力をもつ方便といえるが――法律、政治などの分野では価値判断を伴うから、全ての人に受け入れられるとはいえないし、一定の目的の実現にフィクションが不可欠とはいえないとする。なお、ファイヒンガーの「フィクションは回り道の通過点なのであるから、究極には除去されなければならない」という考えが紹介されているが、先生の考えは示されていない。

ところで、こうみてくると、残された課題も推測できるように思われる。先生は、要件の緩和などによりノィクションと認める範囲を広げ、その結果としてフィクションが多様性をもつにいたったので――先生自身も指摘されているように――その多様性を何らかの基準により整理する作業が重要な課題として残されているように思われる。たとえば、実在からの遊離があればフィクションと認めるのなら、実在との矛盾が顕著なものから矛盾はないというものまでという視点で実例を並べてみるという方法、あるいは遊離した回り路の通過点の姿は、現存するものであっても良いし、架空のものは除くが、仮定でも差し支えないとすれば、この角度から実例を整理する方法などが、可能ではなかろうか。そして、かりに後者の整理方法を採用したとすると、そこから、通過点の姿の現存するものは、――既存のものにもたれかかることになるのであるから――創造性はなく、むしろ人々に対する納得力、社会の安定性に役立つという機能が働くのではなかろうか。他方、通過点の姿が現存しない仮定である場合には、ルソーに見られた革命性のような働きも含めて、フィクションが創造性を発揮することも多いのではなかろうか。

関連して、①「法―擬制」において、先生は、法律の分野では、実務上の擬制と理論上の擬制に分かれるとされているが、ここでも前者では現存しているもの（制定法の規定ということになろうか）が、後者では現存していない仮構が問題になるということになろう。ただ、先生の論文内容のうちで私にとって最も分かりにくかった「思考の回り道の通過点」の問題に以上のような推論を加えるのは、大きな誤りを犯すのではないか、という気がしてならない。

（Ⅱ）　法の解釈とフィクション

先生の一連の論文を絞り込んでいけば、先生のフィクション観の変化、換言すれば、法の解釈へのフィクションの多用はなぜかの究明が必要という――どちらかといえばフィクション批判に傾斜しているように思われた――先生のお考えの変化が、捉えられるのではないかという私の思惑は外れた。解説とはいえない非常識な長ったらしい議論をして、他の執筆者にも多大のご迷惑をかけた。ここでは、先生の、法律学を超えて精選された多くの著書、論文についての、見事としか言いようのない紹介、批判（私の印象に残っているうちの、ほんの一部をとりあげても、あの難解なカントの哲学をこなしきっている感じがするし、マックス・ウェーバーの理念型に関する解説などは、それだけで大論文になりそうな感じがする）を通じて、とりわけ法の領域における先生のフィクション観を推論するにとどめざるをえない。

本巻論文4「法の解釈における制定法の意義」において、「制定法の物心崇拝」を批判し、「法の解釈」から「法の創造」への主張を展開した先生は、いわば演繹的方法を軸とする概念法学の――フィクションの助けを借りっぱなしの――姿勢を批判し、いわば帰納的方法とも言うべき類型論導入の必要を指摘したが、フィクション論の検討の結果として、「法の解釈」に関する見解の手直しを考えられていたのではなかろうか。先生は、フィクションの多用に疑問をもち、それを批判しようとして、フィクションに取り組まれたのであるが、研究がすすむとともに、自らフィクションの範囲を拡大し、かつその多様化に着目しつつ、フィクションという思考方法の重要性を評価しなおした、といってよいように思われる。繰り返すが、先生は、今までの論文で、フィクションの役割を次のようにとらえている。すなわち、法律家が一つの制度の存在理由を説明するさいに、「当初は擬制だと説明された」と説くように、幼稚な説明の仕方として取り扱われたが、それは疑問である。フィクションは、神の超越性を信仰者の心に植え付け、あるいは因果の法則の存否を不問にしたままで自由意志の存在を仮定し、さらには現実にはありえない社会契約を仮定して規範的現状の変更を求めるといったような役割を演じている。したがって、むしろファイヒンガーの指摘するように、論理学の体系における演繹、帰納と並ぶ同等の第三の構成分子と解すべく、単に概念法学を補助しそれに吸収されるものと解すべきではない。思考は回り路をする、フィクションはその通過点といわれるが、そう簡単に除去されはしない。ただし、フィクションも、正しい目的実現のための手段であるから、実践行為として価値判断に影響されるし、目的実現のために不可欠というわけではない。

そして、こう見てくると、先生の主張する「法の創造」の立場をとらないで、既存の「制定法の解釈」という立場で事を処理しようとするかぎり、フィクションの支えが必要不可欠ということになる。では、先生は、このフィクション利用の処理方法をどのように評価していたのであろうか。ここからは私の推論であるが、先生は、結論として、「法の創造」の立場と並んで、フィクション利用の方法をも容認する考えではなかったか、と推測する。ここでも、反対意見を客観的に検討評価しようとする先生の相対主義が貫徹されるのではないかと憶測した次第である。ただし、先生ご自身は、「法の創造」の立場を堅持されることはいうまでもないし、フィクションを支えとする「法の解釈」の方式に対しては、「フィクションを使うにあたっては、その旨を明示すること」を要求されるのではないか、とも推測している。終りに、ツールツーロンの「法理論は擬制的なものとして示されるとき一層客観的であり、擬制なしでやっていけると主張するとき一層虚偽的である」(来栖『法とフィクション』一〇三頁)という一文を転用させていただいて結びとするとともに、批判するつもりで検討に入った対象を、これだけ掘り下げて客観的に評価した先生の研究姿勢は、心に食い込むような感じを私にあたえたということを記しておきたい。

(三藤邦彦)

7　いわゆる事実たる慣習と法たる慣習

一九七五年

一　前に兼子博士還暦記念・裁判法の諸問題下に寄せた「法の解釈における慣習の意義」という小論文［本書論文5］において、法例二条の慣習は法たる慣習（慣習法）であり、これに対し民法九二条の慣習は事実たる慣習（慣行）であるというように、法例二条の慣習と民法九二条の慣習とを区別することはできないと論じた。そして法例二条の慣習と民法九二条の慣習とでは、慣習としての性質それ自体に差異があるのではなく、単に法令に規定のない事項に関する慣習か法令に規定のある事項に関する慣習かの違いで、法例二条の規定からもうかがわれるように、一般に慣習の適用は当事者の意思にかからされていないのに、民法九二条は法令に異なる規定のある事項に関する慣習の場合には、取引当事者にこれによる意思があると読むべき場合に限って適用があるとしているに過ぎないと説いた（六二五―八頁）［本書論文5］。

勿論、だからといって、そのことから直ちに法たる慣習（慣習法）と事実たる慣習（慣行）の区別、換言すれば法たる慣習と区別された事実たる慣習の存在を否定すべきだということはでてこない。諸外国においても、法たる慣習と事実たる慣習を区別し、法たる慣習と区別された事実たる慣習の存在を認めているのである。

例えば、英米では custom と usage を区別し、前者は法たる慣習で法としての効力を有するが、後者は一定のクラスの人々や何かの商売やある地域ないし地方における慣行で、一の事実であって法ではなく、当事者のことばその他のシンボルに特定の意味を与え、また契約に条項を附け加える作用をするとしている。またドイツではGewohnheitsrecht と Verkerssitte を区別し、前者は法規範で必然、強制ないし義務の意識（opinio necessitatis）を必要とするのに対し、後者は一定の取引を支配する事実的慣行（tätsächliche Übung）で、必然、強制ないし義務の意識が欠けているが、当事者のことばその他の表現手段の意味を確定したり、契約内容を補充する作用をするとしている。それからフランスでも、coutume と usage ないし usage juridique ou usage de droit と usage de fait ou de simple convenance 或いは usage juridique と usage conventionnel を分け、前者は法たる慣習で、後者は事実たる慣習であり、一定の地位にある人々によって慣行的に従われている行動様式である点では同じであるが、opinio juris seu necessitatis の有無、すなわちそれに従う者にそれに従う義務を負っているという意識があるかないかで区別されるとし、取引の領域で行われ当事者の表示した又は推定された意思の効果として拘束力をもつ事実たる慣習を usage conventionnel といい、意思解釈と意思補充に資するとしている。

実はそのことには前稿（六二二―三頁）［本書論文**6**］でもふれたのであるが、立入って論ずることをしなかった。というよりも立入って論ずることができなかったのである。そしてそのために議論があいまいなままになってしまった。現在でも十分論ずることができない。ただ、多少なりと議論を進めてみようというのが本稿である。

二　その際、第一に問題となるのは、法たる慣習といい、事実たる慣習というが、法であり事実であるということによって、その適用上どのような相違があるとされているかということである。そしてその相違とされているのは、法たる慣習にあっては、その適用が当事者の意思にかからしめられないのに対し、事実たる慣習にあっては、その適用が当事者の意思にかからしめられていることである。例えば、英米法では、大体、次のようにいわれる。「usage の効力は、それについての取引当事者の同意に由来する」、「usage は明示又は黙示に同意されたということが証明されなければならない」。これに対し、「custom の効力はそれが法のうちに受容されたことに由来する」、そして「それは当事者がそれについて同意を表示したと否とにかかわりなく、拘束力をもつ」。「それ故に、usage は、それに効力を与えるのが当事者の同意だから、契約（consensual agreements）においてのみ重要である」、他方「custom はどの法の部門でも重要でありうる」。「usage の重要性は、ことばの意味の確定のためを除けば、比較的新しい。古法は表示されないで推定されるにとどまる事情に効果を与えなかった。この点で usage の努力をみとめる最初の重要判決は一八世紀の後半になされた（Wigglesworth v. Dallison, 1 Doug（Eng）201, 99 Eng Rep 132（1779））（ただし、この判決は、借地人は借地期間満了後に、満了前に種をまいた穀物を収穫する権利があるとする「custom」の適用をみとめたものである）」。他方、「custom は早くから一の法源としてみとめられてきた」（Williston on Contracts, §649）。

それでは、どのような場合に、慣習について当事者の同意があったとみとめられるのであろうか。「当事者は usage の存在及びその性質を知っていたか、又は知るべかりしであったのでなければ usage に拘束されない」。要するに、custom——ここでは usage と同義であろう——は「知られていたのでなければ、公知の注意力のある人が相当の注意をすれば、それを知ったであろうというのでなければならない。そのように公知 notorious であれば、それを実際に知っていたことは重要でない」。もっとも、「特定の営業において usage が一般的であっても、その営業をしているのでない人は、知っているか又は確める義務の懈怠があったのでなければ、それによって拘束されないであろう」とされ、また「特定のマーケットで取引する者は、当該取引に関する、そのマーケットの一切の customs を知っていると推定されるともいわれる」。しかし、「ここでも、いつもと同様に、指針は一当事者が現実に何を知っていたか、又は意図したかではなく、相手方が彼はどのような意思であったと理解するであろうと考えるべきであったかである。シカゴの穀物市場に行きそこで取引をするテキサス人は、彼を契約の相手方とし、彼が市場の usages を知らないとは知るべくもない者と取引をしたなら、その市場の usages に、たしかに、拘束される」。そして、「一般に証券取引所で注文を処理するように仲買人に依頼する顧客は、取引所の規則及び確立した慣習（customs）によってその取引を行う権限を仲買人に与えるので、顧客はそれを現実に知っていると否とを問わず、かかる規則及び慣習によって拘束されると一般に説示されている」（Williston on Contracts, §661）。

我が国においても、法たる慣習（慣習法）は当事者の意思を問わないで適用されるが、事実たる慣習については、民法九二条が事実たる慣習の規定であると前提して、民法九二条に依り事実たる慣習の適用は当事者がそれに依る意思を有するものと認むべき場合でなければならないとするのが通説だといってよいであろう。そしてその際、いわゆる意思補充の慣習と、いわゆる意思解釈の慣習とを区別していない。

それでは、具体的に、判例は、どのような場合に、当事者がこれに依る意思を有すると認むべきだとしているかというに、その点のリーディング・ケースは大判大正三・一〇・二七民録八一八頁であろう。それは地代増額請求に関する慣習である。地代増額請求に関する慣習が法たる慣習か事実たる慣習かについては判例は一定していない。判例は最初は一般の慣習法と認めていた（大判明治三一・五・二六民録八三頁、同明治四〇・七・九民録八一一頁、同明治四一・五・三民録四五一頁、同明治四五・五・一三民録四八七頁。なお、大判明治三五・六・一三民録六八頁や同明治四〇・三・六民録二二九頁は「一般ノ慣例」といっているが、意味は同じであろう）。その後、次第に地代増額請求に関する慣習は民法九二条の規定する慣習で、契約当事者が之に依る意思を有すると認むべき場合かどうかが問題であるとするに至った。もっともその後にも地代増額請求に関する慣習を一般に行われている慣習法だとした判例もないことはない（大判昭和一三・八・一民集一五八五頁）。しかし、大判大正二・一二・一九民録一〇二八頁が民法九二条の慣習として当事者の之に依る意思を有せるものと認むべき場合にあたるか否かを問題としたのに次いで、前述の大判大正三・一〇・二七は次のように判示した。「民法第九十二条ノ規定ハ法則タルノ効力ヲ有セサル単純ナル慣習ノ存スル場合ニ於テ、単ニ之ニ依ルノ意思ヲ以テ法律行為ヲ為シタル其当事者ノ意思補充タルノ効力ヲ之ニ与ヘタルモノニ過キスシテ、其意思アルコトヲ認ムルニハ当事者カ其慣習ニ依ルノ意思ヲ全ク表示セサルモ唯其意思ヲ有スルモノト認ムルコトヲ得ヘキ事情存スルヲ以テ足レリトス。故ニ其慣習存スル場合ニ於テ、普通之ニ依ルノ意思ヲ以テ為スヘキ地位ニ在リテ取引ヲ為ス者ハ、特ニ反対ノ意思ヲ表示セサル限リハ、之ニ依ルノ意思ヲ有スルモノト推定スルヲ当然トス」、「従テ本件ノ如キ借地料増額ニ関スル慣習ノ存スル東京市内ニ在リテ其市内ノ土地ニ付キ借地契約ヲ為ス者ハ、其慣習ニ依ルノ意思ヲ以テ契約ヲ為スヲ普通トシ、特ニ之ニ依ラサルノ意思ヲ以テ契約ヲ為スカ如キハ普通ノ事例ニ反スルヲ以テ、原院判示ノ如ク反証ナキ限リ之ニ依ルノ意思ヲ有スルモノト認ムルハ固ヨリ失当ニアラス」と判示した。そしてこの判決は、その後の判決においてよく引用されている（大判大正五・一・二一民録二五頁、同大正五・六・一三新聞一一四四号三〇頁、同大正一〇・六・二民録一〇三八頁、なお、大判大正六・五・八新聞一二七〇号三〇頁）。

ところで、かりに地代増額請求に関する慣習が事実たる慣習であるとすれば、それは意思（契約内容）補充の事実たる慣習であるが、判例は新潟の売主と仙台の買主との間における大豆粕売買契約での「塩釜レール入」という約款は売主において先ず積出し代金は塩釜駅着後にはじめて請求しうることを意味するという、意思解釈の慣習について、「意思解釈ノ資料タルヘキ事実上ノ慣習存スル場合ニ於テハ、法律行為ノ当事者カ其慣習ノ存在ヲ知リナカラ特ニ反対ノ意思ヲ表示セサルトキハ之ニ依ル意思ヲ有セルモノト推定スルヲ相当トス（大正三年（オ）第三百二十三号判決同年十月二十七日言渡参照）。従テ其慣習ニ依ル意思ノ存在ヲ主張スル者ハ特ニ之ヲ立証スルノ要ナキモノトス」と判示し、前述の大判大正三・一〇・二七を引用している（大判大正一〇・六・二民録一〇三八頁。なお、大判昭和九・九・一九裁判例（八）二一七頁参照）。そこでこの判決は意思解釈の慣習に関するが大正三年の判決と趣旨において、おそらく、異ならないのであろう。

しかし、大正三年の判決の言い方だと、普通慣習に依る意思を以て取引を為すべき地位にあって取引をしたというためには、慣習の存在を知っていたことを要求しないばかりか、公知の慣習であることをも要求しないで、慣習の存する地方で、その地方の土地に付き借地契約をする場合には、普通その慣習に依る意思で取引を為すべき地位に在るとし、「特ニ反対ノ意思ヲ表示セサル限リハ之ニ依ルノ意思ヲ有スルモノト推定スルヲ当然トス」といっているのである。そこでそれをおしすすめると、取引当事者が慣習の存在を知っていることを要件としないばかりか、――一般の慣習として行われていることとか、慣習の存在は顕著であることとかを要件としてかかげている判例もあるが（可なり多数の下級審判決）、それをも要件とすることなく、――慣習の存在することがみとめられるときは、反対の意思表示ないし事情が認められなければ、慣習に依る意思と推認すべきだということにさえなってしまう（大判大正元・一〇・一六新聞八二六号二七頁、最三判昭和四一・一〇・四民集二〇巻八号一五六五頁その他可なり多数の下級審判決）。もっとも一般の慣習であるとか慣習の存在は顕著であるとかいうのは、慣習の存在を知らないでも、知りうるはずであったといおうとしているのかどうか明らかでなく、また一般の慣習であるとか慣習の存在は顕著であるとかいうのといわないのとで、あまり相違はないのかも知れない。しかし、ともかく、そのため法たる慣習なら当事者の意思を問うことなく適用され、事実たる慣習の適用は当事者の之に依る意思に基くという区別はあいまいになっているが、なお事実たる慣習は当事者が之に依る意思を有すると認むべき場合に限って適用されるということそれ自体は建て前として維持されている。そこで、たとえ慣習が存在するとしても、当事者にそれに依る意思があったとみとめられないときは、慣習に依りえない（大判大正四・七・三一民録一三〇三頁、同昭和一三・一二・一八新聞四三八四号七頁など参照）。殊に業者間の慣習は、業者でない者に対しては、それに従う意思があったと推定し難いとして、適用が否認されることが多いであろう。「慣習ニ依ルノ意思ハ法律行為ノ当事者双方ニ之ヲ有セサルヘカラサルヲ以テ、其一方カ自己ノ従事セル業務上ニ生シタル慣習ニシテ其業務ニ従事セル者ノ間ニ之ニ依ルノ意思アルヲ通常トスル場合ト雖モ、斯ル慣習ニシテ独リ業務ニ関係セル者ノミナラス一般ニ当該法律行為ヲ為ス者ニ於テ如上ノ慣習アルコト了知シ之ニ依ルノ意思アルコトヲ明ニセサル以上、斯ル業務ニ関係ナキ普通人タル他ノ一方ニ於テ当然契約締結ニ際シ之ニ依ルノ意思アリト推定スルコトヲ得サルヲ以テナリ」（大判大正八・一二・五民録一二三三頁）[注]。

（注）　これに対し、ドイツでは取引慣行の適用が当事者の意思にかかわるか否かにつき、当事者のことばその他の表現手段の意味を確定する取引慣行と契約内容補充の取引慣行とを区別する見解が有力なようである。すなわち、契約内容補充の取引慣行の適用には、それを参照して合意がなされたのでなければならないが（Oertmann, Rechtsordnung und Verkehrssitte, S. 307）、その点は表現手段の解釈の取引慣行と異るといわれている。「表現の解釈手段としての取引慣行の意義は法律（ドイツ民法一五七条）によって与えられているので、当事者が個々の場合に取引慣行を知っていたか否か、また当事者がそれに従ったかどうかは問わない。以前は違うが、今日では、それが通説である」（Staudinger, Kommentar zum bürgerlichen Gesetzbuch, Allgemeiner Teil, §133, 14）。ただ、契約内容補充の慣習についても、それに従う当事者の意思は黙示でもよく、それにまた黙示に従われた慣行（Usancen）の内容を知っていることが常に要求されるわけではない。例えば、一定の商品又は証券取引所で留保なしに取引を

する場合には、大抵そのうちに直ちにそこで行われている慣行に従う黙示の意思が見出しされよう、といわれている（Oertmann, S. 307-8）。他方、「解釈手段としての取引慣行は当事者意思にかかわらないで適用されるということも、その取引慣行が当該法律行為の利害関係者全員の属する範域に成立している場合に限られる。一定の取引慣行が、一当事者しか属しない範域でのみ行われているのであれば、それは、その取引慣行を法律行為の強行される解釈の基礎とするに足りない。そこから、また、商人間の取引慣行は、その取引に関与した非商人を拘束しえないということがでてくる」とされる（Staudinger, a. a. O.）。

また、フランスでも、事実たる慣習が当事者の意思に依ってのみ適用されるのか否かにつき、意思補充の慣習と意思解釈の慣習とを区別すべきであると主張する者もあるようである。「実務においては、そして学説においてさえも、意思補充の慣習は意思解釈の慣習と、しばしば、混同される。いずれも契約の解釈という同一の目的をもつから、というのである」、「しかし、これら二種の慣習は同一の性質をもたないので、注意深く区別することが必要である」。「意思解釈の慣習は、実際において、真の法たる慣習である」。「勿論、解釈の慣習は、まさしく当事者の表示されない意思を補充する以外の目的をもたないのだから、反対意思の表示によって排斥されうる」、「しかし、当事者が何もいわなければ、解釈法規と同一の拘束力を以て適用される」（?）。「これに対し、意思補充の慣習の特質は、それが契約の解釈を目的としているという事実ではなくて、当事者の意思の解釈に依って、黙示のそして推定された諒解の効力としてのみ適用されうるという事実である」。「この解釈の慣習と意思補充の慣習の性質の差異から、殊に立証の点で、重要な結果が生ずる。慣習規則をなす解釈の慣習は立証される必要がなく」「裁判官は、当事者がそれに従うことに同意したことを示すものが何もなくても、それを適用しなければならない。これに反して意思補充の慣習は単なる事実たる慣習にすぎないから、それを援用する当事者はその存在を確証しそれを契約の規則とする契約当事者の共通の意思を立証しなければならない」（Lebrun, Répertoire de Droit Civil,《Usages》, nos 13 et 14）。

私も前掲論文［本書論文**5**］（六二一頁）において、法律行為解釈の規準となる慣習と直接に当事者の権利義務を定める慣習とを区別し、法律行為解釈の規準となる慣習は、その適用に、積極的に当事者のこれによるべき意思の存在の立証を要求すべきでなく、当事者にその適用を排除する意思があったとみとめられない限り適用さるべきだと説いた。しかし、事実たる慣習としての意思補充の慣習なるものがあり、それはそれによるという当事者の諒解によって適用されるとすれば、この意思補充の慣習も、契約内容の確定を目的とし、直接には法律関係の形成にでなく意思表示に作用するので（Enneccerus, Lehrbuch des bürgerlichen Rechts, Allgemeiner Teil, §41, IV）、その意味では、同じく契約の解釈に関する慣習といえ、いわゆる法律行為解釈の基準となる慣習と区別しえないことになる。だが、そうだとしても、相違はあり、立証の点では、この意思補充の慣習の適用には、当事者にこれによるという諒解のあったことの立証を必要とすると思われる。

三　このように一は当事者の意思を問うことなく適用され、一は当事者のそれに従う意思によって適用されるということから、法たる慣習と事実たる慣習の性質の差異を求めるとすれば――特に法たる慣習と意思（契約内容）補充の慣習の区別が問題となるのであるが、――両者の区別をいわゆる法的確信の有無に求める説は正しい核心をもっているように思われる。何となれば、単なる事実的慣行は当事者に当該の場合にも従われるであろうという期待を生ぜしめるとはいえ、なお当事者の慣習の知不知にかかわらず必ず適用されるとすることには問題があるからである。したがって法たる慣習であるためには、便宜上特別の承諾に基いて慣行されているのでは不十分で、その社会で、一般的に、取引ないし制度本来の内容として、そうであるべきだ、そうでなければならないと意識されるまでに至っていることが必要である。

その上に、それは――公序良俗に反しないというだけでなく、――リーズナブルとみとめられなくてはならない。リーズナブルとみとめられるのでなければ、裁判所としても敢て適用すべきではないからである。（注）

（注）　その外に、法たる慣習の形式的要件としては、例えばイギリス法は慣習が人間の記憶の及ばない時代（リ

チャード一世の治世第一年すなわち一一八九年以前）から存在することが必要だとしているが、それはアメリカにおいても採用されていない。勿論、日本でも。

それから、また、例えばイギリス法は法たる慣習であるためには、地方的な慣習であることが必要で、「custom は全国に及ぶものではありえない。また国民の全員をおおうものではありえない。何となれば、いずれの場合にも、それは王国のコモン・ローとなってしまうから」といわれている（Halsbury's Laws of England, Vol. II, Custom and Usage, p. 159）。

ドイツにおいても「慣習法」という概念は「普通法学の産物」で、「普通法学が一般に慣習法の通用力の前提とみていた諸条件――1事実上の共通の慣行、2適法性についての共通の確信、3合理性――は、理論的思考の所産であるが、それにあっては「継受されたローマ法と民族法との関係が問題になっていたのである。普遍法に抵抗したこれらの地方特別法だけが、法律家たちによって、右の〔慣習法の〕定義の中に入れられ、その妥当が前述の諸前提に結びつけられていたわけである」といわれる（マックス・ウェーバー著、世良〔晃志郎〕訳「法社会学」二六九・二七〇頁）。

しかし、法たる慣習の地方的という要件は、アメリカにおいては採用されていないようだし、ドイツにおいても、今日では必要とされていない。日本でも一般の慣習法をみとめている。

それではどのような取引慣習が法たる慣習とみとめうるかというに、株式又は株式の引受による権利の譲渡に関する商慣習（大判明治三〇・三・三民録三輯三巻二六頁、同明治三八・六・二七民録一〇四七頁、同大正一一・四・一六民集一二五六頁。大判大正九・四・五民録五〇九頁、同昭和八・四・二八民集一二巻九六六頁、同昭和一三・六・二九判決全集五輯七一二頁、最二判昭和三五・四・二二判時二二二号二四頁、下級審判決としては東地判昭和二六・二・九下民二巻一六三頁、同昭和二七・一・二八下民三巻九二頁、同昭和二七・七・三〇下民三巻一〇四六頁、同昭和二九・一・一八下民五巻三〇頁、東高判昭和三〇・一一・三〇高民八巻六八九頁）、農地耕作権に関する慣習（例えば、富山地判昭和三一・一二・二七下民七巻三八八八頁参照）などをはじめとして、前述の地代増額請求に関する慣習、小作料減免請求に関する慣習（大刑判大正一五・一〇・五評論一六巻刑一一二頁参照。なお、小林〔三衛〕「小作料減免慣習の史的考察」農業経済研究三巻四号七七八頁参照）、家屋賃貸借の借家人側からする解約申入期間に関する慣習（大判大正五・一・二二民録二二五頁）の如きである。

これに対し前に（兼子博士還暦記念 裁判法の諸問題下六二三頁）、定期預金の期限前解約の慣行の如きも、特段の事情のない限り預金者の申立に銀行は応じており、現在では必然ないし強制の意識に支えられているといってよいであろうと述べたが〔本書論文**5**〕、不正確のように思われる。むしろ、事実たる慣習として、それに従う当事者の意思に基いて適用されると考えるべきであろう。

それでは民法九二条の慣習は法たる慣習であろうか、事実たる慣習であろうか。民法典起草者の見解は必ずしも明らかではないが（富井〔政章〕・民法原論第一巻総論上七五・一二七頁、梅〔謙次郎〕・民法要義巻之一総則編二〇四頁参照）、民法典は法たる慣習と事実たる慣習を区別し、特に事実たる慣習について規定するということはなかったのではないか。そして私は民法九二条の慣習は、事実たる慣習でなく――意思解釈の慣習でないのは勿論、意思補充の慣習でもなく――それ自体は、法例二条の慣習と同様に、法たる慣習であり、本来それに従う当事者の意思を問うことなく適用すべきところ、民法九二条はただ法令中の公の秩序に関せざる規定（任意法規）とその規定に異なる慣習とがある場合には、国家裁判所の観点からは、その慣習を事実たる慣習（意思補充の事実たる慣習）に準じ、当事者が之に依る意思を有せるものと認むべき場合に限って適用するとしただけと考える。例えば、小作料減免に関する慣習（六〇九・六一〇条参照）とか家屋賃貸借の借家人側よりする解約申入期間に関する慣習（六一七条参照）とかの場合である。

なお、契約条項と異なる慣習のある場合には、契約条項が例文で当事者にそれに羈束される意思がないとみとめられるとき、慣習が適用されると解すべきであろうか（ちなみに、大判大正七・七・九新聞一四七五号二二頁参照）。

だが、一言付け加えなければならないのは、事実たる慣習から法たる慣習への移行は流動的であることである。いわゆる法的確信ないし義務・強制の意識の点でも、事実的慣行は当事者に当該の場合においても従われるであろうという期待を生ぜしめ、それと義務・強制の意識との間は段階的である。またリーズナブルでなければならないという要件については、事実たる慣習についてもリーズナブルでなければならないと一般にいわれる。もっとも法たる慣習の場合と事実たる慣習の場合とでは、意味が違い、当事者は不法又はパブリック・ポリシイに反するほど不条理でないならば、リーズナブルでない契約を締結しうるのだから、その意味ではリーズナブルでなければならないのではないが、リーズナブルでない場合には裁判所は当事者がそれに従う意思のあったことの一層はっきりした証拠を要求する、換言すれば裁判所がリーズナブルでないと判断して、しかも事実たる慣習があり当事者にそれに従う意思があったとして事実たる慣習を適用することは極めて稀にしかありえないであろうとされている（Williston on Contracts, §658）。

この事実たる慣習から法たる慣習への移行の流動性の故に、事実たる慣習か法たる慣習かの区別が困難である場合には、当事者のそれによる意思があると認むべき場合の認定をゆるくすることによって対応しうる。従って株式又は株式の引受による権利の譲渡に関する商慣習とか農地耕作権に関する慣習のように、第三者が関係してくる場合には法たる慣習とみとめる必要があろうが、直接又は間接に契約当事者間の権利義務を定めるにすぎない慣習の場合には事実たる慣習と法たる慣習とを区別して、特に法たる慣習だとみとめなければならない必要に乏しい。当事者のそれに従う意思があったと認められれば、どちらでも、変りはなくなるから。そこから、そのような取引慣習については、——一方では、その適用が当事者の意思にかかるといっても、その要件はゆるやかに解されていて、当事者の意思にかかわらず適用されるというのと、それほどのちがいはなく、法たる慣習と区別された事実たる慣習をみとめる必要はないのでないかという疑問もありえないではない半面——、むしろそのような取引慣習はすべて事実たる慣習とし、それによる取引当事者の意思があると認むべき場合の認定上の差異があるにすぎないとすれば足りるのではないかという見解さえ成り立とう。現に、アメリカのU. C. C., Section 1-205は、商談の経過および取引慣行と題し（course of dealing and usage of trade）、法たる慣習（custom）には言及しないで、取引慣行（usage）の契約法上の効力についてのみ規定している。その問題をどのように考えるべきなのか。結局、まわりまわって出発点に戻ってしまって、議論を少しも進めることができないまま、寄稿させていただかなければならないことを、鈴木先生に本当に申訳なく思っている。

〔原典は、鈴木竹雄先生古稀記念論文集『現代商法学の課題 上』、発行所・有斐閣、一二三一頁〜一二四三頁に所収。一九七五年四月三〇日発行〕

〔解説〕

本論文と深いつながりのある論文として、論文**5**「法の解釈における慣習の意義」と論文**10**「立木取引における『明認方法』について」があるので、論文**10**の解説の箇所で——論文毎に解説を書くという建前の例外となるが——本論文も一括して解説の対象とすることにした。同解説を参照されたい。

（三藤邦彦）

8　学界展望・民法

一九四九年

一

終戦以後約三年間に亘《わた》り民法学界を展望しなければならなくなって了《しま》った。それは、自分自身何か書きたい書きたいという希望に焦りながら、しかも殆《ほとん》ど何一つとして書けなかった私にとっては、気持の上で大変に辛いことであった。著書や論文を読んでゆくとき、新しい立法、新しい法律問題について直に書いてゆけない自分の無能が、しきりに悲しまれてならなかった。殊にその著書や論文が立派である場合には、立派であればあるほど、読み甲斐を覚える半面、自分の無為に対する恥しさに胸の縮む思いを禁じ得なかった。私が何一つとして書けなかったわけは、一つには、進むべき方向を見出せないでいたからであるが、また正にそれ故に民法学界の展望を書けといわれても、どこに問題があり、それをどのように眺めていったならよいのか、徒《いたずら》に迷って日を過すのであった。

二

法の解釈が法学においてひとり支配的な地位を占めるのは社会が安定し法の変動のない時期で、社会が変りつつありそれに応じて新しい立法が相継いで出るようになると、法の解釈の重要性は減じ、学者の主たる努力の目標もそれから外れ始め、法解釈学の法学における排他的地位はゆらいでゆく。この度の戦争が始まって、夥《おびただ》しい立法が氾濫するようになったときも、新法令の解説はしきりに書かれたが、法解釈学そのものは次第に振わなくなっていった。これに対し法社会学に対する関心は大いに高まり、法社会学は立法の基礎としても重要さを痛感され、慣行調査も盛んに行われるようになった。勿論《もちろん》既に社会政策がやかましく論ぜられるに至った頃から、法社会学の必要も唱えられてはいた。併《しか》し本当に法社会学的方法に基く業績に乏しかった。それが法学の方法としての理解が深められ、真に法社会学的方法に基く業績が現われるようになったのである。戦時中、よく民法学は公法学や政治学に比して無難な学問だといわれた。尤《もっと》も、民法学者からも戦時中の不自由が今更のように喞《かこ》たれているのであって、そういうのは必ずしも正しくないかも知れないが、唯《ただ》民法学の分野においては、単なる法の解釈にあきたらないものも、法社会学によって自己のイデオロギーを表面に出すことなく而《しか》も学者としての良心を満足とまでゆかなくとも慰めることが行われたということは出来るであろう。そして亦それ故に戦時中にあっても民法学は立派な仕事を残すことが出来たのだと思われる。終戦になっても民法の解釈を主眼とする研究には谷口知平「不法原因給付の研究」、同「不当利得に於ける因果関係」（民商法雑誌二一巻一＝二＝三＝四号、五＝六＝七号、八＝九＝一〇号）、「訴訟・行政処分と不当利得」（民商法雑誌二一巻一一＝一二号）、石本雅男「民事責任の研究」、「民法における違法の統一的概念」（民商法雑誌二二巻二号三号）、磯村哲「仏法理論に於ける不当利得法の形成」（法学論叢五二巻三号四号）、山本桂一「フランスに於ける組合法人論」（法学協会雑誌六五巻四号、六六巻一号）、福島四郎「遺留分制度の法理と判例」（民商法雑誌二一巻一＝四号、五＝七号、八＝一〇号、一一＝一二号）、外岡茂十郎「父の推定」（民商法雑誌二二巻三号）、などがあるにはあるが戦前に比しては非常に淋しい。従来のような単なる民法の解釈では物足りないといった気持が感ぜられる。判例研究なども過去にみられた熱情は失われているようである。併《しか》し民主主義の社会となり、多くの紛争は法律問題として争われるようになったのだから、それを解決するために、法解釈学は新しく重要な使命を帯びるに至っているのであると言われている。法社会学はどうかというに、我国社会の民主化の為の諸法律の必要を目の前にして、立法学の必要が強く叫ばれたがその基礎となるという意味からも、重要件がいよいよ広く認められ、また多くの成果を生んでいる。第一に挙ぐべきは川島武宜「遵法精神の精神的および社会的構造」（法学協会雑誌六四巻七号九・一〇号）であるが、なお同氏には「近代的所有権の観念性」（季刊大学二号）がある。実地調査乃至《ないし》それに基く研究としては川島・磯田・潮見「漁村における土地所有の形態」（人文科学委員会「土地制度の研究」所収）、古島・加藤・山口・永原・潮見・内山「割地慣行の共同調査」（季刊大学六号）、平野義太郎「塩尻村・農地委員会調査記」（法律時報一九巻九号）、庄田秀麿「旧御料地の小作慣行について」（法律時報二〇巻五号）、仁井田陞「支那近世の一田両主慣行と其の成立」（法学協会雑誌七四巻三号四号）、杉之原舜一「典の法律的性質」（法律時報一九巻一号）などがあり、更に後述の如く家族制度に関しては数々の成果がある。この法社会学に対して、時に法社会学は慣行調査の結果、家父長的家族制度が残っているから、それを認むべきだ、という風に、進歩的にでなく反動的になる可能性があることが注意されている。確かにその可能性はなくはないが、その点は寧《むし》ろ民俗学と（法）社会学の差違だと思われる。民俗学は法学にとっても大変役立ち、例えば家族制度の問題についても柳田国男「家閑談」「婚姻の話」など我々民法学者にも興味があるが、あれこれの旧俗懐古の情が強過ぎるという嫌いがあるのではなかろうか。（法）社会学こそ民俗学を越えて、一つの社会科学に高まったのではなかろうか。そして法社会学はこれまで社会の動きに対して、進歩的態度を持して来たといってよいであろう。

処《ところ》で屡々《しばしば》法社会学者は余りにも法解釈学を軽視するといって非難されている。法解釈学と法社会学の問題はまた法学に於ける国家と社会の問題としても捉えられ、法社会学は法を国家から解しようとするものだといって非難されている。吾妻光俊「法学に於ける国家と社会」（人文二巻二号）はこの興味深い問題を取上げ、「われわれは法学が真に科学たるの性質をそなえるために、法の社会学的研究が重大な意味を持つことを承認するに於て人後に落ちない。しかしそれはあくまで法の社会学でなければならず、また法の社会学たるかぎりに於て、民衆の生活規範の社会学であると同時に、国家ないしその機構の社会学でなければならない。この当然の事由がややもすれば看過されるとき、法学は科学としての性格を克ち得たと考えた瞬間に他の科学、殊に経済学の侍女となってその自主性を失い、ひいては他の社会科学領域に自主的・積極的に働きかけるものたり得ないであろう」と論じている。この所論が現在の所謂《いわゆる》法社会学者に対する非難としてどれ程当てはまるのか疑問であるが、法社会学者の立場からは、どのように言われるのであろうか。この法解釈学と法社会学、法学における国家と社会の問題は民法学界の誰にとっても根本問題であり、今後大いに論ぜられるに至ることが予想されるのである。

三

が、併《しか》し終戦以来、民法学界の主たる関心は家族制度の問題にそそがれて来た。勿論《もちろん》それ以外にも問題がなかったわけではない。第一、農地調整法の改正と自作農創設特別措置法の制定による所謂《いわゆる》農地改革がある。併《しか》し農地改革は激しく論争されたが、それは経済学上の問題としてで、法律学上では、農地改革が有効か、即ち農地の買収価格は新憲法二九条三項の保障している財産権収用に対する「正当の補償」といえず、従って農地改革は違憲であり無効でないかが問題とされた。我妻栄「農地改革は憲法違反か」（法律タイムズ二巻一号）は農地の買収価格が「正当な補償」である所以を詳論して、その点違憲ではないとし、真正面から農地改革を有効としている。その説明に対しては、農地改革を有効とするものの間にも強い反対があり、農地の買収価格は「正当の補償」でなくその点からいえば農地改革は違憲といわねばならないが、併し憲法以上の権力たる連合国の指令に基いて遂行されたのだから有効なのだと解するものや、更に農地の買収価格は「正当の補償」ではないが、過去の農地の如き封建的土地所有は憲法の保障の対象とならないという理由で農地改革は違憲でなく有効なのだと主張するものもあるとはいえ、判例は我妻教授の説明に従っており、その影響は大きかったと考えられる。借地借家関係も社会上深刻な問題ではある。従来の借地法借家法の外に罹災都市借地借家臨時処理法が制定された。この法律は難解なので、色々と適用上疑問を生じた。併し何といっても一番問題となったのは、どんな場合に借家法一条の二に所謂家屋の明渡を請求する「正当の理由」があるかということであろう。判例は遂に「正当の事由」があるか否かは家屋の全部について一括してのみ決すべきではないとし、一部明渡請求なるものを認容するに至ったが、柳川眞佐夫「家屋の明渡に関する判例と衡平の精神」（判例タイムズ一号）はその判例の趣旨を敷衍している外、家屋明渡に関して生じている色々の問題を明かにしている。インフレーションも経済学上のみならず、法律学上も大きな問題となり得、勝本正晃「経済再建諸法令と債権の運命」（法律タイムズ一巻二号四号）、「インフレ対処の諸約款の効力」（法律タイムズ一巻六号七号）、「インフレーションと事情変更の原則」（法律文化三巻六号）や山田晟「インフレーションと抵当権（第一次大戦後のドイツ価格増額法に関する一考察）」（法学協会雑誌六五巻四号五・六号）がある。その時々の時事問題、例えばあの漱石商標問題についても勝本正晃「商標と著作権の関係」（法律時報一九巻一一号）などがあるにはある。それから新憲法一二条とか二九条二項とかの規定を受け、民法にも第一条として「私権ハ公共ノ福祉ニ遵フ」「権利ノ行使及ヒ義務ノ履行ハ信義ニ従ヒ誠実ニ之ヲ為スコトヲ要ス」「権利ノ濫用ハ之ヲ許サス」という一般的規定がおかれたので、それについてもいくつかの論文がある。それにそうした個々の新しい問題でなく民法の根本問題と取組んでいるものもなくはない。その中で山中康雄「市民社会と民法（総則・物権・債権）」は法律学における『資本論』たらんとする意気込で書かれたものだと言われており、何といっても近頃の最も読みごたえのする力作であった。惜しいことに文章が難かしいということも災していると思われるが、その充実した内容の故に却ってこれまで充分な紹介と批評がきかれないで了った。私はこの書物から非常に感銘を受けたのではあるが、而《しか》も個々の点についてのみならず抑々の研究方法自体についても疑問乃至《ないし》理解し難いことがあった。著者は「法律学上のあらゆる範疇や概念相互間に相互移行あるいわ否定・止揚の弁証法的関連が存在」し、「法律学上のあらゆる範疇や概念は、相互間にそれぞれ、端初的・低次的なるものと、ヨリ高次な発展をとげたものとの関係を、幾重にも展開しつつ、尨大な論理的体系を展開せしめている」、「そのような意味での弁証法的な論理体系が財産法において成立している」、かような財産法体系の素描を目的とするのが本書だと言われている。そしてかような考え方のもとに研究せんとするものが民法学界に一人もない現状に対して、いたく不満を感ぜられている。こうした意図をもつ本書は屡々《しばしば》マルキシズムの書だと言われる。だが私には、皮肉な言い方ではあるが、本書から唯物史観ならぬ観念論の響きをも聞きとるように思われるのは、ひとえに私の唯物史観に対する無理解のせいであろうか。宮崎孝治郎「民法学の対象」も著者の大学卒業以来今日に至るまでの民法学研究の総括だと言われている。「民法学の対象」という標題はやや紛《まぎら》わしいが、要するに「所有権」と「契約」と「家族」を比較法制史的、比較法学的に考察しようとしているのである。なお、同氏には「フランス近代に於ける所有権制度及び所有思想の遷移《せんい》」（民商法雑誌一二巻四号五号、一三巻五号）がある。石本雅男「私法解釈の論理」もある。吉岡正「所有権概念の論理的構造と機能」（法学論叢五一巻二号）も従来からの所有権変遷論の一片である。その外民法教科書が新版や再版で可なり出た。「法規の内容に立ち入って詳細な解説を加えて居ない。それよりも民法そのものの持つ歴史的な制約と、民法そのものが発展すべき動向とに力点をおいている」異色のある民法入門書として戒能通孝「民法入門」が書かれている。

併《しか》し家族制度の問題は全民法学界を挙げて論じた。家族制度に関する議論は民法の改正（それに伴う戸籍法の改正や家事審判法の制定を含めて）による我が国の家族法の民主化を中心とはしたが、諸国の家族法も紹介された。それには内田力蔵「英米家族法の概要」（法律時報一九巻八号）、高柳賢三「北米合衆国婚姻法」（法律新報七三二号・七三三号）、同「姦通と英米法」（法律タイムズ二巻二号）、大阪谷公雄「アメリカ離婚原因の研究」（民商法雑誌二一巻一号、四号、五号、六号）、山田晟「ドイツ法に於ける離婚配偶者の扶養義務」（法学協会雑誌六四巻一一・一二号）、山之内一郎「ソヴエト家族法の特質」（法律時報一九巻八号）、有泉亨「朝鮮婚姻法の近代化」（社会科学研究二号）、福井勇二郎「婚姻に関する安南人の慣行」（法学協会雑誌六四巻九・一〇号）があるが、特に私には「イギリス法のいちばん目だった特殊性の一つ」である「遺言の自由」、より適切にいえば「遺贈の自由」の成立と一九三八年相続財産法によるその「光栄ある自由」の制限を取扱った内田力蔵「英法における遺言自由の制限について」（法学協会雑誌五六巻五・六号）や、華北農村に於ける法的慣行の実態調査に基いて家族成員数・家族分裂の原因・家産殊に農地の均分主義・家産分割と女子分・家父長権威と均分主義・分裂家族相互の地位と関係を報告する仁井田陞「華北農村に於ける家族分裂の実態」(東洋文化研究四号) その他同氏の二つの論文「中国法史に於ける主婦の地位と鍵」(国家学会雑誌六一巻四号、五号) と「中国農村の離婚法慣習 (夫の専権的離婚とその制約)」(中国研究二号) に興味をひかれた。

それから家族制度の歴史であるが、先ずクーランジュ「古代都市」の翻訳が田邊貞之助氏によって完成され、モルガン著荒畑寒村訳「古代社会」も再版されたが、エンゲルス「家族・私有財産及び国家の起源」に至っては旧訳新訳が幾種類となく出版された。エンゲルスの著書はモルガンを祖述するものであるが、論旨が簡明で読み易いので、我国ではモルガンのに比して遙かに親《したし》まれ、その影響が大きいと思われる。言うまでもなく、このモルガン＝エンゲルスの見解は人類の両性関係は乱婚にはじまり、(1) 血族婚家族 (2) 半血族婚家族 (3) 対偶婚家族 (4) (一人の男と数人の妻との結婚に基く) 父家長的家族を経て、漸く(6) 一夫一婦家族になったとするのであるが、この家族進化の図式はその後の人類学界では一般に否定され、現在では実証的研究の結果、一夫一婦婚が未開社会において普遍的存在たることが明《あきらか》にされているとし、一夫一婦婚は人類と歴史を共にすると信ぜられている。現在の人類学界においてはマリノウスキーなどの機能派が最も有力であり、我国でもその所論に無条件に追随しているものもいる。民法学者もどちらかと言えばこの人類学界の趨勢《すうせい》を顧慮しているようである。例えば青山道夫「未開社会に於ける婚姻」(法政研究一四巻三・四号) がある。併《しか》しこの人類学界の趨勢にも拘らず、我国では依然としてモルガン＝エンゲルスをそのまま信奉する人々は決して少くないのである。そして我国の原始社会における家族制度の歴史を辿る場合にもどうにかしてモルガン＝エンゲルスの家族進化の図式に従わんと努めている。例えば玉城肇「家族制度の歴史」、「家族の形態」(日本歴史二巻二号) や禰津正志「日本古代の家族制度」(日本歴史研究三号) の如きはそうである。いずれにしても我国における原始社会の家族制度論には独自なものが乏しいように感ぜられる。それらに対して、所謂古代家族を論じている藤間生大「日本古代国家」や松本新八郎「封建的土地所有の成立過程」、古代より近世に至る家族形態の変遷を農業の発達に関連させて辿る古島敏雄「家族形態と農業の発達」、明治時代における同じ問題を対象とする同「明治時代に於ける農民の家族形態と農業の発達」（季刊大学二号）には非常に興味がひかれる。それに、「徳川期に於ける町人家族の研究と、古代ローマの家族制度と我が徳川期の家族制度との比較」などをしている玉城肇「家族論」や、「明治維新の革命が、家族制度の改革の面でどんなに中途半端に終ったか」を明かにせんとする玉城肇「日本家族制度（の）批判」の主要な部分に、二つの新しい論文を加えたものが再刊された。法制史家の書いた家族制度の歴史には中田薫「わが家族制度の沿革」（法律新報七三三号）がある。我が法制史家の家族制度論の特色は戸主権は本来的なものでも封建制の所産でもなく、明治中葉の産物で、明治中葉までは戸主権なるものは存在しなかったと力説する点である。この点は民法学者によっても多大の興味を持たれており充分検討を要する問題であるが、青山道夫「戸主権論」（「日本家族制度の研究」所収）も法制史家の言うように我が戸主権は明治民法によって始めて創設された『前古無類の新制度』だという結論に達している。

明治民法の成立史に関しては、石井良助「左院の民法草案」（国家学会雑誌六〇巻一号六号）がその一挿話を語っている。原田慶吉「民法親族編の歴史的比較法的研究」（国家学会雑誌六〇巻七号）は西洋東洋の古今に亘《わた》る該博《がいはく》な知識に基いて民法親族編の規定の歴史的系譜を比較法的考察を加えつつ描こうとした労作であった。

民法学者としては、これまでよく民法の親族相続に関する部分の成立史を、主として旧民法施行の延期か断行かの問題に関して述べられた当時の法学者の意見を資料として論じたが、そのうちで、今なお権威をもっているあの「『家』を中心とせる身分法の成立史」その他の論文をあつめた平野義太郎「日本資本主義の機構と法律」

が出た。新しくは我妻栄「家族制度法律論の変遷」（「家の制度」所収）があり、これは大正末より昭和初にかけての民法親族編相続編中改正の要綱にも説き及んでいる。

右の民法親族編相続編成立史は同時に我が国家族制度の性格を明かにすることにあるのであるが、民法学者によっては特にこの我が国従来の家族制度を分析しその所謂《いわゆる》（半）封建的特質を指摘することに力が注がれた。それは殊に（法）社会学の立場から行われた。そのうちで、「日本社会の家族的構成」「日本封建制のアジア的性質」「家族生活における法意識」「孝について」の四編に添えて「新憲法と家族制度」「事実婚主義か法律婚主義か」「離婚の手続について」の三編を収める川島武宜「日本社会の家族的構成」が兎角《とかく》の批評が漸次《ぜんじ》聞こえてくるようであるとはいえ、頭角を現わしている観があると思う。これに毎日出版文化賞が与えられたことには大賛成である。併《しか》し磯田進「家族制度と農村社会構造」（季刊大学二号）、福武直「東北農村に於ける家族主義」（中央公論六二巻二号）、同「我国農村に於ける家族主義」（季刊大学二号）、戒能通孝「都市の家族制度」（婦人の世紀二二巻二号）、江馬三枝子「農村の家族制度」、川島武宜・潮見俊隆「カネオヤについて」（民俗学研究一二巻一号）などいずれも面白い。中川善之助「制定法と固有慣習法の相剋《そうこく》」（季刊法律学四号）は諏訪地方の末子相続慣行が、明治民法による武家階級の長子相続主義の一般的採用に向って激しい対立抗争を続け、次第に敗北滅亡して行く過程を辿った研究である。

四

併《しか》し家族制度に関する議論のうちで、最も興味を惹くのは、民法改正の内容について、民法学界にはっきりした意見の対立がみられたことである。改正憲法草案発表の前後から家族制度を思いきって改革すべきだという空気が民法学界に漸次《ぜんじ》支配的になっていった。青山道夫「民主主義と我が家族制度」は「大胆に帷《とばり》を揚げよ、光に面せ」というラスキンの言葉を引用しつつ、民主主義国家確立のため家族制度の改革に怯懦《きょうだ》であってはならぬと論じた。そして「戸主権論」（前掲）では「尠《すくな》くとも戸主権の廃止は家族制度民主化の sine qua non［ラテン語で「あれなければ、これなし」。必須要件の意］である」と説いた。川島武宜「日本社会の家族的構成」（前掲）は我が国の家族制度を封建武士的＝儒教的な家族制度と民衆の家族制度の二つの類型に分け、この二つの類型を鋭く分析して――尤《もっと》もこの分析に対しては異論が聞えないではない――その二つは大いに異るが、いずれも近代的＝民主的とはいわれぬとし、更にこの「家族制度の生活原理は、家族の内部においてだけでなく、その外部においても、自らを反射する。そうしてこのことによって、家族生活の外部における非近代的＝非民主的社会関係を必然ならしめる」、「すなわち、日本の社会は、家族および家族的結合から成りたっており、そこで支配する家族的原理は民主主義の原理とは対立的のもので……「長をとり短をすてる」というような生やさしいことで、われわれの家族生活および社会生活の民主化をなしとげうるものでは決してないのである。……これの「否定」なくしては、われわれは民主化をなしとげえない」、「では、それはいかにして現実に可能となり必然的となるであろうか。民法の家族法の改正、それはもちろん必要である」、「が、だが民法の改正はなさるべきすべてでは決してない、それはただ、民主的家族生活の形式に対する障碍《しょうがい》を除くという消極的意義をもつだけである。われわれにとって問題なのは、生活の現実において非民主的な家族形態その原理をなくすこと、民主的な家族生活を現実のものとすることでなければならない」ことを強調した。我妻栄「家族制度の倫理と法理」その他（「家の制度」所収）も憲法草案は「わが国の身分関係を、本質的に平等な立場で結合協力する夫婦を中心とする構成に、編成かえすることを要請しているとみなければならない」、そのためには、少くとも民法上の「家」の制度はいさぎよく棄てるべきだという見解を発表された。大体においてこうした空気が反映して民法改正要綱が出来、改正案がつくられ、改正民法が成立した。

併《しか》し一般に抽象的な理想を問題にしている限り人々の意見は容易に一致するが、その理想に達する具体的な手段となると仲々一致し難いものである。この度の民法の改正に当っても家族法の民主化をしなければならないということについては反対もなく、少くともあからさまに反対するものもなかったが、さてそれでは家族法を民主化するためにどうするか、民法の親族相続法をどのようにどの程度に改正すべきかという点になると意見がさまざまであった。

民法改正（案）に対する民法学界の態度は大体において三つに分けられる。第一は民法の改正（案）には不徹底な点があるとする立場である。この立場を代表するものは磯田［進］・内田［力蔵］・川島［武宜］・熊倉［武］・来栖［三郎］・杉之原［舜一］・立石［芳枝］・野田［良之］・野村［平爾］・山之内［一郎］・渡辺［洋三］よりなる民法改正案研究会の「民法改正案に対する意見書」（法律時報一九巻八号）だといってよいであろう。この意見書は先ず立法手続、殊に改正の内容を予め一般国民に知らせる手続において遺憾があったとし、次いで改正案は法律的制度としての家族制度と道徳的理念としての家族制度とを区別し、法律的制度としての家族制度は廃止されなければならないが道徳的理念としての家族制度は否定さるべきでないという考え方に立つのでどうしても道徳的理念としての家族制度が法の面にも現われて結局改正案の規定の上でも家族制度温存の傾向がみられることを指摘し、そうした規定の全廃を切望している。そしてそのためには戸単位の戸籍制度の代りに個人単位の身分登録制度を採用すべく、「系譜・祭具及び墳墓の所有権」は分割相続に対する例外として「慣習又は被相続人の指定に従って祖先の祭祀も主宰すべき者」が承継することを認める祭祀相続の特則を取りのぞくべく、均分相続の原理を貫き農業資産につき法律上当然に一子相続制度を認めんとする農業資産相続特例法は制定すべきでないとしている。それに家族制度維持論者との妥協の結果、おかれるに至った「直系血族及び同居の親族は、互に扶け合わなければならない」というような法的に全く無意味な規定は、家族道徳の問題を自由な主体的精神の世界にゆずりこれを外的強制の世界たる法律の中に規定しないことを価値高きものとする自由な主体的人格に基礎づけられた近代的道徳に反し、削除さるべきことを主張している。青山道夫「家族制度民主化のために」（季刊大学二号）、「家の廃止について」（法律文化三巻三・四号）、「新相続法の基本理念」（法律新報七四〇号）なども大体同じ立場に立っていると思われる。磯田〔進〕・大濱〔英子〕・川島〔武宜〕・橋浦〔泰雄〕の座談会「相続法の改正と家族生活」（法律時報一九巻一〇号）もこの立場から語られている。特に杉田揚太郎「農業資産相続特例法案と農業政策の分岐点」（法律時報二〇巻二号）が、「農業資産の相続を飽《あ》く迄も一個人に限るというように、ややもすれば封建性の温存となる虞《おそ》れがあり、而《しか》も農業経営を固定化するような、又資本の非能率的運用を伴うような措置は採るべきではなく、寧《むし》ろ均分相続の実施を契機として所有と経営との分離の下に、相異る広汎なる所有を可及的に同一経営内に統括するが如き措置を講じ、一方に於て農村家族内に根強く残存する封建性の打破を徹底せしめると共に、他方に於て農業の経営形態を可及的に拡大し、家計と経営の分離、自給経済的色彩からの離脱等、単なる農地の改革では求め得られなかった経営主体の側の改革を行っていくことが肝要であろう」と論じて、この立場を支持していることは注目された。なお、民法改正案研究会は多数意見として、民法の改正が結婚について法律婚主義を守り、事実婚を認めなかったことを支持し、他方協議離婚については届出に予め何らかの国家機関による離婚意思の確認を経ることを要するように修正すべきだとした。この二点に関しては議会でも修正案が出た程であり、従来からも色々論議された所である。法律婚主義か事実婚主義かについては、従来は寧《むし》ろ民法学界は事実婚主義に傾いていたのであるが、最近では逆に法律婚主義が断然優勢のようである。川島武宜「事実婚主義か法律婚主義か」は家族制度が廃止されて婚姻当事者本人に届出をする意見がありさえすれば、即時に届出をすることが可能となった今日、法律婚主義を堅持すべきだとし、その所以《ゆえん》を詳論している。併《しか》し穂積重遠「新民法周知」(法律新報七四三号)など事実婚主義に好意的である。殊に杉之原舜一「事実婚主義か法律婚主義か」(人文二巻二号)の如きは、内縁関係は無産者大衆の間に多く、届出主義が徹底されるとこれまで内縁の夫婦に与えられていた家族手当や遺族補償が認められなくなるが、かくしてまで「届出主義を徹底さすことによって、(川島)教授は、はたして、労働者大衆になにを与えようとされているのか」と詰問されている。協議離婚の確認の問題についても、川島武宜「離婚の手続について」(前掲)は離婚の形式的なでなく実質的な自由の保障のために国家機関の関与を認むべきだとしている。青山道夫「民法改正要綱と離婚」(法律文化一巻七・八号)に至っては協議離婚制の廃止さえ望んでいる。併しこれらに対しては異論が強かった。若い女性法律家は特に反対意見であるようである。

民法改正(案)に対する第二の立場はそれを行き過ぎだとする。牧野英一「新憲法と民法及び刑法」(法律時報一八巻一〇号)、「民法の改正と家族主義」(法律新報七四〇号)は「民法上、『家』の制度すなわち家族協同体を無視することが果して適当なことであるかは考えなおされてしかるべきであろう」、「従来の制度における戸主権がいろいろの場合において弊害のあったものであることは疑ないにしても、それが、また、われわれの家族生活における紐帯《じゅうたい》を保持するゆえんのものであったことはこれを不当に見過ごしてはならない。民法家の多くは、戸主権の弊害を指摘するに急なるがために動《やや》もすれば、それがわれわれの日常生活において営みつつある他の尊重すべき一面を忘れてはいないであろうか。問題は、戸主権とせられ来ったものからその封建的な色彩を取り去ることに因ってそれを二十世紀らしく再構成することでなければならぬ。因より、新らしい民法において戸主権という用語を捨てることは、それでいいであろう。しかし、家族生活が、一定の原理乃至《ないし》中心に依って結合せらるべきであることは、これを考えねばなるまい。家族生活も亦その結合の象徴を必要としないかといってもいいであろう」とし、民法上の『家』の制度の廃止されたあとに「直系血族及び同居の親族は、互に扶け合わなければならない」という規定がおかれたことに、夫婦については「互に協力し扶助し」とするのにここでは単に「互に扶け合い」としかいわないことに不満をもらしながらも、せめてもの慰めを見出している。それから中田薫「わが家族制度の沿革」（前掲）も「今日　部の論者によって、家《いえ》存続の両支柱であり家《いえ》存立の双脚であるかの如く看做されて居る両種の権利（戸主権と家督相続権）中、戸主権は明治中葉までは存在しなかった。家督相続権も亦戸主権と共に中世の末季までは存在しなかった。それにもかかわらずわが家《いえ》は、一千二百有余年の風霜を経ながらも法律上厳然として存続して居たのである。それはその本質に於て「権利義務なき家」であったからである」、故に戸主権と家督相続権の「両制の廃止とわが家族制度そのものの全廃とは全然別箇の問題で」、わが家族制度の倫理的価値は……「父母に孝に、兄弟に友に、夫婦相和し」と言える自然的家庭倫理にあるとし、同「民法改正と家族制度」（法律新報七四一号）は「改正法が従来の戸主権と家督相続法とを撤廃したことは、新憲法の精神たる自由平等の原則に基く画期的革新として、自分も亦世人と共に之を歓迎する。しかし已《すで》に三十余年前此両者の反歴史性を指摘した自分としては、寧《むし》ろわが固有の伝統的家族制が時勢の転換を契機とし、その歴史的偶然性を淘汰《とうた》して、本然の姿に立戻ったことをより多く喜ぶ」とし、矢張り「直系血族及び同居の親族は、互に扶け合わなければならない」という規定は不満であるがそれがおかれたことを喜ぶとし、仏の法制史家サーニヤックの親族会讃美の言葉と称せられるものを引用しつつ親族会の廃止を非難した上、わが伝統的家《いえ》はどうなったかというに「自分は戸主権と家督相続の廃止は一時伝統的家《いえ》制を歪曲した不純分子を一挙に払拭して、それを純粋無垢の本然の姿に立戻らしめたに過ぎないと考へるものであるから、仮令《たとえ》法文の面からは駆逐されたにしろ、本然の姿に於て法文の外に存在し得べく、否存在するものと信ずる」、のみならず「自分は改正法の起草者が法文の表面から駆逐した筈《はず》の伝統的家は、依然法の上に於て現存するものと信ずる。それは、法が依然これを維持し保護する幾つかの手段を明白に規定しているからである。その手段とは何ぞや、養子の自由、改姓の自由（これによって男子なき者が女子を他人と結婚せしめその他人をして女子の氏名を称えしめ、婿《むこ》養子の実を挙げうる）、及び遺言の自由（これによって家名相続人に多くの財産を留保し得る）、此《この》三つの自由である」、「かくの如く観じ来れば、新憲法の精神と時代の新思想とが具顕［普通は現と書く］発揚したと称する今次の革新的民法は、又同時に王朝以来千数百年間国民の確信と倫理とによって維持されていた伝統的家族制度を其本然の姿に於て回復し、伝統的家内《かない》自治権を古《いにし》への姿に於て復旧せる復古的立法である」と述べている。民法学者としては谷口知平「社会倫理の確立へ」（大学新聞一〇五四号）は此の立場に好意的であるといってよかろう。

第三の立場は大体民法改正案の線を支持するものである。我妻栄「家の制度」は代表的なものである。中川善之助「新憲法と家族制度」などもある。そして第一及び第二の立場に向って反批判を行っている。先ず第二の立場に立つ牧野博士に対し、中川善之助「家族主義と改正民法」（法律タイムズ二巻二号）は実際の家族生活において誰か家の中心となるものはあろうがそれを法定しなければならぬという考え方は封建的だとし、例の直系血族及び同居の親族扶け合いの規定がくれぐれも愚劣であった所以《ゆえん》を明かにしている。更に中川善之助「新民法と法制史」（法律新報七四六号）は中田博士に対し、サーニヤックが親族会制度を讃美しているというのは誤読で、讃美どころか彼は革命立法者たちが親族会の強化を企てたことを強く非難しているのだとし、又「新民法は復古的立法では断じてない。ただ古いものは何でも彼でも一から十までことごとく廃止すること、共和暦二年法の如くではなかった。しかしそれも、古きものを温存しようとしたのではない。急激の惑乱《わくらん》を顧慮した妥協である。従って古いものの幾らかが、新民法の下においても、余命を保つことは、初めから予見していたことである」とし、「法制史がこうであったから、現代立法もそうあらねばならぬというような立論は絶対に誤りである」「これは歴史的データに明るい学者が、その学識の故に却ってともすれば陥り勝ちな過誤である」、「過去を無視して現在を処理することは至難である。しかし過去をもって直ちに現在を律することは一層至難であり、危険である。抑々《そもそも》不能であるといってもよいであろう」と結んでいる。次に第一の立場、特に「民法改正案意見書」に向い、中川善之助「『民法改正案意見書』異見」（法律タイムズ一巻六・七号）は、先ず民法改正事業に当って幹事として仕事を共にし、改正案公表の手続を遅らせる余儀《よぎ》ない事情のあることを知悉《ちしつ》している筈《はず》の川島・来栖の参加している民法改正案研究会がこの度の立法手続に遺憾な点があるとし、言いようもあろうに「官僚秘密主義立法」の弊を脱していないと批判したことを咎《とが》め、川島・来栖はその所謂《いわゆる》「官僚秘密主義立法」に賛成しておきながら研究会でこれを敵視するのは不可解だと難詰《なんきつ》されている。それから改正案の内容に対する意見書の批評に対し細目に亘《わた》って異見を述べられている。個々の点を別とすれば、要するに改正法案のうちで意見書が家族制度の温床だとしているものは今日実在する国民感情との妥協であり而《しか》もそれは必要な正しい妥協だというに帰するであろう。

私は中川教授の第二の立場に対して行われた反駁には全然賛成である。併《しか》し第一の立場に対して行われた反駁には同意し難いように思われる。何よりも私にとって悲しかったのは、中川教授が川島・来栖は一緒に楽しく幹事として法案の起草に当ったのに自分達だけが「進歩的」とか何とか言われて良い子になろうとするのは怪しからんといった感情が先に立たれているように気のせいか感じられてならなかったことである。自分としては研究会でも他の幹事の方々に対する親しい気持を懐《いだ》きながら幹事会の立場を釈明することを忘れなかった積りである。それから気になったのは、誤解かも知れないが、民法の改正はおれ達がしたのだという意識がやや強過ぎられるのではないかという点である。これまでよく役人が何々という法律はおれがつくったのだぞ、と得意そうにいうのを聞いたものである。それが友人や後輩に対する時にとっての自慢話の種としたなら格別悪いこともない。法案の内容に対して起草者としての責任をもつためなら必要でもあろう。併《しか》しあまりにその法律を自分のもののように考えて、法律に対する非難を直接自分に対する個人的な非難のように考えることは慎しまねばならないのではなかろうか。正直に言って私自身立法に参与するに必要なしっかりした心構えがあったと断言する自信はない。だから公法研究会「立法の民主化について」（法律時報一九巻九号）が「近ごろ多くの法律については、法律案作成の過程において何々法審議会というようなものが官庁内に設けられ、これに各界代表者や学者が加えられるのを例とする。法律立法手続の民主性の保証は、これで十分なのであろうか？」などと訊ねられると、自分の幹事に選ばれた仕方などどうだったろうかと疚《やま》しく反省されてならないのである。法案の公表手続についてもである。併《しか》し私の加わった研究会が民法改正案の公表手続を非難したのは、私としてそんなに無責任だろうか。第一、研究会の意見書はなにも幹事会による法案の起草それ自体を直接に非難したのではない筈《はず》である。それに私も、いや研究会のその他の人々の方が実は私よりもはるかによく法案の公表を遅らせる事情がないではないことを知っていた。そして意見書を書く場合にもそれを前提とし、そうした事情を無視して何でもかんでも早く発表すべきだったと非難したわけでもない。はやく草案を発表して批評を仰ぐべきだということはよく幹事会の人々も話し合っていたことであり、そして政府は果して事情の許す限り速かに公表するために努力を払ったのであろうか。

公表手続の遺憾だった事について幹事会の一員だった川島・来栖にも全然責任がないとはいえないかも知れないが、公表手続は一切幹事会の責任でありその一員たるものに非難する余地はないのだろうか。中川教授は公表手続がひとえに止む得ない事情でおくれたと政府に代って弁護されるが、私には必ずしもそうだったとばかりは言えないように思われだしたのである。私としては研究会の人々の非難に逆《さから》う理由を見出せなかった。それにこの民法改正の場合を特に指して言うのでないが、公表手続が不自由な事情があるといえば、それで直に言い訳になるのだとすると、動《やや》もすればそれを口実として、しようと努力すればもっと早く出来るのにそれをしないままで過して了《しま》うという可能性さえ生れてくるのではないだろうか（言うまでもなく、以上は私の意見であって、川島教授の意見でも、民法改正案研究会の意見でもない）。改正案の内容につき家族制度の温存とみえるのも必要な妥協だとされることも疑問だと思われる。私も亦徒《いたずら》な行き過ぎは慎しむべきであり、今のような時代にはその危険もあることは認める。「法律はそれが作られた当の国民の性格・習慣及び状態に適応せしめられねばならぬこと、立法者は立法に関する新規さに対しては控え目でなくてはならぬ……こと、相対的な良さしか望み得ないような事物については、完全ということについての絶対的な観念に身を委ねるようなことは不合理であること……等を看過してはならぬのである」とか「ひとは唯《ただ》絶対的な真理とか格率のみを眼中に置く、まるで政治や立法のうちにそういうものが存在してでもいるかのように。ひとは経験の教えにかえるに空虚な思弁を以てする」とか、「新たな国民として力強く立上るべきではあるが、古い国民としての円熟さをすべて保存しなくてはならない。ひとは荒廃地にならら無雑作に鎌をいれることは出来るが、耕された土地にあっては有用な作物を枯らす有害な植物だけを除去しなくてはならぬ」といった言葉は今のような時代に味うべきであろう。正にそれ故にポルタリス著野田良之訳「民法典序論」が感銘を以て読まれたのである。併《しか》しそれと同時に亦今のような時代には行き過ぎだ行き過ぎだと無雑作に口にすることも慎しまなければならないであろう。「保守主義者は、より良いものを創造する想像力を欠くため既成物を固執する。そして彼の思い込んでいる安泰を妨げるものは、すべて無思慮であり、無責任であると見做す」。「苟《かりそ》めにもそれが偉大な事業である以上、それを計画した時に、『極端』でないものが一つだってあるだろうか？　それが成し遂げられた時に初めて、平凡な人の眼には可能なことのように見えるのである」。処《ところ》で「僕は世界で色々なものを求めて唯一つ同じ事を発見した。即ち『人間の真の愉楽《ゆらく》は習慣の中にある』という事だ。不快なものでさえ、これに馴れると、これを失う事に云いしれぬ寂しさを感ずる。僕は曾《かつ》て到底快癒の見込みの見えなかった傷に悩んだ事がある。そしてそれが遂に癒った後、外科医が最早来なくなり、それを繃帯したり、朝食を共にする人のなくなったのを非常に寂しく思った事がある」。勿論「家《いえ》」に対して一般国民の懐く感情が単にそうした久しく慣れて来たものに対するとりとめもない執着だとは言わない。そして立法は妥協であり、従って問題はその妥協が立法目的に照して適当かどうかにあるとも思うが、唯《ただ》我々としては改正案の妥協は適当でないと考えたのである。それは改正案の立場を最もよく明かにしているのは我妻栄「家の制度」だといってもよいと思われるが、この書物を貫いている考え方は法律的な制度としての家族制度と道徳的な制度としての家族制度とを分ける点にあり、法律的な制度としての家族制度の廃止は力説されるに反し、道徳的な制度としての家族制度についてはどう評価するのか必ずしも明瞭でない。それに対して否定的である箇処もあるが、寧《むし》ろそれを是認してでもいられるように取られ勝ちである。そうした表現をされているのは一般の国民に対して民法改正を納得させせなければならない重要な地位にあるものとして、リップ・サービスを与えておられるのかも知れないが、その文字の上だけをみるとそう取れるのである。民法改正案研究会はこうした区別に対して疑問をもち、そうした所謂《いわゆる》道徳的な制度としての家族制度こそ否定さるべきだと考えるのであるが、それ故にそれを是認しているかのような法の規定を設けることにも亦反対なのである。勿論《もちろん》徒《いたずら》な行き過ぎは慎しまなければならないとはいえ、その点については「将軍や政治家の決定と同様に立法者の決定も亦常に結果を確実に予測することの出来ない一つの実験である」（ツイテルマン）が、その実験が成功するか否か、即ち立法が現実ばなれの行き過ぎであるか否かは、単に現実の客観的な認識の問題であるばかりでなく将来に向っての立法の現実化の主体的な実践の問題でもあることを考慮しなければならないであろう。正直にいって、私自身は初はそれほど改正がどの程度までゆくべきかについて確かな見透しと強い確信をもっているわけではなかった。併《しか》し家族制度維持論者が家族制度こそ人をしてその分をしらしめるのだと怒号《どごう》するのをきいていると、ここでは容易に妥協すべきでないという確信が却って深まっていったのである。

五

民法改正（案）の成立と共に一般の人々にその趣旨を分らせることが必要になり、解説も書かれ、座談会も開かれている。それには我妻栄「相続法案の解説」（法律時報一九巻一〇号）、「新親族法の解説」（法律時報一九巻一二号、一三号、二〇巻一号）や磯田〔進〕・ウイード・大濱〔英子〕・川島〔武宜〕・羽仁〔説子〕・穂積〔重遠〕の座談会「結婚と離婚」（法律時報二〇巻五号）がある。殊に末川〔博〕・於保〔不二雄〕・猪熊〔兼繁〕・重松「うつりゆく家」があり、改正民法の内容と従来の家族制度が廃止さるべきであった所以《ゆえん》を説いている。併し一歩進んで近代的民主的家族法の在り方が論ぜられた。既に民法の改正案をめぐってこの点についても意見の対立のあるのをみた。川島武宜「新憲法と家族制度」その他（前掲）は、「本来的な家族関係は、法律の強力的秩序の外におかれ、自発的な内面的な人間愛の基礎の上にあらたに建設されなければならない」、「親子・夫婦・兄弟の親愛を法律で規定し強制することは無意味であり、且つ不当である。したがって、今後の家族法は、家族が特に個人の資格において登場する――なかんずく財産関係――が中心となりその基礎となるかぎりで、家族関係が法的規律の内容となるのでなければならない。このことによってはじめて、家族関係が、「家庭」が、正しく且つ高き道徳的基礎の上にうち建てられることができるのである」とし、山中康雄「市民社会と民法」も同様の立場に立っている。之に対して前述の民法改正案に対し第二の立場をとるものは反対で、家庭倫理も法律の規定にもるべきだとするものであるが、吾妻光俊「家族制度の崩壊と民法理論」（法律新報七三五号）もこの問題を取扱い、「婚姻生活に於ける両性の平等」（法律新報七四一号）は、なかんずく離婚法に関連してであるが、「愛情が本質的乃至《ないし》本能的であるという故を以て法律的規制の彼岸にあるというならば、それは根本的な誤謬である」としている。

六

あいまいな視角から民法学界の展望を試みて了《しま》ったが、その中でとりわけ民法の改正を契機として民法学界に批評と反批評が行われたことに興味がひかれた。本稿がその点に主眼をおいて眺めたのもそのためである。それにしても、私はこれまで民法学界の人々の業績にひそかに法学者として民法学界に身をおくことを嬉しく思ったのであるが、民法学界の人々は今後もよく相互の理解と寛容にみちた活発な論争の上に民法学をいよいよ発達させ、法学界において指導的役割を果して来たこの光輝ある民法学の歴史に対して答えてくれるであろうか。

附記　本稿は終戦後大体三年間位の文献をもとにはしたが、はっきりと何日までに出たものと限定しなかった。又私法学会から文献表を渡されたが、それにもれて了《しま》ったものがあるかも知れない。又表にのせられていたものでも手にすることが出来なかったものもある。そういう点で不正確であったことをお辞《ことわ》［現在では断と書くところであろう］りしたい。

〔原典は、『私法』（日本私法学会機関誌）第一号、発行所・日本私法学会、発売所・有斐閣、七六頁～九一頁に所収。一九四九年五月二〇日発行〕

〔解説〕

一　本稿は、来栖先生が、『私法』第一号の「学会展望」の欄に「民法」の項目で執筆されたものである。日本私法学会は、一九四八年六月二六日に創立総会を開いて発足したものであるが、その機関誌『私法』は、その翌年一九四九年五月に創刊号である第一号が発行された。この号に、「学会展望」と題する欄が設けられ、その「民法」の項目に来栖先生が執筆を依頼されたものと思われる。なお、同号には、他に「商法」として西原寛一、「民事訴訟法」として小野木常、「国際私法」として久保岩太郎、「労働法」として峯村光郎の諸先生が執筆されている。また、その後の「民法」項目には、第三号（一九五〇年）に柚木馨、第五号（一九五一年）に石本雅男、第九号（一九五三年）に松坂佐一の諸先生が執筆されている（その後この欄は廃止された）。

前年の一九四八年に教授に昇格されたばかりの来栖先生が、右のような大先生に伍してこのような欄の担当をされたについては、相当のプレッシャーを感じられたに違いないと思われる。

二　本稿はまた、第二次大戦終了後の三年間の学会状況をはじめて総括し、回顧するという意義を付与されたものでもある。来栖先生にとっても特別の感慨に迫られながら、文献を読み、思索にふけられたことと推察される。紹介、検討も丹念であり、単なる形式的な列挙ではなく、戦後日本の開幕期を飾る三年間の民法学界を活写されている。

とりわけ注目されるのは、四の家族法に関する民法改正〔一九四七年〕についての回顧である。先生自身もその立法作業に関与され、論争にも参加されたが、その立法過程をめぐる中川善之助先生との応酬の部分は、きわめて興味深い。来栖先生の「立法」への姿勢がよく示されていると思う。その後も、東京大学法学部教授という立場上立法に関係されることも多かったと思われるが、先生は終始立法への積極的関与は避けられたように感じられる。それは、ここで語られているこの時の経験の影響もあったのではないかと推測されるのである。

（清水　誠）

9

民法における財産法と身分法（一）～（三）〔未完〕

一九四二・一九四三年

目　次

9　民法における財産法と身分法（一）

第一章　末弘教授の「被害者としての家団」を機縁として

一　民法は財産法と身分法とから成っている。併し財産法と身分法とは夫々全く異る法理によって支配され、其の意味に於て民法のうちで財産法と身分法とは対立していると言い得る。そしてこれまでの身分法の研究は身分法の財産法に対する特殊性を明かにすることに力を注ぎ既に成果を収めている。だが、財産法と身分法とは同じ民法の一部を成している以上単なる対立であることは許されない。それは亦一《ひとつ》の統一ある結合でなければならないであろう。それにも拘らず、夫々全く異った法理によって支配されている財産法と身分法とが何故に同じ民法の一部を成しているのか、そして如何なる意味で一の統一ある結合なのであるか、という此の問題についてはこれまで未だ明確に答えられていないように見受けられる。「民法における財産法と身分法」という本稿の標題は、本稿が正に此の問題に解答を与えることを目的としていると思わしめることであろう。併し、少くとも、当初はそうではなかった。寧ろ、老母を負傷せしめられて治療費を支出した子が自ら直接加害者に対し不法行為を理由として其の賠償を請求したという事案に於て子の請求を認容した一大審院判決（昭一一・二・一二民集一六巻一号四六頁判民六事件）につき、ささやかな評釈を試みる積りであった。然るに末弘［嚴太郎］教授が家団概念を適用してその事案に妥当と感ぜしめる結論を下されているために、家団に触れなければならなくなり、延いて民法における財産法と身分法との関係如何の問題にまで立入ることを余儀なくされて了ったのである。従って本稿はその経緯を述べることから始めなければならない。

二　末弘教授は常々法学者の通弊たる「技術の貧困」を歎ぜられておられるが、その一例として、現在我々の社会には――戸籍簿上の存在にとどまる民法の意味での「家」とは無関係に――夫婦親子等親近相集《あいつど》って家庭をつくりこの家庭が取引関係の単位として社会と各種の関係を形成している事実が儼《げん》として存在するにも拘らず、一般に其存在を認めず、其存在を認めても単なる社会上の事実的存在に過ぎずして法律的には全く無意味なものとして看過する態度も実は「技術の貧困」に由来していることを鋭く指摘されている。(1)その末弘教授が御自身この「家庭そのものを社会関係構成の単位として認識しつつ、それが社会関係に入り込む形態に法的構成を与えんとする」意図から家団の法律関係を明確に規定せんと試みられていることは周知の如くである。末弘教授は先ず「私法関係の当事者としての家団」と題する論文（民法雑考所収）に於て、「法律行為の当事者としての家団」と「不法行為の当事者としての家団」のうち「不法行為の加害者としての家団」を取扱われたが、「不法行為の被害者としての家団」に関しては意見の発表を差控えられた。末弘教授の家団論に示唆を受けて「不法行為の被害者としての家団」という観念に言及されたのは戒能〔通孝〕氏が初めてであろうか。氏はこの観念は無形損害の場合によく当て嵌《はま》るので、無形損害の賠償につき直接の被害者のみが賠償請求権者であるのはその者が被害団体の代表者として自己のためのみならず団体全員の制裁意識を表現しているのである。そして斯く真実の被害者と云わば起訴資格者とを分ち考え得ることは生命侵害の場合に特に必要で、民法七一一条が生命侵害に於ける無形損害の賠償請求権を「被害者ノ父母、配偶者及ヒ子」に限定しているのは、何もそれ以外の者は精神的苦痛を感じないというのでもなければ、その範囲内のものが常に精神的苦痛を受けたというのでもなく、之等のものに被害団体の代りに起訴する資格を与えたものとして始めて充分な意義を認めることが出来る。而して賠償額の算定に当ってはその家団に注目しなければならないと説かれている。(2) 然るにこの「不法行為の被害者としての家団」という観念は前述した事案に関連して末弘教授御自身によって更に取上げられた。あの事案は、問題を二つに分けて考うべきであろう。即ち、子に対して直接に不法行為が成立し子は自己の損害賠償請求権に基き加害者に請求し得るのか、そうでないとすれば如何なる根拠で子は加害者に請求し得るのか、である。処で子に対して直接に不法行為の成立することを認めるのは個人主義的な民法本来の考え方からすれば一見無理であり、よし子の請求を容れるにしても子自身に対する不法行為に基く損害賠償請求ではあり得ないように見える。そうだとした場合に、子の請求の根拠として事務管理が思い浮ぶかも知れないが、子に加害者の為にする意思があることは殆んど考えられないから、子の請求を事務管理に基く費用償還請求と構成することは出来ない。従って子の治療費の支出が扶養義務の履行であるならば、子の老母に対する扶養義務と加害者の老母に対する損害賠償義務とは不真正連帯債務の関係にあり其の結果として(1)子が扶養義務を履行すれば加害者は損害賠償義務を免れるが、治療費は本来加害者が負担すべきだから加害者は子の損失に於て不当に利得したことになり、子は加害者に対し不当利得の返還を請求し得るとするか、(3) (2)又は子が扶養義務を履行すれば老母の加害者に対する損害賠償請求権が当然子に移転するとするか(代位)、(4) の孰《いず》れかであり、之に反し子の治療費の支出が扶養義務の履行としてでなく任意に為されたのであれば、通常は母に贈与する意図で為されるのだから、老母は加害者に対し依然損害賠償請求権を保持し、子の加害者に対する請求は勿論問題とならないとでも考える外はあるまい。(5) 然るにこの事案につき大審院は直接子に対して不法行為の成立することを認めんとし、学者も均しく之に賛意を表し唯《ただ》その構成に苦心した。其の際孰れも不法行為の要件としての「権利侵害」を「違法性」に置き換えた近時の不法行為理論における通説をそのまま前提し、一の違法行為があれば仮令その違法性の根拠が一特定人の権利侵害にあるとしても、行為者はその違法な行為と相当因果関係に立つ凡ての損害を、それがその特定人自身について生じたると其以外の人について生じたるとを問わず、賠償すべきであると説明した。(6) すると相当因果関係の範囲の確定が問題となるが、この点は必ずしも明確にされていない。それは社会常識に俟《ま》つべき問題であるとするか、(7) 又は治療費につき立替又は貸与の如き当事者間に新に形成された債権債務の関係がなければ相当因果関係の範囲内とする位である。(8) 末弘教授は正に此種の場合における相当因果関係の範囲は家団概念の応用に依って最も適正に限定し得ると主張される［の］である。曰く、「一般社会見解上同一の家団に属すると考へられるもの相互間に於ては、其一人の被害は他のすべての家団員否家団そのもの、被害である、家団員相互間に法律上の親族関係乃至扶養義務なき場合と雖も、事実同一家団に属する故を以て彼等は共同の利害を有し相互扶助の義理を感じてゐる訳であるから、相当因果関係の範囲を画定するに付いても此点を考慮するに依って極めて適当な客観的規準を見出し得るやうに思はれるのである」(9)。

斯の如く末弘教授は家団概念を次第に展開されてゆかれる。其の概念は末弘教授が「私法関係の当事者としての家団」を発表された当初から学者の著しい注目を惹いている。学者は気持の上では殆んど満腔《まんこう》の賛意を示していると言えよう。それにも拘らず、いざという場合に臨むと誰しも足踏みしてこの概念を適用して問題を解決することを避けようとする。現に右の判例評釈者は皆家団に想い到っているのである。「家団の如き理論を以て説明し得るならば」とまで言っている(10)、而も「今之を採り得ない」と諦めて了う(11)。何故だろう。それは我民法が家団について少くとも真正面からは何も規定していないことにもよるが、それにもまして末弘教授が家団につき凡ての学者を納得せしめるに足る法的構成を未だ示されていないからではなかろうか。勿論末弘教授も家団の特質につき、それと社団や組合との間には本質的差違があり、後者がゲゼルシャフト的の団体であるに反し、前者がゲマインシャフト的の団体であることを指摘されてはいる(12)。併しもう一歩突込んだ詳細な規定が与えられたならば、と思うのであろう。併しそれにはどうしたらよいか。惟《おも》うに家団は其の成員が社団や組合の成員と違って一《いち》様《よう》の「人」でなく、夫であり妻であり親であり子であったりする。つまり具体性をもっている。勿論「凡そ法秩序は実在する個々の人間を目標にすることは出来ない」「寧ろ法規は一般性をもつものなるが故にただ人間の一般的類型（menschlicher Allgemeintypus）に適合せしめ得るのみである。従って法における人間は実在する人間ではなくて、云はゞ法秩序の前提する人間の形像である(13)」。これは財産法でも身分法でも異らぬ。従って家団の成員は具体性をもつと言っても何も法の立場からはあの夫婦この親子が問題とはなり得ず、法の想定する夫婦親子の一般的類型のみが問題となり得るのだが、併しその範囲では夫婦親子という差異のある身分上の地位をもつ。従って家団の法的構成には先ず身分関係の特質をはっきりさせなければならない。併しそれのみでは足りない。家団の成員の占める身分関係の特質が、之と全く異った特質をもつ其の成員と外部との間の財産関係に、如何に影響するかを究めなければならない。家団の法的構成の難しさは、正しく家団が身分関係の特質の財産関係への反映如何の問題であるという点に存しよう。従って家団の法的構成には先ず以て財産関係と身分関係の夫々の特質を学ばねばならぬが、それは亦同時に民法における財産法と身分法との関係を知ることである。かくて冒頭に述べたように、民法における財産法と身分法との対立と結合は如何なる意味をもつものであるかの問題にまで立入って了《しま》った。この問題に就いて達する結論を朧《おぼ》ろげ乍ら予測してみれば、次の如くである。

（1）「技術の貧困」（民法雑記帳三三頁［一九四〇年発行の初版の頁数である。一九五三年の新版では上巻七八頁］）。なお、「日本民法学の課題」（同書一五頁［新版では収録なし］）に於ても法学者の技術的貧困を痛歎されている。

（2）「不法行為に於ける無形損害の賠償請求権」法協五〇巻三号一二〇頁以下。

（3）独民法の解釈として、Oertmann, Der Einfluss bestehender Unterhaltsansprüche auf die Schadensersatzansprüche aus BGB §843, in Festschrift Otto Gierke S. 8 ff. が主張するところである。因みに独民法には八四三条の規定がある。其の第一項に「身体又ハ健康ノ侵害ニ依リ被害者ノ生業能力ヲ喪失又ハ減少セシメ又ハ需要ヲ増加シタルトキハ被害者ニ金銭定期金ヲ支払ヒテ其損害ヲ賠償スルコトヲ要ス」とあり、其の第四項に「本条ノ請求権ハ他人カ被害者ヲ扶養スル義務ヲ負フコトニヨリ除斥セラルルコトナシ」とある（訳文は東季彦「全訳独逸民法」に依る）。併し第四項は本条の請求権のみならず一切の損害賠償請求権に当て嵌るとされている（Oertmann, Recht der Schuldverhältnisse, Zweite Abteilung, §843 5 a)。そしてこの第四項と関連して、親族が負傷せしめられ治療費を支出したものが加害者に直接其の費用の償還を請求し得るやの問題が争われているのである。

（4）　この見解も成立つ可能性だけは少くともあるを［との誤りか?］思う。民法四二二条を援用することは無理かも知れない。併し保険法には代位の制度は広く認められている。商法の損害保険に関しては、六六一条の次に六六二条の規定がある（因みに之は生命保険には六八三条によると準用されない。それは生命保険金請求権が生じた損害の填補を目的としないので、それと加害者に対する損害賠償請求権とは目的を同じくしないからである）。社会保険法にも一般に同様の規定が取入れられている。例えば、健康保険法六七条、船員保険法二五条、労働者年金保険法二八条等。従ってこの規定の趣旨を今の問題に類推してゆくことは必ずしも無理ではあるまい。尤も独民法に於ては被害者が被害の結果として、例えば保険者に対する請求権を取得した場合にも、被保険者はそのためには保険料の形態で反対給付をしたのだから、之は加算すべきでないとされていることを附言しておこう。Oertmann, Recht der Schuldverhältnisse, Zweite Abteilung, §843 5 c.

（5）　Vgl. Oertmann, Der Einfluss bestehender Unterhaltsansprüche auf die Schadensersatzansprüche aus BGB, §843, in Festschrift Otto Gierke S. 16.

（6）　有泉［亨］評釈（昭和一一年度判民六事件）

（7）　同前

（8）　石田［文次郎］評釈（論叢三七巻一号一九〇頁）

（9）　「被害者としての家団」（民法雑記帳二一〇頁［新版では下巻一七六頁］）

（10）　千種［達夫］評釈（民商五巻六号二〇〇頁）

（11）　有泉前掲

（12）　「三つの団体型」（民法雑記録六八頁［新版では下巻八三頁］）

（13）　Radbruch, Der Mensch im Recht, S. 5.

三　中川［善之助］教授に依れば、財産法は人間の生活のうち「経済生活」即ち「財貨の生産・再生産のための活動」を規律する法であり、身分法は「保族生活」即ち「生殖・哺育のための活動」を規律する法であると言うことになろう。勿論中川教授も注意されておられるように、経済生活と保族生活とを全く別異の、相互に無関係であるとみることは不合理であるが、この両者を截然《せつぜん》と切り離し得ないことは直ちに両者が人間の生活の全く異った二つの側面であることを否定する結果にはならないのである。(1) 而して近代に於ては社会と国家とは分離対立しており、ここに所謂経済生活のみならず保族生活も亦国家生活としてではなく社会生活として営まれる。そして社会は個人から成り且つ之に分解されるとみる限り社会生活は個人の私の生活である。従って社会生活を規律する法が私法であり、私法の一般法たる民法のうちに財産法のみならず身分法も亦含まれていることは当然である。

処で近代経済生活に於ては——市民社会という言葉は必ずしも一つの意味に用いられていないようであるが、若し近代社会に於て人間が共同して経済生活を営む側面のみを狭く意味し得るとすれば、市民社会に於ては、と言ってよい——人間はそれ自身一の全体であり、自己目的である。そこでは人間は自己の利益と幸福とを求める性情に於て承認される。併しこの個人主義は保族生活に——保族生活の営まれる形式を、我が民法上の意味とは異るが、ここに一応家族と呼び得るなら、家族にと言ってもよい——そのまま移すことは許されない。確かに経済生活に於ける個人主義と共に家族の機能は次第に保族に限られ、為に家族は近代社会の一隅に縮込《ちぢこ》まり而もその形態を失い成員間の単なる関係になっていって、所謂家族の個人主義的形式が現われた。この形式に於て家族を結合せしめるものは少くとも従来にまして実に人格的愛情である。(2) 従って屢々個人主義は家族間の美しい感情を破壊したと言われるならば、その破壊したと言われる美しい感情は、「畏敬」であり得るかも知れないが、「愛情」ではない。何となれば嘗て家族はより固く結合していたとしても、それは——愛情が作用しなかったというのではないが——愛情を通してというよりは寧《むし》ろ経済的その他の理由によるもので、個人主義的家族並に婚姻観こそ却って家族を人格的愛情によって結合せしめようと努めるのだからである。そして寧ろ愛情という言葉の響きは動《やや》もすれば愛情が純粋なもの絶対なものと感ぜしめるにも拘らず、実は色々な制約を免れないところに、近代家族生活の美しさの半面に伴う脆さがあるのであろう。だから、所謂個人主義的形式の家族は、成員の個人人格の尊重の上に築かれはする。だが、近代社会の保族生活に於て経済生活における個人主義がそのまま支配するのだということには全くならない、否なり得ないのである。社会は恒久的に存続せんとするも、人間の生命には時間的に限りがある。従って生殖・哺育によって補うのだから、婚姻はそれ自身目的でなく、子があって始めて社会的意味をもつのだが、子は自ら成長することは出来ない。而も近代社会では一切が個人の生活として行われる。従ってここで親と子たる個人同士が経済生活に於ける人と人との様に冷かに対立するとしたら、それは直ちに社会の滅亡を意味しよう。社会は必然的に親が子を哺育することを要請する。併し個人主義の立前から社会が一方的に義務を課するというのでなく、寧ろ人間の性情に応えるものとして考えようとする。つまり近代社会に於ては親は子のうちに、自己の存在の時間的不完全さを補うものとして自己の人格を越えて拡大される自我をみ、その哺育を自己の事件と感ずる如き人間であることが要求されるのである。家族間には連帯感が支配しなければならない理由である。故に人間は保族生活の面では経済生活の面におけると全く異った性情のものとして現われる。近代社会の人々が意識的乃至無意識的に感じた矛盾は、自然的には統　的な人間が斯の如く経済生活と保族生活との二面に於て全く異った性情のものとして現われざるを得ぬというこの宿命に対してであった。彼等は家の外なる社会における他人との冷かな対立に疲れ果てては、家の内の密接な結合の上の暖い雰囲気へ憩いを求めて逃げ帰り乍ら、「何故に、家族間に於て嵩《たか》まりくる連帯感は家族の外に広く及ぼし得ないのであろうか」と自己の心情の偏狭さを嘲けらねばならなかったのである。この意味に於て正しく経済生活と保族生活は対立する。

併しそれは単なる対立ではない。経済生活に於ける個人主義は、保族生活に於ける連帯感を、いわば予定している。後者なしには前者は維持し得ないのである。経済生活と保族生活とは、市民社会と家族とは、全く異った原理に服し乍らも而も相結合して近代社会という一の全き社会を成しているのである。近代社会の特質は経済生活と保族生活とのこの特殊な対立と結合にあるのである。換言すれば、近代社会の特質はゲマインシャフト的でなくてゲゼルシャフト的であるというよりは、寧ろゲゼルシャフト的な市民社会とかゲマインシャフト的な家族とのこの特殊な対立と結合のうちに存すると言えよう。而して民法のうちに於ける財産法と身分法の対立と結合は、正しく近代社会における経済生活と保族生活との、市民社会と家族との対立と結合の法における表現である。従って財産法と身分法とは全く異る法理に服し乍ら而も相結合して民法という一の全き法体系を為しているのである。

本稿は右の見解を敷衍すると同時に論証する為に、準備の不充分を顧みず、先ず財産法上の諸制度、身分法上の諸制度を概観して両者の特殊性を学ぶことを及ばず乍ら努めてみよう。それは身分関係の特質の財産関係への影響如何を考える上に於て役立つであろう。そしてそれから本稿本来の目的である不法行為の被害者としての家団について一応の憶測だけなりと述べ得れば、と願っている。

（1） 親族法（昭和一七年）三頁以下。
（2） Vierkandt, Familie, Volk und Staat in ihren gesellschaftlichen Lebensvorgängen, S. 29 ff insbesondere S. 33. ff.

第二章　民法における財産法と身分法

一

一　近代経済生活に於ては一切の人間はそれ自身一の世界であり、それ自身一の全体であり、自己目的である。従って近代経済生活を規律する財産法に於ては一切の人間が「人」として承認される。「人」とは、一定の歴史的に与えられた法によって自己目的とみられたもの」だからである。自己目的相互間では順序は排斥される。それ故に人の概念は平等概念である。[1] 而して人の本質を成すのは平等の権利能力であり、人として凡ての人間の平等は権利能力の平等、即ち法秩序によって担保された権利を享有する機会の平等の中に現われている。[2]

此の如く近代経済生活に於て一切の人間が自己目的とみられ、従ってそれを規律する財産法に於て「人」として承認される理由は、「物を商品として相互に関係せしめるためには商品保護者は互に人として振舞わねばならぬ」という風に、近代社会が商品生産社会であって商品の交換というときは必然的に当事者は平等であり互に相手方を商品の所有者と認め合わねばならぬことに求められているようである。[3] ここではそうした問題に深入りする用意を全然欠いている。又そうすることは本稿の目的に副う所以でもない。唯ここで呉々《くれぐれ》も注意しなければならないのは、右の様な説明から直ちに等価交換即ち有償的行為のみを合理的と感じ義理人情其他寛容的なものはすべて不合理として排斥するという性格まで民法における「人」の概念内容に取容れてはならないことである。[4] 況んや「人」を営利人であり経済人である「商人」と同視してはならないであろう。従って「人」という「平等概念がなければ私法は考えられないであろう、何となれば私法は平準的正義、即ち交換される給付の等しい領域であるが、給付は之を交換する主体が等しいものとして置かれるときにのみ互に同一単位を以て量り得るのだから」[5]とか、更に進んで、「近代法秩序における人間の類型は利潤追求と打算の権化たる商人の形像に倣《なら》ってかたどられている、法は各人を商人の如くみると言うもたいして過言ではないだろう」[6]という説明を読むに当っては、誤解のないようにしなければならない。確かに等価交換というとき「人」の概念を前提としよう。商人の概念は「人」の概念なしには成立し得ないであろう。併し民法は、営利活動に密着する諸制度の規定は商法に譲り、かかる営利活動の行われる基礎となり得る如く社会関係を全般に亘って規律すべき極めて一般的抽象的な規定の完結的体系である[7]。田中［耕太郎］教授の御言葉に従えば商法が商的色彩を帯ぶるに対して無色である。それ故に民法における「人」の概念も平等であり平等の権利能力を本質と成すというように留まり、等価交換のみを合理的と感ずるとか利潤追求と打算をことととするといった性格をそれ自体のうちに内包していないのである[8]。それは民法が無償契約を典型契約として規定しているのみならず有償無償が民法の契約全体を貫く分類の標準とされていることからも疑なきところである。民法の「人」について言い得ることは其の意思に反して之に属するものを奪い得ないということだけであって、其の意思に基いてするなら等価交換であるを要しない。有償たると無償たると、利潤追求のためであると否とによっては少しも民法の「人」の概念に抵触しないのである。このことは抽象的な理論のみの問題ではないと思う。一般に不当利得にあって不当利得返還の義務を負う者が不当に利得しているだけのものを第三者に贈与すると、最早《もはや》利得していないことになるから、不当利得返還義務は消滅すると考えているらしい。独逸民法第二草案の起草委員会で議論の結果そう解決されている。この問題には後に不当利得のことを述べる際に触れるかと思うが、右の如く考えるのは、一には等価交換の観念に余り捉われているのではなかろうか。民法における「人」は贈与することを以て損失だと考えるような商人的性格を持っていない。民法における「人」にとっては、あるものを贈与したなら、それを自分の為に消費した場合と同じく矢張り自己目的に充用したことに変りはないのである。兎《と》も角《かく》「人」の概念に余りに多くのものを含ましてはならない。ただ「人」は自主的であり自治に任されているとだけしか言い得ないのである。

（1）Radbruch, Rechtsphilosophie, S. 127.

（2）Karl Larenz, Rechtsperson und subjektives Recht, in Grundfragen der neuen Rechtswissenschaft S. 229.

（3）Radbruch, Rechtsphilosophie, S. 128 Anm. 1. 加古〔祐二郎〕「社会定型としての法的主体に就て」（論叢二九巻一号二号）。末弘〔嚴太郎〕「民法の独自性」（民法雑記帳二頁）もこの論題にふれている。

（4）末弘前掲、なお「民法の商化と民法の将来」（民法雑記帳六頁）参照。

（5）Radbruch, Rechtsphilosophie, S. 128.

（6）Radbruch, Der Mensch im Recht, S. 7.

（7）菊池〔勇夫〕「近代法と経済との関係」牧野教授還暦祝賀法理論集六三三頁以下参照。

（8）田中〔耕太郎〕・法律学に於ける「経済人」としての商人（商法研究第一巻三一一頁以下）

〔以上（一）〕

二　「人」の概念が形成されるに至ったのは、権利の帰属者を求める必要からである。従って、人の概念は権利の承認を前提としている。その点から言えば、「人」より前に権利を取扱うべきである。併し民法の論理的体系の説明に当っては先ず「人」、それから「人」に帰属すべき権利という順序ですることも許されよう。処で、権利とは何かを論ずるに当っては我国の学者はドイツの権利学説を参照するのが普通である。ドイツの権利学説は我国によく知られているが、後に各種の権利を論ずるときの必要もあるから、余計という感じがするが、応之を概観しておこう。

ドイツの権利学説も古い歴史をもつのではない(1)。十九世紀初期の普通法の文献には未だ権利論は見受けられず(2)、権利を定義して「法によって与えられた強制の可能性」とか「行為を為す権能」とかいった程度を出でないので、銀貨（Silbertaler）を紙幣（Papiertaler）に換えるようなものだとのイエーリングの揶揄《やゆ》をかっている(3)。権利の本質が掘り下げられたのは、十九世紀の中葉頃の普通法たるローマ法の大教科書がはじめてであって、その際注意さるべきことは皆一致して権利の核心を成す要素を人間の意思に求めたことである(4)。この意思説は権利を自由と同一視する過去の自然法理論に源をもち、十九世紀の初期の偉大な哲学者、殊に意志をその法哲学体系の中心に置いたヘーゲルの影響を受けて、構成されたのだそうである(5)。而してその創始者として十九世紀の民法学の基礎を築いたサヴィニーを挙げ得ようか。尤もサヴィニーは、厳格には権利を私法の中心概念とせずに寧ろ法律関係がそのより深い根底を成すと考え、全法体系を法律関係の基柱の上に築き――なお彼が法律関係について素材即ち人と人との関係それ自体（法律関係の実質的要素、若くは法律関係における単なる事実）、と素材の法律的規定（法律関係の形式的要素、即ち事実上の関係を法律上の形式にたかめる要素）の二《ふたつ》をはっきりと分けていること(6)は我国の学者によって再三指摘されている――そして総て個々の権利は単に法律関係から切り取られた其の特殊な一面を示すに過ぎないものとするのである。が、兎も角個々の人に属している力、即ち個々の人の意思が支配している――而も我々の同意を得て支配している――領域を以て権利と名付けている(7)。この権利の定義は、サヴィニーが、人間という自由な生物が交渉し乍ら互に妨げることなく扶け合って発展することを得るように各個人の存在と活動の安全自由の境地の限界を定める規則が法であり、「法は道徳の命令を執行することによってではなくて各個人の意思に内在している道徳的能力の自由な発展を確保することに依って道徳に奉仕する(8)」、「凡そ法は各個人に内在する道徳的な自由のために存在する(9)」、と説いているのと関連する。つまり各個人にその道徳的自由の展開のために宛《あて》がわれた領域が権利だというのである。併し正にこの点でサヴィニーは私法理論体系の建設に当っては、法の淵源を民族精神に求める彼のロマンチックな超個人主義的法源論と矛盾して、倫理的個人主義に従っている、と屡々指摘されているのである(10)。

ウインドシャイドに至っても依然として意思が権利の核心を成す要素であるが、最早サヴィニーの倫理的見地は棄てられている。ウインドシャイドに依れば、「法秩序は具体的な場合に或る一定の意思内容につき、それを他の一切の意思に対して通用させてよい、他の一切の意思はそれに服従しなければならぬ、との判断を下すことによって権利を創る。従って権利とは法秩序によって賦与された意欲の許容である。法秩序によって賦与された力又は支配である(11)」。ここから、法秩序によって基準たるべきものと表示された意思の持主たるものが権利の主体であり、そして人間のみが意思の持主であるから、本来人間のみが権利主体である(12)、というウインドシャイドの権利主体の見解が生れるのであるが、こうして意思が心理的事実としてのみ理解されるに至ったのは、ウインドシャイドが活躍した時代には法学は夙《つと》に理想主義的哲学の羈絆《きはん》を脱し、自然主義的実証主義の影響の下に立っていたという精神史上の事実に照応するのであると説明されている(13)。而してウインドシャイドの意思説は権利より倫理的色彩を拭い去り、実証主義的な権利論の下地をつくったと言うべく、その後の権利論はこの実証主義の上を行くのである。勿論ウインドシャイドの意思説がそのまま踏襲されるのではないのであるが。

偖《さて》、意思からその倫理的規定というモメントを奪い去り、之に代る方向を意思に与えないならば、単に意欲することはあり得ず常にただ何かを意欲するのだから、「法によって賦与された意欲の許容」とだけでは内容の空虚を免れないと思われた。のみならず、屡々意思説は幼児や心神喪失者にも権利能力が認められている事実と調和しないと非難された。尤もこうした非難に対しては意思説を弁護するものを欠かない。例えばギールケは「事実一切の人間は生を享けるや、生を享けている限り、自然的意味では意思能力者である」「権利が意思力(及び意思拘束)である正にそれ故に、充分発達した意思を欠くときは権利主体は一方行為能力の否認により制限され、他方意思代理の制度を置いて補充されるのである。之に対し、でも代理人のない意思無能力者も権利主体でないかと抗弁するものは、決して全然代理されていないわけではなく、協同体自ら其の後見的機能によって寄辺《よるべ》なき成員を代理することを看過している」、と応酬している。(14) 其の当否は姑《しばら》く措《お》いて、ギールケが人間を孤立したものとみていないことが注意される。「凡そ人間は生れ乍らにして平等の権利能力、殊に財産能力を有す」という命題に於ては、孤立的人間ではなく、先ず家族と結び付き、精神的並に肉体的欠陥は絶えず家族より補充を受け、場合によっては社会の後見をさえ受ける人間が予定されているのではなかろうか。これは正に財産法と身分法の関係で、後に譲りたいが、この点を明かにすることがなければ、意思説は意思を法学上心理的意味にとっていいとしても、上述の非難を甘受しなければならないであろう。処が、意思を心理的事実として理解することそれ自体がケルゼンによれば完全な誤である。ケルゼンは次の如く批判している。倫理学並に法学上意思とは心理学で意思と呼ぶものとは全く別物である。一定の外界の要件事実と主体との結合を帰属(Zurechnung)といい、帰属せしめられるのは人間の行為又は不行為ではなく倫理的又は法的統一体を成す完全体、即ち人であるが、人間に帰属主体、即ち人たる能力を認めるために、比喩的に言えば、人間の内部に帰属の終点があると考える。そして倫理学並びに法学上意思とはこの人間の内部にあって帰属の終点たる役をつとめるところの思惟の構成物に外ならぬ(diese, im Innern des Menschen gedachte, als Endpunkt der Zurechnung fungierende Konstruktion)。ウインドシャイドが権利能力と意思能力、人と意思とを同一視するそれ自体正しい理論から出発し乍ら意思を心理的事実の意味に解する誤に陥った結果は、イエーリング以来意思説に対して烈しい攻撃が加えられ、権利の概念構成上の標識として意思に利益を置き代えさせるに至ったのである(15)。

兎も角ウインドシャイドの意思説は先ずイエーリングから厳しい批判を受けねばならなかった。イエーリングは意思説に従えば、権利の窮極の目的は意欲であるが、それでは、「私法全体は意思が馳け回り、腕試しをし、上達をみとどけて、自己の進歩を喜ぶ試合場に外ならぬことになろう」と嘲笑を浴せ、実は権利と意思の関係は全然別なので、意思には、法律に別段の制度のない限り、権利の自由処分が任されているのである（私法的自治の原則）、つまり意思の働く真の領域は権利の問題の終る正にそこから始まり、権利は意欲の素材でなくて前提なのである、それに意思説は幼児や意思無能力者の権利能力を説明し得ない、要するに意思又は力の概念は権利の理解を助けないと結論を下し(16)、所謂利益説を樹立した。曰く、「権利の概念を構成するのは二つの要素である。一《ひとつ》は実体的要素で権利の実際的な目的がそこに存する、即ち法により保障さるべき収益、利便、利得である。他は形式的要素で、右の目的に対して単に手段たる関係にある、即ち法の保護、訴である。前者は権利の核心であり、後者は之を保護する権利の皮殻《ひかく》である。前者はそれだけではただ収益又は享益の事実上の状態（事実上の利益）を生ぜしめるにとどまり、事実上出来る地位にあるものによって何時たりとも直ちに廃棄され得る。この状態は、法が保護することによって初めて偶然さと脆弱さを失う、即ち享益又はその期待はこれによって確実なもの、権利となる、権利の概念は享益の法律上の確実さに基く、権利は法によって保護される利益である(17)」。ここから権利の主体は権利の享益者であり、法人の権利は個々の成員のためのもので法人それ自体は享益能力がないから権利も持ち得ないというイエーリング特有の理論が出ることは周知の如くである(18)。処で第一の要素たる利益は経済的利益に限らないのである（例えば人格・自由・名誉、身分関係(19)）。第二の要素は法の保護である。当初イエーリングは訴権と同視し、自ら利益保護を享くると否との自由の有無により権利と法規の反射的効果を区別し、保護関税法規による工場主の利益は固より、警察法規や刑事法規による利益も権利でないとしたが[20]、後に訴権の伴わない公権があることから、私訴権の賦与と権利とは一致しないことを認め[21]、それと関連して保護が刑事裁判官や警察に委ねられているからとて、生命及び自由は権利でないとの主張は近代法律学の最悪の過ちであって[22]、単に国家官庁によって保護されるが権利の性質をもつ利益とそうでない利益の区別は「個人的利益の侵害」(individuellen Rechtsverletzung) が確認し得るか否かによるべきものと改説した[23]。

イエーリングが斯の如く権利の核心として意思の代りに利益をおいたことは、社会学的な考え方への傾向を示すもので、これは哲学的素養のないイエーリングが正に哲学的素養のない故に為し得たのであり[24]、これによって実質的要素と形式的要素と呼ばれた権利の二つの構成部分をはっきりと区別し、その概念を一面的な意思の強調によって陥った影像から肉と血をもつ生々とした形態にしたという大きな功績をもっている[25]、と言われている。デルンブルヒは続いて同じ方向に沿うて「権利とは普遍意思が人に属するものと承認し且その人に保障する生活財貨の持分である」という有名な定義を下した[26]。のみならず、権利の概念では依然力又は意思力を第一次的のものだと認めるものにも、その方向が与えられなければならないと考えさせるに至った。例えばイエリネックは「権利とは法秩序によって承認且保障される、財貨乃至利益に向けられた人間の意思力である」と定義し[27]、ゾームは之に従い[28]、其の他利益と力又は意思力の二つの要素を色々な風に結び合わせて権利の定義を下すものが多く、爾後《じご》の通説を成すのである[29]。尤もこうした意思という要素と利益という要素とを結合することによって権利の本質の理解が進められたか否かは別問題である。ケルゼンは、イエリネックの定義を目して、ウインドシャイドの定義とたいして変りはなく、定義に持込んだ、「財貨又は利益に向けられた」という意思内容は実は自明のことで意思説を採るものも之を否定するわけはないから、恰《あたか》も正方形の定義に四つの面と角が等しいと言えば足るのに対角線も等しいとつけ加えるようなものだ、と評し[30]、意思説と利益説の対立を本質的なものとみていない。

さあれイエーリングの学説が及ぼした影響は実に甚大であった。併し権利は法によって保護された利益であるとの定義は、一読したときの気持にはぴったり合うが、法律的にみると疑問が起って来るのである。利益という言葉の意味が抑々《そもそも》曖昧なのだが、「利益とは目的の達成を価値あるものと思わしめる感情である」から、利益そのものを直ちに権利とみることは、権利は権限乃至権能と置き代え得ることを考え合せると、権限乃至権能を感情だということになって、不可能だ、という反対がある[31]。併し特に実定法上権利は権利者にとって少しも利益とならないときにも権利として保護されているのではないか（例えば百万長者が小額の貸金の弁済につき少しも利益をもたなくとも権利者である）と非難された。尤もこの点はイエーリングは、具体的な利益の尺度と抽象的なそれ（konkreten Interessenmassstabe, abstrakten Interessenmassstabe）とを区別し、権利の定義に当って問題なのは後者である、従って立法者が保護に価し且保護を必要と認める利益が問題なので、各主体の具体的な個人的利益は問題とならないのであると抗弁している[32]。併しそれでは権利の存否は法からのみ答え得る、権利は結局法に還元さるべきだと考えざるを得ないのではないか。

かくてトーンも亦、意思無能力者も権利を持ち得ることや、権利の存続が権利者の側の之に相応する意欲の有無と無関係である事実を指摘し、イエーリングと共に権利の実際的目的が意欲でなく、収益・利便・利得であることを認め乍らも、権利の目的は権利の概念には属しない、権利は決して自己目的ではなくて現在又は将来の享益を可能にする手段に過ぎない、と考えて、法（規範）の保護そのものを以て権利とみた[33]。併し一切の法の利益保護を権利としたのではない。特に被保護者が「己《おのれ》の」法と呼び得る場合でなければいけない。それには被保護者が⑴その同意により然らざれば禁止されている行態《ぎょうたい》からその違法性を奪い得ることでも、⑵法の保護全体を廃棄し又は他の人に結びつけることが許されるのでも足りないので[34]、「個人に対し個人の利益に与えられている規範の保護は、規範に違反したものがある場合に法秩序が規範違反除去の手段を与えて被保護者の任意に行使するところに委せることによって、私権となる。従って私的請求権は私権の徴表である[35]」。処でトーンによれば一切の法は、「汝為すべし」又は「汝為すべからず」という命令（規範）（Inperativen）からなり、規範違反の法律上の効果も亦新な命令の成立か既存の命令の消滅かである。それは規範違反が私的請求権を生ぜしめる場合にも当て嵌り、私的請求権とは規範違反の発生と共に初めて権利者に成立し、それは権利者のためにそれまで禁ぜられていたことの許容、従って命令の撤回でもあり得るが（自助、決闘）、就中《なかんずく》権利者の要求に一定の範囲で助力を与えよとの民事司法を委ねられた国家機関に対する新な命令の成立である[36]。併し「権利は請求権と同一だというのではない、請求権の生ずる以前にも権利は存在し得るし大抵の場合には存在する。法秩序が万一の場合に請求権を付与するというだけで規範によって保護されている状態を現在既に被保護者の権利に高めるのである。権利は万一の場合に請求権が与えられるとの約束によって生ずる、権利の権利たる所以《ゆえん》は万一の場合に請求権が与えられる点に存する。より正確に言えば、権利は、規範によって保護されるもののために、規範が違反されたときは命ぜられていることの実現又は禁止に反して為されたことの除去のために一の手段即ち請求権が与えられるという法の規定から生ずる[37]」。

このトーンの学説は爾後《じご》の権利論に決定的な影響を持った。第一、ウインドシャイドをして遂に権利にあって命令する意思は権利者の意思ではなく法秩序の意思に過ぎないことを承認するの余儀《よぎ》なきに至らしめた。尤も法秩序は権利者の為に発せられた命令を権利者の意思次第にするのだから、結局その意思が権利者に対立する人達の行態を規律するという意味で従来の定義を維持せんと努めているが[38]、それにも拘らず意思説の実体は廃棄されて了《しま》っているのである。(39) 併しトーンの学説の本来の意義は、その方法論が少からぬ学者によって承継されたことである。そしてトーンの学説は二つの方向に推進《おし》められた。

一方、ケルゼンはトーンが権利を規範たる法より引出さんとしたのは誰よりも先ず正しい問題の定立に近《ちか》づいたとその功績を讃えつつ、而もトーンが規範の利益保護そのものを以て権利なりとし乍ら、最後に保護する規範でなく「規範によって保護された状態」を権利と言わざるを得ざるに至らしめた理由をこう推論している。(40) トーンに依れば国民の義務を定める命令とその違反の場合に不法効果を課せよとの官庁に向けられる命令とが並行し、而も後者は前者の違反があって始めて成立するのであるが、トーンは法の命令の主観化のうちに権利をみ、而して個人の自由使用に任されることにより主観化されるのは後者の命令のみだから、他人の適法な行態を求める権利は問題とならず、又他人の義務を定める命令が違反されたとき始めて権利が発生する、換言すれば権利をもつとは請求権をもつということと同一だ(41)という結論に達すべき筈である。にも拘らずこの結論を欲せず、右の矛盾に陥ったのである。ケルゼンはこうトーンの欠陥を咎《とが》め、自ら権利の概念を規定して、曰く、「法規に表示されている国家の不法効果を課さんとする意思の実現が或る人の欲するところに任されているとき、その人にとりその法規が権利である。」併し其の際トーンと異り、適法な行態を採るべき国民の義務とその義務の違反のあった場合に不法効果を課すべき国家の義務は単一の法規に定めてあるのだから、国家の義務のみならず国民の義務をも定立しているその法規全体がその人について主観化されることが可能なのである、そこで義務者たる相手方の適法な行態を求める権利のみならず、国家と不法効果の実現を求める権利の可能性が直ちに与えられる（勿論それは二つの互に異る権利ではなく後者をもつことによってのみ前者を持つのである。それは唯一つの異った関係に於ける同一の法規、従って又同一の権利である）と説いている。(42) 而してこの立場からすれば「人」とは一束の（義務と）権利の統一を、即ち、規範集合体の統一を擬人的に表現するものにすぎないとしている。[43]

他方、ビアリングも亦方法論的にはトーンと同じく権利の問題を「我々が客観的法として我々に対立するものと考える規範を如何なる範囲で我々自身に属するもの、換言すれば我々の法として把握し得るか」という形式に定立するのであるが、併しトーンが「訴権によって保護される」というイエーリングの定義の形式的要素を、多少の修正はあるが、権利の本質を為すものとしたのは理由がないと考える。即ち私人がその実現に参加するだけはしても主として国家権力によって与えられる法の保護にあって、その私人に実際に属しているのは唯万一の場合における法の保護の実行への参加又はその期待に過ぎないから、之を「その私人の」法とする別段の理由はなく、この場合に「その私人の」法と呼び得るなら職権によって与えられる保護の期待が私人に属する場合にも異らないものとみなければならない、又法の保護の処分が或る人に許されれば「その人の」法だと言わねばならぬ、と批判を加えている。[44] こうしたイエーリング、トーン、ビアリングと進んで来た跡を辿り、イエーリング、トーン、ビアリングの見解を適当に結び合せることによって正しい権利の概念に到達し得ると信ずるのが、シュルツ＝シェッフェルである。彼もトーンと共に法は命令であり、権利（主観的法）は法そのものであると考えるのであるが、或る権利主体と法秩序の命令との間にその権利主体の利益が法秩序の命令の保護の客体であるという関係があれば、その法を「その権利主体の」法、「その権利主体が持っている」と呼ぶに充分であり、斯の如く主体と法との間の関係をつくるのは正に利益であってそれ故に利益は権利の概念に欠き得ないのであるから、トーンが、法の保護が被保護者の欲する処に委されているか否かを権利と単なる利益保護を区別する標識としたことの理由のないのはビアリングの指摘した通りであり、又イエーリングの権利と利益の同視を排斥するままに利益それ自身は権利の概念規定に属しないとまで断定して了ったのは行き過ぎだとしている。[45] そして次の如き定義を与えている。「権利とは具体的な場合にその規定に従ひ保護する利益の帰属者たる権利主体と関係せしめられた法秩序の命令又はその複合である(46)」。

ここに至るまでのドイツの権利学説の発展をケルゼンの言葉を仮りて要約すれば、「客観的法と主観的法の二元論にも実定法と正当な、自然法との昔からの二元論が隠されている。後者は勿論多くは或る最少限の要求、即ち、実定法が個人に対向して越えてはならぬ極限に制限される。客観的法に対立する主観的法の思想は、ここに於て、一定量以上は客観的法の制限するを許さぬ自由の思想である。」「実証主義が益々有力になるにつれて、なほその著しい痕跡が残ってはいるが、この主観的法の当初の意義は消滅しつつある」「主観的法を客観的法から透［誘の誤りか?・］導しようとの方法論上の要請が認められ、従って、主観的法が実定法によって保護された利益又は保障された意志の意義を採ると共に、二つの規範体系の二元性に、法体系と自然体系との二元性が代ることになる。規範及び当為としての客観的法が、存在たる実在心理的願望や意欲としての主観的法に対立する」、今や主観的法と名付けられたものは客観的法と異ったものでなく客観的法そのものであると洞観《どうかん》することによって、主観的法と客観的法の二元論を止揚するに至った(47)。

偖《さて》、こうして概観してくると、利益説や意思説に於ても各主体の具体的な個人的利益や心理的意欲が問題でないことが示され、トーンに始まりケルゼン又はシュルツ＝シェッフェルに至る権利を法そのものとみ、従って権利を内容即ち保護されるものでなく、形式即ち保護としてのみ考える方法が優位を誇っても仕方がないようにもみえる。併しそうした方法に不満を懐き、権利を形式と内容の綜合態として把握せんと努めるものを欠かなかった(48)。併し十全な権利論の樹立にまで至らなかった。

我国近時の学者は大体に於てこうしたドイツの権利学説を顧みつつ自己の権利論を試みるのであるが、我国に於て始めて詳細な権利論を試みられたのは末川〔博〕博士であろうか。博士はトーンやケルゼンの権利を形式としてみる方法が問題の正しい立て方を教示するものであることは認め乍ら、形式という内容というも本来一にして二ならざるもので形式というも常に内容を担《にな》える形式であるから、権利を云為《うんい》する場合にも之を純粋の形式としてのみ取扱うことを得ないと批評を加えられた後、次の如く権利を定義されている。権利は個別的には許容的法規の求める法律要件が具体的に或る特定の主体について充実されることによって与えられるのであるから、権利とは許容的法規の主観化された形態、その主観的発現形態である。そしてここに法規が主観化されるというのは、法律以前に存在するところの事実としての人の生活について許容的法規が関係せしめられるということにほかならぬのであるから、権利の内容を成す素材は法律以前に与えられており、その形式は法律によって与えられるという風に観ることができる(49)。尚末川博士の此の権利論は、我が民法七〇九条に不法行為の要件として挙げられる権利侵害の本旨を明かにする前提として為されたので、博士はその定義を同条に所謂権利に当て嵌め、そうした意味での権利の侵害を不法行為の要件とするときは不法行為の成立の認められる範囲が狭きに失するところから、同条が不法行為の要件として権利侵害を挙げたのは、違法と評価さるべき行為を表わす為で、行為が違法であれば足り、必ずしも権利侵害を必要としないと結論されるのである。末川博士に続いて詳細な権利論を試みられたのは安田〔幹太〕博士で、博士は、「国家社会を構成する多数個人が国家社会に与へられたる多数の生活貨財の各々に対して其包蔵する生活利益を各々各自の欲する所の目的に向って発展実現せしめんとして擅《ほしいまま》なる生活活動を開始する事によって相互間の生活活動の衝突の生ずるに至るべき危険を蔵しつゝ、其危険の現実化する事が国家社会の統制作用によって防止せられ、国家社会の全員の生活活動が相互に衝突せざる如き秩序を保って国家を結成してゐる」という社会的事実こそ法律学的認識の出発点だとして法的基本事実と名付けられ、この法的基本事実が人の物に対する形式によって認識されるときは、権利は個人に帰属するものとされる一定の生活貨財の持分又は個人の為めに保護せられたる一定範囲の利益と観念されるし（第一義の権利）、右の法的基本事実が人の人に対する関係として認識されるときは権利は他の個人の意思を支配する特定個人の意思の力又は意思の支配と観念されるので（第二義の権利）、所謂利益説と意思説は互に他を排斥すべきでないという権利の二義論を主張されている。[50] 近時、末川博士と共に、ケルゼンが権利を形式としてのみ把握すべきものとすることに不満を漏されつつ、簡単乍ら含蓄ある権利論を示されているのは尾高［朝雄］教授である。即ち教授は法を行為規範（社会規範）と強制規範との二重構造として理解するところから「権利は、第一には、他人の自己に対する行為規範上の義務履行を期待し得る状態である。それが、行為規範上の権利である。第二には、権利とは、行為規範上の権利をば強制規範の発動を通じて担保し得るところの状態を意味する。それが、強制規範上の権利である。法が行為規範と強制規範との重層構造を有するごとくに、権利にもまた、行為規範上の権利と強制規範上の権利の両面がある」「行為規範上の権利は、権利の素材であり、強制規範上の権利は、権利の形相である」「これら両面の綜合態が、すなはち実定法制度としての権利に他ならない[51]」。

併しこれらの権利論もこれで満足だとは言えまい。先ず末川博士の権利の定義は或は独民法八二三条に所謂権利には適合するかも知れないが、我が民法七〇九条の権利に当て嵌《は》めることは恐らく同条の制定の由来に反すると思われる点は後述するとして、一体許容的法規なるものが存するかが既に疑わしい。又見様によっては安田博士の権利二義論も権利の形式と内容との二面を把握せんとするものと言い得る。イエリネックは意思力と利益を結びつけるときは、前者を権利の形式的側面、後者を権利の実体的側面であると説いているからである。併し意思説と利益説の二義を主張されるだけでは、両説の弱点の補強に努められてはおられるものの、両説に対する非難は依然妥当し、権利の実相を明かにする上に大なる寄与をしたと言えるだろうか。更に尾高博士が行為規範上の権利と強制規範上の権利とを分けて考え得ることを示されたことを興味深く思うのである。責任なき債務の問題の解決はこの方向に求められないかと予想される。我が民法七〇九条に所謂権利侵害の理解をも助けて呉れはしないかしらと考えている。併し問題は所謂法の二重構造の在り方の理解如何にある。単に国家法のみをみて、それが行為規範と強制規範との複合だというだけであれば、行為規範上の権利、強制規範上の権利、その綜合態を云為しても意味はないと思われる。

惟《おも》うにこれまで権利の本質を充分に把握し得なかったのは、視野を国家法規範に限ったからであろう。この意味でナチスの学者が法を単なる強制秩序としてでなく、協同体の実存の生活形式とする立場から民族成員の協同体におけるその任務とその職場としての法的地位を以て主観的法に置き代えんとの主張には聴くべきものがある(52)。勿論近代私法秩序では権利の存在を否定出来まい。ケルゼンは権利は法が是非とも使用しなければならぬ技術ではなく、私有財産制に基く交換経済の法技術である、個人の利益を特別に考慮する限りにおいて所有権の原則の上に建設された資本主義法律秩序の特殊な技術である、と指摘している(53)。そうであれば交換経済の法、資本主義の法と同じく、その法技術たる権利も、近代社会秩序と国家法規範とを総合的にみることによってのみその本質を明かにすることが可能となるのではなかろうか。

（1） ゲルマン法は権利の概念を全く知らない、権利の概念の歴史は比較的新しい、とはナチス法学者のよく回想するところである。Eckhart, Recht oder Pflicht, Deutsche Rechtswissenschaft, Bd. 1, 1936, S. 7 ff.
（2） Schulz=Schaeffer, Das subjektive Recht im Gebiet der unerlaubten Handlung, S. 83, 84.
（3） Jhering, Geist des römischen Rechts（sechste u. siebente Auflage), II. 1, S. 327 Anm, 435.

（4）　Schulz=Schaeffer, S. 85.
（5）　Jellinek, System der subjektiven oeffentlichen Rechte, S. 42; Schulz=Schaeffer, S. 85, 86.
（6）　Savigny, System des heutiger römischen Rechts, 1, S. 333.
（7）　Savigny, S. 7.
（8）　Savigny, S. 331 f.
（9）　Savigny, 2, S. 2.
（10）　Binder, Philosophie des Rechts, S. 440 f.; Karl Larenz, Rechtsperson und subjektives Recht, im Grundtragen der neuen Rechtswissenschaft, S. 228 f. 恒藤〔恭〕法的人格者の理論二〇九頁以下。
（11）　Windscheid, Lehrbuch des Pandektenrechts 1, § 37. における権利の定義は再三改められたようである。初版では本文の如くであったと言われる（Schulz=Schaeffer, S. 87 に依る）。五版では次の如き説明をしている。「権利とは法秩序によって賦与された具体的内容の意思力又は意思の支配である。即ち詳述すれば、法秩序はある具体的な意思内容につき、それは権利者の相手方の意思の基準となる。この意思はあの意思内容に従って定められねばならぬと判断を下したのである」。九版での権利の定義とその説明は次の如くである。「権利（主観的法）は二重の意味に用いられる。第一、権利者に対立している人の一定の行態（行為又は不行為）を求める権利である。法秩序は具体的事実に基いてある行態を為せとの命令を発し、その命令をその命令により利せんとする人の自由な処分に委ねた。法秩序はその命令を使用せんとするかどうか、殊に違反者に対して法秩序によって与えられた手段を適用せんと欲するかどうかを彼に任せる。従って彼の意思が法秩序によって発せられた命令の遂行にとって基準となる、法秩序はその発した命令を彼に委付した、その命令を彼の命令と為した、法は彼の法となった。第二に、例えば所有権者はその物を移転する権利があるとか、債権者はその債権を譲渡する権利があるとか、契約締結者に解除権又は告知権がある等という場合の権利の語は第一の意味ではない。権利という語をこういった用い方をしているときは権利者の意思が第一種の権利の成立又はその消滅変更を決定するということである。法秩序の命令の遂行でなくて、存否を決定する意思が権利者に認められているのである。二種の権利を包含する定義をするならば、権利とは法秩序によって賦与された意思力又は意思支配である。」

ウインドシャイドは権利のうちにこうして二つの種類の権利を含ませるのであるが、九版で加筆者のキップは第二種の権利を或ものは権利と認めず或ものは第一種の権利として了った。併しウインドシャイドが第二種の権利として例示したところは、私的自治と形成権のように思われる。形成権は通常一種の権利とみられているが、それさえも他の権利と同列におきうるか疑しい。要するにこうしたものまで権利の概念に含ませたので権利の概念が益々曖昧となったのである。ウインドシャイドの批判者は多く第一種の権利のみを取上げているようである。

(12) Windscheid, § 49.
(13) Binder, S. 441.
(14) Gierke, Deutsches Privatrecht, 1, S. 254 Anm. 8.
(15) Kelsen, Hauptprobleme der Staatsrechtslehre, S. 144-146, 589.
(16) Jhering, S. 330-339.
(17) Jhering, S. 339.
(18) Jhering, S. 356.
(19) Jhering, S. 339-340.
(20) Jhering, (zweite Auflage) S. 339.
(21) Jhering, (sechste u. siebente Auflage) S. 352.
(22) Jhering, S. 340 Note 447 a.
(23) Jhering, S. 353 ケルゼンは、言葉通りにとれば循環論法だが個人的利益の侵害(individuelle Interessenverletzung)の積りであろうと言っている、Kelsen, S. 580.
(24) Schulz=Schaeffer, S. 89 Anm. 1.
(25) Schlossmann, Der Vertrag, S. 246.
(26) Dernburg, Pandekten, 1, § 39.

（27）　Jellinek, S. 44.
（28）　Sohm-Mitteis-Wenger, Institutionen des römischen Rechts, S. 20.
（29）　Enneccerus-Nipperdey, Lehrbuch des Buergerlichen Rechts, I. § 65 Anm. 2.
（30）　Kelsen, S. 617.
（31）　M. E. Mayer, Rechtsnormen und Kulturnormen, S. 54-56.
（32）　Jhering, Der Besitz, Jherings Jahrbuecher Bd 32, S. 66-68.
（33）　Thon, Rechtnorm und Subjektives Recht, S. 218-222.
（34）　Thon, S. 217-218.
（35）　Thon, S. 133.
（36）　Thon, S. 1-11, 69.　トーンは請求権については同書二二二頁以下に詳論しているのであるが、そこでは、第二の形式の請求権とは一定の国家機関（就中《なかんづく》裁判所）に法律上の助力の付与（即ち、違反された積極的内容の命令又は禁止が達成又は維持せんことを目的とした状態の惹起又は回復のため義務者に対する処置）を命ずる命令の成立のための前提条件を満足させる法秩序によって与えられた力である、と定義している（二二八頁）。
（37）　Thon, S. 218.
（38）　Windscheid, Pandekten（neunte Auflage）, § 37 Anm. 3.
（39）　Schulz＝Schaeffer, S. 92.
（40）　Kelsen, S. 621-625.
（41）　Vgl. Schlossmann, S. 250 ff., 267 f.
（42）　Kelsen, S. 625-6.
（43）　ケルゼン著・横田〔喜三郎〕訳「純粋法学」八七頁
（44）　Bierling, Zur Kritik der juristischen Grundbegriffe, zweiter Teil, S. 62-67.
（45）　Schulz＝Schaeffer, S. 89-102.

（46） Schulz=Schaeffer, S. 74. 少しく詳述しよう。法は命令であるから、法秩序から法共同体の成員について先ず生ずるのは、疑もなく義務であるが、法秩序はこの義務を他の成員又は成員の全体の利益のために定めるのだから、法秩序を主観的に観察するものはその命令の陰に法秩序の保護して呉れる豊かな自分の利益を見出すであろう（六一頁）。そこで利益の概念を確定する必要があるが、その為に先ず需要（Beduerfnis）の概念に遡ろう。人間の需要とは生活の維持又は完成の為に外界の客体を自分のものとし又は他の仕方で之と関係する人間の必要である。人間の需要は人間と外界の客体との関係を媒介し、それが人間の需要を満足させる性質を持つ限り、之に財貨たる資格を与える。かかる財貨たる性質は或は物（有体物）や取引上物として取扱われるもの（例えば電気・精神的作物・労務給付）、更に他の人間との関係に与えられる。利益には主観的利益と客観的利益の二つの意味があり、前者は需要と略同義で、後者は介入していること、関係あること（dazwischensein, beteiligtsein）という程の意味である。利益の衝突には二つの態容がある。或はAとBが財貨Cに向い需要があるが、Cはただ一度だけしか満足させ得ないのでAかBかどちらかしか満足し得ないという場合か、Aの財貨Cに対する需要の満足がBの財貨Dに対する需要の満足を妨げる場合かである（六一―七頁）。法秩序は利益の衝突の結果行為の衝突を来すことを防止する為に、先ず人間の肉体的存立、即ちその身体を保護する。更に法秩序は人間たる性質から生じ、その満足はすべてのものにとり妨害がなければ可能である一般的需要の満足を得るように保護する。法秩序はその満足を妨げるような個々人の特殊の利益よりもそれを高く評価するのである。例えば妨げられることなく挙措《きょそ》進退し、意思を行為に移す人間の需要とか、仲間の尊敬への需要である。これは特殊な一の財貨を成す。尚彼は法秩序が直接保護を加えるのは、この抽象的財貨のみだから、これのみを法益（Rechtsgueter）と呼ぶべきであることを強調している。偖《さて》、他人の需要の客体でもあり、而も競合する需要を等しく満足させ得ない財貨に向けられた個々人の需要にあっては、法秩序は、利益の交叉の場合と違い需要それ自体を評価し、それに従って保護を加えることは出来ない。この利益競合の場合はただ権利主体と財貨との外部的関係を保護するのである。そこで私の需要と他人の需要と競合する外界の客体について法秩序によって保護される私の利益とは我とこの客体との外部的関係であり、法秩序が他の一定の法共同体の成員に向って私の為に命令することによって保護して呉れる私の利益とは私のこの成員との外部的関係である（六七―七三頁）。処で、法秩序を主観的にみるものは、彼の利益を保護する法規を、自分に有利だという意味で関係せしめることは明かである。併し彼と法との間を媒介するこの保護される利益と権利と同一なりとは言えない。客観的「法」と主観的「法」というときは、いずれも同一のものを唯異った見地からみたのでなければならないからで、従って、我々の利益を保護してくれるので我々の法、我々の主観的法と名付けるものは法規そのもの又は法規の一定の複合でなければならない（七三―四頁）。これに続いて本文に挙げた権利の定義があるのである。

(47)　ケルゼン著・清宮〔四郎〕訳「一般国家学」一三三―四頁、ケルゼン著・横田〔喜三郎〕訳「純粋法学」八一二頁参照。

(48)　Vgl. Oertmann, Zur Struktur der subjektiven Privatrechte, J. J. Bd. 123 S. 129 ff.

(49)　末川〔博〕・権利侵害論三〇二頁以下。尚本稿の本段は色々な意味で本書を参照したことを付記する。

(50)　安田〔幹太〕「権利の二義」志林四一巻一号五五頁、五号三六頁以下。例えば、権利者にとり利益のない場合にも権利があるではないかとの利益説に対する非難を弁護して、利益説に所謂利益とは有形の物体を容器として其中に包蔵されると考えられる人の生活資料たり得る性質の無形の或ものを称するので、単なる主観的価値判断としての利益ではなく、実在する所の或ものであると説明され（一号五一―三頁、三号三一―三頁）、又利益説を以てしても債権の説明に困ることはなく、債権は人の身体に包蔵される生活利益の一定部分が、第二次的非排他的にではあるが、其人以外の他の権利主体の持分に帰属するものとされて法的保護を与えられたものであると言い得るとされている（三号三九―四五頁）。

(51)　尾高前掲四八二頁以下。

(52)　Larenz, Gemeinschaft und Rechtsstellung, Deutsche Rechtswissenschaft, Bd. 1, S. 31ff.

(53)　前掲ケルゼンの二つの翻訳書の夫々一三六頁、八一―二頁。

〔以上（二）〕

三　併し実際には権利一般は存在しない。各種の権利のみが存在する。権利一般は各種の権利よりの抽象である。従って権利の概念を定立する前に各種の権利を知る必要があろう。

処で、権利には先ず人格権（Persönlichkeitsrechte）があると言われる。人格権は一九世紀の発見した新しい種類の私権である。それ以前にも、人格的利益、例えば生命や身体や自由や名誉は保護されていたが、私法的にでなく刑法的乃至警察的にで、被害者自身は損害賠償の請求権を持たず、況んや精神苦に対する慰藉料請求権などは認められていなかったし、不作為の請求権もなかった(1)。併し「人格は中味のない殻ではなくして、実質的な内容をもっている。この当初は隠されていた内容を漸時発見し之に承認された権利の形式を賦与してゆくことが法律文化の偉大な任務であったし、今もなおそうである(2)」。今独仏についてみると、一九世紀に入ってこの偉大な任務が果されていった。次々と新しい人格的利益が発見され、その被害者には損害賠償の請求が許されたし、なお独逸普通法の判例上身体侵害の場合には苦痛に対する慰藉料（Schmerzensgeld）の請求が認められたのみならず、独逸地方特別法の上では自由侵害及び貞操侵害の場合にも慰藉料の請求が認められた。フランス民法上は早くから加害者が賠償すべき損害は広く無形損害をも含むと解された。更に独仏孰れに於ても不作為請求権の保護が人格的利益に及ぼされた(3)。

かかる人格的利益の保護に基き理論上人格権なる新しい私権の種類を認むべきか否かは、特にドイツの学説上争われた。当初は、人格権を否定するものもあった。例えばサヴィニーは、人格権という権利を認めると自殺する権利を認める結果とならざるを得ないという理由からである(4)。併し権利の本質は常に唯第三者の意思が拘束されているということに存し、権利者が権利を如何に行使するかは善良の風俗又は公益の要請に服するので、人格権を認めたからとて自殺する権利まで認めることにならぬと答え(5)、次第に人格権を認めるようになった。併し人格権を認めるものの間でも、その所説は必ずしも一致していない。

第一、人格権の範囲が学者によって非常に異る。当初は矢鱈《やたら》に何でも人格権のうちに入れて了った嫌いがあって、例えば法律行為を為し又は自己のものを処分し得る権利なども人格権に数えられていたが、(6) 次第に限定され明確となって来たと言うことが出来る。そして現在では一般に所謂無体財産権も人格権より除外している。(7) 通常挙げられるのは生命・身体・健康・自由・貞操・精神的活動の自由・名誉・信用・秘密・肖像・氏名・営業上の活動等である。

第二に、人格権に権利の客体（Rechtsobjekt）ありやも争われている。所謂人格権の場合には権利の客体が見出し得ないことが、人格権が次第に認められるに至った後にも之を否定せんとするものを欠かなかった理由である。(8) そして人格権を認むるもののうちにあっても、人格権にも権利の客体があるとするものと、客体がないが人格権を認むる妨げとならず寧ろそこにこそ人格権の特徴が表れているのだとするものとがある。ギールケは前者で、人格権とはその主体に自己の人格領域の一部の上の支配を保障する権利であり、(9) その直接の客体は自己の人格領域の一部であると説明している。(10) 之に対しシュルツ＝シェッフェルは、前述の如く権利は法そのもの、主観化された法とする立場から、人格権とは「人間的人格の肉体的存立とその一般的な人格的要求の満足とを保護する法規範の複合」と定義し、(11) ここでは物権の場合における如き意味での権利の客体はないと解している。(12)

こうした疑問は別として、人格的利益の保護の必要が強く意識されると共に、人格的利益の保護を不法行為法から人に関する法へと移す立法が現われて来た。即ち独民法は――生命・身体・健康・自由（八二三条一項）、信用（八二四条）、貞操（八二五条）、その他（八二三条一項、八二六条）の保護は依然として債権編中の不法行為の節の下に規定し、無形損害の賠償請求は大体普通法と地方特別法の認めた場合を合せ、身体・健康・自由及び貞操の侵害に限り許すに留まるが（二五三条、八四七条、一三〇〇条）――氏名の保護を人に関する章に規定し、侵害除去並に侵害停止の訴を許した（一二条）。これは瑞民法が、人格に関する章のうちの「人格の保護」という標題の下に、氏名の保護のみならず（二九条）、広く一般的に「人格的関係ヲ不当ニ侵害サレタモノハ侵害ノ除去ヲ請求シ得ル　損害賠償又ハ慰藉料トシテ金銭ノ給付ヲ求メル訴ハ法定ノ場合ニ限リ許容サレル」と規定するに至る先駆を為している。併し独民法の規定の体裁の結果却って解釈が窮屈となったのであろう、人格権の範囲を非常に狭く限定せんとする見解が、独民法の解釈上有力となった。独民法上権利と認めるか単なる法によって保護される利益に過ぎないとするかの差異は、侵害者の故意過失を問わず侵害除去の請求権、侵害の虞《おそれ》あるときは更に不作為の請求権が与えられるか否かであるとされる。独民法上かかる保護手段が明文上与えられている人格的利益は氏名のみである。そこで一般に氏名権は認めて疑わない。その外は八二三条一項が「故意又ハ過失ニ因リテ他人ノ生命、身体、健康、自由、所有権其他ノ権利ヲ不法ニ侵害シタル者ハ之ニ因リテ生シタル損害ヲ賠償スル義務ヲ負フ」と、所有権と並べて規定しているにも拘らず、生命身体健康自由について権利の成立を否定せんとするものが多い。況んや名誉その他の人格的利益については権利の成立を認めようとしないのが普通である。併し独逸の判例は不作為の請求権の適用の範囲を著しく拡大しており、之に賛成するものは権利の概念をも拡大することになり、従って人格権の成立をも広く認めるのである(13)。

我が民法上では、人格的利益の保護は未だ不法行為の領域に退いているが、フランス民法と同様に精神上の損害も財産上の損害と区別せず広くその賠償請求を認めている（七一〇条）。民法が明文上列挙して保護している人格的利益は生命・身体・自由及び名誉であるが、多くの学者はこれを限定的列挙とみていない。こうした人格的利益の保護に基いて人格権なる新な権利の種類が認められるかについては、不法行為の要件たる「権利」の侵害（七〇九条参照）の文字に拘束されていた当時は、人格権なる権利を認め人格権の範囲を拡張することによって不法行為の成立を容易にして被害者の保護を厚くせんとしたが(14)、近時権利侵害を違法性に置き代えた結果、最《も》早《はや》右の実際的必要がなくなったので、寧《むし》ろ人格権を特殊の権利の種類としては否定せんとしている(15)。その当否は不法行為の箇所で論じよう。

こうみて来ると人格権なる権利が認められるや、認められるとしてどの範囲でかは未だ確定されているわけでないが、人格権乃至は人格的利益の保護を人に関する法のうちに規定すべきだとする傾向が窺われる。併しそのことから、この人格権が他の権利に比して何か特に人格者たる権利（Recht der Persönlichkeit）即ち権利能力との間に密接不可分の関係があるのだと誤認することは許されない。人格権と人格者たる権利の両者を区別しなければならないことは今では自明のことであろう(16)。それにも拘らず、ドイツでは人格権を権利主体性から派生するものだという考え方が古くから有力である。例えば、ノイナーは「最初の、そして本源的な権利は人格権であり、それは権利能力の真先の流出物である、従って両者には同一の人格という言葉がある」と説き(17)、ギールケは詳細にこう論じている。「人格者たる権利は一つの権利であり、万人によって承認され尊重されねばならぬ。それは統一的な基本権であり、一切の個別的な権利の基礎であり且つそれら一切のうちにまで行き亘っている、従って公権をも私権をも、物的権利をも人格権利をも支え且つそれに伴っている。併しそれから個別的な権利がうまれ出るか、又はかかる権利の素材が未分離のままでいるかは法の歴史の発展如何によって定まる」。「多くは今尚生成中である、それ故に個別的人格権と一般的な人格者たる権利との限界は流動的でもあり不確実でもある。兎も角法律上明確な形式を与えられた人格権だけで、それ自体人格権となり得る素材が尽きるわけではない。寧ろそれは堪え難い欠陥をのこしている。かかる欠陥を埋めるために、現代の法意識が要求する場合には、新な個別的権利が取出されるまで一般的な人格者たる権利に遡って之に頼らねばならぬ(18)」。之に対し、コーラーは法制史をみると権利主体たることを失うことなく而もその肉体的財貨の保護が拒まれている事例があると非難しているが、[19] 何分西洋法制史のことなのでこの非難が肯綮《こうけい》に当れりや否やの判断に迷う。そして、人間に権利能力が認められるには少くとも何等かの程度で人格的利益が保護されていることが前提となるので、何時でも生命を奪い身体を毀損し自由を拘束しても構わないようなものに、他の種の権利の帰属を認めても意味がないということは尤もだと少くとも感ぜられる。併し社会はこうした保護を社会がその成員とみとめるものには多かれ少かれ与えるのであって、近代法の意味での権利主体性の承認により与えられるとみることは出来ない。「そうみるならば、それは正に権利主体としての承認の形式的性格の誤認であろう。」「人格権の概念は法人格という形式的法律学的概念と関連させて構成され理解され得ない、寧ろ人格権に内容と名称を与えるのは、法秩序と無関係に存立している人間的人格の概念である」[20]。そのことは昨今権利主体性の存在理由が著しく疑《うたぐ》られて来たが人格的利益の保護は却って高めねばならぬとされていることに徴しても明かであろう。

従って人格権という権利が新につくられて了った挙句《あげく》には権利のうちの第一のものとして、之を人に関する章のうちに規定することは、民法典の構成として決して不当とは思われないのであるが、人格権と権利主体性との間に他の権利に比しより直接な関係があると言えないばかりか、人格権の承認は右に述べた様に他の種の権利の確立よりも遙かに遅れているので、人の概念の形成は権利の帰属者を見出さんが為であるが、その際人格権が特に役割を持ったとは考えられない。

（1） 栗生［武夫］・人格権法の発達一頁。
（2） Bluntsohli und Brater, Deutsches Staats-Wörterbuch, 8, S. 45.
（3） 栗生前掲序、一―四頁、二六―二八頁。

（4） Savigny, System des heutigen Römischen Rechts, 1, S. 335-7.

（5） Neuner, Wesen und Arten der Privatrechtsverhaeltnisse, S. 17 f.

（6） Neuner, S. 17.

（7） 所謂無体財産権をも人格権の中に数え、人格権として詳細に取扱うものとしては、ギールケの独逸私法論を第一に上げねばなるまい、Gierke, Deutsches Privatrecht, I, S. 717, S. 748 ff. 之に対してコーラーは「凡そ創作は創作者と創作物との分離を生ぜしむる」といって反対する、Kohler, Zur Konstruktion des Urheberrechts, Archiv für buergerliches Recht Bd 10, S 246 ff., insbesondere S. 248 この論文でギールケを批判している。コーラーは別の論文でも言う。「精神的作物は、新たに作られた所有物と同様に自己の人格の産物である、併しそれは正に創作として人格と異る新な財貨である。それは人格的活動の効果であるが、止に効果としてそれを産み出した原因と区別され、一の独立した実在をからうるのである。従ってそれは人格的財貨の様に高々死因で移転することがありうるのとは異り、生前既に自由日無制限に移転せられうるのである。」Kohler, Das Autorrecht, Iherings Jahrbücher Bd. 18, S. 283-4. シュペッカーも之に賛成している。Specker, Die Persönlichkeitsrechte, S. 49 f.

（8） Jellinek, System des öffentlichen Rechts, 2. Aufl., S. 83 Anm. 1 コーラーは肉体力及び精神力の総体は正に人格をなし、これは権利主体だから、同時に権利の客体となり得ないとするのは、全体は部分の総和に過ぎぬとする誤に出ずる。全体は新な大きさとして部分に対立すると答えている、Kchler, a. a. O., S. 254 f.

（9） Gierke, S. 702.

（10） Gierke, S. 260. ギールケの外にも人格権に権利の客体ありとするものは少くない。例えばコーラーによれば、人格権とは人が倫理的なそして精神的な十全の人格として承認さるべきことを求め得る権利乃至は存在と発展とに対する請求が確乎不動に認められ違法に侵害されないことを求める人の権利であり、権利主体に他人を排斥して帰属する法益は自己の人格であるとのことである。コーラーが人格権に関して種々の著書論文で述べた見解がSchulz-Schaeffer, Das subjektive Recht im Gebiet der unerlaubten Handlung, 1, Band, S. 128 ff. に要約されている。シュペッカーもこう論じている。「一切の権利は主体のみならず客体をも必要とする。この権利の客体は自己である」S. 2. 更に詳細に人格権を構成する。「物権の場合におけると同様に、権利の客体(Rechtsgegenstand)と法益(Rechtsgut)とを区別しなければならぬ。権利の客体は人格権にあっては人それ自体である、併し法益はその属性又は状態の総体である。従って……人の上にその人格的状態、例えば生命、自由、名誉につき一の権利をもつ。従って人格権は権利の客体の側面からみれば常にただ一つである、即ち自己の上の権利である。之に反し法益の側面からみれば、人格的状態の存在するだけの個々の権利、即ち生命権、身体権、自由権、名誉権等々に分たれる。それにも拘らずこれらの個々の人格的状態はすべて全人格的状態の部分的状態と考え得る。そのときは人格権は法益の側からみてもただ一つ即ち人格一般の尊重と妥当とを求めうる権利である。後者が一般的又は総合的人格権(allgemeine oder Gesamtpersönlichkeitsrecht)、前者が個別的人格権(Einzelpersönlichkeitsrechte)である」Specker, S. 48.

(11) Schulz-Schaeffer, S. 133.

(12) Schulz-Schaeffer, S. 120 ff., insbesondere S. 122 ff.

(13) この独民法上の解釈については、Planck, Allgemeiner Teil Vorbem. 3; Oertmann, Allgemeiner Teil, §1, 8.

(14) 例えば、鳩山[秀夫]・日本債権法各論下巻八六九頁以下。

(15) 末川[博]・権利侵害論四〇九頁以下。

(16) Specker, S. 2,

(17) Neuner, S. 15, ノイナーは Recht der Personlichkeit を人格権の意味に用い、権利能力 Rechtsfähigkeit と区別している。S. 17 Amn. 1,

(18) Gierke, S. 703-5. ここからギールケは、例えば他人の手紙を不当に公表することは、仮令その手紙の上に著作権が成立しないときにも、人格者たる権利の侵害という見地から、権利侵害とみうるという実益を示している。シュペッカーもこう推論している、「権利主体としての承認は、それと同時にその存在と行動の基礎、即ち生命と人格的財貨の総てが不可侵のものとして保障されてはじめて人間に役立つ」「ただこの前提の下でのみその権利能力は合理的意義をもつ。併しそれはつまり綜合的人格権が論理的必然性をもって人格者たる権利から帰結されるということに外ならぬ」Specker, S. 28.

（19） Kohler, Das Autorrecht, Iherings Jahrbücher, Bd. 18, S. 256.

（20） Schulz-Schaeffer, S. 131-3.

四　寧ろ、人の概念が形成されるに至ったのは、先ず以て財産権の帰属者を求めようとしたからである。本稿が一応人を財産法上の概念として出発したのは既にそれを前提としているので、権利従って又人の概念は身分法にも及ぼすことが許されるか、許されるとして如何なる意味と限度とに於てであるかの問題を後に譲ったのである。そうしたわけは、権利には、人格権を別として、財産権の外に身分権があるが、「個人の私的な（利己的な）自由は私所有権と同時に、即ち経済的財貨が個人の自由処分に委ねられるや成立する、財産法（所有権秩序）は私法の核心であり[1]」「私法上の能力の中心は財産能力である[2]」と言われ、そして、屡々身分権を無雑作に権利と呼ぶことを躊躇して「真正の私権は財産権である」と説かれる[3]からである。

財産権は物権と債権とに分たれる。物権とは物につき成立することの可能な一切の権利を指す。物権には先ず所有権、次いで制限物権があるが、物権の種類内容は法定されている（一七五条）。併し所有権たると制限物権たると一切の物権の本質は法律上物を権利者に帰属せしむるにある、権利者のものとするにある[4]。所有権は物を第一次的に権利者に帰属せしめ、制限物権は物を所有権より派生的に第二次的に権利者に帰属せしめる。之に反し債権は単に物の使用収益の供与を内容とする場合は固より物権の設定又は移転を内容とする場合にも、直接には――実は不正確な言い方なのだが――債務者の給付行為を客体とし、債権の履行として給付が為されぬ限り、債権の目的物は未だ債権者に帰属しない、債権者のものではない。ここから両者の機能も異る。物権にあっては法律上財貨を以て為し得る（vermögen）ことが問題である。債権も一面では物権と並んでそれ自体債権者の財産の構成部分を成す。債権者は之を処分し担保にする等のことが出来る。ここでは物権と同じく財貨——債権の内容を為す給付は一の無体物（財貨）と見られる。勿論この場合の財貨は物財と異り債権者個人からみて価値を持つからで、社会全体からみれば物財と別の財貨があるわけでない——を以て為し得ることが問題である。併し債権は、少くとも民法上は、第一次的に財貨の運動に奉仕する。(5)

従って物権と債権の区別があることは知られるが、この区別の標識を精確に規定せんとするに至るや、仲々意見の一致をみないのである。債権の本質は権利者の為に義務者に対する給付請求権を生ぜしめるにあるが、物権の本質は人の物の上の直接の支配にある、権利が他人の意思なしに作用し得ること、義務者の存在が要求されぬことが基準となるというのが、(6)ドイツではサヴィニー以来の通説である。(7)通常この通説の支持者としてウインドシャイドとデルンブルヒが挙げられる。(8)権利論に於て夫々意思説と利益説とを採って対立したのに物権と債権の区別を論ずるに当って、揃って通説に数えられるのは偶々《たまたま》以て意思説と利益説との対立がさほど本質的なものでないことを示すともみられよう。同じく通説に属するとみられるもののうちにあって、「訴える権利」を私権の構成部分又は私権の表現形式とみることを排斥し、債権は債務者に対する強制権（Zwangsrecht）を内包せず、債権の内容は唯々《ただただ》債務者の義務に尽きるとして物権と債権の対立を鮮《あざや》かに浮き出させているのは、ゾームである。曰く、「物権は行為を為して一定の物に効果を及ぼす権利である」「債権は財産価値ある他人の行為を請求する権利である」「債権は債務者の人身乃至財産を支配する何等の実力を内包しない。それはただ他人の行為を求める権利で、自ら行為をなし得る権利ではないから、従ってそれは義務者の自由な行為を求める権利である。……債権関係の概念は私法上の主権者、つまり一の私人人格の他の私人人格に対する完全な平等の直接の表れである。それはただ債務者の義務のみを意味し債権者の実力を意味しない。物権の本質は力であり債権の本質は無力である。こうした実力上の地位の差異は、物権は自ら行為し得る権利であるのに、債権は単なる他人が行為すべきであるとの権利に過ぎないという形式の差異より生じたのである」[9]。ドゥニストゥルヤンスキーは、他に物の占有者がいるときには所有者にも自ら行為して物に効果を及ぼす権能がないではないか等という理由でゾームの説を斥け、経済的行為と社会的結合とを対置し「物権とは財貨につき経済的行為を為す権利であり」、「債権関係は社会的結合である」と定義し、更に物権のうちの所有権と債権との法律上の保護につき、前者の場合には特に抑留された財貨の返還が問題だが、後者では抑留の観念を容れず債権の存在や帰属の否認のみが存するとしている[10]。

右の通説の反対者は、トーン・エルトマン・フックス等である[11]。孰れも(1)法は関係の相互性と意思力に照応する意思拘束を要求するのだから、人と物との間の法的な関係は考えられない、(2)所有者が家屋に居住するのは賃借人がその家屋に居住するのに比し、「より直接」とは言えない、(3)通説では元来債権的な関係だったのが漸次に物権的効力を取得するに至る現象（ローマの emphyteusis, superficies）を説明し得まい、と通説を非難し、物権と債権とを区別するのは、権利者の物との直接の関係でなく、物の享益に与えられる法の保護の一般性にあるとしている。曰く、「物権の概念は権利者のために一般的な禁止が発せられており――従って物権は絶対権である――そしてこの禁止が物のかくかくの態容の享益に向けられていることに基く」「債権は法秩序によって個々人に課せられた義務である[12]」。

この説の根拠を尋ねれば、所謂許容的法規なるものは存在せず凡そ法は命令の複合であり、而《しか》して権利は法そのもの、主観化された法そのものに外ならぬとすることに基く[13]。この立場からは確かに物権も権利である以上法であり、従って亦法として他人への命令のみからなり、権利者の単なる許容に尽きるとみることは出来ないのである。

然るにエルトマンは後に自説を改め、一切の権利には内部的効力と外部的効力があると主張するに至った。その主張する処を約説すれば、次の如くであろうか。物権は内部関係では物の上の支配の許容であり、外部関係では対世的効力をもつ排他的権利であり、両者が結合してはじめて物権を為す。従って物の上の支配の許容が対世的に保護されるのでなくて、ただ一定の人に対して保護されるに過ぎないならば、仮令その一定の人の承継人に対して効力をもつとも、未だ物権ではない（例えば賃借権、独民五七一条）。債権も二重性をもつ。給付の義務を負うのは債務者のみである。周囲のものはただ常に消極的に給付を求める権利に不利な影響を及ぼすことが許されないだけである。而も真正権利者に対しても有効な取立て又は処分によって債権それ自体を滅却させることである。債権の目的物や債務者の人身に対する侵害の反射効として債権を消滅せしめる場合の如きは含まない。[14]

我国では、ドイツの通説の様に、「物権とは直接物に付いて或る利益の享受を為し得る権利である」と定義すべきだが、[15]普通の用語に従えば、「直接物を支配する権利だと謂って差支あるまい」としつつ、[16]物権は物の支配権たる性質上当然に排他性を有すると説明する。[17]そこで初から物権とは「一定の物を直接支配して利益を受ける排他的の権利である」とも定義される。[18]併し孰れも物権の排他性から当然に物権的請求権が生ずるとみている。[19]之に対し、債権の本質は「特定の人をして特定の行為を為さしむる権利である」と称しているが、[20]一般不可侵性の意味での絶対性と同一物上に互に相容れざる内容の権利が同時に成立することを妨げるという意味での排他性とを区別し、絶対性は凡ての権利に通ずる性質で、債権も絶対性を欠かないとするのだから、[21]ドイツの学説のうち最後のものに入るのであろうか。

物権と債権の区別に関して大体以上の三つの学説があるが、これは恐らく権利論に於て権利を内容からみるか形式からみるか将又《はたまた》内容と形式の綜合からみるかによって大体三つの学説に分たれたのに対応するものであろう。

併し権利論に於ていずれの方法をとるかによってどれ程実際的な結果に差異が生ずるか疑しいと同様に、物権と債権の区別の標識をどこに求むべきかの問題についても右の三つの説の間にどれ程の差異が生ずるか疑しい。多くは用語の曖昧さと考え方の不確かさに帰せられるのではなかろうか。通説の所謂物の上の直接の支配という用語も意味がはっきりしているとは言えない。又物権の本質は支配の直接性でなく訴による保護の絶対性にあると主張する場合にも訴による保護が何に向けられるかを指示すべきである。そうでなくて漠然と物権は絶対権、債権は相対権と区別する結果不正確にも流れ、不都合な結果にもなるのである。債権とて権利として侵害することを許さない。勿論そこから当然に第三者の債権侵害が可能だという結論は直ちに出て来ないのであるが、現行法上債権の取立（四七八条、四八〇条等）其の他の処分が真正の債権者に対して有効となり得る場合がある限りでは第三者の債権侵害も可能であり、第三者はそうした侵害を慎むべきだとの意味で債権に絶対性を認めなければならないのである。併し物それ自体への侵害は、よしそれが債権の目的物でありその結果債権が消滅に帰することがあっても、その場合は債務不履行に関する規定（例えば代償請求権）が規律しているのだから、第三者の侵害による不法行為として取扱うべきでない。又物権の変動は登記・占有を具えなくとも不法行為者には対抗し得るとする所謂制限説を採るならば、堂々と物権侵害を主張すればよいことになろう。そして物それ自体への侵害は債権侵害ではないが物権侵害であり、物権はかかる侵害に対しては保護される（物上請求権）という点にその本質があるのである。前述のトーンの物権の定義は明かにそれを指摘している。そして通説の所謂物の上の直接の支配という観念も別のことを言おうとするのではあるまい。三説はただ物上請求権に重きをおくか、或は物上請求権によって保護される物の享益に重きをおくか、将又両者を綜合してみるかの差違に過ぎないのではなかろうか。(22)

斯様に財産権は物権と債権に分たれるが、財産権は孰れも「人格が我々の本源的自己であり家族関係がただ家族のうちにおいて拡大された自己を示すに過ぎないのに反し、我々の力の外部への拡大たることを特質とする、それは我々の物質的な幸福の外部的手段である」「我々の力の外部への拡大として財産権は単に人に外部からつけ加わったものとしてあらわれる」[23]。そこで財産権は法人とも結びつき得る[24]。又前述の人格権と異り原則として譲渡も出来るし抛棄も許される[25]。併しこの点については物権と債権とで区別せずばなるまい。独民法では物権と債権とで譲渡性及び抛棄可能性の差異が鮮かである。即ち、譲渡し得る権利を処分し得る権能は法律行為を以て物権的に除斥し又は制限することを許さない（一三七条）。この規定の趣旨は解除条件を付することによって破りうるが、土地所有権の移転の意思表示には条件又は期限がつけられない（九二五条二項）。之に反し債権については債権者と債務者の合意で完全に譲渡性を奪い得る（三九九条後段）。又物権については例外なく抛棄が可能だが（八七五条、九二八条、一〇五六条、一一六四条。九五九条、一〇六四条、一二五五条）、債権については契約に基き免除し得るに過ぎない（三九七条）。我民法上はそれ程鮮かではない。それでも、所有権地上権は物権的効力を以て譲渡性を奪い得ない（永小作権、地役権は異る、二七二条但書、二八一条一項但書）。之に反し債権の譲渡性は善意の第三者を除きその他の者に対しては奪い得る（四六六条）。殊に労務の給付を目的とするものは、ドイツ民法でも（六一三条後段）、我民法でも（六二五条一項）、譲渡し得ないのが原則である。尤も証券に化現した金銭債権や企業における労務者に対する債権の出現が注意されている[26]。又物権は大体抛棄し得るが（二六八条、二七五条参照）、債権についても債権者は単独に免除し得ると解されている（五一九条）。併し物権債権孰れにしても財産権は権利者に権利者自身のために与えられるので、その行使は権利者の意思に任されている。そこから財産権は同時に義務の履行のために存在するのだとの思想を交えないという意味で真正の私権だと言われるのである[27]。

（1） Sohm, Institutionen（17. Auflage）S. 21.
（2） Sohm, S. 164.
（3） Thon, Rechtsnorm und subjektives Recht, S. 144-6 にそうした傾向の学説を挙げている。併しトーンはそれに反対である。
（4） Neuner, S. 53, 55.
（5） Dnistrjanskyi, Dingliche und persönliche Rechte, Iherings Jahrbücher, Zweite Folge 42 Bd., S. 105-7.
（6） Motive zu dem Entwurfe eines bürgerlichen Gesetzbuches für des Deutsche Reich, III, S. 2.
（7） Savigny, S. 367　法律関係（権利）は個人意思の独立の支配の領域であるが、この意思支配の客体が物であるか他人の個々の行為であるかによって物権と債権が区別される。
（8） Windscheid, Pandekten I, Fünfte Aufl., §40, §41「物、即ち理性の具わっていない外界の一片を直接の客体とする権利は、物（的）権（利）と呼ばれる」。「他人を直接の客体とする権利」のうち、「家族の倫理的理念に基礎を置かない他人の上の権利が債権と名付けられる」。Dernburg, Pandekten I, §22　財産権のうち「有体物を我々の直接の支配におく権利が物権である」之に対し「債務者による財産価値ある給付を求める債権者の権利が債権である。債権も亦大部分有体物に関係する。併し債権は債務者に対する権利のみを与える。それは権利者を債務の目的たる物と直接の関係におかない。従って債務者の給付は、物を取得するための通過点である」

　併しウインドシャイドは其の後説明を次の様に改めている。Pandekten, 9. Aufl., §38, §39「物的権利とは物についてては権利者の意思をして決定させる権利である。このことを、法秩序が物的権利の賦与に際し服従を命ずるのは物であると解してはならぬ。一切の権利は人と人との間に成立し、人と物との間には成立しない。そうではなくて、物権者の意思が物に関する行態、即ちあの人又はこの人の行態でなくて、誰もの行態を決定すると言うことだ。併し物的権利の本質を成す意思力の内容は消極的である。即ち権利者の相手方は物への干渉——一切の、又は一定の——を控えるべきである、そして物に対する振舞により権利者の物への作用——任意の又は一定の——妨げてはならないことである」。「人的権利とは物に関する人間の行態でなく個々人の何等かの行態を権利者の意思をして決定せしめる権利であり」「家族の倫理的理念に基礎を置かない人的権利が債権と称せられる」かかる説明に対しては、勿論デルンブルヒは抗議する。Dernburg, a. a. O., Anm. 5.

(9) Sohm, Der Begriff des Forderungsrechts, Zeitschrift für Privates und Oeffentliches Recht 4 Bd., S. 472.

(10) Dnistrjanskyi, S. 94, S. 101, S. 104, S. 125.

(11) Thon, S. 300 ff.; Oertmann, Der Dinglichkeitsbegriff, Iherings Jahrbücher Bd. 31, S. 427 ff.; Fuchs, Grundbegiffe des Sachenrechts, S. 18 ff.

(12) Thon, S. 318, 173, 202.

(13) Oertmann, Zur Struktur der subjektiven Privatrechte, Archiv für Civ. Prax. N.F. 3, S. 130.

(14) Oertmann, S. 132 ff., S. 141 ff.

(15) 末弘〔嚴太郎〕・物権法三六頁

(16) 末弘・物権法一五頁

(17) 末弘・物権法一九頁

(18) 我妻〔栄〕・物権法一一頁

(19) 末弘・四八―九頁、我妻・一六頁

(20) 我妻〔栄〕・債権総論六頁

(21) 我妻・債権総論一二頁以下。殊に末弘〔嚴太郎〕「第三者ノ債権侵害ハ不法行為トナルカ」(法曹記事二四巻三号五号)が詳論力説する。

(22) なお我国では物権は物の支配権たる性質上当然に排他性を有し、排他性があるから物権的請求権があると解している。併し物権に排他性があるとすることは直に先取特権と未だ公示要件を具えない物権につき例外を認めねばならなかった。のみならず排他性から物権的請求権が生ずるとするのだから、登記・占有を具《そな》えず従って排他性のない物権にも、侵害を除去する物権的請求権ありとすることは矛盾の感じがする。そこで安田〔幹太〕博士、「物権の本質」(〔法学〕志林四二巻一号二号五号七号八号、四三巻一号三号、四号)は物権の特性は排他性だとされる

が（四二巻八号七一頁）、物権が物の支配権（安田博士の所謂物的権利）たる性質上当然に排他性を有するとすることに極力反対される（四二巻七三頁以下）。安田博士によれば、多種の物的権利のうち、数種の物的権利がその内容を法定され、登記が許され、登記によって排他性を取得する。これが法律に物権として規定されているものである。かかる法定の物的権利と雖も登記のない間は他の物的権利と異るところはない。他方法律の形式上かかる物的権利に数えられていない賃借権の如きも登記が許され登記によって排他性が与えられれば理論上物権と称さねばならぬ（四三巻四号六一頁）。不動産についての物的権利は意思表示のみによって取得され、かくの如く意思表示のみによって取得された物的権利は之を第三者に対して主張し行使するには敢て登記を必要としない。従って登記がなくとも不法行為者に対して侵害の排除又は侵害による損害の賠償を求め得る（四三巻三号三五頁）。併し登記がない以上未だ物権とは言えない。登記することによって排他性が与えられ、初めて物権と称し得るに至る（四三巻一号一六頁）。安田博士の所説は理解し難い点が少しあったが、右の如く要約することが許されるであろうか。安田博士が物の支配権たる性質から排他性が生じ、排他性から物権的請求権が生ずるとすることに反対されるのは正しい。併し物権の特性を排他性に求めるのは疑わしい。安田博士は所謂物的権利たる以上賃借権と雖も賃借物への侵害に対して保護されると前提されるので（四二巻五号三五―六頁）、物権の特性は別に排他性に求められたのであろう。併し物権の特性を排他性に求めることは一般の先取特権の物権性を説明し得ず、又物権の変動が意思表示のみに因って生ずるという解釈と調和しないばかりか、賃借権も賃借物への侵害に対して保護されるという前提は充分論証されてないように思われる。物権が排他性をもつや否やは当該実定法が物権変動につき如何なる主義をとるかによって決まるので、それと無関係に物権は排他性をもつや否やを論じ得まい。我民法は排他性のない先取特権の物権としての成立を認め、又物権の変動は登記・占有を具えずとも生ずるが併し第三者に対抗し得ないと解釈されているのだから、物権の特性を排他性にみることは出来ないであろう。

(23)　Neuner, S. 42 f.
(24)　Neuner, S. 43.
(25)　Neuner, S. 43 f.

（26） 我妻・債権総論一五頁
（27） Neuner, S. 44.

五　偖《さて》、財産権は財産法秩序よりの抽象である。従って財産権の右の如き性質——それと共に人の本質も——財産法秩序より掬《く》み取ることが出来るのである。

近代社会の財産法秩序は所有権秩序である。即ち物的財貨を原則として個々人に帰属せしめ、一方相互に他人の財貨を侵害することを禁止すると共に（私所有権）、他方如何に自己に帰属する財貨より利益を享受するかは個々人の自由に委ねている。財貨の利益の享受は単に使用であることも消費であることもその両者であることもある。それから他の財貨と交換に譲渡し（担保物権の設定もここに入る）又は使用収益を供与する（用益物権の設定はここに入る）ことも出来るし、無償で譲渡し又は使用収益を供与することも出来る。こうした享受の選択の自由によって財貨の充用を権利者の個人的な性向需要並びにその時々の事情によく適合せしめることが出来るのである(1)。これが個人意思自治の原則（私的自治）の意義であり、その承認は、個々人の生活上の需要を満足せしめんとする法の使命と立法者は今日多種多様な生活を見過すことが出来ないという認識から直接生ずるのである。そしてこの個人意思自治の原則と共に個人の私的な自由も確認される。自己の労力をどの方向に用いようと各人の自由である。併し物的又は人的財貨より利益を享受する形式のうちで、法律上は有償又は無償で他人に譲渡し又は利益を享受せしむる形式が問題なのである。この形式における利益の享受の実現の法律的手段が法律行為である。そこで通常私的自治と法律行為自由の原則とを同一視して「私的自治とは、公益に反しない限り、その諸関係を法律行為によりその意思に従って形成する個人の権利である」と定義される。法律行為のうちでも契約が圧倒的に重要である。そこでまた私的自治を契約自由の原則とも呼ぶ(2)。

契約自由の原則が承認されているからと言っても、勿論一定の制限は当然である。契約自由の原則にはその性質上自分自身を廃棄する、従ってある意味では自殺的傾向が内在すると言われるが、契約自由の原則までも否定する結果となるような契約の効力は認められない。従って、第一に権利能力は人間的人格の本質的な不可分な属性とみられているのだから、契約により排斥又は制限することは全く許されない（九〇条）。第二に、ヘーデマンは自由の自由自身に対する保護として、(1)現在及び将来の全財産を処分する契約の無効（独民法三一〇条）、(2)労務者の不当な拘束の禁止（同六二四条）、(3)競業避止約款濫用の禁止、(4)遺言の自由の契約による抛棄の無効を挙げているが(3)、我が民法上も労務者の不当な拘束については六二六条の規定があり、又九〇条の活用によって同様の結果に近づき得るであろう。第三に、物権法定主義（一七五条）より生ずる制限がある。我国では例外を残しているが、物権即ち物の上の権利については公示方法を定め、この公示方法に従うときは之に排他性をみとめる。その結果その後は所有権は移転するにもその負担を伴う。近代法はかかる負担がつき［ついて？］まわるのを出来るだけ少くしようとして制限物権を限定している。それは契約に対して所有権の自由を防衛することを目的とすると言われている(4)。これらの契約自由の制限は孰れも、契約の自由に対して個人の法人格、個人の活動の自由、所謂所有権の自由を保護することによって、実は契約の自由自身をも守らんとするものである。

こうした制限の下において、契約は如何なる内容をも盛り得る。法典に列挙されている典型契約に拘束されない。法典に列挙されている典型契約は長い経験によって特に重要で頻繁に行われることの分った個々の場合であるが、契約自由を承認し乍らも、かく数多くの契約の典型を掲げたのは完結的なローマの訴権体系の名残としてその当否を疑うものもある(5)。併し兎も角それが所謂混合契約の問題の発生する原因をなしている。即ち「一般に混合契約の問題が存在する原因は、法が一方で債権契約の型を定立するが、併し他方契約自由の確認によって、その型と類似はするが、併しそれと一致しないところの契約の型をつくることを許し、且つ取引が絶えずそうした契約の型をつくっていくところにある」(6)。それは亦所謂無名契約の出現の原因をも為している。そして総則の必要が、債権法においては他の何れの部門にもまして遙かに大きいのはそのためである。このことを初めて指摘したのはプフタだと言われ(7)、サヴィニーにその功績を讃えられ(8)、次第に一般に承認されるに至ったのであるが、やや詳細に説明すればこうである。物権法は法律制度の数も限られ、而もその各《おのおの》は特殊の規定によって支配されているので共通の規定をする余地は余りない。親族法相続法も同じである。そしてこれらの制度ではどれも自由意思による形成は狭い限界内に閉込められている。之に対し債権法は性質を異にし、各則を成す個々の債権関係は物権その他の部門の個々の制度よりも遙かに数が多く、多様であるばかりか、それと並んで常に新な債権関係の形成の自由な余地が残されていて、それには先ず総則のみが基準となるので、債権総則が特に重要なのである。

契約からは債権(関係)が発生する。契約自由の原則の結果として、契約乃至それより発生する債権関係は多種多様である。これを分類することに価値があるか、あるとして如何に分類すべきかは疑わしい。ここでは一応我が田中耕太郎教授・シュタインバッハ・ギールケ・ユングの試みを参照して(9)、次の如く分類しておこう。先ず一時的債権契約(又は一時的債権関係)と継続的債権契約(又は継続的債権関係)とに分つ。一時的債権契約は財貨の流通に奉仕するもので財貨の終局的移転を目的とする。そのうち、物的財貨の移転を目的とするものに贈与、売買、交換がある。個々の義務は金銭又はその他の物を給付するにあるが、個々の給付義務を定期に反覆的に発生させる終身定期金契約はどこに属せしむべきか疑わしい。ギールケはこの契約からは統一的債権が発生し、それが個々の債権をうみ出すが、統一的債権と個々の債権とは峻別さるべく、従って個々の債権の発生につきるのでないとして之を継続的債権契約に考えている。大抵は全給付がただ分割的に行われる贈与（無償のとき）又は売買交換（有償のとき）とみている。今確言し得ないが、仮に後者が正しいとすれば終身定期金契約もここに入れてよいことになる。民法上物権の設定を目的とする契約もここに属しよう。労務の成果の移転を目的とするものに請負がある。請負は通常雇用・委任と並んで労務供給契約の一に数えられるが、請負は仕事又は労務の給付そのものを目的とせずそれによって完成される成果を目的とするので、この場合には請負人の活動は先ず請負人の財産領域に属し、請負人はただ仕事の結果を次いで注文主の財産へと引渡す義務を負うに留《とど》まり、この義務は一定の時点に履行として仕事の成果を引渡すことによって消滅するのだから、売買・交換と同じにみうる。継続的債権契約は経済的組織に関する契約である。これは更に経済主体の補充を目的とするものと新たな経済主体の創設を目的とするものとに分けられる。前者のうち物的財貨の使用収益を供与して経済主体を補充するものに消費貸借・賃貸借・使用貸借があり、労務を給付して経済主体を補充するものには雇用と委任がある。寄託は委任の一種で、ただ給付する労務の種類が限定されているだけである。これらは孰れも積極的作為の給付を目的とするものであるが、他人の不作為を求める債権を発生せしめる契約もここに属せしめることが許されよう。後者は即ち組合である。ここでは物的財貨の終局的移転も物的財貨の使用収益の供与も、又仕事の結果の引渡も労務の給付も、各種の給付はみな出資の目的となし得る。唯《ただ》単純なる不作為（例、競争停止）が出資の目的となり得るかが争われているのみ。なお、以上の外に民法上典型契約として掲げられているものに和解があるが、この和解は既存の法律関係に関係せしめられるという意味で派生的債権契約と呼ばれたり、又当事者間の関係を拘束力を以て確定するという意味で規整契約（Regelungsverträge）と名付けられることもあるが、兎も角和解は一の典型契約とされるものの、他の典型契約とその意義を異にし、和解によって負担することのある給付義務は色々でありうる。

この多種多様な契約、従って又それより生ずる債権関係の履行として給付が為され、かくてはじめて多種多様な財貨の変動が生ずる。それによって所有権を中心とする近代財産法秩序が運行していくのである。

（1）Ihering, Geist des römischen Rechts III. 1, S. 345ff.
（2）Heck, Grundriss des Schuldrechts, §2-3.
（3）Hedemann, Die Fortschritte des Zivilrechts im 19 Jahrhundert, Tl. 1, S. 27ff.
（4）物権法定主義と所有権の自由との関係については、川島［武宜］・物権法の基礎理論講義要綱一九頁以下に見事な説明がある。
（5）Jung, Wesen und Bedeutung d. schuldrechtl. Grundes f. d. Systematik d. Privatrecht, Die Reichsgerichtspraxis im deutschen Rechtsleben, Bd. III, II S. 146.
（6）Schreiber, Gemischte Verträge im Reichsschuldrecht, Iherings Jahrbücher Bd. 60, S. 109.
（7）Puchta, Pandekten, §218.
（8）Savigny, Obligationenrecht, S. 2 f.
（9）田中耕太郎教授の組織法と行為法の対置は余りにも有名である（改正商法総則概論五〇頁以下）。シュタインバッハの指示した財貨交換的契約と経済的組織に関する契約の対立（Steinbach, Rechtsgeschäfte der wirtschaftlichen Organisation）とギールケの試みた一時的債権契約と継続的債権契約との分類（Gierke, Dauernde Schuldverhältnisse, Iherings Jahrbücher Bd. 64 S. 355 ff.）は我国に広く知られている。ユングの債権契約の分類は次の如くである。債権契約の種類は先ず給付義務者が義務を負ったのが有償か無償かで区別される。更にかく分けられた有償又は無償の内において給付の目的は何かによって分けられる。給付の目的は、価値の終局的移転か、収益又は使用のための価値の一時的な移転か、義務がなければ為さず又は為すであろうことを為し又は為さぬという義務者の一定のWillensbetätigungか、少しく不正確だが極く簡単に言えば、物か物の利用か労務か、である。従って六つの形式があることになろう。今交換型契約と並ぶ第二種の意思結合にして、団体法及び権利主体の理論に属する組合を別とし、又既にその他の原因で生じている給付義務に関係せしめられる派生的債権契約たる和解その他を除けば、右の債権関係の分類は網羅的である、Jung, Erörterungen zum deutschen bürgerlichen und zu den Zivilgesetzentwürfen Ungarns und Bulgariens, Iherings Jahrbücher Bd. 69, S. 68 ff.

六　此《かく》の如くに財産法では私的自治の原則が採用されているから、「他人の意思に基かずして他人の事に干渉するは不法である」し、その干渉によって他人に利得を与えた場合にも他人に対して法律上の原因なき利得として単に不当利得に関する規定に従って返還請求し得るに過ぎない筈であるが、義務がないのに好意から他人の事務を処理するのは結局に於て本人の利益となるのだから強いて不法と取扱うべきではあるまいとも考えられる。そうした考から、義務なくして為す他人の事務の処理を適法行為とし、唯本人を保護するために管理の方法、管理開始通知の義務、管理継続の義務等を規定して（六九七条、六九九条、七〇〇条）事務の管理が恣意《しい》的に流れることを防止すると共に、一方管理人の本人に対する委任類似の義務を発生せしめ（七〇一条）、他方本人の管理人に対する有益費用の償還義務を発生せしめ（七〇二条一項二項）、一の特殊な債権発生原因と認めたのが事務管理制度である。

この事務管理の法律的性質については、一般に法律効果を欲する意思表示の合致があるわけでないから契約でないのは勿論、契約に準じて説明する必要も実益もないとされる。併し事務管理が本人を拘束し本人が事務管理を拒否することを得ず、その半面有益費用償還の義務を負い、又管理人が事務を処理するに当って受取ったもの（尤も事務処理に当り引取った本人のものは別である）の引渡を本人が請求し得るためには、その事務管理が本人の意思に反しないことを要する（七〇二条三項）。従って事務管理にあっては管理人の側に本人の事務を本人の事務として処理する意識と意図とがあるのみならず本人の側に於てもその事務管理が本人の意思と合致することを要するのだから、極めて契約に近似している。「それ故にここでは、ローマ法で極めて無理矢理に使われた『準』という言葉は例外的に妥当である。この事務管理は実際『準契約的』だから、我々は安んじて契約より生ずる債権関係に組入れることが許される(1)」。

勿論それによって事務管理制度が消極的な制度であることに変りはない。然るに社会連帯主義乃至団体主義の思想が盛となり、人類の相互依存の事実が重視されるにつれて、夙《つと》に事務管理制度も社会生活における人間の相互依存の事実に立脚するとし、その社会的作用を高調するものがあった。例えば、コーラーは言う、「事務管理は人間の相互扶助である、而《しか》も極めて望ましい、極めて保護すべき且奨励すべき人間の相互扶助である。……人間の相互扶助の顧慮は法の課題である、その愈々《いよいよ》厚い顧慮は法の進歩の課題である。何となれば法の進歩は文化の進歩である、そして一切の真の文化の進歩は道徳の完成に導くにあるからである(2)」。この傾向に従い、我国に於て、事務管理制度を以て積極的な他人の生活関係への関与として理解すべしとし、その作用を発揮せしめんと試みられるのが於保〔不二雄〕助教授である。一般に、事務には、他人の家の修繕の如く性質上他人の事務たるもの（客観的他人の事務）と自己の家の修繕の如く性質上自己の事務たるもの（客観的自己の事務）と物品の買入の如く性質上特定の人と関係を有しないもの（中性の事務）とがあるが、そのうち客観的他人の事務につき事務管理の成立し得ることは疑ないが、通説は他人のためにする意思を以て処理するならば中性の事務も他人の事務となるとして、之につき事務管理の成立を認め、他人性が管理者の主観に依存するという意味で之を主観的他人の事務と呼んでいる。之に対し於保助教授は、先ず事務は他人の法律関係に変動を及ぼすことによって他人性を取得するのだから、自己の名で材料の買入契約を締結するなら、よしそれが他人の家の修繕のためであれ、売買契約自体まで他人の事務となるものでない、と通説の弱点を指摘する。次いで、だから所謂主観的他人の事務につき事務管理が成立するや否やは本人の名に於て為された場合に問題になるのであり結局事務管理として法律行為の代理を為し得るか否かにかかるが、法律行為について事務管理の成立が認められるとすれば、法律行為によって本人の法律関係に変動を生ぜしめるには本人の名でなし且代理権を持たねばならぬから、事務管理人は事務処理に必要な範囲で代理権を賦与されているものと謂わねばならぬと結論されている。(3)

　併し民法は木をみて森をみず、個人をみて背景たる社会をみない。そして法律関係の形成を個々人の意思の自由に委せている。かかる民法は事務管理の社会的作用を表面上考慮していないし、それを咎《とが》めるのは無理である。民法ではどうしても事務管理は例外的な消極的制度でしかあり得ない。さればとて私的自治の制限に伴い公共の私人の生活関係の干渉は増大しても、私人の私人の生活関係への関与が積極化することは考えられない。従って亦於保助教授の主張には賛成したくない。法律行為の代理の形式で事務管理が為し得るとしても、何も論理的必然さを以て事務管理人の代理権を認めねばならぬということはない。寧ろ民法としては本人の追認を俟《ま》ってはじめて本人の法律関係に変動を生じ事務管理となると解すべく、かく解することが民法総則編の代理に関する節のうちの一一三条に於て無権代理行為は本人の追認をまってはじめて本人に対して其効力を生ずると規定している趣旨に合するのではなかろうか。尤もその結果は、事務管理が本人側の追認なしにも成立する場合は、単なる事実的行為による場合とその外は明文を以て認められた債務の弁済（四七四条）の如き場合に限られることになるが、民法体系中における事務管理制度の地位には却って相応しいのでないかと思われる。

（1）Jung, Erörterungen zum deutschen bürgerlichen Gesetzbuch und zu den Zivilgesetzentwürfe Ungarns und Bulgariens, Iherings Jahrbücher, Bd. 69, S. 67.

（2）Kohler, Die Menschenhülfe im Privatrecht, Iherings Jahrbücher, Bd. 25, S. 43, 141.

（3） 於保〔不二雄〕「事務の他人性」論叢三六巻六号一頁以下、特に二三頁以下。

七　以上の如く財産の移転は原則として契約、例外として契約に準ぜられる事務管理より発生した債権関係に基いている。他面から言えば債権関係の基礎なしには財貨の移転は起らないという建前である。併し絶対的な権利状態の取扱の必要上右の建前を貫くことが出来ず、債権関係の基礎なしに財貨の移転を認めざるを得ないことがある。そのうち二つの場合を分ち得る。給付による場合とその他の方法による場合とである。給付以外の方法による場合とは、例えば、添付により、結合して一個の物が生じ又は新な物が生じたときは、これを原状に復せしむることは仮令《たとえ》不可能でない場合にも社会経済上の立場から見て不利だから、一物として何人かの所有に帰属せしめんとする結果債権関係に基かない財貨の移転を認めざるを得ない。給付による場合とは無効な契約に基いて給付が行われた場合には、占有の性質上、債権関係が発生してないからとて給付の目的物の占有の移転を拒むわけにはいかない。こうした場合に権利者に不当利得返還請求権が与えられているのをみる。かかる事実に基きコラッツは所謂債権説を提唱したが、(1)次いでユングは右の二つの場合の夫々《それぞれ》に属する各種の事例を仔細《しさい》に検討した後、不当利得制度の本質を鋭く洞察した。所謂相対関係説である。曰く、「二種の場合は本質的なものを共通にしている、即ち一定の両当事者の関係に於て法律上の基礎を、債権的基礎を欠く財産の移動が行われている。第一種の場合には給付意思が、即ち一定の人に対して法律上の変動を行わんとする意思が一般に存在しない、他方第二種の場合においては、それに向けられた意思がその目的を到達しない」、故に「不当利得返還請求権の原則を次の如き形で言い表わし得る。損失者の給付意思なしに又は給付目的――即ち目的とした受領者の相対的関係への法律上の効果――の不到達の下に行われた財産の移動は法律上の原因を欠く、即ち返還請求し得る。或は一般的に両種の場合について言えば、両当事者の相対的な法律的関係への効果をもつことなしに行われる、債権的基礎を欠く財産の移動は回復さるべきである」。「そして不当利得返還請求権の説明の試みに際して屡々繰返された出来事が形式的には正当だが実質的には正当でない場合だということは、単純に次の如きことになる。絶対権に関する原則によれば出来事は認容されているが債権法の原則、即ち一定の人々の間の財貨の運動を媒介する原則の全体に従えばそうでない。従って不当利得返還請求権は債権関係が価値の運動の法律的形式であるということの表れである。従ってこの形式なしに行われた価値の運動は法律上不当であり、それ故に回復さるべきなのである(2)」。

この所謂債権説乃至相対関係説に対して常に加えられる非難は、この説を以てしては時効取得が不当利得にならない理由を説明し得ないという点にあった。かくて近時損失者の給付に基く不当利得の場合とその他の方法による不当利得の場合とは全くその返還請求権の基礎を異にし、前者の場合はユング等と同様に原因を欠く給付の返還請求であるが、後者の場合は一定の財貨とその利益とを権利者に帰属せしめる絶対的支配的な権利（乃至これに準ずる法益）に内在する実質的目的の債権法的保障乃至債権的追求である、と解するものが現われている(3)。併し法律上の原因を欠く利得の返還という統一的基礎に立つ民法に於て両者は全くその基礎を異にすると解することは躊躇される。それにこの見解でも給付以外の方法により他人の法益から利得をしても常に不当利得返還義務を生ぜしめるというのでなく、その生ぜしめると否とは法規の趣旨によって決すべしということに帰着するのだから些《いささ》か物足りない。確かにユング等の様に債権説乃至相対関係説を唱え乍ら取得時効の場合に不当利得返還義務が排除されるのは制度の目的によると言うのでは(4)債権説乃至相対関係説の破綻と断ぜられても仕方がないし、さればとて不当利得返還義務を認むべしとの主張(5)に賛成して債権説乃至相対関係説を貫くべきかも疑わしい。が、併し取得時効は決して物権変動の原因たる債権関係の瑕疵を治癒する効力があるものでなくて、有効な債権関係があり乍らただ前主が無権利者であったために物権を取得し得なかった譲受人を保護する制度と解すべきでないかと考えている。この考えは一応民法起草者の意思に反することは否めない。確かに、民法起草者は取得時効には有効な原因関係を必要としない趣旨で規定したらしい(6)。併しその趣旨を一貫せず齟齬を示している。即ち十年の時効期間を不動産について規定しただけであった(一六二条二項)。そこで学者より承継取得のときには一九二条の即時取効があるがこれは原始取得に適用されない、さればとて動産の原始取得の場合には取得時効に二十年の期間を要するとなすのは不動産のそれに対比して権衡を失し、民法起草者の手落ちだから一六二条二項を準用すべしとされる(7)。若し取得時効には有効な債権関係に基く占有たることを必要とするのだと解すれば民法起草者の手落ちではなく、民法としては齟齬なきことになる。のみならず、取得時効の効果も権利者より承継した以上には出で得ず、従って「取得時効完成するもこれを登記に表はさざる間に、これと相容れざる物権変動が登記せられたときは、最早《もはや》この者に対して時効の効果を対抗し得ざるに至る」という結果を容易に肯定し得るし(8)、延いて登記を以て不動産物権変動の公示方法とし乍ら登記ある不動産についても占有のみによる取得時効を認めたのは不都合だとの民法に対してよく浴せられる非難を解消せしめ得るであろう。従来一般に考えているように、原因関係を度外視するならば、取得時効の要件たる所有の意思の有無は如何にして認定し得るであろうか。又原因関係に瑕疵があっていいとするならば、例えば無効の契約に基いて占有しているのでも善意無過失なら十年で取得時効が完成することになり、取消権でさえ二十年の間存続するのと調和しないし、だからとて取消し得べき契約に基いて占有しているのでも善意無過失のときは十年で取得時効が完成するのでは折角《せっかく》、取消権は二十年間は消滅時効が完成しないと規定したのが(一二六条)無意味となりはしないだろうか。かくして取得時効の要件たる占有も有効な債権関係に基いて承継したのでなければならぬとすれば、時効取得も法律上の原因ある利得であり、不当利得返還請求権が排除されるのは当然だということになる。

それにも拘らず債権的基礎を欠くが不当利得返還請求権が与えられない場合のあることも否めない。例えば債務の不存在を知りつつ弁済を為したときの如し（七〇五条）。逆に債権的基礎はあるが不当利得返還請求権が与えられるかにみえる場合もある。婚約破綻の折の結納の返還請求権は、結納を解除条件付贈与と解するならば別だが、そうでなければ右の事例として挙げ得よう（独民一三〇一条参照）。それに絶対的権利状態と価値の運動の形式を対置させただけでは、前者に関する原則によって生ぜしめられた結果に対し、不当利得返還請求権を以て反動を行うべき必然性は少しも説明されない。従って債権関係乃至相対的関係よりもう一歩深く立入って考えることを余儀なくされる。シュタムラーはユングの説を紹介してその難点を指摘した後、不当利得返還請求権とは、技術的に構成された法（technisch geformtes Recht）が形式的安定さのために認容した財産の移転が正しい共同生活の達成という法の根本思想からみて正しいもの（正理）に背反しているとき、その実質的不正を除くため次いで行う反動であると構成している。シュタムラーの所謂正法理論を充分理解していないので何とも断言出来ないが、その所謂正理とは、少くとも不当利得制度に関する限り個人意思自治の原則として解して誤であろうか。即ち不当利得制度は個人意思自治の原則にも拘らず、絶対的権利状態の取扱の必要から権利者の意思に基かない財貨の移転を認めざるを得ないとき、そこに生ずる状態と個人意思自治の原則からみてあるべき状態との間の矛盾を除去し、当事者間の公平を回復し、以て権利者を保護せんとする制度だと理解したい。

而して個人意思自治の原則の下では、原則として個人意思の実現の法的手段たる契約、例外的に事務管理より生ずる債権関係に基いて財貨の移転が行われるのであるから、大体に於て財貨の移転は債権関係に基くを要し債権関係に基かない財貨の移転は法律上の原因なきものとして返還さるべきだというユングの見解は洵《まこと》に適切なのである。唯《ただ》債権関係に基かない財貨の移転でも必ずしも権利者の意思に基かないからと返還請求権を与えて之を保護する必要のない場合もある。債務不存在を知りつつなした弁済の如し。逆に一応債権関係に基くかにみえる財貨の移転でも権利者の意思にそわないとして返還請求権を与えて之を保護する場合もあり、結納を贈った後婚約の破綻したときの如きはそれだと前述した。併しこの場合には条件期限と並ぶ別種の意思の自己制限が問題なのであろうか（ウインドシャイドの前提理論、エルトマンの行為の基礎の概念参照）。要するに個人意思自治の原則の支配の下では、原則として債権関係に基かない財貨の移転は権利者の意思に反し、従って法律上の原因を欠き、債権関係に基く財貨の移転は権利者の意思に合し、法律上の原因ありと言い得べきも、必ずしもそう断定し得ない場合があり、従ってときに債権関係の有無より一歩立入って個人意思自治の原則上権利者を保護する必要があるか否かが検討されなければならないのだと思う。

かくの如く不当利得の発生原因は権利者の意思に基かない財貨の移転である。ここに財貨の移転とは、財貨を権利者に帰属せしめる権利の移転や財貨の占有移転のみならず、財貨の与える利益の享受をも含む。かかる財貨の移転があったとき一方に利得、他方に損失があるというのである。従って利得といい損失というも俗にいう利得と必ずしも一致せず又不法行為の意味での損害と必ずしも同一でない。他人の物を無断で賃貸して対価（法定果実）を受ければ不当利得制度の意味ではその他人に損失があるとみるのだし、又他人の物を無断で使用し利益を受ければ（独民法一〇〇条に所謂使用利益）矢張《やは》り不当利得制度の意味ではその他人に損失があるとみるのである。このことは延いて、例えば甲が乙の特許権を自己のものの如く擅《ほしいまま》に行使して莫大な利益を収めた場合、乙が不当利得を理由に甲に対してその利得の返還を請求すると乙は己《おのれ》の蒙った損失の限度を出で得ないから甲は利得の一部を保留し得る結果となって不都合だとし、乙の選択により甲の乙の特許権無断使用を乙の事務の管理と見做して甲に対し事務管理者としての義務の履行、殊に特許権行使による利得を計算し引渡せと請求することを認めんとして考え出された所謂準事務管理の理論の必要を否定することになるであろう。

更に、不当利得の発生原因は右の意味での権利者の意思に基かない財貨の移転であり、不当利得返還請求はその移転した財貨の回復を目的とするのであるから、その物体は原物たることを原則とし（七〇五条、七〇八条の法文参照）、原物返還の不能のときはじめて価格である。受益者の返還義務の範囲はその善意悪意で異る。善意のときは「其利益ノ存スル限度」である（七〇三条）。併し受益者が原物を権利者に対して有効に無償譲渡したからとて直ちに利得が現存しないと解すべきでない。前述したように贈与も贈与者にとって贈与物の価値の自己目的への充用であり、従って贈与物の価格だけの利得を受けたとみるべきである。[11] 受益者悪意のときは其受けた利益に利息を付して返還することを要し、なお損害を生ぜしめたときは賠償しなければならないが（七〇四条）、この損害賠償は不当利得返還義務の範囲というよりは不法行為を理由とするものである。

偖《さて》、不当利得制度を右の如くみてくるとき、不当利得返還請求権と所有権に基く返還請求権とが類似していることに気が付くであろう。この点につき、ここでもユングを援用しよう。「不当利得返還請求権は所有権に基く返還請求権が絶対権に関する原則に相応しくない事実的異動を再び原状に回復するように、債権法の原則からみて正当でない価値の運動を原状に回復する手段である」「両者とも原状回復をこととする」。[12] 併し所有権に基く返還請求権と不当利得返還請求権とは同じく原状回復を目的とするも作用する場合を異にすることに注意しなければならない。給付以外の方法による不当利得の場合は疑いない。例えば添附にあっては所有権を失うのだから所有権に基く返還請求権は生ずるに由なく、当然に債権的な不当利得返還請求権のみ与えられる。之に反し給付に基く不当利得の場合は我民法上物権変動につき有因主義が採用されているとして一の難問が生ずる。例えば甲が乙に契約に基き引渡をした後契約が取消されると遡及的に甲が始から所有権をもっていたことになると解されている結果、所有権に基く返還請求権でいくべきか不当利得返還請求権でいくべきか問題となる。併し占有侵害の場合には占有の移転があるわけでなく、かかる場合には不当利得返還請求権は生ずるに由なく、所有権に基く返還請求権のみ生ずる。之に反し、所有権に基く返還請求権は所有権のある限り常に存在するものではなく、之に対する侵害があって始めて発生するのであるが、給付により物を引渡した場合には給付者と給付の受領者との関係では給付の受領者に権利侵害があったとは言えないので、ここに債権的な占有の不当利得返還請求権が認められているのである。従って不当利得返還請求権は所有権に基く返還請求権のない場合に与えられるのであるが、それを理由として不当利得返還請求権の所有権に基く返還請求権に対する補助性又は補充性を云為《うんい》するのは必ずしも正確な言い方ではない。

（1） Collatz, Ungerechtfertigte Vermögensverschiebung.
（2） Jung, Die Bereicherungsansprüche und der Mangel des "rechtlichen Grundes," S. 127 ff.
（3） Wilburg, Lehre von der ungerechtfertigten Bereicherung, S. 12 ff., S. 22 ff. 中塚［磯村］哲「不当利得に就いての一考察」論叢四五巻六号四六巻一号四七巻一号は、利得の不当性を中心としてローマ法、独普通法、独逸法、墺太利法、仏蘭西法と歴史比較法的に綿密に研究されたものであるが、一応疑問を存し乍らも、ウイルブルグに従われているものの如くである。
（4） Jung, S. 39 Anm. 65.
（5） Oertmann, Recht der Schuldverhältnisse (Fünfte Auflage), Zweite Abteilung, S. 1330.
（6） 民法修正案理由書一六二条四所述の修正理由、梅［謙次郎］・要義総則編四一〇頁以下

（7）　我妻［栄］・民法総則（民法講義Ｉ）四六二頁
（8）　我妻［栄］・物権法七三頁、判民昭和一四年度（五九事件）二一三頁以下我妻評釈
（9）　中川［善之助］・日本親族法一八六頁
（10）　Stammler, Zur Lehre von der ungerechtfertigten Bereicherung nach dem bürgerlichen Gesetzbuch, in Festgabe für Hermann Fitting S. 131 ff., insbesondere S. 151 ff.
（11）　不当利得返還義務の範囲についてはProtokolle der Kommission für die zweite Lesung des Entwurfs des Bürgerlichen Gesetzbuchs, II, S. 682, 683, 702 ff. に興味ある議論が見られる。提案「価格賠償の義務は受領者が取得したものをその価値が己《おのれ》の財産の利益にならずに喪失した限度で排除される。但し取得したものを無償で譲渡し又は無償で負担を設定したときはこの限りに非ず」。提案理由次の如し。「善意の給付の受領者はその目的物を自由に処分する権限があるように思う。彼が知らず又は知るべかりしでなかった他人の権利を度外視したことから彼に不利益が生ずることは許されない。併し彼がかかる処分により何かを取得しその価値により彼の財産が増加したなら、この財産増加が後に消滅しても彼を価格返還の義務から免れさせることは出来ない。同様に、利得者が取得した財産価値を信じて彼の他の財産を処分し消費し富籤を買っても影響があるべきではない。かくて損失が生ずれば初の受益者に於て之を負担しなければならない。受益者が法律上の原因なくして取得したものをもとして儲《もう》けてもその返還請求権は不当利得返還請求権者にないように、右の如き損害を不当利得返還請求権者に転化する実質的理由がない……受領者が取得した財産価値を全部又は一部贈与した場合は自己の財産への充用と同視すべし。この場合にも受領者は取得した財産価値を彼の個人的目的に利用しているのである。彼が贈与せんとすれば、恰《あたか》も彼が取得したものを彼の財産へ充用するのと同様に、彼の費用で為さねばならぬ」。之に対して多数説はこう反駁する、「受領者が取得したものを拋棄し又は破壊すれば責を免れる。併しこの種の場合に物の喪失にも拘らずその価格を賠償すべしとすれば彼は損害を蒙ると全く同様に、物例えば得た金を給付がなければ為さざるべかりし出費に充用し、今や物の価格を賠償しなければならないなら亦損失を蒙ろう。この点では、彼が得た金そのもの又は同額だけ他の金をかかる出費に充用するか、それとも得た物を先ず金に換えそれから之を斯様《かよう》に使用したか否かによっ

ても区別し得ない。受領者が取得したものを最早持たないが、併し然らざれば彼の財産から為したであろうような出費に利用したのであれば、斯様にして彼の財産を節約した出費の額だけ利得している。それ故にそうした事情の下では、取得したものを贈与したときにも利得を認むべきであろう」。我国でも一般に学者はこの多数説のように考えていたらしい。然るに近時之に対して谷口〔知平〕「不当利得における受けたる利益と現存利益」民商一六巻五号六号、特に五号二〇頁は「私は不当利得の返還義務は原則として受益財産自体について生ずるのであって、現存利益の返還を以て足るとされるのは、受益財産自体の返還を命ずることが却って受益者側に損害を与え不公平となることを阻止せんがためであると解し、従って当事者双方の態度を比較考量して、受益物自体の減少や受益者の他の財産の減少即ち損失の回復を返還義務者に認めることが、公平と考えられる場合にのみ、かかる損失を控除し、返還義務の範囲を減縮すべきものと解する」という注目すべき見解を提示されている。

（12） Jung, S. 135.

八　物権的請求権や不当利得返還請求権と並んで同じく権利の静的状態の保護を目的とする制度にもう一つ不法行為に基く損害賠償請求権がある。この「不法行為に基く損害賠償義務に関する規定は個々人が各自その個人的自由を展開しその利益を追求することの許される権利領域相互の限界を画することを目的とする」[1]、換言すれば、他人の違法な干渉に対して個人の権利領域を保全することを目的とするものである。そこで不法行為に基く損害賠償義務が発生するためには（一）他人の「権利の侵害」のあったことを必要とするが、その外に（二）民法は「故意又は過失」で他人の権利を侵害したことを必要としている（七〇九条）。

（一）　権利侵害　　この要件は当初は被害者に救済を与えることを正当とするか否かを決定する標準として定立されたのであるとし而も判例学説共に「権利」の語句に執着して之を厳重に解していた。それは個人の自由活動尊重の思想の表れである。かかる個人主義の時代には却って人間的人格の保護はなおざりにされた。「そのことは先ず一の矛盾という響きをもつが、併しこの事実は仔細《しさい》に吟味するとき個々人の活動範囲を出来るだけ無制限たらしめんとし、『隣人』の人格が出来るだけこの活動の自由の障害とならないように努力したことから説明される」[(2)]。

軈《やが》て節度なき単なる個人の自由活動の尊重の半面に於て『隣人』が犠牲に供せられることの不都合が強く意識されるに至るや権利の範囲を拡張してその不都合を避けんと努めることを余儀なくされた。そしてその際好んで用いた方法は所謂「人格権」なる新な種類の権利を認め、この権利を広く解することであった。併し法の本質の深い理解に欠けている限り権利の意義も充分明かにされず、権利の範囲を拡張してみても尚且《なおかつ》不法行為制度の効用を円滑ならしめることが出来なかった。かくて判例は七〇九条の明文に反して権利侵害の要件を墨守せず、之を「違法性」に置き代え而もその違法性とは法規違反に限らず公序良俗違反をも含むとし[(3)]、学説も之に追随したが、末川〔博〕博士の名著「権利侵害論」出ずるに及んで、その理論的基礎が確立されたかと思わしめた。末川博士は権利侵害を以て不法行為成立の本質的要件だとすれば苟《いやし》くも故意又は過失により権利を侵害する以上常に不法行為の成立を認めねばならぬ筈であるが、所謂違法性阻却事由（正当防衛、緊急避難、正当なる権利の行使、事務管理、被害者の承諾、親権なき母の懲戒行為の如く公序良俗によって認められる行為）ある場合に不法行為の成立が否認されるのは不法行為の要件として権利侵害自体が本質的なものではないからで、民法が権利侵害を要件としているのは、法律が是認し得ない行為即ち違法と評価さるべき行為を表わすためであるとし、この意味に於て権利侵害とは違法な行為の徴表たるにとどまると断ぜられている[(4)]。処で、末川博士によれば、権利とは「許容的法規の主観化された形態、その主観的発現形態である」と定義されるのだから、違法即ち法規違反は常に権利侵害を含むとは限らないのである。違法の評価は法規外のものを標準としてでなく常に法規に即して為されねばならぬが、法規の発現形式には人の容態を許容し権利を与える所謂許容的法規と直接に人に命令を発し之を拘束し義務づける所謂命令的法規とがある。併し、かかる顕現的法規だけでは法律秩序は尽されず更に法律の全体系を貫流するところの根本理念を表わす公序良俗を挙げねばならぬ。そこで違法の評価は先ず許容的法規に即して為すべきで、この場合には違法な行為は権利侵害を含むが、許容的法規と離れて命令的法規更に公序良俗に反するが故に違法と評価される場合には権利侵害を含まない。従って「権利侵害」を「違法性」に置き代えるときは不法行為の成立を認めることが容易となるのである。(5) そしてこの立場に立つとき、最早特に人格権なる権利の種類を認める必要がなくなるので、七一〇条は身体自由名誉の侵害が違法となるとするだけで身体権・自由権・名誉権という人格権を認める趣旨でないと解し進んで人格権なる権利の種類を一般的に否定せんとするに傾いていることは前述した。

併し七〇九条が明かに権利侵害を要件としているのに、それは違法性の徴表に過ぎないとみねばならぬ論理上の理由は説明されていないのではないかと感ぜられる。所謂違法性阻却事由ある場合に不法行為の成立が排除されるのは、権利侵害はあるが違法性がないからではなく、権利侵害もないからである。権利侵害というのは他人の財貨に何らかの影響を及ぼしたという自然的な事実を意味するに過ぎないものでなく既に当該現象の法的評価を含んでいる。従って例えば医師の治療行為の如くその客観的目的とその遂行の方法からみて病人の福祉を目的とする行為は権利侵害とならない。(6) 又その客観的性格上有害な行為でも権利者の承諾を得れば権利侵害とならない。仮令承諾を得て殺傷することは承諾に効力がない結果違法であり加罰行為となるとするも（承諾殺については刑法二〇二条、承諾傷害の加罰性については争がある）民法上はその承諾が真にその人の自由意思に出ずる以上私権侵害とならないという風に解すべきものと思う。自ら承諾を与えておき乍ら後に損害の賠償を請求し得るとすることは法感情に反しよう。[7] この場合には違法だが権利侵害がないので不法行為の成立が否定されることになるのである。加之《これにくわえ》、実は権利侵害を違法性に置き代える実際上の必要も存しない。権利侵害を要件とすると不都合が生ずるのは、権利の概念を故《ことさら》に独民法の権利概念に一致せしめようとしたからに過ぎない。併しそれは少くとも七〇九条に所謂「権利」に関する限り、我が民法起草者の考えと違っている。民法修正案理由書によれば権利の概念はそんなに狭いものでなく七一〇条の規定の如きも一には身体自由又は名誉に対する侵害も亦財産権に対すると同じく権利の侵害たることを明示する趣旨に出ているのである。[8] 末川博士は顕現的法規のみが法律秩序の全体を蔽うわけでなくその上に公序良俗を挙ぐべきものとし、公序良俗も法律上の概念とされるのであるが、顕現的法規と公序良俗との関係はもう一歩立入って考える必要があるのみならず、権利の概念も顕現的法規にのみ即して考えずもう一歩立入って考える必要があったのではなかろうか。近代社会では社会と国家の一応の分離対立の結果社会秩序と国家法の二重性が存するが、国家法の全き理解は社会秩序の根源にまで遡ることによって初めて可能なのである。国家法としての民法は裁判規範である。裁判を通じ社会生活の秩序を維持する国家権力の作用の形式である。従って民法で権利と呼んで保護せんとしているものの内容は社会秩序から掬《く》み取らねばならない。従ってここに一応「権利とは近代社会の組織原理上個人にそして個人自身のために認められ且保障さるべき地位である」と定義し得よう。民法七〇九条に所謂権利もかかる意味に外ならないのである。従って所謂人格権は勿論七〇九条の意味では権利と言って妨げない。[9] 我が民法の規定の仕方は独民法と全く異るのだから、なにも独民法並にその解釈に拘束される必要はないのである。要するに、民法七〇九条の権利は従来の学説が解していたよりも遙かに広い概念である。のみならず、社会の発達に伴い発展し得る概念である。従って社会秩序上保護すべき新たな個人の利益が生じたなら権利の概念の拡大として不法行為制度の保護に浴せしめ得るであろう。

（二）　故意・過失　民法は不法行為を理由とする損害賠償義務の発生には原則として故意又は過失による加害行為を必要としている（過失主義）。この過失主義の意義に関し独民法第二草案起草委員会の議事録に洵《まこと》に見事な一節があるから引用しよう。独民法第一草案の過失主義に原因主義を置き代えんとする希望に対し次の様に述べられている。「損害賠償義務を過失から切離さんとする思想は現代の見解を表わすものであり、且草案の反対の立場よりも一層実生活の必要に協《かな》うということは正当でない。ドイツ古法では損害に原因を与えた行為者の賠償義務を認めたという事実を挙げてそう言う根拠とすることは出来ないであろう。何となれば損害の惹起と加害による責任との関連はドイツ法の国民的特色でなくて、過責概念（Schuldbegriff）が未だつくり上げられず、責に帰すべき事由ある加害と責に帰すべき事由なき加害との区別が未だ理解されていない低度の文化の段階の一切の法に見出される現象であるから。具体的な物の見方は損害を生ぜしめたという目にみえる事実を頼りにする。損害賠償義務は過失を要件とするとの原則の定立は実質的妥当根拠を欠かずして、より高次の文化発達の一結果であろう。それは個人がその個性を発展することの許される権利領域の限界づけにとって決定的意義を有する。その行為及び不行為に当り相当の注意を用いれば危険を生ずると認められる範囲でのみ他人の法律上保護された利益を尊重すればよい。他人にとっての危険性が注意深く吟味しても認知し得ないような行為を為すことは許される。だからとて、その行為は他人の権利領域に有害な影響を及ぼすかもしれないが、被害者はこの影響を事変（Zufall）の如くに甘受せねばならぬ。原則として草案の見地を棄てて更に進めば、決して取引の発展に役立たずして恐らく個人の活動の自由が過度に制限されることになろう。兎も角学問上原因主義は法律の基礎にし得る程度に完成されてはいない。事情により、正義及び衡平を顧慮して、個々の場合に過失主義を以て一貫することをよさねばならぬことのあるのは別問題である。草案は例外を知らなかったが当委員会は既にいくつかの場合に過失と無関係に損害賠償義務を定立した。そして恐らくそのほかにも例外を認容するであろう。併しそれによってこの主義の正当さには影響がない(10)」。我民法も一二《いちに》の例外を認むるも固より過失主義を原則とする（七〇九条。七一七条の土地の工作物又は竹木の所有者の責任は純然たる無過失責任、なお七一四条七一五条七一八条の責任、七一七条の土地の工作物又は竹木の占有者の責任は折衷的又は中間的責任）。尤も民法における過失は各個人の具体的な注意能力を標準とせず平均人の抽象的な注意能力を標準として決するばかりでなく、過失は責任原因たる事実のみに関し之より生ずる損害についてではない、即ち其損害を予見し又は予見し得たることを要しない。これ民法の過失主義には既に過失主義の自殺がみとめられると説かれる所以である。かかる意味での過失をも不法行為の要件とすることはときに不都合を感ぜしめるに至った。そこで解釈上学説、判例は第七〇九条の故意過失を被害者側で挙証することを容易にし、第七一五条の使用者の折衷的責任及び第七一七条特にそのうちの土地の工作物又は竹木の所有者の無過失責任を適当に拡張せんと努めた。

以上の如く不法行為の成立には客観的要件として権利侵害、主観的要件として故意過失を必要とするが、併し権利侵害の成否にとっても加害者の主観的要件を考慮すべきことがある。シカネー［シカーネの誤記か？］の禁止の如し。従って常に両者を截然と切離して別々に考えず相関的に統一的にみて不法行為の成立するや否やを決定する必要がある。これはフランス民法並にその学説に近づくことになる。フランス民法の不法行為に関する基本的規定たる一三八二条は「ソノ行為ノ何タルヲ問ハズ自己ノ過失（faute）ニ出デコレニヨッテ他人ニ損害ヲ生ゼシメタモノハ之ヲ賠償スル責ニ任ズ」と規定するに留まる。従って学者も不法行為の要件として損害と過失と責任能力、ときにその上損害と過失間の因果関係を挙げるに過ぎない。そして議論の中心は faute である。その意義については色々な説が分れている。或は faute とは先存の義務違反だとか、一層正確に義務違反だが、義務には特定義務と一般義務とあり、特定義務にあっては義務違反の事実があればその違反の態容を評価する必要なく直ちにfauteを構成するも(例、契約上の義務)、一般義務にあっては善良なる管理者の注意を以て振舞うべしとの要求に合致しない振舞あるときに初めてfauteとなる(例、一般に他人を害せざる義務)とするものもある。或はfauteとは違法な行為だとか正当な信頼に対する違背だとか、振舞うべきように振舞わぬ為すべきように為さなかったことだとか言うものもある。更にfauteを権利侵害の概念を以て説明するものも少くない。その中、fauteとは他人の権利をそれに優越する、少くともそれと同等の権利を援用し得ることなしに侵害することだとするものもあるが、ドゥモーグがfauteが存するためには客観的要件と主観的要件、即ち権利侵害と他人の権利を侵害することを知り又は知り得べかりし事実の二つが必要だと分析しているのは我が民法と考え合せて興味が深い。併し孰れにしてもfauteの要件の下に統一されているのであって、fauteとは単なる加害者の主観的要件以上のものを意味していると言っていいのであろう。[11] 我国に於ても旧民法は、フランス民法に倣ってか、権利侵害の要件を特に掲げなかった。然るに現行民法では故意又は過失が独民法の様に純然たる主観的要件を意味するために用いられるに至った結果、保護に価する利益を限定するために権利侵害の数字を加えたのでないかと推測される。[12] その結果規定の体裁は仏民法と異ることになったがその規定の実質は近似しているのでないかと思われる。故に我民法上も、結局、フランス民法におけると同様に、主観的要件と客観的要件とを相関的に一体として、国家権力が反動すべき社会秩序違反と感ぜられるや否やを認定することも許されるであろう。そうすることは亦不法行為制度の作用を円滑ならしめる所以でもある。

右に述べた様に、不法行為の要件を解釈上緩和せんと努めて来たが、立法上も不法行為制度は進展した。権利侵害に関連しては不正競争防止法が制定された。故意過失に関連しては、過失主義を維持しつつ、之と並んで無過失主義を特別法の形式で取入れた。即ち一連の立法によって認められた企業の内部における労働災害についての扶助はその本質に於て無過失損害賠償責任の肯定であり、企業の外部に対しても昭和一四年に至り鉱業法の改正により鉱害に対する鉱業権者の無過失損害賠償責任が確立するに至った(13)。かかる無過失損害賠償の責任の根拠については夙《つと》に法制の発達した独逸等の学説に基いて論議され、危険責任主義並に報償責任主義を有力とするが(14)、進んで過失主義と無過失主義との関係を如何に構成すべきかが問題とされ、通常過失主義は普通の生活関係に妥当し無過失主義は異常危険なる生活関係に妥当し、夫々分野を異にして適用さるべきものと構成されている(15)。こうした損害賠償責任の進展は、個人活動の自由の節制と個人人格の尊重を通じて取引生活を合理化せんとするものに外ならない。

偖《さて》、不法行為による損害の賠償請求権は不当利得返還請求権と類似の作用をもっている。ここでもユングに聞こう。「これも非権利者の財産に対する違法な侵害によって生じた消極的な財産の変動を填補することによって財産価値の静的状態を是認する」「二つの訴の他の債権に対する特徴は亦原状回復的性格にある(16)」。とは言え、不当利得制度は権利者の意思に基かないで移転した財貨の返還を求むるにあり、之に反し不法行為制度は財貨の移転はなく、権利者に絶対的な仕方で加えられた損害の填補を求めるにある。従って両者の作用する場合は異る。前者の後者に対する補助性を云為《うんい》するのは正確ではなかろう。

（1）Protokolle der Kommission für die zweite Lesung des Entwurfs des Bürgerlichen Gesetzbuchs, II, S. 567.
（2）Siebert, Subjektives Recht, konkrete Berechtigung, Pflichtenordnung. S. 29-30.
（3）我妻［栄］・事務管理・不当利得・不法行為（新法全所収）一二〇頁以下
（4）末川［博］・権利侵害論三六一頁以下

(5) 末川二四六頁以下、三五一頁以下
(6) Larenz, Vertrag und Unrecht 2, S. 22 f.
(7) Schulz=Schaeffer, Das subjektives Recht im Gebiet der unerlaubten Handlung, 1 Band, S. 145 ff.
(8) 民法修正案理由書所述の七〇九条（現行法七一〇条）の修正理由を参照。
(9) Ehrlich, Soziologie des Rechts, S. 291 はこう述べている。往々人格権に属せしむべきでないのに之に数えられているものを除外すれば、「人格権として社会団体（Familie, Haus, Geselligkeit）又は社会におけるその地位より生ずる個人の利益の社会的並に裁判上の保護がのこる。その際問題なのは、ユングの言葉に従えば、共同生活においては一人が他人にある程度の顧慮を払うことを要求するという事実である。この顧慮の程度は常に団体内における慣行 Übung が個々人に宛《あて》がう地位によって定まる。従って人格権を付与する規範も亦慣行に基く」。唯《ただ》近代社会の組成分子たる個々の社会団体内に於いて払われる顧慮が常に社会的並に裁判上の保護を受くべきことにならないのを注意すべきである。近代社会はその組成分子たる個々の社会団体が一定の原理に従って組織され生活を営むことを要請する。その要請に反しない限りに於いてのみ、当該社会団体内の慣行が社会的並に裁判上の保護にあずかり得べきものであろう。
(10) Protokolle, S. 568 f.
(11) フランスの不法行為については末川前掲一六〇頁以下参照。
(12) 民法修正案理由書七〇八条（現行法七〇九条）二の所述参照。
(13) 我妻前掲九九頁
(14) 岡松［参太郎］・無過失損害賠償責任論五三四頁以下
(15) 平野［義太郎］「損害賠償理論の発展」法律における思想と論理（牧野先生還暦祝賀論文集一三七頁以下）、野田［良之］「自動車事故に関するフランスの民事責任法」法協五七巻四号六九五頁以下
(16) Jung, Bereicherungsansprüche, S. 136.

九　これまで述べて来た財産法秩序を要約してみよう。近代社会では、財貨は原則として各個人に分属せしめられ、一方相互に侵害することが禁止されると共に、他方各個人に自己に帰属している財貨の自由処分が委ねられている。これが個人意思自治の原則である。この原則の下に於ては、権利者の意思に基く契約（事務管理も之に準ずる）は財貨の移転に奉仕する。それは個人意思自治の原則の積極的な表れである。之に対して、権利者の意思に反し侵害が行われているか又はその虞あるときは、それが侵害者の故意過失に出ずると否とを問わず、その侵害を排除するために物権的請求権（及び特に人格権的利益の保護の手段としての不作為請求権）を提起することが許され、侵害の結果権利者に損害が生じたときは之を塡補するために加害者の主観的要件を考慮して不法行為による損害の賠償請求権が与えられ、権利者の意思に基かずに財貨の移転が行われたときは之を回復するために不当利得返還請求権が認められるが、以上三つの法律上の手段は孰れも権利者の静的状態の保護を目的とする。いわば、個人意思自治の原則の消極的表れと言えよう。一方契約（事務管理も之に準ず）、他方物権的請求権、不当利得制度、不法行為制度が積極消極の両面より個人意思自治の原則の貫徹を目指しているのである。

財産権は此の如き財産法秩序よりの抽象である。人の概念は先ず財産権を帰属せしめるために構成されたのである。かくみて来れば財産法における人が何故平等の権利能力を本質とし自主的なものと観念されるかを理解し得るであろう。

（未完）

〔原典は、法学協会雑誌に掲載された。（一）は第六〇巻一一号一七七一頁〜一七八三頁、（二）は第六一巻二号二二二頁〜二五〇頁、（三）は同巻三号三三一頁〜三七四頁に所収。（一）は、一九四二年一一月一日、（二）は一九四三年二月一日、（三）は一九四三年三月一日発行〕

〔解説〕

一 「民法における財産法と身分法」は、民法学の根底に横たわっており、しかも今なお未解決のままである課題、すなわち来栖先生の問いかけを借りれば、経済生活と保族生活という異なる原理によって支配され、その意味で対立している財産法と身分法が同じ民法の一部として統一され結合されているが、なぜに同じ民法の一部をなしているのか、そして、いかなる意味でひとつの統一ある結合なのであるか、という問題の解明に踏み込んだ論文である。不勉強な私は、大学生のときに、先生が初めて担当されたいわゆる「持ち上がり講義」を受講したのであったが、教室で懸命に講義している若かりし頃の先生を、半ば感心し半ば楽しみながら眺めていただけで、こうした論文の存在など想像もできなかった。だが、研究生活に入って間もなく、この論文を読む必要に迫られ、そこで初めて、先生の蓄積の豊かさとスケールの大きさに驚きを感じたのであった。と同時に、これだけの力作が後続の民法学者の間にそれほど浸透していないように見受けられるが、それはなぜか、という疑問と不満とを感じた。もっとも、この浸透力の弱さは、先生の他の著書、論文についても共通している点であるが、その大きな原因は、先生自身の相対主義の姿勢と読む側のエネルギー投入の不足にあるというのが、現在の私の見解である。

二 本題に立ち返って、まずは、この論文への私のお付き合いが始まった経緯を説明しておこう。私は、研究生活に入って最初に書くいわゆる助手論文の執筆に当たって、テーマに時効制度を選んだのであるが、その理由のひとつとしては、時の経過が権利を取得、消滅させるという権利の本質論に関するという点があげられるが、もうひとつの理由は、取得時効といっても、民法第一六二条一項の定める二〇年の取得時効と同条二項の定める一〇年の不動産の取得時効とでは、その機能が異なるのではないかという感じを強くもっていたからである。そこで、その点に関する文献をあさっていた際に（大学を卒業して、研究室で勉強を始めた二年目の昭和二七年のことである）、先生のこの論文に出会ったのである。ただ、この論文は、取得時効に限っていえば、不当利得法の役割を論じる際に、取得時効、とりわけ一〇年の不動産の取得時効がなぜに不当利得にならないかを取り上げたものであって、取得時効を正面から論じた論文ではなく、一〇年の不動産取得時効は有効な取引関係の存在を前提とする取引安全保護の制度であるために不当利得とはなりえない、と説く。しかし、私の推測では、この僅かな部分の見解をひきだすためにも、先生は、ローマ法のusucapioやドイツの一九世紀の普通法理論を丹念に検討したことが窺われたし（なお、三藤「取得時効の存在理由について」（その一）、学習院大学政経学部研究年報五号、「一九世紀普通法学における取得時効理論」同年報七号、参照）、不動産の一〇年の取得時効を二〇年の時効制度と区別して明確に取引安全の制度として位置づけているところが気にいってしまった。そして、私は、なんのためらいもなく先生の見解をさらに補強するつもりになって、取得時効制度に取り組むことにしたのであった。私の時効論は中途半端に終わったが、不動産の一〇年の取得時効については、先生と同じ結論になったし、二〇年の取得時効の研究は中途で挫折したままになっているが、所有権については消滅時効といえないので、取得者の側からの仕組みとしたにすぎず、その実態は消滅時効と同視してよいのではないか、というのが、当時からの先生と私の共通の憶測なのであった（晩年、先生は他からの依頼を受けて、二〇年の取得時効を検討され、善意という要件が必要という見解を示されていたが、詳細な説明は伺っていない）。ともかく、以上の時効論が、私を先生のこの論文にのめりこませ、論文全体を熟読するきっかけになったのはたしかである。そこで、この論文についての解説の一文を書かせてもらうことにした次第である（なお、第三巻「あとがき」で、利谷さんも言及されている）。

三　ところで、私は、この論文を熟読玩味し、強い影響を受けたつもりなので、かえって的確な評価ができないのではないかという気もするが、この論文全体を捉えて、その内容の抜きんでていると感じている理由を述べて、読者の参考に供することにしたい。

まず、この論文で気になるのは、冒頭で提起した課題にたいする回答が出ていないという点である。すなわち、財産法秩序の分析、集約については、この論文の右に出るものはいまだに現れていないほどの見事な出来栄えであるが、ついで、身分法秩序の検討に入るはずなのに、その前のところで打ち切られ、未完ということになっている点である。しかし、私は、財産法の要約に成功したところで、ひとつのまとまりのある論文として十分評価できると考える。以下に、その理由を述べよう。それが、とりもなおさず、この論文の素晴らしさを裏付けてくれることになろう。

財産法秩序に関する議論をその要約へと絞り込んでいく過程をみると、まず膨大な量のドイツ民法学の文献、とくに一九世紀から本論文執筆当時にいたるまでのいわゆる普通法学に関する文献を手当たり次第に読破し、それをこなしきって駆使しながら、紹介されたことのなかった多様な権利論を簡潔、明快に紹介したうえで、財産法上の権利主体である「人」の概念は、人格権という権利との結びつきで生まれた概念ではなく、財産権一般の帰属主体を意味する概念として登場したものであることを実証する。ついで、財産法上の権利の種類、その組み立てを取り上げて論じるが、そこでは、とりわけ物権と債権の差異を論じているところが見事である。通説的見解は、物権は、物を直接に支配する権利であり、したがって、排他性があり、したがってまた物に対する侵害を排除する物権的請求権を持つとするが、先生は、そうした見解の源であるドイツの諸学説に立ち返って再検討し、むしろ物権の核心は、物権的請求権が備わっているという点にあるとし、この点が債権との違いであるとし、通説的見解、すなわち「直接支配→排他性→物権的請求権」という流れの定義付けの曖昧さを批判する。そして、以上の、「権利とは」「権利主体とは」「財産権とは」の議論に続いて、財産法上の諸権利の働き方、いいかえれば、諸権利を軸とする諸制度の役割の検討に入る。私的所有権秩序の下で、個人に分属されている諸財貨がいかに動いていくか、換言すれば、財貨の動きに関する諸機能を担当する諸制度についての考察に移る。そして、個人意思自治の原則を中心に据えながら、とりわけ契約、事務管理、不当利得、不法行為の諸制度のそれぞれの機能を明快に分析し、相互の関連を明らかにしたうえで、結論として、民法の財産法の内容を要約し、財産法の考察を終わる。以上の内容を見て、感じることは、先駆者の議論を正面から受け止めて吟味、批判しているという姿勢の真摯さであるが、なんといっても、本論文の圧巻は、その最後の要約部分である、と断言できよう。要約の内容については、本書三六五頁をみていただくとして、「財産法とは」をこれだけ見事に纏め上げたものは、いまだに出現していないと言い切りたいが、どうであろう。たとえば、我妻先生の民法講義を始めとするおびただしい数の財産法の文献と比較してみて欲しい。私には、この要約は、現在でもなお何らの変更を必要とせず、その素晴らしさを主張しうる、と思われる。そして、三〇歳の若い先生が、これから研究を始めようとして試案を提示したのではなく、財産法を極めた人としての見解を打ち出していることに、身震いするような脅威と感動を覚えるのである。先生は、この論文で、すでに一仕事を終えて、戦後の法の解釈に関する来栖法学展開の基礎を築いていたといえる。いわば、法の解釈を覆っているフィクション解明への準備作業を完了していたといってもよい。なお付言すれば、この要約には、先生自身も強い自信を持っていた、と私は推測する。定年で講義をやめるまで、先生の財産法の講義案の結びには、次のような表がかかげられていた。

積極面 ｛ 契約（用益物権、担保物権）
　　　　　事務管理

私的財産権　**私的自治の原則**

消極面　｛物権的請求権（占有訴権）
　　　　　不当利得返還請求権
　　　　　不法行為による損害賠償請求権

このことこそ、先生が、この要約をいかに愛用したかを物語っている。なお、不当利得論にしても、不法行為論にしても、社会の変動に伴いそのカバーしなければならない範囲が拡大し、とくに昭和三〇年代から四〇年代にかけて、いわゆる類型化の作業が進み、当然のことながら、先生もその成果を講義案に取り込んだが、議論の内容の骨格は、本論文のそれと変わるところはなかった。講義のたびに、新しい議論を吸収したうえで教壇に立った先生が、その見解を定年まで維持し続けたということは、先生の考えを修正に追い込む力作が出現しなかったことを意味しよう。これまた私見にすぎないが、たとえば、不法行為の領域は多彩な研究成果が出現しているが、本論文の要件論に損害賠償の範囲論（「損害賠償の範囲および方法に関する日独両法の比較研究」本書論文〔**12**〕参照）を加えた理論で、現在もなお不法行為に十分に対応できるし、その後の諸学説よりもむしろ明快ではないか、という感じを、私はもっている。ただひとつ、私が感じているこの論文の問題点を指摘しておけば、それは特に債権総則の領域をどう取り扱うのかがはっきりしていない点である。先生は、亡くなられるまで、「債権総論を制する者は民法を制する」と言い続けてこられたが、この領域については、取引の実態を盛り込んだ充実して分かりやすい研究の成果を挙げることができなかったということを自覚されていたのではあるまいか。ともあれ、後に続く研究者の力作の出現、民法学の進展をひたすら期待されていた先生からは、良い論文が出るたびに、その論文に関する先生なりの評価をあれこれと聞かされてきたが、今一息なのにという感想を抱かれたものが多かったように思う。

四　以上で、一応の解説を終えたが、すでに述べたように、先生は、この論文では、身分法、ひいては権利能力なき社団としての家団については論じられないで終わった。しかし、太平洋戦争後に出された養子制度から遺言制度に至る一連の家族法に関する諸論文（本著作集〔所収の論文24、25、28、29、30、31、32〕など）および講義案の内容を繙けば、先生の家族法論（以下、身分法という言葉は使わないことにする）の骨格は自然に浮かびあがってくる、といえなくもない。「フィクション論」に続いて執筆を予定していた先生の「家族法論」、それと「財産法との関係論」を見ることが出来ないのは本当に残念であり、先生を塩漬けにしてでも書かせたかったし、先生ご自身も、この作業を終えるまで元気でいたいという気持で、必死に毎日の生活と格闘されていたように私には思われる。したがって、諦めきれないものが残っている。また、私の不勉強のせいかもしれないが、最近の家族法研究の流れをみると、家族に関する基礎理論の法律学への取り込みが十分でないような感じもする。そこで、私は、家族法は不得手であり、先生のお話もあまり伺っていないのであるが、いささか乱暴なことは承知のうえで、この場を借りて、私の創作になる先生の家族法像を描いておきたい。ただし、大きな誤りをおかしている恐れがあることを、お断りしておく。

先生は、この論文で、ひとまず中川善之助先生の見解にしたがい、経済生活を対象とする財産法に対して、家族法は保族生活を対象とする、としながら、相対立するはずの両者がなぜに民法として統一されているのかを問いかけている。その回答は、相続秩序はいわば縦の流れに沿って権利主体である「人」を創出していく為に不可欠の仕組みであり、親族秩序は相続秩序の前提であり、且つ又「人」たりうるが取引能力に欠ける者を保護する役割を果たしており、したがって、財産法と家族法とは密接不可分の関係にある、ということであろうか。そうだとして、先生は、家族法については、とりわけ比較法研究を重視し、その研究は家族法の全領域におよんでいるが、そこから日本の家族法の特色を捉えようとしている。そして、ドイツ、フランスの影響の強い日本法では、英米法は勿論のこと、ドイツ、フランスに比しても、より以上に、いわゆる家産概念が根強いのに加えて、血縁の重視しすぎの考えも家族法の根底に横たわっている、とする。たとえば、遺言の解釈に関する判例の流れをみると、遺言を有効とする際には解釈を厳しくし、無効とする際にはルーズにしており、結局、血縁重視の法定相続をはたらかせている、とする。こうした点は、財産法による家族法の歪曲を意味するともいえよう。したがって、先生は、家族法をめぐる解釈、あり方を論じるにあたっては、できるだけ血縁重視を抑制する姿勢を採るべきだとされているように思われる。先生の養子制度の研究は、血縁の有無にかかわりなく真の愛情による親子関係の創造は可能ではないのかを問うているし、一連の相続に関する論文、すなわち遺言制度の解釈とか相続税のあり方に関する労作は、血縁重視の日本の法定相続制度批判であり、究極においては、血縁尊重の立場から財産法上の「人」を作り出す発想の転換を狙っているといえるのではなかろうか。先生は、この論文で、「しばしば個人主義は家族間の美しい愛情を破壊したと言われるならば、その破壊したと言われる美しい愛情は、「畏敬」であり得るかも知れないが、「愛情」ではない。何となれば嘗て家族はより固く結合していたとしても、それは──愛情が作用しなかったというのではないが──愛情を通してというよりは寧ろ経済的その他の理由によるもので、個人主義的家族並びに婚姻観こそ却って家族を人格的愛情によって結合せしめようと努めるのだからである。そして寧ろ愛情という言葉の響きは動もすれば愛情が純粋なもの絶対なものと感ぜしめるにも拘わらず、実は色々な制約を免れないところに、近代家族生活の美しさの半面に伴う脆さがあるのである。だから、所謂個人主義的形式の家族は、成員の個人人格の尊重の上に築かれはする。だが、近代社会の保族生活に於いて経済生活における個人主義がそのまま支配するのだということには全くならない、否なり得ないのである」と述べられているが、ここから先生の描かれていた家族結合の理想像が浮かんでくるし、そうした家族を前提としたときに、家団概念もはじめて活力ある生きた概念として確立されることになろうと推測しながら、この解説を終わる。

（三藤邦彦）

10

立木取引における「明認方法」について

一九七二年

一

我が国では立木売買、すなわち立木を伐採せずに、しかもその生立する土地と切離し立木だけを売買することが民法典施行前から広く行われ、その場合に判例学説はいわゆる明認方法を立木の公示方法としてみとめている。尤《もっと》も立木の公示方法としては立木法に基く立木登記もある。そして立木登記は立木売買のためにも役立ちうるが、しかし、立木登記は立木売買よりも、むしろ立木抵当のためになされている。そしてもともと立木法に基く立木登記は主として立木抵当のために設けられたのだとされている。それは、立木を担保化するのに、もし立木を土地と一緒に担保に入れる場合には、土地の上に抵当権を設定すれば、特約で立木を除外しない限り、立木にも抵当権の効力が及ぶ（三七〇条。判例もある、大判大正一四・一〇・二六民集五一七頁［原典ではページであるが、以下すべて頁とした］）、そして抵当権設定の登記をすれば立木についても対抗要件を具備すると解される。が、しかし、立木だけを担保に入れようとするときは、譲渡担保の形式を採り、明認方法という公示方法を施すことはできるが（尤も、立木だけを担保とするのに、もとはむしろ貸主のため土地に地上権を設定して登記し、満期後に地上権者が伐採し、材積《ざいせき》を当時の価格に見積って、そのうちより弁済を受けうると定めるようなことが行われていたのであろうか、船越『森林担保金融の調査研究⑴』林野庁刊行、二六頁、四七―四九頁参照)、立木のみに抵当権を設定するには、明認方法という公示方法は――必ずしも不可能ではないが――みとめられないとされているので、立木法に基く立木登記をし、その上で抵当権を設定する外はないから、というのである。

とはいっても、実際には、立木は――一定の年数を経ている立木は、――その価格においてその生立している土地よりもはるかに高いものであるにもかかわらず、通常は立木だけを担保にとることは僅かしか行われていないようである。むしろ立木は多くは土地と共に抵当にとり、さらに建物その他をも併せて抵当にとっているのである。(1)

そして立木とその生立する土地を共に抵当にとったときは土地に抵当権を設定し、その登記をする、それだけである。その際、立木の価値を担保価値に算入し、抵当権設定者に許される山林の施業方法について約定書をとりかわすこともある。しかし、土地だけを評価して立木を評価しないこともあるようで、立木は切られてしまうおそれがあり、それを見張るような面倒なことはできないという。そして立木を評価しない場合は勿論、立木を評価して担保価値に算入する場合にも立木登記をし立木抵当を設定することは殆んどしない。

だからといって、立木登記のなされる場合が全然ないというのではない。しかしその場合にも――一般的にどうかは確言しえないが――立木だけが抵当に入れられているのではなく、土地も共同に抵当に入れられることがあるようである。そしてその場合には立木登記は立木抵当を可能ならしめるというよりも、抵当物件の一部をなす立木の状況(樹種、樹齢、数量など)をはっきりと公示するという意味をもつにすぎないであろう。

それにそもそも立木法による立木登記は立木法制定以来全国的に僅かしかなされていない。(2) そしてそのように立木法に基く立木登記の行われることが非常に少いとすれば、立木法に基く立木登記は立木抵当のために設けられたといっても、立木抵当のため立木登記を設けなければならない、どのような必要が一体あったのか疑問となるであろう。一般に立木法は吉野の林業家の要請に天竜の林業家の要望が加わって成立に至り得たのであるが、吉野の林業家の要請が原動力をなしたといわれている。そして吉野は借地林業で有名だったのであるが、立木法の要請はその借地林業と関係があるとされるのである。すなわち、明治三一年の民法典および明治三二年の不動産登記法の施行前には吉野地方では立木登記制度が行われていたが、それが民法典および不動産登記法の施行によって否定された。そのため吉野の林業家は立木売買をするためには地上権売買の方法をとり、立木を担保にするためには地上権担保の形式をとった。しかし、このような方法は、立木登記のみちをふさがれたためにとられたやむをえざる便宜的手段であった。とくに地上権の上の抵当権の効力が立木に及ぶかどうか法律解釈上疑義があり銀行もこれに対して金を貸すことを控えたことが吉野の借地林業家の立木法制定の要請となったのであるとされている。立木法案審議の際に政府委員も同じような趣旨を述べている（渡辺［洋三］『民法と特別法Ⅰ土地・建物の法律制度　上』一四一―一四二頁、一五二頁）。そして「立木法の制定を必要としたような林業資本の要求は、日本の中に、ほかにそうあったわけでないとすれば、立木法が一般的に普及しなかったのは、むしろ当然である」と説かれている（渡辺・前掲書一五四頁）。

確かに借地林業の場合に――借地林業といっても植林のためには賃借権でなく殆んど地上権が設定されるが――地上権の上の抵当権の効力が立木に及ぶかどうかについては疑義がある。いまでも実務家には土地の上の抵当権が地上の立木に及ばないと考えているものも少くなく、いわんや地上権の上の抵当権が立木に及ばないと考えているものは多いであろう。しかし民法典の解釈としては地上権の上に抵当権を設定すれば、原則として、抵当権の効力は立木に及び（三六九条二項、三七〇条参照、はじめ立木法案とならんで準備された「森林抵当権ニ関スル法律案」はそのことを明記しようとした、それは疑義があるからであろうが、特別の規定がなくてもそうなろう）、そして抵当権の登記をすれば、立木についても対抗要件を具備したことになるとすべきである。従って地上権の上の抵当権の効力は立木に及ぶかどうかの法律解釈上の疑義だけが問題であったのならば、それは比較的容易に解決しえたはずであり、わざわざ立木法を制定して地上権と切離し立木だけを抵当にする途をひらくほどのことがあったとは思われない。もしそうだとすれば吉野で民法典および不動産登記法によって立木登記が否定された結果、漸次に地上権登記がなされていったが（なお、明治三三年法七九号「殖林ノ為設定シタ地上権登記ニ関スル法律」は不動産登記法施行前に殖林の為設定した地上権の登記については本法施行の日より一箇年内に限り地上権者のみにて申請しうることにした。船越五五―五八頁には吉野で明治三三年六月から三四年四月までに地上権設定登記がどれほどなされたかを示している）、地上権登記がみとめられるだけでは足りず、立木登記を復活し地上権と切離し立木だけを抵当にする途をひらく必要はどこにあったかを知るのは困難である。

それに立木法は、借地林業の場合ばかりでなく自己所有山林についても立木を土地と切離して抵当にする途を拓いており、一般に立木登記が借地林業の場合に、しかも借地林業なるが故に、特に多くなされたか、またなされているかどうかも私には知りえない。が、少くとも、立木法制定以来、――勿論、立木登記の数だけの問題ではないが、少くとも立木登記の数に関する限り――吉野をふくむ奈良に立木登記が必ずしも多くはない、むしろ立木登記が比較的にではあるが一番多いのは三重であり、次いでは和歌山である（船越・前掲書一〇五頁以下参照）ことに注意しなければならない。(3) 要するに立木法制定の理由を充分具体的に明かにすることはできないが、ただ、立木法制定の要請が先ず吉野にはげしくおこったのは、その借地林業と関係して――地上権登記制度でなく——立木登記制度と立木取扱人制度（その取扱人の証明ある書面を徴して登記をなすべきものとした）があり、それが民法典および不動産登記法の施行によって否定されたので、いわば反射的に、その制度としての復活を求めんとするためではなかったかと思われる（船越・前掲書一九頁以下、五一頁以下、特に五四頁参照）。

しかし、ともかく、立木登記をするには経費と日数がかかるからであろうか（林野庁経済課編『林業金融読本』九八—一〇〇頁に一町歩の地上立木に対し抵当権設定の登記をするのにどれだけの手数と経費がかかるかを細目に亘って具体的に示している）、それともその必要が乏しいからであろうか、立木登記は余りなされず、なされても立木売買のためよりも、むしろ立木抵当のためだといわれている（ただし、売買による所有権移転登記件数は抵当権取得件数との比較に関する限り、案外にある。その売買による所有権移転登記がどのような場合に行われるのかを明かにすることは一つの問題であろう。しかし、立木売買のうち立木登記がなされるのはりょうりょうたることには変りはない）。そして判例は立木売買の場合に立木所有権の取得を第三者に対抗するには明認方法を施すことが必要であり、かつそれを以て足るとし、その判例を学説が原則的に是認しているのである。

二

しかし、一歩立入ってみると、明認方法はどのようなことをすれば具備されたとみとめられるのか、殊に明認方法と引渡との関係はどのように理解すべきか、明認方法は立木売買の目的の如何にかかわらず同じ方法をとったのでよいのか、明認方法はどんな立木所有権の変動の場合に必要とされるのか、という問題になると、判例にはいろいろ疑問があり、学説の反対も少くないのである。

(一) 第一に、立木売買における明認方法には地上権(又は賃借権)の設定登記をする方法と木の皮を削って権利者の氏名を墨書したりするその他の方法とがあるとされているが、そのうち地上権(又は賃借権)の設定登記をする方法については問題ないとして、その他の明認方法については、どんな要件を具備することが必要か、それほど明らかではない。

殊に明認方法と引渡との関係がはっきりしていない。明認方法と引渡との関係がはっきりしないのは、立木の引渡(ないし占有)がどういうことかがそもそもはっきりしないからである。立木の引渡(ないし占有)については、土地の引渡(ないし占有)と別に立木だけの引渡(ないし占有)があるとされ(最二判昭和三九・七・七刑集一八巻六号三四五頁参照)、従ってまた土地の時効取得の外に立木の取得時効がみとめられている(最二判昭和三八・一二・一三民集一七巻一二号一六九六頁、なお大判昭和一五・八・二八新聞四六二四号七頁参照)。ところで判例は立木所有権の取得を第三者に対抗するには明認方法を施すことが必要で、引渡を受けただけでは明認方法を施したことにならないとしているが(古くは引渡を受け占有することを以て明認方法となるとしていたようであるが〔大判明治三三・二・一六民録六巻二号四六頁、なお同明治三四・一〇・九民録九巻四一頁〕、まもなく引渡を受け占有するだけでは足りないとするに至った〔大判明治三八・二・一三民録一一輯一二〇頁、この事件は同明治三七・四・一民録三八三頁の事件が破毀差戻されて再上告されたものである。なお大判明治四〇・二・八民録四八頁参照〕)、明認方法が施してあるとみとめるには、地上権(又は賃借権)設定登記の方法による場合は固より(大判大正九・七・二〇民録一〇七七頁)、その他の方法による場合にも引渡の有無は必ずしも問うところでないとしている(大判昭和七・一・二六(法学一巻五号六四八頁には二六とあるが二九か?)昭六(オ)五八二号(判決正本を参照した)、尤もこの事件は引渡があったとみうる事件のようである)。そして第一の譲受人が引渡を受けたが未だ明認方法を施していない立木につき第二の譲受人が明認方法をなしうることを当然のこととして前提しているが、第一の譲受人が引渡を受けている立木につき第二の譲受人が明認方法を――地上権（又は賃借権）設定登記の方法による明認方法ならともかく、その他の木の皮を削って自分の氏名を墨書するような方法による明認方法を――施すことが適法になしうるものであろうか。それは第一の譲受人の立木の占有の侵害とならないであろうか。ならないとすれば、一体、立木の引渡ないし占有とはどういうことなのか。

このように明認方法と引渡との関係がはっきりしないが、延いて具体的に明認方法の有無を決する規準がさだかでない。判例は一方では山林内に小屋、炭竃其他薪炭製造用の設備をして製炭に従事している事実とか（大判大正四・一二・八民録二〇二八頁）、立木を買受け造材を請負わせ請負人の造材小屋に附置して詰所（小屋）を設けこれに長さ四尺幅一尺二寸位の○○山林駐在所員の詰所なることを表示する看板を掲げ、同時に山頭等を派遣し造材事業の指揮監督をなし、且材木を監視せしめた事実とか（前掲大判昭六(オ)五八二号）があれば、明認方法を施したといえるとしている。が、他方では、立木の引渡を受け伐採に着手し、「目通リ廻リ七尺ノモノニ付テハ長サ三四寸乃至五六寸厚サ二三分乃至七八分位ノ程度ニ総廻リ七尺ノ内四尺五寸位ヲ斧ヲ以テ削リ去リタル」事実があっても明認方法を施したとはいえないとし（大判大正八・五・二六民録八九二頁、尤も、本件は伐採に着手した者が伐採に着手したから明認方法を施したことになると主張したのではなく、自ら明認方法を施さない者が伐採に着手した者に対し立木所有権の取得を主張したのを、伐採に着手したのは明認方法にならないが、自ら明認方法を施さない者は、たとえ相手方が同様に明認方法を講じていなくても、これに対して立木所有権の取得を主張できないとされた事件にすぎない）、また立木現場への上り道路の入口に、幅四寸長さ二尺の板に「○○合資会社枕木生産作業場」と墨書した公示札を地上約四尺の高さの棒に釘付けにしたのが立てられており、約一間をへだてて間口一間奥行三間の杉皮葺の山小屋が存在し、右製材作業現場であった痕跡の歴然たるものがあり、そして既に生産された枕木及びその原木が立木現場の詰所に集積されて点在し、かつその枕木原木の多数にはその末口に〇〇を表示するための刻印が押捺されていた事実があっても、明認方法を施したとはみとめえないとしている（最二判昭和三〇・六・三裁判集一八号七四一頁、最二判昭和三七・六・二二民集一六巻七号一三七四頁。昭和三〇年の最高裁判決は原審が明認方法とならないとしたのを破毀差戻した。ところが原審はやはり明認方法にならないとしながら、既に伐採し製材した上で自己の刻印を施しているから、その製材の所有権は第三者に対抗しうるとしたので、相手方から再上告したのが後の昭和三七年の事件である）。

判例は一方では明認方法に立木所有権の取得を第三者に向って公示する目的でなされた行為たることを必ずしも要求していない。だが、他方、使用収益又は処分行為の如き権利自体の行使に外ならない行為をするのでは足りないとしている。判例が或は明認方法ありとし、或は明認方法なしとする区別の規準はどこにあるのであろうか。殊に立木の引渡を受け伐採に着手しているような事実を以ては明認方法があるとはいえないとしているのには疑問が感ぜられる。

温泉権の明認方法としては、温泉組合の登録、地方官庁の登録、立札其の他の標識、温泉所在の土地自体に対する登記（湯口地盤所有権の移転登記）、公正証書の外に、「温泉に対する現実支配」が考えられ、「この方法は、今日においても、一定の限度では、権利の対抗関係を処理する技術として有用であろう」、すなわち「湯口権の買主が現実の引渡をうけて事実支配をつづけているかぎりは、実際上は、二重にこれを買ったり担保にとったりする者はないであろうし（湯口権を買ったり担保にとったりしようとする者は、その現場を見るのが通常であろう）、かりに現場において売主乃至担保設定者以外の者が現実に温泉を利用しているのを見ていながらこれにつき何らの調査をなさずに、温泉権を買ったり担保にとったとすれば、法の保護に値しないであろう」と説かれている（川島〔武宜〕・潮見〔俊隆〕・渡辺〔洋三〕編著『温泉権の研究』五〇六頁以下、特に五一四頁以下）。温泉権の明認方法は立木の明認方法と全然同じではないが、参考にはなるであろう。そして立木の引渡を受け伐採に着手しているというような立木に対する現実の支配を外部に表示する事実があれば、明認方法があるとみとめてよくはないであろうか。

(二)　第二に明認方法には地上権（又は賃借権）の設定登記をする方法と木の皮を削って権利者の氏名を墨書したりする方法とがあるが、判例は立木売買の目的如何によって公示方法を異にする必要はなく、生育目的で立木を買受ける場合にも地上権（又は賃借権）の設定登記をする方法によらず、木の皮を削って権利者の氏名を墨書するなどの方法で足りるとしている（最初、大判大正五・三・一一民録七三九頁は生育目的と伐採目的とで区別し生育目的の場合には地上権又は賃借権の設定登記をすべく、その他の明認方法ではいけないとしているもののようであるが、その事件そのものは立木売買の目的と公示方法との関係を問題としているのではない。しかし、後に、大判大正一〇・四・一四民録七三二頁は立木売買の目的と公示方法の関係を問題とし、立木売買の目的の如何にかかわらず、いずれの公示方法でも差支えないと判示した）。

それに対しては伐採目的の場合には地上権又は賃借権の設定登記をする方法によらなくてもよいが、生育目的の場合には地上権又は賃借権の設定登記をする方法によることを必要とするという反対の学説が少くない（判民大正一〇年度五八事件末弘〔嚴太郎〕評釈、渡辺・前掲書一六二―一六三頁、中尾〔英俊〕『牧野法の研究』二九七頁以下）。

この反対の学説は、すっきりしているようであるが、疑問もある。生育目的の立木売買の場合には土地使用権が伴うはずであるから、生育目的の立木売買の場合に地上権又は賃借権の設定登記をすることは、まず土地使用権の公示方法を具えることで、ただ土地使用権の公示方法を具えれば立木所有権の公示方法にもなるということであろう。それはそれでよいが（大判明治三九・一一・二九民録七六頁参照）、担保目的の立木売買の場合は生育・伐採いずれの目的に属するとみるべきかの疑問はしばらく措《お》いて、伐採目的の立木売買において伐採期限が一五年とか二〇年とかという長期のことがあり、その場合に伐採期限を存続期間とする地上権の設定登記がなされているが（船越、前掲書、四三頁、八一―八二頁、八六―八七頁参照）、伐採目的だから地上権の設定登記をするのではだめだというべきであろうか。

しかし、他方、判例のように生育目的の場合に、いわゆる明認方法で足りるとすることにも疑問がある。判例は土地と共に立木を買受ける場合には、土地所有権の移転登記をすれば、立木について別段の公示方法を施さなくても、立木所有権の取得を第三者に対抗しうるとしているばかりでなく（大判明治三八・一二・一三民録一二〇頁、同明治三九・一・二九民録七六頁、同昭和一一・一〇・三〇民集一五六五頁など）、土地所有権の移転登記をしなければ立木について明認方法を施しても、土地所有権の取得は勿論、立木所有権の取得さえ第三者に対抗しえないとしている（大判昭和九・一二・二八民集二四二七頁、同昭和一四・三・三一新聞四四四八号七頁）。この判例を前提とすると、地上権者から地上権と一緒に立木を買受ける場合に、地上権の移転登記をすれば立木について別段の公示方法を施さなくとも、地上権は固より、立木所有権の取得についても第三者に対抗しうるが（大判大正五・三・一一民録七三九頁参照）、もし地上権の移転登記をすることなく、立木について明認方法を施しただけのときは、立木所有権の取得についても第三者に対抗しえないことにならないであろうか。同様の疑問は山林所有者より生育目的で立木を買受けた場合にも生ずる。生育目的の場合には、伐採目的の場合と違って、土地使用権（地上権又は賃借権）の伴うことが必要である（勿論、伐採目的の場合にも伐採搬出のため林地に立入る権利のあることは必要であるが、それは特別の地上権又は賃借権と考える必要はないであろう）。それなのに、土地使用権の設定登記をしないで、立木につき、いわゆる明認方法を施したとき、立木所有権の取得さえ第三者に対抗しえないことにならないであろうか。

尤もここで前提とした、地附山林の売買の場合に土地所有権の移転登記をしなければ立木について明認方法を施しても土地所有権の取得のみならず立木所有権の取得さえ第三者に対抗しえないとする判例自体の当否がまず問題となろう。そして仮にその判例は正しいとしても、立木を土地と共に買受ける場合と立木を地上権と一緒に買受ける場合とでは必ずしも同一に論じなければならないものではない。土地と立木の関係は、価格の上では立木の価格の方が土地の価格よりはるかに高いときにも、土地は立木の従とは見られないが、立木と地上権の関係では、むしろ立木が主で地上権が従と考えられているからである。

しかし、そうだとしても、さらに疑問がある。前述の如く生育目的の立木売買の場合には土地使用権が伴うことが必要であるが、立木について明認方法をすれば立木所有権の取得については第三者に対抗しうるとしても、土地使用権を第三者に対抗するのはどういうことになるのであろうか。立木についての明認方法が、立木所有権ばかりでなく、土地使用権の対抗要件にもなるというのであろうか。建物保護法で建物の登記が借地権の対抗要件にもなるとされているのと同様に。

㈢　第三に、立木売買以外のどんな立木所有権の得喪の場合に明認方法が必要かについても学説判例は必ずしも一致していないのである。

まず、判例は、前述の如く、立木売買の場合に伐採目的でなく生育目的のときにも、地上権（又は賃借権）の設定登記をする方法によらず、木の皮を削って氏名を墨書するなどの明認方法で足りるとしているが、同様に土地とその上の立木を所有する者が立木を留保して土地のみを譲渡した場合に、立木の留保が直ちに伐採するためであると引き続き生育させるためであるとを問わず、立木の留保につき明認方法を施すことが必要であり、また明認方法を施せば木の皮を削って墨書するなどの方法でも足るとし、明認方法を施さないときは、その土地の転得者に対し対抗しえないとしている（最二判昭和三四・八・七民集一三巻一〇号一二二三頁）。尤も、立木を留保して土地だけを売却することは極めて稀であろう。

これに反し、山林を買受け未登記のまま（立木を伐採してその跡地に）植栽することはしばしば行われるようである。そして判例は山林を買受け未登記のまま（立木を伐採してその跡地に）植栽した場合に植栽した立木の所有権を第三者に主張するには、やはり立木につき明認方法を施すことが必要で、もし立木につき明認方法を施さないうちに、山林が二重に譲渡され二重譲受人に所有権移転登記がなされると、この二重譲受人に対して植栽した立木の所有権を主張しえないとしている（最三判昭和三五・三・一民集一四巻三号三〇七頁、ただし、一旦《いったん》明認方法が施されたが、第三者が二重に譲受ける時、その明認方法が消滅していた事件である）。

立木留保の場合に立木所有権を第三者に対抗するには明認方法を必要とするということには学説のうちに強い反対がある。すなわち、立木とその生立地盤とが同一の所有者に属する場合、立木の所有権は地盤の所有権とは本来別の独立のものと解すべく、そうとすれば、この場合には、立木を土地から分離して独立の所有権の客体とする物権変動というものは存在する余地がないから、物権変動の対抗要件は問題とならないという反対である（川島［武宜］評釈、法協七七巻五号一〇九頁）。そして右の考え方からすれば未登記の土地に自ら植栽した場合にその立木の所有権を第三者に対抗するにはやはり最高裁と反対に明認方法を必要としないことになるであろう。

下級審の判例のうちにも――最高裁と同旨のものもあるが（福島地判昭和二七・八・三〇下民三巻八号一一八六頁）――最高裁と反対に自分で植栽した立木については公示方法をしないで第三者に対抗しうるとするものがある（和歌山地裁新宮支部判昭和三四・八・一六下民一〇巻八号一七七七頁、同昭和三四・九・九判時二〇九号二〇頁）。(4)

しかし、実は、これらの場合は、判例に反対して明認方法は不要といい切ってしまうことにも、さればといって判例のように明認方法を必要とすると無造作にいってすますことにも釈然としないものが残るのである。換言すれば、これらの場合を単純に普通の対抗要件の問題としてしまってよいかが疑問なのである。

同様の疑問は一旦施した明認方法が消滅した場合にも生ずる。地上権（又は賃借権）設定の登記は登記簿が火事などで滅失することはあっても時の経過によって消滅することはないが、木の皮を削り権利者の氏名、記号を墨書したりする方法は、時の経過によって消滅する可能性がある。それではその方法で一旦明認方法を施せば後に消滅しても対抗力を持続するであろうか。大審院は立木所有権の対抗要件としての公示方法は第三者が権利を取得した当時に存在しなければならず、一旦立札を立て樹皮を削り墨書し又は刻印を打つ等の方法を施しても、幾星霜を経て、第三者が山林上に権利を取得した当時既に立木所有権の取得を他人をして明認せしむるに足りなくなっているときは、第三者に対する対抗力を失うとしていた（大判昭和六・七・二二民集五九三頁）。そして最高裁はそれを踏襲している（最一判昭和三六・五・四民集一五巻五号一二五三頁、なお前掲最三判昭和三五・三・一参照）。しかし、一旦施した明認方法の消滅の場合は、単なる対抗要件が問題なのであろうか。

むしろ、立木留保の場合や未登記土地に植栽した場合も、また一旦施した明認方法が消滅した場合も、単なる対抗要件が問題でなく、立木を土地所有者に属するかのような外観のままにしていた立木所有者はどのような不利益を受けなければならないかの問題であり、立木所有権を善意の第三者に対して、しかしまた善意の第三者に対してのみ、対抗しえないという解釈を樹てるべきではないだろうか。

㈣　しかし、明認方法を施すことが必要かどうかが、特に問題とされるのは、伐採期間についてである。伐採目的の立木売買には伐採期間が定められているのが普通であり、伐採期間内に伐採を完了しないときは無償で残木所有権が買主より売主に復帰するという特約のついていることが多い。その伐採期間の経過による残木所有権の復帰についても、判例はそれを第三者に対抗するにはその旨の明認方法を施すことが必要だとしている。そして買主が立木所有権取得のため地上権を設定した場合に、その地上権が存続期間の満了又はその他の事由で消滅したときは、伐採しおわらなかった残存の立木所有権は当然に土地所有者に帰属する慣習があるとしても、地上権者より立木を買受けている第三者にも其効力を及ぼすというのであれば、その限りにおいて、その慣習は公の秩序に反して無効であるとしている（大判大正四・一二・八民録二〇二八頁、同昭和八・六・二〇民集一五四三頁、同昭和一五・七・二〇新聞四六〇六号一〇頁、同昭和一八・七・二三民集七二〇頁）。

これに対して、学説には伐採期限附の立木売買における買主の権利は終期附所有権というよりも、むしろ伐木権すなわち伐採期限内に伐採することによって伐木の所有権を取得するという一種独特の物権的取得権と構成すべく、伐採期限が経過すればその権利は消滅し、買主よりの転買人もかかる制限附権利を取得するにすぎないとするものがある（判民昭和一八年度四三事件、加藤［一郎］評釈）。

しかし少くとも一般的にはかかる構成を採り得ないであろう。通常の、面積のあまり広くない人工林の売買で、おおむね伐採期間も短く毎木調査し石数（現在は立方メートル数）を出し一石（現在は一立方メートル）いくらだから合計いくらと価格を算出している場合には、当事者の意識においても明かに立木所有権そのものの売買と思われるからである。ただ数千町歩というような自然林の売買で、一〇年とか二〇年とかの長期の伐採期間が附いていて、その期間中山林の立木を伐採して製炭とか製材を行うことが許されるが、材積が豊かでその期間中には到底立木を伐採しつくせそうにもないような場合には、或は伐木権的構成が尤もと思われることもあろう。しかし通常は伐木権的構成は適当とはいえまい。

それでは、通常の立木売買において伐採期限の経過による残木所有権の復帰を第三者に対抗するにはその旨の明認方法が必要だとする判例の当否はどうであろうか。伐採期限の特約について明認方法が施されることは——もし立木所有権取得の公示方法として地上権（又は賃借権）の設定登記をする方法をとった場合に、地上権（又は賃借権）の存続期間の登記を以て伐採期限の明認方法となるとすれば伐採期限の特約につき明認方法の施されることもありえないわけではないが、判例は地上権の存続期間の登記が伐採期限の公示方法となることを否定しているし（前掲大判昭和八・六・二〇）、地上権（又は賃借権）の設定登記をする方法以外の明認方法の場合には伐採期限について特に公示方法を施すようなことは——殆んどありえないであろう。それにもかかわらず、判例が伐採期限について明認方法を要求していることは、つまり伐採期限が経過したら無償で残木所有権が売主に復帰するという特約の効力を、少くとも第三者との関係ではできるだけ否定しようとしていることになる。確かに多くの立木売買契約書に伐採期限の経過による残木所有権の買主より売主への無償復帰が書かれているが、過去においてはともかく現在では、当事者間においてもその特約の効力を無条件にみとむべきかは問題であろう。当事者の意識において必ずしもその特約にそれほど強い拘束力をみとめているとはいえないように思われるからである。そうとすると、判例が少くとも第三者との関係にその特約の効力を及ぼすまいとすることは理解できなくはないように思われる。

三

このように、立木取引における明認方法に関しては、いろいろ疑問がある。しかし、最も根本的な疑問は、判例が立木所有権の取得を第三者に対抗するのに明認方法を施すことを必要としたのは、我国にそうした明認方法の慣行があったことに基くといわれていることに対してである。尤も判例自身は——立木を土地に生立させたまま売買の目的とし其所有権を移転しうるとすることは我国古来の慣習だとはいっても（例えば大判大正五・二・二二民録二二輯一六五ページ参照）——明認方法の慣行があったとは必ずしもいっていないようであるが、学説は一般に、漠然と、明認方法の慣行があって、明認方法に関する判例はその慣行を根拠としたものだと考えているといって差支ないであろう（例えば、我妻［栄］『物権法』〔一八三〕一一九頁、川島［武宜］『民法Ⅰ　総論・物権』一七五頁）。だが、本当に明認方法の慣行があり、明認方法に関する判例はその慣行を根拠としているのであろうか。

立木売買、殊に伐採目的の立木売買における明認方法に関する明治から大正の初にかけての判例を辿ってみても、前述したように、判例は当初は立木の引渡を受けて占有することを以て公示方法となるとしたのであり（大判明治三三・二・一六民録六巻四六頁）、やがて引渡を受けただけでは足りないとし（大判明治三八・二・一三民録一一輯一二〇頁）、地上権（又は賃借権）の設定登記をするか（大判明治三九・一・二九民録七六頁、同明治四一・一〇・二〇民録一〇二七頁など、尤も前の判決は現実に地上権又は賃借権の設定登記がなされていた事件に関するものではない）、その他木の皮を削って氏名を墨書するなどの明認方法が必要だとするようになったのであるが（大判大正四・一二・八民録二〇二八頁、同大正九・二・一六民録一四二頁、同大正一三・一二・八新聞二三五一号二〇頁）、その後においても明認方法があるとして立木所有権の取得を第三者に対抗することがみとめられた場合よりも、むしろ明認方法がないとして立木所有権を第三者に対抗することができないとされた場合の方が多いように感ぜられる。そして、また、明認方法があるとみとめられた場合にも、必ずしも公示方法たることを目的とする行為があった場合ではないのである（例えば、炭がまなどの製炭設備をしたことを以て明認方法があるとした大判大正四・一二・八などを考え合せられたい）。従って明認方法の慣行が古くからあったということは疑問に思われる。少くとも木の皮を削って氏名を墨書し意識的に公示方法として明認方法を施す慣行があったとは首肯し難いのである。

そればかりでなく、現在においてもそうした慣行があるということは、にわかに信じられないのである。地附山林の買主が土地所有権移転登記をすれば立木所有権取得の公示方法としても充分なのであるが、立木所有権取得の公示方法としてよりも、境界を守るという意味で隣の山林との境界にある木の皮を削って権利者の氏名を墨書することは、しばしば見聞している。おそらく古くから行われたところであろう。しかし、立木売買、殊に伐採目的の立木売買において、そうした慣行の行われている地方を未だ知らないのである。伐採目的の立木売買では立木はすぐ切ってしまうのだから、明認方法のような面倒なことをする必要はないということをよくきく。もとより全国の山林取引の知識を持っているわけではないから、明認方法の慣行が全然なかったとか、ないとか主張するのでは、さらさらない。ただ、いくつかの有名な林業地帯（吉野、尾鷲、新宮、黒羽など）にかかる慣行の存在がみとめられないことにかんがみ、仮にかかる慣行が存在するとしても全国的なものとはいえないし、また人工林と天然林、用材林と薪炭林、大山林と中小山林（換言すれば、伐採期間の長短）などで異るかも知れないので、一律にかかる慣行の存在を前提してかかることはできないというだけである。

とはいっても、公示方法たることを正に目的とする明認方法の行われた事例のあることを全く否定することはできない（例えば、大判昭和一五・七・二〇新聞四六〇六号一〇頁、同昭和一八・七・二三民集七二〇頁、なお大判昭和八・六・二〇民集一五四三頁参照）。一般に明認方法の慣行があるといえない地方でも製紙会社や木材会社は明認方法を施すことがあるときいている。それは明認方法の慣行に基くというよりも、明認方法に関する判例を考慮して行っているようである（その外の理由として、会社だと担任者が変ることがあり、どの山林か分らなくなることがあるので、明認方法を施すということをきいたことがあるが、それは公示方法とは関係がない）。しかもその明認方法に関する判例は明認方法の慣行に基いて形成されたのではないのでないか。立木を林地から切り離し立木だけを売買する慣行が古くからあったことは確かである。民法典はその場合の公示方法を定めていないが、判例は近代法における物権変動公示の原則よりみて公示方法として明認方法を必要とした。それは理由のないことではない。しかし明認方法の慣行があったわけではないので、どのような事実があれば明認方法を施したことになるかの認定に苦心し、土地使用権の伴う生育目的の立木売買の場合に必要な地上権又は賃借権の設定登記を伐採目的の立木売買の場合にも借用することをみとめたり、また伐採目的の立木売買に伴ってすみやきがまをつくったり造材小屋とそれに附置して詰所を設け、看板を掲げ、山頭等を派遣して指揮監督させたりしている事実をとらえ、或は地附山林の売買に際し林地の所有権移転登記の上に木の皮を削って氏名を墨書する事実を伐採目的の立木売買に及ぼし、これらの事実があれば明認方法を施したことになるとしていったのではないだろうか。そしてそのようにして形成された判例が却って立木取引に際し明認方法を施こさせる誘因となっているのではないだろうか。すなわち、判例と慣習の関係につき、判例が慣習を根拠とすると普通考えられているが、しかし逆にしばしば慣習が判例を基礎として成立することもあるとされている。明認方法についてもそうである。ただし、明認方法に関する判例が特定の場合に明認方法を施さしめていることは否定しえないが、それによって明認方法の慣行を成立させているとまでいいうるに至っている地方があるのだろうか。

従来、そのような点は少しも明かにされていない。山林取引慣行調査の必要を痛感する所以である。そして山林取引の実態が明かにされた暁には、立木の明認方法の取扱は、もっと的確になしうるようになることと信ずるのである。

表1　担保物種類別森林担保金融

		貸付件数	貸付額	担保森林面積
昭和6年末	立木及土地	68,717	66,621,783	224,499町
	立木	3,890	3,243,566	14,662
	森林及其他	120,919	33,117,150	235,434
	計	193,526	102,982,499	474,596
昭和7年末	立木及土地	74,214	68,267,845	241,096
	立木	3,751	3,239,504	30,128
	森林及其他	134,887	35,087,968	244,296
	計	212,852	106,595,317	515,520
昭和12年末	立木及土地	69,154	43,990,667	200,287
	立木	6,101	2,942,118	29,563
	森林及其他	118,313	28,107,156	169,421
	計	193,568	70,039,941	399,271
昭和14年末	立木及土地	54,348	33,390,549	158,894
	立木	6,224	3,988,172	25,621
	森林及其他	85,200	21,155,822	135,167
	計	145,772	58,534,543	319,682
昭和16年末	立木及土地	31,799	28,062,152	100,128
	立木	4,800	3,075,877	12,300
	森林及其他	44,261	10,066,508	55,063
	計	80,860	41,204,537	167,492

○昭和16年末以外は北海道を含まず、内地都府県だけの数字である。昭和16年末の数字は北海道を含む全国の総数のようである。

（1）　農林省山林局編『山林要覧』および林野庁経済課編『林業金融読本』に依ると、戦前における担保物種類別森林担保金融の状況は次頁［本書では本ページ］の表1の如くであった（船越『森林担保金融の調査研究(1)』林野庁刊行、一六七―一六九頁、一八三頁）。

戦後における担保物種類別森林担保金融の状況は知り得なかったが、五ヘクタール以上の森林を所有する約二九一、七〇〇戸のうちの一、四〇〇戸についての昭和四三年一〇月から四四年九月に至る年度の林家［ママ」経済調査に依ると森林を担保とする借入金は年度末で一戸当り平均六八、九〇〇円、そのうち土地のみ（伐採跡地とか未立木地とか）を担保とするものは面積にして五・八二ヘクタール、立木のみを担保とするもの二・八四ヘクタール、土地と立木を担保とするもの二八・六八ヘクタールということである（農林省農林統計課に教示していただいたが、この統計は未確定とのことである）。

（2） 立木法制定以来の立木登記数を示すと次頁の表2の如くである。

ところで、その立木登記の統計を見て、誰にも直ぐ気付く一つの事実がある。それは昭和二七年に立木登記数がいきなり目立って増大している事実である。それは昭和二六年の森林法の改正によっておかれた立木の伐採許可制度に基く伐採制限の代償として伐採調整資金の貸付が昭和二七年一月より開始されたからである。

伐調資金は、当初、農林漁業資金融通法に基いて農林漁業資金融通特別会計から農林中央金庫を通じて、原則として森林組合に融通され、森林組合はこれを当該資金を必要とする森林所有者に転貸した。そして組合が転貸する場合にはその対象となる森林を担保にとることとし、その担保は一番抵当で、抵当の取り方は、用材林の場合には一般には立木でも土地でもよいが、地上権及び賃借権の場合は立木とし、薪炭林の場合には土地としていた（二六『林経』五二二号昭和二六・一二・五伐採調整資金融通手続について）。

これによると、伐調資金の貸付の担保として立木の所有権保存登記をさせその上に抵当権設定登記をさせるのを例外的とは考えていなかったといえる。ところで、立木登記は、従来、立木調査のために非常に経費がかさみそれが難点とされていたが、伐調資金の貸付に際しては、林業経営指導員が対象林分についての調査及び評価をすることにしたので、原則として登録税を支払うのみでよいこととなり、極めて簡易に行われうるようにされた（林野庁経済課編『森林法解説』六五頁）。なお、昭和二六年には立木法を改正し、これまで立木の所有権保存登記の申請についての規定は建物の所有権保存登記の申請に関する不動産登記法の規定を準用していたが、適当でない点があったので、立木の所有権保存登記の申請に適当な規定に置き代えられている（前掲『森林法解説』六五頁、ただし、その立木法の改正は特に伐調資金の貸付を考慮して立木の所有権保存登記の申請手続を簡易にするためになされたものではないように思われる）。

しかし、その後しばらくして伐調資金の貸付を取扱う中金は、主務省と打合せた結果、支所・事務所に宛て、伐調資金貸出に伴う抵当権設定方針（例規）について、次のように依命通牒を発している（昭和二七・五・七、二七『特融発』四八号）。「一、転貸者（転貸先のこと）が土地及び立木共に所有しており立木に関する法律により立木の所有権保存登記（以下立木保存登記という）をしていないときは、土地に抵当権設定登記をすること（勿論土地及びこれと一体をなす立木に抵当権を設定するのであるから登記に抵当権が立木に及ばない旨の記載をしてはならない）。立木保存登記をなしその立木及び土地に抵当権設定登記をしてもよいわけであるが、それ迄する必要はない。二、転貸者が土地及び立木共に所有しており立木保存登記をしているときは、立木に抵当権設定登記をするこ

表2 立木登記件数（個数）

	従来保有セル所有権ノ保存	売買ニ因ル所有権ノ取得	抵当権ノ取得
明治43年	556(3,253)	100(538)	23 (743)
44	809(2,483)	188(509)	41(1,897)
明治45年 大正元年	606(1,704)	144(637)	46(1,229)
大正2年	371(1,136)	128(395)	36(1,013)
3	323(1,921)	77(344)	38(1,043)
4	270(1,024)	68(406)	31(2,284)
5	249 (977)	99(824)	28(1,436)
	所有権の保存	売買による所有権の取得	抵当権の取得
昭和25年	48 (134)	18 (94)	17 (287)
26	131 (367)	14 (70)	24 (82)
27	3,032(4,956)	23 (54)	2,131(4,634)
28	1,683(2,740)	38 (95)	1,033(2,378)
29	1,875(3,072)	44 (76)	1,434(3,219)
30	1,227(1,915)	42 (77)	865(1,860)
31	920(1,413)	73(218)	447(1,159)
32	592(1,039)	56 (98)	415(1,664)
33	573(1,020)	58(102)	324(1,062)
34	670(1,743)	61(115)	308(1,519)
	所有権の保存	売買による所有権の移転	抵当権｛設定 移転
35	463(1,042)	37 (96)	142 (946) 28 (48)
36	415 (828)	48(129)	122 (737) 21 (138)
37	328 (891)	38(110)	102 (822) 64 (956)
38	366 (938)	51(129)	64 (149) 94 (956)
39	367(1,171)	24 (51)	69 (640) 42 (136)
40	273 (620)	27 (76)	96(1,198) 24 (58)
41	292 (719)	30 (75)	125 (791) 61 (138)
42	223 (950)	39(122)	116 (529) 101 (243)
43	372 (771)	42(102)	103(2,766) 42 (115)

と。三、転貸者が土地を所有せず、地上権及び立木共に所有するときは、立木保存登記をなしその立木に抵当権設定登記をすること。地上権及び立木に抵当権設定登記をするのがよいわけであるが、それ迄する必要はない。但し、地上権のみに対する抵当権設定登記で止めることはしないこと。四、転貸者が借地権等の権原により立木のみを所有するときは、立木保存登記をなしその立木に抵当権設定登記をすること。五、右何れの場合も農林省制定の伐採調整対象林分の面積測定法第五号（「担保設定の当事者は境界及び権原の明記方法として境界点に適宜境界標（林分周辺で得られる丸太直径二寸以上、長さ四尺以上）を設置する。」「なお、標杭及び境界近傍樹木上方一部の剥皮を行い「伐調林、組合名、所有者氏名」を墨書する」）にあるように抵当権設定の明認方法を講ぜしめること。」

そしてそれに右例規の制定された理由として、「土地に抵当権を設定すれば、その設定の際その土地上の立木に立木保存登記がしてなければそれと一体をなす立木に抵当権の効力は及ぶから立木に保存登記をなしそれに抵当権設定登記をする必要はない」、「土地の価格は幾分あるから土地に抵当権を設定した方がよい」、「立木が伐採された場合……土地抵当のときは判例の確立していない点もあり立木抵当に比し効力は幾分劣るけれども（立木法四条）明認方法を講じておけばかかる問題はおきないものと思われる」、「地上権に対する抵当権は地上権者がその権原に基き立木を所有しているときは、その立木に抵当権の効力は及ぶわけではあるが、地上権者は地上権を抛棄することが考えられ、その場合抵当権者は保護されるとはいえども法律関係を複雑にし紛争を生じやすいから立木に抵当権を設定することにした」と申し添えている。

農林漁業金融公庫法に基く公庫の設立に伴い昭和二八年より伐調資金の貸付は公庫に引き継がれたが、昭和二八年度の公庫融資要綱によると、担保は特別会計の時と同じである。しかし、昭和三二年度の公庫融資要綱によると、「貸付の対象となる立木に保存登記がある場合はその立木に、保存登記がない場合はその立木の生育する土地（立木所有の権限が地上権である場合はその地上権）に抵当権を設定させる。ただし、貸付の対象が薪炭林である場合はその土地に抵当権を設定させる」とあり、地上権者が立木を所有している場合には立木登記をしその立木に抵当権を設定させるのでなく地上権に抵当権を設定させるように改めている（なお、組合が公庫から借り受けた資金を森林所有者に転貸する場合に、組合の取得する抵当権の設定登記については、租税特別措置法九条六項により、特例として、登録税額は通常の場合の債権額の千分の六・五でなく千分の一となっていたが、その減税措置は昭和三二年四月一日より廃止になった。そこで債務者の負担を軽減するために、――従来は公庫の組合に対する貸付は各森林所有者の所要資金の合計額を一括組合に貸し付け組合がそれぞれの森林所有者にこれを分割転貸し、公庫の組合に対する貸付の担保としては組合が森林所有者に対してもっている抵当権付債権を質入れさせることにしていたが、その方法をやめて、公庫の組合に対する貸付は、各森林所有者別に、その所要転貸資金額につき各別に行うこととするとともに――組合の森林所有者に対する貸付は無担保貸付とし、公庫の組合に対する貸付の担保は各森林所有者が当該森林所有者にかかる組合の借入債務について物上保証人となり、公庫に対し直接その所有山林の上に抵当権を設定することにした。そのことにより抵当権登記の登録税は、登録税法一九条二号の四により免税となったからである〔三二・四・一三付三二『農公管』二二七号〕。

このように伐調資金の貸付の担保の取り方については変更があり、後には殆んど立木登記をしその上に抵当権設定登記をさせる必要はないとされるようになっているが、当初でも地上権に基いて立木を所有している場合を別とすれば、必ずしも立木登記をしその上に抵当権設定登記をさせなければならないということはなかった。殊に間もなく中金は主務省と打合わせ、用材林で立木と土地の所有者が同一な場合には、既に立木登記がなされていない限り、土地に抵当権を設定させるという方針を打ち出しているのである。それにもかかわらず、伐調資金を扱った農林中金の支所・事務所のうちには担保として立木登記をし立木の上に抵当権を設定させる――しかも立木の上にだけ抵当権を設定させる――方針を採った地方があったようである。その著るしい例は栃木県で、そのため栃木県は一躍立木登記件数において全国一となった。ただ、残念なことに、戦前と昭和四〇年以降の登記統計年報には地方法務局管轄地域別の立木登記件数が登載されているが、その間の年度については登載されていない。勿論、その間の年度についても地方法務局管轄地域別の立木登記件数は法務省本庁に報告されていたわけで、当時栃木県において立木登記件数が急増したことを教えていただいたのであるが、いまでは各地方法務局からの報告書は廃棄されてしまって、法務省本庁ではもはや知り得ないということである。従って栃木県が全国で立木登記の一番多かったのは何年度であるかも述べることはできない。ただ宇都宮地方法務局の御厚意により同地方法務局管轄地域における

表3　宇都宮地方法務局管轄地域立木所有権保存登記個数

昭和21-25年度	1
26	2
27	103
28	391
29	67
30	352
31	97
32	235
33	153
34	203
35	19
36	1
37	0
38	5
39	0

立木所有権保存登記の個数——件数ではない——を知ることができた。**表3**の如くである。それは公式の記録によるものでなく、多少の誤りがあるかも知れないが、昭和二七年に伐調資金の貸出と共に立木登記が激増したこと、しかもその後数年間多数の立木登記がなされたことを十分に示していると思う。そしてその立木登記のなされた場合には、殆んど抵当権が設定されていて、抵当権者は組合又は公庫（前述のように昭和三二年に方針が変わり、それまでは組合、その後は公庫）ということである。

殊に注目すべきは立木登記のなされた場合に、立木と立木が生立している土地の所有者が異る場合はほんの僅かで、地上権賃借権の設定登記をして植林している場合はさらに微々たるものであり、宇都宮地方法務局管轄地域内で立木法制定以来立木登記がなされた場合の九九％までは立木と立木が生立している土地の所有者が同一人であるという。従って伐調資金の貸付の担保として当初は借地林業の場合には立木登記をして立木の上に抵当権を設定させる方針であったが、宇都宮地方法務局管轄地域内で伐調資金の貸出を契機に立木登記数が激増したのは、この区域に借地林業が多いためではなく、立木と土地が同一所有者に属するにもかかわらず、立木登記がなされ、立木の上に抵当権が設定されたためであることは明かである。

しかし前述の立木登記の統計から分るように、立木登記数は昭和二七年をピークに、それ以後は伐調資金の貸付額とは無関係に（昭和二七年から三六年までは毎年二〇億円前後貸付けられている）大体減少の一途を辿るので、減少したとはいえ昭和二八年・二九年は未だ可なりあったが、三〇年三一年はもっと減少し、三二年以降、殊に三五年以降はさらにさらにさらに減少するのである。伐調資金の貸付額と無関係に立木登記が減少したのは何故であろうか。それは伐調資金を扱う中金の支所・事務所の担保の取り方に変更があったというようなことが影響しているのであろうか。例えば宇都宮の中金事務所では、立木登記をし立木の上に抵当権を設定させるのは——前述のように伐調資金の貸出に際しては、林業経営指導員が対象林分についての調査及び評価をすることとなっていて、極めて簡易に行われえたとはいえ（林野庁経済課編『森林法解説』六五頁）、なお――登録税はかかるし、それに立木登記をして立木の上に抵当権を設定しなければならないとされているわけではないので、昭和三五年度より担保の取り方を変更し土地の上に抵当権を設定するだけでよいとするようになったときくが、そのためであろう、宇都宮地方法務局管轄地域内の立木登記は昭和三五年にはとみに少くなってしまっているのである。

そして昭和三七年の森林法の改正に依り普通林についての伐採許可制度の廃止に伴い普通林が伐調資金の貸付対象でなくなり保安林のみが貸付対象としてのこることになったので貸付額は大幅に縮小し（昭和三七年は三千四百万円、昭和三八年は八千五百万円）、そのことが立木登記の一層の減少に与っているかどうかさだかでないが、立木登記数は昭和三七年以降は全くもとのように少くなっているのである。

（3）　立木法制定後数年間の奈良、和歌山、（安濃）津などにおける立木登記件数を示すと表4の如くである。

（4）　ちなみに、少くとも新宮地方では、山林を買受け未登記のまま立木を伐採しその跡地に植栽することはこれまでしばしば行われ、その理由の一つとして登録税のことがあったといわれている、すなわち、明治三七年一一月三〇日民刑一〇四七号司法次官回答以来、昭和三四年一〇月六日民甲二一七〇号民事局長通達が出て右の回答を変更するまで、山林売買の場合における所有権移転登記の登録税は土地の価格に、地上の立木の価格を加算したものを課税標準とすべきことになっていた。そこで山林を買受けても直に登記しないで、立木を伐採してから、立木なしの証明をもらって登記する（のみならず、時には、立木を伐採しても未登記のままにしておく）ことがよく行われたということである（新宮地方の林業家の話）。

おことわり　私は絶えず川島先生に導かれながら勉強して来た。実態調査におそまきながら興味をもつようになったのも、川島先生の影響によることが大きい。私が本稿のようなテーマを選んだのも、私の書きうるもののうちでは、比較的に川島先生に捧げるのにふさわしいのではないかと考えたからである。ただ、本稿は三藤邦彦さんと私が林野庁の委託を受けて執筆した「立木取引慣行の研究」の序論の「結び」の箇所に多少手を加えたものにす

表 4　地方裁判所管轄地域別立木登記件数（個数）

		宇都宮	静　岡	奈　良	和歌山	安濃津	鳥　取
明治43年	従来保有せる所有権の保	5(20)	115(352)	——	172(301)	116(455)	32(47)
	存売買に因る所有権の取	——	—(19)	——	45(142)	37(114)	8 (8)
	得抵当権の取得	3(17)	—(22)	——	5 (81)	2(255)	1(18)
明治44年	従来保有せる所有権の保	10(17)	116(286)	49(75)	134(248)	248(927)	55(88)
	存売買に因る所有権の取	6 (6)	—(19)	52(76)	49 (88)	27(192)	23(63)
	得抵当権の取得	5(19)	2(256)	—(9)	1(182)	8(654)	1(30)
明治45年・大正元年	従来保有せる所有権の保	15(31)	25 (91)	27(67)	78(140)	198(733)	21(27)
	存売買に因る所有権の取	3(12)	5 (21)	32(55)	18 (83)	30(141)	21(28)
	得抵当権の取得	7 (9)	2 (67)	—(7)	5(110)	3(598)	—(1)
大正2年	従来保有せる所有権の保	——	24 (59)	22(48)	39 (64)	140(444)	29(37)
	存売買に因る所有権の取	1 (1)	4 (74)	21(33)	24 (65)	33(115)	25(30)
	得抵当権の取得	——	—(70)	—(4)	4 (37)	3(507)	—(38)
大正3年	従来保有せる所有権の保	6 (6)	20 (48)	25(38)	13 (15)	144(612)	9(13)
	存売買に因る所有権の取	4 (4)	4 (35)	8(27)	13 (48)	22(168)	10(12)
	得抵当権の取得	2 (5)	—(76)	1 (9)	3 (24)	1(669)	1(11)
大正4年	従来保有せる所有権の保	9(22)	11 (25)	6(11)	28 (63)	92(355)	2 (3)
	存売買に因る所有権の取	8 (8)	2 (38)	5(21)	13 (48)	16(180)	1 (7)
	得抵当権の取得	2 (4)	—(39)	—(6)	—(114)	1(1,756)	—(7)
大正5年	従来保有せる所有権の保	3 (7)	11 (27)	——	23(137)	82(361)	7(18)
	存売買に因る所有権の取	1 (5)	1 (20)	—(6)	45 (84)	24(489)	5 (5)
	得抵当権の取得	1 (1)	2 (61)	—(4)	1 (93)	—(476)	—(37)

○個数のみ記載があるのは、他の登記と同一の申請書をもってなされた登記である。

ぎない。現在の私には新に論文を書く余裕と気力がない。そこで右の論稿は未だ一般には公表されていないし、「結び」の箇所は私が担当した部分なので、三藤さんのお許しを得て、ここに利用させていただいたのである。川島先生の御還暦のお祝いにこのような論文しか書けなかったことについては先生の御寛恕を乞わなければならない。

〔原典は、川島武宜教授還暦記念論文集『民法学の現代的課題』、岩波書店、一四三頁〜一六五頁に所収。一九七二年六月二八日発行〕

〔解説〕

はじめに

各論文ごとに解説をつけるという合意が執筆者の間で成立していたのであるが、気侭な私は、ここでもまた、合意を破って、「来栖法学における慣習(法)の役割」という趣旨で、論文**5**「法の解釈における慣習の意義」、論文**7**「いわゆる事実たる慣習と法たる慣習」、および本論文の三つの論文を一括して一つの解説ですませるということにさせていただいた。私が、一括した方が書き易そうだと感じたこともあるが、先生の慣習に対する姿勢も理解していただき易いのではないか、とも思ったからである。

なお、私は、他の論文の解説で、ごたごたと解説と言えないような内容の文を書いてしまったので、ここでは一転して、先生の論文の内容には立ち入らないで、共同で勉強させていただいた慣習論の領域での先生の動きを想い返しながら、いわば、「思い出の記」を書くことで務めを果たすことにしたい。

来栖法学と慣習(法)――先生の慣習(法)研究の過程

① 先生は、早くから――主として、事件の内容を抉り出して解明するような、先生独自の判例研究を通して――慣習(法)に対しても強い関心をにじませていた。たとえば、譲渡担保について――一般には、担保権者は占有改定により引渡しを受けると解されたが――正面から占有を伴わない担保制度と解すべく、それは慣習法に根

拠をおく、と主張されていた。

② 私は、家族法関係には疎いが、先生は、内縁についても、慣習（法）との関係を検討していたし、一九五〇年頃には——この論文集の解説の執筆者の中にも参加者がいるが——ゼミの学生と一緒に、養子、里子の実態調査に佐渡などへ出かけている。この調査には私は参加していない。

③ 一九五五年頃から、先生は、「債権総論を制する者は民法を制す」と主張しながら、真に実のある債権総論の講義案を書くために、銀行取引やいわゆる庶民金融の実態の調査に着手した。この作業は、私も関心をもっていたので、調査の項目表の作成も実際の調査も手伝わせていただいた。これが、先生との慣習（法）ないし実態調査の共同研究の始まりである。ただし、この調査は、中途半端で終わった。

④ ところで、一九五六年には、先生の、論文**4**「法の解釈における制定法の意義——その一　法と法源」が出現する。そして、そこでは、法と法源が区別され、制定法も、慣習、判例、条理などと並んだ法源に過ぎず、法は、事案ごとに法源を使って創造されるという見解が打ち出された。この見解の詳細については、論文**4**の解説を参照されたいが、慣習という法源の役割が一段と重視されることになる（今後は、単に慣習と呼び、慣習法という表現は用いないこととする）。

⑤ もっとも、先生は、この論文を書いたからというのではなく——盛んになった法社会学的研究に共鳴し、川島教授主導の入会の実態調査などにも参加しつつ——以前から考えていた慣行調査の仕事に着手することになった（この実態調査とか取引慣行という言葉の意味もはっきりさせることが必要なように思われるが、ここでは立ち入らない）。仕事の内容は、大まかに言えば、二つであった。一つは、一九五〇年、六〇年頃は、高い値段で取引されていた杉、桧などの立木取引の慣行調査である。いま一つは、契約法執筆のためのいろいろの契約に関す

る取引慣行の調査である。記憶が正確でないが、仕事の進行は前者の方がはやく、一九六〇年代の初めには、仕事がかなり進んでいたが、後者は、一九六〇年代から一九七〇年代にかけて行なわれた。といっても、立木取引の調査も、『契約法』をにらみながらやっていたので、二つを切り離すことはできない。そのことを前提とした上で、それぞれの仕事の進め方を紹介しておこう。現在では、パソコンの急速な普及などにより状況が一変しているが、調査の姿勢などはなお参考になると思われるので、前記の、それぞれの仕事の進め方がどんなものであったかを述べることにする。

⑥　私は、かねてから、山林取引の実態が曖昧のままで放置されているのではないかという不満をもっており、この点についてしばしば先生と意見を交換していた。そして、先生からは、「借地林業者が立木を抵当に入れて融資を受ける途がないから、立木登記の制度が採用されたとしばしば説かれているが、この見解は民法を誤解しているのではないか、なぜなら、民法では、地上権を設定してそれを抵当に入れることが認められており、それにより目的を達成することはできるのであるから」という主張と、「判例は、明認方法を慣習法で認められた対抗要件として扱うが疑問である」という主張があり――私は、先生の問題点の捉え方の鋭さに共鳴するばかりであった――、一緒に、山林取引の実態調査をしようということになった。

また、たまたま、その頃、林野庁から先生に立木取引慣行の研究依頼があり、二人共同で引き受けることになったので、調査費の心配はなくなった。そこで、二人が手分けして、「山林金融と山林売買」と題する調査項目表を作成した。この項目表は――先生の遺された資料として公開することも考えているが――『契約法』もにらみながら質問の範囲を広げた詳細なものであり、林業者など関係者を訪ねてこの項目表で質問していくと、少なくとも一件に二時間はかかるという内容のものである。この項目表を持って調査を開始したのであるが、まず最初は、若い研究者、大学院生数名を勧誘して、日帰りで、埼玉の名栗村へ出かけたが、収穫はなかった。そこで、やはり大林業地帯と称されている場所へ出かけていくことになった。その後、約一〇年間、毎年一回――秋が多かったが――東京大学の法律相談所のメンバーなどに参加してもらい、約一週間の調査の旅をした。

実態調査をした場所は、和歌山県の尾鷲、借地林業で有名な奈良県吉野の川上村、和歌山県の新宮などと、栃木県の黒羽、長野県の中野周辺（先生は海外研究で不在）などである。調査のための人集めは先生が、林野庁を通じての行き先への連絡や物的準備は全て私が担当した。目的地では、地方自治体、森林組合、林業者などから話を聞いて前述の項目表を満たさなければならないが、質問の仕方、相手の姿勢などはさまざまなので、正確に実態を把握することの難しさを痛感した。この調査先の割り当ても私がやったし、毎晩、食後に、その日の作業の報告をしてもらう集まりの司会もやった。したがって、調査旅行は私には忙しい仕事となったが、共同生活の機会が増えたので、先生と本当の仲良しになれたこと、先生流の庶民生活を体得できたことなど、収穫も大きかった。また私は、ごくまれに、「今が幸せ、これで満足」という感情が突然体を走るということを経験しているが、吉野の山の中の鄙びた旅館で、晩の集まりが終わったあと、便所の窓から澄み切ったお月様を眺めたときにこの感情が湧いたことが忘れられない。

以上の山林調査の結果を踏まえて、明治の初めから現在までの明認方法に関する判例を私がもれなく蒐集し、先生がそれを整理、構成して、いわば調査の結果と判例理論の双方から押していって――私によれば、従来よりもうんと前進した内容の――共同報告書を一九六七年に林野庁に提出した。この報告書は、「立木取引慣行の研究、序論――立木の明認方法に関する判例と立木取引慣行調査の必要」という表題で、林野庁調査課から刊行された。ここでは、調査の内容に立ち入らないが、もっともはっきりしてきた一点だけ述べれば、通常の立木取引は、秋に取引が成立すると、買主は、翌年の春の苗をうえつける時期までに伐採、搬出するという形態が多く、したがって、ただちに買った立木の伐採に取り掛かるので、明認方法などはしていないという点であろう。なるほど、明認方法を実施している山林もなくはない。しかし、それは自己の支配領域を明確にするためであって、取引の対抗要件として機能させようとしているわけではない（ただし、判例の取扱いを知っている企業が対抗要件として実施しているケースはある）。対抗要件としての機能は、慣習の役割を誤解した判例によって付与され、そうした判例の積み重ねによって、慣習化されてきたものといえよう。本論文**10**は、こうした見解を前提としつつ、明認方法に関する残された課題を絞り込んだ論文なのである（なお、三藤「自動車・山林立木の取引の一側面」学習院大学法学部研究年報別冊ⅰ一六三頁一九七二年、参照）。なお、立木登記と吉野の借地林業との関係については、明らかにできなかった。私が、この立木取引の研究の七〇パーセントは完了したと考えたのに対して、先生は、報告書の表題からも明らかなように、まだ研究は始まったばかりとの考えで、天然林の調査の必要、立木登記の問題など残された課題の多いさを指摘した上で、この研究から離れて、フィクションに立ち向かっていった。

⑦　契約法執筆のための取引慣行の調査については、すでに論文**4**の解説で述べたように、多様な契約のそれぞれに関する突っ込んだ調査が行なわれた。取引慣行の実態をにらみながら法解釈論を展開することは、先生の大きな狙いの一つであったから。私は部分的なお手伝いをしたにとどまるが、請負、とくに下請けについては、山林取引の調査の経験を生かして、各種業界の下請けの実情を調査したし、先生と二人で不動産業者を訪ねたりした。そして、この「生ける法」を捉える方向で今後の勉強も進めようという気持ちが固まってきたので、契約法の割賦販売の部分を担当させていただいたが、徹底的に取引慣行を調査して書いたつもりである。言い換えれば、この先生との共同研究のおかげで、私は、「法の解釈を脚でやる」という自分の研究の方向付けをすること

ができたのであった。ただ、繰り返しておきたいのは、取引慣行の調査といっても、法律の規定、約款、契約書、書かれたルールと異なる実際のやり方などの説明を誤りなく理解しなければならないのであるから、慣れてはきたが、難しい作業である。なお、先生は、契約法についても、その出版直後に、その後取引慣行に変化が無いかを問い合わせて改訂に取りかかるよう指示して、フィクションへと離れていった。

⑧ なお、先生は、論文**4**の注(36)で、グレイなど著名な法律家の慣習法論を紹介しているが、自己の見解を示した論文としては、論文**5**と論文**7**とがあり、いずれも、事実たる慣習と法たる慣習との関係を論じている。

むすび

以上が、先生の慣習に対する研究姿勢といえようか。そして、先生は、山林取引も『契約法』も、自分が切り開いたところを少しは進めてくれるだろうとの期待を持っておられたであろうが、私はこれを裏切る結果に終わってしまった。先生からほめられたのが二回、身にしみる忠告を受けたのが二回というのが私の記憶であるが、その忠告のうちの一回が、右の裏切りに関してである。勿論、先生は、裏切られたなどという発想は全くもたれないで、ただ、私の勉強不足を強く指摘され励まされたのであるが、私は、先生のご指摘を忘れることができない。しかも、私がパーキンソン病にかかってからは、私の勉強について先生の方から問いかけることはまったくなくなった。その優しさも心にこたえる。この解説書きなども、静かにしていればいいのに、人の気持ちも考えないで、余計なことばかりしている、と思われているような気がしてならない。

(三藤邦彦)

11

債権の準占有と免責証券

一九五六年

一　私は最近グレイに従って、法（判決）と法源（制定法）を区別すべきこと、制定法そのものは不変であり、歴史的に定まるが、しかし制定法そのままが判決となるのではなく制定法と異った判決が為されることがあると考えようとしている。その考えを納得のゆくものとするためには、判決がいかに制定法と離れて為されているかを具体的に示すことが必要であろう。そのために、現在明治の法典調査会民法議事速記録を読んでいる。そして、私には債権の準占有者に関する民法四七八条の規定も、その後の判例によって本来の意味とは異った意味を与えられているように思われるのである。

二　債権者本人又はその代理人、或はその他債権取立の権限のみとめられた者（例えば質権者）以外の者に対して為された弁済は原則として無効である。しかし、例外として、その弁済が有効として取扱われることがある。それには二つの場合がある。一つの場合は、真の債権者は甲なのであるが、乙が債権者らしい外観をもっているので、乙に弁済したという場合である。例えば、真の相続人は甲なのであるが、表見相続人乙に弁済をしたというように、債権者が甲か乙かということが問題となっている場合である。之に反し、もう一つの場合は、債権者が甲であることは、はっきりしていて、ただ受取りに来たものが甲本人、或は甲に代って受領する権限があるものであるような外観をもっているので、それに弁済したという場合である。例えば電気料金をとりに来た者がいる、この場合に債権者は電力会社であることは確かで、消費者は真の債権者たる電力会社を債権者と思って支払っているのであり、その点に間違はない。ここでの問題はただ料金を受取に来たものが債権者たる電力会社に代って料金を受領する権限があるかどうかであり、前の場合とは異る。この二つの場合をはっきり区別すべきである。

(一) 債権の準占有者（四七八条）　債権の準占有者に為した弁済の問題は前の場合、すなわち真実の債権者は甲なのに、乙が債権者のような外観をもっているので、乙に弁済をしたという場合である。旧民法財産編四五七条には「真ノ債権者ニ非サルモ債権ヲ占有セル者ニ為シタル弁済ハ債務者ノ善意ニ出テタルトキハ有効ナリ」、「表見ナル相続人、其他ノ包括承継人、記名債権ノ表見ナル譲受人及ヒ無記名証券ノ占有者ハ之ヲ債権ノ占有者ト看做ス」とあり、民法の規定は「財産編ノ第四百五十七条ヲ少シ簡単ニ致シタ丈ケテコサイマス同条第二項ハ或ハ第一項ノ説明ノヤウニモ見ヘマス又是ハ限定シタモノテ之丈ケカ第一項ノ債権占有者テアルト云フヤウナ風ニ解釈モ出来ルヤウテアリマス兎《と》ニ角斯《かくかく》ノ如キモノヲ置キマセヌテ苟《いやしく》モ准占有者ナラハ悉《ことごと》ク本条ノ規定ヲ当テテ宜シイト思ヒマスカラ第二項ニ当ル規定ハ置キマセヌ」（法典調査会議事速記録、穂積〔陳重〕）と説明されているが、そこからも債権の準占有者の概念の内容が右に述べたごときものだと考えることができると思う(1)。

(二) 表見弁済受領権者　債権者が甲か乙かは問題でなく、債権者は甲であることは明瞭で、ただ受取に来たものが債権者甲本人又は甲に代って受領する権限がないのに、それに弁済した場合である。それを便宜上、表見弁済受領権者への弁済と呼ぼう。そのうちいくつかの場合に、その弁済が有効とされている。

(1) 表見代理人（一〇九条・一一〇条・一一二条）

(2)　受取証書の持参人（四八〇条）　受取証書は真正なることを要する。偽造の受取証書の持参人に支払っても有効とならない(2)。

(3)　いわゆる免責証券の所持人　民法には、いわゆる免責証券についての規定はない。尤《もっと》も、民法四七一条があり、記名式所持人払債権について規定している。そして、それは免責証券の規定だと解するものも少くない。が、そう解することは疑問である(3)。しかし、民法に規定がないにも拘らず、「鉄道旅客の手荷物引換証、百貨店・劇場等の携帯品預証、下足札等」一定の証票の所持人に弁済するときは、その所持人が真正の債権者でない場合にも、——債務者が善意乃至善意にして重大な過失がない限り——責任を免れることが一般にみとめられている。そしてこれらの免責的効力をもつ証票を免責証券といっている。しかし、免責的効力をもつのはこれらのいわゆる免責証券に限られず、以下の証券・証書にも一定の条件の下に免責的効力がみとめられている。

(4)　記名証券の所持人　民法には記名証券についての規定はない。しかし、我が国の多くの学者は記名証券を一の有価証券と考えているようである。ところで、有価証券といわゆる免責証券との関係もあまりはっきりさせられていない。一般に漠然と多くの有価証券は免責証券性をもつというに止るので、記名証券が免責証券性をもつかどうかは明かでない。当然には免責証券性をもたないとするものもある(4)。しかし、記名証券の所持人が証券に指名された権利者と同一なことを確認するに相当の手続をとった上、弁済したときは、たとえ実際は違っていても、債務者は免責されると解すべきであろう。従来の判例学説の考え方からは、債権の準占有者への弁済として債務者を保護するのであろうか。しかし「或る証券が如何なる場合に記名証券と認められるかは困難な問題である。元来記名証券には、本来流通証券であったものが指図禁止文言を附加されることによって記名証券になったものと、本来は証拠書類に過ぎないものが呈示証券性を取得して記名証券になったものとの二種がある。前者

については……問題はないが、後者は任意的記名証券と呼ばれるもので、その認定は困難で」あるとされている。(5)

(5) 郵便貯金通帳の持参人　郵便貯金については郵便貯金法二六条「この法律又はこの法律に基く省令に規定する手続を経て郵便貯金を払い渡したときは、正当の払渡をしたものとみなす」、郵便貯金規則五一五条「預金者は払もどし金の即時払を受けようとするときは郵便局の交付する用紙により払もどし金受領証を作り、且つ、記名調印し、通帳を添えて郵便局に提出し、これを請求しなければならない……」、五二一条「前条の規定による即時払の請求があったときは、郵便局は、払もどし金受領証の印影と通帳の印鑑とを対照し、相違がないことを認めた上、払もどし金受領証の持参人に払もどし金を交付し、一時払もどしの場合にあっては通帳に払もどし金額を記入し、その上部と払もどし金受領証とに主務者の印章を以て契印した上、通帳は、これをその持参人に返付する」という規定があり、旧法には一三条に同様な規定があったので、その規定の解釈として問題とされた。そして郵便貯金法一三条にいわゆる成規の手続、すなわち同法並に同規則中其払渡に関し規定せられる手続を経た以上、受取人が弁済受領の権限のないものであっても有効とする趣旨だと解されていた。(6)

(6) 銀行預金通帳の持参人　銀行預金通帳は受取証書ではない。しかし、郵便貯金のように特別法による払戻の保護の規定はない。したがって、銀行預金通帳の持参人への払戻の保護は郵便貯金ほど明確な根拠をもっていない。判例上保護が拒まれた場合もある。しかし、大体において判例は保護をみとめんとしているようである。その根拠としては、(イ)慣習があるからとするもの、(ロ)預金通帳には「請求書及びこの預金に関する諸届書に御使用の印影を予てお届出の印鑑と照合し預り金の支払その他の手続を済ませました上は印章盗用、偽造その他如何なる事故があっても当行は一切その責に任じません」という趣旨のことわり書きがあるのがつねであり、そこで特約があるからとするもの、(ハ)債権の準占有者への弁済として民法四七八条の適用をみとめるものがある。この場合は、慣習乃至特約を理由に弁済者を保護することができないわけではないのであるが、最近にも窃取した預金通帳と科学的方法を用いなければ届出印鑑との差異を識別し得ない印影を有する印章とを持参して払戻を請求した者に対する銀行預金の支払は、該預金債権の準占有者に対する弁済というべきであるとした判例がある。(7)

(7)　その他、債務者が弁済受領権限があるような外観をもったものに弁済しても、一見弁済を有効とする根拠を見出し難いにも拘らず、債権の準占有者への弁済として債務者を救済している場合がある。

(イ)　会社の利益配当金領収証の持参人(8)

(ロ)　電報送達紙の持参人(9)

(ハ)　保険証券・紹介状・偽造変造に係る印鑑証明書並に之に符合する印章の持参人(10)

しかし、他方、右の場合と同様にみえる場合に、債権の準占有者への弁済たることを否定したことがある。それはAは何人かに自己の勲章年金証書と印章とを盗まれたところ、YがAの代理人なりと詐称して年金を受領したのに対し、国が不当利得なりとしてYに返還を請求したので、国が債務をまだ負っているかそれとも債務を免れているかを決定する必要があると考えたのであろうか、Yへの弁済が債権の準占有者への弁済となるか否かが問題とされた。国が弁済の有効を主張せず、弁済を受けた無権利者に不当利得の返還請求をしたという特殊な事案であったので、その請求を容れんとするためか、大審院はYが債権の準占有者であることを否定している。(11)

このように判例はある場合には債権の準占有者への弁済として有効とし、他の場合には債権の準占有者への弁済たることを否定して無効としている。判例はどこに差別を見出しているか。判例が債権の準占有者たることを否定するのは債権者の代理人たることを詐称した場合であるのに対し、債権の準占有者たることをみとめたのは債権者本人と詐称した場合である。しかし、両者を区別する実質上の理由はない。さればといって、学説のように代理人と詐称した場合にも債権の準占有者として保護すべきではない。債権の準占有にも代理占有が考えられてしかるべきだからといって、その理由とすることはできない。代理占有は賃貸なり保管なりのために引渡した場合に生ずる関係で、侵奪された場合の関係ではない。取立委任でもあったときは債権の準占有の代理占有というようなことをいってよいかも知れないが、勝手に代理人を詐称するのを債権の準占有の代理占有としてとらえるのは正しくはあるまい。むしろ、その関係を規律するものこそ、表見代理制度ではあるまいか。もし、判例、更には学説のように債権の準占有者の意義を広く解するならば、日本民法は母法たるフランス法よりも、またドイツ法よりも外観保護を徹底したことになる。だがそうであったとは考えられない(12)。

しかし、判例学説が弁済者の保護を厚くしようとする努力を直に不都合だと断定するのではない。ただ、右の債権の準占有者と表見弁済受領権者の二つの場合の区別を無視し、債権の準占有者の概念をむやみに拡張して、なんでもかんでも債権の準占有者としてしまう解釈態度に反対なのである。その結果は、次のような判例をうむことにもなる。保険会社の代理店会計係が領収証用紙及び印章を盗用して保険料を騙取したので会社から代理店の責任を問い、その損害額の計算に当って、保険契約者の右会計係に対する保険料の弁済が有効か、換言すれば会社の加入者に対する保険料請求権が消滅しているかが問題とされた事件であるが、左の如く判示している。

「或保険会社ノ保険料領収証ト為ス為特ニ印刷シテ同会社代理店ノ保管ニ係ル用紙ニ同代理店ノ印章ヲ押捺シテ作成シタル保険料領収証ノ持参人ガ同会社ノ代理人ナリト称シテ保険料ノ支払ヲ求メタルトキハ、縦令《たとえ》其ノ領収証ハ右ノ用紙及印章ヲ盗用シテ作成シタルモノニシテ持参人ニ何等ノ代理権ナキ場合ト雖《いえども》、保険契約者ガ善意無過失ニテ右ノ領収証ト引換ニ保険料ノ支払ヲ為スニ於テハ、殊ニ其ノ持参人ガ曾《かつ》テ代理権ヲ有シテ同会社ノ為該保険契約者ヨリ正当ニ保険料ノ取立ヲ為シタルコトアルモノナルニ於テハ、右ノ支払ハ保険料弁済ノ効ナキモノト為スヲ得ズ。即民法第四七八条第四八〇条第一〇九条第一一〇条第一一二条等ノ規定ニ依リテ明ナル民法ノ精神ニ照ストキハ斯カル支払モ亦《また》弁済ノ効力ヲ生ズルモノト解スルヲ相当トス」（大判昭和七・八・一七新聞三四五六号一五頁）。何と混迷した判例であることか。

尤《もっと》も、右の二つの場合が結びついていることがある。例えば指図債券証書の所持人への弁済の如きはそうである。(13) 証券の免責的効力は債権の準占有者への弁済のこともあり、表見弁済受領権者への弁済のこともある。しかし、それにも拘らず、二つの問題を区別することは可能であり、また区別しなければならない。むしろ、民法の規定本来の意義を明確にし、右の二つの場合の区別をはっきりみとめた上で、法文に根拠の見出し難い前掲の諸場合にも、もし債務者を保護すべきだとするならば、そのための理論を樹立すべく努むべきである。

そのように考えるとき、民法では債務者の弁済の保護は、表見代理制度を中心として、受取証書その他一定の証書の持参人への弁済に拡張していると考えられる。どういう証書に免責的効力を与えるべきかの決定は困難であるが、債務者が債権者を個人的に知り得ないとき、債権者の同一性を確認する目的のために、慣習乃至は特約に基いて債務者により発行される証書には免責的効力をみとめうるであろう。その要件が充されないとき、債権者の懈怠によって債務者に損害をこうむらしめたことを理由に、債権者の債務者に対する損害賠償責任をみとめることが可能なこともあるのは別問題である。ともかく、これらの場合、債権の準占有者への弁済として債務者を保護してゆくことは民法四七八条本来の意味に反するといわなければならない。

三　しかし、起草者の考えた規定本来の意味と異ってその後の判例により解釈されているのは、債権の準占有者に関する民法四七八条ばかりではない。民法四二三条の債権者代位権の規定も、本来は債務者の一般財産の保全に必要なときにのみ適用さるべきであったのに、判例により特定債権の保全のためにも適用をみとめられるに至っているし民法四一六条の損害賠償の範囲の規定も、本来は債務不履行についてのみ適用があり不法行為については適用がなくまた予見可能性の有無を決する標準となる時期は契約締結の時であると考えられていたのに、判例により不法行為にも適用すべく、また標準となる時期は債務不履行の時であるとされるに至っているなど数多く見出される。これらの場合にも、従来は制定法たる民法の法文のままが適用されているように考えようとした。しかし、実際には、制定法と異ったことが、判決となり、法として通用しているのである。そして、これこそ近代法の中における「生ける法」の一の現象形態であるといいうるであろう。

（1） 勿論、債権の準占有者は旧民法に列挙された場合に限られない。転付命令が無効になるにも拘らず、それに基き債権を行使する者に為した弁済は債権の準占有者への弁済だとされている。しかし、具体的場合に、債権の準占有者とみとむべきかどうか疑わしいことが少くない。

(1) Yの所有地をXが買受けたが登記をしていない。A、Bは不法にその土地に放牧したり、電柱を建設し、Yに不法行為による損害賠償を支払った。そこでXはそれを不当利得としてYに対して返還を求めた。Xの所有権取得は不法行為者たるA・Bに対抗しうるので、本来はXがA・Bに対して損害賠償請求権をもつのであるが、A・Bが登記名義人Yに支払ったのは、債権の準占有者への弁済として有効かどうかが問題となった。「民法第一七七条に所謂第三者とは登記の欠缺を主張するに付正当の利益を有するもののみを指称し不法行為者の如きものを包含せざることは夙《つと》に本院判例の認むる所なるを以て、Xは前示A及B水電株式会社が本件土地に対し不法行為を為したる当時未だYより之が所有権移転の登記を受けざりしと雖《いえども》之が所有権取得を以て此等の者に対抗し得べきにより不法行為者に対し之に基く損害賠償請求権を有し、Yは何等の権利を有せざるものと謂わざるべからず。従って不法行為者がYを以て土地所有者なりと信じ善意にて之が損害金をYに支払いYに於て之を受領したりとするも、Yが右不法行為に因る債権の準占有者なるか、又は不法行為者に於てYの損害金の支払を為したる為Xが全部の利益を受けたるときにあらざれば、Xの不法行為者に対する損害賠償請求権は之が為何等消長を来すことなく依然として存在するものなることは民法第四七八条第四七九条の規定により洵《まこと》に明瞭なりとす。然るに原審はYが前示A及B水電株式会社の不法行為に基く債権の準占有者なること又は右両名が損害金をYに支払いたることにより、Xが全部利益即損害が全部填補せられたることを確定せず、Xに於て本件土地に付Yより所有権移転の登記を受けざりしにより之が所有権取得を以て不法行為者にも対抗することを得ざるもの如く誤解し、不法行為者たるA及B水電株式会社がYを被害者として之が損害金を支払たる為Xの右両名に対する損害賠償請求権は消滅したるものと認め、従ってYを不当利得者なりと判断し之に敗訴の判決を為したるは不法にして本論旨は其の理由あり」（大判昭和二・二・二一新聞二六八〇号八頁）。

(2)　住職Y個人のXに対する債権を寺の債権として鑑寺（寺の役人）が弁済を受けた。その際、債券証書を鑑寺はもっていなかった。それでも、Xの弁済は有効かどうかが問題となった。「債権の準占有は自己の為めにする意思を以て其権利を行使することを要件とするも、必ずしも其権利の存立を証明すべき債権証書を所持することを要せず。蓋《けだし》純然たる占有は権利の行使に付き物の所持を要すること勿論なるも、準占有に関する民法の規定は物の所持を必要とせざる権利の行使に関する規定にして、又特に債権の準占有に付き其債権の証書を所持することを必要とする法則存せざればなり。然れば債権の証書存在する場合と雖も、其証書を所持せざる者が自己の為めにする意思を以て其債権を行使する事蹟ある以上は、其者を以て準占有者と認む可きは当然なり。而して債権の準占有者に対し善意を以て為したる弁済の有効なることは民法第四七八条の規定する所にして、其弁済は弁済者の善意なることを要するも其無過失なることを必要とせざれば、其弁済の効力を定むるに付き過失の有無を決するの要なし」（大判明治三八・六・七民録八九八頁）。

(3)　戸主AがB及びXに遺産を分与する旨遺言して死亡し、相続人はBということになったが、Xの遺贈された財産中にY銀行への預金債権があったので遺言執行者からY銀行にその旨を通知したのに、その後BはY銀行に請求し、Y銀行は当時Xの申請にかかる「仮処分ニヨリ本件預金通帳ガ執達吏ノ占有中ニ属スルコトヲ知リナガラ、訴外C保証ノ下ニ不安ノ裡《うち》ニ右預金債権ノ払戻ヲ為シタル」のが債権の準占有者への弁済となるかという事案において、判例は次のように判示している。「民法第四七八条ニ規定セル債権ノ準占有者トハ自己ノ為メニスル意思ヲ以テ債権ヲ行使スル者ヲ謂フモノニシテ、其債権ヲ行使スト謂フニハ債権者タル行為ヲ続行シタル事実ヲ必要トスルモノニ非ズシテ、一般取引ノ観念ニ於テ債権者ナリト信ゼシメ得ベキ事由ニ基キテ債権ヲ利用シタル場合ニ於テハ、其利用行為ハ一回ナリトモ之ヲ以テ債権ノ行使ナリト謂フニ妨ゲナシ。従テ原裁判所ガ債権ノ準占有者タルニハ債権者タル行為ノ続行ヲ必要トスル旨ヲ判示シタルハ失当ナレドモ、原裁判所ハ其判示ニ引続キテ債権ノ準占有者タルニハ債権者タル行為ノ続行ヲ必要トセズ、従テ訴外Bハ本件債権ノ準占有者ナリトストモ、上告人Yガ同人ニ弁済ヲ為シタル当時善意ナリシコトヲ認メ得ザル旨判示シテYノ抗弁ヲ排斥シタルモノニシテ、其判示ニハ……毫《ごう》モ違法ノ点ナキヲ以テ原判決ハ結局相当ナルニ帰ス」（大判大正一〇・五・三〇民録九八三頁）。

(4)　Y′はXの株券を窃取、白紙委任状を偽造し株主名簿及び株券の名義書換をなし次いでY銀行から利益配当金の支払を受けたが、委任状に押捺されたXの印鑑はXがY銀行に届出でて置いた印鑑とは異りその差異は一見明瞭で右委任状が偽造であることを知りうべかりしに名義変更の請求に応じたというて、XはY銀行に利益配当金を請求したので、Y銀行が過失あるもなお保護されるかが争われたが次のように判示されている。「民法第四七八条ノ規定ニ依リ債権ノ準占有者ニ為シタル弁済ガ其効力ヲ生ズルニハ弁済者ガ善意ナレバ足ルモノニシテ敢テ其無過失ナルコトヲ必要トスルモノニアラザルコト是亦本院判例ノ示ス所ナリ（明治三八年（オ）第二〇一号同年六月七日言渡判決参照）。而シテ株主総会ノ決議ヲ経タル一定ノ利益配当金ヲ請求スル権利ガ債権ノ性質ヲ有スルコトハ毫モ疑ヲ容レズ。然ルニ原院ハ「Y′ガ係争株券ノ名義者ニシテ其株式ノ準占有者ナリトスルモ、Y銀行ニ於テ株式準占有者タルY′ニ前記利益配当金ヲ支払ヒタルハ（乙第五号証ニ依リ之ヲ認ム）全ク同銀行ノ重大ナル過失ニ原因スルモノナレバ、之ガ為メニ正当ナル権利者ニシテ而モ何等過失ナキXニ対スル支払義務ヲ免ルルコトヲ得ザルモノトス」ト説明シ、Y′ガ所謂債権ノ準占有者ナリヤ否ヤヲ明カニ確定セズ、仮ニ其準占有者ナリトスルモ弁済者タルY銀行ニ重大ナル過失アルトキハ弁済ノ効力ヲ生ゼザルモノノ如ク判示シタルハ所論ノ如ク不法ト謂ハザルヲ得ズ」（大判大五・五・一五民録九五三頁）。

これらの判例は必ずしも事案の場合、債権の準占有者だと断定しているわけでなく、もし債権の準占有者とすれば、善意である限り過失があっても弁済は有効であり、また債権の準占有者としても悪意なら無効としている。しかし、そもそも債権の準占有者かどうか。(1)は肯定していいようだが、(2)(3)は否定したい。(4)をどう決すべきか躊躇するが、否定すべきなのであろうか。

(2)　民法典起草の際も、受取証書は偽造でもいいかどうか問題となり、偽造でもいいとするものもあったが（富井[政章]）、少数説であった。多数は偽造でもよいなどとは、とんでもないことだという意見であった（法典調査会議事速記録、穂積等）。判例も偽造の受取証書ではいけないとしている。「民法第四八〇条ハ単ニ受取証書ヲ持参スル者ハ弁済受領ノ権限アリト看做シ弁済受領ノ委任状等他ニ其権限ヲ証明スルノ要ナキコトヲ規定シタルモノニシテ、受取書其モノノ正当ニ成立シタルモノナルコトヲ要スルハ当然ニシテ、事実偽造ノ受取書ナル以上ハ仮令《たとえ》之ヲ真正ノ受取書ナリト信スル上ニ於テ過失ナシトスルモ同条ノ適用ヲ見ル能ハサルハ勿論ナリ」（大判明四一・一・三新聞四七九号八頁）。

(3)　民法四七一条について民法起草者は次のように説明している。「本条（四七四条現四七一条）ハ我法典ノ中ニハナイ規定テアリマスカ外国ノ法律ニハ此処ニ引テ置キマシタ索遜《ザクセン》民法其外独逸民法草案抔《など》ニアリマスルノテ又日本抔テモ随分頻繁テ度々問題ノ起ルコトテアルト思ヒマス即チ本条ノ適用ノ場合ハ最モ多ク且私ノ最モ能ク知ツテ居ル場合ヲ申スト能ク政府カラ発行スル所ノ支払命令ト申シマシタカ……アア云フ物ニテモ何ノ某ニ幾ラ幾ラ払ヘト云フコトカ書テアツテ尚ホ附ケ加ヘテ此手形所持人ニ払フヘシト為ツテ居リマス夫レカラ又送金手形抔ニ矢張リ何ノ某ト云フコトカ書イテアツテ尚ホ此手形所持人ニ払フヘシト云フコトカ書テアリマス……何ウモ此場合……丸テ規定ナシニ置テハ疑ヒカ起リハンナイカト思ツテ夫レテ此規定ヲ置キマシタ此中ノ規定ノ書キ方ハ如何ニシタラ宜カラウカト思ツテ余程考ヘマシタカ第一其場合ニハ当然其所持人払ヒ無記名手形ニ為ツテ仕舞ウト云フ疑ヒカ起リマス若シ然ウ為ルナラハ明文ヲ置クニシテモ然ウ云フ場合ニハ無記名証券ト見ルトシタ方カ当然ノヤウニ思ヒマスカ乍去《さりながら》当事者カ名前ヲ書クト云フノハ丸テ無記名証券ニスル積リテハナカラウ政府ノ支払命令書テアツテモ唯タ銀行ノ兌換銀行券ト同シニ心得ル者モナカラウ送金手形ト言ツテモ誰レテモ夫レヲ拾フテ（?）来タ者テハ（?）夫レヲ払フコトカ出来ルヤウニスルノテアリ唯タ其趣意ニ於テハ多分……何ノ某ニ払フト云フコトハ当事者ノ意思テコサイマセウカ其人カ愈々《いよいよ》誰某テアルト云フコトヲ実際証明セシムルト云フコトハ難イ殊ニ又本人カ必スヤツテ来ナケレハナラヌト云フコトテハ不便テアリマスカラ夫レテ此手形ヲ持ツテ来タ者ニ払ヘト云フハ（？）其支払人ニ於テハ過失カナイト云フコトニ多ク為ルヤウテアリマス索遜民法ニ於テハ此場合ニ於テハ所持人ニ払ヒサヘスレハ宜シイト云フコトカ単ニ書テアリマス独逸民法草案ニハ今私ノ申上ケマシタヤウナ趣意即チ決シテ無記名証券ト同一視シナイト云フコトカ一層明瞭ニ為ツテ居リマス債務者カ所持人ニ支払ヘハ夫レテ責ヲ免レル然レトモ其所持人ノ方カラ唯タ自分カ所持人テアルカラ支払ツテ呉レト云フ請求ヲスル権利ハナイ斯ウアリマス……純然タル所持人払ヒ無記名証券トハ見マセヌカ唯タ所持人ニ払ヘハ原則トシテ其責ヲ免レル唯タ此案テ見ルト怪シイト思ツタラ調ヘル其調ヘニ付テ重大ノ過失カアツタラ其場合ニハ二重払ヒヲスル責任カアルト云フ位ノコトカ適当テハアルマイカト思ツテ本案テハ斯様ニ規定ヲシタノテアリマス」（梅［謙次郎］、法典調査会民法議事速記録二三巻二十三ノ二五）。更に梅「要義」は次のように説明している。「本条ハ証書ニ債権者ヲ指名シ而モ其証書ノ所持人ニ弁済ヲ為スヘキ旨ヲ記載シタル場合ニ付テ規定セリ例ヘハ送金手形、政府ノ支払命令等ニ此類多シ此種ノ証書ノ性質ニ付テハ従来実際ニ疑問アル所ニシテ又学者間説ノ未タ一定セサル所ナリ外国ニ於テモ此場合ニ付キ特別ノ規定ヲ設クルモノハ稀ナリト雖モ而モ実際ニ於テハ此種ノ証券其他之ニ類似スルモノハ敢テ稀ナリトセス殊ニ我邦ニ於テハ慣習上此種ノ証券尠《すくな》カラサルカ故ニ之ニ関スル規定ヲ設クルハ最モ必要ナル所ナリ而シテ本条ニ於テハ此種ノ証券ノ性質ハ依然之ヲ記名証券トシ敢テ之ヲ無記名証券ト看做サス然リト雖モ債務者ハ証書ノ所持人ニ弁済ヲ為スヘキ旨ヲ約シタル者ナルカ故ニ其所持人ニ弁済ヲ為シテ其責ヲ免ルルコトヲ得スンハアルヘカラス蓋シ其意ニ曰《いわ》ク吾某ニ対シテ債務ヲ負フコトヲ承諾スルト雖モ或ハ某某ニ一面ノ識ナク或ハ某某自ラ来リテ弁済ヲ促スコトナク其代理人ヲシテ弁済ヲ受ケシムルニ方《あた》リ其弁済ヲ請求スル者カ果シテ某又ハ其代理人ナルヤ否ヤヲ明知スルコト難シ故ニ証書ヲ持参シタル者ヲ以テ直チニ某又ハ其代理人ナリト看做シ之ニ弁済ヲ為シ以テ吾義務ヲ免レント而シテ債権者ハ其証書ニ依リテ債務者カ右ノ如キ義務負フニ止マルコトヲ知レルカ故ニ敢テ誤解ヲ生スルコトナカルヘシ之レ本条ニ於テ前条ノ規定ヲ準用シ其ノ債務者ヲシテ所持人ノ果シテ債権者又ハ其代理人ナルヤ否ヤ又署名、捺印カ果シテ真ナルヤ否ヤヲ調査スルコトヲ得セシムルモ敢テ之ヲ調査スルノ義務ヲ負ハシメサル所以ナリ但債務者ニ悪意又ハ重大ナル過失アルトキハ其所持人ニ為シタル弁済ハ無効ニシテ更ニ真ノ債権者ニ弁済ヲ為ササルヘカラサルモノトス」（梅「要義」三巻二一四―五頁）。

　これらの民法起草者の説明は可なり曖昧である。そこから、いろいろと見解が分れた。あるものは、こう解する、「政府ヨリ発行スル仕払命令及ヒ民間ニ普通ニ行ハルル送金手形ハ指名債権ノ一ナレトモ持参人ニ仕払フヘキコト他ノ指名債権ト異ナルヲ以テ此ノ債権ニ関シテハ指図債権ノ規定ヲ準用セサルヘカラサル場合アルヘシ仕払命令ニハ債権者ノ氏名ヲ明記シ而シテ次ニ持参人ニ支払フヘシト言ヘルヲ以テ或ハ其債権ハ右三種（指名債権、指図債権及ヒ無記名債権）ノ何レニ属スルヤヲ疑ヒ或ハ民法ニ認ムル三種ノ何レニモ属セサル中間ノ性ヲ有スト言フ者アルモ本法ハ斯ノ如キ債権ヲ指名債権トシ署名捺印ノ調査権等ニ関シテ指図債権ニ関スル規定ヲ準用スルコトトシタルナリ」（松波［仁一郎］、仁保［亀松］、仁井田［益太郎］「正解」債権編四六二頁）。

　しかし、それに対して、或は記名式所持人払式のものは所持人払式のものと同視すべしとする学説があった。すなわち、民法四七一条の規定の「母法タル独逸民法ハ之ヲ指名債権ト為スノ意ナリシナリ我民法四七一条ニ該当スル独逸現行民法八〇八条ノ草案汗釈ニテハ明ニ此ノ如キ証券ハ持参人証券ト見ルヘキモノニ非ス……ト云ヘリ。……而シテ我民法四七一条ハ独逸民法八〇八条ニ基キタルコトハ今更弁スルヲ須《もち》ヒス」（高根［義人］「選択持参人証券」内外論一巻三号（明治三五年）一一三―四頁）、「我民法ノ立案者ハ『甲又ハ持参人』ナル証券ハ指名債権トシテ取扱ハント欲セシニ似タリ（民法要義民法正解）」（一一四頁）、しかし、「独逸ノ如キ沿革上今日ニ於テモ尚選択持参人証券ヲ持参人証券トシテ取扱ハサル国ニ於テハ彼ノ如ク規定スルモ可ナレトモ我邦ニテハ却テ反対ノ慣習アリシニ拘ラス急ニ民法ヲ以テ独逸ニ倣ハントスルハ取引ノ実際ヲ顧ミサルモノト云フ批難ヲ免レス蓋シ独逸ニテハ預金証書ノ如キ貯金通帳ノ如キ多クハ『甲又ハ持参人』ノ式ニテ発行セリ……然ルニ是等ノ証書類ハ素ト流通ヲ目的ト為シタルモノニアラス又タ実際流通ノ必要ナキモノナレトモ之ヲ持参人渡ト為セシ所以ハ債務者カ支払若クハ引渡ヲ為スニ際シ何人ニテモ証書ヲ持参シタル者ニ弁済スレハ其義務ヲ免ルヘキタメニシテ……所持人ハ唯指名セラレタル人ノ代理人ナルノミ自己ノ権利トシテ支払若クハ引渡ヲ請求シ得ルモノニアラス」、そこで現行法の如き規定を設ける必要があったのである（一一四―五頁）「然ルニ我国ノ実際ヲ見ルニ貯金通帳若クハ預金証書ノ如キ多ク『甲又ハ持参人』ノ式ヲ用ヒサルノミナラス輾転ヲ許サスト明記スルヲ常トス……然ラハ独逸ノ如キ規定ヲ設ク必要ハ更ニ存セサルナリ必要ナキハ尚可ナリ若シ此ノ如キ規定ヲ設クルトキハ従来一般ニ行ハレ来リシ小切手ノ如キハ流通ノ効力ヲ奪ハルルナリ何トナレハ我邦ノ小切手形式ハ英米仏ニ於ケル如ク『甲又ハ持参人』式ニテ発行セラルレハナリ」（一一五頁）、「単純ナル理論ヨリスルモ『甲又ハ所持人』ト云フハ指図証券ヨリモ一層簡易ナル方法ニテ融通セシムルノ意思ヲ示シタモノト解スルヲ至当ト為ス可シ」（一一六頁）、「我邦ノ慣習ヲ察スレハ『甲又ハ持参人』式ハ『持参人』式ト同視スルヲ以テ穏当ト為スモノナリ……若シ夫レ民法四七一条ニ至リテハ余輩ハ我民法カ無記名証券ノ一種タル選択持参人証券ニツキテ特例ヲ設ケテ債権者ノ真否調査ノコトニ関シ之ヲ指図債権ニ準セント欲セシニ過キサルモノト解釈スルナリ」（一一七頁）。

更に、記名式所持人払式の証券には有価証券たる場合とそうでない単なる免責証券（履行証券）たる場合とあり、民法四七一条は後者の場合の規定であるという学説があった。「選択無記名式又ハ選択持参人式（甲又ハ持参人ト云フ……）ノ証券モ或ハ有価証券即真ノ無記名証券タルコトアリ（例之《これをたとえば》政府ノ発スル支払命令……）或ハ履行証券タルコトアリ（例之定期乗車券、聴講券）而シテ其何レナリヤハ又発行者ノ意思ヲ探究シテ之ヲ決スヘシ」（岡松［参太郎］、内外論叢三巻三号一四二頁）、「即四七一条ハ選択持参人式ノ履行証券ノ効力ニ関スル規定ニシテ之ニ依リ選択持参人式ノ証券ハ無記名証券ナリヤ又ハ履行証券ナリヤヲ決スルモノニ非ス……選択持参人式ノ証券ノ性質何ナリヤト問ハハ時ニ依リ或ハ無記名証券タリ……或ハ履行証券タルコトアルモノト……答フルヲ適当トス。而シテ其性質カ履行証券ナリト認ム可キ場合ニハ即四七一条ノ適用アルモノトス」（一四三頁）、なお、指名証券と履行証券との関係につき一言せんに、「指名証券ハ有価証券ノ一種ナリ。故ニ証券ニ権利者ノ記載アルヲ以テ足レリトセス。権利カ其証券ニ附着スルモノタルコトヲ要ス。故ニ（一）支払ヲ求ムルニハ必ス之ヲ呈示シ且返還スルヲ要ス（二）返還ヲ受ケスシテ支払ヒタル場合ニ後ニ其証券ヲ呈示シ且正当ナル権利者タルコトヲ証明シテ請求スル者アラハ之ニ応セサルヲ得ス（三）証券紛失シタルトキハ除権判決ヲ求ムルコトヲ得」（一四三頁）、「我民法ノ指名債権ト云フハ或ハ真ノ指名証券タルコトアリ或ハ全ク証券上ノ債権ニ非ルコトアリ或ハ証券上ノ債権ナルモ真ノ指名証券ニ非ス只履行証券又ハ受取其他ノ証券タルニ過キサルコトアリトス」、「若《もし》記名ノ履行証券ニシテ返還セサレハ支払ヲ為ササル性質ノモノナルトキハ即履行証券タルト同時ニ指名証券ナリトス」（一四四頁）。（尤《もっと》も、岡松［参太郎］「民法理由」では、右と異る説明をしている。「本条ノ場合ハ証書ノ所持人ニ弁済スヘキ旨ヲ附記ス故ニ之ヲ純然タル指図債権ト称スヘカラス又之ヲ指名債権ト云フハ固ヨリ不可ナリ蓋シ証書ノ所持人ニモ弁済スヘキ旨ヲ附記セルハ譲渡ノ自由ヲ企図スルノ趣旨ニ出テ指図債権ヨリモ尚ホ一層簡易ノ方法即チ単ニ証書ノ交付ニ依テ融通セシメントスルモノナリ此種ノ債権ノ例ハ吾国ニ於テ政府ノ発行スル支払命令又ハ銀行ノ送金手形ニ於テ之レヲ見ル。……本条ノ場合ノ債権ハ裏書ヲ用ヒス単ニ証書ノ交付ニ依テ移転スルカ故ニ裏書譲渡人ナルモノアルコトナク唯所持人及ヒ其署名捺印ノ真偽ヲ調査スレハ足ル……」）。

右の学説は、明治四四年の商法改正により「金銭其他ノ物又ハ有価証券ノ給付ヲ目的トスル有価証券」にして記名式所持人払式のものは無記名式とみなされて以来、民法四七一条は免責証券の規定であることが明瞭になったとして、いよいよ強く主張されるに至った。「甲又ハ持参人ノ形式ヲ有スル証券ハ其形式ヲ一ニスルノ故ヲ以テ総テノ場合ニ倶通［共通と同じ意味かと思われる］ノ性質ヲ有ストスルノ議論ヲ誤謬ナリト為ス小切手ニ於テ此形式ヲ採ルトキハ持参人ヲ以テ権利者トスルノ趣旨タリ……然レトモ此形式ヲ有スル証券ハ常ニ無記名証券トシテ持参人ヲ権利者トスルノ趣旨ナリトスルハ余ノ賛同スルコト能ハサル所ナリ単ニ持参人ニ弁済スルニ因リテ債務ヲ免レントスルノ趣旨ヲ以テ此形式ヲ発行スル場合アルコトハ之ヲ認メサルヘカラス此場合ニ於テハ持参人ヲ権利者トスルノ趣旨ニ非スシテ単ニ之ニ弁済スルニ因リテ債務ヲ免レントスルノ趣旨タルニ過キス此後ノ場合ニ於テハ此形式ヲ有スル証券ハ単純ナル免責証券タルノミ余ハ民法四七一条ハ此後ノ場合ノミヲ観テ規定セラレタルモノトス故ニ民法ハ四七〇条ヲ此証券ニ準用スレトモ抗弁ノ制限ニ関スル四七二条ハ之ヲ準用セサルナリ」（松本［烝治］「商法改正案評論」一二五―六頁）。「有価証券に非ざる『甲又は持参人』証券は指名証券の変態たるに過ぎぬ。証券の譲渡に因って権利を移転するの観念はなく、権利者は常に証券に記載せられたる特定人又は債権譲渡の規定に依って之より権利を譲受けたる者である。所持人は証券の所持に因って権利者たる資格を有する者ではなく、唯所持人に弁済するに因って債務者が常に債務を免るる点に於て通常の指名証券と異るに過ぎぬ」、「此種の証券には商法第二百七十八条第二項及び第二百七十九条の準用はないのである。即ち此種の証券は所謂取立債務（Holschuld）を表するものに非ず、催告債務（Mahnschuld）を表するものにも非ず、却て一般指名債権と同じく持参債務（Bringschuld）

たり、又期限が人の為に催告す（dies interpellat pro homine）の原則に従ふを本則とするものである（民法四一二条一項、四八四条、商法二七八条）。総て是等の諸点より観れば有価証券たる『甲又は持参人』証券が無記名証券と同一視せらるるに対し、有価証券に非ざる『甲又は持参人』証券は指名証券の一種にして全く前者と性質を異にするものたるの趣旨を明にするに足りようと思ふ」、「有価証券に非ざる『甲又は持参人』証券は上述せる如く指名証券であるから、所持人と権利者との符合の調査即ち所持人の真偽調査を為すべきものであるが、発行者の『又は持参人』文句を附記せる意思は勿論此調査を為さず所持人に弁済するに因って其責を免るるに在るや明かであるから、民法第四百七十一条は所持人の真偽の調査義務に関する第四百七十条の規定を此種の証券に準用したのである。」（松本［烝治］「民法第四百七十条と第四百七十八条との関係」商法解釈の諸問題（論文集）五〇四―六頁）。最近、免責証券について深く研究された河本［一郎］「免責証券について」（神戸法学雑誌三巻一号一七二頁）も、「民法四七一条は免責証券についての規定であると考える。その根拠の第一はこの規定はドイツ民法八〇八条の変態的免責証券についての規定に由来しているという沿革上の根拠である。第二は法文は明に抗弁切断についての民法四七二条を準用していない。又善意取得も認められていないということである」という結論を下されている。

右の外に、純然たる記名証券でも無記名証券でも指図証券でもなく、一種特別の形式を有する証券と解すべきだとする学説もあった。「民法四七一条ニ定ムル証券ハ一種特別ノ形式ヲ有スル証券ナリト解スルノ妥当ナルヲ信ス純然タル記名証券ニ非ス無記名証券ニ非ス亦固ヨリ指図証券ニ非ス『甲又ハ持参人』ナル形式ヨリ推断セハ自ラ固有ノ形式ヲ備フル証券トスルノ結論ニ達セサルヲ得サルナリ」、「我邦ニ於テハ小切手ハ其文字ハ然ラサルモ其発行ノ形式ハ『甲又ハ持参人』タルヲ慣例トス」、「余ハ甲又ハ持参人ニ支払フヘキ小切手ニ付テハ甲ハ裏書ヲ為シ爾後ハ無記名証券ト同様ニ引渡ニ依リテ移転スルヲ以テ少クトモ手形ノ理論ニ適合セルモノト信ス」、「既ニ甲ノ裏書ヲ必要トセハ甲裏書人トシテ手形上ノ担保義務ヲ負担スヘキハ当然ニシテ復弁明ヲ須《ま》タス」（岡野［敬次郎］「甲又ハ持参人ニ支払フヘキ小切手ニ就テ」法学新報一八巻七号六二頁、八号七六頁七七頁七九頁）。明治四四年の商法改正後にも、記名式所持人払債権を特殊の形式の債権であると主張する有力な学説がある（末弘［嚴太郎］『債権総論』新法学全集二四五頁）。そして、この学説は、記名式所持人払債権のうち「金銭其他ノ物又ハ有価証券ノ給付ヲ目的トスル有価証券」たる性質を有するものは無記名式と同一の取扱を受けるが、そうでないものでも「其譲渡は債権の性質上証書の交付のみによって為さるべきであり、又其譲渡については無記名債権に準じて一九二条の類推適用あるものと解すべきである」、「又債務者の抗弁に関する四七二条に付いては特に之を準用すべき旨の規定がないけれども、同条所定の趣旨は証券債権のすべてに通用すべきものであって特に其適用を指図債権乃至無記名債権に限定すべきものではない」としている（二四七―八頁）。

判例も記名式所持人払債権を特殊な証券的権利とし、⑴債権譲渡の効力は証書の交付のみに因って生ずることを認め、記名式所持人払の預金証書の譲受人からの請求に対し債務者が債権譲渡の対抗要件としての通知がないと抗弁をしたのを排斥している。「本件ニ於テ原判決ノ確定セル所ニ依レバ甲第一、二号証ノ預金証書ハ上告銀行ヨリ株式会社扶桑銀行ニ宛テ差入レタルモノニシテ該預金ハ何時ニテモ証書ノ所持人ニ払渡スベキ旨ヲ記載セリ。凡ソ証書ニ債権者ヲ指名シタルモ其ノ証書ノ所持人ニ弁済スベキ旨ヲ附記シタル場合ノ債権ハ、其性質単純ノ指名債権若クハ指図債権ニアラズ又純然タル無記名債権ニモアラズ、記名式所持人払ナル特種ノ証券的権利ニ属シ、随テ証書ノ交付ノミニ因リテ債権譲渡ノ効力ヲ生ズルコトハ民法第四七一条ガ指図債権ニ関スル前条ノ規定ヲ此種ノ債権ニ準用スルト、民法施行法第五七条ガ此種ノ証券ニ付指図証券及ビ無記名証券ト同ジク公示催告ノ手続ニ依リテ之ヲ無効ト為スコトヲ得セシムルトニ依リテ疑ヲ容レズ。然レバ指名債権ノ譲渡ニ適用スベキ民法第四六七条ハ此種ノ債権譲渡ニ適用スベキモノニアラズ」（大判明治四二・一一・二四民録一五輯二頁）。また、証書の持参人に証書と引換に元利金を払渡すべき旨を附記した定期預金証書を譲受けた者がそれを以て銀行に対して負う債務と相殺する旨主張したのを認めている。「原審ハ甲第一号証ノ二ノ定期預金証書ニハ其ノ証書ノ持参人ニ証書ト引換ニ元利金ヲ払渡スベキ旨附記シアリ、此ノ記載ハ被上告銀行Xガ此ノ証書ト引換ニ其ノ持参人ニ支払ヲ為シタルトキハ其ノ権利者ニ対シテ債務支払ノ義務ヲ免責セラルベキ旨ノ約款ナリト認メタルモ、右定期預金証書ハ記名持参人払ノ証券ナリトハ認メ難ク、従テ其ノ債権ノ譲渡ハ証書ノ交付ノミニ因リテ債務者其ノ他ノ第三者ニ対抗スルコトヲ得ザルヲ以テ、右債権ノ元利金四百三十五円ニ付テハYハXニ対シ相殺ヲ対抗スルコトヲ得ズト為シタルモノナリ。然レドモ右定期預金証書ニ前記ノ如キ約款ノ記載アルトキハ、之ヲ記名持参人払ノ証券ト認ムベク、而シテ記名持参人払ノ債権ノ譲渡ハ証書ノ交付ノミニ因リテ其ノ効力ヲ生ズルモノナルコトハ当院ノ夙《つと》ニ判例（大正八年（オ）第九九二号大正九年四月一二日第二民事部判決参照）トスル所ナルヲ以テ、原審ガ前示ノ如キ証明ノ下ニＹノ相殺ヲ否定シタルハ失当」（大判昭和七・七・一五裁判例（六）民二一九頁）。記名式所持人払債権の質入も証券の交付のみによってなしうるとしている。事案は、Ｙ会社の被用者が荷物の現存しないことを知りながら、荷物受取証を発行し、第三者がそれを利用してＸより金員を騙取したので、ＸよりＹ会社に対して損害賠償の請求をしたのである。本件荷物受取証は記名式持参人払で船荷証券の代用として発行され、荷主と銀行業者間は勿論、其他之に類する金貸業者との間に於ても船荷証券と同様荷為替の担保として金融を為す慣行ありと認定された上、次のように判示している。「証書ニ債権者ヲ指名シタルモ其証書ノ持参人ニ払渡スベキ旨ヲ附記シタル債権ハ、其性質単純ナル指名債権若クハ指図債権ニアラズ又無記名債権ニモアラズ、特種ノ記名式所持人払ナル証券的債権ニシテ、其債権ノ譲渡ハ証書ノ交付ノミニ因リテ其効力ヲ生ジ、又民法第四七二条ノ規定ヲ類推適用シテ同条所定ノ事項ノ外善意ノ譲受人ハ抗弁権ノ附著セザル権利ヲ取得スルモノナルコトハ当院ガ曩《さき》キニ判例（大正五年（オ）第七三号同年一二月一九日言渡判決参照）トシテ示ス所ナリ。故ニ記名持参人払債権ノ権利者ハ単ニ証書ニ債権者トシテ指名セラレタル者ノミナラズ、証書ノ交付ノミニ因リ債権ヲ譲受ケタル第三者モ亦証書ノ所持人トシテ証書ノ表示スル給付ヲ請求スルノ権利ヲ有シ、其債務者ハ証書ノ所持人ニ対シ弁済ヲナスコトニ依リ其債務ヲ免ルルコトヲ得ベク、証書ノ所持人ガ真正ノ債権者ニアラザルコトヲ主張シ且ツ之ヲ立証シ得ベキ場合ノ外其請求ヲ拒絶スル権利ヲ有セザルハ勿論、其証書ニ記載シタル事項及ビ其証書ノ性質ヨリ当然生ズル結果ヲ除ク外原債権者ニ対抗スルコトヲ得ベカリシ事由ヲ以テ善意ノ譲受人ニ対抗スルコトヲ得ザルモノトス。従テ記名持参人払ノ債権ヲ以テ質権ノ目的ト為ス場合ニ於テハ民法第三六三条ニ従ヒ質権者ニ対スル証書ノ交付ノミニ因リテ第三債務者ニ対シテモ亦其効力ヲ生ズベク、指名債権ヲ以テ質権ノ目的ト為ス場合ニ関スル民法第三六四条ノ規定ノ適用ナキモノトス。而シテ本件係争ノ荷物受取証ハ即甲又ハ持参人払ノ形式ノ下ニ発行セラレタル所謂記名式所持人払ノ債権ナルヲ以テ原審カ其ノ交付ノミニ依リ被上告人ニ於テ右債権上ニ第三者ニ対抗シ得ヘキ質権ヲ取得シタリト判断シタルハ元ヨリ相当」（大判大正九・四・一二民録五二七頁）。

(2)　更に、判例は記名式所持人払債権の譲渡の場合には、債務者の債権者に対してもっている人的抗弁は遮断されて、譲受人に対抗できないとしている。「証書ニ債権者ヲ指名シタルモ其証書ノ持参人ニ払渡スベキ旨ヲ附記シタル債権ハ其性質単純ナル指名債権若クハ指図債権ニアラズ又無記名債権ニモアラズシテ記名式所持人払ナル特種ノ証券的債権ナルコト、而シテ其債権ノ譲渡ハ証書ノ交付ノミニ因リテ其効力ヲ生ジ民法第四六七条ノ規定ニ依ルベキモノニアラザルコトハ当院ノ判例トスル所ナリ（明治四二年（オ）第三二六号同年一一月二四日言渡当院判決参看）。然ラバ則チ其証書ノ交付ヲ受ケタル者ハ該債権ノ債権者トナルモノニシテ、其債権ヲ数多ノ人ノ手ヲ経テ譲受ケタル者ハ一一各譲渡人ヲ調査スルニ由ナキヲ以テ、若シ債務者ノ譲渡人ニ対シ有スル一切ノ抗弁ヲ対抗セラルルトキハ不測ノ損害ヲ受ケ容易ニ其債権ヲ譲受クルコトヲ得ザルコトトナリ甚シク其流通ヲ害スルニ至ルベシ。故ニ無記名債権ニ於ケルト等シク其証書ニ記載シタル事由及ビ其証書ノ性質ヨリ当然生ズル結果ヲ除クノ外譲渡人ニ対抗スルコトヲ得ベカリシ事由ヲ以テ善意ノ譲渡人ニ対抗スルコトヲ得ザルモノトナシ民法第四七二条ノ規定ヲ類推適用スルヲ法律ノ精神ニ適シタルモノト認ム。故ニ原裁判所ガ上告人（控訴人）ノ主張シタル抗弁ハ記名式所持人払証券タル本件預金手形ニ記載シタル事由ニアラズ又証券ノ性質ヨリ当然生ズル結果ニアラザルヲ以テ、之ヲ善意ノ譲受人タル被上告人ニ対抗スルコトヲ得ズト判示シタルハ相当ニシテ上告論旨ハ孰《いず》レモ其理由ナシ」（大判大正五・一二・一九民録二二四五〇頁）。

(3)　しかし、判例は記名式所持人払債権（約束手形）に動産の即時取得制度の適用は拒んでいる。「記名式所持人払ノ債権ハ其効用ニ於テハ無記名債権ニ酷似スル所アルモ、其性質ニ於テハ特殊ノ証券的権利ニ属シ純然タル無記名債権ニ非ザルコトハ本院判例ノ示ス所ナリ（明治四二年（オ）第三二六号同年一一月二四日判決参看）。故ニ之ヲ動産ト看做スコトヲ得サルヲ以テ、民法一九二条ノ規定ハ之ニ適用スルコトヲ得ザルモノトス」（大判大正元・九・二五民録七九九頁）。

私には判例の方向が正しいと思われる。確かに、民法四七一条は独乙民法草案七〇三条（現行法八〇八条）に倣ったのであり、独乙民法の規定は免責証券の規定だとされ、我が民法起草者も民法四七一条において一種の免責証券を考えたようでもある。しかし、民法起草者の考えたところは、前述したように曖昧で捕捉に苦しむのである。

第一、独乙民法と我が民法との間の差異に充分注意していない。独民法八〇八条は、同条の形式の証書の場合、債務者は所持人に給付して債務を免れ得るが、所持人は給付を請求する権利を有しないと、はっきりことわっているのに、日本民法の起草者は債務者は所持人に弁済することを約した云々と説明している。しかも、独乙民法では指名債権の譲渡の対抗要件として通知又は承諾を必要としない。これに対し我が民法では必要である。従って独乙民法では譲受人は証書の引渡を受ければ譲渡の通知又は承諾がなくても債権を行使しうるが、我が国ではできない。しかし、我が民法起草者は民法四七一条にいわゆる記名式所持人払債権の譲渡には一般の指名債権の譲渡と同様に通知又は承諾が必要だというようなことは少しもいっていない。また、そう考えたと解すべきでもない。民法起草者が記名式所持人払債権の典型的な例として政府の支払命令と銀行の送金手形とを挙げていることに注意しなければならない。銀行の送金手形については詳しく述べる必要はないであろう（現在では所持人払のものが多い）。政府の仕払命令［以下においては、仕払命令と記されている］は国庫がいまだ金庫制度を採用していた時代に発行されたのである（現在は、国庫が金庫制度から預金制度に改正されると共に、記名式所持人払という形式をとどめながら、小切手に切り換えられている。これは普通の小切手で、無記名式として取扱われる）。この仕払命令の性質については争がなかったわけでない。こういう意見もある。「仕払命令ハ国家ニ属スル歳出義務ノ弁済ニ関スル会計法上ノ方式ニシテ其ノ金銭仕払ヲ目的トスル証券タル点ニ於テ私法上ノ証券ニ類似セル所ナキニ非スト雖《いえども》全然之ト其ノ法律上ノ素質ヲ異ニシ之ヲ律スルニ民法又ハ商法ノ原則ヲ以テスルコトヲ得ス之ヲ普通ノ仕払命令ニ徴スルニ其ノ様式ハ即持参人払ナリト雖之ヲ以テ直ニ民法第四百七十一条ノ証券又ハ商法第二百八十二条ニ所謂金銭ノ給付ヲ目的トスル有価証券ト認ムルコトヲ得ス仕払命令ハ其ノ性質上単ニ仕払命令官カ国庫ニ向テ発シタル仕払ノ命令ニ過キス其ノ内容ハ証券ニ指定シタル特定人ニ対シテ弁済ヲ為スカ為ニ其ノ証券ノ持参人ニ仕払フヘキ旨ヲ命スルニ在リト雖之ヲ受領シタル者ハ之ニ依リテ何等民法又ハ商法ニ認メラレタル証券的権利ヲ取得スルモノニアラス仕払命令受領者ノ権利ノ範囲並之カ行使ノ要件ハ一ニ会計法規ノ定ムル所ニ従フ」、「仕払命令ニ依ル債主ノ権利ハ之ヲ譲渡スコトヲ得ルヤ否ヤ若《もし》之カ譲渡ヲ認ムルモノトセハ其ノ形式ハ果シテ如何ニスヘキカ之ニ関シテハ会計法上何等ノ規定ナシ之ヲ現今ノ実際ニ徴スルニ仕払命令ハ其ノ名宛人ノ手ヨリ転々流通シテ手形交換所ニ依リテ交換セラルルコト恰《あたか》モ手形其ノ他ノ証券類ノ如シ然レトモ之ヲ法制ノ上ヨリ観察シテ右ハ果シテ法律上其ノ譲渡ノ有効ナルヲ認メタルノ結果ナリヤ否ヤ頗《すこぶ》ル疑義ニ属セサルヲ得ス之ヲ単純ナル法理ノ上ヨリ稽《かんが》フルトキハ仕払命令ノ名宛人カ金庫ニ就キテ現金ヲ受領スルノ権利ハ之ヲ他人ニ譲渡スルコトヲ得シムルモ毫《ごう》モ其ノ不可ナル所以ヲ見スト雖其ノ譲渡ヲ以テ債務者其ノ他ノ第三者ニ対抗スルカ為ニハ果シテ如何ナル条件ヲ必要トスヘキカ之ヲ以テ無記名証券ト同視シ単ニ其ノ引渡ヲ以テ足レリトスヘキカ将《はた》指図債権又ハ指名債権譲渡ノ形式ニ依ルヘキカ法律上全然之カ規定ヲ欠クヲ以テ何等解釈上ノ根拠ヲ求ムルニ由ナシ思フニ現今ニ於テ仕払命令カ経済交通上転々流通スルノ事実ハ其ノ法制上ノ性質ノ如何ニ拘ラス其ノ実際上ノ効果カ当事者ノ予期スル所ト一致スルカ為ニ故障ナク行ハルル所ノ一ノ単純ナル事実ニ過キス金庫ニ於テ仕払命令ノ持参人ニ現金ヲ仕払フハ必スシモ当該持参人ヲ以テ名宛人タル正当債主ヨリ適法ニ其ノ権利ヲ譲受ケタル者トシ之ヲ以テ政府ニ対スル権利者ト認メタルノ結果ニアラスシテ其ノ正当債主ニ仕払フカ為ニ之ヲ其ノ持参人ニ仕払フニ過キス換言スレハ当該持参人カ果シテ名宛人タル正当債主其ノ人ナリヤ若《もしく》ハ其ノ代理人ナリヤ将又《はたまた》其ノ権利ノ承継者若ハ全然何等ノ関係ナキ第三者ナリヤ等ハ毫モ其ノ問フ所ニアラス単ニ其ノ現実ノ持参人ニ之ヲ仕払フノミ持参人ニ之ヲ仕払フハ即名宛人ニ之ヲ仕払フ所以ナリト看做スノ結果ニ外ナラス」、「以上ノ関係ハ之ヲ仕払命令亡失ノ場合ニ於ケル取扱ニ徴スルモ亦其ノ趣旨ヲ推測スルニ難カラス仕払命令等盗難又ハ亡失ノ場合ニ関スル取扱手続（明治二十八年七月大蔵省令第三十九号）ノ定ムル所ニ依レハ仕払命令ヲ盗取セラレ又ハ亡失シタルトキハ記名者ヲシテ仕払命令ニ関スル詳細ノ事項ヲ記載シタル書面ヲ以テ仕払命令ニ指定シタル金庫ニ対シ其ノ盗難又ハ亡失ノ事実ヲ届テシム而シテ金庫ニ於テ其ノ届書ヲ受理シタルトキ既ニ仕払済ニ係ルトキハ其ノ旨ヲ届出人ニ告ケテ届書ヲ返付スヘク若仕払前ナルトキハ案内仕払命令ニ仕払故障アル旨ヲ附箋シ届書ハ之ヲ仕払命令官ニ送付セシム仕払命令官ハ金庫ヨリ送付ニ係ル届書ヲ調査シ之ヲ正当ナリト認メタルトキハ其ノ旨ヲ届書ニ記入シ署名捺印シテ之ヲ金庫ニ於テ右届書ノ返付ヲ受ケタルトキハ債主ニ通知シテ之カ仕払ヲ為スヘキモノトス」、「此ノ如ク仕払命令ニ付テハ民事訴訟法ニ依ル公示催告及之ニ基ク除権判決ノ手続ナク而カモ盗難又ハ亡失ニ係ル仕払命令ノ善意ノ所持人ハ全然其ノ権利ヲ失ヒ又之ヲ保護スヘキ何等ノ規定ナキ（其ノ不法行為アル者ニ対スル求償権ハ別トシテ）ヲ以テ之ヲ見レハ仮令《たとえ》法律上仕払命令ノ譲渡ヲ禁スルコトナシトスルモ之カ譲渡ハ単純ナル証券ノ引渡ヲ以テ之ヲ国庫ニ対抗スルコトヲ得シメサルハ明ナリ然ラハ則現今ニ於ケル仕払命令流通ノ事実ハ前ニ述ヘタルカ如ク単純ナル一ノ事実ニ過キスシテ政府カ其ノ証券ニ対スル権利ノ移転ヲ認メタルノ結果ニアラサルコトハ毫モ疑ヲ容ルルノ余地ナシ」（西野［元］「会計制度要論」二四二―六頁）。しかし、民法起草者が政府の支払命令を以て民法四七一条の証書の典型的な例と考えたことは否定し得ぬ事実である。そして論者自身それが転々流通した事実をみとめている。尤《もっと》も現在の記名式持参人払小切手も事実上は転々流通するという程ではないといわれるので、果してどれだけ流通したかについては疑問がなくはないが、少くとも流通する可能性はみとめられていたのである。すなわち、持参人が記名されている特定人と異ることが知られた場合にも持参人に支払が為されたのである。ただ、盗難又は亡失のときは除権判決が行われず、記名者の届出に基き、未だ支払が為されていないなら、記名者に支払をする取扱であったらしいが、この点も本来なら民法施行法五七条に基いて除権判決を求めることができ、またはすべきであったといわなければならない。記名式所持人払証券に有価証券と有価証券たらざるものとの二種あり民法四七一条は後者の規定だとする者にとってさえ政府の支払命令は有価証券のうちに数えられている（岡松［参太郎］、鳩山［秀夫］等）。それに、記名式に所持人払の文言が附記されている以上、単なる指名債権乃至記名証券ではなく、判例のように特殊な証券的権利と考えるべきであろう。この特殊な証券的権利の内容を如何に構成すべきかは問題であるが、少くとも証書の交付によって譲渡ができると解さなければならないであろう。要するに、単なる記名式でなく所持人払の文言を附言するのは、かかる特殊な証券的権利を目的とするからである。従って、記名式所持人払証書の所持人への弁済は、むしろ無記名債権証書の所持人への弁済と同様、債権の準占有者への弁済に属し、こちらのグループには属しない。それにも拘らず、債権の準占有者への弁済の規定と別に、四七一条で指図債権証書の所持人への弁済の規定を準用しているのは、弁済が有効なためには悪意であってはいけないのは勿論、善意たることに重大な過失があってもいけないとする趣旨であろうか。

（4）「記名証券は債権譲渡の方法によって譲渡せられるのであり従て民法四六七条も当然適用せられ、譲渡は之を債務者に通知するか又は其承諾を得るに非ざれば債務者其他の第三者に対抗することが出来ないことになる」（竹田［省］「記名証券の有価証券的性質」民商［「法と経済」の誤り］三巻六号三―四頁）。「然らば記名証券は如何なる点に於て有価証券たる性質を有するのであるか、それは権利者が其権利を行使するには証券と引換に於てせねばならぬという点を措《お》いて他にはない」（四頁）、「記名証券にして右の如きものとすれば、権利者は其権利を行使するが為めには、其真の権利者たること例へば債権の譲渡によりて債権を取得した事実を証明し且つ証券を呈示するを要することとなり、証券の存在せざる場合に比べて手続が一層煩雑である。然し記名証券が有価証券たる以上は右の結果は不可避的である」（五頁）。「右の如く記名証券は権利者の権利行使の為めに何等の利便を加ふるものでなく却て煩雑ならしめるものとすれば、記名証券なるものは一体何の役に立つのであるか」といえば、「債務者は前に証券なしに為したる履行を以て証券所持人たる譲受人に対抗することが出来ないことになる。即ち譲受人は譲渡人より債権譲渡と共に証券の交付を受けて之を所持する限り、債務者によりて譲渡人其他の者に履行されざるやを患うる必要のないことになるわけである」（六頁）。しかし、「義務者にして証券所持人に対して履行を為すことによりて其義務を免れ、従て、債権者も事実上容易に履行を得たいと思うならば、其記名証券に免責文言を附して置くの外はないのであって、斯の如き証券は即ち民法四七一条に定める所のものである」（六頁）。

（5）　河本［一郎］「記名証券の有価証券性」神戸経済大学創立五十周年記念論文集法学編（Ⅲ）九四―五頁。

（6）　例えば、甲が乙の貯金通帳を窃取し、印判業者に命じて印を偽造し、乙名義の貯金払戻金受領証に偽造印を押捺し、郵便局に呈示して払戻を受けたが、印鑑の偽造が相当の注意を以てしても判別し難い程度に酷似しており、しかも郵便局が払戻したのは、盗難届前であったという事案に於て、甲が乙に対し貯金債権の存在確認の請求をしたのを大審院は棄却している。「郵便貯金通帳ノ印鑑ト其ノ貯金払戻金受領証書ニ押捺セラレタル印影トガ一致セズ、後者ガ偽造ニ係ルモノナル場合ト雖、両者酷似シテ郵便局係員ガ相当ノ注意ヲ用ヒタルモ其ノ相違ヲ発見スルコト能ハズ、其ノ他右受領証ニ依リテ現ニ払戻ヲ請求スル者ガ正当ニ請求スルモノナルコトヲ疑フニ足ルベキ事情露ハレザル為善意ニテ其ノ払戻ヲ為シタル場合ニ於テハ、郵便貯金法第十三条ニ所謂成規ノ手続ヲ経テ払戻ヲ為シタルモノニ他ナラザルモノト解スルヲ相当トス」（大判昭和一六・六・二〇民集九二二頁）。しかし、郵便局に故意又は重大なる過失があった場合には払戻は無効だとされた。そこで郵便局の重大なる過失の有無が問題となった。

例えば、Xが郵便貯金通帳を盗まれたので直ちに郵便局にあて警戒電報を発し宿直員がこれを接受したが、翌朝窃取者AがXの代理人なりと主張し払戻を請求すると、郵便局は漫然これを支払ったので、Xが郵便局に払戻を請求する事案で、局側に重大なる過失あるや否が問題となった。「原判決ノ説明ニ依リ之ヲ考フルニ、被上告人Xノ貯金通帳及印影ガ窃取セラレタルコトノ電報ヲ受取リタル貯金局宿直員ガ翌朝貯金払渡開始ノ時迄ニ電報ヲ預人原簿係員ニ交付シ同係員ガ直ニ原簿ノ当該個所ニ其ノ旨ノ付箋ヲ為シタランニハ、払渡郵便局ガ郵便貯金規則第八三条ニ従ヒ払戻貯金受領証ト預人原簿トヲ対照スルニ当リ之ニ目ヲ触レテXノ代理人ト称シ局待払ヲ請求シタルAノ代理権ニ疑ヲ挟ミ払渡ヲ為サザルベキニ、貯金局員ガ右ノ手続ヲ為スコトヲ怠リタルハ重大ナル過失ニシテ、之ガ為払渡郵便局ヲシテ何等ノ調査ヲ為サズシテ払渡ヲ為スニ至ラシメタルモノナレバ払出手続ニ重大ナル過失アリト為スモノノ如シ。然レドモ貯金局宿直員ガ翌朝預人原簿係員ノ登庁ヲ待テ直接ニ電報ヲ同係員ニ交付スベキモノナリヤ将《はた》他ノ当該係員ノ手ヲ経由スヘキモノナリヤ、換言スレバ預人原簿係員ガ原簿ニ付箋ヲ付シ得ル迄ニハ実際ノ取扱上幾許ノ時間ヲ要スルヤ及Xノ代理人ト称スルAガ局待払ヲ請求シタルハ翌日ノ午前中ノ何時ナリシヤヲ知ルニ非ザレバ、果シテ宿直員及預人原簿係員ガ払渡郵便局ノ払渡開始ノ時迄若《もしく》ハ遅クトモ払戻局ガ払戻貯金受領証ト預人原簿トヲ対照シタル時迄ニ右ノ手順ヲ為シ得タルカヲ知ルコトヲ得ザルガ故ニ、此等ノ点ヲ審究スルニ非ザレバ其ノ時迄ニ付箋ヲ為サザリシコトヲ以テ未ダ重大ナル過失ナリトハ断ジ難シ。然ルニ原裁判所ガ此等ノ点ニ付何等考慮スル所ナク、宿直員ハ翌朝遅クトモ払渡開始ノ時迄ニ電報ヲ預人原簿係員ニ交付スベク同係員ハ直ニ原簿ニ付箋ヲ為スベキモノナリトノ理由ヲ以テ重過失ヲ断定シ、延《ひ》イテ払渡郵便局ガXノ代理人ト称スルAニ為シタル貯金ノ払戻ヲ無効ナリト論結シ、以テXノ請求ヲ是認シタルハ理由ヲ尽サザルモノト謂ハザルベカラズ」（大判大一四・七・一五新聞二四七一号一五頁）。

しかし、必ずしも重大なる過失がなければ免責されるとせず、注意義務だけを問題としている判例もあった。例えば、Xの預金通帳をその長男Aが無断で払出し郵便局員Bは印鑑が届出のものと異るので支払を拒絶したところ、Aは即日改印届をなし払戻を請求したら、局員BはX及びAに従来面識あるに拘らずXの委任状をも徴せず右の払戻に応じたので、Xが国を相手取り損害賠償を請求する事案で判例は次のようにいっている。「AハXノ代理人ニモアラズ又使者ニモアラズ、Xノ郵便貯金通帳ヲ無断持出シ之ニ依リ不法ニ貯金ノ払戻ヲ為サントシタルモノニシテ、其ノ際右局係員Bニ於テAガXノ長男ナルコトヲ知リ居レルヲ以テAガXノ代理人又ハ使者トシテ払戻ヲ為スモノト信ジタルベケンモ、同人ガ持参シタル印章ハXノ届出ニ係ルモノト異ルコトヲ発見シタル以上、縦令《たとえ》同人ガ持参ノ印章ヲ以テ直ニ改印届ヲ為シ即日右通帳ニ依リ貯金ノ払戻ヲ請求スルモ局係員トシテ果シテAガXノ代人又ハ使者ナルヤニ付疑念ヲ挟ムベキハ当然ニシテ、斯カル場合ニハ法規（郵便貯金規則第七条）ノ命ズル所ニ従ヒ預ケ人本人ノ委任状ヲ差出サシムルカ又ハ貯金払戻金受領証ニ委任文ヲ記載シ本人ノ記名調印ヲ為サシメ以テ其ノ代人タルコトヲ証明セシムルノ手続ヲ採ルカ、否［ママ］ラザレバ本人ニ対シAガ使者タルヤ否ヲ認メタル上払戻ヲ為スニ非ンバ局係員トシテノ注意義務ヲ尽シタルモノト謂フベキニアラズ」（大判昭一一・二・一七民集二四九頁）。そして、遂には、はっきりと、相当の注意を欠除すれば、重大なる過失がなくても、成規の手続を経たとはいえないとする判例がでた。「郵便貯金法第十三条ニ依レバ成規ノ手続ヲ経テ郵便貯金ヲ払出シタルトキハ正当ノ払出ヲ為シタルモノト看做ス旨規定シ、而シテ郵便貯金規則第七十八条ノ二ニハ郵便局ニ於テ即時払ノ請求ヲ受ケタルトキハ、貯金払戻金受領証ニ押捺シアル印影ト通帳ニ押捺シアル印鑑トヲ対照シ相違ナキコトヲ認メタル上、受領証ノ持参人ニ払戻金ヲ交付スベキ旨規定セルニヨリ、之ヲ観レバ右郵便貯金規則所定ノ印影ノ対照ヲ為スニ付其ノ取扱ノ衝ニ当レル郵便局員ニ於テ相当ノ注意ヲ欠除セル為メ該対照印影ノ相違セルニ拘ラズ之ヲ発見シ得ズシテ輙《たやす》ク無権利者タル払戻金受領証ノ持参人ニ貯金ノ払出ヲ為シタルガ如キ場合ニ於テハ、縦《たと》ヒ右局員ニ重大ナル過失ナカリシトスルモ前示郵便貯金法第十三条ニ所謂成規ノ手続ヲ経テ貯金ノ払出ヲ為シタル場合ニ該当セズ、従ツテ右払出ハ之ヲ無効ナリト解スルヲ相当トスベシ、上告人引用ノ当院判例ハ何レモ以上ノ断定ヲ為スノ妨ゲトナラズ」（大判昭一八・八・二〇民集七七七頁）。

（7）「民法第四百七十八条は「債権ノ準占有者ニ為シタル弁済ハ弁済者ノ善意ナリシトキニ限リ其効力ヲ有ス」と規定しているが、ここにいわゆる債権の準占有者とは、自己のためにする意思で一般取引の観念において他人をして債権者と誤信せしめるに足る行動をする者のいいに外ならないから、前認定の事実をこの見地から観察するに、甲は、要するに、自己のためにする意思で、その窃取に係る本件預金通帳と預金債権者たる原告が予め自己のそれとして預金銀行たる被告の新宿支店に届け出て置いた印鑑と酷似し、その間の相異は取引の実際において到底行われるべくもない科学的方法を以てしなければ識別のできない印影を有する印章を持参して預金の払戻を請求したのであって、甲のこの行動が一般取引の観念において同人を債権者と誤信せしめるに足るものであることは、一点の疑もないところであるから、被告の新宿支店が甲に対してした前記払戻は、本件預金債権の準占有者に対する弁済と認めるを相当とする。」（昭和二三年（ワ）第二三七九号、同二四年五月一一日東京地裁民事第一三部判決、新判例集民事法編四七八条の項）。

(8) Y会社は株主Xから利益配当金の請求をうけたが既に何人かが印鑑証明書を添えてXの改印届をY会社に為し、その印鑑と符合する印章を押捺したX名義の配当金領収証をY会社の配当金取扱銀行に提出して配当金を受取って居るので、Yは右の弁済は準占有者に対する弁済である、加之《これにくわえ》配当金領収証は権利証券と同一に取扱われる商慣習があるから、之と引換にした弁済は有効であると抗弁したのを原審は否定したが、大審院は原審を破毀している。「債権ノ準占有者トハ自己ノ為ニスル意思ヲ以テ債権ヲ行使スル者ノ義ニ外ナラザレバ、苟《いやし》クモ自己ノ為ニスル意思ヲ以テ債権ヲ行使スル者タル以上、仮令《たとえ》其ノ者ガ偽造証書ヲ用ヒ債権者本人ナリト冒称セシ事実アリタリトテ之ガ為直ニ債権ノ準占有者ニ非ズト解スベカラズ。斯ル者ニテモ弁済者ヨリ観察シ社会一般ノ取引観念ニ照シテ真実債権ヲ有スルモノト思料スルニ足ル外観ヲ備フルニ於テハ債権ノ準占有者ト看做スベキナリ。従テ弁済者ガ善意タル以上其ノ弁済ハ民法第四七八条ニ依リ有効ナリト云ハザルベカラズ」。而して「株式会社又ハ之ニ代リ配当金ノ取扱ヲ為ス銀行ガ利益配当金ヲ支払フニハ株主ノ印鑑ト符合スル印章ヲ配当金領収証ニ押捺シ之ヲ提出セル者ニ支払フハ一般ノ慣例ニシテ顕著ナル事実トス。従テ会社ニ備付ケタル印鑑ト配当金領収証ニ押捺セル株主ノ印章トガ符合スル以上、其ノ領収証ノ提出ハ一般取引観念上真実配当金請求権ヲ有スルモノト思料スルニ足ル外観ヲ備ヘタリト云ハザルベカラズ。其ノ領収証ガ偽造ニ係レリトテ、当時配当金取扱銀行ガ之ヲ知レルカ其ノ他何等カ特別ノ事情存セバ格別、然ラザル限リ取扱銀行トシテハ領収証ニ押捺セラレタル印章ト印鑑トヲ対照シテ其ノ符合スル以上真実配当金請求権者ナリト思料スルノ外ナカルベシ。従テ之ニ対シ配当金ヲ支払ヘルハ即債権ノ準占有者ニ対シ善意ニテ弁済シタルモノト解シテ可ナリ」。故に何等特別の事情を示すことなく債権の準占有者に対する弁済にあらずとした原判決は理由不備である（大判昭一一・六・一二民集四〇八頁）。ただ、本件では配当金領収証をどうして手に入れたか明かでない（もし本件の配当金領収証の用紙が預金払戻請求書のように銀行に備付られていて、印章を押捺して提出するものであるとすれば、受取証書の持参人の問題となる）。なお、現在は印鑑の照合をしていないことが多い。それにも拘らず従来と同じに考えうるかは問題となりうる。配当金領収書が郵送の途中抜取られた場合と株主に到達した後盗難にかかり又は亡失したという場合とは区別すべきであるが、実務上は会社が二重払いしているということである。

(9)　AはBなりと詐称してXからB宛の電報為替を騙取、Bの受取証書を偽造し、Y銀行に為替を呈示して支払を受けた。大審院はAを債権の準占有者だとしている。「本件電報送達紙ニハ『二千円Y銀行ニテ受取レ』トアリテ受信人BカY銀行ヨリ金二千円ヲ受取ルヘキ権利ヲ証明スルノ具ナルカ故ニ良シ其送達紙ハAカBナリト冒称シテXヨリ騙取シタルモノナリトスルモBハ之ニ因テ金二千円ヲ名古屋銀行ヨリ受取ルヘキ債権ヲ得Aハ既ニ其債権ヲ証スヘキ電報送達紙ヲ占有シ自己ノ為ニスル意思ヲ以テ其債権ヲ行使シタルモノナレハ債権ノ準占有者ナルコト論ヲ俟タス又電報送達紙ヲ持参シテ電報送金ノ支払ヲ求ムル場合ニ在テハ取引銀行ノ電報案内ニ対照シ其持参人ヲ真ノ債権者ト認メ直ニ支払ヲ為スハ普通ノ慣例ニシテ電報為替ノ効能モ亦全ク茲《ここ》ニ存スルモノナルヲ以テ特別ノ事情ナキ限リハ単ニAカBナリト冒称シ来リシト電報送金受取証書ノ偽造ナリシ故ノミヲ以テY銀行ノ為シタル支払ハ善意ノ支払ニアラスト断定スルヲ得ス而シテY銀行ニシテ善意ナランカ其支払ノ有効ナルコトハ民法第四百七十八条ノ規定スル所ナリ」（大刑判明治四一・一一・三〇刑録一〇三三頁）。同様の問題は、国庫金送金通知書などについても考えられる。

(10)　「偽造証書を用ひ債権者本人なりと冒称せし事実ありとするも自己の為めにする意思を以て債権を行使する者たる以上は弁済者より観察し社会一般の取引観念に照して真実債権を有するものと思料するに足る外観を備ふるに於ては其の者を債権の準占有者と看做すべきものなること当院の判例とする所なり（昭一一・六・一二判決）。……今本件に付之を観るに上告人が被上告会社を予約義務者として同会社と消費貸借の予約を為したるところ訴外某は上告人の保険証券代理店の紹介状偽造変造に係る上告人の印鑑証明書並に之に符合する印章を携帯して被上告会社に到り上告人本人なりと詐称して右予約の履行を求めたるを以て被上告会社は同人を上告人本人なりと誤信し該予約義務の履行として同人に金七百十円を交付して本件消費貸借を成立せしめた……上叙の事実に依れば右訴外人は被上告会社に対し前示の請求を為すに際《あた》り社会一般の取引観念に照し真実の債権者たる外観を備へたるものと做すを相当とす……」（大判昭一〇・一〇・一一新聞三九〇四号一一頁）。

(11)　「民法第四七八条ノ所謂債権ノ準占有者トハ自己ノ為ニ債権ヲ行使スル者即チ自ラ債権者ナリト称シテ債権ヲ行使シタル者ヲ意義スルモノニシテ、債権者ノ代理人トシテ本人ノ為メ債権ヲ行使スル者ヲ包含セザルモノト解スルヲ相当トス。叙上ノ如キ代理人ガ仮令《たとえ》他人トノ特約ニ依リ其ノ弁済トシテ受領シタル金品ヲ内部関係ニ於テハ自己ノ所有ニ帰属セシメ得ベキモノナル場合ニ於テモ、苟《いやし》クモ代理人トシテ弁済ヲ受ケタル限リ弁済者ニ対スル関係ニ於テハ其ノ弁済ノ受領ハ固ヨリ本人ノ為メ受領シタルモノト云ハザルヲ得ザルヲ以テ、到底債権ノ準占有者ト目スルヲ得ザルヤ論ヲ俟《ま》タズ」（大判昭一〇・八・八民集一五四一頁）。

(12)　前掲大判昭和一六・六・二〇に対する三宅［正男］評釈（判民昭和一六年度六〇事件）。

(13)　無記名債権証書の所持人に対する弁済の保護には四七八条の債権の準占有者に対して為したる弁済の保護の規定が適用されると解されているのに、これらの場合には特に規定がおかれている。この指図債権証書の所持人への弁済に関する四七〇条と債権の準占有者に対する弁済に関する四七八条の関係如何が問題とされている。通説は単純に四七〇条を以て四七八条の特別規定であるとし、指図債権証書の所持人への弁済の保護は専ら四七〇条に依るべく、四七八条の適用は排除されるとしている。之に対し、松本［烝治］博士は所持人の実質的資格の調査（所持人は権利者の形式的資格を有するが、果して真正な権利者であるか否かの調査をいう）と所持人の真偽の調査（形式的資格を有する者と所持人とが同一であるか否かの調査、詳言すれば証券の受取人又は最後の被裏書人として記載された者と証券を呈示して弁済を求める者とが符合するや否やの調査をいう）とを区別され、所持人の実質的資格の調査義務は四七八条に依り、所持人の真偽の調査義務は四七〇条に依り免除されているのだと主張される。つまり指図債権証書の所持人への弁済に付き、四七〇条のみならず四七八条も適用されるので、指図証券に付き形式的資格を有し而も真正の権利を有しない所持人が其証券を呈示して弁済を求むる場合には、之を債権の準占有者とみることを得、従って四七八条の適用がないとすることはできない。四七〇条に所謂「証書ノ所持人及ヒ其署名、捺印ノ真偽」とは、証券上の所持人として記載されている者と証券を呈示して弁済を求むる者とが一致しているか否かの調査のみであるとされている。指図債権証書の所持人への弁済の保護が四七〇条のみでゆくべきか四七八条の適用をもみとむべきかについてはなお疑問があるとしても、すなわち二つの問題のいずれについても四七一条により善意にして重大な過失がないことを必要とする旨を規定しているのだと解すべきでないかという疑問は残るとしても、二つの問題を区別されたのは鋭いといわねばならない。兎《と》も角《かく》所持人の真偽の調査は表見弁済受領権者への弁済の問題である。

〔原典は、民商法雑誌第三三巻四号四四七頁～五〇五頁に所収。一九五六年八月一五日発行〕

〔解説〕

一　この論文に接するに、私はどうしても三〇年以上前のある情景と重ねずにはいられない。そこで、いきなり私事にわたり恐縮だが、昔のスナップ写真のように記憶の奥から今もありありと蘇る思い出を開陳することからこの解題を始めることをお許し願いたい。

一九七〇年だったと思う。来栖三郎教授は、停年退官の前年度を、東大紛争（ちなみに、当時の学生の多くは、学生の権利の確立と学問及び大学の社会的使命の再確認を目指す大学改革という視点から「東大闘争」と称していた）のあおりで駒場で二年半以上過ごしたために、本郷での学生生活が一年半程しかなかった私たちに、民法第三部（講学上いわゆる債権総論と担保物権がその守備範囲であった）を講じておられた。教授は、講義前ともなると、その度に法学部研究室の裏の用務員室で緊張を解すようにおもむろにお茶を飲まれ、気力の漲りを俟って、あるいは意を決したように教室に向かわれ、永年使い古したらしい風呂敷に毎回の講義資料を包んで、その年配にしては長身の身体を少し前屈みにして歩かれ、静かに教室に入って来られる、というのがいつものスタイルであった。子供の背丈ほどもある高い教壇に颯爽と立った教授は、いつも髪を整え夏でも三つ揃えの背広を着用され、昔の学者がセピア色の白黒写真の中でよくかけている真ん丸い黒縁の眼鏡がその細面のお顔に実によく似合い、おもむろに風呂敷包みを解いて中の資料を取り出す間も老学者の風格を感じさせた。

私の接する限り、当時の法学部の教授陣の中で間違いなく最もシャイな先生の一人である来栖教授は、講義の時も、壇上の大きな机に手許を照らすランプの下でそれら講義資料と予め配布済みの講義案を並べ、受講者の誰に対しても面と向かうことなく、恥ずかしそうにノートを読み上げるようなボソボソとした話し方で講義をされるのが通例で、マイクを通せば特段聴きにくいわけではないが、マイクなしでは一学年分六百人超を悠々と収容できる広い教室の後方の席などではおそらく聴き取りにてこずるに違いなかった。問題はその語り口だけでなかった。例えば話が先端的な解釈問題に分け入ってきたようなときに、様々な議論やその背景を論じられた挙げ句、短い沈黙か言葉を探す息遣いの後、「しかし、……私には、……よく分からないのでございます。」と懐疑調だったり問題を未解決のままに置いておくことが少なくなく、聴講学生にとっては碩学の大先生が分からないとおっしゃる難しい問題を提起されても、という戸惑いが広がることもままあったのである。

その来栖講義が、ある日、それまでの調子とがらりと異なり俄然声に精気と艶を帯びて、熱の入った説得調になったことがあった。まるで大政治家の理路を整えた名演説を聞いているようで、その立ち入った内容の細部は今となっては再現出来ないものの、さまざまな議論についての十全の気配りや立ち入った分析はそれまでと変りないが、筋道や結論についての確信に満ちた異例の講じ方は、聴講していた学生を魅了したことだけは未だに鮮明に記憶に残っている。聴講学生の多くに後々まで強い印象を残したことは言うまでもない。その日か翌日の夕方であったと思うが、私の関係していた学生サークルでの話題がその日の来栖先生の講義で持ちきりであったことは、そのインパクトの大きさを示していた。

この時のテーマが、「債権の準占有者への弁済」問題（以下、本稿で単に準占有者問題あるいは準占有者論と称するのは一般にこの問題あるいはこれをめぐる法理論を指す）であり、本論文の冒頭にある、弁済受領者が債権者は自分だとして現われ弁済を受けるのか、債権者が誰かははっきりしていてその本人や代理人等として債務者からの弁済を受領するのかによって、法的関係したがって法的推論は全く違って考えられるべきであることを沿革史的・比較法的かつ論理的な見地からも明快に説かれたのであった。

この挿話は、弟子たちに対してさえ「下らない論文ばかりで……」と謙遜して生涯自らの学問業績などの自慢めいた話やひけらかしなどから一切無縁であった来栖が、この論文の見地に揺るぎない確信をもって、六〇年代に入り急展開したこの問題に関する判例・学説の展開（後述）について強い危惧を来栖らしい充分な抑制とともに情熱をもって学生に伝えようとしていたことを窺わせる。実は、来栖は、講義の三年前に最高裁一九六六年判決への評釈（法協八四巻九号一〇七頁、一九六七年、判例評釈八〇、本著作集第二巻*29*）、前年には最高裁一九六七年判決への評釈（法協八六巻一号一五二頁、一九六九年、判例評釈一一九、本著作集第二巻*30*）において、判例の新枠組に対する厳しい指摘を行っており、その講義への聴講が当時最先端のフレッシュな議論の現場への幸運な立会いであったことを、不肖で鈍感な一学生が覚ったのは遥か後だったのである。

以下に述べるように、その後、来栖の警告を無視して準占有者概念を無軌道に際限なく膨脹させ、迷路に陥ってしまった判例の現実と学説のカオス状態を見るにつけ、二一世紀初頭の今日の時点から振り返って、本論文の概念的厳密さと先見性が光り輝いて見えるのである。

二　本論文の本文はもとの雑誌の頁数にして八頁分足らずである。これに対し、全部で一三個所について論文末尾に付けられた注は、同じく実に二一頁分余りである。来栖の学術著作にしばしば見られた本文と注の逆転現象がここにも見られる。そして、この論文がその後長く参照され続け、学界に存在感を与え続けたのは、論文の冒頭の書き出しで援用された法の存在論に関するグレイの所説の検証という全体の主題よりも、むしろその主たる例証の材料とされ、論文題目でもある民法四七八条と免責証券（実は免責証券の定義そのものが問題であることはその所以を詳細に説く本論文を参照いただきたいが、その所持人への弁済によって債務者が債務を免れる効果を持つ証券・証書をはじめ様々な場合であって、正確には免責証券的諸問題とでも呼ぶべきであろうか）との関わり、もっと端的に言えば、前提命題のように軽くしか触れられていない四七八条論そのものにおいてであろう。以下、まずはこの点のコメントから始めたい。

1　来栖は、本論文で、一定の事情の下で債権者本人でもなくその他正当な弁済受領権のない者への本来は無効な弁済をなした債務者に対する保護を図る見地から、債権者として現れ債権のタイトルホルダーの外観を充分に備えた者に対する弁済と債権者が誰かはっきりしている場合に本人ないし（別人ではあっても）何らかの受領権限を有している者のような装いをもって現われた者（表見弁済受領権者）に対する弁済とで結果的に大きな違いがもたらされるのはおかしいとする学説に対して、政策的な見地からする衡平感覚に共感を示しつつも、法的次元ではこの二つは問題が違うことを自明の事柄として論を進めている。

この二つの区別は論理的に自明であるばかりか、起草過程や旧民法との繋がりなどの沿革的見地からも明らかであることが、本論文の読者には、それに続く注での史資料の援用によって疑う余地のないものとなっていよう。しかし、来栖は、本論文では、この命題を学術論文としてそれ以前に本格的に論証したものがなかったのに、それ自身を要証命題として論じる形をとらず、間接的に明らかにしたに過ぎない。それにもかかわらず、この点こそ今日、本論文の先駆性が評価されている中心的眼目なのである。

2　著者に直接確かめる術がない現在では、その理由は憶測するしかない。

一つには、来栖のこの見地は、戦前のある時期（大正期）までは裁判官の世界（大判一九〇五年六月七日民録一一輯八九八頁、大判一九一八年一二月七日民録二四輯二三二〇頁、大判一九二一年五月三〇日民録二七輯九八三頁などの判例がその有力なバロメーターである）でも、民法学者の間でも常識であり（但し、その概念内容については準占有に関する民法二〇五条に引きずられた面があり、事件事実への適用については本論文注(1)（原論文四八四―四八六頁、本書四一二―四一五頁）に指摘されたような紛れがあった）、戦後も高度成長期まではある範囲で法常識として共有されていたと見られ、命題そのものに関する限り学問的な特別の目新しさはなかった（少なくとも来栖にはそう感じられた）。

第二に、しかし、「債権の準占有者」が債権の詐称代理人等の表見受領権者も含む「取引安全」のための広い概念だとしてその状況からの転換を主導してきたものこそ、来栖が学問的拠点として来た東大の判例民事法研究会（判民）を中心とする法学界での有力潮流であったという経緯が関係している可能性がある。判民での来栖の先輩格の同僚といってよい杉之原舜一（同「判民昭和二年度六二事件評釈」、及び同「表見的受領権者に対する弁済者の保護（一）（二）」法協四六巻八号九号、一九二八年）が偽造受取証書持参人を含む債権者の外観を装う者を言うとして先鞭を切り、やがて来栖の恩師　穂積重遠がそれを強く援護するのみならず、詐称代理人をも含むとした

（同「判民昭和一〇年度九七事件評釈」。ただ、同「判民大正一〇年度八一事件評釈」二五二頁において、上記第一の場合の一例である表見相続人への弁済の事例についてではあるが、弁済者の免責のために無過失をも要件とされなければならないとの穂積の主張は、杉之原説を含むその後の判例・通説の準占有者論の展開への布石ないし契機となったように思われる。）。さらに、我妻榮（同『民法講義Ⅳ債権総論』（旧版）二一〇―二一一頁、一九四〇年、岩波書店）は、教科書においてこの見地を一般化した。

もっとも、西の民法学の雄・末川博も同様の見地に立った判例批判を展開していた（一九三五年判決について批評した、同「判批」民商三巻三号五〇三頁以下参照。その準占有者論は、一九二七年判決を対象としすでに外観法理への傾斜を示していた、同「批評」論叢一九巻二号三二四頁以下の見地からさらなる質的変化を示している。）。「民法よさようなら、経済法よ今日は」なるスローガンに象徴される戦時法体制へと草木も靡いていった中で、準占有者概念は戦前すでに日本民事法学の東西の有力潮流から変質を迫られる圧力に晒されていたのである。

そして誤弁済した債務者を、その外観を根拠として免責するためには、さらに自称代理人等への弁済によっても債務者を四七八条によって免責するためには、弁済した債務者には、同条が明文で求める善意のみならず、善意とは独立の要件としての無過失が自ずと要求されることになる。

以上の学説からの強い批判は、戦前すでに裁判所による法の運用に大きな影響を与えていた。判例は、昭和初期からじわじわ準占有者概念そのものを拡大して外延を曖昧化させ、戦時体制の深まりにつれて同概念の変質の度を相当なところまで進めていた（大判一九二七年六月二二日民集六巻四〇八頁、そして本論文でその「混迷」ぶりが慨嘆された大判一九三二年八月一七日新聞三四五六号一五頁――なお、この判例は穂積・右昭和一〇年度評釈において肯定的に援用されている――、大判一九四一年六月二〇日民集二〇巻九二一頁、大判一九四三年八月二〇日民集二二巻七七七頁など）。

とはいえ、戦前の学説状況は、戦時中でもなお、同条の準占有者が自称代理人等として現われた表見受領権者を含むとする解釈が通説化したというには足りないのであった。近藤英吉（一九三五年大審院判決について論評した、同「判批」『論叢』三四巻二号三四六頁）や三宅正男（同「判民昭和一六年度六〇事件評釈」。これは判民の論者による概念拡張論の判決批判に応えて「債権の準占有者」概念を拡げた右大審院一九四一年判決への批判である）などが伝統的見解から「債権の準占有者」概念の拡張に反対している他、我妻教科書の直前に公刊された末弘教科書（末弘嚴太郎『債権総論』（新法学全集）一六七頁、一九三八年、日本評論社）も、民法四七八条にいう善意には立法趣旨からして当然に過失を含むとの記述はあるものの、それは本来の準占有者概念を踏まえた最近の判例・通説批判説（例えば河上正二「民法四七八条（債権の準占有者への弁済）」一七〇頁、広中俊雄・星野英一編『民法典の百年Ⅲ個別的観察（2）債権編』所収、一九九八年、有斐閣）に見られるものと同趣旨に読め、準占有者概念そのものについては伝統的な理解を守っていた。創始者である末弘や三宅といった判民の有力な学者も杉之原＝穂積＝我妻の「取引（＝大量頻繁の日常的弁済業務）安全」論からの概念拡張には組していなかったのである。

そのような学説状況は戦後もしばらく続く（新たに新説に加わるのは、めぼしいところでは柚木馨『判例債権法総論（下）』二四六頁、一九五一年、有斐閣、などに留まった）。

言い換えれば、本論文執筆時及び公刊当時の「準占有者」に関する学説状況は、上記の戦中＝戦後的状況が続いていたということである。そこで、いわば身近な学者たちによって戦前以来開拓され、学問の名においてすでに有力に主張されていたが未だ通説とまではいかない新説の法的理論的基盤の不確かさへの懐疑を意味するこの命題については、さりげなく書く気持が来栖に働いても不思議ではなかった。

3　しかし、状況が大きく転換するのは、戦後の政治体制が安定し、高度成長が本格化してわが国が経済的に欧米諸国に追い付き世界の大国の列に加わる、本論文発表直後から約十年ほどの間であり、この時期に「債権の準占有者」概念のインフレーションの爆発が惹き起こされた。

まず、学説で、すでに戦前、前述した昭和期の判例に見られた準占有者概念の相当の変質を明確に受け入れ、債権者の自称代理人等も準占有者に含まれるとする動きが一九六〇年前後から一挙に進む（山主政幸「債権の準占有者への弁済」民法演習Ⅲ一五九頁（一九五八年、有斐閣）及び、於保不二雄『債権総論』（法律学全集）（一九五九年、有斐閣）参照。この最後の学説は準占有者を「外観」に関わらせても説明する（同三三三頁）が、それは定義規定の言い換えとしてであり、過去の判決理由中の文言を引用したに過ぎなかった。しかし、この時期には真正の外観法理によって四七八条を説明し、その見地から同じ結論を支持する論調が勢いを得るに至る。例えば、乾昭三「判批」判例評論三三号一八頁、一九六〇年、篠塚昭次・柳田幸男「準占有と代理資格の詐称」判タ一三九号四頁（一九六二年）、打田畯一「表見債権者への弁済」法学教室〈第一期〉（6）一〇八頁（一九六三年）など）。

また、判例も、昭和初期から戦時期へのなお曖昧さの残る展開＝準占有者概念の変質を六〇年代に入るや一挙に劃段階的に推し進め、最三判一九六二年八月二一日民集一六巻九号一八〇九頁、さらにこの六二年判決を先例として引用する最三判一九六六年一〇月四日民集二〇巻八号一五六五頁、最一判一九六七年一二月二一日民集二一巻一〇号二六一三頁と、上掲の杉之原評釈や末川批評が批判対象とした一九三五年大審院判決の事案よりもっと一般的な僭称代理人のケースなどにおいて、本論文の厳しい戒めをあざ笑うかのように、立て続けに「債権者の代理人と称して債権を行使する者も民法四七八条にいわゆる債権の準占有者に当たると解すべき」であると定言命題の形ではっきりと宣言し、この準則が四七八条の運用に関する先例として確定した観を呈したばかりか、その後の無限定な拡大の途を準備することとなった。先に引用した来栖評釈は、この二番目と三番目の判決に対してなされたのである。

こうして、判例は四七八条を拡張適用しあるいは類推に次ぐ類推適用をし、それを是認する学説が通説の位置を占めて、今日に至っている。「取引安全」なるものを御旗として定型的弁済業務に携わる債務者の表見受領権者への弁済を欧米諸国に見られぬほど極度に一般的に免責する途を開く超金融資本適合的法運用が高度成長期に確立してしまったのである。

しかも、四七八条の類推適用というのは、もはや単純に真正でない債権者への弁済に関する同条の適用が問題となっている場面ではなく、定期預金の期限前払戻し（上述一九六六年判決のケース）や預金担保貸付（最三判一九七三年三月二七日民集二七巻二号三七六頁、最一判一九七七年八月九日民集三一巻四号七四二頁、最一判一九八四年二月二三日民集三八巻三号四四五頁等）のように明確な法律行為が絡んでいるケース（後者は相殺も絡む）に四七八条が援用されるからである。後者は、その後、日本中の金融機関が総合口座なる定期預金を担保に普通預金を当然に借り越しできる制度の普及を媒介に、ますます続発する金融事故に便利遣いされていった（最一判一九八八年一〇月一三日判時一二九五号五七頁ほか多数）。さらに、金融機関の機械的合理化の進展とともに、オンラインによる取引が可能かつ普及することによって新手の事故も多発するが、そこでも法的処理の規準に四七八条が活用されるようになった。クレジット・カードの無権限使用の問題（東京地判一九八四年四月二〇日金判七一三号四〇頁等）やキャッシュ・カードとCD（現金自動支払機）やATM（現金自動出入機）による無権限引き出しの問題（最二判一九九三年七月一九日金判九四四号三三頁等）である。

こうなると、相手は機械であり、無権限者の金員引出しが機械操作だけでできるので、四七八条の想定から遥かに離れる。同条の「故意（解釈により付加された過失も含む）」という要件一つとっても、機械にそのような主観的要件を問題とすること自体の滑稽さは衆人の認めるところであろう。現に一九九三年判決は、銀行の免責約款の適用承認という構成に乗っており、同条の類推適用という形をとっているわけではないが、それではなぜ一方当事者の私的作成にかかる銀行の免責約款が法に代わるのかという問題についてしばしば四七八条が援用される。こうなると判例が開発してきた準占有者論が四七八条の規定する弁済行為について働いているのではなく、システムの仕組みなどに関する漠然としたメタ理論として機能していることになる（なお、四七八条類推適用論がこの紛争類型の裁判を先導する規範枠組となっていることは、ごく例外的に銀行の責任を認めた最近の事例である最三判二〇〇三年四月八日民集五七巻四号三三七頁にも明らかである）。そして、同種の問題は何も銀行取引に限られない。コンピューターの発達とオンライン取引の各金融業務への普及と日常化によって、例えば生命保険を担保とする契約者貸付制度などでも発生し（最一判一九九七年四月二四日民集五一巻四号一九九一頁参照）、さらには百貨店やスーパー・マーケットなどでのクレジット・カード利用の普及等によって金融的連鎖が限りなく広がりを見せる今日、問題は果てしなく広がってゆくのである。

民法四七八条所定の「債権の準占有者」概念に自称代理人等への拡大適用が判例上確立してほぼ四〇年を経た現在、もはや誰の目にも明らかになった事柄は、金融事故に多用され便宜遣いされることによる四七八条論の混迷、規範としての機能不全である。

4　しかし、こういった事態に学説も手を拱いていたのではない。このような判例・学説の暴走に疑問を投げ、警告を発する論文は、本論文以後も決して少なくはない。本論文の五年後には、内池慶四郎「債権の準占有と受取証書」（法学研究（慶応義塾大学）三四巻一号、一九六一年）が、民法四七八条と四八〇条との系譜的異質性にも拘らず、混同されてきたばかりか、後者の問題を前者によって規律されることの不条理を明確に説き、その弟子の池田眞朗も「民法四七八条の解釈・適用論の過去・現在・未来」(慶応義塾大学法学部開設百年記念論文集法律学科篇、慶応義塾大学所収、一九九〇年)などで、民法四七八条の「母法」であるフランス法の運用にまで辿って、本来極めて限定的な範囲でしか弁済相手を誤った債務者を救済するものではなく、金融機関の不特定多数の顧客への日常的頻繁な弁済業務を保護する「取引安全」に資する機能は全くない旨を明らかにしている。また、条文の便利遣いとも言える判例のような無原則無概念的な条文の適用の仕方に疑問を述べる、椿寿夫「民法四七八条の〝類推適用〟をめぐって」(手形研究三八一号、一九八六年)のような見解も繰り返し表明されている。

さらに、今日的状況として注目されるべきは、伝統的に手形・小切手などの有価証券をその固有の領域の一つとして来た商法学者の上記拡大問題へのアプローチである。為替手形・小切手については、ハーグ統一条約から漏れた偽造・変造のそれらによる無権限者への弁済問題がある。それはこの種の危険を振出可能契約者と金融機関とのいずれが負うべきかという問題であるが、欧米諸国では伝統的意思理論から概して支払側(銀行)に厳格に対処してきており、容易に振出名義人の当座預金からの相殺勘定を認めないのが通例である。銀行の無権限受領権者への弁済は、商法学の目から見れば、これと同種の問題に映り、民法四七八条の拡大・類推適用による処理はいかにも金融機関に不当に甘いと感じられる。また、伝統的な有価証券法理と民事契約法理の谷間での問題把握の角度の他にも、銀行での預金取引やクレジット・カードなどの消費者金融における消費者問題という角度からの捉え方もある。アメリカでは、幾つかの州における判例・立法の発展を承けて、一九七〇年に改正された一九六八年連邦消費者信用保護法第一編が、盗難届け前のクレジット・カード無権限使用による名義人の責任を五〇ドルまでに制限し、届け出後には名義人に一切責任を負わせない、いわゆる五〇ドル・ルールを採用しており、その後もそれらをめぐって様々な議論が闘わされている由である。それらの立法・判例や議論を参考資料として、判例の四七八条適用のインフレ状況を批判的に検証しつつ主として立法論を展開する一群の商法学者の論文がある（例えば、消費者法理によるアプローチを試みた竹内昭夫「クレジット・カードと消費者保護」ジュリスト四七五号、一九七一年、ドイツ法のように伝統的意思理論からアプローチする塩田親文「偽造小切手の支払と銀行の免責」大隅古稀記念『企業法の研究』所収（一九七七年、有斐閣）をその嚆矢とし、両者を統一する視点を目指す、岩原紳作「資金移動取引の瑕疵と金融機関」国家学会百年記念『国家と市民　第三巻　民事法・法一般・刑事法』所収（一九八七年）及び、沢野直紀「無権限資金移動と損失負担」岩原編『現代企業法の展開』所収（一九九〇年）など）。そこには、古典的市民法的原理をめぐる争いの中にも、明らかにその法原理の歴史的背景をなし本来の射程であるものを超える超現代的な問題が綯い交ぜとなって、法解釈問題を複雑にしているという意味で、来栖の取り組んだ他の法解釈問題（例えば、私が別途解説を試みた「小売商人の瑕疵担保責任——『日本の瑕疵担保法』の序説として」松坂佐一・西村信雄・舟橋諄一・柚木馨・石本雅男先生還暦記念『契約法大系Ⅶ補巻』所収（有斐閣、一九六五年）、本著作集第二巻**19**参照）と通底する問題性格が潜むのである。

判例・裁判例の展開による四七八条適用の拡大に継ぐ拡大や錯綜極まる観のある学説状況の追求をする必要もなければ可能でもない本稿は、それらを別の論文（概括的で代表的な既存業績として、澤井裕「民法四七八条」磯村哲編『注釈民法（12）債権の消滅』所収、一九七〇年、中舎寛樹「表見的債権者と弁済」星野英一他編『民法講座（4）債権総論』所収（一九八五年）、池田眞朗・前掲論文、河上正二・前掲論文、およびそれらに引用された文献など）や場に譲るほかないが、ここでは、このように百家繚乱の批判的検討と提案が行なわれている状況そのものが、法制度の拠って来る所以を時代に流されずに凝視した来栖法学の精神の強靱さを物語っていることだけは指摘しておきたい。

本論文はかつて学界の一部から次のような評価を受けた。「来栖説の通説・判例への批判は、もっぱら理論的な、すなわち、解釈学の方法論に由来するもののようであり、事案に対する実際の判断においては著しい相違を来さないように思われる」（澤井・前掲書八八頁）。なるほど、一九六六年判決の評釈において、著者は結論自体に異論を唱えなかった。しかし、一九六七年判決に対してはその結論にも異を差し挟んでおり、「著しい」かどうかはともかくとして、来栖説の判例・通説との「事案の判断」の差は歴然としていた。しかも、物事の法的な捉え方と各事案毎の結論とは当然ながら大きな連関がある。そして、今日のように民法四七八条が没概念なまでに拡張され規範的に希薄化されて、業界での標準仕様に沿った型通りの業務を行いさえすれば金融機関を救済する立法の観さえ呈するようになった段階では、その捉え方の差は、個別事件の結論の差をもたらす以上に解決方法への多大の差異を示唆することは、明らかではなかろうか。けだし、同じものには同じように、違うものには違うように取り扱うことこそ、法というものの理念的原点のはずである。それを誰が運用しようと極力同じように達成されるよう担保することこそ、法概念の役割であり、法理論の使命であろう。

その書き方こそ地味で控え目であったが来栖が本論文に示して見せた方法はまことに堂々たるものであった。例えば消費者金融問題のような超現代的な問題として現象し、考察対象たる制度の歴史的背景を突き破って展開する紛争類型の法的性質をいかに把握しいかに法的に筋道をつけるべきかという今日ではありふれているが困難な問題を、他ならぬ市民法原理の緻密な歴史的比較法的かつ広く深い社会的考察によってこそ、解釈者の恣意を排してより広くより深く的確に見通せるという見本を示したと評価できる点で、上掲引用論文に関し別途考察した拙論（本著作集第二巻論文**19**〔解説〕）と同じ結論を導くことができるように思われる。そこには謂うなれば現代市民法学の真髄が示されているのである。その意味で、「理論すなわち解釈学の方法論」の重要性をも、事物をして語らせるという来栖好みのやり方ではあるが、雄弁に示した渋い名作であった。

三　以上、本論文の入口の所で予定を遥かに上回るくどくどしい解説となったので、後は端折るしかないことをお許しいただきたい。

1　本論文は、先に述べたように、民法四七八条を表見受領権者の問題とりわけ免責証券問題との絡みで立法事実（法源としての制定法）と現実の法とを対比しようとした。本来無効なはずの弁済の有効化＝債務者の免責効を与える法規則である民法四七八条は、同様な効果を与える四七〇条、四七一条、四八〇条などとの関係が理論的に問題であるばかりか、判例の実際が示すように、その適用が問題となったかなりのケースが免責証券問題や偽造を含む受取証書・各種持参人払式証券の持参人への弁済の実質ないし強い関連を有していたからである。そして、四七八条だけでなく、これらの諸条文についてもそれぞれ状況を異にしつつも多少とも立法者（ないし起草者）の意図や認識とは別の運用がなされていることも示されている。

これらは、上述した近年の商法学者の議論が、古典的な形では偽造・変造の手形・小切手に基づく銀行による無権限者への支払の法的処理をめぐり有価証券法理の関連の有無を意識して検討してきたことの発展であることと通じるものがある。

この点は、相手を間違ったが故に本来無効な弁済であるものが有効として扱われるという法的効果との関係で、論点を専ら弁済に収斂させるのではなく、それぞれの債務類型の具体的あり方（規範全体）にわたる広い視野から検討すべきことを示唆しているように思われる。

鑑みれば、わが民法学の分野では、その効果をめぐる他の関連条文の出自の違いとか社会的性格の違うものの混淆というレベルではその後の多くの研究論文によって共通認識に高められてきたとはいえ、弁済の局面だけを取り出してその一点で比較するという視野の狭さから脱するに至っていないのではなかろうか。これは本論文が問い掛けた後学への宿題と言うべきであろう。

2　最後に、本論文冒頭のグレイの命題についてである。

「債権の準占有者に関する民法四七八条の規定も、その後の判例によって本来の意味とは異なった意味を与えられている」とする論証に成功した本論文は、この法領域で「判決がいかに制定法と離れて為されているかを具体的に示す」ことにより、その命題に一例証を与えたと言えよう。

このグレイの命題を本論文全体の主柱に据えたところに、終生自らの学問を法社会学的民法学と位置付けていた来栖の面目の躍如たるものがある。というのは次の通りである。

戦後の占領政策の転換期に、本論文でも影の関係者となる上述・杉之原の川島法社会学批判に端を発する法社会学論争をおそらくはらはらしながら傍観した来栖は、占領解除後の平和憲法下での再軍備問題に急かされるように、法の解釈の場で行なわれる法解釈者の気紛れと不条理を告発し、問題提起者として法解釈論争の火蓋を切った（「法律家」『民事法の諸問題』所収、一九五三年、本巻論文**2**、及び「法の解釈と法律家」私法一一号、一九五四年、本巻論文**3**、参照）。ところで、法の解釈とは何かを確定することは法そのものを確定することと表裏一体である。

来栖がこのグレイの命題をいかに受けとめて自らの見地としたかについては、本論文とほぼ同時期に公刊された「法の解釈における制定法の意義」（法学協会雑誌七三巻二号、一九五六年、本巻論文**4**）に詳しく展開されている。本論文は、来栖にとってなお発展途上にあるが重要な一里塚であった法解釈学方法論としての同論文と不即不離の関係にあり、その応用たる実作という位置付けをもっていたように思われる。

法解釈論争における問題提起を通して、来栖は、周知のように、法の解釈は、その「正しさ」と言っても、客観的に見れば一定の枠と幅の中で各解釈者は自らが主体的に選択するものであり、それゆえに当該解釈に主体的な責任を負っているという命題を導き出した。私なりに咀嚼・敷衍すれば、その枠・幅も責任も、歴史的主体としての法解釈者のものであり、法解釈は万人のものだという意味では市民的責任がその基礎的部分として常に随伴するのであるが、その問題提起をした場が日本私法学会という法学者の結社の大会であるから、特に念頭におかれた学者のそれについて言えばプロフェッション（聖職）としての歴史に対する責任であり民衆に対する責任（結果責任に近い厳格な責任）であると言えよう。

来栖は、事実の問題として解釈者の解釈の自由を議論の前提としており、その主体的責任を強調したことから、法解釈論争では通常いわゆる主観説として分類されていたが、一般にそのネーミングがかなりミスリーディングであったことは、その後の来栖の歩みが証明している。

法学方法論に関する来栖の歩みは、いったん「制定法の意義」論文＝本論文の法と法源との峻別と後者の代表的存在としての制定法律の位置付けという命題を中間命題として確立した後、さらに歩み続け、やがて法におけるフィクションの在り様という大きな山を発見し、この山に登り詰めて晩年の殆どの学問的努力をその究明に注ぐ中で力尽き帰らぬ人となった。村上淳一の編集になる『法とフィクション』（東京大学出版会、一九九九年）に集大成されて没後日の目を見たフィクション論も、しかしながら来栖の本来の構想から言えば、その柱の一つであり、その歩みの経過における道標の大きくはあるが一つに過ぎなかったに違いない。

その歩みを跡付けることによって析出され推論される真実は、来栖が、法解釈論争の問題提起者として構想した、法の解釈の「自由」と「正しさ」及び解釈者の責任との相互関係には、その間に社会や歴史を媒介させてもなお一筋縄でいかない多くの媒介次元の重なりが横たわっていることに、来栖自身気がつくのにそれほど時日を要しなかったらしいことである。あくまで真実にどこまでも忠実であろうとした来栖は、自らはそのほんの一主体でしかなく様々な個人が数限りなくプレイヤーとして登場する法解釈の試みに通じる万古普遍の法則の解明＝法解釈方法論においても頑固に真実に忠実でありたいと願ったに違いない。

来栖にとって、法と法源としての制定法律とを厳格に区別し、法を批判的に観察・分析してあるべき状態に向かうことを助けること、そこに法学者のプロフェッションとしての主要な任務の一つがあり、法源たる制定法律は法のあり方を示唆する歴史的素材としてその際の重要な参考資料たるべきことは明らかであった。その意味で、来栖法学全体の中でのフィクション論については別途考察し論ずべきことが数多あるとしても、本論文のような仕事は、その職業的任務の遂行に不可欠の基礎作業をなし、来栖においてはフィクション論確立以後も続けられるべきものとして位置付けられたであろうことが、容易に推定されるのである。本論文は、客観的にも主観的にも、小品ながら来栖解釈法学の中で永遠の輝きを放つ記念碑的労作の一つであろう所以である。

（池田恒男）

12

損害賠償の範囲および方法に関する日独両法の比較研究　一九五七年

山田晟=来栖三郎

略語例：——

二四九2＝ドイツ民法二四九条二段

RG 103, 154＝Entscheidungen des Reichsgerichts in Zivilsachen, Bd. 103, S. 154.

JW　＝Juristische Wochenschrift.

DJZ　＝Deutsche Juristen Zeitung.

はしがき

本稿は共同執筆によったためもあって、内容上も不徹底な点がすくなくなく、形式上も不統一な点があり、きわめてつたないものではあるが、学恩深き我妻先生の机下にこれを捧呈することができるのは、われわれのこの上ない喜びである。本稿の目的は損害賠償の範囲および方法に関して日独両法の比較研究をするにある。損害賠償の範囲については、相当因果関係についての解釈が両国の学説においてやや異っており、賠償さるべき財産的損害の範囲、たとえば「得べかりし利益」の範囲——これは相当因果関係の範囲とも関連する問題であるが——もわが民法とドイツ法とでは趣を異にし、金銭債務不履行の場合における賠償の範囲も同じではなく、ドイツ法のみとめる賠償の範囲はわが民法よりも広い。また、慰藉料をみとめる範囲についても両国法はいちじるしく異る。つぎに、損害賠償の方法についても、問題がすくなくない。まず、立法的に考えると、損害賠償は原状回復を原則とすべきか、金銭賠償を原則とすべきかの問題があり、ドイツ民法は前の主義をとっている。金銭賠償は原状回復の不能な限度でみとめられるにすぎない。しかし、原状回復とは何か、また、それがいかなる場合に不能かということについては、具体的には相当問題がある。また、金銭賠償をする場合には、元本賠償（一時払）が適当か、定期金賠償が適当かという問題があり、ドイツ民法は元本賠償を原則としているが、主として不法行為の一定の場合には定期金賠償をみとめている。これに反し、日本民法は損害賠償の方法として金銭賠償は元本賠償（一時払）を原則としている。そこで、まず損害賠償の範囲および方法に関するドイツ法を紹介し、ついで日本民法と比較することにしたい。

第一　ド　イ　ツ

一　損害賠償の範囲

ドイツには財産的損害の賠償の範囲は行為と相当因果関係にある全損害であり、そして、ある行為が一定の損害の発生を「一般的に」、――無視し得ぬ程度に――助けるとき、すなわち問題となっているような損害発生の客観的可能性を、一般的に、高めるとき、相当因果関係ありとする考え方がある（相当因果関係説）。その考え方をもう少し詳しく説明すると、次のようになる。(1)

㈠　相当因果関係

相当因果関係ありとされるためには、(1)　その因果関係が直接である必要はない、間接の原因関係で充分である。例えば、負傷させた損害賠償義務は原則として医者が治療を誤った結果の死亡に及ぶ、事故を生ぜしめた損害賠償義務は事故によって必要となった麻酔中の死亡に及ぶ。それどころか、警官が逃亡犯人を狙撃したところ、それにあたった第三者が病院に担ぎ込まれ、そこではやっていた流行性感冒にかかって死亡したとか、義務を履行しないままに放っておいて、権利者をして止むなく訴訟を起させめ、その興奮で神経病を発生乃至悪化させたとかいうときにも賠償義務ありとされている。

(2)　相当因果関係があるためには、その損害がその行為より「典型的に」typisch 乃至「通常」normal 生ずべき損害である必要がない。例えば、負傷させたところ創傷熱で死亡したときにも傷害は死亡の原因とみなされる。

(3)　相当因果関係があるためには、行為者がその損害を予見し又は予見しうべかりしことは必要でない。例えば、加害者に物価騰貴の予見可能性がなかった場合にも、騰貴価格について賠償義務がある。

他方、行為と損害との間に条件関係があっても、その行為は一般的性質よりすればそのような損害の発生にとり全く無関係で、ただ他の異常な事情の結果としてその損害の一の条件となったにすぎないとき、従って発生した損害にとって不相当であったときは、その損害は法律上の意味においてはその行為の結果とみなされ得ないのである。例えば、仕立屋が註文された旅行用の外套の引渡を遅延し、そのため註文者が旅行の出発がおくれ列車事故で死亡したとか、負傷させたが治療に当った医者に突如殺意が生じ又は全く無責任な治療をして死亡せしめたとか、不当に逮捕を指令したが被逮捕者の護送の任に当った警官が護送の途中で射殺したとかいう場合には、仕立屋等に死亡についての賠償義務を負わしめ得ない(2)。

以上がドイツ法における相当因果関係説の内容である(3)。

（1） Enneccerus-Kipp-Wolff, Lehrbuch des Bürgerlichen Rechts, 11. Band, 1954, § 15 ; Oertmann, Recht d. Schuldverhältnisse, 1928, Vorbem. zu §§ 249-254, 4 ; Staudingers Kommentar, II. Band, 1. Teil, 1930, Vorbem. zu §§ 249-255, IV.

（2） なお、ドイツの最高裁判所の殆んどすべての判決は、「被害者が事故により身体傷害者又は健康障害者となり、生業能力を喪失したが、その事故の時点において、被害者が潜在的に何らかの「病気の素質」を有するために、事故がなかったとしてもその素質自身に基いて被害者が罹病し、事故の場合と同様に身体障害者となり、生業能力を喪失したであろうと考えられる」ような場合につき、「被害者が事故のときに「病気の素質」を潜在的に有していたことによって事故と損害との因果関係は排斥されない」が、しかし、「その場合の加害者の責任は、加害事故の時点から素質に基く不可避的病気の発生する時点までに被害者の蒙った損害に限定されねばならない」、「その侵害がなくても素質に基いて結果が発生したであろうと考えられる時点から、加害者は賠償義務を免ぜられる」としている（植林「損害賠償と潜伏的、後発的事情の考慮」法学雑誌三巻一号一一〇頁以下、二号九八頁以下）。但し、盗みが行われた後、家が焼失したというように、第一の事情がなくとも同様な損害を惹起したと考えられる第二の事情が後に発生しても、第一の事情に基く損害賠償義務は影響されないと解されている。ドイツの最高裁判所は、例えば、「原告Xは被告Yに対し、X所有家屋の管理人としてその家屋の賃料を徴収し、且つそれをH銀行に投資することを委託した。Yはその約束に反して、徴収した賃料を横領し、H銀行には投資しなかったのである。その後間もなくH銀行が破産し、その銀行の全ての債権者はその債権額の一五％の配当弁済をうけたにすぎなかった。XがYに対して提起した損害賠償請求の訴において……Yは自己の横領金額の一五％の賠償義務を有するのみであると抗弁した」という事件において、Yの抗弁を排斥している（植林前掲二号九四頁以下。尤も、これらの場合、不当利得による返還義務がみとめられるのでないかということも問題となる）。

（3）　同じく相当因果関係説を採る者の間にあっても、いくつかの見解が対立している。相当因果関係説は先ずクリースによって基礎づけられた（J. v. Kries, Über den Begriff der objektiven Möglichkeit und einige Anwendungen desselben, Vierteljahrsschrift für wissenschaftliche Philosophie, Bd. 12 (1888), SS. 179 ff., 393 ff.）。クリースの相当因果関係説は、法学への適用としては刑法に限定して論じられている（195）。「先ず私が一般的な法感情を頼りにすると、有責行為をした人は常にただその行為の相当な結果についてのみ責任を負わされうるので、その偶然の結果に対しては責任を負わされ得ないという命題を立てうることは疑いないと信ずる」（224）。「かかる考量を行い、それに従って我々の判断を規律することは、正しく文明人の法感情の特色であると思う。個々の場合の具体的因果関係に従ってのみ判断する……のが非文明人の特色である。文明人の法感情には一般化する観察が特有である。それは有責行為が社会現象の関連において一般的にもつ意義に従って判断されることを要求する。それは如何なる一般的な原因関係に立つかの検討を要求する」（225-6）。「当該の場合にその一般的な性質よりその結果を生ぜしめたのであるときにはじめて、その行為者を当該の結果について責任を負わせることが正当だと思われる。之に反して、当該の行為が有責の行為でも、その有責性が全く他の法益侵害の結果についてのみ成立し、その行為と問題になっている如き法益侵害の結果の間に何等一般的な因果関係が確認されない限りは、当該の結果について責任を負わせることは許されない……」（226）。「刑事責任にとって、有責行為と法益侵害の結果の具体的な惹起と並んで、なお、その行為によりその結果が惹起したのは相当であると判断せしめる一定の一般的な因果関係の成立が必要であるということを正しいと認めるなら、更にこの最後の条件を出来るだけ正確に定めることが重要となる。さて、私には、その場合に、行われた有責行為は人間社会の事実存在する普遍的な（allgemein）諸関係の下で一般的に（generell）かかる結果を発生させるに足るかどうかという風に問題を提出し、その際有責行為を純粋に心理的に定義し、それを一定の知的条件の下で（unter gewissen intellektuellen Bedingungen）一定の意思に基く行為が行われたという点にありとすることが一番尤もである……ように思われる。従って一般化の観察はその心理的事実そのものを吟味し、その外部に存在する一切の事は普遍化された諸条件によって代置して考えることになる。その際、注意すべきは、その諸条件はその心理的定義にも拘らず具体的に存在した外部的な一連の事情を常に包摂するということである、何となれば、その心理的事実には第一次的に行為者そのものの外部にある一定の関係の認識も属するからである。殺人という心理的事実は一方殺人者が指を動かし銃を発射するという意思行為を含む。が、しかし、その上に、彼が犠牲者を眼前に見、それに銃が向けられていることを知りつつそれをしたということも含まれる。従って一般化の観察は、その心理的事実を完全にとらえんと欲するならば、その必然的前提であるところのそうした外部的事情をも無視し得ないであろう」（228-9）。「そこで我々がある有責行為（このように心理的に定義された）が一般的に如何なる法益侵害の結果を発生せしめるに足るかを問うなら、具体的な場合の一般化が、知られないか又は不正確にしか知られない一切の点で、行われなければならないであろう」（229）。「そこから、就中《なかんずく》、行為者が正しい観念と知識に基いてその行為の一定の結果を期待し、それからその結果が期待されたように現実にも成立したならば、それは常に相当因果関係があるとみらるべきであろうという帰結を引出しうる。何となならば、この場合にはその法益侵害の結果が通例（durchgängig und regelmäßig）結びつけらるべき心理的事実が存在するからである」（229）。さて、行為の一般的性質を判断すべきとき行為を心理的に把握することが正しいと思われるが、「有責行為の場合に、その外部的な現象のうち一般的に観察さるべき事実を限定し、その意味における行為が一般的に当該の法益侵害の結果を発生せしむるに足りないとみられるような作用のものであるときにのみ責任を排除することが必要であると説明するものもあり得よう」（230）。しかし、「そうすると甚しく明確さを欠くことになる。何となれば、その場合に要求される限定にとってはっきりした基準が与えられないから」(230-1)。「しかし、その不明確さよりも重要なのは、責任の存否についての判断にとって、外部的な現象のそのように画された部分が一般的に、一定の法益侵害の結果を生ぜしめるに足るかどうかと尋ねるだけでは充分でないということである。何となれば、それを肯定しなければならない場合にも、その行為がそのような性質を帯びるのは、全く特別な予見し得ない成行《なりゆき》によることが確定されれば責任は否定さるべきであろう。例えば、看護人が医者の指図を忘れ、その患者に、最早与えてならぬ薬をもう一度与えたならば、彼には過失の責がある。が、その間に誰かが薬の中に毒を入れておいたため患者を死亡せしめたとしても看護人に死亡について、責任をおわせることはできないであろう。その行為の表わす外部的な現象、すなわち毒物を与えたことと死亡との間には相当因果関係は確かにある。しかし一般的な危険性をその行為がもつのは単にその現象そのものが予見し得ない推移を示したからにすぎない。——この例を考えると、畢竟《ひっきょう》問題なのは心理的意味での行為の一般的な危険性であることが明瞭となる。……」(231-2)。

クリースの後に、リューメリンは次のような相当因果関係説を主張した。「ここでの問題は、有責の行為をした者は、その行為より生じた結果につき、どの範囲で責任を負わされうるか、他方その結果はどの範囲で責任を負わせることの許されない偶然とみなされるか、である」(M. Rümelin, Der Zufall im Recht, 1896, S. 44-5)。「有責の行為によって生じ得たが、しかも絶対に責任を負わしめ得ない偶然のあることは疑いがないであろう」(S. 43)。「しかしその偶然をどうして限界づけうるか。民事に関する普通法について、一度他人の財産に対する有責の侵害が行われたら、その侵害の結果の予見可能性はもはや問題にならぬという命題を定立するのが常である。それは行為者の見地からの予見可能性が問題とならぬという限りでは正しい。しかし、事後の予測(machträgliche Prognose)という見地からの客観的な予見可能性は問題となるであろう」(S. 46)。「単に一般的に結果の予見が可能であるにすぎない場合、例えば負傷により床を出られないため病院の火事で生命を失ったような場合にも、行為者はその発生した結果に対して責に任じなければならないであろう。何となれば、発生した結果をも含む一定範囲の危険をひらいたことを知り得たのだから」(S. 46)。「……しかし、通説は、なお一歩をすすめ、行為者が結果の発生の可能性があると考えることができず、一切の考えられうる経験をそなえ、行為の当時認識し得た限りの具体的な実状をすべて見つくす人を行為者の立場にたたせても異ならなかったと思われる場合にも、責任を負わせている。ある人がごく軽く他人を打ったところ、異常体質の結果、死んだ。でも、この場合には、なお、(時の経過によってはじめて発見された事情も含めて)行為の当時存在した事情全体を見きわめた後になってからは、打撃は死亡を生ぜしめるに与って力があった、被害者の体質を知っていたら、予見したであろう、ということができるという意味での予見可能性は存在する。時の経過によって発見された、行為の当時既に存在し、又は期待されうる事実全部を基礎とするこの判断は、リストの言葉を借用すれば、事後の予測と名付けらるべきものである」(S. 47)。「しかし、行為の当時存在した一切の事情を認識しても、その結果を予見し得た、という結論に達しない場合は、どうか。悪意で汽車に乗りおくらせたところ、次の列車で事故に遭った場合は、どうか」(S. 47)。「この場合には通説も責任を否定する」(S. 47)。この場合にも、「その有責行為がなければその結果が生じなかったろうという意味での因果関係は、疑もなく、存在する。従って、狭義の因果関係を否定するのである、その有責行為が結果の原因とみた[な?・]されうることを否定するのである。結果の個々の条件——例えば、人間の行為——をその結果の原因と呼ぶことは、その他の条件を前提としてのみ可能である。しかし、前提としうるのは、行為の当時既に存在したか、またはともかく期待された……条件である。それと共に、我々は事後の予測という見地からの予見可能性に到達したのである」(S. 48)。そして、「偶然をこの見地からの予見可能性の対立物として規定する外はない」(S. 52)。

クリース、リューメリンの後を受け、ツレーガーはクリース、リューメリンの説を批評する。先ず、クリースの説を次のように批評する。「因果関係と過失とを直ちに同一視しているというクリースに対して、しばしば提起されるところの非難は当っていないが、クリースに二つの概念の著しい混同がみられる限りでは、その非難は正しい」(Traeger, Der Kausalbegriff in Straf und Zivilrecht, Zweiter Abdruck, 1929 (Erster Abdruck, 1904), S. 134)。「彼自身一度は、(行為者の『純粋に心理的に定義された有責行為』でなくて)外部的現象のうち、一般的に観察さるべき事実を画し、その行為が当該結果を発生せしむるに足りない作用しか示さない場合にのみ責任を排除しうるのでないかという問題を提出する。しかし、彼はそれに対し二つの疑問があるとしている」(S. 135)。

「第一の疑問は、行為を他の事情が競合して生ぜしめた結果から限界づけることの困難、いや不可能ということである」（S. 135）。第二の、より重要な疑問として、クリースは、そのように問題を提出したのでは、責任の存否の判断にとって充分でないとし、看護人が既に薬を与え、もう与えるべきでないのに誤ってもう一度薬を与えてしまったところ、その間に誰かが毒を薬に入れておいたため患者を死亡せしめたという例を挙げて、その理由を説明している。「この例が、何がクリースをして、前例とさるべき条件の限定に当って行為者の見地をとり、行為者が知り（又は知りうべかり）し条件のみを前提とするようにさせたかを明瞭に示している、すなわち、因果関係があっただけでは未だ責任は生じないという事実の誤認である。確かに前述の場合に看護人は患者の死亡を生ぜしめた、また彼は繰返し薬を与えたことについて注意欠缺の責をおうべきである。しかし、彼は死亡の発生に関しては故意も過失もない。すなわち、その結果を予見しなかったのだから故意はない。また相当の注意をしても予見し得ず又予見するはずでなかったのだから過失がないのである」（S. 135-6）。

ツレーガーは次に、リューメリンを次のように批評する。「彼によって要求される条件の一般化は狭少すぎる、あまり多大の条件が前提され、それによって個々の条件の結果の惹起に関する可能性の程度が余りにも高められる」（Traeger, S. 140）。「リューメリン自身彼の説が不当な結果になる場合のあるのを認めなければならない」（S. 142）。「それ故に、リューメリンは特殊な場合に、その他の場合には客観的相当因果関係を堅持しつつ、公平による修正を施さんと欲する。その公平による修正とは次の通りである、――『それ自体責任を生ぜしめる出来事によって被害者が単に後に発生した事件と空間的及び時間的関係にもたらされるにすぎない場合には、その第二の事件の条件が第一の出来事の当時既に存在していたときにも、一切の計算の外にあり賠償義務者にも認識されてもいなかったし認識されうべきでもなかったのなら、捨象される』」。「更に彼によって第二の修正が導入される、――『事後の客観的予測という尺度を適用するに当っては、単に行為の当時に存在する他人の決断乃至性向は、それが行為者によって計算に入れられたり又は入れられるべきでない限り、考慮されない』」（S. 143）。「しかし、その制限にも拘らず、なお、余り多くの条件が前提されすぎる。……一つだけ例をあげよう。大量殺人者トーマス（Massenmörder Thomas）（別名カイト Keith）によって差出され、カピアが入っていると称する樽を Lloyddampfer Mosel の労働者が船に積込む際、手をすべらした、それが舗石に墜落し、爆発し、百人以上の人が死傷し、幾艘もの船が破損した。もし我々が労働者に樽をすべりおとしたことに過失あることをみとめるなら、その有責行為から生じた損害、すなわち相当因果関係にある一切の結果について責任を負うことになる、しかし、リューメリンの説に基けば、この場合には、人間の死傷も船の破損も相当な結果に数えられる。何となれば、樽のなかにダイナマイトが入っているという爾後に知られた事実の前提の下では、殊に一八七五年一二月五日のような寒い日に、その樽を地上におとせば、一般的に爆発がおこる可能性が高いのみならず、確実に生ずると判断されるからである。しかし、この場合には前述の公平による修正は問題となり得ない、……。従って、労働者は一切の損害について責任を負わねばならないであろう。これはリューメリンの説によれば避け得ぬ帰結である。が、この結果はリューメリンとて確かに承認しようとはしないであろう」（S. 144-5）。

このようにクリース、リューメリンを批評した結果ツレーガーは次のように相当因果関係説を構成する。「一定の結果の不可欠の条件（conditio s. q. n.）である行為乃至はその他の事件は、それがその種の結果の発生を一般的に助けるとき、すなわちそれがその種の結果の発生の客観的可能性を一般的に少からず高めるとき、その結果の相当な条件である」、「必要な可能性の判断を形成するには、全経験的知識（gesamte Erfahrungswissen）を基礎にすべきである、そして行為の当時（乃至その他の事件の発生の当時）存在し、その当時最も洞察力のある人間には認識し得た一切の条件が前提さるべきである、更に行為者自身にそれ以外に認識されていた条件があれば、それも前提さるべきである」、「その他の条件は捨象さるべきである」（S. 159）、「従って先ず絶対的に認識され得ぬ条件は捨象されなければならぬ」（S. 160）。「更に事後からは認識されうるが、事前には認識され得ぬ条件も捨象されねばならぬ。条件の認識可能性の問題にとって基準となるのは行為の為された時で、リューメリンの欲するように、事後に行われる行為の判断の時ではない」（S. 160-1）。「認識可能性は最も経験豊かな洞察力に富む人、すなわち裁判官——彼は洞察力に自信のない場合には専門家に諮問しうるし、またすべきである——の立場から判断さるべきである」、「行為者が特殊な場合にこの最も洞察力のある人間の知り得ぬことを知っていることがありうるから、更に行為の当時行為者の知っていた条件も前提とさるべきである」（S. 161）。「ここで述べられた相当因果関係説の妥当性は、ある結果の発生の可能性が一定の行為乃至その他の事件によって一般的に予め認識されうる様に高められないなら、その結果は単に偶然的なものとみなされるという点にみられうるであろう」、「何となれば、最も洞察力に富み遠慮ある人ですら、その行為によって蓋然性がたかめられる結果として認識し得ないことは、その行為が特別の場合にその結果の不可欠な条件であっても、その行為と法律上の関係におかれ得ないからである」（S. 166）。

私にはクリース及びリューメリンに対する批評には納得のゆかない点がある。すなわち、ツレーガーはクリースの挙げた看護人の事例では毒をのませて死亡させたことには過失がないから責任がないと考えるべきだとしている。それにことには過失がないから責任がないといいうるので、この事例でもってリューメリンを非難することはできないのでないか。尤も、右の二つの事例では、クリースは勿論、ツレーガー、リューメリンのいずれの説に従うも責任を否定する点で、結果においては変らない。三者で結果において異ると思われるのは、軽くなぐったところ、なぐられた人が死亡したが、それはその人の異常体質によることが後で分ったというような場合であろう。この場合は、前述の看護人や荷役労働者の場合と違い、正に行為と損害との間の相当因果関係の有無が問題である。この場合には、クリース、ツレーガーは責任を否定し、リューメリンは肯定することになるであろう。いずれが正当か、断定するにちゅうちょするが、リューメリンに従って、肯定すべきであろうか。

要するに、ある違法な行為（例えば権利侵害）につき過失が認定される以上、それによる損害賠償の範囲の決定に当っては、行為の当時存在した事情はすべて前提とすべく、ただ行為後に行為と無関係に異常な事情が発展したときは、かかる事情は偶然の事情として捨象すべきなのでなかろうか。

㈡　財産的損害賠償の範囲　⑴　ドイツでは財産的損害の賠償の範囲は原則として右の意味での相当因果関係説によって定まるとされ、その点では債務不履行と不法行為とを区別しない（但し債務不履行に関する二五四条二項参照）。そしていずれの場合にも、相当因果関係がある以上、その賠償さるべき損害のうちには既存財産の減少のみならず得べかりし利益の喪失を含む。このことはむしろ当然ともいえるが、しかし、ドイツ民法二五二条は特に「賠償さるべき損害は得べかりし利益を含む」とし、「事物の通常の成行によれば蓋然性をもって期待しえた利益」、または「特別の事情、とくにとられた措置および準備によれば（nach den getroffenen Anstalten und Vorkehrungen）蓋然性をもって期待しえた利益は得べかりし利益とみられる」と規定している。[1] 通常の成行によれば、蓋然性をもって期待しえた利益とは、たとえば、とくに転売の約束がなくとも、買受後価格が騰貴したために転売をしたとすればえたであろう利益をいい、特別の事情によれば蓋然性をもって期待しえた利益とは、たとえば特別の事情によって時価の三倍に転売する蓋然性があった場合には、その転売額（ただし、買主が売主に支払うべき代金を控除したもの）をいうのであろう。しかし、ドイツ民法では通常の成行によれば蓋然性をもって期待しえた利益と特別の事情によれば蓋然性をもって期待しえた利益とは区別されて論じられていず、また、区別する実益もないのであって、そのいずれかに該当する場合には、得べかりし利益の賠償を求めうる。得べかりし利益の賠償を請求しうる場合の例をあげれば、甲がその所有の特定の馬を十万円で乙に売り、一箇月後所有権を譲渡すべきことを約しながら、約束に反して十五万円で丙に売却・譲渡してしまった場合において、現在その馬の市場価格が二十万円に騰貴したとすば、乙はこれを転売する約束がなかったとしても、得べかりし利益として甲に対し十万円（二十万円から甲に払わなかった代金十万円を差引いたもの）を請求しうるのである。けだし、通常の人は誰でも馬の値段があがればこれを転売してかかる利益をうることを欲すると推定されるからである。[2] 乙が商人で馬の転売を業としている場合だけではなく、乙が自分の乗用として買った場合でも、馬の値段が十万円あがれば、十万円の利益を喪失したものとみられる。[3] しかし、甲（被告）が乙に転売の意思がなかったこと、または転売が不可能であったことを立証すれば（転売の意思がなかったことの立証は、乙が自分の乗用として買っただけでは不充分）、乙は十万円の請求はできない。この意味で、第二五二条の規定は損害と賠償義務を生ずる事実（債務不履行・不法行為）との因果関係に関する賠償権利者（乙）の立証責任を軽減した規定と解される。(4) 前例についていえば、甲の債務不履行と乙の損害との間には、相当因果関係がなければならないが、乙は具体的損害を立証しなくとも、利益が蓋然性をもって期待されえた場合には、うべかりし利益を喪失し、かつ、それは不履行との間に相当因果関係があると推定されるのである。乙が具体的な損害額（「得べかりし利益の額」）を立証すれば、乙はその損害額の賠償を請求しうるのであって、たとえば、乙が丁に三十万円で転売する約束を丁としたならば、三十万円の値段が時価より法外に高くとも、乙は二十万円（三十万円から代金を差引いたもの）をうべかりし利益として請求しうるのは、もちろんである。それでは、利益をうべかりしことを期待しえたかどうかをいつを標準としてきめるべきか。プランクの註釈書第一版・第二版は「損害賠償義務を生ぜしめる事実」（甲の債務不履行）が生じた当時、蓋然性をもって期待しえた利益のみを損害賠償として請求しうるものと解する。(5) この見解によればその後に現実にうべかりし利益を喪失しても、被害者は賠償を請求しえないのであり、第二五二条は損害賠償の範囲を制限する実体的規定たる意味をもつことになる。かかる解釈によれば、前例で、乙は十万円または二十万円の賠償を請求しえなくなるおそれがある。けだし、甲の不履行の当時には馬の値段が将来二十万円になるということは予見しえないことが多く、また、不履行後に三十万円の買手がついた場合には、不履行の当時においてかかる買手のつくことを予見しえないのが通常だからである。そこで、通説は、利益の蓋然性は損害賠償義務を生ぜしめる事実（債務不履行・不法行為）の発生後に生じてもさしつかえないとする。(6) しかし、この問題は実は困難な問題であって、その解決は将来にまたなければならない。(7)「得べかりし利益」の賠償は不法行為の場合にも請求しうるのであり（前述）、したがって、たとえば、A所有の十万円の馬をBが殺害し、その馬

が現在二十万円の値段がするとすればBは二十万円の損害の賠償を請求することができる。(8)

(2) 金銭債務不履行の場合における損害賠償の範囲については特別の規定がある。「金銭債務が遅滞にある間は、これに年四分の利息」が附される(二八八条-1)、このことは年四分の損害を生じたと否とを問わないのであって、年四分の利息はこの意味で最低損害額である。「債権者が他の法律上の原因にもとづき、これより高い利息を請求しうるとき」、たとえば、金銭債務が両当事者の商行為によって生じたとき(商三五二により年五分)、または、当事者間の約束があるときは、債務者はこの高い利息を支払わなければならない(二八八-2)。債務者は、債権者の損害の有無にかかわらず、以上の遅延利息を支払わなければならぬ。しかし、日本民法の本来の建前とは異り、それ以外にも損害のあることを立証すれば、そのほかの損害の賠償も請求できる。(9) 債務者の遅滞は債務者の責に帰すべからざる事情で給付がなされなかった場合には生じないが(二八五)、この場合でも金銭債務は訴訟繫属のときから利息を附さなければならぬ(二九一)。

(1) 第一草案二一八条は現行独乙民法二五二条とほぼ同じで、理由書は次のように説明している。「草案の主義は、既存財産の減少と得べかりし利益の喪失が賠償さるべきであり、従って損害賠償義務は、すべての全利益給付の義務であると解すべきである。草案はそれと共に過失に基く損害賠償義務の場合について、ある立法例、ことにプロイセン州法でも定められている過失の種類程度によって損害賠償義務の範囲に段階を設けることを卻《しりぞ》けている。そのように段階を設けることは道徳的乃至刑法的見地をもちこむことになるが、それは許されない。違法な行動の民法上の効果の規定の場合にはどうしてもしてはならない。専ら発生した損害の範囲を以て給付さるべき損害賠償の範囲とする普通法の原則が法律的にはひとり支持しうる。そして損害賠償請求権者にとって公平である。既にこの理由から損害賠償の算定に当って過失の大小の斟酌を裁判官にゆだねる別の道(Schweiz, Bd. Ges. Art. 51. 116)をあゆむことも問題とならない。かかる広汎な裁判官の権能はドイツ法によって排斥された裁判官の特別な独裁的地位を前提とすることとは別としてもである。」（Motive, 2, S. 17-8）「右の主義のうちには、損害賠償義務は――草案七〇四条のように損害の発生（損害の範囲でない）について過失があるときにのみ損害賠償義務を生ぜしめる場合は別として――彼の責に帰すべき作為又は不作為の、単に予見しうべき結果にとどまらず、一切の結果について責に任ずべきこと、並びに作為又は不作為が直接に損害を発せしめたのであろうと間接にであろうと区別なしに賠償義務が生ずるということが宣明されている（反対 Code civil Art. 1150, 1151, Schweiz. Bd. Ges. Art. 116……）。……一切の損害賠償請求権の自明の前提条件は、賠償の請求される損害が請求権を発生させる義務者の作為又は不作為と因果関係に立つということである」（S. 18）。

一定の利益は得べかりし利益と見做す旨の第二項の規定は必要である。すなわち、「それにより、一方利得があっただろうという完全な確かさは必要でないが、他方被害者が利得を得たであろうという単なる可能性も充分でなく、むしろ一定の蓋然性の有無によって決定さるべきだということを明かにしうる」（S. 18）。なお、「賠償さるべき物が特別の事情により債権者にとってもっている価値も財産価値で、その喪失は賠償されるべき客観的損害である。何となれば、債権者にすべての利益が賠償さるべきなのだから。……（プロイセン法は特別の価値の賠償の義務は過失の程度によるとしている）」（S. 21）。

之に対し、第二草案起草委員会において、「債務不履行による債務者の責任は、債務者が知り又は知りうべかりし事情によれば発生の蓋然性のなかった損害の賠償には及ばない」という規定をおくべしという提案が為され、委員会はその提案を採用した。その理由は、「債務不履行による債務者の責任については、提案されている制限は公平の要請に合致する。債務者は、彼が普通知らない債権者の特別の事情によって損害の大きさが定まると、その責任の範囲を測定することができず、この点でびっくりさせられることがあるに違いない」というのである（Protokolle, 1, S. 292-3）。

同様の責任の制限を不法行為についてもおかんとする提案が為されたが、その提案は「過失による加害の場合にのみ責任を制限し、故意の場合には責任を制限しない」のである。しかしこの提案は否決された。その理由として、次のことが指摘された。「不法行為と債務不履行との間には本質的な区別がある。債務不履行の場合には、債権の目的によって生ずる可能性のある損害についてある手掛りが与えられている。之に対して、不法行為の場合には、行為者と被害者の間の関連が存在しない、前以てどんな損害が生ずるか見透されない。行為者が生ずる可能性のある損害としてみとめたことだけを考慮に入れんとすれば、被害者の利益はしばしば不当に害されるであろう。確かに、提案を採用しない場合には、損害が著しく多額になることがあろう。しかし、被害者は、完全賠償が与えられることを求める権利がある。……勿論、その際、因果関係の立証が常に前提とされているが。……」(Protokolle, 2, S. 575)。

然るに、右の債務不履行による責任の制限の規定も連邦参議院(Bundesrat)によって削除された。尤もライヒ議会(Reichstag)において、再び債務不履行による責任制限の規定をおかんとする提案が為された。そして、その理由として「予見してもいないし予見し得もしなかった損害についても責に任じなければならないとすれば、稀ならず債務者にとって苛酷になろう。例えば、遅延した辻馬者の馭者に、乗客が遅刻によって受けることがあるかも知れない異常に莫大な損害を課したり、遅滞にある債務者に債権者がちゃんと金を入手しなかったことによって受ける異常に高い損失を転じたりすることは不公平でないであろうか、ということが指摘された」。「之に対して邦政府の代表者の側及び委員会の内から、提案にかかる制限は殊に商取引の必要と鋭く矛盾し、著しく苛酷な結果となるだろうと主張された。委託販売者(Kommissionär)が鉱山株(Bergwerkspapier)の売却を懈怠したところ、取引所がはねてすぐにその鉱山が水没したならば、彼はこの予見し得ざりし損害(unwahrscheinlicher Schaden)についての責任からどんな場合にも免れることは許されない。農夫が一見いい搾糟を家畜の飼料として買ったところ、その搾糟《しぼりかす》が有毒のばいきんに感染していたため、彼の全家畜がたおれたとき、売主をその予見し得ざりし損害につき責任を負わせないのは確かに不当であろう。その上に、提案された規定は、債務者は遅滞の後は、一切の場合に、偶然について責任を負う。従って予見し得ざりし損害が問題であるときにも、例えば売却した馬が売主の下で雷に打たれて死んだときにも責任を負うという草案二八一条と矛盾する」、「最後にその提案により民法典と商法典二八三条——通常一つ[の?・]取引がそれにつづく他の取引と内的関連に立つ商取引の領域については、その種の損害賠償給付の制限は絶対に排斥されるとみなければならない——との間に不必要にして疑わしい差異が生ずるであろう」、その上に、「提案された制限は、それを一度認めんとすれば、債務不履行の場合に制限するのは適当でないし、それに損害賠償が故意又は重大な過失によって生じた一切の場合に損害賠償を提案のように制限することは正当とはみられない」。この最後の二つの反対理由に対して、債務不履行の場合に限らず、凡そ賠償責任にかかる制限をみとめ、また賠償義務者に故意又は重大な過失があるときは責任制限は生じない、という風《ふう》に提案を修正し、この修正附の提案が僅かな多数で可決された。

第二読会で右の規定を削除し、過失相殺に関する二四八条（現二五四条）の二項を「過失相殺は賠償請求権者の過失が、債務者に異常に高い損害の危険について注意することをしなかったり、損害を防止又は軽減することをしなかったりするにとどまるときにも適用される。……」と規定すべしという提案が為された。提案者は次のように主張する。「故意及び重大な過失の場合は別として、予見し得ざりし損害に関し賠償義務を排斥せんとすることは、第一読会であげられた例が示すように、多くの場合公平に反する。両当事者――債権者と債務者――が損害の発生を予見し得なかったときは、疑もなく、何等責に帰すべきもののない債権者でなく、その過失によって損害を惹起した債務者がその損害の賠償の責を負うべきである。尤も、債権者が異常に大きい損害の危険を予見し又は予見しうべきであったにもかかわらず、債務者にその危険の虞《おそれ》を注意しなかったときは、話は別である。この考え方からすれば、第一読会で責任を制限すべき理由としてあげられた例のうち、最初の例では責任は生じない、というのは遅刻すれば異常に大きい損害が生ずる場合に辻馬車をやとった者は、信義誠実の原則に従ってそのことを知らせる義務があるから。そして同様のことは、金銭支払の遅延によって異常に大きな損害が生ずる場合にも当てはまる。二四八条のままでも充分そう解しうるかどうか姑《しばら》くおいて、とも角、疑問の生じないようにそのことを特に明定しておくことは有用であろう」。この提案は全員一致承認された（Bericht der Reichstags-Kommission über den Entwurf eines Bürgerlichen Gesetzbuchs und Einführungsgesetzes, S. 35-6）。かくて、独民法は不法行為についてのみならず、債務不履行についても、予見し得ざる損害か否かを問わず、全損害を賠償すべしということになったのである。

なお、損害算定の標準とすべき時点については、現行独乙民法には規定を欠いているが（第一草案二四〇条参照）、完全な利益賠償主義の帰結として判決の時であるべきだとするのがドイツにおける判例通説である。それにも拘らず、「損害賠償は利益賠償で単なる価値賠償たるべきでない」から、事情によっては、以前の時点をも考慮しなければならない。例えば、毀損された物が毀損の時に、又は毀損の時と判決の時の中間の時に価格が騰貴していて原告が売却などによってその価格を実現したろうと考えられる場合の如きである。また、判決以後の見透しうる事情も考慮しうるとされている。Oertmann, Vorbem. zu §§249-254, 6（なお、後述注(6)後半参照）。

右のドイツ法をイギリス法と比較してみよう。イギリスにおける契約不履行による損害賠償の範囲についてのリーディング・ケースは Hadley v. Baxendale (1854), 9 Ex 341, 156 E. R. 145 で、契約違反の場合に違反者の賠償すべき損害の範囲は、(イ)「かかる契約違反自体より自然的に即ち事物の通常の経過に従って（naturally, i. e. according to the usual course of things）生ずる損害」、又は(ロ)「両当事者が契約締結の際にその契約に違反した場合の蓋然的結果（probable result）として予期していたと合理的に想像され得る損害」であり、契約締結の際に全然知らなかった特別の事情に基く損害に対しては賠償責任を負わないとしているといわれる（田中［和夫］「英米契約法」二三三頁以下）。之に対し不法行為による損害賠償の範囲についてのリーディング・ケースは Re Polemis and Furness, Whithy & co., [1921] 3 K. B. 56 で、一度過失ありとされた場合、換言すれば苟《いやしく》も普通人が其の行為から何等かの損害が生ずる虞ありと知るべかりし場合においては、現実に生じた結果が不法行為者によって予見されうべかりしと否とを問わず、当該不法行為より生じた一切の直接的結果（direct consequences）について責任を負うとされている（末延［三次］「英国不法行為法」(三)法律タイムズ通巻一〇号四〇頁以下）。これは、相当因果関係説に対して直接説とよばれることがある。

両者の関係については、しばしば契約不履行と不法行為とで損害賠償の範囲は同一だといわれ、最も普通には Re Polemis の法理は Hadley v. Baxendale の(イ)でカバーされ、Hadley v. Baxendale の(ロ)は不法行為には適用がないから、契約不履行の方が範囲が広いことがあると述べられるが、ある著者は契約不履行の場合には賠償請求し得ない損害が不法行為では出来ることがある、不法行為では不法行為者に損害の発生しうべきことが告げられている必要はないが、Hadley v. Baxendale は当事者が結果を予期していたことを要求すると論じている（Salmond. On

Torts, 11th ed., p. 179)。私には、最後の説が正しいように感ぜられる。そして我が国では通常 Hadley v. Baxendale が相当因果関係説に近いといわれるのであるが、むしろ Re Polemis の方が少くともドイツの相当因果関係説に近いように思われるのである。成程、本来、相当因果関係説は結果が直接か間接かを区別しない。直接の結果でなく間接の結果についても責任を負わせる。その半面直接の結果でもすべて責任を負うわけでなく、相当の結果に限定する趣旨であろう。しかし、ドイツでは行為当時の事情を広く前提することによって、その点で直接説に歩み寄っているように思われる。他方、本来直接説は直接の効果についてはすべて責任を負わしめるが、その半面直接の効果に限定する趣旨であろう。しかし、その直接性がゆるやかに解されることによって相当因果関係説に近付いているように考えられる。すなわちドイツ法で結果の直接・間接を区別しないといっている場合の直接の結果と、イギリス法でいっている直接の結果とは同じでなく、イギリス法のいわゆる直接の結果の方が、ゆるやかで広いように見えるのである。「直接の原因ということばは、因果関係の連鎖にいかなる環の介入も許さないほど密接な原因を意味するのだというような、厳重な論理的意味をもち得ないことは明かである。その意味で被告の行為が損害の直接の原因でなければならぬというなら誤りである」、「本当は、直接の原因という言葉は、法によって責任の基礎としてみとめるに足るほど直接の原因という比較的な意味に用いられているのである」（Salmond, p. 159）とされる。また、過失と全然関係のない、独立原因から生じたものであるときは間接であるとも述べられている（末延四二頁）。かくて、ドイツの相当因果関係説とイギリスの直接説とは近似しているように感ぜられるのである。

（2） Enneccerus-Lehmann, Schuldrecht, 1950, S. 69. すなわち、買主は市場価格で売却をなしうる地位にあったものと推定されるのであり、したがって、市場価格が買入価格よりも高いときは、その差額を債務不履行による損害賠償として請求しうる。市場価格を有しない物品については、それが取引の目的となっておれば反対の証明がないかぎり、何時でも売却しうるものと推定さるべきであり、したがって、事物の通常の成行によれば蓋然性をもって売却したであろう価格と買入価格との差額を賠償として請求しうる（Kommentar von Reichsgerichtsräten, § 252 Anm. 3）。かかる損害の算定方法を抽象的算定方法といい、判例のみとめるところである。たとえば、RG 68, 163 ff. がこれであって、その事案は原告甲が被告乙から馬鈴薯裁断機一〇五〇個を一個十七・五〇マルクで買入れたが、乙はこれを交付しなかったので、甲は転売によって一個につき四・六〇マルク合計二六〇〇マルクのうべかりし利益を喪失したとして、乙に対しその賠償を求めたというにあったが、原審では甲を敗訴させたのに対し、最高裁判所は「……利益の発生が無条件に確実かつ疑なきものとして妥当することは要求されない」として破棄差戻の判決をした（RG 68, 165）。この裁断機は特許をえたと称せられながら、まだ工場生産のなされないものであって、市場価格をもっていなかったものである。また RG 90, 423の事案は原告甲が乙から六箇の車の供給をうける約束であったところ、乙は供給をしなかったので、抽象的算定方法によって不履行にもとづく損害賠償を請求し、最高裁判所はこれをみとめたが、かような損害の算定方法をみとめることは、買主が転売によって利益をえたであろうとの推定にもとづくものであって、反証がゆるされるのであるから、売主の保護にかけるところはないとする（S.425）。

(3) けだし、乗用として買った馬でも値段があがれば、売って利益をうる気になると推定されるからである。判例は再譲渡の意思なく、さしあたり自分で消費するつもりで買った場合でも、利益をえて再譲渡する可能性が存し、かつ、買主がのちに生じた事情により再譲渡の決心をしたであろうということを否定する根拠がなければ、かかる請求をなしうるという趣旨をあきらかにしている。たとえば RG 101, S. 217 がこれであって、その事案は陸軍が被告から豌豆を買入れたが、被告は給付しなかったので、陸軍（Reichsmilitärfiskus）は民法三二六条にもとづき抽象的算定方法によって不履行による損害賠償を請求したのに対し、原審および最高裁判所はこれをみとめたというにある。この判決で最高裁判所は「……国庫が豌豆を加工させて軍の給養に用いる目的で買入れたという事情は、国庫がのちにその当初の意図に反して転売の決心をしたということを否定しはしない」（S. 220）とする。また、RG 101, 421 ff. の事件では原告甲が被告乙から六車分のタール油を買ったが、被告が履行しなかったので、原告甲は三二六条によって不履行による損害賠償を請求し原審で勝訴した。被告は原審の抽象的損害の算定を不当として上告し、タール油は原告の自家消費の用途を有し、原告は転売を考えなかったと主張したが、最高裁判所は「原告が品物をさしあたり自家消費のために買ったという事情は、原告が品物を契約にしたがって取得したが、自己の経営で使用しえず、または使用することを欲しなかったとすれば、それを市価で売却する法律上および事実上の可能性を利用したであろうと」考えるのは自然であり、このように解してもよいという趣旨を判示した（S. 423）。注目すべきは RG 105, 293 ff. の判決である。事案は原告（ドイツ国）が被告から一キログラム五五マルクの割合で五千ポンド（二五〇〇キログラム）の靴の底革を買入れる約束をしたが、被告は一四六八・五キログラムを供給したのみで（その代価は支払われた）、残り一〇三一・五キロの供給を拒絶した。そこで原告は民法三二六条により履行期日の指定をしたが、期日までに履行がなかったので不履行にもとづく損害賠償として利息とともに三四〇三マルクの支払を請求した。その請求額は一九二〇年一月十七日（指定期間の後）の市価（一キログラム八八マルク）と売買価格（五五マルク）との差額である。原審は原告の請求をいれたのに対し、最高裁判所は被告の上告をいれたのであるが、その理由はその主張する利益額は一九一八年五月八日の命令で禁止した限度を超えるものだというにあったのであって、かかる賠償額の算定の仕方そのものはこれを肯定している。いわく「商人は、売主が供給したならば何時でも品物をその超過額に相応した価格で再譲渡し、それによって超過額の利益をうべき地位にあったであろうことは、原則として国庫が買主としてあらわれた場合にも妥当しなければならぬ。もちろん、国（または市町村）は原則として利益をうる目的で仕事をしない。しかしながら、その公共の福祉を目的とする事業の執行も、具体的な場合には買入れた品物の再譲渡を余儀なくされることあるべく、かかる場合に、その間に生じた価格の騰貴を利用して利益をうることはさしつかえない」と（S. 294）。これに対し、原告（陸軍）が被告から一四万リットルのジャマイカ島産の酒を一リットル一・九〇マルクで買入れる約束をしたが、被告は一二八二一リットルを履行しなかったので、原告は市価（一リットル一三・五〇マルク）との差額一四万八七二三・六〇マルクを請求したという事件について（第一審原告敗訴、第二審では一四万八一・一三マルクについては原審の棄却を正当とする一部判決が下された）、最高裁判所は原告の上告をみとめなかった。その理由は「しかし、利益をもたらす即時の再譲渡はなされないであろうことを明かにする例外的な事情が存する場合には、この推定（商人は買入れたものを何時でも転売して利益をうるであろうとの推定）は、弱められる。……軍行政庁が、物品の売買に参与するかぎりでは、若干の点で商人と同視されうるかもしれないにしても、この場合には、軍行政庁にとって再譲渡による利益の獲得が願慮されたという要件にかけている。なんとなれば、軍行政庁自身の主張によれば買入れたラム酒はもっぱら軍の給養にあてらるべきものであって、他にもちいられることは問題とならなかったからである」と（RG 105, 49）。この判例も理論的には前述の諸判例と異るものではないが、具体的事件の解決としてやや異っている。

（4） Kommentar von Reichsgerichtsräten, §252 Anm. 2; Enneccerus-Lehmann, a. a. O., S. 69.

（5） Planck, Kommentar, 1. und 2. Auflage, Bd. II, §252 Anm. 2; Staudingers Kommentar, §252 Anm. 2aα も同様に解する。

（6） Enneccerus-Lehmann, a. a. O., S. 69; Planck, Kommentar, §252 Anm. 2a（三版以後）; Oertmann, Recht der Schuldverhältnisse, §252 Anm. 3も原則として判決のときを標準とすべしとする。ラーレンツも判決のときを標準として、判決のときに利益をうる蓋然性がないときは、利益の賠償を請求しえないとしているが、そのあげている例から判断するとラーレンツの見解はおそらく通説よりも賠償の範囲を狭く解しているのではないかとおもわれる。たとえば、工場が破壊された直後、落雷による火事でやけてしまった場合には、工場主は破壊者に対して工場の停止によってこうむった損害（工場がうごいていればうべかりし利益）の賠償は請求できないとする（Larenz, Vertrag und Unrecht, II, S. 91 所掲の例）。のみならず、かれは、不法行為または債務不履行の当時にも、利益が蓋然的に期待しえたものであることを必要だとする。たとえば、くじ売りが甲に売る約束をしたくじをあやまって乙に売ったところ、のちにそのくじに一〇万マルク当ったとしても、くじに当ることは、債務不履行の当時予見しえなかったことであるから、甲がくじ売りに一〇万マルクの賠償を請求しうるとするのは正当でないというのである（Larenz, a. a. O., S. 90）。しかし、この場合には債務不履行と損害とのあいだには相当因果関係はないとする説があり（Staudinger, §252 Anm. 2aβ）、この説によるときは賠償をみとめる必要はない。かれは、得べかりし利益の賠償の範囲をせまく解するが、他面、既存財産の滅失については、たとえば、小屋が放火でやけたのち、なだれで、小屋がやけなくとも流されてしまったであろう場合にも、放火者の賠償責任をみとめる。その理由は、一旦生じた損害はその後生じた事実によって抹消されえないからだというにある（S. 92）。判例は類似の場合を因果関係の問題として取扱い、ラーレンツはこれを損害額算定の問題だとするが、いずれにしても放火と損害との間には相当因果関係があるとされることに変りはない。――なお、通説は利益（損害）の額の算定も判決の時を標準とすべきだと説く（前述一八六ページ〔本書四七〇頁以下〕）。物自体の損害賠償の請求について判決の時を標準として損害額を算定した例としてはRG 101, 418がある。事案は、原告甲が一九一六年五月に家具、衣類、下着類を被告にあずけたが、一九一七年八月これを倉庫から出したときに、若干のものが紛失したというので、損害賠償の訴を提起したということにある。賠償請求額ははじめ六八二九マルクであったが、訴訟中その価格騰貴を理由として一二〇〇〇マルクを請求した。第一審はこれをみとめなかったのであるが、最高裁判所は被告の上告をいれた。いわく「控訴裁判所は、被告が原告に支払うべき損害賠償の額に関して裁判上の判決の時が標準になる……との結論に達した。……」と（RG 101, 419）。また、RG 98, 55 ff. は鉱業により土地に生じた損害の除去に要する費用の賠償について、判決の時を標準として賠償額を算定した原審判決を支持した。しかし、事情によっては、それ以前の時を標準として利益を算定しなければならない。たとえば、二月一日に馬の売買が履行不能になり、四月一日に買主に転売の機会があったと考えられ、十月一日に判決があったとすれば、損害賠償額は四月一日にうべかりし利益によって算定さるべきであろう。いずれにせよ、裁判官は民訴二八六条によりすべての事情を考慮し、自由な確信によって損害賠償額算定の基準となるべき時期をきめるべきである（前述一八六ページ〔本書四七〇頁以下〕参照）。

（7）　たとえば、債務不履行のときに蓋然性をもって利益をうることが期待されなくともよいとすれば、はじめは単に自分で試写するためにフィルムを借りる約束をなし、不履行になったのち、これを観覧料をとって観覧に供しようとして会場を借りる準備をすれば入場料相当額を得べかりし利益として請求できることになる。また、株券の譲渡をうける約束をした場合に譲渡人の不履行ののち、株価が値上りをつづければ、譲受人が損害賠償請求の訴訟をおくらせればおくらせるほど、譲受人は多額の賠償を支払わなければならなくなる。もっとも、かかる結果を解釈で制限することは、不可能ではあるまい。

（8）　もっとも、この場合には十万円をうべかりし利益とみることもできるし、二十万円を馬自体に代わる損害とみることもでき、いずれの見方も可能だといわなければならない。このような問題は不法行為によって侵奪された物が滅失した場合にも生ずる。

（9） RG 101, 111は法定利息よりも多い利息もその他の損害として請求しうるとする。事案は原告が陸軍（Reichsmilitärfiskus）に対して二万五四一九・三五マルクとともに五分の利息を請求したというのであるが、陸軍は商人でなく、したがって、商法三四三条により同三五二条の適用はなく、法定利息として五分の利息を請求しえないはずである。しかし、最高裁判所は、現在の状態のもとでは（註。債権は第一次大戦中のもの）金銭を投資すれば何時でも五分を取得できる旨の原告の主張をみとめ、五分の利息を請求するのが正当かどうかを審査すべき旨を控訴裁判所に命じて、五分の額（三八六九・三三マルク）について差戻の判決をした（S. 113）。また、RG 92, S. 283 ff. によると（事実の記載が簡単で明瞭をかくが）乙が甲に金をかす約束をしながら、これを貸さなかった場合には甲は乙に対して遅延利息のほかに、他から資本を調達するために要した費用――甲が乙から金をかりる場合に費用を要しなかったであろうかぎり――を請求しうることをみとめている（S. 284）。かように、遅延利息以外の損害の賠償を請求できるとすると、たとえば甲が乙から支払われる十万マルクをあてにして、丙から馬を買う約束をしたが、乙が支払わなかったため、丙は――甲に期間を定めて催告したのち――契約を解除したとすれば、甲は乙から得べかりし利益（馬の現在の値段を二十万とすれば、これから甲が丙に支払わずにすんだ十万円を控除したもの）を請求できるであろう。ただし甲が乙から十万円を支払われなければ丙と約束が解除されるおそれのあることを乙に知らせないと過失相殺が成立する可能性はある（二五四Ⅱ）。貨幣価値の変動に関係あるもの、とくに貨幣価値の暴落によってこうむった損害の賠償に関する例としてはRG 107, 282; 107, 213; 109, 21などがある。RG 107, 282の事案は、原告が自己あてに一九一九年七月四日フランスから輸送された生糸が到着しなかったことを理由とし、ドイツ国鉄道に対し、フランをマルクに換算した六九四九九・七六マルクの損害賠償を請求したが、のちに請求を拡張し、遅滞により為替相場の暴落による損害をもこうむったとして、その賠償を請求したというにある。原審がこれを棄却したのに対し、最高裁判所は、訴の提起とともに遅滞を生じたことを認定し、遅滞がなければ物品等に投資してマルクの下落による損害をさけえたとすれば、その損害を請求しうるとし、「原審はすべからく釈明権を行使して原告の主張がかかる趣旨のものかどうかを明かにすべきであったとするのである。原告はこの場合には、その営業の方法により通常取得した額の全部または一定部分を物品または他の価値不変の有価物に投資するとのべれば充分であったろう。……原告が支払われた額を一定の方法で投資したであろうという証明を原告から求めることはできない。」（RG 107, 284）。

㈢　慰藉料（非財産的損害に対する金銭賠償）

⑴　ドイツ民法は、慰藉料は法律で定めた場合にのみ請求ができるとし（民二五三条）、法律はきわめて限定された場合にしか慰藉料の請求をみとめない。しかも第一草案では債務不履行についてはまったくこれをみとめず、不法行為のかぎられた場合にのみこれをみとめたのである。(1) 第二草案は婚約不履行の場合における婚約女の慰謝料《ママ》（次述(イ)）をみとめたのであって（第二草案一二〇六条）、これは債務不履行の一場合とも考えられるが、そのほかには債務不履行による慰藉料をみとめない。ドイツ民法が慰藉料をみとめている場合を列挙すれば、

(イ)　非難のない婚約女（eine unbescholtene Verlobte）が婚約男に同衾をゆるした場合において、重大な理由なくして婚約男が婚約を解除し、または婚約男の故意・過失によって生じた重大な理由によって婚約女が婚姻を解除したときは、婚約女は婚約男に対し、慰藉料を請求することができる。(2) しかし、東ドイツでは婚約に関しては規定がなく、(3) 婚約は単なる事実関係とされ、婚約の破棄によって損害賠償請求権は生じない。(4)

(ロ)　身体傷害、健康侵害または自由を剥奪された場合には被害者は慰藉料の請求ができる（民八四六Ⅰ）。また、婦女に対して風俗犯を犯した者または詐計、強迫もしくは、従属関係を濫用して婚姻外の同衾をゆるすにいたらしめた者に対して婦女は慰藉料の請求ができる（民八四七Ⅱ）。但し、東ドイツでは男女の機械的同権をみとめる結果、婦女にかような請求権はみとめられない。死者は権利能力を有しないから、即死者が慰藉料請求権を有しないことはいうまでもない。

(2) 婦女の貞操侵害の場合に慰藉料をあたえないことの当否(前述(1)(イ)(ロ)参照)は別として、この場合をのぞけば、慰藉料は身体傷害、健康侵害および自由剥奪の場合にしかみとめられない。しかし、慰藉料があたえられる場合をこれほどまでに制限することははたして立法論として正当であろうか？不法行為によって被害者が即死した場合および傷害をうけたのち死亡した場合について、このことを検討してみたい。

(イ) 父が即死した場合　父がたとえば自動車にひかれて即死し、妻子が遺された場合には妻子は加害者に対してつぎの損害賠償を請求することができる。(a) 埋葬費(民八四四Ⅰ)。埋葬費を請求しうるものは埋葬費を負担する義務のある者であり、かかる義務は相続人が負担するのであるから(一九六八)、妻子は身分に応じた埋葬の費用を請求することができる。(b) 死者の給すべかりし扶養料相当額　妻は通常、終身間(ただし、死者の推定生存期間をこええない)、子は独立の生計をいとなみうると推定される時期まで定期金賠償をうける。したがって、たとえば子が中学を出て就職し、独立の生計をいとなむ予定であったときは、埋葬費のほかには、単にそれまでの扶養料に相当する額をうけうるだけである。扶養料に相当する賠償額の範囲については、損害賠償の方法の問題と関連するのでのちに詳しくのべるが(後述二一〇頁[本書四九三頁]以下参照)、要するにその額はわずかである。これ以外に妻子は精神上の打撃に対す慰藉料を請求することはできない。また、即死者自身の慰藉料請求権も生じないから、妻子がこれを相続によって取得することもない。

(ロ) 子が即死した場合　この場合にはあとに遺された両親は加害者に対して左の賠償を請求することができる。(a) 埋葬費(前述(イ)(a))　(b) 死者の給すべき扶養料相当額　両親は後年、年老いてはたらけなくなり、子から扶養をうけるにいたったであろう場合の扶養料を請求できることになっているが、実際にはかかる不確実な扶養料の請求のみとめられない場合がすくなくなく、このこともものちにのべる(後述二一〇頁[本書四九三頁]以下）。(c)うばわれた労務に対する賠償　子が親の世帯に属し、かつ、親から教育され、扶養されているあいだは、親の家事および仕事に労務を給付する義務があるから（一六一七条）、子が即死したときは、親は加害者に対し、子から労務の給付をうけえなくなったことによってこうむった財産的損害の賠償を請求しうる。しかし、かかる損害は子が独立するであろうと推定されるまでの時期についてしか請求できず、また、その間子の死亡によって浮いた扶養の費用と相殺されるから、実際には親はほとんど賠償をうけえないおそれがある。[5]しかもこのほかに慰藉料の請求はみとめられない。

以上の考察（イ）（ロ）からあきらかなように、不法行為による死亡の場合には、遺族は財産的損害の賠償しか請求できない。その結果遺族は些少の賠償をうけうるにすぎない。これは立法論としては、不当であり、むしろ慰藉料の請求をみとむべきであると考える。民法は裁判官の恣意をおそれて慰藉料を請求しうる場合を制限したが（註（1）参照）、慰藉料請求権をひろくみとめるわが国においてもこの点でそれほど弊害が生じているとはおもわれない。いわんや、慰藉料を請求しうる場合として、死亡の場合を追加しただけで、かような弊害を生ずることはあるまい。現に、慰藉料請求のみとめられる場合には、その額は裁判官の自由な確信にゆだねられており、この点では裁判官は信頼されているのである。また、財産的損害の立証は容易でないことがあり、慰藉料の請求をみとめることはかかる場合に被害者の遺族を救済するゆえんともなるであろう。

(ハ)　傷害をうけたのち死亡した場合　この場合に相続人は、即死の場合に請求しうる賠償のほかに、傷害をうけたことによる損害賠償請求権を相続によって取得する。傷害をうけたことによる損害賠償として被傷害者がうけうるものはつぎのようなものである。(a)治療費　治療費を現状回復請求の一態様として請求できる。(b)生業能力の喪失・減少または需要の増大による損害（後述二〇九頁［本書四九三頁］）　たとえば、傷害をうけたときから死亡のときまで一箇月を経過し、この間はたらけなかったために、従来毎月行商でえていた収入百マルクを取得しえなかったとすれば、相続人は百マルクの賠償を請求しうる。(c) 取得または発展(立身)について(für den Erwerb oder Fortkommen)こうむった不利益(民八四二条)[(6)] (d) 慰藉料　傷害の場合には被害者は慰藉料を請求できるが、しかし、それは契約によって承認され、または、訴訟が繋属した場合にかぎって相続される(民八四七Ⅰ。これはその他の慰藉料についても同様である。八四七Ⅰ、一三〇〇Ⅱ)。したがって、たとえば、怪我をして数時間後に死んだような場合には、契約も存在せず、訴訟の提起もなされないであろうから、相続人は慰藉料の請求ができない。また、傷害をうけてから死亡するまでの時間が短かいときは、死亡までの治療費、生業能力の喪失減少または需要の増大による損害、取得または発展についてこうむった不利益(前述(a)(b)(c))も、さほどの額には達しない。しかも、相続人自身の慰藉料請求権のみとめられないことは、即死の場合についてのべたと同様であり、これではあまりにも相続人に気の毒である。立法論としては、この場合に相続人の慰藉料請求権をみとむべきであろう。

(3)　自動車保有者、鉄道企業者、発送電設備所持者、ガス製造輸送設備所持者または航空機保有者が人を死傷させた等の場合には、これらの者は一定の要件のもとに無過失責任を負うのであるが、その責任の範囲は民法の不法行為の場合に比較するときわめて制限されており、慰藉料の請求は身体傷害の場合にもみとめられない。このことは、すでに別稿で詳しく説明したところである。[(7)] しかし、被害者は民法の不法行為にもとづいて損害賠償の請求をすることも可能であり、この場合には民法で定められた範囲の損害賠償を請求することができる。

(1)　その理由を独民法第一草案理由書は次のように詳述している。「草案は財産的価値は債権関係の本質に属しないし、その有効要件をもなさないという主義を承認したが、そこから非財産的利益が債務不履行や不法行為によって害されたとき金銭による賠償を請求する権利を認容すべきだという帰結を出していない。草案二二一条は明かにこの帰結を排斥している。この規定は債務不履行による損害賠償については例外なく妥当する。殊にそれにより所謂愛情利益（Affektionsinteresse）偏愛価値（Wert der besonderen Vorliebe）は損害賠償に当って考慮することが許されないということが宣明されている。……全利益の給付の場合、ただ財産的利益のみが考慮される」、「二二一条の原則は不法行為による損害賠償請求権についても原則としては妥当する。しかし、この場合には贖罪金（Busse）に関する帝国法の規定は依然有効であるのみならず（七二一条）、草案そのものもまた特別の理由から一定の不法行為の場合に、被害者に——裁判所の自由裁量に委ねられる——非財産的損害の賠償請求権を与えている。それを一般的に承認することは、裁判官にドイツ法に知られていない争訟に対する独裁的な地位（Souveränität）を与えることになろう。……それは民事訴訟法の審議に際し、検討した結果疑問とされ、否認された。特に裁判官の裁量につき限界が立てられないので、上告審の裁判官（Revisionsrichter）は具体的な場合にしばしば裁判官の裁量権の不当な行使を匡正することができないであろう。契約に基く債権の侵害が問題の場合には、違約罰の約定により義務の履行を担保しうることで債権者の利益は大体においてカバーされる。しかし、不法行為に関しては所謂観念的な権利（ideales Recht）も違法な侵害に対して保護されねばならず、その保護は専ら刑法というわけにゆかぬ。むしろ被害者に然るべき場合には正義の要請に従って慰藉料も与えられねばならぬ。学説では非財産的損害賠償に賛成する声が増しつつあるが、上述の疑問は決定的に、一般的な、それ故に不明確な……法規範——不法行為により非財産的利益を侵害されたときは裁判官の自由裁量によって定めらるべき金銭賠償の請求ができるという——の採用に反対する。……」（Motive, 2, S. 22）。

（2）　民法一三〇〇条。この規定が男女の同権に反するものでないことについてはブラウンシュヴィク上級地方裁判所一九五三年六月一八日判決参照（Neue Juristische Wochenschrift, 1953, S. 1222）および一九五六年三月一〇日連邦裁判所判決（Juristen Zeitung, 1956, Heft 9, S 340. 同説、Beitzke, Juristische Rundschau, 1955, S. 298）。男女同権が効力を生ずる以前の慰藉料請求権が有効なことについては、すでに一九五四年一一月二六日の連邦裁判所の判決があった（Monatsschrift für deutsches Recht, 1955, Heft 3, B 27 Nr. 265）。しかし、この規定は男女同権に反し適用しえないとする見解もある（Dölle, Die Gleichberechtigung von Mann und Frau im Familienrecht, Juristen Zeitung, 1953, Nr. 12, S. 353）――なお、非難なき婚約女とは性的行為において非難なき婚約女の意味であって、未婚であると否とはこれを問わない。

（3） 一九五五年一一月二四日の「婚姻締結および婚姻解消に関する命令」（VO. über Eheschliessung une Eheauflösung）。これは一九四六年の婚姻法に代わるものである。

（4） かかる解釈は前註所掲の命令がでる以前にも、民法の解釈としてみとめられていた（Blomeyer, Die Entwicklung des Zivilrechts in der Sowjetischen Besatzungszone, 1955, SS. 33, 34）。

（5） 一九〇八年一一月二〇日のドレスデン上級地方裁判所判決は、父が死亡した七歳の子が生きていれば一四歳ないし一六歳のときに給付したであろう家事の労務給付をうけえなくなったことにより、年百マルクの損害をこうむったと主張したのに対し、かかる損害をこうむったであろうという蓋然性はみとめえないとする。いわく「むしろ、原告の身分および原告特有の生活慣行を考慮すれば、その娘は一四―一六歳のときには独立の地位を取得して、たかだか娘の生活に必要なだけのものを働いて得たか、または、原告の世帯にいて、……その父がこれを扶養するのについやしたであろう額に達しない程度の、または、いちばんいい場合でそれと同じ額に達する程度の労務を給付したであろうということを出発点としなければならない」と（Die Entscheidung der Oberlandesgerichte, Bd. 20, S. 267）。

（6）『取得』についてこうむった不利益とは生業能力の喪失・減少による損害と同義（Kommentar von Reichsgerichtsräten §842 Anm. 2）。発展（Fortkommen）についてこうむった損害とは重傷の結果、その住所地で職につきえず、他にうつるために家を売らなければならなくなった損害（JW 1908, S. 454 Nr. 23 但し、判決は手続の点に関する）、健康侵害のため営業設備を安く売らなければならなかったことによる損害（RG 95, 174. 原審は生業能力の喪失・減少による損害でも所有権の侵害でもないとして訴を棄却）、左眼の失明（?）による結婚の見込の減少によってこうむった経済的損害（Warneyers Rechtsprechung des Reichsgerichts, 1912, S. 294

Nr. 256）等をいう。また、一九一五年一一月一五日の最高裁判所判決は被用者保険の適用をうけえなくなり、保険による終身定期金をもらえる期待権を失ったこともかかる損害だとする（JW 1916, S. 193 Nr. 10）――原審は生業能力の減少を理由として原告が六五歳になるまでの定期金賠償をみとめた。六五歳になれば事故がなくとも生業能力が減少するとの理由からである（原告の上告をいれて破棄差戻）。かつて、山田は傷害をうけたために月給が一〇〇マルクあがる予定を棒にふるのは、取得または発展についてうけた不利益で、生業能力の喪失・減少による損害にふくまれないと書いたが（比較法研究一三号三六頁）、理論的にはこれにふくまれるとしなければならない。

（7）　比較法研究一三号三六頁、三七頁。

二　損害賠償の方法

(一)　原状回復と金銭賠償

日本法は鉱害賠償（鉱業法一一一条）、不正競争（不正競争防止法一条の二）および名誉傷害（民七二三条）の場合等特則のある場合をのぞいては金銭賠償主義をとっているが、ドイツ民法は第一次的に原状回復（賠償義務を生ぜしめる事実が発生しなかったならば、存したであろう状態をつくりだすこと）を請求しうることとし（民二四九1）、原状回復が不能または賠償として不充分な場合および限度において金銭賠償をみとめている。第一草案（二一九条）も同様であって、民法理由書によれば、原状回復主義は近代諸国の立法の原則にもとづくものであって、「事物の性質上」も当然であり、また、「法の論理」（Rechtslogik）にも合するのみならず、原状回復こそ最も完全な賠償であるというのである。[1] それでは原状回復とは何か？　法律概念としての原状回復は、以前の状態そのままを再現すること――これは大部分の場合には不可能である――を意味するのではなく、以前と同じ価値の状態をつくりだすことをいうのである。[2] 債権者（賠償権利者）は身体傷害（健康侵害をふくむ）または、物の毀損については原状回復に代え、これに必要な金額を請求できるが、この場合における金銭賠償は原状回復の一態様であって、本来の意味における金銭賠償とは異るものと解されている。(3) 原状回復が不能または賠償として不充分な場合および限度においてのみ金銭賠償をみとむべきであるという原則については例外があるが、(4) 何が原状回復かについては具体的に明瞭でない場合がすくなくない。そこで、金銭賠償との違を念頭におきながら、左に具体的な例について原状回復とはどういうことかをあきらかにしたい。

(1) 名誉・信用の侵害　被害者は損害賠償として名誉・信用を傷ける言説の撤回、不作為（名誉・信用を害する言説の流布をやめること）、名誉恢復の宣言（Ehrenerklärung. 謝罪）の請求ができる。(5) 判例は、信書の秘密を侵して信書を複写したという事件について、被害者は複写の破棄の請求をすることができ、不法行為者は破棄のために、これを執行吏に引渡さなければならないとする。(6) 信書の複写によっては財産上の損害は生じないが、非財産的損害は生ずるのであり、かかる損害の賠償として被害者は原状回復を請求することができるのである。(7) 原状回復といっても信書の秘密を知ってしまったことを、知る前の状態にかえすことは不可能である。しかし、信書の複写の破棄によって、複写以前の状態に近い状態をつくりだすことは可能であって、これがこの場合の原状回復である。

(2) 物の侵奪　不法に物を侵奪された者は、損害賠償として物の返還を請求できる。物の返還は所有権の効力として、またはその他の原因にもとづいても請求できるが、これらの請求権と損害賠償としての返還請求とはその要件を異にするから、他の原因にもとづく返還請求のできない場合にも、損害賠償として返還請求ができる場合もある。(8)

(3) 詐欺・強迫の場合　詐欺・強迫による意思表示は取消が可能であるが（一二三条）、詐欺・強迫は同時に不法行為であるから、表意者は取消をなさずに、相手方に対して原状回復の請求をすることもできる。とくに、取消権が一年の期間によって消滅したときは、不法行為による原状回復請求をする実益がある。しかし、この場合の原状回復とは何か？　悪意の欺罔（詐欺）がなければ契約が締結されなかったであろうと考えられる場合には、表意者を契約前の財産状態におくことが原状回復であり、したがって、表意者は契約がないものとして信頼利益の賠償を請求することができる。[9]しかし、悪意の欺罔がなくても契約が締結されたであろうと考えられる場合には、表意者は欺罔がないとすれば締結されたであろう契約条件の実現を請求しうると解すべきである。[10]

(4)　原状回復の方法は具体的な場合によって異りうる。上述した以外に若干の例についてのべる。(イ)労働服の毀損　他人の労働服に誤まってロウソクの火で穴をあけたときは、修繕が可能であり、また、礼服とちがって修繕をしても労働服として利用できる。したがって、この場合には修繕することが原状回復であり、被害者は修繕プラス減価分の金銭賠償を請求できる。[11]修繕にかえて修繕料を請求することも原状回復の一態様である（前述）。(ロ)礼服の毀損　以上の場合とちがって、礼服に穴をあけたときはこれを修繕しても礼服としては使いものにならぬ。この場合には修繕の方法による原状回復は不能であるが、新調の礼服を被害者にあたえることも原状回復の方法であり、被害者はこれを請求することができる。茶わんをこわした場合も同様である。[12](ハ)しかし、着古した礼服のかわりに新調の礼服を請求することは、新調の礼服が着古した礼服の価格を超過する場合にはみとむべきではない。もっとも、この場合の価格とは交換価格をいうのではなく、礼服が被害者にとって有する財産的価値を金額に換算したものをいう。交換価格がゼロであっても、被害者がなお一年間着用しえたとすれば、それは被害者にとって財産的価値を有し、その価格は交換価格と新調価格とのあいだにあるであろう。被害者はかかる価格の礼服を新調することを請求しうるが、かかる価格で新調する礼服は旧礼服に比較すれば品質もおとり、被害者は礼服として着用するにたえないものとなるおそれがある。この場合には原状回復は不能であり、被害者は金銭賠償のみを請求できると解さなければならぬ。[13] あるいは、被害者は賠償として新品を請求することができるが、それによってえた増価分は金銭で賠償義務者に返還すべきだとする見解もあるが、[14] 正当ではない。けだし、被害者は加害者の不法行為がなかったならば、金銭を支出する必要がなかったのに、これを支出させるのは被害者に酷だから。[15] (ニ) 古画の毀損の場合　この場合には修繕をしても、もとどおりの値打はなし、さればとてこれと同じ新品を調達することも不可能である。したがって、被害者は原状回復を不能とみなして、古画に代わる金銭賠償を請求しうるが(ただし、毀損した古画は加害者にあたえなければならぬ)、被害者が修繕を原状回復の方法として是認するならば、修繕および減価分の金銭賠償を請求することもできると解すべきであろう。[16]

(5) 債務不履行による損害賠償　履行不能または、履行遅滞による損害賠償は実際上は金銭賠償である。けだし、この場合の原状は履行または、時期におくれない履行自体であり、それが不能だからである。[17] 理論的には原状回復の可能な場合も考えられるが、[18] それは実際上は重要でない。ただ、不完全履行による損害賠償請求はしばしば原状回復請求であることがありうる(たとえば、売主が買主に譲渡したにわとりに病気があって、買主のにわとりが死んだ場合)。以上で原状回復の意味を具体的にのべたが、物の毀損・滅失および身体傷害の場合についてみれば、原状回復ということは、はじめから金銭賠償だけをみとめ、ただ、賠償額の基準を原状回復に必要な額に求めるのと実際上は異ならない。しかし、原状回復と対立する意味での金銭賠償は原状回復に必要な額の賠償を意味するとはかぎらない。

(1) Motive II, S. 20. 原状回復主義をとる立法例としてはプロイセン普通法(I 6 79)、オーストリヤ民法一三二三条、ザクセン民法六八七条。

（2）　Staudinger, Kommentar zum BGB, Bd. II 1. Teil, § 249 Anm. 2c.

（3）　Staudinger, Kommentar zum BGB, Bd. II 1. Teil, § 249 Anm. 3c; Oertmann, Recht der Schuldverhältnisse, 1. Abteilung, § 249 Anm. 3a, S. 68; Larenz, Vertrag und Unrecht, II, S. 36; したがって、原状回復請求権が消滅すれば、二四九2の金銭請求権も消滅し、二五一条一項による金銭賠償請求権がのこる（Kommentar von Reichsgerichtsräten, § 249 Anm. 2）。RG 71, 214も同様の見解をとる。事案はオーデル河で小舟と蒸汽船とが衝突し、小舟は大損傷をうけて沈没したので、小舟所有者は第一回の引揚についやした費用七九三二・三三マルク（引揚は失敗）、第二回の引揚についやした費用八六一三・五五マルク、および引揚げた小舟の修繕費六九〇〇マルク、総計二三四四五・八八マルクの賠償を請求したというにある。原審がこれをみとめたのに対し、被告は小舟の価格は六五〇〇―七〇〇〇マルクで賠償額がその価格をいちじるしく超過するのは不当だとして上告し、最高裁判所はこれをいれた。その理由にいわく「この請求権（二四九2）は二五〇2、二五一、二五三条による金銭賠償請求権と同じではない。……むしろ、この請求権も原状回復請求権であり、ただ、債務者（蒸汽船所有者）の直接の給付の形によらず、債務者の金銭支払によって仲介された債権者（小舟所有者）自身による原状回復（Selbstbefriedigung）たるにすぎない（S. 214）。……原告（小舟所有者）は被告（蒸汽船所有者）に、被告の側で小舟を引揚げ、修繕をなすべき旨（二四九1）を請求し、または原告みずから引揚・修繕をなし、これに必要な費用を被告から取立てることもできた（二四九2）。原告が前の方法をえらんだ場合には、被告は二五一II（原状回復に不相当な費用がかかるときは、被告は原状回復を拒絶して金銭賠償をなしうる旨の規定）により小舟の引揚を拒絶して、原告に金銭で賠償することができる。しかし、原告が他の方法をとった場合（二四九2により原状回復にかわる金銭賠償を請求する場合）にも費用が不相当に高額に達するゆえをもって原状回復を拒絶する権利がある。このかぎりにおいて原告は――たとえば被告の諒解を確かめなかった場合には――自己の危険において行動したのである」と（S. 215）。JW 1909, S. 454所掲判決も同一事案に関するものである。

（4）　例外は賠償権利者のためにも、賠償義務者のためにもみとめられる。まず、賠償権利者は賠償義務者に対して、原状回復のために適当な期間を定め、期間経過後は原状回復を拒絶する旨を表示しうるのであって、この場合に期間内に原状回復がなされなかったときは、爾後は金銭賠償のみを請求しうる（二五〇）。したがって、原状回復がなかなかなされないときは、賠償権利者は以上の方法により、金銭賠償を請求することができる。つぎに、賠償義務者は原状回復に不相当な費用を要するときは、金銭賠償をする権利がある（二五一Ⅱ）。この場合に関する判例については註(3)参照。

(5) Staudinger, a. a. O., § 249 Anm. 2cα ; Vorbem. zu §§ 249-255 Ⅱ 1 am Ende.

(6) RG 94, 1. 事案は郵便配達夫からわたされた甲宛の野戦郵便を甲の妻乙が受取り、その父丙に渡し、丙はこれを開封し、写真で複写したのち、もとどおり封をして甲宛に送ったが、のちに乙が甲に対する離婚訴訟でこれを利用したのに対し、甲は乙・丙を共同被告として複写の返還を求めたというにある。

(7) 註(6)所掲判決における原審および最高裁判所の見解。第一審は乙・丙の不法行為をみとめたが、損害は生じないという見解をとった。けだし、乙・丙は不法行為によって、何物かを取得したとはいえるが、それは原告甲の犠牲においてではなく、当事者に財産の移動は生じなかったというのが、その理由である。

(8) たとえば、土地所有者でない者（賃借人）が土地の占有を侵奪され、一年以上を経過した場合。賃借人は所有者でないから、所有権にもとづく返還請求権（九八五）を行使しえない。また、占有訴権は占有の侵奪をうけたのち、一年以内にのみ行使しうるから（八六一Ⅱ）、賃借人は占有侵奪にもとづく返還請求権をも行使しえない。さらに、土地の賃借人は、動産の占有者ではないから、動産の前占有にもとづく請求権（一〇〇七条）を有しない（前占有にもとづく請求権とは以前に動産を占有していたことを理由とする本権上の返還請求権であって、ドイツ法特有のものである）。

(9) この点についての学説・判例は多いが、ここでは若干の判例のみを紹介する。判例の理論は悪意の欺罔により瑕疵の存在しないことを担保して売買をした場合について変遷をしめしており、古くは欺罔者は履行利益を賠償（瑕疵が存在しないものとして契約を履行）すべきものとした。たとえば、RG 59, 156 ff. は被告がその山の黄銅鉱を原告に一八〇〇〇マルクで売ったが、これを履行しないので、原告は六万マルクの損害賠償を利息とともに請求したという事件があって、請求の理由は第三者が採掘権をもっていて、履行ができないのに、第三者が権利を有しないことを被告は悪意の沈黙によって担保（保証）したというにあったが、原審が原告の請求をみとめなかったのに対し、最高裁判所は「あざむかれた者は、保証（担保）された事実が真実であったならば、あったであろう状態におかれなければならぬ。すなわち、被告はH（第三者）が黄銅の鉱山を占有する権利および黄銅鉱を採掘する権利を有することをよく知りながら保証をしたとすれば、契約の履行をさまたげるHの権利を除去しなければならぬ。なんとなれば、民法二四九条前段でつくり出すべき状態とは契約の目的とした状態と解せられなければならない」と判示した（これが不能ならば金銭賠償。原審はこの点を再審理すべきものとして破棄差戻）。RG 63, 110 ff. も同見解である。ところが、その後の判例、たとえば RG 103, 154 ff. は民法二四九条の解釈としては信頼利益の賠償をなすべきものとする。事案は、建築請負人甲が原告Aに家屋附土地を一七万七五〇〇マルクで売ったが、家に瑕疵（腐敗部分）があったので、Aは瑕疵あることを知りながら、そのないことを保証した第三者乙丙両人に対し不法行為にもとづく損害賠償として修繕費一万マルクを請求したというにあった。原審は原告Aに乙・丙が瑕疵をつげたら、それに応じた低額で売買を締結する意思があったかと釈明を求めたのに対し、Aはその意思なしと答えたのでAの訴を棄却した。Aの上告に対し、最高裁判所は信頼利益を賠償すべしとする原審の二四九条に関する損害賠償理論の正しいことをみとめた。いわく、「同条で定められた原状回復は原則として契約一般を除去する結果をみちびくのである、――これはあたかも民法一一九条・一二〇条の契約の取消の場合において通常いわゆる（消極的）信頼利益（一二二条）があたえられるのと同様である、なんとなれば、信頼利益は、権利者（A）をして契約が締結されなかったならば、おかれたであろう地位におくに足るからである。……（損害賠償は不法行為の効果を除去するにあるのであるから）締結された契約が不法行為にもとづく損害賠償の基礎となるのではなく、むしろ、この損害賠償は全体として、被害者の以前の財産状態をつくり出すことにあるのである（S. 159）」と。しかし、本件では別の理由によりAの上告をいれ、履行利益の賠償を命じた。すなわち、例外として売主自身が悪意で売買の目的物の瑕疵を黙秘したときは四六三条により履行利益を賠償すべきであり（この点は註(10)所掲 RG 66が詳しく論じている）、このことは、第三者乙・丙が瑕疵を黙秘した場合にも乙・丙が売主と共同正犯ないしほう助者たるかぎり、同様だというのである、——なお、損害賠償の請求は取消とちがって物権的効果を生じない(Staudinger, Kommentar, §249 2cy)。

(10) RG 86. 334 ff. 事案は甲が乙に農場を用益賃貸したが、賃料の一部を払わないので、甲はその支払と明渡とを請求したというにある(第一審甲勝訴。乙の控訴棄却。乙から上告)。最高裁判所は原審が乙の詐欺の抗弁をみとめなかったことを不当としていわく、「不法行為によってあざむかれた者は損害をうけてはならない。かれは欺罔がなされなかったと同様の状態におかれなければならぬ。かれが欺罔によって、契約を欺罔のなされない場合と異なる条件のもとに、とくに、より高額の契約給付で締結することを決した場合には、かれは条件の変更を、この場合には用益賃貸料の減額を請求することができる」と(破棄)(S. 336)。この場合における減額請求も信頼利益(消極的契約利益)の賠償請求にほかならない。けだし、この差額は、真実に反する意思表示を真実だと信頼したためにこうむった損害だからである。RG 66, 337もかかる賠償をなすべきだとの理論を肯定した。事案は被告乙(売主)が原告甲(買主)に一二万二千マルクで家屋附土地を売却し、売買交渉のさい、売主は八四〇八マルクの賃貸料の表をみせたが、そのうち、存在しない丙に対する家屋賃貸料一八一二マルクと丁に対する他の家屋の賃貸料八六二マルクを存在するようにみせかけたので、甲は乙に対して損害賠償の訴を提起したというにある。最高裁判所は被告の上告を棄却して履行利益の賠償をみとめたが、民法二四九条の解釈としては信頼利益を賠償すべきだという理論を正しいとしている。いわく、「……買主は民法二四九条にもとづいては、買主が契約締結のさいに売主から欺罔されなかったならばあったであろう状態におかれることを請求しうるのみである。したがって、買主の損害賠償請求権は消極的契約利益にかぎられるであろう。この利益は、あざむかれた買主が契約を取消さずにこれを存続させようとする場合には、買主が売買の目的物について真の状態を知ったとすれば、どれだけすくない代価で買ったであろうかということによって算定されなければならないだろう、なんとなれば、これに応じた代価の減額によって、欺罔がなかったとすれば存在したであろう状態が回復されるであろうから」と。しかし、民法四六三条は売買の当時担保された性質が存せず、または売主が悪意で瑕疵を黙秘したときは、解除または代価減額の請求にかえて、不履行にもとづく損害賠償を請求しうると規定しており、この規定の類推により売主が、実際には存在しない性質を存在するとあざむいた場合には買主は不履行にもとづく損害賠償請求権を有する。「したがって、あざむかれた買主は、売主がかかる性質を契約上担保したと同様に、性質について欺罔をした売主から損害賠償を求める権利を有するとみるべきである」、「買主は、金銭賠償により、買った家屋附土地が被告乙の虚偽にのべた賃料収益をもっていたとすれば、経済的に売買の結果おかれたであろう地位におかれることを請求しうる」（S. 388）（原審は被告に一六三四三マルクの支払を命じた。被告の上告は棄却）。

(11)　Larenz, Vertrag und Unrecht, II, S. 88, 2)。

(12)　Larenz, a. a. O., S. 88, 4; S. 87, 1参照。代替物の毀損・破壊の場合に原状回復を同種・同価値のものをもってなしうることについてはStaudinger, §249 Anm. 2cβ; Oertmann, Recht der Schuldverhältnisse, I, §249 Anm. 2b. 判例は木板を買った原告（買主）が代金を提供して売主の倉庫に無料であずけておいた木板の引渡を求めたところ、履行不能だったので、代金と引換に同種・同品等の木板の引渡を求めた事件について（第一審・第二審原告勝訴。被告から上告）、最高裁判所は「賠償義務者の責に帰すべき規格のある商品の喪失の場合に、賠償は同種の物品の同量の給付によってなされうることは疑をいれぬ」とする（RG 106, S. 88）。ただ、本件で無償寄託の間に売主の責に帰すべからざる事情で板が損傷をうけたとすれば、原告はかかる請求をなしえないとする（破棄・差戻）。RG 126, 403-4も「……代替物の窃取、滅失の場合に二四九1の賠償は同種・同量の物の供給によって請求され、かつ、なしうる」とする。RG 93, 284も窃取した担保証券を重過失によって譲受けた者に対し、同種の有価証券の引渡を求めた事件について、損害賠償としてかかる請求をすることは可能であるとし、被告側から過失相殺の抗弁を提出しうることをみとめている。かように、代替物の窃取、滅失の場合に、同種・同量の物の引渡を請求しうることは、もちろん、代替物毀損の場合（エンピツを折った場合）にも、また、場合によっては代替物でない物の毀損の場合（モーニング、眼鏡を毀損した場合）にも修繕が不能であれば、新品の請求ができると解すべきであろう。

(13)　Planck, Kommentar, II 1 §251も「原状回復は原状よりも、よい状態のみがつくられうる場合にも不能であり、かつ、原状よりもよい状態の回復のみが債権者の利益を満足させる場合にも賠償として不充分である」とする。

Staudinger, Kommentar, §251 Anm. 3も着古した上衣、減損した機械（たとえば古自転車）の代りに新品を賠償すべしとすることは不当であり、この場合には旧品が被害者にとって有する価格を賠償すべきだとする。その価格は裁判官の自由な確信によって決すべきである（民訴二八七）。しかし、以前の状態よりも、よりよい状態をつくり出すことを原状回復請求としてみとめた判例がある（RG 131, 159）。事案は、道路の修繕義務違反に対し、修繕を求めたというにあるが、この事件では被害者も費用を分担すべきことを申出ているのであるから、かならずしも被害者が損害賠償によって現状以上の利益をうることをみとめたとは断定しえない。

（14）Oertmann, Recht der Schuldverhältnisse, I, 249 Anm. 2i.

（15）Larenz, a. a. O., SS. 87, 88 は旧品のかわりに新品を請求しうるとし、そのかわり旧品は加害者に渡すべきものとする。それでもなお、利得した部分を被害者は金銭で返還する必要はないとするのである。

（16）Larenz, a. a. O., S. 88, 3.

（17）Staudinger, a. a. O., §251 Anm. 2a.

（18）たとえば、借主が借りた物を滅失したときは、同種の他の物をもって返還しうる（Oertmann, §251 Anm. 1a）。また、RG 73, 22 ff. 所掲の判例は、担保として抵当権設定の判決をうけた債務者乙がこれを履行せず、目的物を譲渡してしまったのに対し、債権者甲（乙の息子）が不履行にもとづく損害賠償を請求したという事件について、この「賠償は問題となっている請求権の特別の性質にかんがみ、通常の場合のように権利者に対する金銭の支払にあるのではなく、他の担保を供与することにのみあるのである」と判示する（S. 23）。

㈡　元本賠償と定期金賠償

(1)　金銭で賠償をしなければならない場合において、元本賠償（一時払）をなすべきか、定期金賠償をなすべきか。当事者の合意がないかぎりは、通常元本賠償をなすべきであり、この点はわが民法と同様である。したがって、治療費、埋葬費、物の毀損による損害等はすべて一時払が原則であるが、つぎの場合には定期金賠償が原則である。

(イ)　身体傷害・健康侵害による生業能力の喪失・減少もしくは需要の増大による損害の賠償（民八四三Ⅰ）
たとえば、傷害によって両手を失ったために、失業し、生業をいとなむことができないとか（生業能力の喪失）、また、そのために神経病がおこり、毎年温泉にゆかなければならないとか、食事等のために補助者をやとわなければならないとか（需要の増大）の費用を被害者は定期金の形で請求できる（前述一九六［本書四八〇頁］頁参照）。

(ロ)　扶養料相当金額の賠償　不法に人を殺した場合において、死者に対し、法定の扶養請求権を有する者があるときは、加害者は扶養権利者に対し、扶養料に相当する賠償を行わなければならない（民八四四Ⅱ）。たとえば、未成年の未婚の子は、財産をもっているときといえども、その財産収入と労働の収益で生活をなしえない限度で、両親から扶養を請求できるし（民一六〇二Ⅱ）、また、夫婦もたがいに扶養の義務を負う（一三六〇）。したがって、父が殺害されたときは、子および父の妻は加害者から扶養料の賠償を請求することができる。また、直系血族間には、たがいに扶養義務があり（民一六〇一）、みずから生活をなしえない者は、その直系血族から扶養を請求できるのであるから、たとえば父が老齢になってはたらけなくなれば子から扶養をうける。したがって、子が殺害されれば、父は現在ははたらけても、将来老齢ではたらけなくなった場合の扶養料を損害賠償として請求することができる（八四四Ⅱ）。この場合には加害者は被害者が現実にはたらけなくなったときから、定期金を支払わなければならない。[1]　定期金支払の訴を扶養請求権の要件（老齢）成立前に提起すること、または、要件成立の場合には扶養義務が存在する旨の確認を求める訴を提起することは可能である。しかし、扶養請求権の要件の成立があまりにも遠い将来に属するとき、たとえば、四歳の子が殺害され、親が約四〇歳のときは、親はかかる損害賠償の請求をすることができない。[2]　定期金の支払期間は最高限は扶養義務者（被害者）の推定生存期間であり、その経過以前に扶養権利者である子が独立の生計をいとなむにいたるであろうと推定されるときは、その時までである。妻が扶養権利者であるときは、婚姻の推定存続期間、すなわち、通常は義務者（被害者たる年上の夫）の推定生存期間中定期金をうけうる。(3)

(ハ) 労務の給付をうばわれたことに対する賠償　殺害、身体傷害、健康の侵害または自由の剥奪により被害者が法律上第三者に対してその家事（Hauswesen）または事業（Gewerbe）において労務を給付する義務を負っていた場合には、加害者は第三者に対し、金銭定期金をもって奪われた労務を賠償しなければならない（八四五条）。妻は共同の家事を行なう義務があり（一三五六条I）、また、子は親の世帯に属し、かつ、親から教育され、扶養されているあいだは、その力および生活上の地位に相応した方法で、親の家事および仕事に労務を給付する義務を負う（一六一七条）。したがって、たとえば、妻が殺された場合には夫が、子が殺された場合には親が、妻や子の労務の給付をうけえなくなったことに対する賠償を請求しうる。(4) 賠償額については、夫や親がやとうべき召使のその地方に通常な賃金がひとつの標準となる。定期金の支払期間は、子が被害者である場合には子が親の世帯に属し、かつ、親から教育され、扶養されるであろうと推定される期間（たとえば、子が就職する時期が一八歳と推定されれば、その時まで）、また、妻が被害者である場合には婚姻の推定存続期間（たとえば、年上の夫の推定生存年齢を七〇歳とすれば、それまでに婚姻の解消を来すと推測される事由がないかぎり、七〇歳まで）である。

(ニ) その他法律に規定がなくとも、加害行為の効果が継続的である場合には、定期金賠償がなさるべきである。(5)

(2) 被害者（たとえば腕を一本失った者）が若年のため、いまだ生業能力がないとか、その他の原因で、被害者（原告）の将来の生業関係がどうなるかわからず、定期金の額を算出することが困難な場合には、通常は定期金支払義務の確認を求める訴のみを提起することができる。(6) 将来の損害がある程度蓋然的に確定しうる場合には給付の訴を提起することができ、(7) 裁判官はすべての事情を考量し、その裁量によって、定期金金額、給付期間を定めた給付判決を下すことができる。しかし、定期金賠償の判決があったのち、判決の基礎となった事情に重大な変更があれば各当事者は訴をもって判決の変更を請求することができる（民訴三二三条）。たとえば、殺害された五〇歳の夫の妻が夫の推定生存期間（七〇歳まで二〇年間）の定期金をうける旨の判決をえたが、その後五年たって再婚をしたとか（この場合は再婚の夫から扶養をうけることになる）、殺害された父の一八歳の子が独立に生計をいとなみうると推定される二一歳まで三年間の定期金賠償をうけうる旨の判決をえたが、二一歳のとき病気にかかり独立の生計をいとなめなくなったとか、いう場合がこれである。

(3)　定期金賠償のなさるべき場合であっても重大な理由あるときは、被害者は元本の支払（一時払）を請求することができる（八四三Ⅲ、八四四Ⅱ、八四五2）。重大な理由とは、たとえば賠償義務者が多数の相続人をのこして死んだとか、被害者（原告）が外国に居住するとか、または、被害者が住居を移し、定期金をとりたてるのにいちじるしい費用を要するとか、あるいは、賠償義務者が定期金支払のための担保を供しえないとか、一時払が被害者にとって好都合な影響をもつ見込であるとかいうようなことである。(8)

(4)　元本賠償は一回かぎりの支払で将来の結着をつけるのであるから、いちばん簡単である。その短所は、賠償権利者が賠償金を使いこんで後で困るおそれがあること、後の事情の変更で支払をうけた金額を変更しえないこと、とくに充分だとおもった賠償が不充分になるおそれがあること、資力に乏しい賠償義務者にとって支払が困難なこと等にある。しかし、簡単で、定期金賠償にともなう不利益がないから、ドイツ民法は元本賠償を原則としている。ただ、加害行為の効果が継続する場合には、元本賠償にともなう賠償権利者にとっての不利益をさけるために――重大な理由ある場合をのぞき――定期金賠償をみとめる。しかし、定期金賠償は――義務者にとっても手数であるが――権利者にとって諸種の不利益をともなう。支払をうけることの不確実（義務者の財産状態の悪化、義務者の逃亡、支払を怠ること）、取立の手数（とくに権利者または義務者の住所移転の場合）、定期金を一々請求することが感情的にも不快な場合がありうること等がこれである。もっとも、法律は、権利者は支払の不確実による損害をまぬかれるために、担保の供与を請求しうることとし（八四三Ⅱ、八四四Ⅱ、八四五2）、また、担保供与の裁判がなされなかった場合にも、後に義務者の財産状態がいちじるしく悪化したときは担保の供与を請求しうることとして（民訴三二四）、ある程度権利者の救済をはかっている。

（1） Staudinger, Kommentar, II. 3, § 844 Anm. V 3aα ; Motive II, SS. 781, 782.

（2） DJZ 1904, S. 752. この事件の親は労働者であって、一九一五年以後年二〇〇マルクの定期金を請求したが、一九〇三年五月二二日のハンブルク上級裁判所判決で棄却された。その理由は子がそれまで生きるかどうか、子が生業につきうるかどうか、また、これを肯定しても、民法一六〇三条にかんがみ扶養義務を生ずるかどうかは、未定だというにある。また、DJZ 1916, S. 546 所掲のカールス・ルーエ上級地方裁判所の事件では原告四〇歳、その子七歳未満の場合について、かかる請求をみとめなかった。いわく、「子はいまだ七歳に達しない。子がもっと成長して、世帯において両親に労務を給しうるにいたった場合には、この労務給付は、子の扶養にもちいられる額と平衡を保たれることになろう。しかし子が完全に成長したのちに生業を見出しえたとしても、原告を……扶養し」うるとはかぎらぬ。とくに子が婚姻をした場合にはそうであると。これに対し、JW 1909, S. 314 Nr. 12 所掲の最高裁判所判決は七歳の息子が被告の馬にけられて死んだ事件に対し、息子の親（原告）がその推定生存期間中息子が原告を扶養する義務を負ったであろう限度で被告は損害賠償をしなければならないとした。また、一三歳および九歳の息子が殺された事件について、両親の賠償請求をみとめた事件がある（Warneyers Rechtsprechung des Reichsgerichts, 1910 Nr. 206 S. 217）。

（3） RG 159, 21 は自動車事故で死亡した甲の妻と子が運転手および自動車保有者に対し、損害賠償を請求した事件であるが、裁判所は両被告は連帯債務者として埋葬費二一三・九〇ライヒスマルクと物に対する損害賠償のほか、妻に対しては、一九三七年七月一日から一九五七年五月三一日まで月百マルクの定期金を、また、子に対しては一九三七年七月一日から一九四〇年六月三〇日まで月五〇ライヒスマルクの支払を命じた。関係者の年齢は不詳。

（4）　もっとも東ドイツでは共同の家事を行う妻の義務をみとめた一三五六条一項は憲法が男女同権を規定した結果、失効したと解されている。西ドイツでは失効したという見解（Dölle, Die Gleichberechtigung von Mann und Frau im Familienrecht, Juristen Zeitung, 1953, S. 358）とそうでないとするものとがある（Juristen Zeitung, 1954, S. 157参照）。失効説によれば、夫は奪われた労務に対する賠償を請求しえないことになろう。妻が夫の仕事をしなければならないとする一三五六Ⅱの失効については学説が一致する。

（5）　Staudinger, Kommentar, 10. Aufl., Vorbem. VII zu § 823. しかし、実際には法定の場合以外に定期金賠償をみとめた例はすくないようである。新聞記事のために失職した男（陸軍のため仕立業を自分の家でしていた男）が新聞編集者に損害賠償を求め、諸種曲折があったのち、原審は被告に一九一七年七月一日までの損害として二八七〇〇マルクを支払うこと、その時から一九三四年七月一日まで年四一〇〇マルクの定期金を、また、この時から終身間年三〇〇〇マルクの定期金を支払うべき旨の判決を下した。最高裁判所は被告の上告をいれて破棄・差戻の判決をしたが、定期金についてはつぎのように判示している。「しかしながら、ここで問題となっている損害の性質についてみれば、永続的・継続的定期金をみとめることは疑問である。損害賠償として定期金を確定することは民法八四三―五条……の場合にかぎられないことはみとめなければならぬ。定期金は金銭賠償の特別の形であり、原告の傷害および健康の侵害の場合だけでなく加害行為の結果が永続的かつ、継続的な場合にもみとめられる」。しかし、本件の場合にこれに該当するかは疑問である。「原告はその生業能力を喪失したのではなく……単に原告のいとなんでいる職業を失っただけである。それは……仕事の価格の賠償によってつぐなわれる一回かぎりの損失である。これに反し、生業能力ある人間が以前の仕事から生ずる利得に相応する定期金をみとめられることによって、自己の労働力および生業能力を完全に用いずに、その生活を安穏にする立場にたとうとするのは、適当とはおもわれない」（JW 1917, S. 715）。また、RG 68, 429 ff. の事件では、被告会社（有限会社）の取締役甲（被告）の招待による自動車旅行において、甲の過失による事故で損害をこうむった原告が不法行為にもとづき元本の支払による賠償を甲に請求し、このほか会社に対しては招待とその参加によって成立した契約上の義務違反を理由として元本賠償を請求し、原審はこれをみとめたのに対し、最高裁判所は被告の上告をいれ、原告と会社との間に契約関係ありとする点を法の解釈をあやまったものだとし、甲と会社とは共同不法行為者であるから、これに元本賠償を命ずべきかどうかも八四三Ⅲの解釈として両被告について統一的に論ずべきだとして破棄差戻の判決をしたのであるが（原審は会社に対しては契約違反を理由として元本賠償を命じたらしい）、そのなかで最高裁判所はつぎのようにいう。「しかしながら、不法行為にもとづいて損害賠償の義務を負う者の一人が、請求された損害賠償を同時にその契約義務違反にもとづいて給付しなければならないならば」、義務者に対しては民法二四九条以下の規定をも顧慮しなければならない。「しかし、この場合に、控訴裁判所は裁判官は二五一条の規定を適用するさいにいかなる事情のもとにおいても権利者に元本賠償をあたえるべきだと解」したのは誤である。二五一条には「金銭」による賠償をなすべしとあるから、元本賠償をみとめることもできるが、「しかし、裁判官はこれをみとめる義務はない、なんとなれば、金銭定期金も同様に、〔金銭による〕賠償だからであり、裁判官は裁判さるべき事件のすべての事情を判断して、生業能力の喪失または減少によって惹起された損害を賠償するのに金銭定期金をもってたるか、または適当だとの確信に到達したならば、この賠償の形態を選択する権利がある」と（RG 68, 431）。また、慰藉料として元本とならんで定期金をも請求しうる旨を判示したノイシュタット上級地方裁判所の一九五六年一月一六日の裁判がある（Juristische Rundschau, 1956, Heft 7, S. 263）。事案は被告が一九五四年七月二八日、一九四四年一〇月三〇日生れの原告（女子）の左眼を矢を射てきずつけ、視力を喪失させたので、原告は一回払の金銭給付とともに、一九五五年八月一日から毎月の定期金を請求し、第一審はその請求を理由ありとしたのに対し、被告は慰藉料の定期金賠償をみとめた点を不当だとして控訴したというにある（棄却）。

（6）　最高裁判所一九〇六年五月三一日判決（JW 1906, S. 472 ff.）。事案は一九〇一年六月一四日当時一〇歳の男子（原告）が誤って被告のノコギリ機械で右人差ゆびを砕断されたので、生業能力の減少にもとづく損害賠償として終身間定期金の支払を請求した。第一審では中間判決で被告にかかる義務ありと判決した。最高裁判所は第一審が給付の訴に対して確認判決を下し、しかも被告の義務を無制限にみとめたのは不当だとしたのち、「原告は生業能力の減少を理由として一九〇一年六月一九日以後定期金の支払を請求した。前審はかかる給付の事実上の基礎が存在するかを検討しなかった。一〇―一一歳の学童は通常いまだ生業（収入）を有しない。かれがいつ生業につきうる年齢に達するか、どんな状態にあるか、その収入はどれほどかおよび右人差ゆびの喪失がこの収入にとってどんな意義があるかは、主として、かれの従事する職業にかかっており、さしあたって職業の選択がゆびのないことによって影響されるかもしれぬ。原告の生業関係が将来どうなるか予見しえないことおよびそのために定期金をあたえ、その数額を確定することが困難なことにかんがみ、原審は民訴一三九条一項（釈明権の行使）によって給付の請求を確認の請求に変更することを促すべきであった」（S. 473）とする。最高裁判所一九〇七年一〇月三〇日の判決（JW 1907, S. 832）もまったく同趣旨である。事案は一九〇五年六月一八日被告の家のへいにたてかけておいた大きなガラス箱が倒れて八歳の子が怪我をしたので、父は息子のためについやした費用六二二マルク、子は一九〇五年一〇月一日から学校卒業まで年六〇〇マルク、それから成年まで年一〇〇〇マルク、それから終身間年一五〇〇マルクを請求したというにある。第一審、第二審はその半額をみとめたが、最高裁判所は子の請求につき被告の上告をいれ、釈明権を行使して給付の訴を確認の訴に変更すべきことを促すべきであったとして、これを差戻したのである。確認の訴を提起した例としては、一九〇九年五月一九日最高裁判所判決（JW 1909, S. 392）がある。事案は、一九〇四年一〇月九日に被告の馭者（原告）が被告の馬に引倒されて怪我をしたので、損害賠償請求の訴を提起し、第一審はその損害一〇四マルクと被告との間の雇傭関係終了後、年一五六マルクの損害賠償義務をみとめたが、それ以上の請求額を棄却したので、原告から控訴したというにある。控訴の理由は、原告はすでに支払われた一〇四マルクおよび一三〇マルクを控除した損害のすべてを賠償すべき旨の確認を求めたのであって、雇傭関係終了後における定期金の支払を求めたのではなかったというにある。控訴審はこれをいれ、被告は雇傭関係終了後原告の生業能力の三三1/3パーセントを喪失したことから生ずるすべての損害を賠償する義務あることを確認し、最高裁判所もこの判決を是認した（被告の上告は棄却）。

（7）　一九〇六年五月一四日最高裁判所判決（DJZ 1906, S. 877）。事案は五年六箇月になる獣医の男子が被告電車会社の電車にひかれて両下腿を切断したので、損害賠償の訴を提起し、原審は需要の増大と生業能力の減少とを理由として年齢とともに定期金の額の増額をみとめ、二四歳以後は終身間年三五〇〇マルクの賠償をなすべき旨を判示したというにある。被告はこれを不当として上告した。上告理由は原告は現在生業能力なく、また、その将来の生業能力の範囲も、その将来の心身の発達も不確定で予測しえないから、原告は賠償義務の確定のみを求むべきであったというにある。上告棄却。その理由にいわく、「上告の主張するような手続は通常、所得の喪失(Erwerbsverlust)をうめあわすための定期金についてのみ許される。しかし、本件では原告たる児童は教職につくだろうということについて当事者の見解は一致しており、鑑定人は児童の将来の身体の発達について見解をのべた。かような事情のもとにおいては、現在すでに需要の増大による費用にもとづく定期金だけでなく、所得の喪失に関しても定期金を命ずるのは法律上許されないことではないとおもわれる」と。

(8) Staudinger, §843 Anm. 1c.

第二 日本

一 損害賠償の範囲

日本民法は債務不履行による損害賠償と不法行為による損害賠償を分け、不法行為による損害賠償の範囲については規定していないが、債務不履行による損害賠償の範囲については、四一六条に「損害賠償ノ請求ハ債務ノ不履行ニ因リテ通常生スヘキ損害ノ賠償ヲ為サシムルヲ以テ其目的トス」(一項)、「特別ノ事情ニ因リテ生シタル損害ト雖モ当事者カ其事情ヲ予見シ又ハ予見スルコトヲ得ヘカリシトキハ債権者ハ其賠償ヲ請求スルコトヲ得」(二項)と規定している。(1) この規定のいわゆる立法者意思は必ずしも明かでないが、その成立過程よりみて、(2)

次の如く解すべきだと思われる。

（1）　日本民法四一六条は相当因果関係説を採用したといわれている。しかし、――相当因果関係説はいろいろの内容をもって主張されているが――少くともドイツにおける相当因果関係説そのままではない。ドイツにおける相当因果関係説はある行為が「一般的に」一定の損害を惹起せしめるに足るとき、法律上その行為をその損害の原因とみるのであるが、その「一般的」（generell）というのは、日本民法四一六条一項にいわゆる「通常」と同一ではない。「通常」はドイツ民法の nach dem gewöhnlichen Laufe der Dinge（二五二条二項参照）乃至は nach dem typischen oder normalen Verlaufe der Dinge に相当するのでないだろうか。「一般的」とは「通常」よりも広い、通常でない「特別事情」をも含むのである。そして何れの場合にも当事者の予見可能性を問題にしないのである。然るに、日本民法四一六条は通常生ずべき損害と特別事情による損害とを区別し、前者については当事者の予見可能性は問題にしないが、後者については当事者の予見可能性を要求し、相当因果関係説を制限しているのである。[3]

（2）　このように日本民法四一六条は通常生ずべき損害については予見しうべかりしことを要求していないのに対し特別の事情より生ずる損害については、予見しうべかりしことを要求しているが、予見しうべかりしや否やは何時を標準とすべきかというに、契約締結の時に、契約の双方当事者がその特別の事情を予見しうべかりしことが必要だと解すべきである。[4]

（3）　なお、金銭債務の不履行による損害賠償の範囲については四一六条に対する特則（四一九条）があり、利息（法定利息又は約定利息）に限定している。

（4）　不法行為による損害賠償の範囲については規定を欠いている。四一六条は債務不履行についてのみ適用があり、不法行為には適用がないと解すべきである。四一六条を不法行為に準用する旨の規定がないし、特別の事情の予見可能性決定の標準となるべき時期を契約成立の時とすべきだとすれば尚更であろう。むしろ、不法行為による損害賠償の範囲は、ドイツにおける相当因果関係説に一致し、二項の予見可能性の制限がないのではなかろうか。すなわち、直接損害たると間接損害たるとを問わないことなどは[5]、債務不履行でも不法行為でも差異はないが、不法行為の場合には債務不履行の場合と異り、通常損害についてのみならず、特別損害についても、予見可能性の有無に拘らず、賠償請求しうるのではなかろうか[6]。

(5) 精神的損害については、債務不履行の場合にもその賠償の請求ができるかどうか規定がない[7]。認めない趣旨だったのであろうか。が、不法行為の場合には、人格権侵害のときでも財産権侵害のときでも、広くその賠償の請求ができる旨の明文がある(七一〇条)。自動車損害賠償保障法三条による自動車保有者の無過失責任の場合にも、慰藉料の請求がみとめられている。しかし、精神的損害については、民法四一六条乃至相当因果関係説の適用はなく裁判官の自由裁量に委ねられていると解すべきである[8]。

(1) 注意すべきは、ここでの損害賠償の範囲の問題は、森永ミルク事件点眼薬事件その他それに類比さるべき事件(例えば、空券である荷物受取証を発行したものは、その所持人がそれを担保に第三者から金員を騙取した場合に、第三者の損害に対して賠償の責任があるかといった事件)と区別しなければならないことである。後者は不法行為の成立の問題であるが、前者は成立のみとめられた不法行為による損害賠償の範囲の問題である。日本では、この二つの問題は、しばしば混同されているようである。

(2) この規定の起草当時の原案四一〇条は、内容的には現行法とあまり違わないが、その法文は「損害賠償ノ請求ハ通常ノ場合ニ於テ債務ノ不履行ヨリ生スヘキ損害ノ賠償ヲ為サシムルコトヲ目的トス」(一項)「当事者カ始ヨリ予見シ又ハ予見スルコトヲ得ヘカリシ損害ニ付テハ特別ノ事情ヨリ生シヶルモノト雖モ其賠償ヲ請求スルコトヲ得」（二項）というのであった。起草委員（穂積）はそれについて次のように説明している。「第一ニ此損害賠償ニ付テ其損害ト云フモノトドレ丈ケノ関係ガアレバ宜シイカト云フ問題ハ諸国ノ民法ニ於テ区チ区チ［ママ］……併シ要……スルニ苟《いやしく》モ原因結果ノ関係ガ明カニ存シテ居リサヘスレバ損害賠償……ヲ求メルコトガ出来ルト……人ル主義ヲ取ツテ居リマス国ト夫レカラ其原因結果ト云フモノニ段階ヲ設ケテ……直接ノ原因ニ非ザレバ求メルコトガ出来ヌ斯ウ二ツノ階級ニ分ケテ居リマスル国モアル……本案ハ其第一ノ方ノ主義ヲ採リマシタニ依テ苟モ其不履行ト云フモノニシテ原因結果ノ関係ヲ証明スルコトガ出来ル場合ニ於テハ損害賠償ヲ求メルコトガ出来ル……（独乙に同じ、仏蘭西、瑞西抔は直接の結果と断っているが、其原因が直接か間接か分り憎いと見え人々の考えが違う）……債権者ヲ可成《かなり》元トノ有様ニ返スト云フノガ当然ノコトデアラウト思ヒマスカラ此原因ニ直接間接ノ区別ヲ致サヌ方ニ吾々ハ取極メマシタ」（速記録一八巻五二）。次に、「悪意ト悪意デナイ場合トヲ区別ヲシナイ……」。けれども「予見ト云フコトハ何ウモ之ハ債務関係ノ性質ヨリシテ一ツノ標準ト致サナケレバナルマイ……譬《たと》ヘバ……或ル品物ヲ売リ……夫レヲ引渡ス債務ノ場合ニ於テ其品物ノ通常ノ価、時価ハ百円……併シ其取引ノ性質又ハ取引ノ起リマシタ事柄ヨリシテ（？）引取リマシタ人ガ売ルト千円……。之ヲ渡サヌト云フト外ノ人ナラバ唯ダ百円丈ノ損ヲスルノデアルガ此人ハ千円ノ損ヲスルト云フヤウナ特別ノ事情ト云フモノヲ知ツテ居レバ固ヨリ夫レハ這入ラナケレバナラヌ……英吉利抔ノ有名ナ判決例ノ規則抔デモ詰リ之ニ帰スルノデ、通常ノ結果カラ、予見シテ居レバ特別ノ結果デモ之ヲ償フコトヲ要スル……夫故ニ本案ノ如ク標準ヲ定メタ」（五四—五頁）。

これに対し、次のような質疑応答が行われた。土方、「本条ハ一項ハ通常ノ場合ニ於テ生ズル損害、二項ハ特別ノ事情ヨリ生ズル損害、此ノ二ツノ項ニ別ケテアリマスガ此通常特別ト云フコトモ実ハ其境界ガ判然シナイノデアリマス一項ノ所謂通常ノ場合ニ於テ生ズル損害ト云フモノハ当事者ガ予見シテ居ツタ場合又予見シナクテモ予見シ得ベキ筈ノモノデアル……夫故ニ通常ノ場合ニ生ズル損害ト特別ノ事情ヨリ生ズル損害ト云フモノヲ書キ別ケヌデモ斯ウ云フ具合ニシタラ宜カラウト思ヒマス、『損害賠償ノ請求ハ当事者カ始メヨリ予見シ又ハ予見スルコトヲ得ヘカリシ損害ノ賠償ヲ為サシムルヲ以テ目的トス」ト云フノデ充分ニ尽シテ居ルト思ヒマス』……夫レデ私ハ唯ダ文章ノ修正デアリマスガ前申シタヤウニシタイ」（五六）。穂積、「通常ノ損害賠償デアリマスレバ予見シナクテモ構ハヌ」（六〇）。土方、「普通ノ損害ト云フモノハ何ウシテモ義務ノ不履行ノ結果ハ義務者ガ予見スルコトヲ得ベカリシモノ……予見シナクテモ予見シタモノト同ジヤウニ見ナケレバナラヌ」（六一）。磯部、「……『当事者カ始メヨリ予見シ』トアリマスカラ之ハ契約ノ当時ヨリト云フコトデアリマセウガ……途中カラ……幾日マデニ履行シテ呉レヌト斯ウ云フ損害ヲ蒙ルカラト云フノデ予告カ何ニカシタ場合……然ウ云フ事情ハ入レヌト云フ御積リデアリマセウガ……然ウ云フ制限ヲ設ケナケレバナラヌト云フ必要ガアルカ」（六一）。穂積、「御説ノ通リニ、……途中カラアレヲ約束通リ履行シテ呉レヌト私ハ斯ウ云フ位置ニ為ツテ特ニ困ル其損害ハ通常ノ取引ノ売買ニ依テ多数ノ人ガ損害ヲ蒙ルヨリハ私ハ特ニ余計ニ蒙ルコトガアルト……知ラセテ貰フトカ又自分ガ発見シタ事情ニ依テ特ニ其責ガ重クナルト云フヤウニサレルノハ穏カデアルマイ又実際上モ然ウ云フコトヲサセタナラバ弊害ガ殖エルデアラウ」、なお、穂積「第二項ノ方ハ（第一項の範囲を）広メタ積リデアリマス」（六三、六四）。長谷川、「此ノ『通常ノ場合ニ於テ』ト云フノヲバ下ノ方ニ移シテ『債務ノ不履行ヨリ通常生スヘキ損害』云々ト云フ事ニシタイカラ修正案トシテ提出シマス（六七）。田部、「第二項ノ……書キ方ニ為ルカモ知レマセンガ……」（六二）、「縦令《たと》ヒ損害ノ方ハ十分ニ予見シ又ハ予見シ得ベカラザリシ時ト雖モ若シモ特別ノ事情ガアルトコトヲ当事者双方ガ知ツテ居ツテ契約ヲシタナラバ矢張リ夫レ丈ケノ責ヲ債務者ニ負ハセテ至当デハナイカト思ヒマス」ので（六五）、「本条ノ第二項ヲ斯様ニ改ムルト云フ修正案ヲ提出致シマス……『特別ノ事情ヨリ生ジタル損害ニ付テハ当事者カ其事情ヲ予見シ又ハ予見シ得ベカリシトキハ其賠償ヲ請求スルコトヲ得』ト云フ案デアリマス」（六七）。梅、「私ノ考ヘデハ何レ債務者ガ履行ヲシナイト云フ場合ニ於テハ固ヨリ責ガ債務者ニアルト云フ場合デアリマスカラ夫レガ為メニ聊《いささ》カタリトモ債権者ガ損害ヲ受ケテハナラヌト云フコトガ原則デナケレバナラヌ……従ツテ私ノ意見ヲ極ク十分ニ申シマスレバ『損害賠償ノ請求ハ債務ノ不履行ヨリ生ズベキ一切ノ損害ヲ為サシムルコトヲ以テ目的トス』ト云フ様ナ風ニシタイト思ヒマス……」、「故ニ私ハ此規定ト云フモノハ理論カラ出タモノデナク実際ノ便利カラ出タモノデアルト思ヒマス成程債務者ノ不履行ノ場合デアレバ責ハ債務者ニアルカラ一切ノ損害ヲ皆其債務者ニ払ハセテ宜シイケレドモ然ウスルト非常ナ責任ニナルノデ夫レデハ債務者ガ実際上払ヘヌ負担シ切レヌデアラウト云フ理由カラ夫レデ特ニ法律デ以テ斯ウ云フ狭イ区域ヲ定メタモノデアルト思ヒマス……仮ニ其説ニ依テ考ヘテ見テモ恰《ちょう》度《ど》今田部君カラ出タ案デ沢山デアリマス……」、「夫レカラ又予見ト云フコトハ必ズシモ債権発生ノ当時ヨリト云フコトニセヌデモ宜シイ途中カラデモ宜シイデハナイカト云フコトヲ磯部君カラ言ハレタ……特別ノ事情ガ途中カラ予見セラレ又ハ普通ノ人ナラバ予見スルコトガ出来タト云フヤウナ有様ニアツタトキ……之ハ特別ノ事情ト云フ中ニ這入ルカ何ウカハ解釈問題デアリマスガ私ハ這入ルダラウト思ツテ居リマス譬ヘバ此日清戦争ガ始ツタソンナ戦争抔ト云フコトハ契約ノ始メニハ予見シテ居ラナカツタ、ケレドモ戦争ガ始ツタ然ウスルト刀剣ノ如キモノデアルトカ米穀ノ如キ物デアルトカ云フ物ガ勢ヒ騰貴シタ然ウスルト或ル刀剣ヲ何千本カ供給（？）スベキ義務ヲ負ッテ居ツタ者ガ今ノ時勢ニ為ツテ刀剣ヲ其約束ノ期限通リニ渡シテヤラナケレバ相手方ハ非常ニ損ヲスルト云フコトハ予見シナケレバナラヌコトデアル乍併《しかしながら》契約ノ当時ニハ戦争ノ起ルト云フコトヲ予見スルコトハ出来マセヌカラ従ツテ夫レ丈ケノ結果ト云フモノヲ予見スルコトモ出来マセヌ然ウ云フ場合デアツテモ矢張リ其特別事情即チ戦争……カラ、ソンナ俄ニ騰貴……ガ起ツタ其事カラ起ツタ損害モ矢張リ負担サセテ宜シイ尤モ或ハ本案維持者ノ方デハ然ウ云フノハ矢張リ通常ノ場合ト見ルト云フコトデアルカモ知レマセヌガ若シ然ウ云フ物マデ通常ノモノト見ルト云フコトデアレバ通常ト特別トノ区別ガ余程別ケ悪ク為ツテ来テ縦令ヒ立法者ガ然ウ云フ考ヘデ起草ヲシタト云ツテモ世間ノ人ハ然ウハ見ナイト思ヒマスカラセメテハ今ノ田部君ノ御説ノ通リニ為ルコトヲ希望シマス」（六八―七一）。穂積、「第一点ノ……途中カラ予見シテモ宜シイデハナイカ途中カラ予見スルコトヲ得ベカリシ有様デモ宜シイデハナイカト云フ議論ニ対シテハ私ハ夫レハ困ル……別シテ……大切ナ債権即チ合意ヨリ生ズル債権ト云フモノニ付テハ予期シテ居ツタナラバ尚更ノコト始メカラ其位ノ荷物ヲ負フコトヲ自カラ肯ンゼズシテ然ウシテ後ニ至ツテ後ノ事情ニ依テ始メニ想ヒモ依ラヌ事ヲ負担スルコトハ如何ニモ酷ドイデハナイカト云フコトヲ私ガ答ヘマシタ梅君一言ニシテ答ヘラレタ、ソンナニツラケレバ始メカラ履行サヘスレバ宜シイデハナイカト云フコトデアリマシタカラ夫レハ君ノ議論ハ如何ニモ酷ナ議論デアルト云フ位ノ論議デ止ミマシタ兎ニ角『始ヨリ』ト云フコトガ理論モ正シイト云フコトデ遂ニ之ヲ原案トシテ出シタノデアリマス……『始ヨリ』ト云フ位ニ狭クシテヤル方ガ当事者ニ公平デアルジヤラウト云フ位ノ考ヘデ如斯《かくのごとく》定メマシタ……」（七三）。梅、「第一契約ナラバ始メヨリ是丈ケノ物シカ予期シテ居ラナカツタト云フコトガ稍々《やや》理由ノアル事ノヤウデアリマスガ……債務者ガ是丈ケハ義務ヲ承諾シテ居ツタト云フコト……ハ契約以外ノ債務ニハ到底当嵌ラヌ」、契約上の債務でも?……「損害ノ生ズベキ時ヨリ見テ予見シト云フコトデ債務者ヲ保護スルト云フコトニシタナラバ十分……如何トナレバ夫レヲ予見スベキデアレバ夫レデハ所謂不履行ヲシタナラバ損害賠償ハ無論出サナケレバナラヌカラ何ウシテモ履行スル斯ウ云フコトニナツテ勉強シテ履行スルト云フコトニ為ルカラ矢張リ構ヒマセヌ……」(七五)。磯部「一寸申セバ刀ヲ五円デあなたカラ買フ約束ヲシテあなたノ所ニアル所ガあなたガ日清戦争カ何カノ為メニ其刀ヲ誰レカ外ノ者ニ売ツテ仕舞ツタカ何ウカシテ私ニ売ラナイ其賠償ヲ求メルトキニハ第一項ノ規則ヲ読ンダ所ハ……五円ノ賠償デナクテ今日其刀ノ価ガ損害賠償……額デナケレバナラヌト思ヒマスガ然ウスルト云フト詰リ例ノ途中カラ即チ此義務ヲ重クスルト云フコトハ即チ契約ノ当時ヨリモ途中カラ重クスルト云フコトハ不都合デアルト云フ議論モ恰度勢力ヲ減ズルカ知ラント思ヒマス夫レデアリマスカラ私ハ矢張リ此『始ヨリ』ト云フ文字ガ穏カナラヌ文字ト思ヒマスカラ修正説ニ賛成シヨウト思ヒマス損害ガアリマスレバ其契約ノ当時ノ約束ノ損害……目的物ノ代価ヲ以テ基礎トスルノナラバ宜シイケレドモ損害ノ生ジタ即チ不履行ノ当時ノ代価ニ見積ツテ損害ノ額ヲ定メル標準ニ為レバ何時デモ契約ノ当時ヨリモ以後ノ事情ヨリシテ価額ノ見積高ニ増減ヲ生ズルト云フコトハ已ムヲ得ヌ訳デアラウト思ヒマスカラ」。穂積、「……此始ヨリ見込ンデ居ツタ所ガ即チ弁済ノ時ヲ見込ムノデアリマスカラ其時ノ価ト云フモノガ決シテ後ニ増シタノデハアリマセヌ……」(七七)。

かかる質疑応答の結果、長谷川氏の「不履行ヨリ通常生スヘキ」云々とする提案と田部氏の二項を「特別ノ事情ヨリ生シタル損害ト雖モ当事者カ其事情ヲ予見シ又ハ予見スルコトヲ得ヘカリシトキハ其賠償ヲ請求スルコトヲ得」とする提案とが可決された。

(3) 従って、「一般的」損害と「通常」損害とを同一視し、四一六条一項は相当因果関係説を採用し、賠償すべき損害の範囲を「通常」損害に限り、同条二項は当事者の予見し又は予見しうべかりし特別事情に基く損害も賠償すべきだが、それも「右特別事情ヨリ事物自然ノ性質ニ従ヒ通常生ズベキ損害ニ限ル」趣旨だとし、四一六条を相当因果関係説そのままと解するように見える判例があるが(大判昭和四・四・五民集三七三頁)、「特別事情ヨリ……

通常生ズベキ損害」というのはおかしいのみならず、当事者の予見可能性を問題とするのに相当因果関係説そのまま主張するのは相当因果関係説の誤解でないだろうか。

（4）　梅［謙次郎］要義（三二版）五九―六〇頁参照。尤も、起草当時の原案にあった「始ヨリ」当事者が予見しうべかりしときという「始ヨリ」の一句が現行規定にはなくなっている。これは同規定の制定経過の説明の際ふれた田部氏の提案が採用された結果であるが、田部氏の提案には予見を必要とする時期を契約締結のときでなく不履行のときとする趣旨はなかったと思われる。しかるに、判例（大判大正七・八・二七録一六五八頁）は、マッチの売買の履行期前に欧州大戦となり原料が高騰したため売主が履行しないので買主が解除して損害賠償を請求したという事件において、かかる場合の損害は特別の事情より生ずる損害で、予見しうべかりしことを必要とするとし、そして予見しうべかりしか否かは契約締結の時でなく債務履行期（債務不履行の時）であるとした。判例は損害賠償をみとむべきだと考えながら、その損害を特別の事情より生じた損害としたため、予見しうべかりしことが必要となり、しかも契約締結の時を標準とすると予見しうべかりしといえず損害賠償を否定しなければならなくなって不都合なので、引下げて債務の履行期を標準とすべきだと立論したのではなかろうか。しかし、本件の損害（契約代金と騰貴した価格の差額）は債務不履行より通常生ずべき損害で、そもそも予見しうべかりしや否やを問題にする必要はなかったのだと思われる（事情変更の原則の適用される場合があり得ないか否かは別問題である）。もし、判例のようにいうと、四一六条の一項と二項とを区別する必要がなく、一括して当事者が予見し又は予見しうべかりし事情より生じた損害だけが賠償請求できるとすればよいことになるのでなかろうか。

（5）　判例も直接損害に限らず間接損害の賠償請求をみとめている。例えば、不当の仮差押を受けたため各債権者の信用を失い一時に債権の取立にあい財産を低価に売却するの止むなきに至ったことによって受けた損害の賠償請求をみとめている判例（大判明治三八・四・一二録四七八頁）等がある。

なお、潜在的事情の競合が因果関係の存在を排斥しないことについては、「精神ニ異状ヲ呈シ遂ニ心神ヲ喪失スルニ至リタル素因ハ同人カ予テ心臓肥大症血管硬化症脳軟化症ニ罹レルニアランモ汽車ノ衝突客車ノ顚覆カ動機トナリ病勢ヲ増進シテ茲ニ至リタルモノ」であれば、鉄道会社は責任を免れることができないとする判例（大判大正二・一二・八新聞九一八号二八頁）等がある。

（6） 判例も最初は民法四一六条は不法行為には適用がないとしていた。すなわち、通常生ずべき損害たると特別事情による損害たるとを問わず、予見可能性を問題にしなかった。その趣旨の判例として、大判大正四・二・八録八一頁と大判大正六・六・四録一〇二六頁が挙げられるが、前者は適切な判例ではないようである。判旨は正しく四一六条の不法行為への適用を否定しているのであるが、事案そのものは不法行為と損害の間の因果関係の問題ではない。之に反し、後者はここに適切な判例と思われる。事案は被上告人が材木を訴外某に売渡し期限に引渡をしないときは天災地変の外被上告人の過失の有無を問わず二千円の予定賠償額を支払う契約をしたところ、上告人が材木に不当な仮処分をしたため、期限に引渡すことができず、二千円の賠償をした。原判決はそれは上告人の不当な仮処分に基因するから被上告人に賠償する義務があるとした。それに対して上告人は本件のような特別の損害は当事者に於て其事情を予見し又は予見しうべかりし場合にのみ賠償義務のあることは民法四一六条二項に規定してあるから、上告人が被上告人と訴外某との間の損害額予定契約を予見し又は予見し得べかりしか否かによって賠償義務の有無が定まるのに、原判決がその点の判断をしていないのは違法であると上告したが、上告は棄却された。「不法行為ヨリ生スル損害ノ賠償ニ付テハ民法四一六条ノ規定ヲ適用スヘキモノニ非ス苟モ其行為ト損害トノ間ニ因果ノ関係ヲ有スルニ於テハ其損害カ通常生スヘキ損害ナリト又ハ特別ノ事情ニ因リテ生シタル損害ナルトヲ問ハス等《ひとし》ク加害者ニ於テ之カ賠償ヲ為スノ義務ヲ有スルモノトス而テ其行為ト損害トノ間ニ因果関係アリト做スニハ事物通常ノ状態ニ依リ社会普通ノ観念ニ基キ之ヲ判断スルノ外ナキモノトス……上告人カ為シタル不法ナル仮処分ノ為メ被上告人カ上記ノ如キ損害ヲ受クルコトハ事物普通ノ状態ニ於テ決シテ偶発ノ事実ニ非ス社会一般ノ観念上其間ニ因果関係アルモノト看做スヘキハ当然ニシテ本件ノ場合ニ民法四一六条ヲ適用スヘキモノナルコトヲ前提トスル本論者ハ上告ノ理由ト為ラス」。（尤も大判大正一四・六・五新報四九号一四頁は上告人の申請にかかる仮処分命令の結果被上告人の第三者に対する義務が履行できなくなっても被上告人の故意又は過失によるものではないから第三者に予定賠償額支払の責任はないのに、それを支払ったからといって、上告人に対し損害賠償を請求できないと判示している）。

然るにその後判例が変更され、四一六条を不法行為による損害賠償にも類推すべきものと判示されるに至った。事案は甲所有の船が乙所有の船に衝突し、乙船は沈没したので、乙から甲に損害賠償を求めたのである。原審が沈没当時の価格の賠償請求をみとめながら、それに加えて、――乙船は第三者に傭船していて傭船料が入るべかりしだったので――沈没以後の傭船による利益の賠償請求をもみとめた。大審院はそれを破毀し、次のように判示した。「被害者ガ滅失毀損当時ニ於ケル物ノ価格ヲ標準トシテ定メラレタル賠償ヲ得タルトキハ其ノ被害者ハ将来ノ物ニ付通常ノ使用収益ヲ為シ得ベキ利益ニ対スル賠償ヲモ得タルモノト謂フベク、更ニ斯ル賠償ヲ請求スルコトヲ得ズ。加害者ガ賠償金ノ支払ヲ遅延シタル場合ニ付唯被害当時ヨリ賠償ヲ受クル迄ノ間ニ於ケル法定利息ヲ請求スルコトヲ得ルニ過ギザルモノトス。之ニ反シテ被害者ガ其ノ独特ノ技能、特別ナル施設其ノ他其ノ特殊ノ使用収益ニ因リ異常ノ利益ヲ得ベカリシ特別ノ事情アル場合ニ於テ不法行為ニ因リ使用収益ヲ妨ゲラレ為ニ其ノ物ノ得ベカリシ利益ヲ失ヒタルトキハ、不法行為ト損害トノ間ニ相当因果関係存スル限リ該利益喪失ニ対スル被害者ノ賠償請求権ヲ認メザルベカラズ」、「然リ而シテ民法四一六条ノ規定ハ共同生活ノ関係ニ於テ人ノ行為ト其ノ結果トノ間ニ存スル相当因果関係ノ範囲ヲ明ニシタルモノニ過ギズシテ、独リ債務不履行ノ場合ニノミ限定セラルベキモノニ非ザルヲ以テ、不法行為ニ基ク損害賠償ノ範囲ヲ定ムルニ付テモ同条ノ規定ヲ類推シテ其ノ因果律ヲ定ムベキモノトス。而シテ……被害者ガ物ノ特殊ノ使用収益ニ因リ得ベカリシ利益ヲ失ヒタリトシテ之ガ賠償ヲ請求スルニハ、民法四一六条二項ノ規定ニ準拠シ不法行為ノ当時ニ於テ将来斯ル利益ヲ確実ニ得ベキコトヲ予見シ又ハ予見シ得ベカリシ特別ノ事情アリシコトヲ主張シ且立証スルコトヲ要スルモノト謂ハザルヲ得ズ」（大民刑聯判大正一五・五・二二集三八六頁）。

従って判例によると、当該損害が通常生ずべき損害か特別事情による損害かは債務不履行についてのみならず不法行為についても重要となる。通常生ずべき損害と特別の事情による損害の区別は具体的には困難なことがある。特に目的物の価格が騰貴した場合、騰貴価格と契約代金の差額は通常生ずべき損害かどうか。判例の表現は不確かであるが、価格騰貴が経済上の趨勢によって自然に生じたときは通常生ずべき損害としている（大判明治三八・一一・二八録一六〇七頁。なお、大判明治三九・一〇・二九録一三五八頁、大判大正一一・六・五集二八三頁、大判大正一三・五・二七集二三二頁など、いずれもここに引用しうるのであろうか)。インフレによる物価騰貴に基く損害も、インフレ昂進し諸物価騰貴の状勢は敗戦後の我国においては一般普遍的の経済状勢であったから通常生ずべき損害と目すべきだとされた(最高判昭和二八・一二・一八集一四四六頁)。

之に反し、戦乱勃発による価格騰貴による損害の如きは特別事情より生ずる損害とみているようにもみえる(大判大正七・八・二八録一六五八頁)。しかし、これも特別事情による損害とみる必要がないのではなかろうか。従って、予見しうべかりしや否やは問題とする必要がない。ただ、債権者が転売などによって騰貴価格を実現したであろうとみとめうべきことが必要なだけでなかろうか。

右の問題と関連して損害算定の標準となるべき時点が論ぜられている。判例は必ずしも明かでない。が、履行不能による損害賠償請求における損害の算定については、履行不能の時より判決の時までの任意の時期を選択しうるとする判例もあるけれど(大判大正一一・六・五集二八三頁)、履行不能の時とするようでもある(大判大正一三・五・二七集二三二頁)。その他特に下級審には履行不能の時とする判例が少くない。但し、物の給付を求めるとともにその履行不能を予想し塡補賠償を請求した場合の損害額は、一貫して、判決当時のその物の価格を標準とすべきであるとしている(多数の判例がある)。

債務不履行による解除の場合における損害賠償については、解除の時を標準とすべきだというのが判例通説とみてよいであろう。勿論、判例も解除後の事情(例えば価格の騰落)を考慮しうることはみとめる(大判大正七・一一・一四集二一六九頁、大正五・一〇・二七集一九九一頁)。また解除前の事情(例えば転売の約束の存在)も考慮すべきだとする(大判大正一〇・三・三〇録六〇三頁)。しかし、原則として契約解除当時としている(大判大九・八・二八録一二九八頁)。そして、最高裁も履行遅滞を理由とする解除の場合における損害賠償の額の算定の標準時期は契約解除の時であることを確認している(最高判昭和二八・一二・一八集七巻一二号一四四六頁)。

不法行為による損害賠償については、不法行為の時を標準とすべきだというのが現在の判例だとされている。判例は最初は(大刑判大正五・一一・一七録一七七七頁、大判大正一〇・四・四録六一六頁)、当然に不法行為の時から賠償請求の時乃至判決の時までの間の最高価格によって算定しうるとしていた(なお、基本たる損害額の外不法行為の時より賠償を受けるまでの法定利息を請求しうるが、騰貴価格に依る賠償額に対する法定利息は騰貴した時より始めて請求しうるので、不法行為の時より価格の騰貴した時に至るまでの間は騰貴せざる前価格により算定した損害額に対する法定利息を請求するの権利を有するに過ぎない）。然るに、その後、判例が変更され、不法行為の時とされるに至った。不法行為による損害賠償の範囲（むしろ額）は、「先ヅ以テ其ノ滅失毀損ノ当時ヲ標準トシテ之ヲ定ムルコトヲ要シ、其ノ損害ハ滅失毀損ノ当時ニ於ケル交換価格ニ依リテ定マルベキモノトス。蓋《けだし》加害者ハ此ノ時ニ於テ其ノ行為ニ因リ被害者ヲシテ現ニ財産上ノ損害ヲ被ラシメタルモノニシテ、加害者ガ其ノ当時ノ交換価格ニ依リ被害者ノ損害ヲ賠償スルニ於テハ被害者ノ財産上ノ損失ハ塡補セラルベキ筋合ナレバ、其ノ時ヲ標準トシテ被害者ノ受ケタル損害ノ範囲ヲ定ムルハ理ノ当然ナルヲ以テナリ」。「加之《これにくわえ》不法行為ニ因リテ財産上ノ損害ヲ受ケタル者ハ現実ニ生ジタル損害ノ賠償ヲ請求スルコトヲ得ルノ外、尚不法行為微ナリセバ受クベカリシ利益ノ喪失ニ対スル損害ノ賠償ヲモ請求スルコトヲ得ベキモノナレバ、不法行為ニ因リ滅失毀損シタル物ガ後ニ価額騰貴シ被害者ガ之ニ因リテ得ベカリシ利益ヲ喪失シタルトキハ尚之ニ基ク損害即消極的損害ノ賠償ヲ請求スルコトヲ得ベキハ論ヲ俟タズト雖、被害者ハ不法行為当時ヨリ判決ニ至ル迄ノ間ニ価額ノ騰貴シタル一事ニ因リテ直ニ騰貴価額ニ相当スル消極的損害ノ賠償ヲ請求スルコトヲ得ルモノニ非ズ。其ノ騰貴ガ縦《よ》シ自然ノ趨勢ニ因リタルモノトスルモ、被害者ニ於テ不法行為微ナリセバ其ノ騰貴シタル価額ヲ以テ転売其ノ他ノ処分ヲ為シ若ハ其ノ他ノ方法ニ依リ該価額ニ相当スル利益ヲ確実ニ取得シタルベキ特別ノ事情アリテ、其ノ事情ガ不法行為当時予見シ又ハ予見シ得ベカリシ場合ニ非ザレバ斯ル損害賠償ノ請求ヲ為スコトヲ得ザルモノトス」（大民刑聯判大正一五・五・二二集三八六頁）。尤もこの判決には曖昧な点がなくはない。その最後の部分の「其ノ騰貴ガ縦シ自然ノ趨勢ニ因リタルモノトスルモ……」というのは、この判決が民法四一六条は不法行為にも類推適用があるとした結果、通常の損害と特別事情より生ずる損害の区別、後者の損害における予見可能性の問題が入り込んで来たのであるが、その点はしばらくおくとしても、自然の趨勢による価格騰貴をも特別事情とすることは、他の判例と一致しないのでなかろうか。むしろ、問題となる点があるとすれば、被害者が騰貴価格を実現したとみうるか否かの蓋然性である。

しかし、ともかく、債務不履行のうち、履行不能の場合には履行不能の時、履行遅滞を理由とする契約解除の場合には契約解除の時、それから不法行為の場合には不法行為の時というのが判例通説だといってよいのであろうか。尤も履行不能の時、契約解除の時、不法行為の時といっても、それ以後の事情、例えば価格の高騰も考慮しうるとされ、判決に至るまでのいわゆる中間最高価格も、賠償請求権者がそれを実現しえたとみとめられるなら、それによって損害額を算定しうるとされている。他方ドイツ法のように判決の時といっても、債務者乃至被害者の損害防止軽減義務よりくる制限があるのだから、損害算定の標準とすべき時期といっても一応の意味しかなく、両者でそれほど大きな差異はないのかも知れない。それにも拘らず、この点にもドイツ法に比し損害賠償の範囲を制限せんとする傾向がみられるのであろうか（但し、戦後現われた下級審判決には従来の判決を修正するやに見受けられるものが少くない点について、四宮［和夫］「戦後における判例不法行為法」一三九頁以下）。

（7）　判例は最初は、債務不履行による慰藉料請求をみとめなかった。すなわち、XがYから土地を賃借しその地上に家屋を建築し所有していたが、Yが賃貸借期間存続中に右土地を第三者に売渡したため、第三者から明渡を迫られ、やむを得ず家屋を他人に売却して移転せざるを得なかったので、Yに対して慰藉料を請求した事件において、「民法上債務不履行ノ場合ニ斯ル財産以外ノ損害ニ対シテ賠償ヲ請求スルコトヲ許サヽル法意ナリト解釈スルヲ以テ正当ナリ」とした（東控判明治四三・一一・二六最近判七巻二〇一頁）。

然るにその後、他人の家宝を借りその返還義務不履行に終りたるときは精神的損害の賠償として慰藉料を支払う義務があるとし、その際、債務不履行による精神的損害についても四一六条の適用があることを前提として、精神的損害は特別事情による損害だから債務者の予見可能性が必要だと判示するに至った。「債務不履行ノ場合ニ於テモ特別ノ規定ナキ限リ債務者ハ債権者ノ蒙リタル財産的損害ノ外猶所謂無形的損害ヲモ賠償スルノ義務アルモノト謂フヘク唯無形的損害ハ特別ノ事情ニ因リテ生スル損害ナルヲ以テ債務者ニ於テ之ヲ予見シ又ハ予見シ得ヘカリシ場合ニ於テノミ之カ賠償ノ責ニ任スヘキモノト解スルヲ相当トスヘシ」、「本件物件中神祇管領長ノ神道裁許状一通伊奈備前守証文一通ハ控訴人家ニ於テ其家格地位ヲ表彰スル家宝トシテ代々継承シ来リタルモノナル処控訴人ハ被控訴人ノ為メ之ヲ喪失スルニ至リ深ク之ヲ憂慮シ精神上多大ノ苦痛ヲ受ケ居ルコトヲ推認シ得ヘク而カモ被控訴人カ右物件カ控訴人家ノ家宝タルコトヲ認識シ居リタルコトハ……証文ニ依リ窺知スルニ難カラサルヲ以テ右物件ノ喪失ハ控訴人ニ対シ苦痛ヲ与フルモノナルコトヲ予見シタルモノト認ムヘキハ情理ノ当然ナレハ被控訴人ハ控訴人ノ右精神上ノ苦痛換言スレハ無形上ノ損害ニ対シ之カ賠償ノ責アルモノト謂ハサルヘカラス」（東控判大正一二・一・二六評論一二巻民法五六九頁。なお、大判昭一五・九・三〇法学一〇巻三一二頁参照）。

（8）　判例は慰藉料の数額は裁判官の自由裁量（自由心証）を以て量定すべきものであるから量定の根拠を示さなくても理由不備ではないとしている（大判明治四三・四・五録一七三頁、大刑判大正三・六・一〇録一一五七頁）。之に反して財産権侵害による財産的損害の賠償請求の場合には賠償額を証拠により認定すべく証拠を掲げないのは理由不備であるとした判例がある（大刑判明治三七・一・二八録一〇五頁）。尤も、財産的損害の賠償請求の場合でも、殴打創傷のような人格権侵害によるときは、其の数額は裁判官の自由心証で判定することをうるから証拠を掲げなくても理由不備ではないとしている（大刑判明四一・一〇・二二録八七三頁、大刑判明治四一・六・四録六二九頁）。判例は裁判所による財産的損害の確定と精神的損害の確定と、採証上同一だと考えているのか差異があると考えているのか明かでないが、精神的損害についてもその範囲の限定に民法四一六条乃至相当因果関係説の適用を問題としているようである（前註の大判明治四三・四・五参照）。しかし、精神的損害については、民法四一六条乃至相当因果関係説の適用はなく、数額の算定のみならず、範囲の決定も、すべて裁判官の自由裁量に委ねられているのでないだろうか。

二　損害賠償の方法

損害賠償の方法については、日本法は債務不履行に関しても不法行為に関しても金銭賠償に限っている（四一七条・七二二条一項）。金銭賠償の方が簡便だからという理由である[1]。そして金銭賠償について、定期金賠償をみとめる規定はない[2]。

原状回復と金銭賠償といずれが適当かは一律に決しえない。むしろ賠償さるべき損害の性質によるであろう。

また、金銭賠償の場合に、元本賠償を適当とするか、定期金賠償によるべきか。これも損害の性質とその場合の事情によって異るのである（二一二頁［本書四九五頁］（4）参照)。わが国で損害賠償の方法について、特に問題となっているのは農地鉱害賠償の場合であるが、この農地鉱害賠償は、どういう場合にどういう損害賠償の方法が適当であるかを具体的に示してくれる。すなわち、農地鉱害賠償については、「一般に、わが国の農民にとって、土地は何物にも換え難いものとされているのが実状である。しかも鉱害は、一個の損害でありながら、種々の不確実鉱害を経て確定鉱害となる特異な損害である」、「本来、損害賠償は完全な損失填補ということからすれば、原状回復が最も望ましい」、ただ「目的物が代替性をもち、また、自由に購入されうる場合には、目的物の交換価格を損害算定の原則とすることは、ほとんど原状回復と等しい結果となるという意味で合理的である」。従って、農地鉱害のうち、「確定農地鉱害に対してはその被害物体の特殊性から、……原状回復方法による賠償が、最も現実に妥当した賠償方法ということになる」、しかし、不確定損害に対しては、やはり完全な損失填補という意味から、金銭による年々賠償を適当とすると説明されている(3)。

然るに我が鉱業法は鉱害賠償の方法に関しても、民法の金銭賠償主義に従って、金銭賠償を原則としている。そのことが現実にはたす機能は何であろうか。それはややもすれば金銭賠償を交換価格の賠償と同一視せしめることである。しかし、価格賠償は必ずしも完全賠償となるとは限らないのである。農地鉱害においては、「たんに農地の交換価格のみによっては填補されない損害が残る」。かくて金銭賠償主義は完全賠償を制限する危険を伴うのである(4)。

また金銭賠償の場合に年々賠償でなく打切補償はどういう機能をいとなむか。その額がいちじるしく不相当なときは増額を請求しうることになっているが（鉱業法一一四条一項)、「鉱害一般に通ずる加害行為と損害との因果関係の不確定性によって、事実上、被害者の不利をもたらしている」といわれる[5]。

要するに、損害賠償の方法は理論上は損害賠償の範囲それ自体とは無関係な筈である。しかし、実際上は損害賠償の方法の如何は、損害賠償の範囲そのものに影響することがありうるのである。

（1）　しかし、日本民法の下でも損害賠償として原状回復を請求しうるとし、金銭賠償との関係を論ずるものもある、清水〔兼男〕「不法行為と現実的救済」〔金沢大学〕法経研究一巻一号一七頁以下、浜田〔稔〕「不法行為の効果に関する一考察」私法一五号九一頁以下。

（2）　学説は、例えば生命侵害による損害賠償を相続人が年金の形式で請求することも許すべきだとするもののようである（我妻〔栄〕「事務管理・不当利得・不法行為」新法学全集二〇六頁）。しかし、年金形式をみとめた判例として引用される大判昭和三・三・一〇民集一六一頁は果してその点の判例として価値をもちうるか疑問である。年金形式の損害賠償請求が問題となりそれを認容した判例ではないから。

（3）　徳本〔鎮〕「農地の鉱害賠償」八頁、五三頁、五五頁以下、一一二頁、一一六頁、一一八頁、一二一頁（法律学体系理論篇）。

（4）　原状回復は金銭賠償よりも多額の費用を要するか否か、また被害者と鉱業権者のいずれが原状回復を要望し、いずれが金銭賠償を主張するかは一概には決定し得ないが、一般的には被害者が原状回復を要望するに反し、鉱業権者は金銭賠償を主張するといわれる。しかも鉱業権者の主張する金銭賠償は対価を限度とする金銭賠償のようである。その点、昭和二七年六月一八日第一三回国会参議院通商産業委員会公聴会で我妻〔栄〕先生が注意されているる、「金銭賠償ということと価格賠償ということは必ずしも同じではないのであります」、「農地の価格というものは我が国の農業の特殊性に基いてはっきり全損害を賠償させるような価格になっておりません」、「鉱業権者が金銭賠償をおっしゃることはいい、併しそのことから価格さえ賠償すればよいとお考えになっては間違いだ」（福岡県鉱害対策協議会「臨時石炭鉱害復旧法制定までの経過について」九四頁、九七頁）。

なお、「国家の介入により、加害者には金銭賠償主義を、被害者には原状回復主義を、それぞれ実現させようとすることが」、特別鉱害復旧臨時措置法、および臨時石炭鉱害復旧法の実質的な存在意義だとされる（徳本一一〇―一一一頁）。

（5）　徳本五九―六〇頁

結び

ドイツ法は一方、債務の現実的履行の強制手段を広く認めると共に、債務不履行による損害賠償の範囲を不法行為による損害賠償の範囲と等しく当該債務不履行と相当因果関係にある全損害の賠償として、通常生ずべき損害たると特別事情による損害とを区別せず、当事者の予見可能性の有無を問わずに賠償請求しうることをみとめ、金銭債権の不履行についても利息に限定せず、広くそれ以外の損害の賠償請求を許している。また、不法行為についても損害賠償の範囲を当該不法行為と相当因果関係にある全損害の賠償とし、しかも損害賠償の方法として原状回復主義を採用している。しかし、他方、慰藉料の請求は制限している。

之に反して、日本民法は一方、債務の現実的履行の強制手段はドイツ民法に倣って一応広く認めながら、債務不履行による損害賠償の範囲については、通常生ずべき損害と特別事情より生ずる損害とを区別し、後者に関しては当事者が予見しうべかりしことを要求した。その上、金銭債務の不履行による損害賠償の範囲は利息に限定した。更に、不法行為については、損害賠償の方法は金銭賠償主義を採ったが、損害賠償の範囲は当事者の予見可能性の有無を問わず当該不法行為と相当因果関係にある全損害であったと思われる。にも拘わらず、その後の判例通説は、それを債務不履行による損害賠償と同じ範囲に縮少し、当事者の予見可能性を問題とするに至った。

損害算定の標準とすべき時点につき、我が国の判例がドイツ法と異り、判決の時とせず、履行不能の時、契約解除の時乃至不法行為の時とすることのうちにも、前述したように、損害賠償の範囲を制限せんとする傾向をみうるように思われる。そしてそれらの傾向は、我が国で無過失損害賠償責任が実現しあぐんで来た事実と考え併さるべきであろう。しかし、他方、慰藉料の請求はドイツ法に比し、広く認められている事実に注意しなければならない。

この損害賠償についての日本民法典起草者及びその後の判例学説の態度は如何なる理由に基くのであろうか。おぼろげには推測しうる。しかし、それを明確にすることが本稿の残された問題である。

〔原典は、我妻先生還暦記念『損害賠償責任の研究 上』、発行所・有斐閣、一九五七年（昭和三二年）一二月一〇日発行、一六九頁〜二三四頁〕

〔解説〕

一　はじめに

この論文は、来栖三郎先生が、特に親交の深かった山田晟先生（ドイツ法）とご一緒に、我妻栄先生の還暦記念論文集に献呈されたものである。両先生がどのような経緯で共同執筆されることになったのか、お二人の間でどのように執筆作業を進められたのかは、明らかでない。ドイツ法に関する部分が日本法に関する部分の二・五倍あり、ドイツ法・日本法を合わせて損害賠償の範囲に関する部分が損害賠償の方法に関する部分の二倍であるから、どちらの分割執筆でも著しい不均等になる。加えて、損害塡補の実現、損害賠償法の日本的特色という問題関心が一貫しており、論文中では特に断ることなく「私」として著者の意見が述べられている（例えば、四六三頁の五行目）から、全体を両先生の共同の意見として発表されたものであろう。もっとも、この論文には、当時の日本の損害賠償法に対する問題提起という面と、日独法比較の丹念でかつ簡潔な注釈という面の二つがあり、どちらかと言えば、前者は来栖先生の、後者は山田先生のお顔のようにもみえる。検討された問題で言うと、前者の面は、相当因果関係、財産的損害賠償の範囲の問題で強く、後者の面は、非財産的損害に対する金銭賠償（慰藉料）、原状回復と金銭賠償、元本賠償と定期金賠償の問題で強く出ている。また、前者の部分にのみ、来栖先生がよく使われた「尤も」「乃至」「拘らず」という表記がみられる。とはいっても、これらは色合いの違いであり、基本的には、両先生のお顔が全編にわたって二重写しになっている。以下では、本論文の全体を来栖先生のお考えと理解して解説することにする。

二　損害賠償法学説の展開の中で

本論文は、損害賠償の範囲と方法をめぐる諸問題を、日本法とドイツ法について包括的に比較検討している。ただ、金銭賠償か原状回復か、定期金賠償か一括賠償かといった損害賠償の方法よりも、賠償範囲の問題の検討が詳しい。さらに、いくつかの特別に長い注からは、賠償範囲の問題の中でも力を入れた論点をうかがうことができる。①ドイツの相当因果関係論（本書四五六頁注（3）。長さは六頁）、②日本民法四一六条に類似するドイツ民法二五二条の起草過程（四六六頁注（1）。同五頁超）、③日本民法四一六条の起草過程（五〇二頁注（2）。同四頁）、④日本民法四一六条は不法行為に適用されるかという問題（五〇八頁注（6）。同五頁半）の四つである。これらは、この論文以後の損害賠償法学説の重要な論争点となった。

これらの論点のうち、①のドイツの相当因果関係論については古くから紹介があり（石坂音四郎『日本民法債権総論上巻』二八八頁以下など）、④の民法四一六条の不法行為への適用については議論があった。といっても、本格的な議論ではなかった。大審院が、それまでの判例を富喜丸事件で変更して不法行為にも同条を適用し、多くの学説もこれを支持したのに対し、末弘嚴太郎「不法行為と第四百十六条」『民法雑記帳下』二〇〇頁（初出は、法律時報七巻一〇号（一九三五年）三六頁）や戒能通孝『債権各論』（一九四六年）四六五頁は異論を述べていたが、その理由は、同条一項の趣旨を、実際の損害額の立証を免じて「通常生ズベキ損害」の賠償を請求しうるものと解した上で、不法行為には当てはまらないとしたら、あるいは、同条二項について、突発的に生ずる不法行為では債務者（加害者）が通常は予見していないから特別事情による損害を賠償請求することは困難だというものであって、③日本民法四一六条や②ドイツ民法二五二条の存在意義や構造、さらに、①相当因果関係概念自体に疑問を呈するものではなかった。

このような中で、本論文は、ドイツにおける相当因果関係説と、わが国の相当因果関係説＝四一六条とは異なるのでないか、という問題を学界に提起した（平井宜雄『損害賠償法の理論』一三頁）。この問題提起の六年後に、北川善太郎教授は、相当因果関係の問題を含めて、ドイツ損害賠償法の構造を検討された（「損害賠償論序説（一）（二・完）――契約責任における――」法学論叢七三巻一、三号（一九六三年）、「損害賠償論の史的変遷」法学論叢七三巻四号（一九六三年））。さらに、平井宜雄助教授は、英米法にも検討を拡げつつ、因果関係という捉え方自体を問題とし、その上で日本法の損害賠償法の解釈理論を提示された（「債務不履行責任の範囲に関する法的構成（一）（二）（三・完）――民法四一六条を中心として――」法学協会雑誌八〇巻六号（一九六四年）、八一巻一号（同年）、同三号（一九六五年）、「損害賠償額算定の『基準時』に関する一考察（一）（二）（三・完）」法学協会雑誌八三巻九・一〇号（一九六六年）、八四巻三号（一九六七年）、同六号（同年））。

これらの学説による議論から振り返ると、本論文は、完全賠償主義・相当因果関係の問題性を指摘しながら、損害概念や損害の金銭的評価の構造にまでは立ち入っていない。一言で言えば、差額説——損害を、侵害・債務不履行がなければあったであろう被害者の仮定的な財産状態と、侵害・債務不履行のゆえに現実にある財産状態との差と捉える考え方——の問題性を十分には指摘していない。しかし、ドイツの相当因果関係が完全賠償主義と結びついており（五〇一頁のほか、四七〇〜四七一頁では、ドイツの相当因果関係はイギリス法の拡大された直接損害に近いとする）、したがって、Hardley v. Baxendale 事件判決や日本の四一六条とは異なることを指摘し、他方で、ドイツ民法典起草過程における完全賠償主義と制限賠償主義の対立を紹介している（四六六頁注（1））。本論文は、その後の学説の展開と今日の損害賠償法理論を予兆し、また、その起爆剤になったものである。

三　法解釈方法論の展開の中で

先生は、一九五六年に、法解釈論争以来の研究の到達点を、「法の解釈における制定法の意義—その一　法と法源」〔論文番号**4**〕にまとめられた後、五七年に、本論文と「債権の準占有と免責証券」〔論文番号**11**〕を発表された。「債権の準占有と免責証券」の冒頭の次のことばは、「法の解釈における制定法の意義」からの繋がりを示しているが、それは本論文のライトモチィーフでもあったと思われる。「私は最近グレイに従って、法（判決）と法源（制定法）を区別すべきこと、制定法そのものは不変であり、歴史的に定まるが、しかし制定法そのままが判決となるのではなく制定法と異なった判決が為されることがあると考えようとしている。その考えを納得のゆくものとするためには、判決がいかに制定法と離れて為されているかを具体的に示すことが必要であろう。そのために、現在明治の法典調査会民法議事速記録を読んでいる。そして、私には債権の準占有者に関する民法四七八条の規定も、その後の判例によって本来の意味とは異なった意味を与えられているように思われるのである。」

本論文の翌年からは、「日本の……」を冠する一連の論文が続いている。一九五八年の「日本の贈与法」〔論文番号16〕、一九五九年の「第三者のためにする契約」〔論文番号17〕、一九六〇年の「日本の養子法」〔論文番号25〕、および、――一九六一年三月～二年七月のドイツ留学中に末延先生の記念論文集に書かれた「Dowerについて――イギリス法とアメリカ法――」〔論文番号32〕を挟んで、――一九六四年の「日本の手附法」〔論文番号18〕である。また、この連作が開始する一九五八年には、第Ⅰ類特殊講義の講義案（プリント版）として「日本民法典の日本的性格（一）（二・完）」（東京大学出版会教材部）をまとめておられる。

本論文が書かれたのは、先生が四五歳のときである（山田先生は四九歳）。本論文は、「債権の準占有と免責証券」とともに、先生が三〇代末から取り組んでおられた法解釈方法研究の到達点を民法の解釈論へ架橋する地点に位置している。それまでは、ドイツ法を、日本法を弁証するものとして見ていたのに対し、この論文では、日本民法典もドイツ法も突き放して相対化・対象化しているが、これは、先生が主張された法解釈の主観性・複数性の考え方に基づくものであろう。

しかし、本論文以降の一連の研究の意味は、一研究者の研究の進展に止まらない。一九六〇年代半ば以後になると、わが民法学界では民法形成史の研究が比較法的にも特異なほどに盛んになったが、先生の一連の研究はこの運動の源の一つになったからである。先生の研究以外の源として、我妻栄教授の「資本主義の発達に伴う私法の変遷」の研究（本論文と同じ論文集に収められた福島正夫教授の「明治民法典における損害賠償諸規定の形成」はそれに属する）、星野英一教授の旧民法典を通してのフランス法の影響の研究、北川善太郎教授のドイツ法の影響に関する「学説継受」の研究等々があったが、法解釈のあり方の反省から出発した来栖先生の研究は最も重要な源であったように思う。

四　本論文の今日的意義と、論文の注

本論文は、損害賠償法と法解釈方法論の両面で新しい地平を切り開いた。しかし、その後の損害賠償法は本論文の地平を乗り越えて展開し、その後の起草過程研究の一般化は本論文の研究手法の独自性を影の薄いものにした。しかし、今日、本論文の意義は歴史的価値に止まるわけではない。

本論文の基礎には、ドイツと日本の民法典起草資料、裁判例、学説の厖大な調査がある。引用されるドイツの裁判例は五〇件に及ぶが、調査されながら引用されなかった裁判例は少なくなかったであろう。そのような基礎作業の結果は、丁寧な注に収められている。四五六頁注(2)、四七二頁注(3)、四八八頁以下の注(9)(10)(12)(13)、四九六頁以下の注(2)~(7)はそれぞれ、「得べかりし利益」の賠償、「原状回復」請求、定期金賠償に関するドイツの実際の裁判例を知るのに極めて有用である。しかし、最も注意を惹くのは、ドイツ民法二五二条の起草過程に関する四六六頁注(1)である。それは、ドイツ民法典の起草過程でも、債務不履行責任――ということは、責任充足的因果関係――については、債務者の予見可能性ある場合に制限する旨の修正案が、第二起草委員会やライヒ議会第一読会で提出され採用されたこと、しかし、それぞれに続く連邦参議院、ライヒ議会第二読会で削除されたこと、ライヒ議会第二読会で削除される際には補完措置として過失相殺の適用範囲を拡大していること、つまりドイツも、債務不履行責任については、制限賠償主義と完全賠償主義の間で大きく揺れていたことを明らかにしている。この動揺は、ドイツ民法典制定後も――おそらくその意味を変えながら――続くのであるが(これについては、平井「前掲」法協八〇巻六号一〇四~一〇八頁を参照)、この事実からは、ドイツ法＝完全賠償主義というテーゼに基づかない損害賠償法理論を構想し得るかも知れないのである。

先生は、「僕は、読んでる本の大事なところに線を引きだすと全部に線を引いてしまって、ダメなんだなあ」

とおっしゃっていたことがある。それは、一つ一つの学説や裁判例を丁寧に扱われたからであろう。丹念に書き込まれた論文の注の中に、先生の精魂と、学説発展の新たな起爆剤が蔵されているように思われる。

（瀬川信久）

13

契約法と不当利得法

一九七一年

一　ユングの不当利得論

ドイツ民法典八一二条は利得の不当性のメルクマールを法律上の原因の欠缺としてとらえ、「法律上の原因なしに他人の給付又はその他の方法によりその損失において利得をした者はそれを返還する義務を負う」と規定している。そしてその法律上の原因とは何かを統一的に説明しようとするのが従前のドイツ不当利得論の中心をなしていた。多くの学説のうちでユング説が最も注目すべきものと思われた。ユングは給付利得とその他の方法による利得の二種のそれぞれに属する事例を仔細《しさい》に検討した後、不当利得制度を次のように説明した。「二種の場合は本質的なものを共通にしている、即ち一定の両当事者の関係に於て法律的基礎を、債権的基礎を、欠く財産の移転が行われている」。故に「不当利得返還請求権の原則を次の如き形でいい表わし得る。債権的基礎を欠く財産の移動は回復さるべきである」。「そして不当利得返還請求権の説明の試みに際して屢々《しばしば》繰返された、出来事が形式的には正当だが実質的には正当でない場合だということは、単純に次の如きことになる。絶対権に関する原則によれば出来事は認容されているが、債権法の原則、即ち一定の人々の間の財貨の運動を媒介する原則の全体に従えばそうでない。従って不当利得返還請求権は債権関係が価値の運動の法律的形式であるということの表われである。この形式なしに行われた価値の運動は法律上不当であり、それ故に回復さるべきなのである(1)」。

私はこのユング説に従い、やはり不当利得を統一的制度としつつ、――債権関係でなく地上権や永小作権のような用益物権に基いて他人の財貨を利用する場合のあることはしばらくおくとしても――債権関係なしに財貨の移転が行われたのに不当利得返還請求権が拒否されている場合のあるのを考慮し、ユング説を多少敷衍して、不当利得制度とは、近代法が個人意思自治の原則を採用するにもかかわらず、権利者の意思に基かない財貨の移転を認めざるを得ないとき、そこに生じた状態と個人意思自治の原則からみてあるべき状態との間の矛盾を除去し、自分の意思に基かない財貨の移転を認めざるを得なかった権利者の保護を目的とする制度だとまず規定した。そこで、個人意思自治の原則の支配の下では原則として個人意思の実現の法的手段たる契約より生ずる債権関係に基いて財貨の移転が行われるのだから、債権関係に基く財貨の移転は権利者の意思に合し法律上の原因あるものとして不当利得返還請求権は生じないし、これに反し債権関係に基かない財貨の移転は大体において権利者の意思に反し法律上の原因を欠くものとして不当利得返還請求権が生ずる。が、しかし、場合によっては不当利得制度が自分の意思に基かない財貨の移転をみとめざるを得なかった権利者の保護を目的とする制度であることに照し、債権的基礎を欠くときにも、権利者の意思に反し法律上の原因を欠くとして不当利得返還請求権を与え権利者を保護するに価しないとされることもあると説明したのである(2)。そしてこのように不当利得制度を規定した上で、財産法の体系を次のように要約した。近代社会では、私所有権の原則に基き、財貨は原則として各個人に分属せしめられ、一方各個人に自己に帰属している財貨の自由処分が委ねられると共に、他方相互に侵害することが禁止される。これが個人意思自治の原則である。この原則の下に於ては、債権者の意思に基く契約（事務管理も之に準ずる）は財貨の移転に奉仕する。それは個人意思自治の原則の積極的な表れである。之に対して、権利者の意思に反し侵害が行われているか又はその虞《おそれ》あるときは、それが侵害者の故意過失に出ずると否とを問わず、その侵害を排除するために物権的請求権を提起することが許され、侵害の結果権利者に損害が生じたときはこれを塡補するために加害者の主観的要件を考慮して不法行為による損害の賠償請求権が与えられ、権利者の意思に基かずに財貨の移転が行われたときは之を回復するために不当利得返還請求権が認められるが、以上三つの法律上の手段はいずれも権利の静的状態の保護を目的とする。いわば、個人意思自治の原則の消極的表れといえよう。一方契約（事務管理もこれに準ず）、他方物権的請求権、不当利得制度、不法行為制度が積極消極の両面より個人意思自治の原則の貫徹を目指しているのである。[3]

（1） Jung, *Die Bereicherungsansprüche und der Mangel des „rechtlichen Grundes"*, S. 127 ff.
（2） 来栖「民法における財産法と身分法（三）」［本書論文**9**］法協六一巻三号三六〇—一頁。
（3） 来栖・前掲三七四頁。

二　ウィルブルクとケメラーの不当利得論

このような不当利得制度の統一的理解に対し比較的にはやくウィルブルクは給付利得返還請求権は法律上の原因の欠缺によって説明することができるが、法律及び学説がその法律上の原因の欠缺という考えを不当利得のその他の場合に移すことによって不当利得法全体を不明確なものとしていると批判した。[1]「法律上の原因を欠く給付を理由とする訴と給付によらない利得を理由とする訴とはその基礎において一体を成すということはない」、

「給付利得返還請求権とは独立にその他の利得返還請求権の根元を探るべきである」[2]。「法律上の原因の考えは給付によらない利得の場合については説明するどころか、誤らせている。それは、利得は正当とされるためには常に特別の原因を必要とすると誤認させている。事実、法学は往々にして給付意思に基かない利得は原則として不当であるという立場をとっている。それどころか給付利得返還請求権の類推で、利得者が彼と損失者との間に成立する債務関係によって請求しえない一切の財産の移動は原因を欠き、従って不当であるという意見が主張されている。しかし権利の取得は損失者との債権関係なしにも正当たりうることは法律による権利の移転の例が示している」（例えば独民九六四条による「入り込んで来た蜂群の所有権の取得」又は独民九七三条九七七条九七八条に依る「拾得した遺失物の所有権の取得」は確定的である。これに対し附合、混和、加工では一般に不当利得返還請求権が与えられる。また時効取得の場合にはドイツの通説は権原に基かないときには不当利得として返還しなければならないとし、善意取得の場合にも有償の権原に基かないときには不当利得責任が生ずるとする。墺民法一四六一条は短期の取得時効には権原を、三六七条は善意取得には有償の権原を必要とするが、長期の取得時効は一四七七条により権原がなくても成立し不当利得返還請求権をも排除する）。「善意占有者の果実の取得も、所有者との債権関係がないのに、確定的である」[3]。「給付の原因を欠くことを理由とする請求権とその他の利得を理由とする請求権は、いずれの場合にも法的に是認されない権利の取得が問題で、その不当性を学説は広い意味での原因の欠缺によっていいあらわし、それによって二つの請求権は外部的には結び合わされているが、それにもかかわらず二種の請求権はそれぞれ特別の積極的なメルクマールをもっている。給付利得返還請求権についてはそれは技術的な意味での原因の欠缺である。その他の方法による不当利得の特殊なメルクマールを法学はいまだ与えていない」[4]。

しかしそのメルクマールは一定の財貨とその収益を権利者に割り当てる権利の目的から与えることができる。

「所有権（その他の権利）のうちに帰属の承認、物は所有者の利益のために存するとの定めがある」、「まず法が所有者に与えるところの占有者に対する所有物返還請求権、妨害者に対する妨害排除請求権にその表現を見出す物的支配がその理念に奉仕する」、「しかし所有権の経済的目的はそれらの請求権の範囲をこえて及ぶ。物がその独立性を失い又は存在を止め物的支配の可能性がなくなったならその思想は他の形式で効力をはっき［発揮］しつづける。すなわち、それは権利侵害の見地から不法行為請求権を、そしてもっと単純にその割り当ての内容に基いて、たまたま割り当てに反して物の収益が帰した者に対する不当利得返還請求権を生ぜしめるのである」。「物の所有者以外の他人のための充用は所有権の目的にていしょく［抵触］する、そしてそれによって清算を要求する、所有権から不当利得返還請求権が成立するのである」[5]。「この請求権のうちに外ならぬ所有権の保護の貫徹をみるのである」[6]。

「その成立の根拠が上に述べたとおりとすればその他の方法による利得を理由とする請求権は給付利得請求権と何等の関連もない。それは取得によって害された（基）本権（Grundrecht）の目的に基くのに対し給付利得請求権は誤った給付から生ずる。そこでは不当利得請求権は権利の作用の貫徹（eine Rechtsfortwirkung）であり、ここでは一種の法律行為的取消（eine Art rechtsgeschäftlicher Anfechtung）である」[7]。「給付利得返還請求権は給付者の権利を前提としない。その説明のためには必要な原因を欠く給付は原状に回復さるべきであるという思想で充分である」[8]。

しかし、ウィルブルクの学説は類型論としてはいまだ不徹底であった、そしてウィルブルクの学説を継承し類型論を徹底させたのはケメラーであるといわれている[9]。「利得の不当性の問題の具体化から不当利得返還請求権の諸類型が生ずる。そしてかかる類型論を以てのみ——一般的な基準の定立を以てではなく——不当利得返還請求権に形式と限界を与えうる」、「統一的な説明の方式を見出そうとするすべての試みはそれだけのことで、それ以上何の役にも立たない」[10]。「給付利得返還請求権の領域外における不当利得返還請求権を債権的基礎の欠缺に還元せんとするユングの試みの誤りであることはウィルブルクの論証したとおりである」、「利得の不当性の問題は給付利得返還請求権の領域外においてはそのような仕方では答えることはできない。適法な競争により他人を犠牲にしてする一切の利得がそれを示している。そのことを明らかにする他の諸事例にも論述のすすむにつれて出会うであろう（例えば或る人が相続を放棄したので次順位者が相続し、担保権を放棄したので後順位者の順位が昇進したような場合に債権的基礎を欠くからといって不当利得は問題とならない）[11]」。

ケメラーはこう不当利得の類型化の必要性を力説した後、不当利得の諸類型を分つ。「ウィルブルクは利得の不当性の根拠を具体的に確定することが重要であるという根本思想から出発して、給付利得と他人の財貨の利用による利得の事実を不当利得返還請求権の独自の類型として析出した」。「勿論《もちろん》、不当利得返還請求権の類型はそれにつきない。例えばまず最も重要なものを取り出せば、他人の債務の支払又は他人が終局的には負担すべき債務の支払の際の求償の諸場合がある。ここでは利得はそれが法によって欲せられた負担分配にていしょく「抵触」するが故に不当である。他人の財貨又は他人に対する債務の目的となっている財貨に投下された費用による利得も特別の問題を提出する。そこでの独自の思想は他人の損失において無償で利得するのは不当だといううちに存在している。普通法の転用物訴権も――ドイツ法とちがってフランス法のように許容されているところでは――不当利得の一般的根本思想に組入れられる。最後に詐害行為取消権も不当利得法の要素をふくんでいる」[12]。ケメラーはこのように不当利得の諸類型を分つ。が、しかし、それらの求償の場合や費用償還の場合などを不当利得の類型として挙げることにどれだけの意味があるか、なお疑問があるように思われるので、ここではそれらの類型に立ち入らないことにし、最初に挙げた二つの主たる類型のみを問題にしよう。

「給付利得返還請求権にあっては誤ってなされた給付の返還請求権又は原因関係の終了後の給付の返還請求権が問題である。この返還請求権は財貨運動法に属し、その補充及び匡正《きょうせい》手段としての作用をいとなむ。原因の欠缺又は消滅を理由とする返還請求権はその他の消費貸借、使用貸借、賃貸借、寄託や解除の場合の債権的返還請求権と同一平面にある。これらの場合に返還請求権につき特に規定されないとしたら、単純に原因の終了を理由とする不当利得返還請求権の問題となろう。本来の給付利得返還請求権が与えられるか、それとも上述のより厳重な請求権が与えられるかは立法者にとっては根拠の差違の問題でなく責任の範囲の問題にすぎない。そのことはドイツ民法典三二三条三項、三二七条後段、五四三条二項、六二八条一項後段から明かである」[13]。そしてこの給付利得返還請求権はひとえに法律上の原因なしに給付がなされたことに基くので、失われた権利に基くのではない、返還請求権にとって給付者が所有権者かどうかは意味がない[14]。これに対し、他人の財貨からの利得にあっては、「利得は所有権（その他の絶対権）のうちに存する財貨の割り当てにていしょく〔抵触〕しているが故に不当である」、そして「給付利得返還請求権が財貨運動法に属するに反し、右の不当利得返還請求権は物権的請求権、絶対権の侵害を理由とする不法行為請求権（八二三条一項）、ないし悪意の侵害利得の引渡請求権（六八七条二項）と同様に財貨保護法に属する」[15]。

ウィルブルクやケメラーはこのように利得の不当性を問うことによって給付利得の類型と他人の財貨よりの利得の類型を析出し、進んでそれぞれの類型について、一方の「損失」による他方の利得という「損失」の要件や一方の損失と他方の受益の間のいわゆる因果関係の直接性の要件を検討した[16]。またそれぞれの類型について不当利得返還請求権の内容を明確に規定した[17]。そしてやかましく論ぜられた占有の不当利得の問題についても占有の不当利得は給付利得の場合にはみとめられるが、他人の財貨からの利得の場合にはみとめられないことを指摘した。(18) さらに利得の消滅（Wegfall der Bereicherung）の問題についても新しい視点を提示した。(19) ことに不当利得の返還に際し権利取得者が支払った反対給付を控除し得るか否かについて類型論は次のような明快な答を与えている。「ここでも給付利得と他人の物又は権利の消費加工譲渡によるその他の利得とを区別しなければならない。後者の場合には不当利得返還請求権は所有権の保護の補充である。他人の物の占有者はそれをいまだ消費、加工、譲渡しない間は所有者の返還請求権にさらされていた。彼は代価を支払ったからといって留置権を行使しえない、むしろ独民四四〇条に依り前主にかかってゆかねばならぬ、この立場は彼が商品を消費加工譲渡したためにもはや返還できなくなり所有物返還請求権が失われて独民八一二条九五一条八一六条一項に依り価格賠償又は換価代金の請求権に代っても変更を受けない」、「利得者はその利得を正当とするために第三者に対する権原を援用しえないのと同様に、第三者になされた反対給付を利得から控除することができない」（もっとも善意取得を援用し、また善意取得が成立しない場合にも例えば日民一九四条のような規定により回復者に対し第三者に支払った代価の弁償を請求しうることはあり得る）。「これに対し判例が給付利得返還債権者になされた反対給付の控除を許容するならば、それは双務契約の効果が問題なのである。二つの給付が相互的な給付として欲せられ行われたということは、合意された双務契約の無効にもかかわらず、返還請求に際して考慮さるべきである。それは契約の無効にもかかわらずそれが事実上実行されたことに目をとざすことができないという考えである」、「それゆえに契約の当事者は自分が受取った利得が消滅して、もはや返還できないのに、それと切り離して自分のした給付を返還請求することは許されないのである(20)」。

そしてこれらの類型論の行き方は――ときに不当利得の根本思想の統一性を否定するのは行きすぎだという

ウィルブルクに加えられる非難を別とすれば[21]——大体において現在のドイツの学説によって承認されているようである。[22]

(1) Wilburg, *Die Lehre von der ungerechtfertigten Bereicherung*, 1934, S. 11, 12.
(2) *Ibid*., S. 23.
(3) *Ibid*., S. 14.
(4) *Ibid*., S. 18.
(5) *Ibid*., S. 28.
(6) *Ibid*., S. 35.
(7) *Ibid*., S. 49.
(8) *Ibid*., S. 50.
(9) v. Caemmerer, *Bereicherung und Unerlaubte Handlung*, *Festschrift für Ernst Rabel*, Bd. I, S. 333 ff.
(10) *Ibid*., S. 337.
(11) *Ibid*., S. 337-8, 378 ff.
(12) *Ibid*., S. 340, 360 ff.
(13) *Ibid*., S. 342.
(14) *Ibid*., S. 348 ff.
(15) *Ibid*., S. 353.
(16) Wilburg, S. 97 ff. ; v. Caemmerer, S. 354, 376-7 u. 371-2.
(17) Wilburg, S. 122 ff. ; v. Caemmerer, S. 224, 226 ff., 232 ff., 254 ff.
(18) Wilburg, S. 37 ff. ; vgl. v. Caemmerer, S. 225.
(19) Wilburg, S. 138 ff. ; vgl. v. Caemmerer, S. 381-2.

(20) v. Caemmerer, S. 384-7 ; vgl. Wilburg, S. 156 ff. 川村［泰啓］「返還さるべき利得の範囲（一—五）」判例評論五五・五七・六四・六五・六七号、同「契約の無効・取消と不当利得」契約法体系Ⅶ。

(21) ケメラーはウィルブルクと違って一般的不当利得法を排除しようとするものではなく、一般不当利得原理の各種の顕現形態を類型化しようとしているので、ただケメラーにとっては諸類型の構造を明確にしてゆくのが問題で、一般的標準の定立はあまり意味がないとしているだけだと解されている、磯村［哲］・カエメラー「不当利得」法学論叢六三巻三号一二九—一三〇頁、一三四頁、一三五—六頁。

(22) Staudinger, *Rechts der Schuldverhältnisse*, 1960, §812, 52, Anm. 3, S. 2770-1 ; Esser, *Schuldrecht*, 1960, S. 776 ; Larenz, *Schuldrecht*, S. 364 ff. bes. S. 364 Anm. 1.

三　ウィルブルクとケメラーの不当利得論に対する二、三の疑問

それにもかかわらず私には不当利得制度を統一的制度として理解し、他人の財貨からの利得による返還請求権のみならず、給付利得返還請求権をも契約と対置し、契約は私的所有制度に基く個人意思自治の原則の積極的表れ——財貨運動法といってもよいであろう——であり、これに対し不当利得返還請求権は給付利得返還請求権をもふくめて、物権的請求権や不法行為請求権とともに、個人意思自治の原則の消極的表れ——財貨保護法といってもよいであろう——であるとすることが間違っていないように思われるのである。

第一に、ドイツの類型論者は不当利得を統一的制度として理解し、ことに給付利得返還請求権の場合ばかりでなく他人の財貨よりの利得の返還請求権の場合にも利得の不当性を債権的基礎の欠缺——すなわち権利者の意思に基かないこと——に還元することを強く批判し、他人の財貨からの利得の返還請求権の場合にはそれによって

利得の不当性を規定しえないとしている。そして、日本においても次第にドイツの類型論に賛成する者が多くなりつつあり、例えば磯村〔哲〕教授は給付以外の利得にあっては不当利得かどうかの決定には債権関係の存否は余り意味がなく、ユング自身、給付利得の場合は給付者は常に損失者だから causa の存否が問題であるのに対し、その他の場合は causa の存在は最初から問題外だから「損失」（Kost）に重点がおかるべきことをのべている程であるとされている。(1) また川村〔泰啓〕教授も「給付利得」のもとでは利得・損失間の因果関係の直接性という構成はもっぱら利得返還関係の当事者を誤って実行された契約の当事者に限定するという「当事者規定」の機能を担うにとどまり、利得の不当性の規定はあげて「法律上の原因を欠く」という判断形式にゆだねることになるのに対し、「他人の財貨からの利得」に関する限り、利得が「法律上の原因を欠く」という要件は蛇足であり、利得の不当性の規定は、もっぱら利得・損失間の因果関係の直接性という判断形式のもとで過不足なくおこなわれていたとし、磯村教授と同様に、「法律上の原因」を一元的に債権関係に還元したユングですら、法律上の原因の欠缺はもっぱら給付利得のもとで問題となるにとどまり、他人の財貨からの利得のもとでは、これに反して、他人の「損失による」受益が利得の不当性の規定の中心になるとしているとされている。(2)

このような批判に対し、最初に、一言、ことわっておきたいのは、ユングは給付以外の利得の場合には不当利得かどうかの決定に債権関係の存否は余り意味がないとか、他人の損失による受益が利得の不当性の規定の中心になるとかなどといっていないことである。ユングはただ給付利得と給付以外の利得とでは疑問の生ずる点が異り、給付利得では他人の損失において利得したかどうかよりもむしろそれが法律上の原因を欠くかどうかの点について疑問が生ずるが、給付以外の利得では却って他人の損失において利得したとみるべきかどうかの点が疑問となり、給付意思なしに行われた財産の移転は別段の事情がなければ常に原因を欠くから、原因を欠くかどうかが問題となることは余りないといっているだけである。[3] そしてそれはそのとおりである。日本で起きた事件を例にとって説明すれば、かつて電源開発促進法の改正に際し、ダムをつくった上流の電力会社が下流増しにより利益を得た下流の電力会社に対し不当利得返還請求権を行使しうるかが論ぜられたことがあった。その際の論点は上流の電力会社の「損失」によって下流の電力会社が利得しているといえるか、上流の電力会社の権利領域から下流の電力会社の権利領域に財貨の移転が行われているとみうるか、つまり上流の電力会社の権利領域より下流の電力会社が利得を得ていると考えられるかであったろう。もしそれが肯定されれば、上流の電力会社に無断で下流増しにより利益を得ている以上、その不当性は論ずるまでもなかったからである。そして不当利得返還請求権がみとめられるか否かについて学説は分れていたようであるが、もしこの場合に不当利得返還請求権を否定せんとするならば、それは上流の電力会社の損失による下流の電力会社の利得が不当でないからでなく、むしろそれ以前の問題として不当利得法の意味での上流の電力会社の「損失」による下流の電力会社の利得、上流の電力会社の権利領域より下流の電力会社の権利領域への価値の移転はないとみるべきだからであったろう。

しかし、ユング自身どのようにいっているかよりも、給付以外の利得の場合には法律上の原因の欠缺、債権関係の存否は不当性の決定にとって意味がないとされることが私には充分納得がゆかないのである。その説明として、鉄道が敷設され、ある土地の価値がまし他の土地の価値が減じその価値の移転は債権関係に基かず、法律上の原因を欠くのに一方の利得は不当利得とならないとか、[4] 競業によって商売仲間の損失において利得をしても不当利得の成立はないとかという例が挙げられる。[5] しかし、これらの場合に不当利得がみとめられないのは——下流増しの場合と同様に——利得が不当でないからというよりも、それより前に不当利得法の意味での財産の移転、他人の損失による利得がないからである。不当利得において他人の損失による利得が必要だとされるならば、それは一方で甲が利得し、それにより他方で乙が損失をしていればよいのではなく、乙の権利領域に価値の移転が行われたこと、つまり乙の権利領域より甲が利得を得たことを必要とするので、それが肯定された上で、その不当性が問題となるのである。そして類型論者は他人の財貨からの利得の場合にはその利得が所有権その他の権利の財貨の割り当てにていしょく〔抵触〕することによって不当となるとしているが、そのいうところの権利の財貨の割り当てにていしょくするかどうかが、もし単に財貨が権利者以外の者によって充用されている事実があるかどうかだけを指すならば、それによって決定されるのは利得の不当性というよりもむしろ他人の損失による利得、つまり財産の移転の存否ではないだろうか。そしてそれが不当かどうかを決定するのはやはり、法律上の原因の存否、債権的基礎の有無、権利者の意思との一致不一致ではないだろうか。権利の本質は財貨を誰が、どのように使用収益するかを権利者の意思に委ねるところにある。別に権利者が自身使用収益すべきものとしているわけではない。権利者はその意思に依り財貨を他人に使用収益させることができる。他人の財貨を使用収益することは直ちに不当とはいえない。権利者の意思によらないで他人の財貨を自己のために充用するとき不当となるのではなかろうか。

勿論《もちろん》、利得の不当性を決定するのは権利者の意思だけではない。法律の規定によって権利者の意思にかかわらず財貨の移動のみとめられる場合がある。その場合に二通りある。一つは添附の場合のように法律が一方で所有権の移転をみとめながら、他方その補償として不当利得返還請求権を与えている。もう一つは遺失物の拾得の場合のように一定の期間の経過により所有権の移転をみとめながら、もとの所有者に不当利得返還請求権を与えていない。同様の場合に時効取得や善意取得や善意の占有者の果実取得などがある。民法は権利者の意思を絶対視しているわけでないことはいうまでもない。にもかかわらず、私的自治の原則の下では別段の法律の規定がない限り、権利の変動を行うべきは権利者の意思であり、権利の変動の当不当を決定するのも権利者の意思であるということが許されるのではなかろうか。それどころか、私には、常に給付「意思」の伴う給付利得の場合よりも、他人の財貨よりの利得の場合の方が、一層よく、権利者の意思に基くかどうかが利得の不当性を規定するということがあてはまるようにさえ思われるのである。

第二にドイツの類型論者も日本におけるその賛成者も給付利得の場合とその他の利得の場合とで利得の不当性の根拠がことなるとし、その他の利得の場合にはそれを権利の割り当てにていしょく［抵触］することに見出すのに対し、給付利得では法律上の原因の欠缺、債権的基礎の不存在に求め、そこから給付利得返還請求権を、解除に基く原状回復請求権や賃貸借の終了に伴う賃貸物の返還請求権などとともに、財貨保護法から切り離して契約と並べ、その補充および匡正《きょうせい》手段として財貨運動法に属せしめている。解除に基く原状回復請求権や賃貸借の終了に伴う賃貸物の返還請求権などを一種の給付利得返還請求権とし、本来の給付利得返還請求権との差異は根拠の問題でなく責任の範囲の問題にすぎないと強いて説くことに対する疑問を別とすれば、確かに給付利得返還請求権を契約などと並べて財貨運動法に属せしめることには理由がないではない。給付利得返還請求権を契約の無効取消の効果として契約の無効取消のところで取り扱うことには便宜があり、それも財産法の体系の構成の一つの仕方といえよう。しかし給付利得返還請求権をも、給付以外の利得返還請求権とともに、解除に基く現状回復請求権や賃貸借などの終了に伴う賃貸物返還請求権などから切り離し、契約と対置して、財貨運動法でなく、財貨保護法に属せしめることにも――それは現行法の仕方であるが――それなりの理由があると思われるのである。

給付利得返還請求権には解除に基く原状回復請求権や賃貸借の終了に伴う賃貸物返還請求権などとは異るものがある。解除に基く原状回復請求権については、解除の効果としていわゆる直接効果説をとり債権関係は遡及的に消滅するとし、殊に解除が損害賠償を排除するとするドイツ法のもとでは、或は給付利得返還請求権の一種とみる、少くともそれと同一平面におくことは殊に理由があるのかも知れない。尤《もっと》もだからといってともに契約と並べるべきだというのではなく、むしろともに契約と対置すべきだということにもなりうるが。しかし少くとも日本法では民法典起草者が明言しているように解除は債権関係の遡及的消滅を来すのではなく、ただ契約ないし契約より生じた債権関係を将来に向って消滅せしめると同時に、既に給付がなされていたときは給付がなされなかったと同様の状態をつくり出す債権的な原状回復請求権を新に生ぜしめるにすぎない。尤もその原状回復請求権は給付の目的物についてだけでなくその間に生じた果実などに及ぶ。日本法で解除の遡及効が云為《うんい》［うんぬんする、と同意］されるならばそれは解除に基く原状回復請求権がその間に生じた果実などに及ぶことを、しかしまたそのことだけを意味するのであって、契約より生じた債権関係の遡及的消滅を来すことを意味するのではない。のみならず、解除は損害賠償請求を妨げず、しかも損害賠償は履行利益の賠償である。すなわち、金銭的には契約が履行されたならばあったと同じ状態をつくり出すことを目的としているのである。契約を解除して損害賠償を請求するか、契約を解除しないで履行又は履行に代る損害賠償を請求するかは清算方法の差違にすぎない。従って解除は契約とともに、或はむしろ契約の一部として、財貨運動法に属せしめることができるのである（勿論、解除に基く原状回復請求権は無雑作《むぞうさ》に給付利得返還請求権の一種としえないと同様に、純然たる契約上の履行請求権とも同視しえないであろう。大切なのはそのいずれと並べるかでなく、具体的にその特殊な内容を明確にすることである。ただ、説明の便宜上、財貨運動法に属せしめるのが適当だというまでである）。その点、法律行為の自己制限としての条件（解除条件）の成就による原状回復請求権と異ならない。そして賃貸借などの終了に伴う賃貸物返還請求権なども同様に取り扱うことができるであろう。これに対し給付利得返還請求権はそうではない。法律上の原因を欠く給付であるがゆえに原状に回復せんとするので、契約が履行されたと同じ状態をつくり出すことを目的としているのではない。従ってこれを契約の解除などから切り離して契約と対置することがそれほど筋ちがいとは思われないのである。

それに給付利得返還請求権は債権的基礎なしに給付がなされた場合に常に与えられるわけではない。従って給付利得返還請求権を単純に無効または取消された契約の清算といってすますことはできない。例えば、我が国では不法原因給付としてよく賭博で負けて賭金をとられた例が挙げられる。しかしこの場合に不当利得返還請求権が与えられないのは不法原因給付だからであろうか。むしろ、いかさま賭博でない限り不法原因給付を云々《うんぬん》するまえに、そもそも不当利得がないのではなかろうか。当事者の意思通りに履行したまでのことだから。或はまた価格統制法規違反の契約は統制額をこえる限度では無効であろう。しかし両当事者が履行してしまったら、罰則の適用は免れないであろうが、統制額超過部分につき不当利得返還請求権が与えられるであろうか。当事者の一方が相手方の軽卒無経験窮迫に乗じたのでない限り、統制法規違反の給付が不法原因給付であろうがなかろうが、不当利得返還請求権を与えるべきではあるまい。当事者の意思通りに履行したまでのことだから。つまり不当利得制度は権利者の意思に依らずに財貨の移動が生じたとき権利者を保護することを目的とする制度である。だから当事者の意思通りに履行されたままでであるような場合には不当利得制度の作用する余地はないのである。契約の無効は契約の履行を請求しえないというだけのことで、無効な契約に基いて給付がなされたとき不当利得として返還請求権が与えられるかどうかは不当利得が権利者の権利と意思を保護することを目的とする制度だという見地から決定されるのである。そこに他人の財貨よりの利得返還請求権との近似《きんじ》をみうるであろう。

さらに給付利得の場合に、給付者が所有権者（その他の本権者）であって物権行為の無因性により給付の結果所有権を失ったときはもとより、そうでなく給付にもかかわらず所有権を保持していたときにも、給付者には所有物返還請求権はみとめられず、不当利得返還請求権のみがみとめられると解すべきであろう。そうとすれば給付利得返還請求権も、他人の財貨よりの利得返還請求権と同様に、所有物返還請求権の代償であり、権利の作用の貫徹であるという議論の出るのも理由のないことではない(6)。

尤《もっと》も給付利得の場合には給付者が所有権その他の本権をもつか否かを問わずに給付者に返還請求権が与えられる。そしてそのことが給付利得返還請求権を他人の財貨からの利得返還請求権から截然《せつぜん》と区別すべきものとさせているのである。しかし、占有侵奪の場合にも、占有者が所有権者であると否とをとわず、――善意の前占有者に現占有者に対してみとめられる返還請求権を別として（独民一〇〇七条参照）――占有者に占有訴権が与えられている。ただ、占有訴権の場合は、占有者が所有権者であるときは、別に所有物返還請求権がみとめられるが、給付利得返還請求権の場合は、給付者が所有権者であっても、別に所有物返還請求権がみとめられない点で異なるが、本権者でなくても与えられる点では同じである。そして、占有訴権の目的については多くの説があるが、占有訴権が本権の訴とともに権利の静的状態の保護を目的とするとだけはいって間違いではないだろう。同様に給付利得返還請求権は、勿論給付意思はあるが給付の前提とした債権的基礎を欠いていたという意味で給付者の意思に基かない給付がなされた場合に、ともかく原状に回復させようとするものである。そしてそれは給付者が所有権者その他の本権者でなくても与えられるが、そのことは給付利得返還請求権も他人の財貨からの利得返還請求権と同様に権利の静的状態を保護することを目的とする制度だということを妨げないのではなかろうか。

要するに他人の財貨よりの利得返還請求権の場合には権利者の意思に基かない財貨の移動が行われたとき、これを原状に回復せんとする。また給付利得返還請求権の場合には給付意思はあるが給付の前提とする債権関係を生ぜしめる意思がないのに給付が行われたとき、これを原状に回復せんとする。二つは利得の発生の原因に相違があるのに応じて内容に差異がある。しかし同じく個人意思自治の原則の下で権利の静的状態の保護を目的としている。そのように私は不当利得制度を理解したい。そしてそのように理解することは不当利得に関する具体的な問題を考えるうえにおいても無意味でないことは、これまでの論述より明かであろう。とはいっても不当利得の一般的基準の定立の試みは、それにとどまっている限り、具体的な解釈論にそれほどは役立たないであろう。具体的解釈論のためには、それより進んで、不当利得の類型を分けそれぞれについて要件効果を規定すべきである。それは類型論のいうとおりである。しかし、いまそれができないで、内容の乏しいまま、このつたない論文を山田先生に捧げざるを得ないことが心苦しくてならないのである。

（1）磯村・前掲、一二四頁以下、特に一三六頁。
（2）川村［泰啓］・「所有」関係の場で機能する不当利得制度（一）判例評論一一七号一〇頁、一二頁補注。
（3）Jung, *a.a.O.*, S. 127-8, 144-5.
（4）Wilburg, *a.a.O.*, S. 14-5.
（5）v. Caemmerer, *a.a.O.*, S. 338.
（6）Vgl. Lübtow, *Beiträge zur Lehre von der Condictio nach römischem und geltendem Recht*, 1952, S. 26, 17-8.

〔原典は、山田晟先生還暦祝賀論文集『概観ドイツ法』、東京大学出版会、一七七―一九四頁に所収。一九七一年九月二五日発行〕

〔解説〕

一　日本における不当利得法研究を本格的に展開されたのは、いうまでもなく、谷口知平、松坂佐一の両先生である。本論文は、来栖先生が不当利得理論をとくにドイツ民法学によりながら構成されていたことから、山田晟先生の還暦に寄せて執筆されたものである。

二　私は、不明にも、来栖先生が、本書論文**9**の「民法における財産法と身分法」以後にこれほど深く不当利得法に関するドイツ民法学の論議をフォローされているとは知らなかったので、この論文が発表されたときには、正直いって驚いたものである。そして、それ以来、この論文の論旨に共感し、その見解を支持しつつも、先生がこの論文でなにを言いたいと考えられていたかについて、思いめぐらしてきたところである。というのは、本論文の登場の少し前から、とくにドイツ民法学の影響を受けて、わが国でも、不当利得に関するいわゆる類型論がしきりに論じられるようになっていた。本論文は、明らかにその論議に対して意見を述べようとされている。しかし、それは、単にその論議のなかに分け入ろうとされているのではなく、先生の考えはもっと深いところに存していたのではないかという気がしてしようがないのである。

しかし、まだ自信をもって所見をいうことができない。以下は、解説ともいえない、私なりの感想を記すものに過ぎないことをお断りしたい（私は、ユング、ウィルブルク、ケメラーの論文を読んでいないので、そもそも解説をする資格がない）。

三　来栖先生は、研究生活の初期に描かれた民法の壮大なデッサンである〔**9**〕「民法における財産法と身分法」（一九四〇年）で、不当利得についても、ひとつの構想を示されていた。そこでは、ドイツのユングの見解への依拠が特徴的であった。本論文は、その見解にさらに磨きをかけて、この機会に発表されたものである。そのためには、どの時期にか、ユングを批判するウィルブルク、ケメラーの諸論文を十分に咀嚼検討されていた。この論文には、その研究成果に基づくさらに発展させられた不当利得理論が提示されている。

先生は、冒頭の一で、明確にみずからの見解を要約される。それは、近代社会を貫く個人意思自治の原則のもとにおいて、一方で契約（事務管理もこれに準じる）は財貨の移転に奉仕する意思自治の原則の積極的な表れであり（財貨運動法といってもよい）、他方、物権的請求権、不法行為による損害賠償請求権、不当利得返還請求権の三者は、権利者の意思に反したことに対して権利の静的状態の保護を目的とする意思自治の原則の消極的な表れである（財貨保護法といってもよい）、というものである。

そして、二で、依拠されたユングを批判するウィルブルクと、さらに類型論を主張するケメラーの所説を紹介し、三で、この両者の議論に対する疑問を呈示される。

そして、最後に、ふたたび、自分の見解を明確に要約される。今度は、本文と重複するが、先生の文章をそのまま引用しよう。「要するに他人の財貨よりの利得返還請求権の場合には権利者の意思に基かない財貨の移動が行われたとき、これを原状に回復せんとする。また給付利得返還請求権の場合には給付意思はあるが給付の前提とする債権関係を生ぜしめる意思がないのに給付が行われたとき、これを原状に回復せんとする。二つは利得の発生の原因に相違があるのに応じて内容に差異がある。しかし同じく個人意思自治の原則の下で権利の静的状態の保護を目的としている。そのように私は不当利得制度を理解したい。」

これほど明快な不当利得理解があるであろうか。私は、いろいろのいわゆる「類型論」を渉り歩いてみたあとも、やはり、この来栖理解に戻ってくると、改めて目を洗われたような気持がし、この見解に強く惹かれるものがあるのである。

とくに、三の部分については、読者の熟読を期待したい。たとえば、給付利得返還請求権を財貨運動法ではなく、財貨保護法に属さしめるべきだとする指摘、不法原因給付の例とされる賭博に負けて取られた賭け金について返還請求権が認められないのは、そもそも権利者の意思に依らずに財貨の移動が生じたことがないからであるという指摘などには、アッと思わせるものがある。

四　なお、読者の理解に資するために、「類型論」をめぐって若干の説明を試みておきたいと思う。

(1)　いわゆる「類型論」が登場する前提としては、その前段において存在した不当利得制度を統一的な理念によって把握しようとする立場がある。これを統一的把握論と呼んでおこう。

この立場の代表的なものとしては、「形式的・一般的には正当視される財産的価値の移動が、実質的・相対的には正当視されない場合に、公平の理念に従ってその矛盾の調整を試みようとすることが不当利得の本質である」という命題が挙げられる（我妻栄『債権各論下巻一』（民法講義V_1）一九七二年、九三八頁）。しかし、これでは、いかにも説明的、常識的であり、厳格な活用には耐えないという感が否めない。これに対して、来栖見解は、近代市民法の本質理解と連動した、優れた理論を提示したといってよいであろう。

(2)　これに対して、不当利得制度を統一的に把握するのは誤りであると批判し、否定し、不当利得とされるもののなかには、一つのカテゴリーには包摂できないいくつかの類型が存在するとするのが、「類型論」の立場である。すなわち、民法が規定する不当利得制度の中には、本質を異にする複数の類型が存在し、これを一つの概念で統括するのは誤りであるとする見解である。逆にいえば、民法の不当利得というのは、本質を異にする複数の制度が混在する制度であるということになる。

この意味における「類型論」者からは、いろいろな類型案が唱えられた。たとえば、所有対非所有の対抗関係の場で生じるall or nothingの財産の移動における不当利得とこれから生じる給付利得返還請求権、契約＝債権関係で生じるgive and takeの財産の移動における不当利得とそれから生じる他人の財産からの利得の返還請求権に分ける（川村泰啓）、

「財産帰属秩序」に反するものとしての他人の財貨からの利得と「財産移転秩序」に反するものとしての給付利得に分ける（広中俊雄）、

「矯正法的不当利得」、「帰属法的不当利得」に分け、また「両性的不当利得事案」、「多当事者間の不当利得」についても論じる（加藤雅信）、

「運動法型不当利得」、「財貨帰属法型不当利得」、「負担帰属法型不当利得」の三つに分け、さらに三者以上の関係者が問題になる場合を別個に考察する（四宮和夫）、

などである。

(3) いわゆる「類型論」が今日では通説であるといわれることが多いが、私には異論がある。それは、類型ということばが、二つの異なる意味で用いられている可能性があるからである。

一つは、不当利得とされるものの形態を各種の類型（タイプ）に分けて考察するという意味に用いられる場合である。これを類型的考察方法ということにする。この場合の類型は、分類とさほど違わない意味である。

類型的考察方法の必要性は、今日だれによっても否定されていない。というより、統一的把握論も当初からこの類型的考察を行ってきたのである。とくに、「給付利得」と「他人の財貨による利得」、あるいは「給付利得」と「非給付利得」を分けることは基本的分類であり、この分類をすることをもって「類型論」とすることの格段

の意義は認められない。本論文も、末尾において、類型的考察方法の必要性を、あまりにも当然という感じで述べておられる。そして、「類型論」の考察が類型的考察に寄与する功績をいささかも否定されていないのである。もう一つは、「厳格な意味における類型論」とでも名付けるべきもので、この場合の類型は、範疇（カテゴリー）と近い意味のものである。

この類型論における各類型は、それぞれに別個の理念・本質を有し、それらを一括、同視することは峻拒される。そのような類型論がどれだけ存在するかは疑問である。そして、この意味の類型論は、統一的把握論と同様に、その社会科学的な論拠および有効性を厳しく検証されなければならない。

上掲の加藤氏は、自説が類型論と呼ばれることを拒否はされないが、類型ということばは避けて、「帰属法的不当利得規範」、「矯正法的不当利得規範」ということばを使われる。

同氏が、「(影の体系としての) 不当利得法は、ある意味では陽の実定法体系の鏡なのであって、陽の体系をそのまま反射しうる構造になっている」と説かれるとき、それは、「法体系投影理論」と名付ける（中国・韓国の学者の命名という）のが適切な、統一的把握論なのではないかと思われるのである（加藤『財産法の体系と不当利得の構造』二九五頁）。

(4) なお、「類型論」から統一的把握論に対して、その理論が不当利得規定に該当するとされるすべての場合を包摂できていないという批判が加えられることがあるが（一例として、加藤前掲二八八頁）、この批判は当らないと思う。ある法条が、本来予定されていない場合にまで適用されるという事例は他にいくらでも存在するからである。

五 そこで、最後に気になるのは、先生のフィクション論との関連である。

「類型論」の「類型」は、いかなる意味で用いられてきたのであろうか。私は不明にして理解できないでいる。カテゴリー（Kategorie 範疇）の意味であろうか。タイプ（Typ 型）という意味であろうか。それとも、モデル（Modell 範型）という意味であろうか。そのいずれの意味においても、フィクション（擬制）の問題と関わることになろう。

先生の「モデルと擬制——「法における擬制」論の準備のための学習ノート」（『法とフィクション』一〇五頁以下）は、不当利得「類型論」がまさに隆盛であった時期に書かれた。先生の念頭には、本論文後に発表された種々の「類型論」が去来していたことは疑いない。しかし、「モデルと擬制」では、不当利得論への論及はなかった。そこに、私は、民法解釈論にまで立ち戻る余裕のないほどに、擬制論に没頭されていた先生の姿を感じる。それだけに、不当利得の「類型論」はどうですか、という疑問を先生にぶつけてみなかったことへの悔いが深く重く残っている。

（清水　誠）

財産法判例評釈⑴〔総則・物権〕

〔解説〕

来栖先生が民事法判例研究会の一員として、法学協会雑誌（以下、法協という）および『判例民事法』（以下、判民という）に掲載された判例評釈は全部で九五編に上る（他の者との共同執筆を除く）。そのうち、財産法に関するもの五六編を⑴と⑵に分け、総則・物権に関する⑴を以下に掲げる。⑵は第三巻に、家族法に関するものは、⑶として第三巻に掲げる。

配列は、時期順ではなく、おおよそ民法の編別に従った（時期順については、第三巻所掲の業績目録参照）。

法協に掲載されたものが後日判民に転載されたが、そのさい僅かだが加筆されていることがある。本書では判民によった。本巻では、法協にのみ掲載されたものが二点（*5*と*9*）あり、もちろん法協によっている。

各項目の表題に付した年は、法協への発表年である。

各評釈の表題は原典のままとした。冒頭の数字は今回編集者が付した整理のための番号である。項目の次には、原典にも示されている関係条文をそのまま記した。

細目次

総則

1 寺 院――檀徒総代二名以上の連署なき株式申込の効力……〔一九三六年〕…555
（大判昭和一一年四月一一日民集一五巻六二一頁）
法協五四巻一八三五頁・判民昭和一一年度三六事件

2 寺 院――寺院の起債には檀家総代二名の同意を得れば足る……〔一九三六年〕…560
（大判昭和一一年五月一九日民集一五巻八三五頁）
法協五四巻二〇五三頁・判民昭和一一年度五四事件

3 産業組合――一理事が組合を代表して他の理事と為したる連帯保証契約は監事の追認に依り有効となる……〔一九三七年〕…564
（大判昭和一二年二月一日民集一六巻七七頁）
法協五五巻一二一七頁・判民昭和一二年度八事件

4 告訴の濫用に依り民事事件を解決せんことを委任し之に対し報酬を約するが如き契約は公序良俗に反し無効なり……〔一九四一年〕…569
（大判昭和一五年八月七日民集一九巻一八一九頁）
法協五九巻六六〇頁・判民昭和一五年度一〇三事件

5 民法一一〇条にいわゆる「権限アリト信スヘキ正当ノ理由」
――事実上の隠居の場合 ……〔一九五七年〕… *572*
（最判昭和三一年五月二二日民集一〇巻五四五頁）
法協七四巻三八八頁（昭和三一年度三二事件）

6 連帯債務者の一人に対する裁判上の請求は他の債務
者に対する債権に付ても時効中断の効力を生ずる ……〔一九三九年〕… *581*
（大判昭和一三年一二月八日民集一七巻二六三三頁）
法協五七巻一一六一頁・判民昭和一三年度一六〇事件

7 取得時効――境界付近の溝川が境界なりとの売主の指示を信じ
て隣地の一部の占有を始めたるとするも無過失を即断し得ず ……〔一九四二年〕… *584*
（大判昭和一七年二月二〇日民集二一巻一一八頁）
法協六〇巻一四四四頁・判民昭和一七年度九事件

物権

8 無権代理人の申請に基づく登記と雖も真実の権
利関係に合する場合には之が抹消を請求し得ず ……〔一九四三年〕… *587*
（大判昭和一八年一月二九日民集二二巻一頁）
法協六一巻一〇五二頁・判民昭和一八年度一事件

9 占有回収の訴――転借人を占有代理人として間接占有を有する賃借人は、直接占有を有する転借人に対し占有回収の訴を起し得ない……〔一九六〇年〕…590
（最判昭和三四年一月八日民集一三巻一七頁）
法協七七巻八五頁・（昭和三四年度二事件）

10 隣地通行権――公道に通ずる路あるも自然の産出物を搬出し得ぬ地勢の径路であれば其の搬出に必要な限度に於ては尚隣地通行権を認むべし……〔一九三九年〕…593
（大判昭和一三年六月七日民集一七巻一三三一頁）
法協五七巻一六九頁・判民昭和一三年度八四事件

11 共有物の分割――分割前共有持分に設定した抵当権は分割により抵当権設定者の取得した部分に集中しない……〔一九四二年〕…597
（大判昭和一七年四月二四日民集二一巻四四七頁）
法協六〇巻一七六六頁・判民昭和一七年度二三事件

12 地上権の消滅――法定地上権の地代指定の判決に依る地代額確定の前後を通じ二年以上継続して地代を支払わざるときは地上権の消滅を請求することを得…〔一九四〇年〕…602
（大判昭和一四年八月三一日民集一八巻一〇一五頁）
法協五八巻一三五頁・判民昭和一四年度六五事件

13 抵当権の共有と民法第三五二条但書の保存行為――第一順位の抵当権が被

担保債権の消滅に因り消滅したる場合に於て第二順位の抵当権の共有者は各自単独にて右債権消滅の確認並第一順位の抵当権の抹消を求め得る……〔一九四〇年〕…605
（大判昭和一五年五月一四日民集一九巻八四〇頁）
法協五八巻一七四三頁・判民昭和一五年度四六事件

14 抵当権の目的たる建物の従物のみに対する強制執行と抵当権者の異議権……〔一九四八年〕…609
（東控昭和一八年二月一三日民集二二巻二号附録二五頁）
法協六一巻一三四六頁・判民昭和一八年度六事件

15 抵当権行使の制限――後順位の抵当権者は自ら何ら得るところなきのみならず先順位の抵当権者を害することを知りながら徒に抵当権の実行を為すことは許されない…〔一九四三年〕…612
（昭和一七年一一月二〇日民集二一巻一〇九九頁）
法協六一巻一二六頁・判民昭和一七年度五五事件

16 法定地上権の地代――法定地上権発生後地代決定の標準たるべき事情の変更があったときは、事情変更前後の地代は各別に定むべし……………〔一九四一年〕…617
（大判昭和一六年五月一日民集二〇巻五九六頁）
法協五九巻一九〇七頁・判民昭和一六年度四〇事件

17 民法第三九五条――賃貸借が抵当権者に及ぼす損害の存否を決すべき時期……〔一九四二年〕…620
（大判昭和一六年六月一四日民集二〇巻八七三頁）
法協六〇巻一六八頁・判民昭和一六年度五七事件

18 民訴法第七〇〇条一項二号の負担の意義――抵当権設定後為されたる民法第六〇二条所定の期間を超えざる賃貸借の設定請求権保全の仮登記はそれに該当するか…(一九三七年)…624
(大判昭和一一年六月二五日民集一五巻一五〇三頁)
法協五五巻三九九頁・判民昭和一一年度九九事件

19 抵当権の消滅――民法第三九七条は抵当不動産の第三取得者に適用があるか …(一九四一年)…631
(大判昭和一五年八月一二日民集一九巻一三三八頁)
法協五九巻一六六頁・判民昭和一五年度七六事件

20 抵当権の消滅――抵当権は抵当不動産の第三取得者に対しては被担保債権と独立に二十年の消滅時効に因り消滅するか ……………………(一九四一年)…637
(大判昭和一五年一一月二六日民集一九巻二一〇〇頁)
法協五九巻八三三頁・判民昭和一五年度一一七事件

総　則

1　寺院——檀徒総代二名以上の連署なき株式申込の効力

明治一〇年太政官布告第四三号
昭和一一年四月一一日民四部判決（昭一〇(オ)二八四九号、失権株式競売不足金請求事件）
民集一五巻八号六二一頁

〔事実〕　本件は要するに株式申込が、

明治十年太政官布告第四十三号　〔神社並〕寺院ニ於テ其〔社〕寺ノ為メ金穀ヲ借入ルルトキハ若クハ金穀ヲ借入ルル為メ〔社〕寺付地所（除税地ヲ除クノ外）建物什器（宝物古文書類ヲ除クノ外）等ヲ抵当ト為スト キハ必ス〔氏子〕檀家ト協議シ総代二名以上ノ連署ヲ要スヘシ若シ此連署ナキトキハ総テ該〔社〕寺〔神官〕僧侶ノ私債ト看做シ縦令右ノ抵当アルモ其ノ効ナキモノト為スヘシ此旨布告候事

の適用範囲に属するかの問題である。事案は簡単であって、訴外株式会社尾三銀行は第四回乃至第八回の株金払込の催告に応じない株主被上告寺Yを失権せしめ、其の失権株式を競売に付したが、其の結果は金二千四百二十六円四十六銭の不足を生じた。上告人Xが此の債権を同銀行の定款所定の損害金債権と共に譲受け、Y寺に其の支払を請求した処、Y寺は右布告を楯に、前記銀行の株式申込は檀徒総代二名以上の連署を欠き無効であり、従って株金払込の義務がない旨抗弁し、第一審第二審が之を認めたので、Xは上告に及んだのである。上告理由は、該布告は債務負担を効果意思とする場合にのみ適用せられるのに、Y寺は株式申込に際しかかる意思を有したものとみられないというのである。

〔判旨〕 棄却。「然レドモ明治十年太政官布告第四十三号ハ啻ニ神社又ハ寺院ガ借主トナリテ金穀ヲ目的トスル消費貸借ヲ為ス場合ノミニ止マラズ、汎ク神社又ハ寺院ガ債務ヲ負担スベキ行為ヲ為ス場合ニ其ノ適用アルベキモノナルコトハ当院判例ノ屡次宣示セル所ナリ。而シテ株式会社ノ株式申込ヲ為ストキハ単ニ会社ニ対シテ種々ノ権利ヲ取得スルノミニ止マラズシテ、其ノ引受ケタル株数ニ応ジテ株金ノ払込ヲ為スベキ義務ヲ負担スルニ至ルモノナルガ故ニ寺院ガ右申込ヲ為スニハ前掲布告ニ従ヒ其ノ住職ニ於テ檀徒総代ト協議シ其ノ総代二名以上ノ連署ヲ得ルコトヲ要スルモノト謂ハザルベカラズ。寺院ガ右申込ヲ為スニ当リ実際如何ナル経済的効果ヲ意欲シタリシヤハ右布告適用ノ有無ヲ左右スルコト莫シ。」

〔評釈〕 一 前掲布告は「金穀ヲ借入ルルトキ」に適用せられるのであるから、文字のみよりみれば極めて狭かるべき其の適用範囲を、判例は夙《つと》に拡張して汎く寺院が債務を負担すべき行為に及ぼし、終始此の態度を変えない（大審院判例として、明治三二・一・二六民録五輯一巻四五頁は貸金請求に関し、布告本来の適用を示したものに過ぎぬが、出訴期限後の債務の承認に付、明治三〇・三・九民録三輯三巻七〇頁、債務負担を結果する裁判上の和解に付、明治三七・一〇・一〇民録一〇輯一二一三頁、大正一五・五・二八民集五巻四三九頁、請負契約に付、明治四二・二・二二民録一五輯一三九頁、訴訟委任の際の成功報酬の約束に付、明治四三・一〇・八民録一六輯六六〇頁、昭和一〇・一〇・八民集一四巻一七四三頁、其の他の報酬支払契約に付、明治三七・一二・二七民録一〇輯一七〇二頁（神社に関す）、明治三八・一〇・二八民録一一輯一三九五頁が挙げられ得る。下級審は忠実に之に追随し、例えば本件に於て問題の株式申込に関しては東地明治四二(ワ)一三六二号新聞六四〇号一一頁）。之に対して、上告理由は、寺院が株式申込を為すに当り意欲した経済的効果如何に依り右布告の適用の有無を決すべしと主張するも、其の採るに足らぬこと判旨の言う如くである。棄却は是非ない結果であろう。

二　判旨は先例を墨守するに止まるが、抑々其の先例に疑問の余地があるまいか。判例は前述の如く一方布告の適用範囲を拡張しつつ、他方布告の要求する寺債の有効要件を寛かに解し、寺院例の要件を践まなかったことに基く寺債無効の抗弁を可及的に排斥せんと努める⑴檀家とあるも信徒総代を以て代え得る、⑵協議は必ずしも必要でなく、連署さえあればよい、⑶連署というも結局同意にて足る、⑷檀家総代二名以上とは檀家総代の過半数でなく文字通り二名以上の意、⑸同意は事後でも不都合ない、⑹僧侶が更迭しても差支えない等確定されている。我妻教授「判例に現はれたる寺院の財産関係と宗教法案」法協四四巻八号一五四七頁以下、尚判民昭和一〇年度一一三事件、同一一年度五四事件、松本氏本件評釈民商四巻四号七九一頁等参照)。此の一見矛盾する二つの傾向は如何に調和さるべきであるか。惟うに判例は寺産維持の為其の財産行為に広く檀家総代の関与を要求し乍らも、其の関与の手続を容易にし、苟《いやし》くも何等かの形式に於て檀家総代二名以上の同意のあることが窺われれば、其の行為を有効とするも寺院の保護として多く欠くるところがあるまいと考え、ここに寺院と其の相手方双方の利益の調和を見出した積りであるかも知れぬ。が、果してそれは妥当と言えようか。先ず斯様に布告の適用範囲を拡張して檀家総代の関与する場合を多くすることが今日の寺院にとって望ましいかさえ疑わしい。併し此の点は如何にもあれ、一面布告の適用範囲を拡張し、他面寺院が自ら法規に違反して檀家総代の同意なく取引して置き乍ら、事情が不利となるや布告を楯に其の無効を主張するを認めたのでは——寺債の要件を緩和したとは言え——取引の安全を不当に脅かすことになりはしまいか。寺院が斯く責任を免れんが為に布告を口実にする場合は決して少くない。偈《かか》て加えて、相手方は檀家総代の同意——其の有無は必ずしも明かではあるまい——があったと誤信する正当の理由がある場合にも寺院は責を負わぬとされる（宮控大正三・三・一最近判例集一四巻五九頁）。布告に依り僧侶の私債と看做しても多くの場合相手方の充分な保護にならぬ。此等の事情を考えれば、相手方がかかる不利益をしも尚忍むべしとするに足る要請が存するものとは考えられない。国家と寺院とが密接な関係にあった時代は姑《しばら》く措こう。併し明治一七年八月一一日太政官布達第一九号が寺院の地位に著しい変遷を齎《もたら》した今日、最早同日に論ずることは出来ない（伊達光美氏、日本寺院法三四二頁以下参照）。勿論現代に於ても寺院に一定の社会的使命が託されている以上、布告の合理的基礎が全然失われて了ったとは言わないが、取引安全の理想の前に影を薄めつつある事実を否定し得まい。判例とて寺院の保護に徹し得ず、寺債の要件を緩和するが、更に一歩を進めて右布告の適用範囲を論ずる場合にも成る可く狭く解し、最も制限する必要があると思われる民法本来の意味の負債に限定することこそ寧ろ寺院保護と取引安全保護という二要請をより適当に調和する所以であると思う（我妻教授前掲一五五一頁以下、伊達氏前掲三〇八頁以下特に三四七頁以下参照。前掲大判昭和一〇・一〇・八に対する吉川氏の評釈民商法三巻四号七三五頁は判例が行き過ぎていることを認められながらも斯く文字通りに狭く解することに反対せられ、寺院の債務負担行為中、具体的場合に於て、寺院の財産的基礎を脅かし其の本来の使命の遂行を阻害する虞ある場合のみ、右布告の制限に従わしむべきものとせられる。寺院に対する態度により見解は自ら分れるであろうが、其の標準は必ずしも明瞭でなく、適用の有無を個々の具体的事情によって左右せしむることは、寺院の保護に偏してはいまいか。ここに布告の適用を消費貸借にのみ限ると為すのも、決して「金穀ヲ借入ルル時」の文字にかなうからというのではなく、寺院の現代社会に於ける使命よりみてこれ以上、取引の安全を犠牲にして寺院を保護することは適当でないと考えるからである）。ここに民法一一条二号又は八八六条二号の借財の意義が拡張して解釈せられていることは顧慮しないでも宜い（株式申込が此等の法条の二号に含まれるか、或は寧ろ三号に該当するかは未だ確定しないものの如く、朝高昭和五民上四三一号司法協会雑誌九巻一一号一九七頁、評論一九巻民法一三一七頁は、八八六条に関し、株式申込並株金払込は孰《いず》れも所謂「重要ナル動産ニ関スル権利ノ喪失ヲ目的トスル行為」に属すると為すも、松山地方大正六(ワ)一五号法新一二六三号二二頁、評論六巻民法三三四頁は、未払込株式の譲受を「借財」に入ると判示している)。蓋し之に対する立場が異るからである。此の如く考える時は、本件に於て株式申込は、債務負担行為には相違ないが、之を布告の制限外に置くことが許され得るのではあるまいか。

因みに近時寺院の財産関係が屡々問題を惹き起している。従来の規定の不当、不備に由来することが大であろう。速かに明確な立法的解決をすることが望ましい。本件もそれを慫慂する一の事例として意義がある。

本件に関しては松本氏(民商四巻四号七九一頁)、岩田氏(新報四六巻一一号一八五七頁)の評釈がある。前者は判旨に反対、後者は判旨に賛成。

2 寺院──寺院の起債には檀家総代二名の同意を得れば足る

明治一〇年太政官布告第四三号

昭和一一年五月一九日民二部判決（昭一一(オ)七三号弁償金請求事件）

民集一五巻一〇号八三五頁

〔事実〕 被上告寺Yが訴外某より金千円を年利一割にて借受くる際に、其の保証を為した上告人Xは、弁済期の到来にも拘らず主債務の履行がなかった結果、保証人として余儀なく弁済を為したので、Y寺に対し求償権を行使した。Y寺は明治十年太政官布告第四十三号を楯に、X主張の如き貸借があったとしても、檀家総代九名中其の過半数に満たざる僅か二名の同意しかなかったから、寺債としての効力を生じ得ないと抗弁した。原審はY寺の抗弁を認めたので、Xは上告し、右布告に所謂「檀家ト協議シ総代二名以上ノ連署ヲ要ス」とは、檀家総代二名の同意を得れば足るという趣旨に解すべき旨主張したのが本件である。

〔判旨〕 破毀差戻。「所謂檀家ト協議シ総代二名以上ノ連署ヲ要ストハ一々各檀家ト協議スルヲ必要トセザルモ檀家総代ト協議シ少クトモ総代二名ノ同意ヲ得レバ足ルノ趣旨ナリト解スルヲ相当トス。」「凡ソ法律上過半数ノ同意ヲ要スル場合ハ特ニ其ノ旨ノ明記アリ（例ヘバ民法第六百七十条第九百四十九条商法第百六十一条第百六十九条）而モ過半数テフ《ちょう》コトガ其ノ性質ニ観ルモ亦当該法条ニ徴スルモ総テ決議ノ場合ニ於ケル普遍的ノ定メナルコト」疑がない以上、ここに過半数ということは問題となり得ない。「右布告ニ於テ寺債ヲ起スニ付檀家総代二名以上ノ同意ヲ必要トシタル所以」は「寺院代表者タル住職ノ行務ヲ監視シ私擅ノ挙ニ出ヅルコト無カラシムルニ在リ」。「爾リ而シテ檀家総代タラム程ノ者」は当該達の掟を俟つ迄もなく「孰モ衆望ヲ負ヒ且相当ノ資産ヲ有スルモノニシテ始メテ其ノ地位ニ就ク」のであろうから「此等総代中ノ少クトモ二名マデガ寺院ノ起債ニ同意スル以上寺院ノ為メニ計ルコト決シテ其ノ忠ナラザルヲ憂ヒズトスルノ法意」である。

〔評釈〕　判旨は正当。寺債の要件を軽減せんとする従来判例の傾向の一つの現れに外ならぬ。先ず右布告に依れば、寺院の起債には「檀家ト協議シ総代二名以上ノ連署ヲ要ス」とあるも檀家と一一協議する要なきこと（大判明二八・一一・一四民録四巻九五頁、同大四・一一・一七民録二一輯一二六頁、東控大六・七・四評論六巻民訴三四六頁等によって）、更に檀家総代の連署とあるも結局同意を以て足るということ（大判明四二・一二・二三民録一五輯一三九頁、同大三・一〇・二二民録二〇輯七八六頁、同前掲六四・一二・一七、同昭一〇・一〇・八民集一四巻一九号一七四三頁、前掲東控大六・七・四、東地大一一・三・一二評論一二巻民法三五一頁等によって）は、既に判例上確定する処、而して学説亦判例の斯かる寺債の有効要件を軽減する傾向に賛意を表している（我妻教授「判例に現はれたる寺院の財産関係と宗教法案」法協四四巻八号一五四九頁以下及び前掲大判昭一〇・一〇・八の評釈法協五四巻三号五八〇頁、同判例の吉川氏の評釈民商法三巻四号三一六頁、伊達美光氏「日本寺院法論」一六二一頁以下）。然らば檀家総代の全員の中其の過半数の同意の存することが要求せられているのか、それとも其の中の二名の同意を以て足るのかが専ら本件の争の中心である。原審は右布告に「檀家ト協議シ、総代二名以上ノ連署ヲ要ス」とあるのと、明治十四年内務省達乙第三三号に「檀家中相応ノ財産ヲ有シ衆望ノ帰スルモノ三名以上相選ビ」とあるのとを対照するときは所謂総代二名以上を総代過半数の意義に解さねばならぬと主張するも、判旨の説示する如く、此の二つの法規から如何にして斯かる解釈を導き出し得るかは殆んど了解に苦しむのである。前掲伊達氏「日本寺院法論」二七六頁以下に依れば、右布告には檀家総代二名以上の同意を要求し、其の最低数は二名、前記達には檀家総代三名以上を選ぶべき旨を規定し、其の最低数は三名、従って該布告の精神を考察すれば、檀家総代の過半数の同意を必要とする結論に達せられるとされる。原審の趣旨亦ここに出ずるとすれば確かに首肯し得ない。上告理由が指示する如く、前記内務省達が右布告より四年後の制定に係ることであるから、布告に所謂二名以上を強いて過半数の意に採ることは形式的にも可成り無理であろう。勿論同様に形式的に、法律上過半数の同意を要する場合は特に其の旨の明記があり、而も過半数ということは其の性質上よりみるも又其の旨を規定している法条に徴するも、総て決議の場合の定めに外ならぬというだけでは、ここに檀家総代の過半数の同意を要するとの主張を排斥する決定的な根拠とはなり得ぬとも言えよう。何となれば恐らく不備な此の古い法規の解釈を法文の文字のみより断定するは適当でなく、而も檀家総代の決議ということがここに問題となり得ずとするも、其の半数以上の同意を要するということは決議と無関係に考えられぬことはないからである。又商法第一七六条と対比し、同条に所謂監査役の承認は監査役数人ある場合にも其の一人の承認を以て足るのであるから、同様に寺院の監査機関たる檀家総代の同意も文字通り其の二名以上の同意で足るというのも一応の説明たり得るに過ぎぬ（民商四巻五号一〇四六頁田中氏の評釈参照。尚そこに、判示が布告の同意と親族会の同意とを同一性質なりとしているのは、代理権限の補充の点のみを考えれば、必ずしも不当ではないが、過半数を要するか否かが問題の焦点である本件では適切でないと注意されている）。併し進んで布告の精神より事を論じ、今日の寺院の社会的地位より観れば、外部に対する関係では何等かの形で表わされた檀家総代二名の同意さえあれば住職の代表権限は完全に補充されたものとみるべく（寺院規則等に依り寺院内部に於て制限を加えることは別として）、寺院保護の上に於ても、檀家総代ともなる程の者が二名同意するのだから欠けるところがないという趣旨であると解すべきではあるまいか。即ち寺院と檀家との関係旧の如く密ならず、寺院も経済的活動を余儀なくされる今日、寺院にとっても斯かる制限が望ましいか先ず疑問である。況んや檀家総代の同意の有無が元来曖昧な上に、檀家総代の全数、従って其の過半数の同意の有無は相手方にとって必ずしも明かでなく、而も仮令同意があったと誤信する正当の理由存するも相手方の保護が認められていない（宮控大三・二・一最近判例一四巻五九頁）、更に動《やや》もすれば寺院が自己の責任を免れる為に此の布告を引合に出す虞が少くないこと等を考え併せるに於ては、国家と関係を絶った今日の寺院の保護として、同意二名以上を過半数の意に解し相手方を犠牲にすることは過ぎたるものがあろう。之を要するに、これまでも過半数を云為しなかった大審院が今度寺債の有効要件を軽減するに努めた従来の傾向を推及して檀家総代二名の同意で足りる旨確認したのは正当であること疑ない（銀行判例一六巻三号二八頁以下参照）。

本件には、田中和夫氏（民商四巻五号一〇四六頁）、岩田氏（新報四六巻一一号一八五七頁）の判旨賛成の評釈がある。

3　産業組合

――一理事が組合を代表して他の理事と為したる連帯保証契約は監事の追認に依り有効となる

産業組合法三五条

昭和一二年二月一日民一部判決（昭一一(オ)一九九七号当座貸越金請求事件）

民集一六巻二号七七頁

〔事実〕　訴外Aが被上告組合X（被控訴人・原告）と金一千円を限度とする当座貯金借越契約を締結するに際し、上告人Y外一名（控訴人・被告）はAの為に右借越債務に付連帯保証を為した。期限満了の時、Aの借越債務は略々九百円に上ったが、殆んど弁済がなかった。そこでX組合は抵当物件を競売し、其の売得金を遅延利息に充当した後、理事が組合を代表し、右貸越元利金の残額の支払を求めてY外一名に対し本訴に及んだ。Y外一名は産業組合法第三五条に「組合カ理事ト契約ヲ為ス場合ニ於テハ監事組合ヲ代表ス組合ト理事トノ間ノ訴訟ニ付テモ亦同シ」とあるを楯に執る。(1) Yは今尚X組合の理事であるから、之に対し訴訟を追行するには監事が組合を代表すべきに拘らず本訴は理事が追行している。同様に(2) 本件連帯保証契約当時Y外一名はX組合の理事であったから組合側は監事が代表すべきであったにも拘らず理事が之に当った。然るに本条は組合の代表機関を監事のみに限定し、理事の代表権限を絶対に排除したものであるから、本訴並びに本件連帯保証契約は仮令監事の追認があったとするも有効となるに由がない。是従来の判例でもあると、一二三の判例（大判大九・一〇・四民録二六輯一四一〇頁、同昭八・七・七新聞三五八六号一六頁）を引用して、抗弁する。第一審第二審共に其の抗弁を容れなかったので、更に同一の理由を繰返して上告したが、棄却。

〔判旨〕「然レドモ法定代理権ノ欠缺アル者ガ為シタル訴訟ノ行為ハ其ノ欠缺ナキニ至リタル法定ノ代理人ノ追認ニ因リ、行為ノ時ニ遡リテ其ノ効力ヲ生ズルコトハ民事訴訟法第五十四条ノ規定スルトコロナルヲ以テ、被上告産業組合X対其ノ理事タル上告人Y間ノ本訴ガ理事ノ委任シタル弁護士ニ依リ提起追行セラレシハ産業組合法第三十五条後段ノ規定ヨリシテ法定代理権ナキ者ノ為シタル訴訟行為延イテハ訴訟行為ヲ為スニ必要ナル授権ノ欠缺アル者ガ為シタル訴訟行為タルコトヲ免レザルモ、原審ニ至リ監事ノ委任シタル同弁護士ニ依リ追認セラレシ以上第一審ノ訴訟行為ハ起訴ノ当初ニ遡リテ其ノ効力ヲ生ジタルモノト云ハザルベカラズ。然リ而シテ産業組合ノ理事ガ組合ヲ代表シテ自己ト締結シタル契約ト雖モ監事ノ追認ニ依リ有効トナルコトハ昭和六年（オ）第一九二二号事件（同年十一月十二日言渡第一民事部判決）及昭和十一年（オ）第二〇二四号事件（同年十二月十九日言渡第三民事部判決）ニ付当院ノ判示スルトコロナレバ、産業組合ノ一理事ガ組合ヲ代表シテ他ノ理事ト為シタル契約ニ付テモ監事ノ追認ニ依リ有効トナルモノト解セザルヲ得ズシテ、所謂大正九年（オ）第四〇七号事件ノ判旨ハ叙上判例ニ依リ自ラ変更セラレタルコト明ナルト同時ニ所謂昭和八年（オ）第四七七号事件ノ判旨ハ産業組合ノ一理事ガ組合ヲ代表シテ他ノ理事ト為シタル法律行為ニ付商法第百七十六条ノ適用ナキコトヲ示シタルニ止リ、本件ニ適切ナラザルニヨリ原判決ガ右説明シタルト同趣旨ニ依リ上告人ノ抗弁ヲ排斥シタルハ正当ナリトス。論旨ハ理由ナシ。」

〔評釈〕賛成。判旨自ら説示する如く、産業組合法三五条違反の契約の効果につき従来の判例は多少の動揺を示していた。判例は最初かかる契約を絶対無効と為したが（前掲大判大九・一〇・四）、軈《やが》て無権代理行為と同様に取扱うべく、監事の追認に依り完全に効力を生ずることを認めるに至った（大判昭六・一一・一二民集一一号九六一頁）。其の後幾何もなくして絶対無効説に逆転したかに見える（大判昭八・七・七新聞三五八六号一六頁）。然も最近は依然無権代理行為説を固守し（大判昭一一・一二・一九新聞四〇九三号一二頁）、判旨も亦之を襲うた。判旨は右の先例中上告論旨の挙ぐる昭和八年の判決を以て本件に適切ならずと判示しているが、疑義なきを得ぬ。判文上絶対無効説への復帰たること明かだからである（判民昭和六年度一〇一事件鈴木助教授評釈、村澤氏「産業組合法第三五条に関する大審院判例の矛盾に就て」新聞三六〇一号三頁）。併し兎もあれ、判例を斯く概観して来る時、判例はここに確定したものと解して妨げないであろう。然らば本条と同趣旨の規定たる民法一〇八条商法一七六条等と類似の変遷を経て同一の結果に辿りついたことになる（八八八条に関しても、最初同条違反の行為を取消し得べきものと判示したが（大判昭六・三・九民集一〇八頁）軈て無権代理行為なりと改めている（大判昭一一・八・七民集一六三〇頁））。其の落着くべき所を誤らなかったことは喜ばしい。判旨を多少敷衍してみれば次の如くである。

産業組合法三五条は理事の自己契約を禁ずるに止まらず苟《いやし》くも理事が相手方たる限り他の理事にも代表権限を与えない趣旨である、と判旨は先ず前提する（独商法二四七条は本条と規定を同じくするが、其の解釈として取締役の自己契約のみを制限するとする（Brodmann, Aktienrecht, § 247, 1, a）。従って本条も理事の自己契約のみを禁止したのでないという多少の疑問が存するが、我商法一七六条と同様他の理事の代表権をも制限したものと解されている、前掲鈴木助教授評釈参照）。此の前提を認めぬ限り、理事が組合を代表して他の理事と為した連帯保証契約は全く有効にして、本件に何等の問題も残らぬ。今右の前提を認めつつ、更に本条を以て上告論旨主張の如く組合の代表権を必ず監事に限定し、理事が監事の同意を得て組合を代表するが如きは絶対に之を禁止する趣旨と為すならば絶対無効と言うのにも一理はあろう（理事の自己契約にあらざる場合は勿論、自己契約の場合にも、かかる契約が理論上不能というのではないから、契約不成立ということは全然考えられぬ。）。併し「監事組合ヲ代表ス」の法文のみから右の如き解釈は為し得まい。本条の立法趣旨に立入って事を論ずるならば、絶対無効と為すは過ぎたるものがあると思われる。蓋し本条が組合の代表権限を監事に与えたのは、理事をして組合を代表せしむる時は理事が己の利益を図り組合の利益を害することあるべきを懼《おそ》れた為である。組合の利益保護という単なる政策的理由に基く。而して此の組合の利益保護という見地より観れば、監事が直接組合を代表すると、理事が代表し監事が之に同意を与うると、其の間に何等の差違も見出し得ない。従って本条が理事から代表権限を剥奪したとしても理事が組合を代表することを絶対に禁止したものと解することは適当ではあるまい。単に此の場合に限って其の代表権限を一応制限したに過ぎぬ。故に監事の同意があれば理事の代表権限は完全に補充せられると共に、予め監事の同意を得ずに為した契約の如きも絶対無効として取扱う理由なく、代理権無き者の為した行為として無権代理行為と同様に解し、追認を許さなければならない。そしてかかる解釈は強行法規違反又は公序良俗違反の法律行為の如き法律行為制度の理想乃至存在理由からみて当然無効たるべき場合は除き、其の他の場合には広く追認を認めんとする最近の法律行為無効理論の傾向に合致するであろう。以上述べた事は組合理事間の訴訟に就いても全く同一に考え得る。ところで本件に於ては、理事が組合を代表して他の理事に対して為す本訴追行も、本件連帯保証契約も、共に監事の追認があったことを認定し得るのである（前掲判旨並びに判例集八〇頁以下参照）。故に本訴追行は民訴法五四条の明文上起訴の当初に遡り組合に付て効力を生じ、又本件連帯保証契約も組合に付て効力が確定したことを認めなければならぬ。尤《もっと》も連帯保証契約に就いては、本件の趣旨を前述の如く組合の利益保護とする時は、本条の適用あるべき「契約」は組合理事間に利害の衝突を齎《もたら》すべきものでなければならぬから、組合の為にする連帯保証契約の如きは寧ろ同条に所謂契約に含まれぬと解し、追認の能否に触れず有効であるという議論も成り立とう。併しここでは敢てかかる議論に頼る必要もあるまい。之を要するに以上述べた処は従来の判例学説（前掲大判昭六・一一・一二及同昭八・七・七、第一の判決に対する前掲鈴木助教授の評釈・末川博士の評釈論叢二八巻二号二九七頁、前掲村澤氏の論文等）を以て判旨を補充したに過ぎぬが、固より正当であると思う。

尚末川博士は前掲評釈に於て、本条違反の行為が絶対無効であるとしても、自ら法規違反の契約をして置き乍ら、自分の都合のいい様に法規違反を楯に執って契約の無効を主張することは許されぬ旨を説き、其の法文上の根拠として民法九五条但書を挙げられる。聴くべき意見と思われるも事は民法中の一大難問たる無効理論の本質に触れる問題である。到底ここで解決し得る筈もない、且絶対無効説を拒くる以上、本件の評釈としては右の如く判旨をそのまま承認すれば足りると考える。

本件に就いては平田氏（民商六巻一号一〇九頁）の本稿と同趣旨の評釈がある。

4　告訴の濫用に依り民事事件を解決せんことを委任し之に対し報酬を約するが如き契約は公序良俗に反し無効なり

民法九〇条

昭和一五年八月七日民三部判決（昭一四(オ)一八〇一号、報酬金請求事件）

民集一九巻二一号一八一九頁

〔事実〕　熊本弁護士会所属弁護士たる被上告人Xは上告人Yより民刑事件の依頼を受けたと主張している。民事事件は上告人XがAに対し金七七〇〇円の債権を有していた処Aは其の所有土地をB等に売却或は之に抵当権を設定する等の行為があったので右債権を詐害されたとの理由に基く詐害行為取消訴訟事件である。刑事事件というのはYがAに前記七七〇〇円を貸与するに際し同人所有の土地や鉱泉を或は売渡担保と為さしめ或は其の贈与を受けたが、Aは右消費貸借に因る債務を履行しないので売渡担保となった土地も亦Yの所有となったのに、其等の土地及び鉱泉を第三者に担保として提供し多額の金円を借受けたのはYに対する詐欺横領の犯罪なりとの理由に基く告訴事件である。そしてXとYとの間に於て、民刑事件を一括してYがAより財産を得た場合には熊本弁護士会規約に依り其の一割をYよりXに供与すべきことを約した。かくてXはAに対し詐欺横領の告訴を為し、而して民事事件は既に他の弁護士に委任されてあったので之と共同して訴訟行為を為すこととなった。軈《やが》て民刑事件は共に円満に解決し、YはAより時価九〇三五円二〇銭に相当する宅地を譲受けるに至ったので、XはYに対し前示約示により報酬金を請求したのが本件である。原審は民事事件は既に弁護士に依り訴訟を提起していたけれども、Yは其の事件の結果を憂慮し、Aに対し刑事訴追の措置に出でて以て民事事件の解決を図らんと欲しXに民刑両事件の委任をしたので、Xは民事事件は他の弁護士に委せ刑事事件を通して民事事件を解決せんと努力した結果検事局に於て示談が成立しYはAより価格九千円の宅地の譲受を受け民事事件を取下げる次第となったのだが、X主張の如き成功謝金契約の存在を認め得る以上、Xの請求は相当なりと判示した。Yは之に対し、Xは民事事件の代理人として何等の行為もしないのだから民刑事件の委任事務を完全に処理したると同一の報酬を請求される理由なく、抑々Xに民事事件を委任したる事実なく、又右示談の成立はXの努力によるのでないから報酬を請求し得べきでないと主張した。大審院は上告論旨とは全く別な左の理由で原判決を破毀し之を差戻した。

〔判旨〕「案ズルニ告訴ヲ利用シテ民事事件ノ解決ヲ期セントノ意図ノ下ニ該告訴ノ提起方ヲ他人ニ委任シ之ニ対シ報酬ヲ約スルガ如キ契約ハ若シ右告訴ニシテ其ノ正当ナル権利行使ノ範囲ヲ超脱セルガ如キ場合ニ於テハ即公序良俗ニ反シ無効タルモノト解シ得ザルニ非ズ……故ニ如上原審認定ノ事実ニ照シ原審ハ更ニ本件契約ガ果シテ上段説示ノ如キ告訴ノ濫用ニ由来セルモノト断ジ得ザルヤ否ヤニ付須ク検討ヲ加ヘ、然ル後本件契約ノ効力ニ付判断ヲ与ヘザルベカラザルニ拘ラズ、原審ハ叙上ノ点ニ付思ヲ致シタル形跡ナク漫然本件契約ヲ有効ナルモノト断ジ、以テ輙《たやす》ク被上告人ノ本訴請求ヲ認容シタルハ失当。」

〔評釈〕 純理論的にみると、告訴を民事事件の解決に利用することは不可能であるかにみえる。併し詐欺横領の如き犯罪にあっては事実上告訴が刑罰権発動の契機となることも多く、告訴されるとなると相手方に恐怖の念を起さしめるであろう。そして告訴後に於ても民事事件の解決は刑事事件に法律上も必ずしも関係なしとしない（刑訴二七九条参照）。従って告訴権の行使が自ら民事事件の解決に影響することはあり得るのだが、それが好ましくないからとて、一方民事事件を進めつつ他方告訴するのは違法で、告訴の濫用となるのでないことは言うまでもない。だが、告訴権者の告訴権行使の主観的目的其他の事情も加わるとき告訴の濫用なることも考えられるのである。如何なる場合がそれに該るかは、各場合につき具体的に決する外はないが、犯罪にならぬことを告訴したり、有利に示談が成立すれば告訴を取下げるという条件の下に告訴するが如きは告訴の濫用となることがあろう。本件の告訴も告訴権の濫用と認める余地がある。若しそう認め得るならばかかる告訴の委任に伴う報酬契約は無効にして、其の理由は判旨の説示する如くかかる契約の公序良俗違反に求むべきだと言えよう。故に判旨の所論を不当とは思わない。唯判旨が上告論旨の触れもしない右の如き理由で原判決を唐突に破毀した取扱は一見訝《いぶか》しい。判旨はこれによって何を企図するのか。動《やや》もすれば民事事件を検事局で解決せんとすることに対する警告なのか。其の意味なら本件は興味ある事件だし、判旨は大いに注目さるべきものであろう。

本件に就いては末川氏（民商一三巻四号六五八頁）の懇切なる評釈がある。本文の評釈もそこから多大の教示を受けた。

5　民法一一〇条にいわゆる「権限アリト信スヘキ正当ノ理由」——事実上の隠居の場合

民法一一〇条

昭和三一年五月二二日最高裁第三小法廷判決（昭和二八(オ)三六二号、人見廣視対黒崎重衛、所有権移転登記手続請求事件）

民集一〇巻五号五四五頁

〔事実〕　X（上告人、被控訴人、原告）は昭和二六年五月四日、Y（被上告人、控訴人、被告）所有の山林一町九反余をYの長男Aを代理人として代金一五万二千百二十八円で買受け、代金全額を交付し、所有権移転登記は当時農繁期の都合上同年一一月中旬にする約束をした。ところが、YはAに代理権がなかったとしてYの登記請求に応じない。そこでXは売買による所有権移転登記を請求する本訴を提起し、仮にAに本件売買についての代理権がなかったとしても、表見代理が成立すると主張した。即ち、㈠(1) Yは七〇余歳の老令であって、長男のAが世帯主となり、Y所有の田畑の耕作、主食の供出及び家庭における収支の担当等、家政一切を処理していた。(2) YはAに対し、時々Y所有の山林を他に売却することを黙示的に委任していた。(3) YはAを代理人として、訴外B及びCに対しY所有の山林の立木を売却したことがある。(4) Yは昭和二五年六月一七日、Aを代理人としてXに対しY所有の山林を売却した上、同年一一月二九日その所有権移転登記をしたことがある。以上の事実はYが、本件売買についてAに代理権を与えたことを、Xに対し表示したものとみなされるから、民法一〇九条の表見代理が成立する。㈡かりに、Aが本件売買について代理権をもたなかったとしても、前記程度の権限はもっていたのであるから、本件売買はＡがその権限を越えて行ったことになり、そして叙上の事実関係、本件売買の売渡証書のＹの名の下に押された印影が前記㈠(4)の山林売買の売渡証書のそれと同一であったこと及び本件売買の代金はＹの固定資産税滞納金の納付に充当されていること等を併せ考えると、Ｘが、Ａに本件売買についての代理権があると信じ又そう信ずべき正当の理由があるといえるから、民法一一〇条の表見代理が成立する。㈢また、ＡはＹ所有の立木及び山林の売買についてＹを代理する権限を有していたのだから、仮に本件売買について代理権がなかったとしても、それは一旦有していた代理権が消滅した後に取引したことになるが、Ａの代理権の消滅を知らずＡに代理権があると信じ又そう信ずべき正当の理由があったから、民法一一二条の表見代理も成立する、とＸは主張した。

原審はＸの請求を排斥し、本件売買はＡが何等Ｙの了解を得ることなく行いＹの記名捺印も擅《ほしいまま》にＹの印章を用いたもので、Ａが本件売買につきＹを代理する権限を有していたとは認められないし、また㈠乃至㈢の表見代理も成立しないと判示した。即ち、㈠について。Ｘの主張する事実は、いずれもＹが本件売買についてＡに代理権を与えた旨を表示した行為に該当しないから、民法一〇九条の表見代理は成立しない。㈡について。ＡがＹ家の農業の経営と家政の処理について権限を有したことは認められる。が、ＹがＡに対しＹ所有の山林の立木を他に売却することを黙示的に委任していたとの供述証言は措信できないばかりか、Ａが擅にＹの山林を他に売渡したので家庭内で紛争が起きた事実がある。またＡがＹの代理人として訴外Ｃに対しＹ所有の山林の立木約七〇石を売渡したことがあるが、Ａがこの売買について代理権を有していたことを認むべき証拠はない。更にＡがＹの承諾を得ずにＸにＹ所有の五筆の山林を売渡し、所有権移転登記をしたことがあるが、それはＹの印章を冒用し登記申請書類を偽造したのである。従ってＡがＹ所有の山林立木を処分する権限を有したことは認められない。

尤《もっと》もAは昭和二六年八月頃訴外Bに対し立木を売却することを特にYから許された事実があるが、それは本件売買の後に属することである。そこで、進んでXが、Aにその権限外の本件売買について代理権があると信じ、またそう信ずべき正当の理由があったかどうかを判断すると、XがAから本件山林を買受ける際、Aは、Yの承諾を得ている旨を述べたこと、かつて同様にAから買受けた山林については登記ができ、その際の売渡証書に押されたYの印影と本件売買の売渡証書のそれとが同一であることから、Xが本件売買についてAに代理権があると信じたことは一応もっともと思われないではない。しかし、XはY家と同村に居住し、古くから同家に出入りして農事の手伝いをし、同家の山林の落葉を集め、また本件売買当時にも時々Y家に出入りしている間柄であり、且つ本件の如き山林の売買は単なるY家の家政の処理とは異る重要な事柄であるから、Xとしては Y本人にも確かめてみるべきであり、その機会は何時でもあったのに、XはYに本件売買について一度も話をしなかったのであって、Xはこの点に手落ちがあったといわねばならない。したがってAに権限ありと信じたことには正当の理由がなく、民法一一〇条の表見代理は成立しない。㈢について。Aが本件売買前にY所有の立木及び山林を他に処分する権限を有した事実は認められないから、右事実を前提とする民法一一二条の表見代理は成立しない、というのである。

Xはそれに対して上告し、本件山林売買代金は入院費、固定資産税、肥料代農業手間代のほか家庭の生活費につかったので、Aが自己の受任事項たる農業及び家政処理に関し金銭の必要を生じて本件山林の売買をなしたことは明かだから、Aの権限内の行為であるし、そうでなくとも一〇九条一一〇条一一二条の表見代理がいずれも成立すると主張した。そのうち、一一〇条の適用については、実際取引に当って原判決判示の如き関係がXとYとの間に存在したからとて一々本人に問合せをなすが如きは代理制度の存在理由を失わせる結果となるから、X

がY本人に問合せをしなかったからとて手落があったといい得ない。のみならず、Y本人が事実上隠居しAが農事その他家政の処理一切を総括的に行っていたという本件売買当時の状況からして、XはAが真実代理権を有しているものと信用し切っていたからこそY本人に何等話をしなかったのである。また契約の相手方がその代理人に本人を代理する権限ありと信ずべき正当の理由ありや否やは、契約の時を標準として決定すべきで（大正八年（オ）八四五号、同年一一月三日判決、録一九五五頁参照）、原判決は本件売買契約の前は固よりその後においてもYに確め得べきなのに確かめなかったと、契約締結後の事情迄も考慮に入れて代理権ありと信ずるについての正当事由の存否を判断したのは違法であると主張した。最高裁は右の民法一一〇条に関する上告理由を容れて、破棄差戻した。

〔判旨〕「原判決の確定したところによれば――被上告人Yは本件売買当時七〇歳の老齢であって、Y家においては長男のAがいわゆる世帯主となり、被上告人Y所有の田畑の耕作供出納税及び家計の担当等の家政を処理しているのみならず、Aは被上告人Yを代理し、昭和二三年頃から同二五年四月までの間に訴外某に対して被上告人Y所有の山林立木約七〇石を、また昭和二五年六月一七日上告人Xに対して被上告人Y所有の山林六反八畝二七歩外五筆をそれぞれ売渡し、後者については同年一一月二九日所有権移転の登記手続を経由しており、かつ上告人XはAから本件山林を買受ける際被上告人Yの承諾をえた事実を告げられ、また前示のように昭和二五年六月一七日Aから買受けた山林については登記も完了し、その売買証書に押捺せられた被上告人Yの印影と本件売買証書に押捺せられた被上告人Yの印影とは同一である――というのであって、これら一連の事実によるときは、被上告人Yはむしろいわゆる隠居的地位にあって、Y家の世帯の管理は事実上長男A（同人が当時すでに齢四〇歳を越した成年者であることは記録上明かである）の手裡に帰し、同人には家の一切の財産を管理処分する広汎な権限ありと信ずべき充分の理由があるといわなければならない。Aが前示のように訴外Aに立木を、また上告人Xに山林を売渡したのは、いずれも被上告人Yの承諾を経たものでなく、上告人Xに対する売買につき登記ができたのもAが被上告人名義の売渡証書及び登記申請書を偽造したのによるというが如きは、単なる内部の事情にすぎずこれによって左の解釈を左右されるものではないばかりでなく、右のように売買登記が支障なく完了したという事実は、原判示も認めるようにAに本件山林売買の代理権もあると信ずべき有力な根拠となるものというべきである。原判決は上告人Xが被告人Y家に長年出入りするものであって、本件売買当時も同家に出入しており、山林売買は一般家政処理と異る重要な事柄であるから、上告人Xが被告人Yにつき本件売買の事実を確めるべきであるというけれども、Aが当時被上告人Y家の一般家政処理をしていたことは前示のとおりであって、先にも山林を売却しているのみならず、本件山林の売買代金は一五万円余であって必ずしも巨額とはいい難く、かかる程度の売買につき被告人Yの意思を確めなかったからといって、上告人Xに過失ありということはできない」。

〔評釈〕　判旨に賛成。本件は日本に特有な、法社会学的に興味ある事件だと思われる。民法改正によって、法律上隠居は否定されたが、事実上の隠居（世帯主の地位を生前に子に譲ること）は特に農家において広汎に行われている。しかし、事実上の隠居といっても、財産権そのものが譲られるとみるべきか管理権だけが譲られるとみるべきかが先ず疑問である。「家」の制度の下では財産権そのものと管理権とは峻別し得ないのであろうが、「家」の制度の下においても法律上家産がみとめられぬ以上、財産権そのものと管理権との区別をなしうるのであり、そのどちらが譲られたのかが問題となるであろう。のみならず、財産権そのものにしろ管理権にしろ、その譲られる範囲や時期は常に明確とはいえない。そこから、事実上の隠居のあった場合、世帯主として家政を処理することを任された者の財産処分の効力が争われることになるのである。

これまでに、家政の担当者の為した代理行為と民法一一〇条の表見代理の成立との関係については、いくつかの判例がある。第一に、ある家の戸主Yが病弱だったので姻戚関係にあるAに家政の世話をさせ、AにYを代理し（Yの母及び妻が保管に当ることになっていたとされる）Yの印章を使用して小作米の収納・貸金の取立の他家政に関する権限を付与していたところ、AがYの印章を使用してY所有の不動産に第三者の利益を図るために抵当権を設定したという事案において、「Aハ被上告人Y先々代……生存中ヨリ被上告人家ノ家事万端ヲ担当処理シ居リ其ノ後家政処理ノ範囲内ニ於テ其銀行ニ対スル預金及其ノ引出等頗ル広汎ナル代理権ヲ有シ居リ未タ曽テ其ノ代理権超越等ニ関シ紛争ヲ生シタル事跡ナカリシモノナル以上、仮令本件抵当権設定行為カ当時被上告人家ノ資産状態ニ徴シ之ヲ為スノ必要ナク且家政処理ノ範囲ヲ逸脱シ該行為ニ付Aニ代理権ナカリシトスルモ斯ル抵当権設定行為ノ要否若クハ家政処理ノ範囲限界等ノ如キ被上告人家ノ内部的事情ニ関スル事項ハ独リ其ノ担当処理者タルAニ於テ知悉シ得ヘキモ其ノ相手方タル上告人Xニ於テ之ヲ知ラサリシニ付過失アルモノト断シ難ク、而モ……上告人……ニ於テ特ニ本件各行為ノ際被上告人方ニ対シ照会其ノ他ノ措置ヲ構スルノ要アリト云フヲ得サルヲ以テ斯ル措置ヲ執ラサレハトテ此ノ点ニ於テ過失アルモノト即断シ難シ」と判示する判例がある（大判昭和九・一一・一三民集一〇七三頁と大判昭和一二・六・八判決全集四輯一一号一〇頁は同一事件である。前の判決では、原審が一一〇条の適用をみとめたのを大審院は先ず「家政処理ノ範囲ヲ確定スルコトヲ要スル」として破毀差戻した。差戻されて、原審は今度は一一〇条の適用を否定したので、X側から上告したところ、後の判決では、上述のように判示し、原審が輙《たやす》く正当事由を否定したのは審理不尽として、再び破棄差戻した）。また、次のような判決がある。「原判決は証拠に基き本件貸借並抵当権設定に付ては訴外Bが上告人X先々代Aの代理人として其の衝に当りたるものなるところBは擅にAの名義を冒用したるものにしてAの関知せざりしものなること及当時Aは老病にして家政を執ること能はずAの二男にしてAと同居し居りたるBはAの委任に基き之を代理して田畑の小作の入附小作米の取立山林立木の売却及其の代金の取立租税の納付金銭の収支等一切の家政を処理し居りたることを認定したる上……被上告銀行Yは右事情に因りBにAを代理する権限ありと信じて本件取引を為したるものにしてYは之を信ずるに付正当の理由ありたるものなればAはBの右行為に付其の責に任ずべきものなる旨適法に認定したるものとす。……然り而して右認定事実に依ればYがAに代理権ありと信じたるに付正当の理由あるものと云ふべく……」（大判昭和一四・四・一八法学八巻一〇号一〇七頁）。なお、判例は、父親が「当時隠居同様の生活を為したることとなく終始自ら家政の処理に当り」長男をして「日常の家事の補助を為さしめたるも不動産売買の如き重要行為に付同人が代理人と為りたることとなき」場合にも、不動産売買につき民法一一〇条の適用の余地があるとしている、「原審の認定に依ればAは昭和七年より同十年春頃に亙り被上告人Xの為其の所有に係る桑或は牛等を売却し来り且Xの為日用品を購入し居りたるものにして此の多年に亙る多数行為特に日用品購入の如きに至る迄一々Xが其の行為の内容を決定又は表示しAは唯其の表示又は伝達の機関たるに過ぎざりしものと為すが如きは……到底首肯し得ざる所なるが故に原判決が前記の如き理由に依りAに何等代理権なかりし旨判示したるは理由不備の違法あり而して若しAが右桑又は牛の売却日用品の購入等に付てはXを代理して之を為し其の権限を有し居たることを認定し得るに於ては原審は須く更に進んで本件不動産の売買に付Xが表見代理の規定に基きAの行為に付其責に任ずべきや否やを審理判断」すべきである（大判昭一五・一二・一一法学一〇巻五号一〇一頁）。ただ、この判決はどういう事実があれば表見代理の成立がみとめられるかの点までは明かにしていない。尤《もっと》も、上告人の子Aが被上告人先代より借入をするに当り上告人名義でその所有不動産を売渡担保にして所有権移転の仮登記をし弁済期に弁済しないときは本登記をする約定をした事案において、原審が「当時上告人ハ上告人家ノ戸主ナリシモ老齢ノ婦ナリシノミナラズ同家ニハ数千円ノ負債アリテ之カ整理中ナリシヲ以テ同居ノ実子タルAニ於テ上告人ニ代リ上告人家ノ家政万端ヲ処理シ且自由ニ上告人ノ印章ヲモ使用シ居リタルコトヲ認メ得ヘキカ故ニ斯ル事情ノ下ニ在リテハ被上告人先代ニ於テAカ上告人ニ代リ前記売渡担保ノ契約並ニ仮登記ヲ為スニ付其ノ代理権アリト信スヘキ正当ノ理由アリタルモノト認ムルヲ相当トス」と判示したのに対し、大審院は「右借入ハ専ラAノ為ニシタルモノナルコト自ラ明カニシテ従テ該借入金ニ付売渡担保ノ契約ヲ為シタルハ亦Aノ為ニシタルモノト解スルヲ相当トスヘク而モ被上告人先代ニ於テモ右取引ノ事情ヨリスレハAノ債務ノ為ニ担保契約ヲ為シタルコトハ之ヲ知リタリト推認（?）スルコトヲ得サルニ非スト謂フヘク特別ノ事情ナクシテハ上告人家ノ負担ノ整理又ハ上告人家ノ家政万端ノ処理範囲ニ属スル行為ト解セラルルノ余地ナシト謂ハサルヘカラス然ルニ原判決カ前示ノ如キAノ無権限ナル売渡担保契約ニ対シ前示事情ノ下ニ於テ輙ク第三者タル被上告人先代ニ於テAカ上告人ノ代理権アリト信スヘキ正当ノ理由アリト論断シタルハ畢竟法律ニ違背シタルカ又ハ審理不尽理由不備」と原判決を破毀差戻している（大判昭和一二・一二・一五判決全集五巻一二頁。なお、大判昭和一二・一二・一五判決全集五巻三五頁（?）も同一事件についての同趣旨の判決である）。

確かに、以上の事件と本件の事実上の隠居の場合とは必ずしも同一には論じられないであろう。しかし、事実上の隠居にあっては、単に管理権でなく財産権そのものが譲られるとみるべきか否かは、財産処分の効力の問題についても決定的ではない。その問題に関する限り、いずれにしても同じである。そこで、本判旨は管理権の問題として解決しようとしている。恐らく、その行き方は正しいのではないかと思われる。そして本件ではAは事実上Y家の世帯の管理を掌握し同家の一切の財産を管理処分する広汎な権限があることを推認せしむるに足るとしている。それなら本件山林売買はAの権限内の行為ともみうるようであるが、権限内の行為か否かを立入って論ぜず、少くともAがYを代理する権限があると信ずべき充分な理由があるとして一一〇条の表見代理の成立をみとめたのである。すなわち本判旨はYは七〇余歳の老齢で事実上隠居し、長男AがY所有の田畑の耕作供出納税及び家計の担当等家政を処理していたこと、本件山林売買代金は固定資産税その他家政の費用にあてられたこと、以前にもAはYを代理し山林の立木を売買したことがあり、殊にX自身Aを代理人としてYからY所有の山林を買受けたことがありその所有権移転登記を無事に完了していること、その際の売渡証書のYの印影と本件山林売買の売渡証書のそれと同一であったこと、Xは本件山林売買に当ってAよりYの承認があったと告げられていること等よりして、本判旨は本件山林売買がAの権限内の行為と信ずべき正当の理由があるとし、本件以前にAがYを代理して立木を売渡したのはYの承諾を経たものでなく、またXに対する売買につき登記ができたのも売渡証書及び登記申請書を偽造したのだというようなことは単なる内部の事情で、それにより直ちに権限ありと信ずべき正当の理由の存否を左右することはできないし、またY家に出入しておりながらYに確かめなかったということも本件の事実関係の下においてXの過失とはいえないとしたのである。その限りにおいて、本判旨は正当であるといってよいであろう。ただ、事実上の隠居の法律関係については、一旦譲られた家政処理の権限は後から制限乃至撤回されうるかとか事実上の隠居者自身が財産の管理処分の権限をもつかとかいろいろ困難な問題があり、その解決は後の判例に残されている。

6　連帯債務者の一人に対する裁判上の請求は他の債務者に対する債権に付ても時効中断の効力を生ずる

民法四三四条・一四七条・一五七条・民訴法二三五条

昭和一三年一二月八日民一部判決（昭一三(オ)一〇五五号株金払込請求事件）

民集一七巻二四号二六三二頁

〔事実〕　被上告会社Xは其の各株式に付第一回の株金払込があったとして大正一二年一〇月一〇日創立総会に依り成立し爾来営業を為して来た。処が、X会社の資本金八万円・一株の金額五〇円・株式総数一六〇〇株の中、六三〇株について全然第一回の株金払込がなく其の総額七八七五円に及ぶことが発見され、発起人の一人より会社設立無効の訴を提起し、大正一五年二月二〇日設立無効の判決言渡があり其の判決が確定した。然るに上告人Y等両名と外七名はX会社の発起人なので商法一三六条によって右未払込株金に付連帯して払込を為す義務を負担することとなった。そこでX会社は先ずY等両名以外の発起人二名に未払込株金請求の訴を提起し、勝訴の判決を受け、昭和七年九月二七日確定した。そして更にY等両名に対して未払込株金の支払の訴求をして行った。Y等両名は履行期大正一二年一〇月一〇日以来一遍の請求もなく、十年を経過したから払込義務は時効によって消滅したと抗弁した。併し原審は連帯債務者たる他の発起人に曩《さき》に訴が提起されたのだから、上告人Y等両名についても時効中断の効力を生じた、と抗弁を一蹴したので、Y等両名が上告したのが本件である。上告理由は曖昧で矛盾に満ちているが、こう主張するのだろうか。――連帯債務者の一人に対して請求訴訟したからと言って他の一人に対しても請求訴訟を為したと擬制することは出来ない。だから、民法四三四条の規定は、連帯債務者の一人に対する裁判上の請求は其の請求を受けた者に対しては民法一四七条の規定により当然時効中断の法律上の効力を生ずるも他の連帯債務者に対しては履行の請求たる事実上の効力のみ生じ、他の連帯債務者に対する時効中断という法律上の効果を及ぼすには民法一五三条の手続を履践すべきである。

〔判旨〕 棄却。「然レドモ連帯債務者ノ一人ニ対スル履行ノ請求ガ他ノ債務者ニ対シテモ其ノ効力ヲ生ズルコトハ民法第四百三十四条ノ規定ニ依リ明カニシテ茲ニ所謂請求中ニハ固ヨリ裁判上ノ請求ヲモ包含スベキモノナルトコロ、同法第百四十七条第百五十七条及民事訴訟法第二百三十五条ニ依レバ裁判上ノ請求ハ訴提起ノ時ヨリ裁判ノ確定ニ至ル迄時効ヲ中断スルモノナレバ連帯債務者ノ一人ニ対シ裁判上ノ請求ヲ為シタルトキハ訴提起ノ時ヨリ裁判ノ確定ニ至ル迄他ノ債務者ニ対スル債権ノ時効モ中断スルモノト為サヾルベカラズ。」従って上告人Yの本件株金及遅延損害金支払義務に付ても時効は昭和七年九月二八日より新たに進行し、本訴提起迄には消滅時数の完成しないことは明かである。

〔評釈〕 大審院に於て問題になったのは始めてのようであるが、判旨は固より当然である。民法四三四条が「履行の請求」に絶対的効力を認めたのは、債権者に連帯債務者の一人一人に対して履行を請求する煩を免れしめて債権者の便宜を図ったのである。其の趣旨から推せば連帯債務者の一人に対する裁判上の請求にも他の債務者に対しそのものとしての絶対的効力を有することを認むべく且同条の「其ノ効力ヲ生ス」が時効中断の効力をも含むものであることは疑ないのだから、連帯債務者の一人に対する裁判上の請求は勿論他の債務者に対しても裁判上の請求に因る時効中断の効力を生ずると解すべきであろう。上告理由の如く連帯債務者の一人に対する裁判上の請求は他の債務者に対しては単純なる催告としての効力のみを生じ、時効中断の効力を生ずる為には更に一五三条の手続を採らねばならぬと言う理由は何処にも見当らないし、それは民法四三四条の趣旨にも合しない。だからと言って何も上告理由の様に連帯債務者の一人に対する訴訟を他の債務者に対しても訴訟があったと擬制するものでないことはもう言うまでもあるまい。

本件に就ては田島氏（論叢四〇巻五号八八〇頁）、岩田氏（法学新報四九巻六号九五一頁）、西村氏（民商九巻六号一一二一頁）の評釈がある。前二者は判旨に賛成。西村氏のみ、一見奇異に見える上告理由の理論が却って妥当な結論を導き出している、とされている。

7　取得時効
——境界付近の溝川が境界なりとの売主の指示を信じて隣地の一部の占有を始めたりとするも無過失と即断し得ず

民法一六二条二項

昭和一七年二月二〇日民五部判決（昭一六(オ)一〇七九号境界確認請求事件）

民集二一巻三号一一八頁

〔事実〕　溝川が西南より東北に流れていて、其の溝川の西北岸の地域が甲地であり、其の溝川の東南岸の地域に乙地丙地が並んでいる。上告人Xは甲地の、被上告人Y_1は乙地被上告人Y_2は丙地の夫々所有者である。本件で問題になっているのは其の溝川の東南岸に沿う約一間幅の地域が甲地に属するか、乙地及丙地に属するかにある。即ち甲地と乙丙両地との境界は溝川の東南岸（トチリを連ねる線とする）なりや、それとも溝川より東南に約一間幅だけ離れたところ（ニホヘを連ねる線とする）なりやである。Xはニホヘ線なりと主張し、Y_1Y_2はトチリ線なりとし、仮に然らざるも其の地域の所有権を取得時効に因り取得したと抗弁した。

原審はこの三筆の土地はその付近の土地と共に元は一筆の土地で訴外のAの所有であったが、同人が之を分筆して売却するに当り溝川を以て甲地と乙丙両地との境界とするときは他日護岸工事を施すに支障を生ずることを慮って右溝川の東南岸約一間幅の地域を甲地に属せしめることにしたので、その後三筆の土地は輾転として夫々XY_1Y_2の所有に帰したのだから、元来境界はXの主張の如くニホヘ線で、これは登記簿上の地積を基準として割出した境界とも大体一致すると認定した。併しY_1Y_2の取得時効の抗弁を容れ、Y_1の前主Bは大正八年一〇月一七日乙地譲受の際、Y_2の前主Cは大正一一年一〇月二五日丙地譲受の際、何れも甲地との境界は溝川の東南岸トチリ線なりとの指示を信じて占有し、而してそこに境界があるとすると登記簿上の地積に超過するが其の超過は夫々約二〇坪一六、七坪に過ぎないから占有地積の過剰を発見するは困難で、右溝川の如き自然的境界に適当なものがあるに於ては之を以て境界と信ずるは通常の事例に徴し止むを得ぬし、税務署に就き図面を調査すれば真正の境界を容易に知り得たからと言ってこうした調査は一般に行われないのだから、其の占有は無過失であり、従って夫々昭和四年一〇月二六日昭和七年一〇月二六日の経過と同時に十年の取得時数が完成したとして、本件係争地の境界は溝川の東南岸のトチリ線と判定した。之に対しXは上告し、分筆土地であるのに税務署に就き分筆の図面を調査することなく、境界は溝川の川縁迄と云うが如き見積的指示を信ずるのを無過失としたのは違法並に審理不尽だと主張した。

〔判旨〕　破毀差戻。「仍テ按ズルニ……前記認定ノ如キ場合ニ於テ直ニ其ノ溝川ヲ以テ自然的境界ニ適当ナルモノト認ムルハ早計ナリト云フベク、又其ノ溝川アレバトテ自ラ境界ヲ定メテ分筆シタル者ニ非ザル前主ヨリ一片ノ指示ヲ受ケタルノミニテBCガ隣接ノ甲地所有者又ハ所轄税務署ノ図面ニ就テ調査スル等ノコトナク右指示ニヨリ直ニ前記川岸ヲ以テ境界ナリト誤信シタルハ過失ナカリシモノト云フベカラズ。サレバ原審ガ前記ノ如ク判示シテ右ノ占有ハ過失ナクシテ開始セラレタルモノト断じ、被上告人Y_1Y_2ノ時効ノ抗弁ヲ是認シタルハ審理不尽理由不備ノ違法アルモノ。」

〔評釈〕　境界確定の訴に於て取得時効の主張があるときは裁判所は之を斟酌して境界を確定することを要するというのが従来の判例で（大判昭九・八・一〇民集一三巻一九号一六一七頁）、本判旨も之を前提しているが、この点に就いては有力な反対説があることを注意しなければならない（右判例に対する兼子評釈判民昭和九年度一一四事件）。今この点を別とすれば本判旨は恐らく正当であろう。Y_1Y_2の占有地積が乙丙地の地積に超過するのは僅かで登記簿面より直ちに発見し難いからY_1Y_2の係争地域の占有は無過失なりというためには、土地の取引については登記簿のみを調査すればよいということが前提されなければならない。併し登記簿を調査すればよいのは土地の権利者は誰かについてで、一定の線を以て土地の境界なりと信ずるにつき過失なしと言うためには登記簿を調査したという以外の何か別の理由を挙げねばならぬ。成程原審の説く如く、溝川の如きものがあるとき之を以て境界なりと信ずるは過失なしと認められる場合もあるかも知れない。併し少くとも常にそうだと断定することは出来ない。本件に於ては甲乙丙は夫々分筆土地にして分筆前の所有者が分筆に当って特に意を用いて係争地域を甲地に属せしめている事情があるし、甲乙丙が分筆土地なることは地番の分裂によって直ちに知り得るのだから、判旨の述べているように自ら分筆したわけではない単なる前主の一片の指示を受けるだけでは足りないで、隣地の所有者に尋ねるなり、所轄税務署の図面を調査する位のことは要求して差支えないのではあるまいか。原審の言う通り所轄税務署の図面を調査する等のことは一般に行われないとすれば、常にそれを要求することは出来ないかも知れないが、兎《と》も角《かく》土地の境界を確める何等かの手数は履まなければいけないと云ってよいのではなかろうか。それに取得時効期間十年は長いとは考えられないのだから、無過失の認定は厳格にしてもよいと思う（尤《もっと》も取得時効は有効な原因関係を前提とし唯前主の処分権の欠缺の故に財産権を取得し得ないものを救済する制度と考えられないかと疑っている。そうだとすれば、ここで過失を争う必要はなくなる。他日の研究に譲りたい）。

本件に就ては長野氏（民商一六巻一号一〇五頁）及び村松氏（日法八巻七号六八頁）の判旨賛成の評釈がある。

物　権

8　無権代理人の申請に基く登記と雖も真実の権利関係に合する場合には之が抹消を請求し得ず

不登法二六条

昭和一八年一月二九日民一部判決（昭一七(オ)八九五号、債務不存在確認等請求事件）

民集二二巻一号一頁

〔事実〕　上告人Xの先代Aはその所有の本件不動産に付き被上告人Y組合との間に(一)昭和五年三月一〇日極度額金九百円なる当座借越契約並に根抵当権設定契約を締結し同月一五日その登記を為し、又(二)昭和五年八月二〇日極度額五百円なる当座借越契約並に根抵当権設定契約を締結し同年九月一七日その登記を為し、更に(三)昭和五年一一月一日極度額八百円なる当座借越契約並に根抵当権設定契約を締結し同年一二月二七日その登記を為し、且つ各借越極度額迄の金員を借入した。然るにAは昭和五年　二月二六日死亡しXに於てその家督を相続したが、XはY組合に向って右三口の根抵当権設定契約の無効、当座借越契約に基く借入に依る債務の不存在の確認並に根抵当権設定登記の抹消手続を請求した。Xの主張の理由は、右債務負担行為、根抵当権設定契約並にその登記は孰《いず》れもXの叔母訴外Bの実子たる訴外CがAの留守宅の箪笥の抽斗中にあったAの実印を盗用して為されたのであるから無効であり、殊に(三)の根抵当権設定登記は昭和五年一二月二七日付のA名義の委任状に依り代理人Dの申請に基くもAはその前日二六日に死亡しているから代理権は消滅し代理権なきものの為した登記となり無効だというのである。原審はXの主張を認めず、Aは肺患に罹り其療養費を支弁する必要から予てBに預けておいた実印を使用して本件不動産を抵当としてA名義にて金融を為すべきことをCに依頼したのでCはその依頼に従ったのだと認定し、なお(三)の根抵当権設定登記はA死亡の日の翌日の委任状を以て為されているから無効だとの主張に付ては、成程Aの死亡により受任者の代理権は消滅したがY組合の代表者に於て右代理権消滅の事実を知り又は之を知らざるに付過失があったと認められないから右代理権の消滅を以てY組合に対抗し得ないと判示した。之に対しXは上告し、Y組合はAの村の人々を以て構成されその理事等は全て村民だからAの死亡の如き直にY組合に知れ、Y組合は代理権消滅を知り又は知るべかりし筈であると抗弁した。

〔判旨〕　大審院は原審とは別の理由でXの請求を棄却した。「然レドモ原審ハ第三回ノ金借並ニ抵当権設定ニ付キテハ訴外Cノ行為ハ正当代理権ニ基キタルモノ（Xノ主張ト反対ノ事実）ト認定シタルコト判文上明カニシテ、原審挙示ノ証拠ニヨレバ斯ル認定ヲ為シ得ザルニ非ズ。右事実ニシテ認定セラルル以上之ガ登記当時ニ於テハ代理権消滅シ居リタリトスルモ、登記セラレタル事項ハ真実ニ合スルモノナルガ故ニXハ之ガ抹消ヲ請求シ得ザルモノト云ハザルベカラズ。仮リニ登記ガ代理権ノ欠缺ヲ理由トシテ抹消セラルトスルモ抵当権ノ設定自体ガ有効ナル以上Yハ其抵当権ニ基キ更ニ之ガ登記ヲ請求シ得ベクXハAノ相続人トシテ登記義務ヲモ承継シ居ルガ故ニ右請求ニ応ジテ再ビ登記ヲ為サザルベカラズ。斯ノ如クXハ仮令本件登記ヲ一旦抹消スルモ更ニYノ請求ニ応ジテ再ビ同一登記ヲ為サザルベカラザル以上右抹消請求ノ如キハ何等正当利益アルモノト云フヲ得ズ。サレバ原審ガ右登記抹消ノ請求ヲ排斥シタルハ此点ヨリ云フモ既ニ正当ナリ。」

〔評釈〕　本判旨は、抵当権設定契約を為す時は代理権があったがその登記の申請を為す当時には代理権が消滅していた場合には、その登記は資格なきものの申請に基く無効の登記として抹消すべきかを問題としている。先ず、登記の申請の如き事項についても本人の死亡に因り当然代理人の登記申請の代理権が消滅するやも疑問であるが、消滅すると前提すると（一一一条六五三条参照）、Y組合に於てAの死亡を知り又は知るべかりし筈だという上告論旨も尤《もっと》に聞えるので、別の方面からXの主張を排斥せんとしたのであろう。処で登記は真実の実体的権利関係を公示すれば足るべく、登記抹消請求権は登記が真実の実体的権利関係に合致していないとき登記をして真実の実体的権利関係に合致せしめる為に与えられると解されている。従って無権代理人の申請に基く登記と雖も真実の実体的権利関係を公示しており、従って仮令一旦申請人の代理権欠缺を理由に登記抹消の請求が認容されるも結局同じ登記を為さねばならぬという事情にあるのであれば、結局抹消請求を為す利益がないのであるから、判旨のいうように、そうした請求を許す必要はないとも思われる。しかし、登記は真実の実体的権利関係に合していさえすればよいとの理論を一般化して二重譲渡のような場合に及ぼし、登記申請書を偽造してもはやく登記した方が勝ということになると疑問である。占有訴権と峻別されていることなどもあいまいになってしまう。そこで契約の締結のみならず、その履行の代理権もみとめられ、（物の占有又は）登記申請の委任状若くは委任状作成のため実印使用の許可が与えられていた場合、それに基いて（物の引渡乃至は）登記の申請をしたときは、代理権が消滅していても、抹消請求はできないとすべきであろう。いや、それよりも、やはり、契約締結後、本人が死亡しても、その履行のための代理権は当然には消滅しないと解すべきではないだろうか。

本件に関しては末川教授（民商一八巻二号一九四頁）、薬師寺教授（志林四五巻八号六一三頁）、石川氏（日本法学九巻九号六一九頁）の批評がある。

9 占有回収の訴

――転借人を占有代理人として間接占有を有する賃借人は、直接占有を有する転借人に対し占有回収の訴を起し得ない

民法二〇〇条・二〇四条一項二号

昭和三四年一月八日第一小法廷判決（昭和三三年(オ)四四九号、賃借権確認占有回収請求事件）

民集一三巻一号一七頁

〔事実〕　上告人Xは昭和一七年頃より、東京都中央区銀座五丁目にある訴外A商会所有の鉄筋コンクリート造四階建の建物の一階の一部屋（五号室）を、賃料一ケ月金二万二七六四円、看板掲示料毎月一五七〇円、賃借期間一年の約定で借受け、爾来引続き契約を更新し、最後に昭和二九年一二月一日これを更新した。そしてXは、都合により、実弟名義で、ピジョン洋装店を開業し、什器備品を備えて営業を継続していた。ところが、被上告人Yは昭和三〇年八月二〇日頃A商会と共同して実力をもって、五号室のよろい戸を下し、部屋を閉鎖してXの出入を拒否し自ら占有した、といって、XがYに対し占有回収の訴をおこしたのが本件である。

第一審は、Xは五号室でピジョン洋装店の名をもって洋服布地、その他の洋装品の販売をし、一部商品についてはYその他のものの商品を受託、販売していたが、昭和二九年に至り、Xの参画する横井産業株式会社が所謂白木屋事件に関連して事務多忙となり、ピジョン洋装店の経営に支障を生じたので、予て知り合いのY代表者某とはかり、A商会に対してはピジョン洋装店において被上告会社の商品の一手委託販売をなす如く装いつつ、五

号室を賃料月額三〇万円でYに転貸することとし、Yは昭和三〇年三月分まで一括支払い、更にピジョン洋装店の商品その他の備品残置品を合計金一〇万円で買受けることにして右部屋の引渡を受け、Xは当時同室に架設してあった電話を取外し、その使用人を引上げ、Yが同種営業を開始し、その後昭和三〇年三月賃料月額を二〇万円に変更して転貸を継続した、ことを認定した。そして、そうとすれば、XはYの占有により代理占有をしていたことになり、従って仮にYが爾後自己又はA商会のためにのみ占有すべき意思をXに表示し、そのためXの占有が失われても、XはYをして本件部屋を自己に明渡さしめることはできないと、Xの請求を棄却した。

原審も、YがXの入室を拒んだとしてもそれだけではXにはいぜんとして代理占有がありXの占有が奪われたことにならないし、Yが今後Xのために本件部屋を占有しない旨の意思の表示をすれば、Xの代理占有は消滅するが、代理占有の場合に占有が奪われたとするには、占有代理人の所持が間接占有者の意思のみならず占有代理人の意思にも反して他人により失わしめられたことを要し、この場合には占有代理人の所持がその意思に反し失わしめられたわけではないから、民法二〇〇条の「占有者カ占有ヲ奪ハレタトキ」というのに当らないとして、Xの請求を棄却した。

それに対し、Xは原判決の解釈には法令の違背がある、と上告した。

〔判旨〕　棄却。「所論原判決の判断は、当裁判所もこれを正当として是認する。されば、所論は採ることができない」。

〔評釈〕　判旨には賛成である。従来この点に関する大審院なり最高裁なりの判決がなかったように思われるが、学説は既に同様の趣旨をのべていた。例えば、「直接占有者が間接占有者に対する侵害者として（占有の訴の）被告とせられることはありえない」、直接占有者が「従来の意思関係を破る行動をとって横領したというような場合（二〇四条一項二号参照）には、間接占有者は、本権の訴によって救済を求めうるにとどまる」とされている（末川「物権法」二五五頁）。ただ、本判決はおかしな判決である。上告理由は何の理由もいっていない。そして判旨もただ原判決が正しいといっているだけである。この判決を判例集に掲げた意味はどこにあるのであろうか。本件のような事実についての一の先例としようとするのであろうか。

10 隣地通行権

――公道に通ずる路あるも自然の産出物を搬出し得ぬ地勢の経路であれば其の搬出に必要な限度に於ては尚隣地通行権を認むべし

民法二一〇条・二一一条

昭和一三年六月七日民二部判決（昭一三(オ)六六号立入禁止請求事件）
民集一七巻一五号一三三一頁

〔事実〕 被上告人Yの所有山林は其の東北方に於て小川を隔てて上告人Xの所有山林と相接し、其の北方には県道が西南方に向って走っているが、現地一帯は川を挟み双方より山林が迫って渓谷を形成し、Y所有山林と県道との間は高低著しき崖状の山林があって通行困難という地勢である。処が、Y所有山林の中央（(ヘ)点）にある石材採取場付近から千枚石と称する石材が産出されるので、Yは之を山林から搬出しなければならなかった。そこで搬出の路はというに、小川に沿って遥かに下りH部落に至る道及びY所有山林の北端（(ハ)点）より東南方に通ずる山道を登って(ニ)点に至り、それから分岐し、一はI部落を過ぎT町に行く里道、一はY所有山林の上方を迂回して前述の県道(ホ)点に出る里道とがあるにはあるが、孰《いず》れも狭隘にして而も傾斜が頗る急であったり又大迂回しなければならないので到底石材の搬出に適しない。之に反し(ハ)点より川畔に至り、Xの所有山林の南端（(ロ)点）より斜に該山林を横切って県道(イ)点に通ずる道は距離も短く、通路も概して傾斜が緩かで石材搬出に最も便利なのみならず、Xの所有山林に格別損害を及ぼさないので、Yは此の通路を利用していた。然るにXがYの自己所有山林立入禁止を訴求したのが本件である。原審は右の如き事実を認定し、民法二一〇条に依りYに所有山林(イ)(ロ)間の通行権を認め、Xの請求を棄却した。之に対しXは上告して、Y所有山林の周囲には(ハ)(ニ)(ホ)点を繋ぐ公路があり、成程(ハ)点より(ニ)点に至る間は多少の傾斜曲折はあるが、道路として使用するに支障なく、多少の修理を施せば充分に利用し得るのであるから、原審がYに(イ)(ロ)間の通行権を認めたのは単に便利であるからに過ぎぬ、併し単に便利であるという一事を以て隣地通行権を認めることは不当である、と主張した。

〔判旨〕 棄却。「然レドモ民法ガ袋地ノ所有者ニ囲繞地ヲ通行スル権利ヲ認メタル所以ハ一般公益上土地ノ利用ヲ全タカラシメンガ為メニシテ、仮令公道ニ通ズル経路アリト雖モ自然ノ産出物ヲ搬出スルコト不能ナル地勢ナルニ於テハ其ノ搬出ニ必要ナル限度ニ於テ囲繞地ヲ通行スルコトヲ得ルモノト謂ハザルベカラズ。若シ然ラズトセバ其ノ土地ノ利用ハ不能ニ帰スルモノト謂フヲ妨ゲザレバナリ。」従って原審の確定したる事実の下に於ては、原判決が被上告人Yに(イ)(ロ)間の通行権を認めたのは相当である。

〔評釈〕 賛成。民法二一〇条の法文は一見、四方他人の土地に囲れて公路に通ずることが全然不可能な場合(同条一項)及び公路に通ずることが全然不可能ではないが之と同視すべき場合(同条二項)に限って、隣地通行権を認めたようにも見える。併し本判旨も言う様に袋地所有者の隣地通行権は一般公益上其土地に相応する利用を全たからしめんが為に認められたものである。従って仮令公路に通ずる路が存在しても、其通路にして其土地に相応する利用を為すに不充分なる場合には、尚民法二一〇条に所謂「公路ニ通セサルトキ」に含め、隣地通行権を認めるのでなければ、隣地通行権を認めた趣旨は不当に狭められることとなる。此の故に外国の諸立法例は、或は「土地ト公路トノ間ニ其土地ノ用法ニ従ヒタル使用ニ必要ナル通路ナキトキ」と言い(独民九一七条一項)、或は「或土地ト公路トノ間ニ充分ナル通路ナキトキ」と規定し（瑞民六九四条一項）、或は「或土地ガ公路ニ通セサルトキ」と並んで「又ハ其土地ノ農業上又ハ工業上ノ利用ニ充分ナル通路ナキトキ」と付加する注意を忘れない（仏民六八二条、これは一八八一年法で後から加えたもの。併し判例は以前から同じ結果を認めたと言われる、Colin et Capitant, Cour Elémentaire de Droit Civil Français, Tom. 1 nº 735)。我民法の規定は周到を欠く憾はあるが、右外国諸立法例と同一の趣旨と解して何の妨げもあるまい。今更全然公路に通ぜざる場合に限るのは、土地の個人所有権の絶対性を制限して土地の利用を高度にせんとする傾向にも強いて背くものであろう。判例も既にはやく右の如き見解を採り（大判大三・八・一〇新聞九六七号三一頁）、係争の田地が囲繞地を通行する以外に畦畔によって公路に通じ得るという事案に関し、田地所有者の囲繞地通行権の存否は「畦畔の通行に因り果して袋地利用の必要を充たし得べきや否や」によって決すべきものとし、袋地利用の必要を充たすと言うには、「係争の袋地は田地なるが故に単に人の歩行し得べき通路」であるというだけでは不充分で、「地方の慣例に従ひ……肥料其他収穫物等の運搬に支障なき」ことを要する、と説示する。本判旨は右先例に従うもの、固より正当である。尤《もっと》も本件に於てXは必ずしも右の見解に反対するのではなく、Y所有山林には県道に通ずる路があり、其の通路は道路として使用するに支障なく殊に多少の修理を施せば充分に利用し得るものであるから、原審は畢竟便利の一事によって隣地通行権を認めたもので、不当であると主張するもののようである。勿論Xの主張それ自体は誤っていない。蓋し単に土地の利用上より便利であるというだけの理由で隣地通行権を認めることは、土地の利用上必要な限度に於て隣地の所有権を特に制限せんとする相隣関係の趣旨を逸脱するからである（異論なし、Gierke, DPR. Bd. 2, S. 438, Anm. 93)。判例とて固より之を否認するのではないことは、殊に大正三年の判決に徴するも疑ない（「通路の迂回なるや否やは通常利便の問題にして必要の問題にあらざるも……」と「利便」と「必要」を明白に区別して説いている)。併し土地の利用上必要か否かは、客観的合理的判断に照し土地の経済的必要に従って決すべきである。而して原審の事実認定にして正しい以上、Y所有山林より県道に至る路は存するも同山林の自、、、、、、然の産出物たる石材を搬出する用を為さないのであるから其の搬出に必要な限度に於てYに(イ)(ロ)間の通行権を認めることは単に土地の利用上便利だというに留らず、進んで土地の利用上必要であると認めなければならないと思われる。而もYに(イ)(ロ)間の通行権を認めても格別Xの所有山林に損害を及ぼさないというに於ては、Xの請求が排斥されるのは当然であろう。

本件に就ては安田教授(民商九巻一号一三一頁)、岩田教授(新報四九巻二号一一九頁)の評釈がある。両教授孰れも判旨の結論には賛成される。併し安田教授は囲繞地通行権と土地産出物搬出の為めの囲繞地使用権とは元来別異のもので、判旨が本件に於ける問題を民法二一〇条の規定する袋地又は準袋地の囲繞地通行権夫自体に関する問題だと考えているのは誤解であるとされ、本件では二一〇条の囲繞地通行権そのものは認められる余地はないが、土地産出物搬出の為めの囲繞地使用権は囲繞地通行権と多くの場合に合体して区別の要を見ないものの、本来別物なのだから、囲繞地通行権が認められないのに尚且之を認めざる可からざることがあり、本件は正にかくの如き場合であるとされる。岩田教授は地役に関する羅馬法以来の iter, actus, via の区別を考え合されて、我が民法二一〇条二一一条の規定を土地の経済上の必要に応ずる通行権を与える趣旨なりと拡張解釈せんと努められると共に、他方当事者間の利益均分の原則なるものを高調し、本件に於て当事者は石材販売を目的とする同業者で互に競争の地位にあることに留意し、隣地通行権者の得る利益の幾分を、二一二条の通行地の損害に対する償金として、隣地所有者に分与すべしと説かれる。この後の点に於ては末弘博士(法律時報一〇巻三号三三—四頁)が三一二条に所謂損害とは七〇九条に所謂損害の外に隣地通行に対する対価を含むとされていることを想起すべきであろう。とまれ示唆する所の多い見解たるを失わぬ。

11　共有物の分割
――分割前共有持分に設定した抵当権は分割により抵当権設定者の取得した部分に集中しない

民法二六〇条・二六一条・一〇一二条［現在の九〇九条。ただし、本文のみで但書はない］

昭和一七年四月二四日民二部判決（昭一六(オ)一四二六号、抵当権抹消登記手続履行請求事件）

民集二一巻八号四四七頁

〔事実〕　判例集の事実の記載はやや明確を欠く嫌があるように思われるのであるが、事実は左の如くなのであろうか。本件第一乃至第五土地外四筆の土地はもと一筆の土地で、この土地は被上告人X_1先代、被上告人X_2先代、被上告人のX_3の前主の先代、被上告人X_4、被上告人X_5及び上告組合Y_1、並に訴外A、同Bの八名の共有に属し、其の持分はY_1は九分の二、他は各九分の一であった。Aはこの九分の一の持分に付Y_1の為元金三千円の債務の担保として抵当権を設定し其の登記を為し、次で増加抵当権設定の仮登記を為し、更に上告人Y_2の為元金八千六百円の債務の担保として抵当権設定の仮登記を為し次で其の本登記を為した。其の後昭和一〇年三月二〇日右共有地の現物分割を為し本件第一乃至第五土地外四筆の土地とし、X_1先代は本件第一土地を、X_2先代は本件第二土地を、X_3の前主の先代は本件第三土地を、X_4は本件第四土地を、X_5は本件第五土地を、Y_1・A・Bは他の四筆の土地を各取得し、同月二〇日其の分割登記を経由すると同時に前示共有者八名の各取得部分に付右各抵当権設定の仮登記及本登記を移記した。而して$X_1$$X_2$は家督相続に因り、$X_3$は贈与に因り各分割地の所有権を取得した。

被上告人X_1等は右の事実に基き共有者の一人が其持分の上に抵当権を設定した後共有物の現物分割があったときは抵当権は爾後抵当権設定者の取得部分に集中し他の共有者の取得部分に及ばぬと解すべきだとして上告人Y_1等に対し分割に因りX_1等の取得した本件各土地に移記された各抵当権設定の仮登記及本登記の抹消を請求した。原審は共有物分割の効力は移転的だから分割前共有者の一人が其持分に付設定した抵当権は共有物の分割があった後も依然として持分の割合で共有地全部の上に存在すべきだが、債権者が現物分割に参加したときは民法二六〇条二項に照し、各共有者は其債権者に対し分割を対抗し得ることは疑がないから、この場合には抵当権は抵当権設定者の取得部分に集中し他の共有者の取得部分に及ばないと解し、而して本件ではY1等はAの債権者として本件共有地分割に参加し分割手続は主として其の手で行った事実を認定して、X_1等の請求を認容した。之に対しY_1等は上告し、分割の効力の移転的なことは民法二六一条からみて明かで、債権者の分割参加の有無により分割の効力が或は移転的であったり或は遡及的であったりすると解する余地なく、民法二六〇条は分割それ自体を対抗し得ぬ旨を定めたので抵当権の集中するや否やを定めたのではない、と主張した。

〔判旨〕 破毀差戻。「按ズルニ……民法第二百六十一条ノ法意ニ徴スレバ、共有物分割ノ効力トシテ各共有者ハ自己ノ取得シタル部分ニ付他ノ共有者ノ持分ヲ譲受ケ其ノ時ニ於テ完全ナル所有権ヲ取得スルモノニシテ、而モ民法第千十二条ノ如キ明文ナキヲ以テ其ノ効果ヲ遡及セシムルモノニ非ザルコト明ナルガ故ニ、分割前共有者ノ一人ガ其ノ持分ニ付設定シタル抵当権ハ依然トシテ、持分ノ割合ニ於テ共有物全部ノ上ニ存在スベク、縦令抵当権者ガ共有物ノ分割ニ参加シタリトスルモ之ガ為直ニ該抵当権ハ抵当権設定者ガ分割ニ因リ取得シタル部分ニノミ集中スベキモノニ非ズ。蓋シ共有物分割前其ノ持分ニ付設定シタル抵当権ガ分割ノ結果抵当権設定者ガ分割ニ因リ取得シタル部分ニノミ当然集中スベキモノトセバ、分割ガ正当ニ行ハレタル場合ニ於テハ他ノ共有者及抵当権者ノ為実際上極メテ便宜ニシテ且ツ公平ヲ欠クモノニ非ズト雖、凡ソ共有物ノ分割ハ抵当権者ガ其ノ分割ニ参加スルコトヲ請求セザル限リ其ノ不知ノ間ニ自由ニ為シ得ベキノミナラズ、分割ガ正当ニ行ハレズ例ヘバ其ノ持分ニ付抵当権ヲ設定シタル者ガ故意ニ持分ノ割合以下ノ現物ヲ取得シ以テ抵当権者ヲ害スルガ如キ行為ヲ為ス虞ナキニ非ザレバナリ。然ルニ原判決ハ債権者ガ現物分割ニ参加シタルトキハ各共有者ハ其ノ債権者ニ対シ分割ヲ対抗シ得ルコト民法第二百六十条第二項ノ解釈上疑ナキ所ナレバ分割前ノ持分ニ付設定シタル抵当権者ガ分割ニ参加シタル場合ニ於テハ抵当権設定者ノ取得部分ニ集中存続スベク、他ノ共有者ガ分割ニ因リ取得シタル部分ニ付其ノ効力ヲ及ボシ得ザル旨判示シ、被上告人等ノ請求ヲ認容シタリ。然レドモ民法第二百六十条第二項ノ規定ハ同条所定ノ場合共有物ノ分割ヲ以テ参加ヲ請求シタル者ニ対抗シ得ザルコトヲ定メタルニ止マリ、抵当権設定者ノ取得部分ニ集中スルヤ否ヤヲ規定シタルモノニ非ザルコト法文上明白ナルト同時ニ、縦令抵当権者ガ共有物ノ分割ニ参加シタリトスルモ其ノ承認ナキ限リ原判示ノ如キ効果ヲ生ズルモノト謂フベカラズ。従ツテ原判決ハ法律ノ解釈ヲ誤リタル違法アルモノニシテ論旨理由アリ原判決ハ到底破毀ヲ免ルルコトヲ得ズ。然リ而シテ記録ニ依レバ被上告人等ガ本件土地ヲ現物分割スルニ至リタル目的必ズシモ明白ナラズ且上告人等ガ右分割ニ参加シナガラ分割ニ対シ異議ヲ述ベザルハ勿論寧ロ之ヲ慫慂シタルガ如キ形跡ナキニ非ザルヲ以テ、原審ガ釈明権ヲ行使シテ此等ノ経緯並事情ニ付当事者ニ主張立証ヲ促シタル上審理ヲ尽シタリシナランニハ、本件共有土地ノ分割ハ各抵当権ヲ分割ニ因リAガ取得シタル部分ニ集中セシムルコトヲ目的トシ、上告人等ニ於テ之ヲ承諾シタルモノナルコトヲ明ニシ得タルヤモ知ルベカラズ。従テ本件ニ付テハ原審ニ於テ尚審理ノ必要アルモノトス。」

〔評釈〕　本件共有地の分割の目的が分割に因り抵当権設定者の取得部分に集中せしむることを目的とし上告人

X_1等が之を承諾したのであれば固より問題がないのだから、原審に於てこの点を審理することは望ましかったに相違ないが、今この事実の点を別として考えることとしても直ちに原審に賛成し得ないことは明かである。学説も、分割の効力は移転的だから、持分の上に抵当権の設定があった後分割があった場合に抵当権設定者が共有物の一部を受けたときは、この部分についても、他の者の受けた部分についても、それぞれ持分が消滅せずに存続してこの多数の分割地の上に抵当権が存在するとみるべきだとしている（我妻・物権法一九六頁）。持分の上の抵当権を抵当権設定者が分割に因り取得した部分に集中せしめることは、民法二六〇条の規定があっても利害関係人に通知する必要なしと解されている限り（我妻前掲一九四頁）、抵当権者の不知の間に而も詐害的に行われる虞があるから、不都合であろう。尤《もっと》も原審もこれを考慮しないのでなく、抵当権者が分割に参加したときに限り、民法二六〇条二項を根拠として、抵当権設定者の取得部分に集中すると説くのである。併し上告論旨も言う様に、同条をそう解釈するのは其の法文からみても無理である。のみならず、抵当権者が分割に参加して意見を述べても別段之に効果が与えられないとされているのだから（我妻前掲）、矢張り不公正な分割の行われる危険は残る。従って判旨は一応正当であるとすべきであろう。

唯判旨も分割が正当に行われれば原審の結論が他の共有者及び抵当権者の為実際上便宜であることを認めているし、又判旨の如くだとすると、民法二六〇条の意義と実益は些か曖昧な感じがする。そこで、原審の結論を何とか維持せんとすれば民法二六〇条をこう解することが考えられなくはない。民法二六〇条は其の明文上各共有者の一般債権者のみならず、持分の上の特別担保権者にも適用があるとする外はないが、各共有者の一般債権者に付ては、予め分割の通知を要しない。併し一般債権者に於て詐害行為として分割を取消し得ることはある。分割に参加して異議なく分割終了すれば最早債権者取消権をもたぬ。ここでは、他の共有者の取得部分に付何等の権利なきは言う迄もない。而して協議上の分割に於ては其の異議があれば協議調わぬものとして裁判上の分割を請求する外なく、一般債権者は分割訴訟に参加することになろう。参加請求をしたのに之を無視して分割が行われたら分割なきものとして取扱い得る。抵当権者の如き特別担保権者等にあっては、分割に先立ち之に通知することを要し通知がなければ之に対抗し得ない。通知があるも参加しないか参加しても異議がなければ、抵当権等は抵当権等の設定者の取得部分に集中する。其の異議の効力としては一般債権者の場合に同じ。かかる解釈の条文上の根拠として民法五八四条を援用し得ないだろうか。又民法二四七条も参考にならないだろうか。併しこの解釈にも疑問があろう。第一、それでは共有物の分割に遡及効を認めることになるので、我民法では遺産の分割の場合を除き共有物の分割に遡及効を認めなくしたとされているのと矛盾しないか、と抗弁されることであろう。更に考えて見たいと思う。

本件に就ては長野氏（民商一六巻四号九七頁）、梶田氏（新報五三巻二号九七頁）、高梨氏（日法八巻一〇号五六頁）の評釈がある。孰《いず》れも判旨に賛成である。なお前田「持分の抵当権と共有物の分割」（新報五二巻一一号四六頁）は判旨に反対である。

12　地上権の消滅
――法定地上権の地代指定の判決に依る地代額確定の前後を通じ二年以上継続して地代を支払わざるときは地上権の消滅を請求することを得

民法二六六条・二七六条・三八八条但書

昭和一四年八月二一日民一部判決（昭一三(オ)一九五五号、建物収去土地明渡等請求事件）

民集一八巻一五号一〇一五頁

〔事実〕　本件宅地は元訴外某の所有に属し、上告人Yは其の地上に法定地上権を有し建物を所有していた処、該土地に対し競売の申立があり、被上告人Xが昭和一〇年三月二二日之を競落した。然るにXY間に於て地代に付協議調わぬ為めに、Xより地代指定請求訴訟を提起し、其の結果右地代は昭和一〇年三月二二日以降一箇月一坪に付金二円一三銭と指定する旨の判決があり同一一年一一月五日判決確定した。YはXの土地所有権取得以来、右判決確定前の地代は固より、其後の地代の支払も為さず、結局昭和一〇年三月二二日以降昭和一二年三月末日迄二箇年間地代の支払を為さなかったので、Xは昭和一二年四月一日付書留内容証明郵便に依りYに対し地上権消滅の請求を為し、進んでXは右の事実に基きYに向って建物収去土地明渡及地代並損害金を訴求したのが本件である（事実は簡単にされている）。一審二審X勝訴。Yは、之に対して上告し、民法二六六条により準用される二七六条は、借地人が遅滞に付せられること引続き二年以上にして始めて適用せられるので、地代未定の場合には地代不払に付遅滞の責に任ずべき始期は地代指定判決確定の時だから其の後二年引続き怠ったのでなければ地主の地上権消滅請求は発生せぬと解すべきである、そうでなければ、地代指定請求訴訟が二年以上に及ぶ場合には判決確定と同時に全額支払わぬと直ちに地主から地上権の消滅を請求されるという不当な結果を生ずることになるだろう、と主張した。

〔判旨〕　棄却。「元来民法第二百六十六条ヲ以テ地上権ニ準用セラルル同法二百七十六条ニ所謂引続キ二年以上支払ヲ怠ルトハ支払ヲ怠ルコト継続シテ二年以上ニ及ブノ謂ニシテ、地上権ニ於テハ地上権者ガ其ノ責ニ帰スベキ事由ニ依リ継続シテ二年分以上地代ノ支払ヲ延滞スルヲ謂フモノナルコトY所論ノ如ク、従テ当事者間ニ地代ノ協議調ハザル為メ若クハ地代指定ノ訴訟繋属中ニテ未ダ地代確定セザル為メ地上権者ガ地代ノ支払ヲ為サザル場合ニハ直チニ以テ地代支払ニ付地上権者ニ延滞ノ責アリト為シ難キモ、既ニ裁判上地代ノ確定セラルルニ及ビテハ地上権者ハ地主ノ請求ニ従ヒ地上権設定以後ノ地代ヲ支払フコトヲ要スルヤ勿論ニシテ若シ其ノ支払ヲ為サザルトキハ設定以後ノ地代ニ付遅滞ヲ生ズルコトヲ免レズ。殊ニ本件ニ於ケルガ如ク地代指定ノ判決確定シ尚地代支払ノ訴ヲ受クルモ従前ノ地代ハ固ヨリ其ノ後数箇月ニ亙リ継続シテ地代ノ支払ヲ為サズ結局当初ヨリ毫末モ其ノ支払ヲ為サザルニ帰スルYニ対シテハ地代確定以前ノ不払ヲモ民法第二百七十六条ニ所謂二年ノ不払中ニ通算シ以テ同条ノ準用アリヤ否ヤヲ定ムルヲ相当トス。然ラバ原審ガXノ土地所有権ヲ取得シ地上権ノ設定ヲ見タル昭和十年三月二十二日ヨリ地代指定ノ判決確定セル同十一年十一月五日迄ノ地代不払期間ニ其ノ後引続キ地代ノ支払ナキ同十二年三月末日迄ヲ加算シ引続キ二年以上地代ノ支払ヲ怠リタリトシテ為シタルXノ地上権消滅ノ請求ヲ適法ト認メタルハ正当。」

〔評釈〕　賛成。民法二七六条に所謂引続き二年以上支払を怠るとは、支払を怠ること継続して二年分以上に及ぶの謂であり、而して「支払を怠る」とは遅滞を意味するから、責に帰すべき事由によって延滞するのでなければば本条の適用をみぬことは学説判例の確定している処であるが、本判旨は更に、地代未定の為不払を以て直ちに遅滞と言えぬ場合には引続き二年以上支払を怠るということは如何に理解さるべきかの問題を解決して、此の多少曖昧な地上権消滅請求の要件を一層明確にしている。判旨は先ず地代指定訴訟繋属中にして地代未定の間は、地代増額請求の場合と異り、相当なる地代の提供をしなくとも遅滞の責なきものと考えている如く、如之地代指定判決確定後も直ちに遅滞を生ぜしめず「地主ノ請求（この請求は相当の期間を定めて為すべきか）ニ従ヒ」地上権者に於て之が支払を為さぬ時始めて遅滞に陥ると説き、地上権者の為の考慮を忘れていないことを示す。併し一旦地代指定判決確定し、地主が之に基き地代の請求を為すも地上権者に於て応ぜぬならば、判決確定後の地代に付ては勿論、地上権取得以降の地代に付ても支払の遅滞にあるものとして、其の期間の遅滞を引続き二年以上の中に数うべきものと解している。蓋し地代未定中と雖も地上権者の地代支払の義務は既に発生しているのだが、唯其の数額未定の故を以て、一時不払に就き遅滞の責ありとみることを控えているのであるから、地代指定判決が地代の数額を地上権取得の時に遡って決定したにも拘らず依然不払を続けるのであれば、地上権取得以後地代支払の遅滞にあるものとして計算するに何の妨げもないからである。上告論旨は地代指定訴訟が二年以上に及ぶ時、判決確定後直ちに地上権消滅の請求を受ける危険を指摘するが、地主に於て（相当の期間を定めて）地代の請求をするも地上権者が支払を怠るに於ては、地上権の消滅を請求せらるるも止むを得ないであろう。殊に本件の如く地代指定判決確定後地代支払の訴求を受くるも之に応ぜず其の後の地代も数箇月継続して其の支払を怠る場合には、判決確定の前後を通算して引続き二年地代の支払を怠ったものとして地上権消滅の請求を認容せしむるも決して不都合でないことが一層明瞭である。

本件に就いては末川氏（民商一一巻一号一七〇頁）、松尾氏（新報五〇巻二号二九三頁）の評釈がある。

13　抵当権の共有と民法第二五二条但書の保存行為
——第一順位の抵当権が被担保債権の消滅に因り消滅したる場合に於て第二順位の抵当権の共有者は各自単独にて右債権消滅の確認並第一順位の抵当権の登記抹消を求め得る

民法二五二条但書・二六四条

昭和一五年五月一四日民五部判決（昭一四(オ)一一九三号、債務不存在確認並抵当権抹消登記手続請求事件）

民集一九巻一一号八四〇頁

〔**事実**〕　訴外A・B両名は上告人Yより金三五〇円を借受け其の担保として被上告人X_1所有の本件宅地に付其の承諾を得て第一順位の抵当権を設定した。更にX_1は訴外C発起の頼母子講より金円を借入れた際被上告人X_2及Cに保証人となって貰い、将来の求償債権金額六百円を限度としX_2及Cを債権者とする第二順位の抵当権を右宅地に付設定した。軈《やが》て右第一順位の抵当債務は大部分弁済されて残元金二九円七四銭となったが、AはYに対する別口元金一六〇円の債務を右の債務に合算して元金一九〇円とし第一順位の抵当権を以て担保せらるる如くに装った。其の後Aは弁済の充当を為さず八二円五〇銭の弁済を為し、債権者たるAも亦充当をしないので右金員は法定充当に依り前記残元金二九円七四銭に充当せられた結果其の債務及之を担保する第一順位の抵当権は消滅した。にも拘らず、Yは前記三五〇円の貸金債権の完済を得ていないと主張するので、X_2はYに対し当該債権不存在確認並抵当権抹消登記手続を請求し、又X_1も抵当土地の所有者として利害関係を有するので同請求を提起した。原審は之を認容したので、Yは上告し、第二順位の抵当権はX_2及Cの共有だから右両名が共同してのみ本訴請求を為し得べく、X_2単独にて為した本訴請求は失当だと主張した。

〔判旨〕 棄却。「然レドモ第一抵当権ニヨリテ担保セラレタル債権ガ既ニ全部弁済セラレ従テ第一抵当権消滅シタルニ拘ラズ、其ノ債権者ガ債権ノ消滅ヲ認メズ第一抵当権ノ存在ヲ主張シ且其ノ登記ノ存スルガ如キハ第二抵当権者ガ其ノ債権ヲ他ニ譲渡シ若ハ其ノ抵当権ヲ実行セントスルニ際《ママ》リ、相当障害トナリ得ベキコト言ヲ俟タズ。サレバ、其レ自体第二抵当権者ノ為不利益ナル状態タルハ勿論之ヲ其ノ儘放置スルニ於テハ、時ノ経過ニ従ヒ証拠ノ消滅ニヨリ第一抵当権ノ債権完済ノ事実ヲ立証スルコト能ハザルニ至ル虞無シトセズ。サレバ、カカル第二抵当権者ガ証拠ノ存スル間ニ於テ第一抵当権者ニ対シ債権消滅ノ確認並抵当権登記ノ抹消ヲ求ムル訴ヲ提起スルハ自己ノ権利ニ付不当ニ不利益ナル状態ヲ除去シ其ノ正当ナル価値並順位ヲ確保セントスルニ外ナラズ。シカモ自己ノ債権並ニ抵当権其ノモノヲ訴訟物トスルモノニ非ザルガ故ニ、此レ等権利ガ数人ノ共有ニ属スル場合ニ於テモカカル行為ハ民法第二百五十二条但書ニ所謂保存行為ニ属スルモノトシテ亦所謂必要的共同訴訟ノ問題ヲモ生ズルコトナク共有者各自ニ之ヲ為シ得ルモノト解セザルベカラズ。」

〔評釈〕 判旨は先ず、債権の弁済に因り第一順位の抵当権が消滅した場合に第二順位の抵当権者が債権不存在の確認並びに抵当権の抹消登記を請求し得ることを認める。これには問題はあるまい。第二順位の抵当権が数人の共有に属する場合各共有者が単独に右の請求を為し得るか。この方が本件の主たる論点なのであろう。判旨は之をも肯定する。一般的に抵当権の共有が存在し得るか且つ本件抵当権が共有であるかの点を除けば、同じく問題はないと思われる。ただ第一順位抵当権の登記抹消請求は第二順位の抵当権そのものに基くのだとすると、第二順位の抵当権が共有に属するとされているので、各共有者単独に之を為し得るかが問題となるにはなる。判例は既に、共有地の不法占有に因る妨害を排除し之が明渡を請求する訴は各共有者単独にて之を為すことを得るものとし（大判大七・四・一九録七三二頁）、進んで不法登記の抹消請求について共有者単独にて其の訴を提起することを認め（大判大八・四・二録六一三頁）、鉱業権の共有に関しても共有者に不当なる登記の抹消を単独にて訴求することを許している（大判大一二　四・一六判民四六事件（末弘））。この最後の判決は明瞭に民法二六四条に依り二五二条但書を準用し、不当なる登録の抹消請求を明かに保存行為として取扱い以て共有者単独に之を為し得る理由としている。勿論共有理論と関連して種々疑問が起り得る筈である。共有理論によってはかかる請求は一種の妨害排除請求にして之に基く給付は常に全共有者の為に効力を生ずるが、各共有者の共有権に基く請求だから共有者各自之を為し得ると構成すべきだとも言える。併し又共有理論によっては、各共有者は民法二五二条但書により保存行為の範囲に於ては他の共有者の持分に就き管理権を有するから、各共有者単独にかかる請求を為し得るが、判決の既判力は他の共有者にも及ぶという考え方も成り立つ可能性があろう。が、孰《いず》れにしても各共有者単独にかかる請求を為し得ることに変りはない。従って仮に本訴請求が第二順位の抵当権そのものに基くのであるとしても、以上の事案と同じく考えられる。判旨は曖昧で、かかる行為は民法二五二条但書に所謂保存行為だからと言っているのはそう考えているようであるが、「自己ノ債権並ニ抵当権其ノモノヲ訴訟物トスルモノニ非ザルガ故ニ」と辞《ことわ》っている。併し結論は動かない。だからここでは此の点に深入りしないことが一応許されるだろう。寧ろ本件の評釈として問題なのは、X₂及Cの本件債権並びに抵当権が共有なりや否やにある。独乙に於ては一般的に債権のみならず抵当権の——合有関係は別として——持分ある共有関係を否定する有力な学説がある（Sohm, Der Gegenstand, S. 61; Engländer, Rechtsgemeinschaft, S. 132 Anm, 234 u. 236; Tuhr, Allgemeiner Teil, S. 87 ff. u. 90 f.）。少くとも多数の保証人に対し其の求償権を確保する為めに単一の抵当権を設定することは学説判例は認めない（Planck, Sachenrecht, zu §1113 4 f. そこに引用せられるOLG. 25, 382；RJA. 4, 128に詳細に論ぜられている）。此の点は我が民法についても同じだと思う。X_2及Cの保証債務は民法四五六条に依り原則として分割され、将来の債権としての求償権も分割債権であり、其の為に一の抵当権を設定し得ないであろう。各保証人が全額を弁済すべき特約ある場合にも、一個の将来の債権としての求償権が両人に共同に帰属するものでもなく、それに付従する抵当権も同様だと考えられる。独民法について多数の保証人の為の抵当権に対する同意は通常或る保証人又は他の保証人が求償権の成立に従ってalternativに全抵当権に就き権利を持つことを意味するが、一の債権者又は他の債権者にalternativに抵当権の登記をすることは許されないと言われている（前掲独の二判例）。本判旨は「此レ等権利カ数人ノ共有ニ属スル場合ニ於テモ云々」といっているのは仮に共有だとしてもの意味か、共有を当然としているのか多少曖昧だが後者だとすれば其の当否は疑問であろう。独民法については数個の条件付抵当権の登記により同一の経済的目的が達せられると付言されているが（Planck, a. a. O. 尚抵当権が先ず或る債権者の債権の為めに、これが限度額に達しない範囲に於て他の債権者の債権の為に責任を負担するという風に、異る債権者の債権の為めに不可分の抵当権殊に根抵当権を設定し得るかについては説が分れている。又RJA. 4, 128は各債権者の為め其の債権につき特別の抵当権を登記せしめ、将来或る債権者の為めに主たる債務の弁済により土地所有者に対する求償権が成立する範囲に於て他の債権者の債権が消滅するということを適当に表わすことも出来るかに言っている。）、兎《と》も角《かく》本件の所謂「抵当権の共有」なるものの性質は吟味する必要があるのでなかろうか。

本件に就いては長野氏（民商一二巻五号九〇四頁）丁野氏（新報五一巻四号六一七頁）の評釈がある。

14 抵当権の目的たる建物の従物のみに対する強制執行と抵当権者の異議権

民法八七条二項、民訴法五四九条

昭和一八年二月一三日東控民七部判決（昭一七(ツ)一一号第三者異議事件）

民集二二巻二号付録二五頁

〔事実〕 被上告人Yは訴外Aに対する執行力ある判決正本に基き執達吏に委託しA方に於て畳建具類を差押えた処、上告人Xは右畳建具類はXの抵当権の目的たる建物に付属する従物だと主張し、民訴法五四九条に基き第三者異議の訴を提起した。YはXの抵当権取得の事実を争った。然るに原審は畳建具類が建物に付属することを認め乍ら、仮に建物に付Xが其の主張の如く抵当権を取得しているとしても畳建具類は固より建物とは別個にして抵当権の目的に含まれるとは認め得ないからとXの請求を棄却した。之に対しXは上告し、畳建具類は建物の従物であるから建物の上の抵当権は民法八七条二項に依り畳建具類にも及ぶべく、これ大審院の判例であると原判決を攻撃した。

〔判旨〕 破毀差戻。「……建物ニ付抵当権ヲ設定シタルトキハ、民法第八十七条第二項ノ規定上、反対ノ意思表示ナキ限リ、該建物ノ常用ニ供スル為抵当権設定当時建物ニ付属セシメタル債務者所有ノ動産ハ其ノ建物ノ従物トシテ建物ト共ニ抵当権ノ目的ノ範囲内ニ属スルモノト解スベキコト曩《さき》ニ大審院ガ判例トシテ示ストコロナリ（大正七年(オ)第八十九号、大正八年三月十五日民事連合部判決参照）。従ツテ他ノ債権者ガ右債務者ニ対スル動産ノ強制執行トシテ従物ノミヲ差押ヘ建物ト分離シテ之ヲ競売スルニ於テハ、建物ノ抵当権者ニ於テ該従物ニ対スル抵当権ヲ喪失シ之ニ因リ抵当物件ノ担保価値ノ減損ヲ生ズルニ至ルコトアルベキガ故ニ、抵当権者ハ斯ル強制執行ニ対シ民事訴訟法第五百四十九条第一項ニ所謂目的物ノ譲渡若ハ引渡ヲ妨グル権利ヲ主張シ訴ヲ以テ異議ヲ主張シ得ルモノト解スルヲ相当トス。然レバ原審ハ果シテXガ本件建物ニ付抵当権ヲ取得シタリヤ否、本件差押ノ目的タル畳建具類ハ該建物ニ従物ナリヤ否、其ノ他抵当権ノ効力ガ右動産ニ及バズトセバ之ニ付特別ノ意思表示アリタリヤ否等ノ点ニ付審理ノ上本訴請求ノ当否ヲ判断スベキニ拘ラズ漫然冒頭挙示ノ理由ノ下ニ本訴請求ヲ排斥シタルハ、法律ノ解釈ヲ誤リ延テ審理不尽ニ陥リタル違法アルモノニシテ、全部破毀ヲ免レズ。」

〔評釈〕 判旨は固より正当である。本判旨の引用する大審院民事連合部判決以来、抵当権は少くとも其の設定当時既に存在する抵当権の目的たる建物の従物には、反対の意思表示のない限り、其の効力を及ぼすものと解せられている。従って原審が仮にXに於て建物の上に抵当権を取得していても本件畳建具は建物とは別個で抵当権の目的の範囲に属すると認め得ないとの理由で無造作にXの請求を排斥したのは軽率であり、破毀差戻にあっても止むを得ない。寧ろ問題は一体建物の上の抵当権者は其の抵当権の効力の及ぶ建物の従物たる本件畳建具類のみに対して為された強制執行に対して第三者異議の訴を為し得るかである。本判旨は之を肯定している。尤《もっと》もこの点については独逸におけると同様に我国に於ても争いがあり、抵当権者は民訴法五四四条に依る執行の方法に関する異議と民訴法五四九条に依る第三者の異議とを競合的に為し得ると解するものと（松岡・強制執行要論下巻一三一五―六頁、兼子・強制執行法（新法全）七四―五頁も一体として有する担保価値を毀損するとの理由で抵当権者に第三者異議権を認める、なお大判昭和六・三・二三民一〇巻一一六頁判民一五事件（我妻評釈））民訴法五四四条に依る執行の方法に関する異議は為し得るも民訴法五四九条に依る第三者の異議は為し得ないと主張するもの

（山田・民事訴訟法判例研究Ｉ四〇事件一三一頁以下）とがあって、孰《いず》れが正しいか相当疑わしいが、抵当財団に属するものに付き個々的に為された執行に対し財団抵当権者に第三者異議の訴の提起を許す右昭和六年の判決と本判決とを考え合せると判例の態度は一貫している。そして判例のように担保価値の毀損を理由に抵当権者に第三者異議権をみとめて差支えないと思われる。

本件については薄根判事（民商一八巻三号三一九頁）、井上氏（銀行研究四五巻一号七六頁）、吉川氏（銀行論叢四〇巻六号四七頁）、河本氏（日本法学九巻八号五六八頁）の批評がある。

15 抵当権行使の制限

——後順位の抵当権者は自ら何ら得るところなきのみならず先順位の抵当権者を害することを知りながら徒に抵当権の実行を為すことは許されない

民法三六九条、民訴法六五六条

昭和一七年一一月二〇日民二部判決（昭一七(オ)八一二号仮処分異議事件）

民集二一巻二〇号一〇九九頁

〔**事実**〕　某無尽株式会社はAとの間に締結した昭和一五年一〇月七日付債権元本極度額二万九千円の貸越契約に伴う根抵当設定契約と昭和一五年一〇月九日付債権元本極度額二万六千円の貸越契約に伴う根抵当設定契約に基き本件土地建物の上に第一及び第二順位の根抵当権の設定を受け、孰《いずれ》も極度額まで貸付けたが、昭和一七年二月四日他の無尽株式会社と合併しX被上告会社を設立したので右債権及抵当権はX被上告会社に承継された。然るにAは右根抵当権設定後の昭和一六年一二月三〇日本件建物全部に対し同人の雇人と言われるBとの間に賃料一箇月三百円期間昭和一七年一月一日より三箇年其の間の全賃料前払という賃貸借契約を締結し其の間の登記を経由した。その上、Aの実弟と称せられる上告人Yは某合名会社がAに対して有する債権及びそれを担保する第三又は第四順位の抵当権を譲受け、又Aをして己に抵当権を設定せしめ、それらの抵当権を実行して本件建物に対し競売申立をして来た。そこでXは本件賃借権が存在したままでは甚だ低価でしか競売が出来ず損害を蒙ることが甚しいと、Yの申立に係る競売手続を停止する旨の仮処分を申請し、次いで賃貸借解除の訴を提起した。

原裁判所はXの申請を採用し仮処分の決定を与えた処、Yより異議の申立があったので口頭弁論を開いて審理し、本件土地建物は賃貸借がなく且一括売却すればXは完済を得るが賃貸借が存在し而かも土地と建物を各別に売却する場合はXが完済を得るに相当多額の不足を生ずるからXに損害を及ぼすし、Yに於ても何等の弁済に与り得ないのに、Xが賃貸借解除の訴を提起したのを知り乍ら競売手続を追行するのは適法な抵当権の行使と言い得ないとして、仮処分決定認可の判決をした。之に対しYは上告し、(1)大審院昭和六年(ク)第五八号同年二月四日決定及昭和五年(ク)第一三七一号同六年一月十三日決定その他に依れば競売法による競売には民訴六五六条の適用なしとしている、従って抵当権者の抵当権実行には何の制限もなく先順位抵当権があるため配当を受ける見込がなくとも競売申立を為すを妨げない、と主張し、その他(2)Yの抵当権は本件賃貸借の後に設定されたものであるから賃貸借が抵当権を害するとは言えぬとか、(3)Xが賃貸借解除の訴を提起したのを知りながら競売手続を追行するのはいけないと言うがYの競売申立の方がXの賃貸借解除の訴の提起よりも先だとか、(4)Yは本件不動産を競落して僅か乍らも自己の利益を擁護せんとするので、競売手続の追行に利益がないとはいえないとか、(5)本件不動産についてはXYの抵当権の外に他の一口に抵当権が介在し配当関係等に因り土地建物の一括競売は不能だし、又各抵当権者が一括競売の申立を為すとも限らないのに、一括競売した場合を標準として抵当権者の損害の有無を判決したのは誤である、とか色々な抗弁を出した。

〔**判旨**〕　棄却。「案ズルニ、抵当権者ハ其ノ権利ノ実行トシテ抵当不動産ノ競売ヲ請求スル実体上ノ権利ヲ有スルモノナルヲ以テ其ノ抵当権ニ先立ツ不動産上ノ総テノ負担及手続ノ費用ヲ弁済シテ剰余ヲ生ズル見込ナキ場合ニ於テモ其ノ一事ニヨリ右権利ノ行使ヲ阻止セラルベキニ非ズト雖モ、抵当権者ノ右権利ノ行使ハ所論ノ如ク常ニ絶対ニ自由ナリト解スベカラズ。即抵当権者ガ競売ヲ請求スルモ何等得ルトコロナキニ止ラズ、競売ノ結果徒ニ先順位ノ抵当権者ノ権利ヲ侵害スル結果ヲ招来スルコト明白ナル場合ニ於テ、悪意ヲ以テ競売手続ヲ遂行セントスルガ如キハ、抵当権者ニ競売申立権ヲ付与シテ其ノ正当ナル利益ヲ保護セントスル法律ノ目的ニ背反シ法律ノ許容スル範囲ヲ超脱シテ権利ヲ行使スルモノナルヲ以テ適法ナル抵当権ノ行使ト目シ難ク、却テ先順位ノ抵当権者ノ権利ヲ侵害セントスル違法ノ行為ト目スベキモノトス。然ラバ右ノ場合ニ先順位ノ抵当権者ハ右後順位ノ抵当権者ニ対シ其ノ行為ノ排除ヲ請求シ得ベキモノナルコト自ラ明ナリ。本件ニ付之ヲ看ルニ、原審ノ認定シタルトコロニ依レバ、……ト云フニ在リテ、右ニ依レバYハ本件競売ニヨリテ抵当権者トシテ法律上何等得ルトコロナキノミナラズ、競売ノ結果優先権者タルXノ権利ガ徒ニ害セラルルコトヲ知リナガラ悪意ヲ以テ競売手続ヲ遂行セントスルモノナルコトヲ諒シ得ベキヲ以テ、叙上説述シタルトコロニ照シ、原審ガ前示ノ如キ理由ノ下ニYノ本件競売手続ノ遂行ハ適法ナル抵当権ノ行使ト認ムルコトヲ得ズト判断シタルハ寔《まこと》ニ正当ニシテ、所論摘録ノ当院判例ハ何等以上ノ解釈ト抵触スルモノニ非ズ。又本件ノ場合ニ於テハ賃借権ノ設定ガXノ抵当権ニ損害ヲ及ボスヤ否ヲ判定スレバ足リ、之ガ他ノ抵当権ニ如何ナル影響ヲ及ボスヤハ問フトコロニ非ザルヲ以テ、此ノ後ノ点ニ関スル原審ノ認定ノ如何ハ原判決ノ結果ニ影響ヲ及ボスモノニ非ズ。又原審ハYノ本件競売手続ノ遂行ニ悪意アルコトヲ認定シタルモノニシテ、所論ノ如ク本件競売申立ノ当時ニ於テYガ悪意ナリシコトヲ認定シタルモノニ非ザルコトハ原判決ノ理由ヲ正読スレバ自ラ明カナルベク、又Yガ本件競売申立ニ際シ抵当不動産ノ中一筆又ハ数筆ヲ自己ニ競落シ之ヲ以テ自己ノ利益ヲ擁護スル資ニ供セントノ目的ヲ有シタリトスルモ斯ル事由ハ叙上ノ認定ヲ覆シ本件競売ノ申立ヲ適法ナラシムルモノト為スニ足ラズ。又原判決ノ理由ニ依レバ原審ハ本件抵当不動産ガ抵当権者ニ有利ナル条件ノ下ニ換算セラルル場合トシテ賃借権ノ設定ナク且建物ト其ノ敷地タル土地トガ一括競売セラルル場合ヲ仮定シテ本件不動産ノ価格ヲ算定シ、之ト賃借権ノ設定アリ且建物ノミガ売却セラルル場合ニ於ケル不動産ノ価格トヲ比較シテ抵当不動産ノ価格ノ異動ヲ認定シタルコト明カニシテ斯クノ如キ前提ノ下ニ本件賃借権ノ設定並Yノ本件競売手続ノ遂行ガXニ損害ヲ及ボスヤ否ヤヲ判断スルハ固ヨリ相当ニシテ之ヲ違法ナリトスル理由ヲ解スル能ハズ。」

〔評釈〕 後順位の抵当権者が抵当不動産につき競売の申立を為すことは、先順位の抵当権者が先順位の担保を保持して、有利な投資者たる地位を持続せんとしているような場合には先順位の抵当権者にとり不利と感ぜられることがあるが、それでも妨げないことになっている。而も競売法による競売には民訴法六五六条の準用がなく、従って一般債権者の強制競売と異り最低競売価額が先順位の不動産上の負担及び手続の費用を弁済して剰余のある見込の有無を顧慮せず後順位の抵当権者の競売申立は許すべきものと解されている（大決昭五・七・一集八三四頁判民八〇事件、昭六・一・一三評論二〇巻諸法一〇一頁、昭六・二・四評論二〇巻諸法一七四頁、昭六・一一・三〇集一一四三頁判民一二〇事件）。かくては後順位抵当権者の抵当権実行には何等の制限がなく、先順位抵当権者の不利となる虞は可なり大であると思われた（我妻、担保物権法二四〇―一頁）。之に対し本判決は後順位の抵当権者の抵当権実行は絶対に自由だというのでなく、それが所謂権利の濫用となる場合には許されないと説示し、抵当権の行使に一の制限を付した極めて注目すべき判決である。そしてその所説も正当である。一般に権利の行使は不法を行わずと言われ、権利の行使の結果他人に損害を与えても権利侵害とはならない。何となれば「権利侵害」というときは既に一の評価を含んでいて、単に他人に不利な影響を及ぼしたという自然的事実では足らずそれが社会的秩序違反とみられるものでなければならないからである。併し権利の行使も決して絶対的に自由でないとの思想が広まり、独民法（二二六条）、波民法（二条二項）は権利濫用禁止の法理を明定したが、我民法に於ても学説判例により認められている。本判決は後順位抵当権者の抵当権実行は(1)後順位抵当権自身に何等の利益をも齎《もた》らさず(2)先順位抵当権者に損害を及ぼすことが明白であるのに、(3)悪意を以て之を為すときは、許されないとしている。かかる三つの要件を必要とするのは、権利の濫用を認定する上において厳格に失しないかとの疑問はあろう。併し兎《と》も角《かく》本件でYの抵当権実行は右三つの要件に具えているのだから許されぬことには問題がない。而もそれに依ってXの抵当権に不利な影響を及ぼしているのである。従ってXの抵当権の侵害と認められる。そこで、Xはその抵当権の効力として、その侵害の排除の意味でYの競売手続の遂行の停止を訴求し得るのである。

本件に就ては有泉氏（民商一七巻六号七八頁）及び河本氏（日法九巻五号三三頁）の評釈がある。

16　法定地上権の地代
——法定地上権発生後地代決定の標準たるべき事情の変更があったときは、事情変更前後の地代は各別に定むべし

民法三八八条

昭和一六年五月一五日民一部判決（昭一五(オ)一二一六号、地代決定請求事件）

民集二〇巻一〇号五九六頁

〔**事実**〕　訴外Aは其の所有の宅地二筆合計一一一坪一合及同地上の建物七棟につき被上告人X（控訴人、原告・反訴被告）に対する債務の担保として抵当権を設定したが、其の抵当権の実行の結果右宅地はXが、地上の建物は上告人Y（被控訴人、被告・反訴原告）が競落し、昭和八年一一月一七日各所有権移転登記を了した。そこで民法三八八条に依りXはYに対し右宅地に付地上権を設定したものと看做されたが、其の地代及存続期間に関しXY間に協定が成立しなかったので、XはYに対し本訴を提起し同条但書に基き地代を一箇月に付金四〇円と定められんことを求めた。Yは反訴を提起し、地上権の存続期間は昭和八年一一月一八日より起算して五〇年、地代は年一二〇円而も本件不動産所在地地方の慣習に従い毎年六月一二月の各末日の二回に支払うべきことに定められんことを求めた。第一審は昭和八年一一月一八日以降の地代を年一二〇円、其の支払時期は六月一二月の各末日、存続期間は三五年と認定した。之に対しXは控訴し、本件不動産所在地付近は昭和一二年六月若は八月頃より好景気を呈し地代の昂騰を来たしたから、それ以前の地代は兎《と》も角《かく》、それ以後は自分の求める地代が相当

であると主張した処、第二審は之を容れ、昭和一二年八月以降の地代は年一三三円三二銭が相当となったのでXは地代増額請求権を取得したが、Xが地代増額請求の意思表示を為したのは昭和一三年一月三一日だから、昭和八年一一月一八日以降昭和一三年一月三〇日迄は年一二〇円、同年一月三一日以降は年一三三円三二銭であると確定した。之に対しYより上告し、(1)法定地上権の地代の増額請求権は特約又は法律の規定がなければ認められないし、(2)(3)本件ではXがYに対し地代増額請求の意思表示をしたこともない、(4)而して法定地上権の地代は設定当時を標準として定むべきで、当事者が地代の決定を求めた時又は裁判を下す時を標準とすべきではなく、然らざれば今後好景気又は不景気を理由に増減を求める毎に裁判所は更に判決を変改しなければならないことになろうと主張した。

〔**判旨**〕 棄却。「然レドモ民法第三百八十八条但書ニ依リ裁判所ガ地代ヲ定ムルニ当リテハ、地上権ガ発生シタル後判決ヲ為スニ至ル迄ノ間ニ地代決定ノ標準タルベキ事情ニ変更生ゼザル限リ地上権発生当時ニ於ケル諸般ノ事情ヲ参酌シテ相当ト認メタル額ヲ以テ該地代ヲ定ムベク、而シテ斯ル場合ヲ以テ通常トスレドモ、若シ地上権ガ発生シタル後判決ヲ為スニ至ル迄ノ間ニ地代決定ノ標準タルベキ事情ニ変更ヲ生ジタル場合ニ於テハ先ヅ地上権発生当時ヨリ右事情変更発生ニ至ル迄ノ地代ハ右ト同様ノ方法ニ依リ之ヲ定メ、次デ右事情変更発生後ノ地代ハ該変更シタル事情ヲモ参酌シテ相当ト認メタル額ヲ以テ之ヲ定ムベク、其ノ際土地所有者又ハ地上権者ヨリ相手方ニ対スル地代増減ノ請求アルコトヲ必要トセザルモノトス。然リ而シテ当該地代ガ一度判決ニ依リ定マリタル以上上告人Yノ杞憂スルガ如ク（上告理由第四点後段参照）爾後地代決定ノ標準タルベキ事情ニ変更生ジタリトノ一事ノミニヨリ地代ノ増減ヲ請求シ得ベキモノニハ非ズ」。原審が土地所有権に於て地上権者に対し事情変更に因る地代増額の意思表示を為して始めて裁判所は之に基き地代を定むべきものの如く解し昭和一二年八月一日以降昭和一三年一月三〇日迄の地代を年一二〇円と定めたのは不当だが、この部分は却って上告人の利益に帰したのだから、不服を申立て得べき限りではない。

〔評釈〕　判旨は固より当然である。従来一般に法定地上権の地代は当事者間に於て協議調わぬときは、当事者の請求に基き裁判所が「地上権設定当時に於ける諸般の事情を斟酌して之を定むべきもの」とのみ考えられていたが、本判決により地上権設定後地代指定判決迄の間に地代決定の標準たるべき事情に変更が生じた場合には右事情変更発生後の地代は事情変更発生迄の地代と別に変更した事情をも加えて定むべきことが指摘され、三八八条但書の意義が一段と明確になったわけである。ただ法定地上権の地代は一度判決に依り定まるときは爾後地代決定の標準たるべき事情に変更を生じても地代の増減請求を認めぬのであれば地代を何時定めたかにより当事者間に甚しい差異を生ずることになるが、前掲判旨の説いているところは、事情が変更した「一事のみでは」という点に特に意味を持たしているので、借地法一二条に依る地代増減の請求の如きものをも許さぬ趣旨ではないであろう。

本件に就いては山木戸氏（民商一四巻五号八〇二頁）及び小田氏（新報五二巻二号三〇一頁）の判旨賛成の評釈がある。

17 民法第三九五条
――賃貸借が抵当権者に及ぼす損害の存否を決すべき時期

民法三九五条

昭和一六年六月一四日民三部判決（昭一五(オ)一四九八号、土地賃貸借契約解除並賃借権設定登記抹消手続請求事件）

民集二〇巻一四号八七三頁

〔事実〕 X'銀行（実はその前身だが）は上告人Y_1に対し大正一四年六月一一日金一七万円を年九分五厘の利息にて貸付け昭和二年七月一日より昭和三二年六月三〇日迄に年賦償還すべきことを定め不払の場合に於ける期限喪失の特約を付し本件不動産に付抵当権を設定せしめ、大正一四年六月一四日其の登記を経由し、又昭和九年一二月三〇日金三万一千円を年七分三厘の利息にて貸付け昭和一一年十月二一日より昭和二三年十月二〇日迄に年賦償還すべきことと定め不払の場合に於ける期限喪失の特約を付し本件不動産に付抵当権を設定せしめ昭和十年一月十日其の登記を経由した。然るにY_1は第一貸借に付ては昭和一一年一二月三一日以降第二貸借に付ては昭和一二年四月二〇日以降年賦金の支払を怠り期限の利益を失ったので、X'は残元利金の支払を求むる為め昭和一二年六月四日本件不動産に付競売の申立をした処、之より曩《さき》昭和一一年八月六日Y_1は上告人Y_2との間に本件不動産に付賃貸借契約を締結し賃貸借期間五箇年期間中賃料前払済と為し同年八月七日賃貸借設定登記を為していたため、競買申出人なく屡々最低競売価額を低減し昭和一三年五月四日の第六回競売期日に於ては八万四千五十六円を出でない状況にして、之に対しX'のY_1に対する債権の残元利金は昭和一三年六月十日現在に於て金十万八千七百三八円六二銭であった。右の事実関係に基いてX'はY_1Y_2に対し民法三九五条但書に依り賃貸借解除の訴を提起し第一審で勝訴の判決を受けたが控訴審繋属中Y_1に対する右債権及び抵当権をXに譲渡しXが当事者として訴訟参加しX'は訴訟より脱退した。原審も、右抵当権実行当時賃借権の設定がなければ本件不動産の価格は少くとも十二万五千円以上なるに拘らず右賃借権の設定に依り高くとも八万二千円程度に過ぎず本件最終の口頭弁論期日までの間に多少の騰貴はしたが甚しい変動でないから結局前示元利金を完済するに足らず、従って本件賃貸借はXの抵当権を害するとしてXの主張を認めた。Y_1Y_2は上告し、昭和一二年六月四日競売の申立を為した当時に於ける本件不動産の価格は十二万五千円であるが、これは競売申立以前なる昭和一一年八月六日の設定にかかるY_2の賃借権の存在は考慮されたもので、従って本件賃貸借はXの抵当権を害するものでないのに、原審が十二万五千円は賃借権の存在を除外した価額だとの認定に基きXの請求を容れたのは明瞭な事実の誤認だと主張した。

〔判旨〕　棄却。「然レドモ民法第三百九十五条ニ依リ抵当権者ガ自己ニ損害ヲ及ボスベキ賃貸借ノ解除ヲ請求スルニハ判決ニ接著スル口頭弁論終結ノ時ノ状況ヲ基準トシテ賃貸借ノ存在ガ抵当権者ニ損害ヲ及ボスベキモノナリヤ否ヲ明カニセザルベカラズ。蓋賃貸借ノ成立シタル時期又ハ競売申立ノ時期ニ於テ賃貸借ガ抵当権者ニ損害ヲ及ボシタル事実アリトスルモ、裁判所ガ賃貸借解除ノ請求ノ当否ヲ判断スル迄ニ事情変更シ損害ヲ及ボサザルニ至レルトキハ解除ヲ言渡スベキ必要ナク、又之ニ反シ曩《さき》ニ損害ヲ及ボサザリシモ、判決ニ接著スル口頭弁論終結ノ際ニ損害ヲ及ボスニ至ラバ解除ヲ言渡シ、以テ抵当権者ヲ保護スル必要存スレバナリ。従テ競売申立当時ノ抵当物件ノ価額如何並ニ賃貸借ノ存在ニ依リ価額ニ変動ヲ生ズルヤ否ハ敢テ之ガ審理ノ要ナク、専ラ判決ニ接著スル口頭弁論終結当時ヲ基準トシ抵当物件ノ価額並ニ賃貸借ノ存スルコトニ因リ抵当権者ニ損害ヲ及ボスベキ価額ノ変動アルヤ否ヲ審理判断セザルベカラズ（昭和五年（オ）第三二二五号同六年五月二十三日当院判決、昭和六年（オ）第七九七号同年十月三十日当院判決、昭和九年（オ）第一四二二号同年十一月十五日当院判決）。原判決ハ其ノ説示稍《やや》明確ヲ欠クノ嫌アルモ挙示ノ証拠ニ依リ抵当権実行当時ノ本件抵当物件ノ価額ハ本件賃貸借ノ設定ナシトセバ少クトモ金十二万円五千円以上ナリシモ賃貸借ノ設定ニ因リ価格下落シ判決ニ接著スル口頭弁論終結ノ時ニ於テハ金八万二千円ヲ多少超ユル程度ヲ維持スルニ止マリ、抵当債権ノ元利金十万八千七百三十八円六十二銭ヲ完済スルニ足ラズ、本件賃貸借ノ設定ナクバ右認定以上ノ価額ヲ保有スベキコトヲ判定シタルモノナルコト判文上之ヲ領スルニ難カラズ。然ラバ、右賃貸借ガ被上告人ノ抵当権ニ損害ヲ及ボスモノトシ其ノ解除ヲ言渡シタル原判決ハ結局正当ナリ。論旨ハ競売申立当時ノ価額ノミヲ標準トシテ立論シ且原判決ガ適法ニ証拠ニ基キ為シタル事実認定ヲ批難スルモノニシテ採容ニ値セズ。」

〔評釈〕　上告理由は単に昭和一二年六月四日の競売申立当時に於ける本件不動産の評価価額一二万五千円は本件賃貸借の存在を考慮した上の価額であると主張しているに留まる。これでは、その評価価額は本件賃貸借を考慮外に置いた場合のものであるという原審の事実認定を批難するに過ぎない。判旨が原審の事実認定を適法とする以上それまでである。判旨として如何なる時期を標準として賃貸借が抵当権者に及ぼす損害の存否を決すべきかの問題に触れることは必ずしも必要でないだろう。にも拘らず、判旨がその問題を論じたのは、損害の存否を決すべき時期は賃貸借解除請求訴訟における判決に接著する口頭弁論終結の時なのだから、本件不動産が原審の口頭弁論終結の時に於ては八万二千円程度にして本件賃貸借の設定がなければより高価に競売し得る事実が認定されている限り、抵当権者に損害を及ぼすとする原判決は兎《と》も角《かく》正当だという位の趣旨であろう。而して賃貸借が抵当権者に及ぼす損害の有無を決すべき時期に関する所論は固より正当にして既に判例も存する（判例の詳細は我妻広瀬「賃貸借判例法」（四）時報一二巻五号三八―九頁）。この点は本判決で全く確定したとだけはいえるが、要するに本判決はたいした意味を持っていない。

本件に就いては、山中氏（民商一五巻一号五五頁）及び岡村氏（新報五二巻二号三二六頁）の評釈がある。

18 民訴法第七〇〇条一項二号の負担の意義
——抵当権設定登記後為されたる民法第六〇二条所定の期間を超えざる賃貸借の設定請求権保全の仮登記はそれに該当するか

民訴法七〇〇条一項二号〔現在の民事執行法八二条一項二号に相当〕、民法三九五条

昭和一一年六月二五日民一部決定（昭一一(ク)五〇一号、登記官吏ノ為シタル処分ニ対スル抗告事件）

民集一五巻一八号一五〇三頁

〔事実〕 抗告人Xは昭和九年一一月二一日Aに対し金五五〇円を弁済期同月末日と定めて貸付け、同日、Aが弁済期に右貸金の支払を為さぬことを条件として、A所有の本件建物に付、Xの為めに、賃借期間三ケ年、賃料一ケ月二〇円、毎月末日払、転貸及譲渡を為し得る賃借権の発生すべきことを約し、即日賃借権設定請求権保全の仮登記を為した。而してAが弁済期を徒過したるを以て昭和九年一二月一日に右賃借権が発生したのである。然るに之より先、昭和八年一二月二二日本件建物に付Bの為抵当権設定登記が為されていたが、Bの申立により右賃借権発生後の昭和一〇年四月に競売手続開始し、Cが競落人となった。そこで競売裁判所はCの為、先ず同一〇年一〇月一四日所有権取得の嘱託登記を為し、更に其の後同一〇年一二月一四日登記官吏に嘱託してXの仮登記を抹消せしめた。Xは之を不当なりとし、原審に抗告したるも、原審はかかる仮登記は民訴法七〇〇条一項二号に所謂「競落人ノ引受ケザル不動産上負担記入」なりとの理由で之を棄却したので、更に大審院に抗告したのが本件である。抗告理由として(1)既に建物の引渡を受けたから借家法一条により右賃借権の対抗要件を具え

た、⑵仮に然らざるとするも、本件賃貸借は民法六〇二条所定の期間を越えず、而も競売申立登記前其の仮登記存する以上、民法三九五条により競落人に対抗し得る。孰《いず》れにしても原審が仮登記の職権に依る抹消を正当なりと判示したのは違法であると主張された。引渡の事実が認定されれば判例は対抗要件を備えたと為すから（大判昭六・五・二〇評論二〇巻六五六頁）、問題はなかった筈であるが、本件では⑵の点が専ら争われた。

〔判旨〕　破毀自判。「按ズルニ民事訴訟法第七百条第一項第二号ノ「競落人ノ引受ケザル不動産上ノ負担」トハ競売開始決定前ニ登記セラレタル不動産上ノ物権的負担ニシテ先取特権及抵当権ノ如ク競落ノ確定ニ依リ当然消滅シ、競落不動産上ノ負担トシテ競落人ニ於テ絶対ニ引受ケザルモノヲ指称スルモノニシテ民法第六百二条ニ定メタル期間ヲ超エザル賃借権ニシテ抵当権設定登記後ナルモ其ノ登記アル為民法第三百九十五条ニ依リ抵当権者ニ対抗シ得ルモノハ之ニ該当セザルモノトス。而シテ斯カル賃借権ハ既ニ発生シテ其ノ仮登記アルモノ及其ノ発生原因アルモ其ノ未ダ発生セザル前ニ該賃借権設定請求権保全ノ仮登記アルモノハ当該不動産ノ競落許可決定確定当時ニ於テハ競落人ニ対抗シ得ザルモノナルモ、後日之ガ本登記セラルルニ於テハ該賃借権ハ仮登記ノ時ニ遡リテ対抗力ヲ生ズルニ至リ其ノ結果競落人ニモ対抗シ得ルニ至ルモノナルヲ以テ競落人ノ引受ケザル不動産上ノ負担ナリト謂フヲ得ズ。従テ斯カル賃借権設定請求権保全ノ仮登記ハ競落許可決定確定シ配当手続終了スルモ競売裁判所ニ於テハ其ノ抹消登記ヲ登記官吏ニ嘱託スベキモノニアラズ。」

〔評釈〕　説明の便宜の為に⑴民訴法七〇〇条一項二号は競売法に依る競売に準用せられるか⑵準用されるとすれば其の適用範囲如何⑶而して本件賃借権の仮登記は其の内に含まれるかの三段に分とう。勿論⑶が争点の中心を形成し、⑴⑵は其の前提を為す。

一　民訴法七〇〇条一項二号の規定が競売法に依る競売に準用されることは、競売法中反対規定なく又其の性質の許す限り、民訴法の規定を準用すべしとする判例理論（大決大二・六・一三民録一九輯四三六頁、同昭二・四・一三彙報三八巻下民九三頁、大決昭八・三・三一新聞三五五五号五頁）よりみて寧ろ当然であるが、直接其の旨を説く判例がある（大判大六・四・五新聞一二六〇号二五頁、大決大八・一・一六民録二五輯四三頁、同大一一・五・一五民集一巻二五四頁、東地大一五・一二・二一評論一六巻諸法四二三頁、同昭五・一〇・一五新聞三一八八号一七頁）。本判旨は当然のこととしている。

二　然らば民訴法七〇〇条一項二号に所謂「競落人ノ引受ケザル不動産上負担」の意義如何。古くは之を狭く解せんとしたものの如くである。或は民訴法六四九条二項及び競売法二条二項の競落に因り消滅すべき先取特権及抵当権のみを指称すると為す（大阪地明三五・七・九新聞一〇〇号八頁（学説判例総攬強制執行篇中巻二〇二六頁に依る）参照。尚法曹会大五・一一・一一決議記事二七巻四号一二頁、同明三九・一一・一七決議記事一六巻一号一五頁）。或は広く以上二種の権利以外に其の適用を認める如きも、民訴法六四九条一項・六五六条一項・六九〇条と関連せしめ、右三条に所謂不動産上の負担とは何れも競売申立登記前に発生したる負担のみを指示するを以て、ここに所謂不動産上負担も競売申立の登記記入以前に発生した負担のみを意味すると、時の点で制限を加える（大阪控明四〇・二一・八新聞四三四号八頁、強制競売に関するが、競売申立登記後に設定された地上権の登記の嘱託抹消を認めなかった。岩田博士原論一二四六頁、板倉博士義海七六〇頁以下も同旨か。尚前掲大決一一・五・一五が本件永小作権は競売開始決定後の登記にかかわるを以て、競落に因り消滅するから、其の登記を職権に依り抹消したのは正当であると、一見正反対を説示するが如きも、そう解すべきでないことに付判民大正一一年度三六事件我妻教授評釈）。最近下級審の一判例（前掲東地昭五・一〇・一五）は競落物件上の各登記事項中競落人に於て認容すべき義務の有無により判断し、かかる義務なきものを指すと判示したが、至当である。蓋し民訴法七〇〇条は配当実施後執行裁判所の採る競売手続を完結せしむるに必要な手段を定めたものであるが、競落人に対抗し得ざる不動産上負担の記入はすべて職権により抹消し、競落人をして一一訴の方法に絀るを免れしめることは寧ろ同条の趣旨に叶い、其の結果も妥当である以上、何等制限的解釈を施すべき理由がないからである（前掲我妻教授の判例評釈。新しい法曹会決議は同旨、昭七・三・一六決議・記事一〇巻六号一〇三頁、尚加藤博士「強制執行法」法全三九巻三七頁、谷井判事「抵当権実行の手続」七四頁以下）。本判旨は所謂「競落人ノ引受ケザル不動産上ノ負担」とは競売開始決定前に登記せられた不動産上の物権的負担にして競落人に於て絶対に引受けざるものを指称するとなすが、競売開始決定後の登記にかかる負担は含まぬとなす上述の制限的解釈に与する趣旨ならば正当ではない。尤《もっと》も本件は競売開始決定前の仮登記にかかる賃借権が問題なのであるから、本件の結果には影響はない。尚「先取特権及抵当権ノ如ク云々」の用語は、勿論それに限る意味ではあるまい。

三　以上の如く民訴法七〇〇条一項二号は競落人に対抗し得ざる以上、賃借権の登記をも含むを以て、本件仮登記の職権に依る抹消の当否はかかる仮登記あるに過ぎぬ賃借権も競落人に対抗し得るや否やに繫る。此の点に付ては既に判例（大判昭一〇・四・二五、民集一四巻八号六九三頁）がある。此の事案に於ては抵当権者は仮登記のままの賃貸借を民法三九五条但書により解除し得るかが問題とせられたのであるが、既に判例上、抵当権者の解除請求権は賃貸借にして競落人に対抗し得るものなることを要件とすることが確立されていたところから、必然的に仮登記のままで本登記なき賃貸借と雖も其の要件を満たすか否かが争われ、判例は之を肯定した（賛成、末川博士民商法二巻四号六九〇頁、田島氏論叢三三巻三号五一二頁、板木氏法と経済四巻三号四八〇頁、有泉氏判民昭和一〇年度四五事件。反対、柚木氏判例物権法各論四三六頁、谷井判事「抵当権実行の手続」一八四頁以下）。其の後を襲《う》けた本判旨がかかる仮登記の抹消を違法と判示したのは固より当然のことである。判旨を多少敷衍すれば次の如くなる。

競売裁判所の競売手続開始決定に際し競売申立登記ある時は所謂「関係的処分禁止」の効力を生ずるも、競売申立登記前仮登記存する以上、将来本登記に依り抵当権者及競落人に対抗せらるべき賃借権となることが公示されているから、競売申立登記後、更に競落許可決定確定後と雖も右仮登記に基く本登記を為すことが制限せられるものとは解し難い。而して仮登記のままでは対抗力を具備せざるも一旦本登記を為したる以上賃借権は仮登記の日に遡りて抵当権者及競落人に対抗し得る。而してかかる解釈は抵当権者に対し不都合を生ぜしめるものではない。蓋し将来本登記の為されたる場合に抵当権者に損害を与うべきこと明かなる時換言すれば該賃貸借の条件内容にして不合理なる時は、未だ本登記以前と雖も該賃貸借の解除を訴求し得るからである。以上は仮登記の種類の如何を問わず当嵌る。斯の如く民法三九五条の登記は仮登記をも含むことを肯定すべき以上、競売裁判所は本件仮登記を競落人の引受けざる不動産上の負担記入とし、其の抹消嘱託を為すべきものではない（本件に次いで仮登記に関する二つの大審院判決が出た、昭一一・八・四民集一五巻一九号一六一六頁、昭一一・八・七同一六四〇頁、其の要旨は殆んど同一。後者は本件と事案を同じくする。従来本件の如き弁済期を徒過した場合に発生すべき定の賃借権の仮登記を一般に賃借権設定請求権保全の仮登記と称したが、然らずして条件付賃借権設定の仮登記であると主張する。大判昭一一・七・一七民集一五巻一七号一四五六頁の要旨との関連を思わせる。併しここでは結果に影響がないから其の当否に触れぬ）。

判旨の説く所「文理解釈としては寔《まこと》に理路整然批難の余地なきが如」く、一応之に従う外はなかろうか。

四　只判旨にも疑問の余地が残されていることは否定出来ない。否寧ろ判旨と反対に民法三九五条の短期賃貸借は本登記あるものに限ると為す解釈が充分の理由を以て提案せられ得るようにも思われる。従来とて競落許可確定後又は競売開始決定後は仮登記を本登記に為し得ぬと判例に反対する者もあった（前者は前掲谷井判事、判事は仮登記が抵当権設定登記以前にかかる場合にも全然同一に論ぜられる。後者は前掲柚木氏）、が仮登記の効力そのものから事を論ずる限り、本登記の禁ぜられる理由はあるまい。ここでは寧ろ如何なる時期に本登記が為さるるも尚抵当権者及競落人に対抗し得るとなすことが民法三九五条の趣旨に副う所以であるか否かが問題なのだと思う。偖《さて》先ず本条の短期賃貸借の期間も賃借権発生の時から起算されているから、之に従う時は賃借権発生の期限到来又は条件成就が競落後に起る場合には甚しい不都合を生ずるという危惧の念が起る（尤も賃借権設定請求権保全の仮登記は、抵当権そのものの保全の為抵当債務不履行を停止条件とする賃貸借の場合（福島氏「不動産登記法の実際問題」法時六巻一号三一頁以下）以外には、先順位の抵当権者に対抗する為後順位者が自己の債権が弁済されざることを停止条件として設定する賃貸借の場合に為されるらしく、多くは速かに条件が成就するかも知れない。尚賃貸借の期間の起算点に就いては新報四七巻三号四九一頁岡村氏の本件評釈参照）。併し其の点は別とするも、民法三九五条の登記は仮登記を以て足るとなすことが既に適当な範囲を逸脱しているのではあるまいか。同条の立法趣旨が価値権と利用権の調和に存することは何人にも異論はない（例えば我妻教授担保物権法二五三頁）。従って同条はかかる調和――恐らくは望めない――が表見上なりとも可能であるという意味と限度とに於てのみ適用さるべきである。然るに仮登記せられる賃貸借は、実際に於て一方徒らに抵当権に対する侵害のみを増す結果に堕しているのではあるまいか。かかる場合に抵当権者に自己の価値権を保護する手段として与えられるものは只一つ、賃貸借解除請求権之である。成程かくて一応の形式は繕い得たと言うのかも知れぬ。併し其の行使は形成の訴の方法に絶らざるを得ず、其の煩瑣なること想像に難くない。抵当権者にとって過重の負担となろう。他方賃借権の仮登記が多く前述の如き動機を以て為さるる以上、抵当目的物の正当な利用を円滑ならしめることに、どれだけ役立とう。要するに、仮登記のままの賃貸借を競落人に対抗し得べきこととなすは、価値権と利用権の調和に名を藉りて徒らに抵当権者を苦しめることになるのではあるまいか。民法三九五条の立法趣旨も本来抵当権設定登記後設定される現存の公示された用益関係を抵当権者の著しい損害にならぬ範囲に於て保護せんとするものと解せられぬであろうか。判例は短期賃貸借をして正当な範囲を守らしめんが為に、競売申立登記前其の登記あることを要求する（大判明三八・一〇・二五民録一一輯一四六一頁、大判大二・一・二四、民録一九輯一一頁、大判昭四・五・一八新聞二九九一号五頁）。ここに一歩を進めて、一度抵当権実行せられ競売申立登記が為さるるまで、仮登記のまま、本登記を為さぬ以上最早抵当権者及競落人に対抗し得ずと解するならば、民訴法七〇〇条一項二号により職権を以てかかる仮登記を抹消すべしとすることに多分の理由があるように思われるのである。

本件に就いては中野氏（民商五巻三号五二七頁）、岡村氏（新報四七巻三号四九一頁）の評釈がある。

19　抵当権の消滅
――民法第三九七条は抵当不動産の第三取得者に適用があるか

民法三九六条・三九七条

昭和一五年八月一二日民一部判決（昭一四(オ)一三七四号、抵当権不存在確認同設定登記抹消抵当権実行禁止請求事件）

民集一九巻一六号一三三八頁

〔事実〕　訴外Aは被上告人Yより(一)大正一一年七月一九日金二万円を借受け利息は年九分とし弁済方法は大正一二年六月一日より大正一五年五月末日迄元金据置其の翌日より昭和一六年五月三〇日迄毎年二回に年賦償還を為すべきこととし本件不動産中第一、第二の宅地に付抵当権を設定し其の旨の登記を経由し、(二)大正一一年九月二二日金三万七千円を借受け利息は年九分五厘として弁済方法は大正一二年九月一日より昭和一三年八月末日迄毎年二回に年賦償還を為すべきこととし本件第三の宅地及第四の建物に付抵当権を設定し其の旨の登記を経由し、(三)大正一三年六月三〇日金一万一千円を借受け利息は年九分とし弁済方法は大正一五年八月一日より昭和一一年七月末日迄毎年二回に年賦償還を為すべきこととし、本件第一乃至第三の宅地及第四の建物に付抵当権を設定し其の旨の登記を経由したが、Xは大正一五年九月二日Aより右各不動産を買受け其の取得登記を為した。Xは爾来平穏且つ公然に本件不動産に付占有を継続し且つ占有の始め善意にして過失なかりしを以て昭和一一年九月二日を以て十年の取得時効に必要なる条件を具備せる占有を完成したから、本件不動産上の各抵当権は民法三九七条に依り消滅したと主張し、Yに対し抵当権不存在確認及抵当権設定登記抹消登記手続を請求したのが本件である。原審は民法三九七条は抵当不動産の第三取得者にも適用はあるが、Xは抵当不動産の買受の際登記簿を閲覧し又は其の謄本の下付を受けて抵当権の存在を知った筈であり、仮に抵当権の存在を知らなかったとしても過失がないとは言えないから、善意且無過失の要件を具備していない、とXの請求を排斥した。之に対しXは上告し、三九七条の適用に於て十年の占有を以て足るか二十年の占有を要するかは善意無過失の占有なるや否やによって決すべきも、善意無過失とは自己に所有権ありと信ずることが尤《もっと》もだと思われる場合を指すので、抵当権の存否の知不知に関しない、と主張した。大審院は善意無過失を問題とせず、三九七条は抵当不動産の第三取得者に適用なしとの理由でXの上告を棄却した。

〔判旨〕「左レド第三百九十七条ニ所謂取得時効ニ必要ナル条件ヲ具備セル占有トハ所有者ニ非ザル債務者若ハ抵当権設定者以外ノ者ガ第百六十二条ノ規定ニ依リ所有ノ意思ヲ以テ同条所定ノ要件ノ下ニ抵当不動産ノ占有ヲ遂ゲタル為取得時効完成シテ当該不動産ノ所有権ヲ取得シタル場合ヲ指称セルモノナルコト第三百九十七条ノ規定ノ文理上ヨリスルモ将又取得時効ノ性質ニ鑑ルモ洵《まこと》ニ明ニ領得シ得ルトコロニシテ……抵当不動産ヲ買受ケ其ノ取得者ト為リタル第三取得者ニ対シテハ其ノ買受ケ当時抵当権ノ設定アル不動産ナルコトヲ知レリヤ否ヤヲ問ワズ第三百九十七条ノ規定ヲ適用スベキ限ニ在ラズト云ハザルヲ得ズ（大正九年(オ)第三十七号同年七月十六日言渡当院判決参照）。故ニ原審ガ右ニ反スル見地ヨリシテ訴外Aヨリ抵当権ノ設定アル本件不動産ヲ買入レ其ノ所有権ヲ取得シタルXガ目的不動産ヲ継続占有シタルコトニ付一応右法条ノ適用アルベキコトヲ肯定シタルハ相当ナラザレドモ同条ニ依リYノ抵当権消滅シタリトシテ為スXノ本訴請求ニ付同条適用ノ要件具備セザルモノトシ該請求ヲ排斥シタル究極ノ判断ニ至リテハ正当ナルヲ失ハズ。」

〔評釈〕　判旨の結論に必ずしも反対しようとは思わない。併し少からず説明を必要としよう。判旨は抵当不動産の第三取得者の如き、債務者若は抵当権設定者でないが所有者となった者には民法三九七条の適用のないことは、文理上よりするも洵に明に領得し得るところだと無雑作に言切っているけれども、文理上左様に明瞭ではないのみならず、本条の沿革を顧みるときは寧ろ抵当不動産の第三取得者にも、否特に此等の者にこそ適用すべきものとして規定されたとみられるのである。民法三九六条・三九七条は旧民法債権担保編二九五条・二九六条・二九七条を経て仏民法二一八〇条にまで遡るのであるが、この沿革を辿ってみると、民法三九六条は抵当権は債権の従たるものだから、債務の弁済を怠れる債務者又は其債権を担保する為めに自ら抵当権を設定したる者は仮令抵当権者が抵当権を行使せざるにもせよ苟《いやし》くも債権が時効に罹って消滅しない間は之に対して其抵当権は已に時効に因りて消滅せりと主張し得ずとの意味に留る。民法三九七条は之を承けて抵当権が特に債権と独立して消滅する場合を規定したのである。即ち抵当不動産の第三取得者（他物権を取得した者も含む、民法修正案理由書三九四条・三九五条参照）等が取得時効に必要なる条件を具備せる占有を——抵当権の存在を知らず且之を知らざるに付き過失ありや否やによって夫々十年間又は二十年間——為したときは、抵当権を消滅せしめることとしたのである。判旨の様に「所有者ニ非ザル債務者若ハ抵当権設定者以外ノ者」の取得時効の効果を定めたのに過ぎないならば、抵当不動産に付き取得時効完成したるときと言えばよいので、回りくどく「抵当不動産ニ付キ取得時効ニ必要ナル条件ヲ具備セル占有ヲ為シタルトキ」などと書く必要はなかったであろう（梅「要義」巻之二、第三九六条・三九七条の註釈、尚原審は梅博士の所説に依っているようである。Colin et Capitant, Cours Elémentaire Tom. 2, n°s 1404-1412)。加之従来の判例との関係からも一言すべきことがある。判旨は大正九年七月一六日の判決（録一一〇八頁）を引用しているが、これは如何なる趣旨からであろうか。此の判決は国が上地願を聴許して官有地に編入し道路敷として爾来十年間以上占有していたところ抵当権者が該土地に対し競売を申立て自ら競落して国に対し所有権確認請求したのに対し国が三九七条を抗弁としたのを却って認容した形になっている。尤も抵当権の存在を認識していたときは取得時効に必要なる条件を具備せる占有を継続した後に於ても抵当権は消滅しないと考えているかに見える。其の後の判例（昭一三・二・一二判決全集五輯六号八頁）は明かに三九七条の適用がある為には債務者又は抵当権設定者に非ざる者が抵当不動産に付抵当権の如き物上負担なきものとして占有することを要し、抵当権の存在を承認して之れを占有するときは三九七条の適用なしとしている。併し孰《いず》れの判決も三九七条は抵当不動産の第三取得者に適用なしとまでは断言していないようである。本判旨に至って恰《あたか》も当然であるかの様に其の旨を言明する。

それにも拘らず判旨を直ちに不当だと断定しようとするのではない。唯判旨の様にいとも簡単に片付けられないと言うまでである。抑々抵当権に付き公示主義が採られている以上、民法三九七条は適当な規定ではあるまい。この規定の由来する仏民法二一八〇条は古法の隠れた抵当権の時代に効用を有したものであるが、現在に於ては無用有害で一八五〇年及一八五一年の抵当権法の改正案に際して削除の提案が為されたと言われる（Colin et Capitant, nos 1407 et 1413）。我民法は深く考えもしないで之に倣ったのであろう。従って従来の判例も抵当権の存在を承認していたときは如何に占有を継続しても抵当権は消滅しないと、三九七条の適用を狭めんとしたが、本判旨は其の態度を徹底したのである。其の態度は近代法に於ける抵当権強化の傾向にも合し、首肯し得る。そうであれば、いっそのこと三九六条・三九七条を次の如く解釈すべきであろうか。三九六条は抵当権が担保物権として債権と離れて消滅時効に罹るものでないことをただ明示したに過ぎない。本条から逆に債務者及び抵当権設定者以外の者例えば後順位の抵当権者、抵当不動産の第三取得者に対しては抵当権は債権と独立に時効に因って消滅するとの結論は、規定の沿革上必ずしも出ないし、従って又強いて引出すには及ばない。三九七条は所有者に非ざる債務者若は抵当権設定者以外の者の取得時効の効果を規定したに留る（かくては抵当不動産の第三取得者が取得原因の無効を主張し却って取得時効を援用しないかとの虞がある。従ってこの点は従来の判例の様に抵当権の存在を承認して占有するときは三九七条にも拘らず抵当権は消滅しないと為すべきであろうか）。かくして民法三九六条・三九七条は民法起草者の意見と違い殆んど無用の規定と化するけれど、右の如く理解して本判旨を支持することが許されるであろうか（併し抑々取得時効は前主の無権利を治癒する制度ではないか。若しそうだとすると右の解釈は採れまい。更に考えたい）。

本判決の後間もなく三九六条に関する一判決が出で、ここに三九六条・三九七条に就いての判例の見解が明かとなったわけであるが、之に対し全幅的に賛成し難い旨を述べた（本書一一七事件〔本書20〕の評釈参照）。今でもそう思う。併し自らの評釈にも疑問を持っていたのである。抵当権が被担保債権と独立に消滅するのは三九七条の規定する場合だけだということは間違いないと今でも信じている。併し同条を所有者に非ざる債務者若は抵当権設定者以外の者の取得時効の効果を規定したもので、抵当不動産の第三取得者に適用がないとみることには疑問の余地があることを付言しておいた。取得時効は有効な causa の存在するにも拘らず前主が無権利者である為に物権を取得し得なかった場合に一定の期間の占有によって前主の無権利にも拘らず物権を取得する制度でないかと迷ったからである。この迷いから出発して所謂物権の消滅時効とは如何なるものか、債権のそれと全然同一視してよいのか、それとも特異性をもつのか、ゲルマン法の Verschweigung の制度と関連せしめて考察したら面白いのでないか、と思っている。そして現在では三九七条は矢張り抵当権の消滅時効の規定なのでないかとも考えている。本来三九七条が抵当権の消滅時効の規定だったのだが、民法が一六七条二項で債権以外の財産権一般につき消滅時効を規定したので重複した規定が存することとなったと解するか、又は三九七条は抵当権に関しては一六七条二項の特別規定と解するのである。尤もすぐそう断定することは躊躇される。殊に地役権に関する二八九―二九一条の規定其の他をも充分検討しなければならない。今現に研究を重ねているのであるが、一寸付言しておきたかったのである。

尚本件に就いては柚木氏（民商一三巻二号二七三頁）の評釈がある。

20　抵当権の消滅
――抵当権は抵当不動産の第三取得者に対しては被担保債権と独立に二十年の消滅時効に因り消滅するか

民法三九六条・一六七条二項

昭和一五年一一月二六日民五部判決（昭一五(オ)七五〇号、債権不存在確認並抵当権設定登記抹消請求事件）

民集一九巻二二号二一〇〇頁

〔事実〕　訴外Aは大正七年七月一〇日Y上告銀行（正確には其の前身銀行）より金二百円を弁済期大正八年六月二五日の約にて借受け其の債務を担保する為其の所有の畑一反三畝二九歩に付抵当権を設定し其の旨の登記を為した。被上告人Xは大正八年九月五日に右土地をAより買受け同年一二月一二日所有権取得登記を経由したものであるが、右債権は商行為より生じた債権だから弁済期たる大正八年六月二五日より起算し大正一二年六月二五日を以て五年の期間満了に因り其の消滅時効が完成し従って抵当権も消滅した筈だし、又抵当権自体も被担保債権の弁済期たる大正八年六月二五日より起算し昭和一四年六月二五日を以て二十年の消滅時効に因り消滅したと主張し、Yに対して債権並抵当権の不存在確認及抵当権設定登記の抹消登記手続を請求した。原審は抵当不動産の第三取得者は抵当債権の消滅時効を援用し得べき当事者でないからXが本件債権の消滅時効を援用し以て抵当権の消滅を主張するのは失当だが、抵当権は第三取得者に対しては抵当権と独立して二十年の消滅時効に罹るから本件抵当権はXに対して昭和一四年六月二五日時効の完成に因り消滅したと、Xの請求を認容した。そこで

Yは上告し、民法三九六条は抵当権は債権に従たる物権だから、債権と同時にあらざれば時効によって消滅しない旨を規定し、而して債務者及抵当権設定者以外の者に対する抵当権の消滅時効に関しては民法三九七条の適用あるのみで、これ立法の趣旨及学者の定説であると原審を攻撃した。

〔判旨〕 棄却。「然レドモ抵当権ハ債務者及抵当権設定者ニ対シテハ、其ノ担保スル債権ト同時ニ非ザレバ時効ニ因リ消滅スルコトナキモ、此ノ二者以外ノ後順位抵当権者抵当物件ノ第三取得者ニ対シテハ被担保債権ト離シ、民法第百六十七条第二項ニ依リ二十年ノ消滅時効ニ因リ単独ニ消滅スベキモノトス。サレバ原判決ガ所論ノ如ク判示シ本件抵当権ノ時効消滅ヲ判定シタルハ相当」である。

〔評釈〕 抵当不動産の第三取得者も抵当権の［被担保債権の――編者追加］消滅時効の援用権者だと認めれば、問題は簡単だった筈である。併し判例は抵当不動産の第三取得者が時効の援用権者たる事を否定するので、本件では抵当権は抵当不動産の第三取得者に対しては被担保債権と独立に二十年の消滅時効に罹るかが専ら争われる事となったのである。処で民法が抵当権の消滅と題する節の下に置いている三九六条・三九七条は極めて曖昧な規定であるが、従来判例上も学説上も余り問題とされなかった。然るに近時三九七条に関する大審院判決（昭和一五・八・一二集一三三八頁）をみ、今また三九六条に就き本判決が出たので、民法三九六条・三九七条に関する大審院の態度がここに明かとなったわけである。大審院は三九七条は債務者及抵当権設定者以外の者が抵当不動産の取得時効を完成した場合の効果を規定したものと解釈し、三九六条に就いては、かかる特則のある結果として債務者及抵当権設定者以外の抵当不動産の第三取得者（後順位抵当権者）に対しては抵当権は被担保債権と独立に二十年の消滅時効に罹ると考える。これは大体近頃の学説に従うものであろう（我妻・担保物権法（民法講義Ⅲ）二八六―七頁）。民法の起草者も、三九七条は判例学説と異る趣旨の規定だが、三九六条に関しては同じく抵当権は抵当不動産の第三取得者に対して被担保債権と独立に消滅時効に罹らせる積であったらしい（梅「要義」巻之二、第三九六条・三九七条の註釈）。従って上告論旨が債務者及抵当権設定者以外の者に対する抵当権の消滅時効に関しては三九七条の適用あるのみとするのが立法の趣旨及び学説の定説だと言っているのは正確ではあるまい。併し民法三九六条・三九七条は旧民法債権担保編二九五条・二九六条・二九七条、遡って仏民法二一八〇条に由来するのであるが、この沿革に即して考えると、三九六条は抵当不動産が債務者及抵当権設定者の手許に留っている限りは被担保債権と独立に抵当権だけが時効に因って消滅することはないとの意味であり、同条から債務者及抵当権設定者以外の者例えば後順位抵当権者や抵当不動産の第三取得者に対しては独立に時効に因って消滅するとの結論が出るものでない。抵当不動産が第三者の手中に帰した場合には抵当権が被担保債権と独立に消滅することがあるが、三九七条は正に其の要件を規定したのである。従って抵当権が被担保債権と独立に消滅するのは三九七条の規定する場合のみ――三九七条を以て判例の如く第三者の抵当不動産の時効取得の効果を規定するものなりや否やは姑《しばら》く措くとして――であると言わなければならないように思われる（法協五九巻一号一六八―九頁、尚前田「大審院は法律の明文を知れりや」（三）―（五）新聞四六六六号、四六七六―七号参照）。その限りに於て上告論旨は正しいものを含んでいよう。そうだとすれば、先ずXに三九七条の規定する要件が具わっているか否かが問題となる。之が否定されればXとして本件抵当権の消滅を主張するには被担保債権の消滅時効を援用しなければならなくなり、抵当不動産の第三取得者は被担保債権の消滅時効の援用権者なりやが特に争われることとなるが、此の点を判例の如く否定すれば兎《と》も角《かく》之を肯定するからには結局Xの請求が認容された結果は間違っていないと言うことになろう。

本件に就いては有泉（民商一三巻五号八〇九頁）、岩田（新報五一巻七号一〇九四頁）両氏の評釈がある。

あとがき

清水　誠

来栖先生の著作集がいよいよ実現する運びとなった。

先生とお別れしてから間もなく丸六年、感慨無量なものがある。

先生晩年の畢生の作『法とフィクション』は、この書の実現を念願された先生のご遺志を継ぐ村上淳一さんのご努力で、先生の没後半歳を経ずして刊行された。

残された私たち不肖の弟子たちは、読み親しんだ来栖先生のその他のご論文をぜひとも選集に編んで世に出したいという思いに駆られた。

最初に集まりをもったのは一九九九年七月一一日であった。はじめのうち、私たちの頭のなかを領したのは、先生が生前、ご自分の過去の論文を集めて刊行することに対して——弟子たちの再三の要望にもかかわらず——示された拒絶的な反応のことであった。三藤さんも第二巻の「はじめに」で書かれているが、このような著作集を編むことは先生のご意志に反するのではないかという迷いから、全員がいったんは躊躇逡巡した。しかし、会を重ねてなんども鳩首協議するうちに、私たちは、先生ご自身はその意志をもたれなかったが、弟子たちがそのような本を作ることには文句はいわれないだろうという遁辞に到達した。そして、私たちの作るこの著作集をどう作るかという度重なる検討に没頭したのである。

選んだ論文のそれぞれについて各人が解説を書くというスタイルは、このような経緯で発想したものである。

私たちの解説のために先生の論文を掲げさせていただくという趣旨なのである。どの論文を選び、だれが解説を書き、どのように巻別を編成し、各巻内で配列するか、という難しい作業も時間をかけてクリアしていった。それぞれ論文に対する思いを語り合いながら、心配したほどのもめごともなく、また巻別・配列についても意見の一致をみていったように思い返される。

ここにこのようにして、第一巻を世に送り、続けて最初の三巻を完成することができることを心から嬉しく思う。そして、もし可能なら、先生の民法講義案などについての続巻を実現できたらという相談も進めているところである。

最後に、五年もかかってしまったこの作業をねばり強く見守り、困難な出版事業を遂行してくださった信山社の袖山貴さんに対する執筆者一同の深甚の感謝の意を表したいと思う。

二〇〇四年五月二〇日

〈解説ほか担当紹介（全３巻）〉

（五十音順、◎は編者・編集委員、○は編集委員）

◎安達三季生（法政大学名誉教授）

第Ⅰ巻 はじめに；第Ⅱ巻 **17**

○池 田 恒 男（龍谷大学教授）

第Ⅰ巻 **11**；第Ⅱ巻 **19**

岩 城 謙 二（新潟大学教授、東海大学教授を経て、弁護士）

第Ⅲ巻 **21**

○清 水　 誠（東京都立大学名誉教授）

第Ⅰ巻 **1・2・3・8・13,** あとがき；各巻判例評釈解説

○須 永　 醇（法政大学名誉教授）

第Ⅱ巻 **20**；第Ⅲ巻 **26・34**

瀬 川 信 久（北海道大学大学院教授）

第Ⅰ巻 **12**

○田 島　 裕（筑波大学名誉教授、獨協大学教授）

第Ⅲ巻 **29・30・31・32**

○利 谷 信 義（東京大学名誉教授、東京経済大学名誉教授）

第Ⅲ巻 **23・33,** あとがき

唄　 孝 一（東京都立大学名誉教授、北里大学客員教授）

第Ⅲ巻 **27**

◎久留都茂子（東京都立商科短期大学名誉教授）

第Ⅲ巻 はしがき, **22・24・25・28**

◎三 藤 邦 彦（学習院大学名誉教授）

第Ⅰ巻 **4・5・6・7・9・10**；第Ⅱ巻 はじめに

○山 田 卓 生（横浜国立大学名誉教授、日本大学大学院教授）

第Ⅱ巻 **14・15・16・18,** あとがき

来栖三郎著作集 I
法律家・法の解釈・財産法
財産法判例評釈 (1)〔総則・物権〕

2004年(平成16年) 8月10日　第1版第1刷発行
1915-0101

著者　来　栖　三　郎
発行者　袖　山　貴
発行所　信山社出版株式会社
〒113-0033 東京都文京区本郷 6-2-9-102
電話 03 (3818) 1019 FAX 03 (3818) 0344
〒309-1625 茨城県笠間市笠間来栖 2345-1
笠間来栖支店
Printed in Japan

印刷・製本／松澤印刷・文泉閣
ISBN4-7972-1915-7 C3332
1915-0101；013-060-040-010
NDC 分類 324.026

来栖三郎著作集（全三巻）紹介

第Ⅰ巻『法律家・法の解釈・財産法・財産法判例評釈(1)〔総則・物権〕』所収の論文

A　法律家・法の解釈・慣習―フィクション論につらなるもの

1　法の解釈適用と法の遵守（一）（二・完）〔一九五〇・一九五一年〕
2　法　律　家〔一九五三年〕
3　法の解釈と法律家〔一九五四年〕
4　法の解釈における制定法の意義―その一　法と法源―〔一九五六年〕
5　法の解釈における慣習の意義―法例二条の慣習と民法九二条の慣習の関係を中心として―〔一九七〇年〕
6　「法における擬制」について〔一九七五年〕
7　いわゆる事実たる慣習と法たる慣習〔一九七五年〕

B　民法・財産法全般〔契約法を除く〕

8　学界展望・民法〔一九四九年〕
9　民法における財産法と身分法（一）～（三）〔未完〕〔一九四二・一九四三年〕
10　立木取引における「明認方法」について〔一九七二年〕
11　債権の準占有と免責証券〔一九五六年〕
12　損害賠償の範囲および方法に関する日独両法の比較研究（山田晟・来栖三郎）〔一九五七年〕
13　契約法と不当利得法〔一九七一年〕

財産法判例評釈(1)〔総則・物権〕

第Ⅱ巻『契約法・財産法判例評釈(2)〔債権・その他〕』所収の論文

C 『契約法』につらなるもの

14 契約法（一）〔一九四四年〕
15 契約法の歴史と解釈（一）（二）〔一九四六・一九四七年〕
16 日本の贈与法〔一九五八年〕
17 第三者のためにする契約〔一九五九年〕
(1) 第三者のためにする契約〔『民商法雑誌創刊二十五周年記念特集号・私法学論集（下）』〕
(2) 第三者のためにする契約〔『民法演習Ⅳ（債権各論）』〕
(3) 第三者のためにする契約〔『民法例題解説２（債権）』〕
18 日本の手附法〔一九六四年〕
19 小売商人の瑕疵担保責任――「日本の瑕疵担保法」の序説として――〔一九六五年〕
20 民法上の組合の訴訟当事者能力〔一九六七年〕

財産法判例評釈(2)〔債権・その他〕

第Ⅲ巻『家族法・家族法判例評釈〔親族・相続〕』所収の論文

D 親族法に関するもの

21 内縁関係に関する学説の発展〔一九四二年〕
22 婚姻の無効と戸籍訂正〔一九六〇年〕
23 穂積陳重先生の「自由離婚論」と穂積重遠先生の「離婚制度の研究」〔講演〕〔一九六七年〕

24 養子制度に関する二三の問題について〔一九五二年〕

(1) 養子制度に関する二三の問題について（穂積先生追悼論文）

(2) 養子制度に関する二三の問題について（私法学会報告）

25 日本の養子法〔一九六〇年〕

26 中川善之助「日本の親族法」〔紹介〕〔一九四三年〕

E 相続法に関するもの

27 共同相続財産に就いて――特に合有論の批判を兼ねて――（一）～（四・完）〔一九三八年〕

28 相続順位〔一九七〇年〕

29 相続税と相続制度〔一九七六年〕

30 遺言の解釈〔一九七八年〕

(1) 遺言の解釈（末川先生追悼論文）

(2) 遺言の解釈（その二）――受遺者の選定の委任――（一）（二）

31 遺言の取消〔一九七九年〕

32 Dowerについて――イギリス法とアメリカ法――〔一九六三年〕

F その他、家族法に関する論文

33 戸籍法と親族相続法（一）～（三・完）〔一九四〇年〕

34 中川善之助「身分法の総則的課題――身分権及び身分行為」〔新刊紹介〕〔一九四一年〕

家族法判例評釈〔親族・相続〕